Wolf Peter Klein
**Sprachliche Zweifelsfälle im Deutschen**

Wolf Peter Klein

# Sprachliche Zweifelsfälle im Deutschen

—

Theorie, Praxis, Geschichte

DE GRUYTER

ISBN 978-3-11-049530-0
e-ISBN (PDF) 978-3-11-049531-7
e-ISBN (EPUB) 978-3-11-049275-0

Library of Congress Control Number: 2018955646

Bibliografische Information der Deutschen Nationalbibliothek
Die Deutsche Nationalbibliothek verzeichnet diese Publikation in der Deutschen Nationalbibliografie; detaillierte bibliografische Daten sind im Internet über http://dnb.dnb.de abrufbar.

© 2018 Walter de Gruyter GmbH, Berlin/Boston
Umschlagabbildung: tusumaru/iStock/thinkstock
Druck und Bindung: CPI books GmbH, Leck

www.degruyter.com

# Inhalt

| | | |
|---|---|---|
| **1** | **Was sind sprachliche Zweifelsfälle? —— 1** | |
| 1.1 | Identifikation sprachlicher Zweifelsfälle —— 2 | |
| 1.2 | Klassifikation sprachlicher Zweifelsfälle und ihre Entstehungsursachen —— 12 | |
| 1.3 | Sprachliche Zweifelsfälle und das Problem der Sprachkompetenz —— 19 | |
| 1.4 | Sprachliche Zweifelsfälle in normativen Perspektiven —— 25 | |
| | | |
| **2** | **Zur Geschichte sprachlicher Zweifelsfälle —— 39** | |
| 2.1 | 16. bis 18. Jahrhundert —— 43 | |
| 2.2 | 19. Jahrhundert —— 56 | |
| 2.3 | 20. Jahrhundert und aktuelle Tendenzen —— 77 | |
| | | |
| **3** | **Methodologische Vorbemerkungen —— 103** | |
| 3.1 | Primäre Fragenkomplexe —— 108 | |
| 3.2 | Formen und Muster von Komplexität und Gradualität —— 111 | |
| | | |
| **4** | **Phonetische Zweifelsfälle —— 123** | |
| 4.1 | Native Wörter —— 127 | |
| 4.2 | Fremdwörter —— 143 | |
| | | |
| **5** | **Graphematische Zweifelsfälle —— 156** | |
| 5.1 | Groß- und Kleinschreibung —— 159 | |
| 5.2 | Getrennt- und Zusammenschreibung —— 170 | |
| 5.3 | Fremdwortschreibung —— 179 | |
| | | |
| **6** | **Flexionsmorphologische Zweifelsfälle —— 192** | |
| 6.1 | Flexion – Paradigma – Norm —— 193 | |
| 6.2 | Konjugation: Verbmorphologie —— 201 | |
| 6.3 | Deklination: Substantiv- und Adjektivmorphologie —— 213 | |
| 6.4 | Flexion und Gelassenheit —— 223 | |
| | | |
| **7** | **Zweifelsfälle in der Wortbildung —— 225** | |
| 7.1 | Vielfalt und Unschärfe der Wortbildungsprozesse —— 226 | |
| 7.2 | Suffixe und Präfixe —— 230 | |
| 7.3 | Fugenelemente —— 242 | |

| 8 | **Syntaktische Zweifelsfälle** —— **248** |
|---|---|
| 8.1 | Kongruenzphänomene —— 250 |
| 8.2 | Rektionsphänomene —— 266 |
| 8.3 | Der Aufbau der Nominalphrase —— 275 |

| 9 | **Lexikalische Zweifelsfälle** —— **288** |
|---|---|
| 9.1 | Variierende Wortformen —— 289 |
| 9.2 | Variierendes Genus bei Substantiven —— 297 |
| 9.3 | Polylexematische Zweifelsfälle —— 304 |

| 10 | **Schluss: Alle Zweifel beseitigt?** —— **325** |
|---|---|

**Bibliographie** —— **331**

**Register** —— **355**

Von allen sicheren Wegen ist der Zweifel der sicherste.
(Spanisches Sprichwort)

# 1 Was sind sprachliche Zweifelsfälle?

Im Wort *Zweifel* steckt etymologisch das Zahlwort *zwei*. Wer zweifelt, hat es demnach in jedem Fall mit zwei Dingen zu tun. Er denkt über verschiedene Möglichkeiten nach und kann sich dazwischen nicht leicht entscheiden. Im *Zwielicht* – ein anderes Wort vergleichbaren Ursprungs – sind die Dinge nicht einfach zu unterscheiden. Ausgehend von solchen Begriffen lässt sich auch der Gegenstand dieses Buchs definieren. Als sprachliche Zweifelsfälle kann man nämlich diejenigen sprachlichen Einheiten bezeichnen, bei denen kompetente, erwachsene Sprecher des Deutschen mit Blick auf (mindestens) zwei Varianten in Zweifel geraten können, welche der beiden Varianten (standardsprachlich) korrekt ist (Klein, W.P. 2003). Ein sprachlicher Zweifelsfall besteht also immer aus (mindestens) zwei Wörtern, Wortformen, syntaktischen Phrasen oder Sätzen, die den Sprechern des Deutschen mehr oder weniger deutlich zu Bewusstsein kommen. Diese beiden Einheiten, also die Varianten eines sprachlichen Zweifelsfalls, stellen ihn vor ein sprachliches Entscheidungsproblem. Es ist offensichtlich nicht einfach zu lösen, weil es mit einer gewissen Irritation einhergeht: Welche der Varianten soll ich gebrauchen? Welche ist richtig, welche falsch? Weiter gefragt: Gibt es Konsequenzen, mit denen ich rechnen muss, wenn ich die eine oder die andere Variante benutze? Werden mit den beiden Varianten womöglich unterschiedliche Bedeutungen versprachlicht? Oder tragen sie vielleicht besondere dialektale oder andere gruppensprachliche Konnotationen? Ist vielleicht eine veraltete Variante dabei? Verschärft: gibt es die beiden Varianten überhaupt? Und was sagt uns das Ganze eigentlich über die (deutsche) Sprache?

Mit der obigen Definition und dem damit identifizierten Gegenstand sind – wie gerade nur kurz angedeutet – vielfältige praktische Fragen verbunden, aber auch einschlägige linguistische Erkenntnishorizonte. Sie alle sollen in den folgenden Kapiteln in einigen zentralen Aspekten behandelt werden. Erschöpfend wird das an keiner Stelle gelingen können, orientierend und fokussierend aber hoffentlich schon. Der erste Punkt betrifft die Frage, welche sprachlichen Zweifelsfälle in der deutschen Gegenwartssprache existieren. Dazu kommt eine forschungspraktische Dimension: Welche Möglichkeiten gibt es überhaupt, eine solche Frage zu klären? Das ist eine theoretisch-methodologische Problematik, deren Erörterung für die empirische Ermittlung von sprachlichen Zweifelsfällen von großer Bedeutung ist (Kap. 1.1). Wenn wir wissen, wie man sprachliche Zweifelsfälle ermitteln kann, ist es interessant, einen ersten Überblick über die verschiedenen Klassen und Typen sprachlicher Zweifelsfälle im gegenwärtigen Deutsch zu skizzieren. Das umfasst auch die Reflexion über die Entstehungsursachen dieser sprachlichen Einheiten (Kap. 1.2). Darauf aufbauend lässt sich die

Frage nach der Einordnung der sprachlichen Zweifelsfälle in eine realistische Theorie der Sprachkompetenz erörtern. Damit wird eine zentrale Fragestellung der modernen Sprachwissenschaft, gebrochen durch die Zweifelsfallperspektive, ins Spiel gebracht: Welche Rolle spielen Zweifelsfälle, wenn man den Aufbau der menschlichen Sprachfähigkeit wissenschaftlich rekonstruieren möchte? Einfacher gesagt: Über welches Vermögen verfügt ein Sprecher, wenn er mit einem sprachlichen Zweifelsfall konfrontiert ist? Was kann er? Was kann er nicht? Was sollte er können? (Kap. 1.3). Im weiteren werden die sprachlichen Zweifelsfälle in einem sprachnormativen Rahmen aufgegriffen. Denn die Frage nach *richtiger* bzw. *falscher* Sprache steht bei der alltagssprachlichen Thematisierung von Zweifelsfällen oft im Vordergrund, so gut wie immer im Hintergrund. Was ist denn nun die richtige Variante? Was ist die falsche? Und wie hängen eigentlich sprachliche Zweifelsfälle und Sprachfehler zusammen? Auch wenn in der Sprachwissenschaft solche normativen Fragen gerne unter den Tisch gekehrt werden, wäre eine Einführung in das Problem der sprachlichen Zweifelsfälle ohne die Thematisierung der sprachnormativen Dimension im höchsten Maße unvollständig (Kap. 1.4).

## 1.1 Identifikation sprachlicher Zweifelsfälle

Welche sprachlichen Zweifelsfälle gibt es derzeit im Deutschen? Wie lassen sie sich realistisch in der Sprachwirklichkeit ermitteln? Die Beantwortung dieser Fragen ist für ein Buch über Zweifelsfälle von großer Bedeutung. Sie betreffen die Identifikation sprachlicher Zweifelsfälle. Dazu ist vorab der generelle Ausgangspunkt für derartige Ausblicke zu klären. Bei der Zweifelsfallidentifikation zählt im Prinzip jedes Individuum, das zur deutschen Sprachgemeinschaft gehört. Alle Menschen, die in einer bestimmten Kommunikationssituation über sprachliche Varianten nachdenken, stellen faktisch einen Beleg für die Existenz eines Zweifelsfalls dar. Von sprachwissenschaftlichem Interesse sind freilich weniger die vielen verstreuten Einzelfälle, sondern diejenigen Fälle und Typen, die bei vielen Sprechern immer wieder beobachtet werden können. Denn tatsächlich ist es so, dass sich die Zweifelsfälle nicht völlig zufällig über alle Sprechergruppen und alle Bereiche der Sprache verteilen. Von der Existenz eines Zweifelsfalls wird man also, analog zur üblichen wissenschaftlichen Sprachbetrachtung, sinnvollerweise erst dann sprechen können, wenn derselbe Fall (oder zumindest strukturell ähnliche Zweifelsfälle) bei vielen Sprechern wiederholt auftaucht. Nur dann kann man annehmen, dass hier tatsächlich die deutsche Sprache, sozusagen als überindividuelle Einheit, einen Zweifelsfall aufweist. Zweifelt lediglich eine Einzelperson, liegt noch kein relevanter Zweifelsfall vor. Dem widerspricht natürlich nicht, dass man als einzelner Sprecher sehr wohl ein gutes Gefühl dafür haben kann, an welchen Stellen vermutlich auch andere Sprecher zweifeln werden. Im Gegenteil: wenn wir auch für andere Sprecher mehr oder weniger treffsicher urteilen können, dass bestimmte Varianten für sie vermutlich einen Zweifelsfall darstellen, so wird damit die Annahme gefestigt, dass es sich bei sprachlichen Zweifelsfällen um einen überindividuellen, kollektiv greifbaren Bereich einer Sprache handeln muss. Zur Vermeidung von Missverständnissen sei ferner ausdrücklich festgehalten, dass sprachliche Zweifelsfälle nichts mit Versprechern oder ähnlichen Planungsproblemen beim Kommunizieren zu tun haben.

**Zweifelsfälle gehören zur Sprache**
Sprachliche Zweifelsfälle werden hier also als Einheiten verstanden, die in einem starken Sinn zur deutschen Sprache gehören, genauso wie der Buchstabe <ß>, die Verbletztstellung in subjunktionalen Nebensätzen, das Flexionsparadigma von *gehen* oder das Wort *Pipifax*. Zur Verdeutlichung der Problematik lässt sich das sogar noch etwas verschärfen. Denn die eben getroffene Existenzaussage gilt nicht nur für Zweifelsfälle, sondern im selben Sinne auch für die Varianten, aus denen Zweifelsfälle definitionsgemäß immer bestehen müssen. Die Varianten, die einen Zweifelsfall konstituieren, sind Bestandteile der deutschen Sprache. Es sind keine abseitigen Phantasieprodukte einzelner Sprecher, sondern real existierende Einheiten, aus denen sich die deutsche Sprache zu einem bestimmten Zeitpunkt in einer komplexen Art und Weise zusammensetzt. Dass es Varianten gibt, über die man in Zweifel geraten kann, verrät uns also einerseits etwas über die zweifelnden Sprecher, andererseits aber auch etwas über die deutsche Sprache und die Art und Weise, wie ihre Architektonik von der sie tragenden Sprachgemeinschaft begriffen wird. Kurz gesagt: Zweifelsfallanalyse ist Sprachanalyse unter besonderer Berücksichtigung von Sprecherperspektiven.

So weit, so trivial. Aus diesen vorläufigen Klärungen ergibt sich jedenfalls eine erste Antwort auf die Frage, wie man ermitteln kann, welche Zweifelsfälle es im Deutschen gibt: Wer wissen möchte, welche sprachlichen Zweifelsfälle zu einem bestimmten Zeitpunkt in einer Sprache existieren, muss erheben, über welche sprachlichen Formen viele Sprecher tatsächlich ins Grübeln geraten und sich nicht einfach für eine der anstehenden Varianten entscheiden können. Zugespitzt gesagt: Wer als Sprachwissenschaftler nur isoliert und kontextlos ein einzelnes Variantenpaar in den Blick nimmt, wird ohne weitere empirische Befunde oder argumentative Überlegungen nicht entscheiden können, ob ein Zweifelsfall vorliegt oder nicht. Einen theoretischen Zugang zur Existenz von sprachlichen Zweifelsfällen gibt es nicht. Vielmehr müssen dazu stets empirische Ermittlungen oder zumindest realistisch gehaltene Vermutungen über real zweifelnde Sprecher herangezogen werden.

### Ermittlung von sprachlichen Zweifelsfällen

Der Königsweg zur Ermittlung der Zweifelsfälle einer Sprache läge demnach darin, das gesamte Sprachverhalten sämtlicher Sprecher sowohl auf schriftlicher als auch auf mündlicher Basis permanent zu beobachten. Dann könnte man diejenigen Situationen aussondern, in denen die Sprachproduktion stockt und über zwei Varianten nachgedacht wird. Eine solche Perspektive ist natürlich unrealistisch. Auch mit den modernsten technischen Hilfsmitteln wird niemand diese riesige Datenmenge erheben können, um Zweifelsfälle sozusagen flächendeckend zu identifizieren. Dazu kommen rechtliche Hindernisse, weil man das Einverständnis aller abgehörten Menschen voraussetzen müsste. Also ist nach anderen Wegen zu suchen, um das Zweifelsfallpotenzial einer Sprache auszuloten.

Andeutungsweise lässt sich hier über vieles nachdenken. Eine Möglichkeit bestände z.B. darin, in realen Kommunikationssituationen nach Anhaltspunkten zu suchen, die als (erste) Hinweise auf die Existenz von Zweifelsfällen gedeutet werden könnten. So gibt es beispielsweise bestimmte, sozusagen retrospektiv gerichtete Formulierungen, die zumindest in vielen Fällen zeigen, dass die Kommunikation stockt, weil ein Sprecher bzw. Schreiber über alternative Formulierungen nachdenkt. Solche Formulierungen sind etwa (*Oder*) *wie heißt es richtig...,* (*Oder*) *wie heißt das nochmal..., (Oder) wie sagt man das nochmal?, (Oder) wie muss man das nochmal sagen, (Oder) sagt man das jetzt anders* oder ähnlich. Nach solchen zweifelsfallindizierenden Formulierungen lässt sich dann, was schriftliche Kommunikation angeht, relativ leicht mit elektronischen Suchmaschinen fahnden, um die entsprechenden Kommunikationssituationen näher zu analysieren und eventuellen Zweifelsfällen auf die Spur zu kommen. Hat man so verschiedene Fälle ermittelt, könnte man mit weiteren Klassifizierungen und Fallanalysen fortsetzen. Allerdings dürfte es mit einem solchen Zugriff immer noch recht schwer fallen, eine nennenswerte, womöglich repräsentative Anzahl von (typischen) Zweifelsfällen zu identifizieren und daran tragfähige Folgeuntersuchungen durchzuführen. Denn üblicherweise erfolgt unsere Kommunikation eben ohne das Stocken, das die Existenz von Zweifelsfällen anzeigen könnte.

### Sprachberatungsstellen und sprachliche Zweifelsfälle

Es geht aber auch einfacher. Denn hier kommt uns für das Deutsche der Umstand zugute, dass seit einiger Zeit Anlaufstellen existieren, wo sich die sprachlichen

Zweifelsfälle sozusagen institutionell greifbar verkörpern. Gemeint sind die verschiedenen Sprachberatungsstellen, bei denen man telefonisch, per E-Mail oder postalisch um Auskunft bitten kann, wenn man sich vor sprachliche Probleme gestellt sieht. An erster Stelle ist hier die Sprachberatung der Redaktion des Duden-Verlags zu nennen. Er gilt bekanntlich in der Sprachgemeinschaft als erste Instanz in allen sprachlichen Fragen. Die staatlich geförderte *Gesellschaft für deutsche Sprache* unterhält ebenfalls eine Sprachberatungsstelle. In der Zeitschrift *Der Sprachdienst* wird regelmäßig über die Arbeit dieser Stelle berichtet, manchmal auch im Rahmen umfangreicherer Erhebungen und Auswertungen (Frilling 2004, 2005). Mittlerweile werden daraus auch ausgewählte Fragen und Antworten auf einer Internet-Seite präsentiert (GfdS 2016).[1] Auch die Stiftung Deutsche Sprache bietet eine Anlaufstelle für die praktische Sprachberatung.[2]

Daneben haben sich an einzelnen Universitäten auch sog. grammatische Telefone oder ähnliche Abteilungen etabliert, bei denen man sich in sprachlichen Zweifelsfällen beraten lassen kann. Zur Zeit gibt es ein entsprechendes Angebot an den Hochschulen in Aachen, Duisburg-Essen, Innsbruck (Kienpoitner 2002), Regensburg, Siegen, Vechta, sowie vom Verein Deutsche Sprache und dem Deutschen Sprachrat. Zwischenzeitlich wieder eingestellt wurden die Grammatischen Telefone an den Universitäten Potsdam und Halle. Dasselbe Schicksal ereilte – soweit ersichtlich – die Sprachberatung des Wahrig- bzw. Wissen-Media-Verlags, die aus der 1998 entstandenen Bertelsmann-Sprachberatung hervorgegangen war (Riegel 2007: 43). In der Zwischenzeit sind darüber hinaus noch Internet-Foren und -Portale entstanden, die ähnliche Funktionen besitzen wie die traditionellen Sprachberatungen. Sie tragen aber – mit der Ausnahme des besonders einschlägigen Angebots der Universität Gießen[3] – meistens einen weniger institutionalisierten Charakter.[4]

Was die Aussagekraft dieser Sprachberatungen für die Existenz sprachlicher Zweifelsfälle angeht, so sollte man sich der Tatsache bewusst sein, dass die dortigen Anfragen sicher nur den Gipfel eines Eisbergs bilden. Denn längst nicht bei jedem Zweifelsfall resultiert die sprachliche Irritation in einem Anruf bei einem grammatischen Telefon. Der Regelfall dürfte eher sein, dass man sich ohne wei-

---

1 http://gfds.de/category/fragen-und-antworten/ (5.7.2018)
2 http://www.stiftung-deutsche-sprache.de/sprachberatung.php (5.7.2018)
3 https://grammatikfragen.de/ Das unter dieser Adresse zugängliche Forum ist im Zusammenhang des Aufbaus einer Grammatikbenutzungsforschung entstanden (Hennig 2010; Hennig/Löber 2010).
4 Vgl. z.B. http://faql.de/ oder http://canoo.net/blog/ oder http://www.wer-weiss-was.de/c/sprachen/deutsche-sprache (5.7.2018)

tere Konsultation, aber mit einem mulmigen Gefühl für eine der Varianten entscheidet. Oder man schlägt in irgendwelchen sprachbezogenen Ratgebern nach und versucht sein Problem auf diese Art und Weise zu klären. Auch kurze Internet-Recherchen, Korrektur-Software oder eine Befragung anderer Personen dürften zu den üblichen Möglichkeiten gehören, die Irritationen bei sprachlichen Zweifelsfällen zu bewältigen. Nicht zuletzt kann man dem jeweiligen Problem vollständig aus dem Weg gehen und eine alternative sprachliche Formulierung nutzen, also sozusagen einen dritten Weg wählen. Trotz dieser relativierenden Perspektiven bleibt der Befund, dass die Anfragen von Ratsuchenden bei den Sprachberatungen durchaus als symptomatisch für das Zweifelsfallpotenzial gelten können, das der deutschen Sprache derzeit innewohnt.

Die Erkundigungen, die bei den Sprachberatungsstellen eingehen, wurden in verschiedenen Hinsichten genauer ausgewertet. Diese Analysen reichen mitunter bis in die sprachlichen Verhältnisse der fünfziger Jahre des letzten Jahrhunderts zurück. Sie sind also teilweise schon etwas älter, spiegeln aber wahrscheinlich immer noch die generellen Tendenzen, die für die empirische Identifikation von sprachlichen Zweifelsfällen von Bedeutung sind. Im Jahre 2002 wurde ausdrücklich konstatiert, dass sich die Verhältnisse in den letzten fünfzig Jahren offensichtlich kaum verändert haben (Müller 2002).

Zunächst zeigen die Erhebungen, dass die Anfragen bei den Sprachberatungsstellen nicht immer Zweifelsfälle betreffen. Wer etwa wissen möchte, woher das Wort *Kinkerlitzchen* kommt oder ob man sein Kind *Cola* nennen darf, steht nicht vor einem Zweifelsfall. Denn hier geht es nicht um Sprachvarianten, zwischen denen sich ein Sprecher nicht entscheiden kann, sondern um fehlendes Wissen bei Fragen, die keine Formulierungsvarianten betreffen. Vor diesem Hintergrund wurden in der Literatur gelegentlich „Suchfragen" bzw. Fragen nach „Sachinformationen" („W-Fragen") von „Entscheidungs-" bzw. „Vergewisserungsfragen" („E-Fragen") unterschieden. Im einen Fall ist „Neugier" als Grundmotivation für die Anfrage anzunehmen, im anderen ein „Sprachproblem" (Riegel 2007: 55; Kolde 1976). Nur bei den „Sprachproblemen" kann man sinnvollerweise von der Existenz sprachlicher Zweifelsfälle sprechen.

Was die Verteilung der Anfragen im Sprachspektrum angeht, so sticht ins Auge, dass die meisten Anfragen graphematischer Natur sind. Die Angaben schwanken zwischen ca. 34% (Frilling 2005: 71) und ca. 58% aller Anfragen (36% Orthographie + 22% Interpunktion) (Mackowiak/Steffen 1991: 519, ganz ähnlich Cölfen 1996: 11, Höhne 1990: 91, zum Vergleich auch Nutzerdaten der Duden-Grammatik bei Hennig 2010: 36). Diese Schwankungsbreite mag auf den ersten Blick ziemlich groß erscheinen. Allerdings spielt es bei solchen quantitativen Angaben eine große Rolle, wie die verschiedenen Systembereiche der Sprache vorab klassifiziert werden. Die Zuweisung einer individuellen Anfrage zu einer bestimmten Kategorie ist sicher nicht immer ganz eindeutig und unkompliziert. Diese Schwierigkeit resultiert letztlich aus der Verwobenheit der sprachlichen Systemebenen: Wer etwa über ein Problem der Kommasetzung grübelt, wird mittelbar oft grammatisch-syntaktische Aspekte im Auge haben. Wer bei der Nutzung einer Flexionsform unsicher ist, hat nicht selten auch semantische Dinge im Blick. Es kann also immer wieder zu Überschneidungen oder Mehrfachzuweisungen zwischen den verschiedenen Anfrage-Klassen kommen. In einer Untersuchung zur Arbeit der Sprachberatungsstelle der Universität Halle wurden etwa die Bereiche „Grammatik und Zeichensetzung", „Orthographie" und „Orthographiereform" angenommen und so anderen Ebenen entgegengesetzt. Diese Systematisierung ist nicht identisch mit der Unterteilung, die man in anderen Erhebungen zugrunde legte. Dort wurden Grammatik und Zeichensetzung nicht zu einer Klasse zusammengeführt. Die genannte Untersuchung führt bei der quantitativen Auswertung aber im wesentlichen zu ähnlichen Ergebnissen wie die Erhebungen, in denen die Zweifelsfälle nicht in derselben Art und Weise klassifiziert wurden: Etwa die Hälfte der Anfragen betrifft auch hier graphematische Fälle. Wenig verwunderlich ist dabei, dass es seit etwa 1997, also im Umkreis der letzten Rechtschreibreform, zu einem vorübergehenden Zuwachs an graphematischen Nachfragen gekommen ist (Neubauer 2009: 72). Auch die Zahlen zu den einschlägigen Sprachberatungsstellen des Duden- und des Wissen-Media-Verlags (Wahrig) weisen im Kern vergleichbare Verhältnisse auf (Riegel 2007: 58; Scholze-Stubenrecht 1991).

Ganz grob wird sich demnach festhalten lassen, dass etwa die Hälfte der Anfragen, die bei den verschiedenen Sprachberatungsstellen eingeht, graphematischen Zweifelsfällen gewidmet ist. Zweifelsfälle, die einen phonetischen, morphologischen, syntaktischen oder lexikalischen Angriffspunkt besitzen, sind dagegen deutlich in der Minderzahl. Eine weitere quantitative Klassifizierung der nicht-graphematischen Zweifelsfälle ist kaum noch sinnvoll möglich, vielleicht mit der Ausnahme, dass phonetische Zweifelsfälle stets das Ende der Frequenz-Skala bilden. Diese Verteilung hängt gewiss damit zusammen, dass die Graphematik im Neuhochdeutschen mit besonderen normativen Konnotationen befrachtet ist. Beim Schreiben ist die Gefahr, dass man die falsche Variante erwischen und dadurch soziale Nachteile haben könnte, besonders groß. Es ist daher sinnvoll, hier auch von orthographischen Zweifelsfällen zu sprechen. Ich werde im folgenden terminologisch keinen Unterschied zwischen graphematischen und orthographischen Zweifelsfällen machen.

**Zweifelsfallsammlungen und Sprachratgeber**
Die Arbeit der Sprachberatungsstellen verkörpert sich sekundär in Institutionen, die für die empirische Identifikation sprachlicher Zweifelsfälle von großer Bedeutung sind. Denn die Beratungstätigkeit wurde in verschiedenen resümierenden Publikationen aufgearbeitet. Diese Zweifelsfallsammlungen bestehen im Kern aus typischen Anfragen, die in der Regel alphabetisch präsentiert werden und daher einen Wörterbuchzuschnitt aufweisen. Einschlägig sind die Werke, die aus der Sprachberatungstätigkeit der Duden-Redaktion (Duden 9/2016) und der Wahrig-Redaktion (Dittmann u.a. 2003, 2009) hervorgegangen sind. Die Vorbemerkung zum entsprechenden Duden-Band ist sprechend: „So gehen in den Band die wichtigsten Fragen zu Grammatik, Orthografie und Stil ein, die der Sprachberatung täglich am Telefon gestellt werden." (Duden 9/2016: Vorwort). Auch in der DDR gab es ein entsprechendes Nachschlagewerk. Dessen Autoren sahen vor allem in der „Unsicherheit" der Sprecher ein wesentliches Motiv, warum sie das Buch zusammengestellt hatten (Dückert/Kempcke 1989: Vorwort). Dazu kommen populäre Teilausgaben oder Sammlungen von Autoren, die im Umkreis der Sprachberatungsstellen arbeiten oder gearbeitet haben (z.B. Knörr 2008; Mackowiak 2004). Alle diese Werke spiegeln in unterschiedlicher Dichte, welche sprachlichen Zweifelsfälle in der deutschen Gegenwartssprache existieren. Sofern keine detaillierteren Daten ermittelt wurden, kann man diese Sammelbände demnach als maßgebliche Instanzen zur Identifikation von sprachlichen Zweifelsfällen ansehen. Sie basieren auf den empirischen Daten, die sich unmittelbar aus der Arbeit von Sprachberatungsstellen extrahieren lassen.

Bei der Nutzung der Zweifelsfallsammlungen gibt es allerdings auch einige Schwierigkeiten, die hier nicht unter den Tisch fallen sollen. Nachteilig wirkt sich etwa der Umstand aus, dass die konkreten Anfragen in diesen Sammlungen nicht direkt dokumentiert sind. Denn diese Publikationen haben für den üblichen Leser ja weniger die Funktion über die reine Existenz von Zweifelsfällen zu informieren. Vielmehr geht es in ihnen hauptsächlich darum, die Zweifelsfälle im einzelnen zu klären und sie damit sozusagen für den Leser aus der Welt zu schaffen. Sie gehören zu den Sprachratgebern (s.u. S. 34). Identifikation und Klärung des Zweifelsfalls sind aber ganz unterschiedliche Dinge, in den Zweifelsfallsammlungen sind sie freilich oft ununterscheidbar. Deshalb hat man gelegentlich Mühe zu erschließen, welche Anfrage, also welcher Zweifelsfall, dem jeweiligen Wörterbuch-Eintrag konkret zugrunde gelegen haben mag.

Auch die Tatsache, dass in den Sprachberatungen nicht immer Zweifelsfälle, sondern z.B. auch reine Suchfragen thematisiert werden (s.o. S. 6), verschärft diese Problematik. Denn auch Themenbereiche, die zunächst gar keine Zweifelsfälle im engeren Sinn darstellen, wurden in den oben genannten Zweifelsfallsammlungen aufgenommen. Dazu kommt noch eine andere Schwierigkeit, derer man sich bewusst sein muss, wenn man die Aussagekraft dieser Sammlungen richtig einschätzen möchte. Hinter ihnen stehen nämlich oft lexikographische Traditionen, die mindestens bis tief ins 19. Jahrhundert zurückreichen. Das hat die Folge, dass hier gelegentlich noch Fälle verzeichnet sind, die früher sehr wohl, heute aber nur noch bedingt (oder gar keine) Zweifelsfälle (mehr) darstellen. Bekanntlich ist es sehr viel leichter, ein Wörterbuch um neue Formen zu erweitern als real nicht mehr existierende Wörter daraus zu tilgen. Bei den Zweifelsfallsammlungen muss man also von Fall zu Fall auch mit antiquarischen Relikten rechnen, die den Blick auf die gegenwärtigen Zweifelsfälle verzerren. Alle diese Schwierigkeiten und Relativierungen sollte man im Hinterkopf haben, wenn man die Sammlungen der Sprachberatungsstellen als Mittel zur empirischen Identifikation sprachlicher Zweifelsfälle nutzen möchte.

**Variantensammlungen und potentielle Zweifelsfälle**
Neben der Auswertung der Arbeit von Sprachberatungsstellen gibt es noch andere Möglichkeiten, sprachliche Zweifelsfälle der Gegenwart empirisch in den Blick zu nehmen. Diese Möglichkeiten sind aber eher vermittelt und führen nicht so direkt zum Ziel wie die Zweifelsfallsammlungen oder die Analyse von realen Sprachkonsultationen. Ausgangspunkt dafür ist der Umstand, dass Zweifelsfälle stets aus zwei einander zugeordneten Varianten bestehen. Nun ist die Rede von Varianten in der Sprachwissenschaft ja durchaus geläufig; Variation ist hier alles andere als ein marginaler Terminus. Schon immer hat man dialektale, diastratische, diachrone und andere Varianten identifiziert und wissenschaftlich näher untersucht. In der Variationslinguistik ist seit langem bekannt, dass in jeder Sprache die verschiedensten Formen und Typen sprachlicher Vielfalt existieren (einführend Felder 2016). Besonders in der älteren sprachwissenschaftlichen Literatur fasst man diese Tatsache auch mit Begriffen wie *Sprachschwankung*, *Doppelform* oder *Konkurrenz*. Wenn die Sprache schwankt, gibt es mindestens zwei Varianten, die auch als konkurrierende Formen beschrieben werden können. Sie zeugen nicht selten von unabgeschlossenen Sprachwandelprozessen oder Feindifferenzierungen im Sprachgebrauch, die als solche nicht unmittelbar wahrnehmbar sind (z.B. Krause 2004; Stricker 2002). Doppelformen – also zwei Formen, die ausdrucks- oder inhaltsseitig aufeinander verweisen – besitzen einen ähnlichen Charakter. Bei manchen Variantenpaaren lässt sich angesichts dieser Lage davon ausgehen, dass sie *möglicherweise* für die Sprecher zu Zweifelsfällen Anlass geben, wenn sie mit den beiden Varianten konfrontiert sein sollten. Man

kann hier also auch von *potentiellen* Zweifelsfällen sprechen. Potentielle Zweifelsfälle können unter Umständen natürlich auch reale Zweifelfälle sein. Ob sie dazu zählen, kann letztendlich wiederum nur durch weitere empirische Untersuchungen festgestellt werden. Aber auch ohne solche Erhebungen ist man hier nicht völlig orientierungslos. Denn als kompetenter Sprecher des Deutschen mag man in solchen Fällen durchaus tragfähige Intuitionen besitzen, ob und, wenn ja, inwiefern beim jeweiligen Variantenpaar ein sprachlicher Zweifelsfall vorliegen könnte oder nicht.

Solche potentiellen Zweifelsfälle, die eine einschlägige Varianten-Identifikation voraussetzen, wurden bisher vor allem in diatopischen Dimensionen gesammelt und untersucht. Das geschah im Rahmen varietätenlinguistischer Forschungsperspektiven. Für das polyzentrische bzw. polyareale Varietätenspektrum des Standarddeutschen sei insofern die maßgebliche Sammlung angeführt, die seit 2004 als *Variantenwörterbuch des Deutschen* vorliegt (Ammon u.a. 2016; zum Kontext auch Schmidlin 2011, zum Zweifelsfallpotenzial speziell Schmidlin 2017).[5] Für die Grammatik existiert jetzt in derselben Funktion die *Variantengrammtik des Deutschen* (Elspaß u.a. 2017; Elspaß/Dürscheid 2017). Im *Variantenwörterbuch* erfährt man beispielsweise, dass *Pyjama* in Deutschland, der Schweiz und Österreich in Teilen unterschiedlich ausgesprochen wird oder dass *Marzipan* in Österreich und Deutschland „meist" das neutrale, in der Schweiz dagegen „meist" das maskuline Genus besitzt. Damit sind potentielle Zweifelsfälle gegeben, insbesondere natürlich für diejenigen Personen, die sich zwischen diesen nationalen Varietäten bewegen. Einen ähnlichen Zuschnitt besitzt der *Atlas zur deutschen Alltagssprache* (AdA).[6] Er umfasst ebenfalls das gesamte deutsche Sprachgebiet und verzeichnet auf allen sprachlichen Ebenen Varianten. Sie werden in vielen Fällen auch Anlässe für sprachliche Zweifelsfälle abgeben. So wurde dort z.B. der Befund erhoben, dass man fast im gesamten deutschen Sprachraum den Satz *Das Spiel hat um 9 Uhr angefangen* formuliert. Lediglich in Nordwestdeutschland findet man die Variante *Das Spiel ist um 9 Uhr angefangen*. Auch hier lässt sich also ein potentieller Zweifelsfall annehmen, wiederum vor allem für Sprecher, die im Spannungsfeld dieser Varietäten kommunizieren (dazu auch Götz 1995). Ohne Beschränkung auf die diatopische Dimension liefert uns eine Sammlung sprachlicher „Doppelformen" eine vergleichbare Auflistung

---

5 Vgl. flankierend zur Wortbildung Kellermeier-Rehbein 2005 sowie zur Lexikographie Sutter 2017, in populärwissenschaftlicher Form und auf einige einschlägige Fälle beschränkt zudem Leemann u.a. 2018.
6 http://www.atlas-alltagssprache.de/

potentieller sprachlicher Zweifelsfälle (Muthmann 1994). Ihr Untertitel ist sprechend; sie enthält eine *Studie zu den Varianten in Aussprache, Schreibung, Wortbildung und Flexion*. Einen vergleichbaren Charakter besitzt das Paronymwörterbuch, das zur Zeit mit Konzentration auf semantisch ähnliche („leicht verwechselbare") Lexeme erarbeitet wird (Storjohann 2014, ähnlich Wolk/Pollmann 2010). Es besitzt in den alten sog. Differentialia-Sammlungen einschlägige Vorläufer (Bellmann 1990).

Derartige Varianten-Sammlungen können demnach recht nützlich sein, um zu klären, welche Zweifelsfälle es momentan gibt. Genau genommen registrieren sie hingegen lediglich potentielle Zweifelsfälle, weil fraglich bleibt, ob die dort verzeichneten Varianten tatsächlich von vielen Sprechern als Zweifelsfälle wahrgenommen werden oder nicht – es könnte so sein, vor allem für bestimmte Sprechergruppen, definitiv nachgewiesen wurde es in diesen Publikationen allerdings nicht. Vor diesem Hintergrund lässt sich auch plausibel folgern, dass die Anzahl der Varianten in einer Sprache die Anzahl ihrer Zweifelsfälle stets übersteigt. Denn nicht alle Varianten stellen für die Sprecher stets Zweifelsfälle dar. Was führt dazu, dass einzelne Variantenpaare als Zweifelsfälle begriffen werden, andere aber nicht? Das ist sicher eine interessante Problematik, die auch für die künftige sprachwissenschaftliche Forschung relevant sein dürfte. Geklärt ist diese Frage jedenfalls noch nicht: Warum geraten bestimmte Varianten in den Aufmerksamkeitsfokus der Sprecher und werden dadurch zu kommunikativen Stolpersteinen, andere aber nicht oder nicht in demselben Maße und womöglich mit ganz unterschiedlichen Konnotationen? Wodurch unterscheidet sich die „Variantenaufmerksamkeit" (Klein, W.P. 2014: 229) der Sprecher des Deutschen und wie hat sie sich im Lauf der Zeit womöglich verändert?

Insgesamt lässt sich resümieren, dass man vor allem mit den Zweifelsfall-, aber auch mit den Varianten-Sammlungen gut etablierte Instrumente an der Hand hat, um die sprachlichen Zweifelsfälle der Gegenwart empirisch einigermaßen verlässlich abzuschätzen. Das soll freilich nicht heißen, dass es hier keinen Forschungsbedarf gibt. Im Gegenteil: Eine breit ausgebaute Studie, die aus verschiedenen Quellen Daten zur Existenz sprachlicher Zweifelsfälle statistisch verlässlich und systematisch reflektiert zusammenführen würde, existiert nicht. Auch für weitergehende Perspektiven sind viele Dinge offen. Man denke nur daran, dass man die Situationen, in denen sprachliche Zweifelsfälle zum Tragen kommen, nach verschiedenen Parametern näher untersuchen könnte: Wer wird bei welchen Gelegenheiten von welchen (Typen von) Zweifelsfällen in welcher Intensität geplagt? Auch die Faktoren, die den Charakter der sprachlichen Zweifelsfälle in bestimmten Sprechergruppen, beeinflussen könnten, liegen weitgehend im Dunkeln: Zweifelt man im norddeutschen Sprachgebiet tendenziell über andere Varianten als im Süden? Welche Rolle spielt der Schulabschluss, das Alter oder womöglich sogar das Geschlecht? Solche Fragen sind leicht formuliert, aber schwierig zu beantworten, vor allem wenn man bedenkt, dass die deutsche Sprache von ca. 100 Millionen Personen als Erstsprache benutzt wird und daher mit recht komplexen Faktorenkonstellationen gerechnet werden muss.

## 1.2 Klassifikation sprachlicher Zweifelsfälle und ihre Entstehungsursachen

### Zweifelsfälle und Schriftsprachlichkeit

Eine genauere Analyse der Variantenpaare, die Zweifelsfälle konstituieren, ist dazu geeignet, sich über das Erscheinungsprofil und die Entstehungsursachen sprachlicher Zweifelsfälle Klarheit zu verschaffen. Bei der Beantwortung der Frage, warum es sprachliche Zweifelsfälle gibt, muss vorab eine Sache in Erinnerung gerufen werden, die oben schon kurz erwähnt wurde. Ich meine den Umstand, dass sprachliche Zweifelsfälle überdurchschnittlich oft graphematisch basiert sind, dass es also häufig Schreibvarianten sind, die für den Zweifelnden zur Disposition stehen. Dem korrespondiert die Tatsache, dass die Situationen, in denen sich Zweifelsfälle manifestieren, häufig auf der Produktion schriftlicher Sprache beruhen. Anfragen bei Sprachberatungsstellen stammen jedenfalls nicht selten von Sekretariatsmitarbeitern, Redakteuren oder Werbeagenturen (Höhne 1990: 87), also sozusagen von Sprachexperten, die gerade bei der Arbeit sind, indem sie einen schriftlichen Text formulieren (Neubauer 2009: Kap.5.2; Mackowiak/Steffen 1991: 518; Kolde 1976: 35). Daraus lässt sich unmittelbar schließen, dass Zweifelsfälle prototypisch in Sprach-, genauer: Schrift*produktionssituationen* bewusst werden. Wer viel schreibt, zweifelt zumindest ab und zu. In den Momenten, in denen Sprecher rezipierend kommunizieren, wird es kaum zu Zweifelsfällen kommen. Cum grano salis lässt sich daher festhalten: Schriftlichkeit fördert die Entstehung sprachlicher Zweifelsfälle. Wenn eine Sprache wenig oder gar nicht verschriftlicht ist, dürfte es kaum zu sprachlichen Zweifelsfällen kommen. Schriftlichkeit, besonders in ausgebauter Form und mit einiger historischer Tiefe, gehört damit zu den zentralen Faktoren, die das Bewusstwerden und die Konzeptualisierung von Varianten, also die Entstehung sprachlicher Zweifelsfälle, bedingen. Ist eine Sprache gar nicht oder wenig verschriftlicht, ist kaum anzunehmen, dass bei ihren Sprechern viele Zweifelsfälle existieren.

## Phylogenese und Ontogenese

Was gerade phylogenetisch formuliert wurde, kann man auch ontogenetisch betrachten: Erst wenn Kinder schreiben lernen bzw. gelernt haben, werden sie mit dem geballten Zweifelsfallpotenzial einer Sprache konfrontiert. Das soll nicht heißen, dass Zweifelsfälle vorher nicht möglich sind. Im Schriftspracherwerb liegen jedoch Gehalte, die die Wahrnehmung sprachlicher Differenzen und Nuancen verursachen oder zumindest fördern. Davon kann man profitieren, weil man die Dinge nun sprachlich genauer und feiner anzusprechen vermag. Daran kann man aber auch laborieren, weil man im Geflecht der Nuancen den (sprachlichen) Überblick zu verlieren droht. Dahinter steckt letztendlich auch die Tatsache, dass Schriftsprache – im Unterschied zur Lautsprache – an vielen Stellen durch eine binäre Organisation geprägt ist, also ja/nein-Entscheidungen verlangt. Man kann z.B. einen bestimmten Buchstaben eines Worts entweder hinschreiben oder durch einen anderen ersetzen, entweder – oder. Mündlich sind dagegen stets verschiedenste Formen von lautlichen Modulationen denkbar. Sie bewegen sich auf einer analog organisierten Skala, nicht in binären Dichotomien wie bei der Schreibung. Schriftlich sind wir es also gewohnt, in binären Konstellationen zu agieren, im lautlichen Medium dominieren dagegen Stufen und Übergänge, die uns oft keine ja/nein-Entscheidungen abverlangen, sondern vielerlei Abstufungen zulassen. Selbst die gravierende Normbezogenheit der Zweifelsfälle lässt sich besser verstehen, wenn man sie im Kern mit schriftbasierten Standardisierungsprozessen einer Sprache in Verbindung bringt.

## Sprachliche Komplexität als Ursache für Zweifelsfälle

Was sind das aber nun für Varianten, die in derartigen Situationen den Schreibern bewusst werden und so zur Entstehung von sprachlichen Zweifelsfällen führen? Mit dieser Frage geraten wir in das Epizentrum unseres Themas. Die Antwort ist zunächst einfach. Denn prinzipiell können sämtliche Variationsdimensionen einer Sprache zu Bestandteilen von Zweifelsfällen werden. Die wohlfeile Rede, dass die deutsche Sprache – wie jede andere Sprache auch – ein „komplexes System" darstelle, wird hier geradezu mit Händen greifbar. Weil die Sprache also eine Vielfalt von Varianten zur Verfügung stellt und damit ggf. unterschiedliche Bedeutungen, Funktionen und Konnotationen transportiert werden, kommt es zu sprachlichen Zweifelsfällen. Die funktionale Kapazität und die Dynamik einer Sprache korrelieren demnach mit dem Potenzial, aus dem Zweifelsfälle hervorgehen. Je komplexer, leistungsfähiger und dynamischer sie ist, desto mehr taucht die Gefahr auf, dass die Sprecher diese Vielfalt nur noch dunkel ahnen, aber nicht mehr produktiv begreifen können. Die Folge: sie zweifeln über den Status von Varianten. Vielleicht könnte man sogar die zugespitzte These wagen, dass viele zweifelnde Sprecher als Indiz für die besondere Leistungsfähigkeit und Dynamik einer Sprache genommen werden können. Wenn nur wenige Sprecher zweifeln, ist die Sprache, die ihnen zur Verfügung steht, womöglich kaum noch lebendig. Die Abwesenheit sprachlicher Zweifelsfälle wäre insofern ein Zeichen für den erstarrten, todesähnlichen Status einer Sprache. In jedem Fall gilt: Situationen individuellen Sprachzweifels stehen in Beziehung zur komplexen Architektur und Dynamik einer Sprache. Es wäre völlig verfehlt, darin lediglich Zeugnisse für individuelle Sprachinkompetenzen zu sehen (dazu weiter Kap. 1.3).

**Zweifelsfälle nach Systemebenen**
Zweifelsfälle können nach den üblichen Systemebenen der Sprache klassifiziert werden. Sie verkörpern sich also in sämtlichen sprachlichen Dimensionen. Da sie immer aus (mindestens) zwei Varianten bestehen, müssen bei der Angabe von Beispielen immer Variantenpaare angegeben werden. Ausgehend von den Situationen realen Zweifels lässt sich das wie folgt exemplarisch illustrieren:

**Tab. 1:** Zweifelsfälle nach sprachlichen Systemebenen

| Systemebene | Beispiel |
|---|---|
| Phonetisch | *König* [-ıç / ık], *Senf* [-nf / -mf], *Mecklenburg* [me:k- / mɛk-], *Grevenbroich* [- ɔıç / -ɔx / o:x], *Restaurant* [-ã, -aŋ, -ant], *Beton* [-tõ / -tɔŋ / -toːn / -tɔn], *Komfort* [-foɐ / -foɐt], *China* [çi- / ki-], *Skat / Skandal / Ski* [sk- / ʃk- / ʃ-], *Kaffee* [ˈkafe / kaˈfeː] |
| Graphematisch | *im allgemeinen / im Allgemeinen, Grauen erregend / grauenerregend, brustschwimmen / brust schwimmen / Brust schwimmen, sodass / so dass, heute abend / heute Abend, der allerbeste / Allerbeste, rein seiden / reinseiden, Friseur / Frisör, bezirzen / becircen, potenziell / potentiell, notebook / Notebook* |
| Flexion | *buk / backte, wog / wiegte, sandte / sendete, übersiedelt / übergesiedelt, Worte / Wörter, Wracks / Wracke, Examina / Examen, Pizzas / Pizzen, des Bärs / des Bären, dem Präsidenten / dem Präsident, siebte / siebente, dummer / dümmer, ess / iss* [Imp.]*, ich laufe / lauf, ich sammele / sammel* |
| Wortbildung | *Schadenersatz / Schadensersatz, Fahrkosten / Fahrtkosten, formell / formal, lösbar / löslich, Bezug / Beziehung, anscheinend / scheinbar, lacken / lackieren, vergebens / vergeblich, geistig / geistlich, Koordinierung / Koordination, Problematik / Problem, sensibel / sensitiv, dubios 7 dubiös, beedigen / beeiden* |

| Systemebene | Beispiel |
|---|---|
| Syntaktisch | wegen dem Bericht / des Berichts, westlich Kölns / westlich von Köln, eine Herde schwarze/-r Schafe, ist / hat geschwommen, ist / hat gestanden, irgendwelches dumme /-s Zeug, Mittel für / gegen Fieber, eins und eins ist / sind zwei, wir Deutsche / Deutschen, mir / mich graust |
| Lexikalisch | a. monolexematisch: Friede / Frieden, Quell / Quelle, Etikett / Etikette, öfter / öfters, Buchse / Büchse, nutzen / nützen, gern / gerne, der / das Teil, der / die Zeh, die / das E-Mail, der / das Laptop<br>b. polylexematisch: derselbe / der gleiche, Fleischer / Metzger, Adresse / Anschrift, kehren / fegen, trödeln / bummeln, Mundart / Platt / Dialekt, Model / Mannequin, Notebook / Laptop, klingeln / läuten, trotzdem / obwohl, derselbe / der gleiche, größer als / wie |

Die Beispiele aus Tab. 1 stellen nur einen winzigen Ausschnitt aus den zahlreichen Fällen dar, die in den Zweifelsfallsammlungen aufgegriffen und diskutiert werden. Wenn man – sehr vorsichtig – davon ausgeht, dass die maßgebliche Sammlung (Duden 9/2016) auf mittlerweile 1.072 Seiten pro Seite durchschnittlich 10 Fälle behandelt, so kommt man in grober Annäherung also auf gut 10.000 Zweifelsfälle, die in der deutschen Gegenwartssprache existieren. Strukturell gesehen wiederholen sich dabei jedoch bestimmte Konstellationen immer wieder. Anders als die alphabetische Ordnung der Sammlungen suggeriert, verdanken sich die verschiedenen Fälle also nicht dem puren Zufall. Es lassen sich verschiedene Herde identifizieren, an denen dieselben Strukturprobleme immer wieder, freilich bei unterschiedlichen Wörtern auftauchen. Die Beispieldiskussion im zweiten Teil des Buchs (Kap. 4–9) hat das Ziel, einen systematischen und exemplarischen Überblick über diese Ordnung der Zweifelsfälle zu entwickeln und vorzuführen.

Überschaut man die Beispiele aus Tab. 1, so sticht eine strukturelle Eigenschaft der Variantenpaare ins Auge. Sie bestehen ganz überwiegend aus sprachlichen Formen, die ausdrucksseitig als teilidentisch zu charakterisieren sind. Die Verschriftlichungen *potentiell* und *potenziell* unterscheiden sich beispielsweise nur durch einen Buchstaben. Bei den phonetischen, graphematischen, flexivischen und Wortbildungszweifelsfällen gehört die ausdrucksseitige Teilidentität ohnehin zur Natur der Sache. Aber auch die syntaktischen Variantenpaare werden weitgehend aus denselben Wörtern gebildet, die lediglich unterschiedliche syntaktische Strukturen bilden bzw. zu bilden scheinen. Die ausdrucksseitige Teilidentität ist somit das, was einen Zweifelsfall zusammenhält und seine Identität ausmacht. Entstehungslogisch führen die kleinen Variationen bei identischen Kernen zu denjenigen Verkettungen, die einen Sprecher in Zweifel stürzen können. Lediglich die hier als polylexematisch bezeichneten Fälle bestehen aus völlig unterschiedlichen Wörtern (z.B. *Fleischer / Metzger*); diese Varianten sind also ausdrucksseitig nicht teilidentisch. Hier wird die Identität des Zweifelsfalls jedoch inhaltsseitig manifestiert: Ein Sprecher fragt sich, ob die beiden lexikalischen Varianten womöglich dieselbe Bedeutung verkörpern oder ob sonst irgendwelche Gebrauchsunterschiede existieren.

**Steuerungsklassen: konditionierte und unkonditionierte Zweifelsfälle**
Bei der Analyse der Variantenpaare, aus denen sich Zweifelsfälle zusammensetzen, kann nun danach gefragt werden, welchen Status die beiden sprachlichen Einheiten jeweils im Gebrauch der deutschen Gegenwartssprache besitzen. Wie werden die Varianten von den Sprechern normalerweise genutzt? Welche Regularitäten lassen sich hier beobachten? Was galt in der Vergangenheit, wie sieht es heutzutage aus? Welche Entwicklungstendenzen könnte es geben? Noch etwas konkreter gefragt: Unter welchen Bedingungen taucht Variante 1 auf, unter welchen Bedingungen Variante 2? Damit wären wir eigentlich beim Kerngeschäft einer realistisch arbeitenden Sprachwissenschaft. Sie wendet sich solchen Fragen üblicherweise zu, um sie anhand empirischer Belege detailliert zu beantworten. Genau an dieser Stelle überschneidet sich die Variationslinguistik mit der Analyse von Zweifelsfällen. Da im Einzelfall viele Faktoren komplex verbunden sein können, kann man vor leichtfertigen Verallgemeinerungen zur Klärung sprachlicher Zweifelsfälle allerdings nur warnen. Es gibt nicht die eine Antwort, mit der man die Nutzung aller Variantenpaare einheitlich erklären könnte. Allerdings merkt man recht schnell, dass bestimmte Konstellationen immer wieder auftauchen, wenn man den Sprachgebrauch in Zweifelsfällen unter die Lupe nimmt. Die hier wirkenden Kräfte lassen sich als diejenigen Bedingungen fassen, die im einen Fall hinter der Variante 1 stehen, im anderen Fall die Variante 2 hervorrufen. Sie steuern den Sprachgebrauch, indem sie den Gebrauch der Varianten in bestimmten Umgebungen nach sich ziehen. Einige wesentliche Faktoren, die auf diese Art und Weise dem Sprachgebrauch der Varianten zugrunde liegen, sehen wie folgt aus:

**Tab. 2:** Steuerungsklassen sprachlicher Zweifelsfälle

| Steuerungsklasse | Variante 1 | Variante 2 | Konditionalität |
|---|---|---|---|
| Diachrone Steuerung | alte Sprache | neue Sprache | konditioniert |
| Mediale Steuerung | geschriebene Sprache | gesprochene Sprache | konditioniert |
| Diatopische Steuerung | Dialekt/Regiolekt 1 | Dialekt/Regiolekt 2 | konditioniert |
| Semantische Steuerung | Bedeutung 1 | Bedeutung 2 | konditioniert |
| Syntaktische Steuerung | Satzkontext 1 | Satzkontext 2 | konditioniert |
| Textsortensteuerung | Textsorte 1 | Textsorte 2 | konditioniert |
| Andere Steuerungen | ??? | ??? | konditioniert |
| Keine Steuerung | freie Variation | | unkonditioniert |

In der obigen Tabelle stehen also maßgebliche Faktoren, die im Einzelfall die Verteilung der Varianten eines Zweifelsfalls im Sprachusus steuern können. Im Falle von zwei besonders prominenten Variationsklassen, nämlich der diachronen und der diatopischen Steuerung, ist die Tabelle beispielsweise wie folgt zu lesen: Bei der diachronen Steuerung bestehen die beiden Varianten aus einer alten (z.B. *Friseur, buk*) und einer neuen (*Frisör, backte*) Form. Bei der diatopischen Steuerung sind die Varianten dagegen nicht unterschiedlichen Zeitstufen, sondern unterschiedlichen Räumen, also Regio- bzw. Dialekten, zuzuordnen (z.B. *ist / hat gestanden*). Durch den Zeit- und Raumbezug der Sprache (= Sprachwandel + räumliche Sprachgliederung) kommen zwei Faktoren ins Spiel, die von der Dynamik der Sprache zeugen. Diese Dynamik schafft kleinere, zunächst womöglich unauffällige Sprachvarianten, die ausdrucksseitig oft teilidentisch sind. Die mediale Steuerung bezieht sich dann darauf, dass die eine Variante eher schriftlich, die andere eher mündlich gebräuchlich ist (z.B. *wegen des / dem Bericht*). Die semantische Steuerung besagt, dass die Varianten unterschiedliche Bedeutungen tragen (z.B. *Worte / Wörter, der / das Teil*). Wenn von syntaktischer Steuerung die Rede ist, heißt dies, dass man Variante 1 in einem bestimmten syntaktischen Kontext, Variante 2 in einem anderen benutzt, die syntaktische Verwendung der Varianten also nicht völlig übereinstimmt (z.B. *vergebens / vergeblich*). Ähnlich bei der Textsortensteuerung: in der Textsorte A findet sich die Variante 1, in der Textsorte B Variante 2. Die Brisanz dieser Steuerungsklassen steigert sich, wenn man bedenkt, dass die obigen Klassifikationen sicher nicht erschöpfend sind. Es sind noch weitere Komplexe möglich, die bestimmte Variationen bedingen könnten. Man denke nur an Dinge wie Stil, Höflichkeit, Alter, Geschlecht und Situation, mit denen sich bestimmte Konditionierungsgefüge zur Variantennutzung konzipieren ließen. Außerdem sind die Steuerungsklassen aus Tab. 2 nicht-disjunktiv, d.h. dass die Varianten eines Zweifelsfalls von Fall zu Fall gleichzeitig sowohl zur einen als auch zu einer anderen Klasse gerechnet werden können. So kann etwa in einer bestimmten Region eine historisch alte Variante existieren, während eine andere Region die historisch neue Variante hervorbringt. Es läge also eine Verschränkung von diachroner und diatopischer Steuerung vor. Solche Überschneidungen erhöhen die potentielle Analysekomplexität bei der Untersuchung sprachlicher Zweifelsfälle.

**Freie Variation!?**
Bleibt zum Schluss noch übrig, den besonderen Status der letzten Zeile und Spalte aus Tab. 2 zu erläutern. Der Begriff der Konditionalität bezieht sich – ganz allgemein – auf die Frage, ob man überhaupt Bedingungen ausmachen kann, die den Gebrauch der beiden Varianten eines Zweifelsfalls im Sprachusus steuern und eine bestimmte Verteilung der Varianten bewirken. In vielen Fällen ist es – wie oben gerade illustriert – mehr oder weniger gut möglich, solchen steuernden Faktoren auf die Spur zu kommen, um die unterschiedliche Nutzung der beiden Varianten eines Zweifelsfalls zu verstehen. In diesen Fällen ist der Gebrauch der Varianten also an bestimmte Bedingungen und Kontexte gebunden. Man kann abkürzend von konditionierten Zweifelsfällen sprechen. Bei manchen Zweifelsfällen ist es allerdings schwierig bis unmöglich, solche steuernden Bedingungen und Kontexte zu finden. Ihre Nutzung reagiert also nicht auf bestimmte Bedingungen, sie ist (weitgehend) frei (z.B. *gerne / gern*). Bei unkonditionierten Zweifelsfällen lässt sich auch von echten, bei konditionierten Zweifelsfällen von unechten Zweifelsfällen sprechen.

Allerdings kann sich hinter solchen freien Variationen auch ein Forschungsproblem verbergen. Denn es mag schon solche steuernden Bedingungen und Kontexte geben, sie könnten bisher aber noch nicht gefunden und rekonstruiert worden sein. Daher lässt sich auch annehmen, dass – prinzipiell gesehen – freie Variation überhaupt nicht existiert, die steuernden Bedingungen im Einzelfall also nur noch nicht bekannt sind – eine Position, die aus guten Gründen in der Sprachwissenschaft durchaus verbreitet ist. Für den Kontext der sprachlichen Zweifelsfälle scheint es mir hingegen vorerst plausibel zu sein, faktisch mit der Existenz freier Variation zu rechnen. Für die Plausibilität dieser Annahme spricht auch eine praktische Annahme. Denn manche Steuerungsfaktoren, die sprachwissenschaftlich minuziös ausgemacht wurden, sind für eine realistische normative Bewertung der Zweifelsfälle kaum tragfähig. Das gilt beispielsweise für die Rede von „Entscheidungsbäumen", die bei der Analyse von Genitiv-Markierungen (z.B. *Kriegs / Krieges*) angesetzt wurde (Bubenhofer u.a. 2014a: 417). Sie ist zwar korpuslinguistisch gut begründet und suggeriert durch das Lexem „Entscheidungs-" Praxistauglichkeit für die Sprachberatung, ist aber faktisch für die Information linguistischer Laien in der vorliegenden Form nicht nutzbar. Gibt es also für die Varianten eines Zweifelsfalls keine steuernden Bedingungen oder wurden sie noch nicht identifiziert, so lassen sich unkonditionierte Zweifelsfälle (bzw. echte Zweifelsfälle) annehmen.

Das wesentliche Ergebnis, das sich aus der Klassifikation sprachlicher Zweifelsfälle ableiten lässt, lautet wie folgt: Wenn aufmerksamen Sprechern teilidentische Sprachvarianten (Tab. 1) ins Auge fallen, ihnen aber nicht klar und deutlich bewusst ist, welche steuerungstechnischen Hintergründe (Tab. 2) diese Varianten im Sprachgebrauch besitzen, entstehen sprachliche Zweifelsfälle. Welche Steuerungsklasse bei einem gegebenen Zweifelsfall anzusetzen ist, kann sich nur aus einer Detailanalyse des realen Sprachgebrauchs ergeben. Insofern gilt: Die Klärung eines Zweifelsfalls setzt die empirische Variantenanalyse voraus. Ohne eine genaue, möglichst breit angelegte Sprachgebrauchserhebung kommt man beim Umgang mit sprachlichen Zweifelsfällen nicht weiter. Das bedeutet auch, dass man bei der Erörterung sprachlicher Zweifelsfälle von vorneherein die Varietätenvielfalt des Deutschen und ihre Geschichte und Entwicklungstendenzen im Auge haben muss. Anders gesehen: man wird wenig Substanzielles zu sprachlichen Zweifelsfällen sagen können, wenn man die deutsche Sprache z.B. lediglich mit geschriebenen Standardtexten älterer Schreiber mit einem ähnlichen Bildungshintergrund gleichsetzt. Damit würde man nur einen tendenziös gefärbten Ausschnitt des realen Sprachgebrauchs wahrnehmen. Eine angemessene Analyse, die auch eine tragfähige Entscheidungsgrundlage in sprachlichen Zweifelsfällen im Auge hat, wäre damit nicht möglich. Stattdessen sind die oben identifizierten Klassen und die darauf aufbauende Terminologie in jedem Fall konstitutiv für die Detailanalyse von Zweifelsfällen. Sie werden daher auch der Diskussion der verschiedenen Beispiele im zweiten Teil dieses Buchs zugrunde gelegt.

## 1.3 Sprachliche Zweifelsfälle und das Problem der Sprachkompetenz

Ein wichtiges Fundament der modernen Sprachwissenschaft besteht in dem Ziel, die Sprachkompetenz der Sprecher einer Sprache zu rekonstruieren. Wer verstehen will, was eine Sprache ausmacht, modelliert das Wissen ihrer Sprecher, das sie befähigt, in dieser Sprache korrekt und angemessen zu kommunizieren. In dieser Perspektive lassen sich auch die sprachlichen Zweifelsfälle, ihre Entstehungshintergründe und ihr linguistischer Status genauer erörtern.

**Sprachkompetenz und Sprachinkompetenz**
Zunächst ist es nicht verwunderlich, dass die sprachlichen Zweifelsfälle in den verschiedenen theoretischen Modellierungen der Sprachkompetenz in der Regel weder explizit noch implizit auftauchen. Das gilt sowohl für Ansätze, die nur das grammatische Wissen der Sprecher im Auge haben (z.B. Grewendorf u.a. 2008), als auch für Konzepte, die den Begriff Sprachkompetenz wesentlich breiter und realistischer fassen (z.B. Janich 2004: Kap. 3.2; Knapp/Lehmann 2006). Die Vernachlässigung der Zweifelsfälle in diesen Ansätzen rührt vermutlich daher, dass sie auf den ersten Blick eher etwas mit dem Gegenteil von Sprachkompetenz, also Sprachinkompetenz zu tun haben. Schließlich weiß ein Sprecher an diesen Punkten nicht weiter, die Kommunikation stockt, man sucht nach Rat, weil man selber sprachlich nicht zurechtkommt – alles Dinge, die offenkundig sprachliche Unfähigkeit beweisen und in einer Theorie der Sprachkompetenz keinen Platz finden können. Zweifelsfälle gehören demnach, wenn sie überhaupt theoretisch erfasst werden sollen, höchstens an den Rand von Modellen, die als Grundlage für die Deskription und Analyse menschlicher Sprachkompetenz fungieren. Das gilt auch für neuere linguistische Modelle und Ansätze, die den Aufbau der Sprache in (z.T. grundsätzlich) neuen Perspektiven begreifen wollen. Sie ranken sich beispielsweise um Stichwörter wie grammatische Lücken (Reis 1979, reformuliert Reis 2017) oder grammatische Illusionen (Haider 2011; Meinunger 2014), Optimalität (z.B. Müller 2000), fuzzy grammar bzw. fuzzy logic (z.B. Aarts 2004), Skalarität bzw. Gradualität (z.B. Aarts 2007; Traugott/Trousdale 2010), Vagheit (z.B. Wolski 1980; Channell 1994; Raffman 2014; Kluck 2014) oder das Begriffspaar *Kern / Peripherie* (z.B. Nolda u.a. 2014).

Es wurde bisher also noch kein kompetenz- oder sprachtheoretischer Ansatz entwickelt, in dem die sprachlichen Zweifelsfälle des Deutschen in all ihren Facetten, realistisch und empirisch greifbar, ins Zentrum gerückt worden wären. Weiter kommt man hingegen mit der These, dass unser sprachliches Handeln in eine grundsätzlich zu fassende sprachlich-kommunikative „Imperfektibilität" eingebettet ist (Antos 1996: 152). Auch moderne, soziolinguistisch fundierte Ansätze, das sog. language management in den Blick zu nehmen, öffnen interessante, theoretisch kohärente Perspektiven auf die zugrundeliegenden Sprachprobleme (Dovalil 2015; zum Hintergrund Jernudd 2000; Spolsky 2009). Allerdings wurden die sprachlichen Zweifelsfälle (des Deutschen) auch in diesen Theorie-Umgebungen erst einmal nur andeutungsweise, nicht wirklich konstitutiv und systematisch integriert.

**Kompetente und vollkompetente Sprecher**
Um die kompetenztheoretische Analyse der sprachlichen Zweifelsfälle zu vertiefen, lässt sich die Annahme, dass sie unmittelbar von der Inkompetenz der Sprecher zeugen, relativieren. Das sei gleich plakativ zugespitzt: Sprachliche Zweifelsfälle zeugen nicht nur von der Inkompetenz, sondern auch von der Kompetenz der Sprecher. Zur Explikation dieser These möchte ich in einer Art Gedankenexperiment einem zweifelnden Sprecher (zS) einen nicht-zweifelnden Sprecher (nzS) gegenüberstellen. Was lässt sich über diese beiden Sprecher im Kontrast annehmen? Der Habitus eines nicht-zweifelnden, also augenscheinlich sehr kompetenten Sprechers, lässt sich in einer solchen Überlegung – sozusagen variantenlogisch – auf zwei Szenarien reduzieren:

Erstens kann der Nicht-Zweifel dadurch zustande kommen, dass nzS die Varianten, die den Zweifel von zS verursachen, überhaupt nicht kennt. Wer aber keine Varianten kennt, wird auch nicht in Zweifel gestürzt, da die wesentliche Ausgangsbedingung für sprachliche Zweifelsfälle – die Kenntnis von Varianten – nicht erfüllt ist. Variantenunkenntnis schützt vor Sprachzweifeln. In diesem Szenario ist es dann klarerweise zS, der mehr weiß als nzS. Denn zS kennt Varianten, nzS aber nicht. Damit ist zS auch sprachkompetenter als nzS, da seine Sprachkenntnis offensichtlich mehr umfasst als die von nzS. Anders als nzS weiß er um Varianten. Sein Problem liegt nur darin, dass ihn seine umfassendere Sprachkenntnis eher hemmt als beschwingt, da er sie nicht positiv begreifen und verarbeiten kann.

Zweitens mag nzS durchaus die Varianten kennen, die zS irritieren. Allerdings sieht er sich dadurch nicht in Zweifel gestürzt, sondern ist – anders als zS – in der Lage, mit den Varianten auf irgendeine nicht-zweifelnde Art und Weise umzugehen. An dieser Stelle läge es nun nahe, verschiedene Möglichkeiten zu erörtern, wie ein solcher Nicht-Zweifel, also bei Kenntnis von Varianten, beschaffen ist und zustande kommen mag. Hier sind viele Möglichkeiten denkbar. Sie besitzen einen ganz unterschiedlichen Zuschnitt. Die Palette reicht von umfassender, substanzieller Sprachkenntnis bis zu einem grundlos übersteigerten sprachlichen Selbstbewusstsein; sie soll hier nicht in ihrer ganzen Vielschichtigkeit behandelt werden. Stattdessen möchte ich in groben Umrissen das Ideal eines vollkompetenten Sprechers zeichnen, das dem etablierten Begriff des kompetenten Sprechers an die Seite zu stellen ist. Ein vollkompetenter Sprecher kennt die Varianten und kann zugleich produktiv mit ihnen umgehen, weil er sie realistisch in der Sprachwirklichkeit verorten und daraus begründete Konsequenzen für seine eigene Sprachproduktion zu ziehen vermag. Ein solcher Sprecher wird durch Varianten höchstens vorübergehend irritiert. Denn er weiß, dass sie zu jeder Sprache gehören und es verschiedene Wege geben kann, mit ihnen angemessen umzugehen. Altmodisch formuliert: nicht-zweifelnde vollkompetente Sprecher sind sprachlich gebildeter als zweifelnde kompetente Sprecher. Am Ende der Skala rangieren freilich nicht-zweifelnde Sprecher, die noch nicht einmal wissen, dass an allen Ecken und Enden der Sprache mit Varianten zu rechnen ist. In diesem Bild gehören die sprachlichen Zweifelsfälle sozusagen zu einem Übergangsstadium innerhalb eines kommunikativen Bildungsprozess, bevor die höchste Kompetenz erreicht wird, die in sprachlichen Dingen möglich ist. Anders gesagt: wer nie gezweifelt hat, wird wahrscheinlich nicht in der Lage sein, die höchste Form der Sprachkompetenz zu erreichen. Vor diesem Hintergrund sei hier eine programmatische Bemerkung gestattet: Die wissenschaftliche Beschäftigung mit sprachlichen Zweifelsfällen, wie sie in diesem Buch konzipiert wird, dient nicht zuletzt dem Ziel, die Ausbildung vollkompetenter, reflektierter Sprecher zu fördern, sei es in Schule, Universität oder schlicht im Alltag, in dem sich viele sprachinteressierte Menschen bewegen und nicht selten durch Varianten irritiert sind.

Vor dem Ideal eines vollkompetenten Sprechers, wie es gerade angedeutet wurde, lohnt sich auch wieder ein Blick in die kursierenden Ansätze zur wissenschaftlichen Modellierung der menschlichen Sprachkompetenz. Denn mit dem Begriff der Variationskompetenz (auch: Varietätenkompetenz) findet sich in modernen Ansätzen eine Begrifflichkeit, die dazu geeignet ist, den vernünftigen Umgang mit sprachlichen Zweifelsfällen terminologisch im Zentrum der gegenwärtigen Sprachwissenschaft zu verankern. Man versteht darunter diejenige Teil-Fähigkeit der einzelsprachspezifischen Kompetenz, mit der sich die Sprecher flexibel, sicher und angemessen in den verschiedenen Varietäten, Domänen, Stilen und Registern einer Sprache bewegen (z.B. Knapp/Lehmann 2006: Kap.3.2.2; vertiefend und exemplarisch König 2012). Das heißt immer auch: Umgang mit Varianten! In dieser Bedeutung spielt der Terminus Variationskompetenz jedenfalls eine zunehmend wichtige Rolle in den Bemühungen, das Ganze, den Erwerb und den Gebrauch der deutschen Sprache systematisch auf den Begriff zu bringen und empirisch umfassend auszuloten (z.B. Katerbow 2013: 92). Verwandt damit ist auch das Plädoyer für Variantentoleranz (Maitz/Elspaß 2012) sowie die Bemühung, Sprachdynamik als Zentralbegriff der modernen Varietäten- bzw. Variationslinguistik zu explizieren (Schmidt/Herrgen 2011). Zur ausgebauten Variationskompetenz sollte es also gehören, angemessen mit sprachlichen Zweifelsfällen umgehen zu können und den Zweifel, der den Umgang mit Varianten auf einer bestimmten Stufe der Spracherwerbsbiographie begleitet, vernünftig und reflektiert hinter sich zu lassen. Sprachkompetenz fällt real in wesentlichen Teilen mit Variationskompetenz zusammen. Ein nicht-zweifelnder Sprecher mit Variantenkenntnis besäße demnach eine hohe Variationskompetenz und würde sich dem Ideal eines vollkompetenten Sprechers nähern. Ein nicht-zweifelnder Sprecher ohne Variantenkenntnis läge dagegen am unteren Rand der Sprachkompetenzskala, ein zweifelnder Sprecher mit Variantenkenntnis in der Mitte. Summa summarum können die obigen Erläuterungen zum Verhältnis von Sprachzweifel und Sprachkompetenz wie folgt in der Tab. 3 zusammengefasst werden:

**Tab. 3:** Kompetente und vollkompetente Sprecher

| Zweifel | nicht-zweifelnd | zweifelnd | nicht-zweifelnd |
|---|---|---|---|
| Variantenkenntnis | nein | ja | ja |
| Variationskompetenz / Sprachkompetenz | niedrig ☹ | mittel ☺ | hoch ☺ |
| Ein Sprecher ist… | | … kompetent | … vollkompetent |

Mit den Klassifikationen aus Kap. 1.2 wird nun auch greifbarer, wie Zweifelsfälle prinzipiell von den Sprechern bewältigt werden können. Der erste Schritt besteht darin, dass sie allgemein über die Existenz von Variantenpaaren in einer Sprache informiert sein müssen (Tab. 1). Das hört sich jetzt womöglich etwas problematischer an, als es tatsächlich ist. Denn hier geht es noch nicht um quasi-sprachwissenschaftliche Kenntnisse, sondern um Erfahrungen, die sich in der Regel unmittelbar aus der Sprachwirklichkeit ergeben. Dass etwa die deutsche Sprache in ihrem Verbreitungsgebiet nicht überall dieselbe Gestalt besitzt, sondern variiert, ist sicher keine außergewöhnliche Erkenntnis: In München spricht man anders als in Hamburg. Und dass sich die Sprache mit der Zeit ebenso ändert, ist eigentlich genauso wenig spektakulär: Großeltern sprechen anders als ihre Enkel. Zu diesem Wissen gehört jedoch auch noch die angemessene Einschätzung solcher Variationen. Denn zunächst einmal sind weder in der zeitlichen noch in der räumlichen Dimension einfache Wertungen möglich: Die alte Sprache ist nicht richtiger als die neue, die neue nicht richtiger als die alte. Oder diatopisch formuliert: Die Sprache aus der Region X ist nicht richtiger als die der Region Y und umgekehrt. Freilich ist das eine relativierende Sicht auf die Varianten von Zweifelsfällen, die in der normativen Geschichte ihrer Thematisierung, gelinde gesagt, nicht immer im Vordergrund stand (weiter dazu Kap. 1.4).

Schon wesentlich weniger greifbar gegenüber dem bloßen, sozusagen unmittelbaren Variationsbewusstsein ist die Detailkenntnis, welche Steuerungsklasse (Tab. 2) bei einem gegebenen Zweifelsfall im einzelnen gerade vorliegt. Das lässt sich nämlich nicht durch theoretische (Alltags-) Spekulation, sondern allein durch empirische Erhebungen des realen Sprachgebrauchs klären. Hier können also nur noch linguistische Befunde weiterhelfen, ggf. gestützt durch eine möglichst umfassende Kenntnis von Sprachvariationsmöglichkeiten. Die sprachwissenschaftliche Fundierung der verschiedenen Sprachberatungsstellen und Sprachberatungsprojekte besitzt genau an diesem Punkt ihren systematisch wohlbegründeten Ort. Hier ist freilich zu beachten, dass bei Sprachwissenschaftlern und linguistischen Laien wahrscheinlich zwei konstitutiv unterschiedliche Perspektiven auf Zweifelsfälle vorliegen: Sprachwissenschaftler denken an diesem Punkt von vorneherein eher in (syntaktischen) Relationen, Laien in (wortzentrierten) Kategorien (Hennig 2016). Einfach gesagt: Sprachwissenschaftler rücken eher die (abstrakten) Relationen zwischen den Wörtern in den Mittelpunkt, Laien gehen eher von den (konkreten) Wörtern und ihren individuellen Gehalten aus. Wenn diese konzeptionelle Differenz zwischen dem Experten- und dem Laienbewusstsein nicht angemessen berücksichtigt wird, erschwert das die Verständigung zwischen Sprachwissenschaftlern und den normalen Sprechern einer Sprache.

**Entscheidungen in sprachlichen Zweifelsfällen**
Anhand der Unterscheidung von konditionierten und unkonditionierten Zweifelsfällen kann man dasjenige Wissen näher umkreisen, das dazu geeignet ist, den Zweifel in sprachlichen Dingen angemessen zu bewältigen. Denn die Zuordnung zu bestimmten Variationsklassen ist der erste Schritt zu einem produktiven Umgang mit sprachlichen Zweifelsfällen. Dieser Weg kann auch innerhalb einer regelrechten Entscheidungssystematik zur Bewältigung solcher Sprachformen genauer umrissen werden (Klein, W.P. 2009). Wer beispielsweise erfährt, dass die beiden Varianten eines Zweifelsfalls aus unterschiedlichen Sprachregionen stammen oder aber ältere bzw. neuere Sprachformen repräsentieren, besitzt für den eigenen Sprachgebrauch gute Anhaltspunkte, um sich für die eine oder die andere Variante eines Zweifelsfalls zu entscheiden. Die Kenntnis der Gebrauchsbedingungen konditionierter Zweifelsfälle versetzt die Sprecher in die Lage, den Zweifel begründet hinter sich zu lassen. Bei den unkonditionierten Zweifelsfällen stehen sie dann vor der Wahl, sich sogar völlig frei – sozusagen dezisionistisch – für eine der beiden Varianten entscheiden zu können. Denn hier gibt es keine steuernden Faktoren, die beachtet werden müssen. Die variantenlogische Betrachtung der Zweifelsfälle, die auf einer Analyse der Nutzung der Varianten im Sprachgebrauch basiert, stellt demzufolge eine Etappe in der Ausbildung vollkompetenter Sprecher dar. Die Variationskompetenz wird dadurch gesteigert, die Zweifelsfälle werden bewältigt.

Leider ist das alles bestenfalls erst die halbe Geschichte. Denn die Entscheidung zwischen den Varianten eines Zweifelsfalls ist, anders als die obigen Erörterungen suggerieren mögen, wesentlich mehr als ein nüchterner Überlegungsprozess, in dem man lediglich Informationen über den realen Sprachgebrauch benötigt, um eine tragfähige Wahl zwischen Varianten zu treffen. Es wirken hier nämlich verschiedene brisante Kräfte, die diese sprachliche Entscheidung mit erheblichen sozialen Konnotationen befrachten. Sie hängen mit der normativen Dimension der Sprache zusammen. Sie kann bekanntlich folgenschwere sozialsymbolische Konsequenzen nach sich ziehen. Diese Wertigkeit sprachlicher Zweifelsfälle soll im folgenden Kapitel näher erörtert werden.

## 1.4 Sprachliche Zweifelsfälle in normativen Perspektiven

Bei der Erörterung der Zweifelsfälle wurde bisher eine Tatsache in den Hintergrund gerückt, die ihre Wahrnehmung bei den Sprechern erheblich beeinflusst. Gemeint ist der Umstand, dass die Zweifelsfälle in der Regel in einem hochgradig normativen Umfeld zur Kenntnis genommen werden. Diese Einbettung besitzt tiefe Verankerungen in der Geschichte des deutschen Sprachbewusstseins. Sie verkörpert sich auch in dem, was landläufig als (deutsche) Sprachkultur bezeichnet wird und aufs engste mit der Entstehung der deutschen Standardsprache verquickt ist. Der sichtbarste Ausdruck dieses normativen Kontexts liegt in der Nutzung eines Begriffspaars, das unmittelbar den beiden Varianten eines Zweifelsfalls zugeordnet werden kann und erhebliche alltagssprachliche Relevanz besitzt. Es lautet: richtig oder falsch? Mit anderen Worten, bei den Zweifelsfällen steht seit jeher die Frage im Raum, welche der beiden Varianten wohl die richtige sein mag, welche wohl falsch ist, kurzum: wie die Norm lautet. Man kann geradezu von einer Richtig-oder-Falsch-Ideologie sprechen. Sie besitzt verschiedene Aspekte und Ausformungen, die man idealtypisch wie folgt beschreiben kann.

**Aspekte der Richtig-oder-Falsch-Ideologie**
Zunächst steckt in der Richtig-oder-Falsch-Ideologie die Unterstellung, dass immer nur entweder die eine oder die andere Variante richtig bzw. falsch sein kann. Wenn Variante A richtig ist, dann muss Variante B falsch sein, und umgekehrt. Dass beide Varianten gleichzeitig richtig sein können, ist hier undenkbar: Tertium non datur. Dazu kommt die Suggestion, dass solche Entscheidungen kontextlos zu fällen sind. Was richtig oder falsch ist, sollte also nicht in Relation zu bestimmten Kontexten oder kommunikativen Umgebungen gefasst werden. Das wäre, so eine weitere Unterstellung, eine unerwünschte Verwässerung, die für

die Sprachpraxis angeblich nicht taugt. Vielmehr wäre nach den Verfechtern dieser Ideologie ein für allemal zu klären, welche Variante der Sprecher angesichts von Zweifelsfällen wählen muss. Dahinter steckt auch die Annahme, dass die (deutsche) Sprache ein homogenes und zeitlos stabiles Gebilde darstellt. Nur so können laut Richtig-oder-Falsch-Ideologie die einzelnen Varianten dauerhaft, sicher und ohne verwässernde Relativierungen als richtig oder falsch bewertet werden.

Die als falsch identifizierten Varianten erhalten zudem ein Label, das für die Richtig-oder-Falsch-Ideologie von großer Bedeutung ist: Sie werden zu Sprachfehlern. Damit kommt eine Begrifflichkeit ins Spiel, die sprachwissenschaftlich alles andere als trivial und leicht zu klären ist (wegweisend Eisenberg/Voigt 1990; darauf aufbauend Schneider 2005; Hennig 2012). Wer dann die richtige Variante nicht nutzt, so eine weitere Unterstellung, kann sprachlich abqualifiziert werden. Er spricht nicht richtig Deutsch, mindestens kein gutes Deutsch, mit Fehlern durchmischt. Es werden spracherzieherische Maßnahmen nötig, um die inkompetenten Sprecher auf den richtigen Weg zu bringen. Dieser Gedankengang lässt sich jedenfalls plausibler Weise annehmen, auch wenn die Erforschung der Auswirkung von sprachlichen Normverstößen noch in den Kinderschuhen steckt (Sebold 1996).

Das Ganze funktioniert erstaunlicherweise meist völlig unabhängig davon, ob die intendierten Inhalte des Sprechers / Schreibers beim Hörer / Leser angekommen sind oder nicht. Ich kann fehlerhaft sprechen, obwohl beim Hörer / Leser genau das angekommen ist, was ich ihm mitteilen wollte. So gibt es etwa bei einem Satz wie *Dem Präsident geht es gut* wohl kaum ein Verständnisproblem. Jeder kompetente Sprecher des Deutschen weiß hier, was gemeint ist. Eine wichtige, wenn nicht die wichtigste Funktion von Sprache, nämlich Inhalte und Wissen an Andere weiterzugeben, ist sicher erfüllt. Trotzdem kann es passieren, dass man nach der Äußerung eines solchen Satzes als eine Person dasteht, die Sprache gerade falsch genutzt haben soll: *Falsch! Es muss heißen dem Präsidenten. Das war ein Fehler!*

Hinter der Etablierung eines solchen Fehler-Diskurses verbirgt sich zweifelsfalltheoretisch eine weitreichende Perspektivenumkehr, die man in aller Eindringlichkeit in den Blick nehmen sollte. Während bei der Zweifelsfall-Perspektive gewissermaßen die Innenschau eines Individuums leitend ist – ein einzelner Sprecher erfährt seine eigene Sprachproduktion als stockend und insofern verbesserungsbedürftig –, dominiert bei der Fehlerperspektive die Außensicht: eine zweite Person weist einen anderen Sprecher mahnend darauf hin, dass er in irgendeiner Art und Weise minderwertige, verbesserungswürdige Sprache produziert hat. Im ersten Fall bleibt der Sprecher die maßgebliche Handlungsinstanz.

Er kann sich beispielsweise eigenständig für eine Variante entscheiden oder bei Mitmenschen aktiv um Beratung bitten. Im letzteren Fall erfährt sich der getadelte Sprecher als passiv, insofern er von außen auf einen Defekt hingewiesen wurde, den er – sozusagen nichts Böses ahnend – in seiner Sprachproduktion hervorgebracht hat. In beiden Fällen stockt zwar die üblicherweise problemlos ablaufende Kommunikation, aber die Rolle, die das kommunizierende Individuum dabei einnimmt, ist sehr unterschiedlich. Im ersten Fall ist es zwar ein zweifelndes, aber potenziell noch selbständiges, frei agierendes Subjekt, im zweiten Fall ist es ein unselbständiges, unterworfenes Subjekt, dem eine gewisse kommunikative Unfähigkeit attestiert wurde. Angesichts von zwei Sprachvarianten, die bei metasprachlichen Bewusstseinsprozessen oder Diskussionen um Sprache im Raum stehen mögen, bringt es also einen großen Unterschied mit sich, die fraglichen Formen entweder als Zweifelsfall oder als Sprachfehler zu konzeptualisieren.

**Der Mythos vom Sprachverfall**
Mehr noch: die deutsche Sprache ist angeblich vor den konstitutiv unrichtigen Varianten (= Fehlern) zu schützen. Es droht nämlich der Verlust ihrer Funktionsfähigkeit und am Ende gar ihr völliger Untergang. Man sieht: Ein anderes Sprachideologem, das mindestens ebenso tief in unserer Sprachbewusstseinsgeschichte verortet ist wie die Richtig-oder-Falsch-Ideologie, gerät so in direkten Zusammenhang zu den sprachlichen Zweifelsfällen: der Mythos („Wahn"!?) vom drohenden Sprachverfall (Beck 1996; Klein, W. 1986, 2000; Keller 2006; Dieckmann 2012: Kap. 5). Unter diesen Vorgaben stehen die Sprecher, die mit sprachlichen Zweifelsfällen konfrontiert sind, unter mehrfachem sozialen Druck. Er manifestiert sich in einem prekären Bewusstsein, dessen persönliche Brisanz man wie folgt umschreiben könnte: Wenn ich die Varianten nicht in den Griff bekomme, werde ich fehlerhaftes, womöglich missverständliches oder sogar unverständliches Deutsch produzieren. Das wird mich als Mitglied der deutschen Sprachgemeinschaft diskreditieren und vielleicht sogar zum Untergang der deutschen Sprache beitragen.

Die obige Schilderung der Richtig-oder-Falsch-Ideologie ist, wie gesagt, idealtypisch, also recht zugespitzt, vielleicht sogar überspitzt. Sie taucht in dieser – sozusagen reinen – Form selten unverblümt auf. Ihre verschiedenen Komponenten sind aber im öffentlichen Sprachdiskurs und im nicht-wissenschaftlichen Umgang mit sprachlichen Zweifelsfällen immer wieder in den verschiedensten Formen und Schattierungen beobachtbar, häufig mit sozialdifferenzierenden Ambitionen. Demnach lässt sich am normativen Umgang mit Zweifelsfällen ablesen, welcher gesellschaftliche Status einer Person per Sprachevaluation zugesprochen werden kann. Zeig mir, wie Du sprichst, und ich sage Dir, wer Du bist! Die skizzierten Unterstellungen haben seit dem 18. Jahrhundert die Art und Weise, wie im deutschen Sprachraum Zweifelsfälle diskursiv begriffen werden, entscheidend geprägt (dazu weiter Kap. 2).

**Richtig-oder-Falsch-Ideologie und die Kontextgebundenheit der Sprache**
Wo Ideologie ist, ist üblicherweise auch Ideologiekritik. Die Fragwürdigkeit der Richtig-oder-Falsch-Ideologie lässt sich dadurch herausarbeiten, dass man sie mit den in Kap. 1.3 entwickelten Perspektiven auf sprachliche Zweifelsfälle kontrastiert. Da gibt es zunächst einen schlichten, aber wesentlichen Unterschied: Wenn man die Sicht auf Zweifelsfälle konstitutiv in unterschiedlichen Variationsklassen fundiert (s. Kap. 1.2), so ist ein solcher Zugang das exakte Gegenteil zu der Einstellung, die sprachlichen Zweifelsfälle möglichst kontextlos zu erörtern. Das Denken in sprachlicher Variation widerspricht der Annahme einer kontextfrei zu bestimmenden, einheitlichen Sprachlichkeit. (Reale) Sprachvariation und (unterstellte) Sprachhomogenität schließen sich aus. Dazu kommt der Umstand, dass in der variationslogischen Fundierung etwas möglich ist, was man innerhalb der Richtig-oder-Falsch-Ideologie scheut wie der Teufel das Weihwasser, dass nämlich beide Varianten eines Zweifelsfalls gleichzeitig akzeptiert werden können, also richtig sind. Das muss generell – wie oben ausgeführt (S. 18) – für unkonditionierte Zweifelsfälle angenommen werden, da hier keine steuernden Faktoren im Sprachgebrauch bekannt sind und die Sprecher also völlig frei entweder die eine oder die andere Variante nutzen können. Es gibt hier keine falsche Variante. Unter anderen Voraussetzungen trifft das aber auch für die konditionierten Zweifelsfälle zu. Auch hier sind in einer bestimmten Sicht beide Varianten richtig, nur eben nicht im selben Kontext. Variante A ist im einen, Variante B in einem anderen Kontext richtig. In einer nicht-ideologischen Sicht auf Zweifelsfälle gilt demzufolge: Tertium datur.

Die Unvereinbarkeit der Richtig-oder-Falsch-Ideologie mit einer variationslinguistischen Sicht auf Zweifelsfälle tritt an anderen Stellen sogar noch verschärfter zutage. Denn während der variationslogischen Fundierung die Rücksicht auf den realen Sprachgebrauch zugrunde liegt, wird in der Richtig-oder-Falsch-Ideologie davon gerade abgesehen. Im ersten Fall denkt man sprachempirisch, um Zweifelsfälle zu klären, im zweiten Fall muss man notwendigerweise auf andere Instanzen zurückgreifen, um die Varianten sprachlicher Zweifelsfälle evaluieren zu können. Die Spannbreite der Instanzen, die dann statt dem Sprachgebrauch als Entscheidungsgründe angeführt werden, ist groß. Manche argumentieren ästhetisch, manche rationalistisch, andere historisch oder ökonomisch. Man wählt also die (angeblich) schönere, vernünftigere, ältere oder kürzere Variante. Entsprechende Erwägungen und die damit verbundenen Mentalitäten sind tief in der Geschichte des (deutschen) Sprachbewusstseins und der sprachkulturellen bzw. -pflegerischen Aktivitäten verwurzelt, insbesondere seit der zweiten Hälfte des 19. Jahrhunderts (Lühr 1992; Ziegler 1999). Sprachwissenschaftlich überzeugt das nicht. Dort können die Varianten eines Zweifels allein durch den Rekurs auf den tatsächlichen Sprachgebrauch analysiert und ggf. mit Begriffen wie richtig und falsch evaluiert werden. Kurzum: Wer über Sprache urteilen und die Sprachkompetenz bestimmter Sprecher denunzieren möchte, den Sprachgebrauch aber nicht (wirklich) beachten will, bedient sich der Richtig-oder-Falsch-Ideologie. Wer Sprache und ihre Sprecher realistisch und vorurteilsfrei begreifen will, kommt um eine genaue, also wissenschaftliche Beobachtung und Analyse des Sprachgebrauchs nicht herum.

**Sprachfehler in variationslinguistischer Sicht**
Um Missverständnisse zu vermeiden, sei an dieser Stelle darauf hingewiesen, dass das Begriffspaar *richtig / falsch* und der Begriff des Sprachfehlers in einer variationslinguistischen Sicht auf Zweifelsfälle keineswegs überflüssig sind. Denn auch in einer variantenreichen, inhomogenen Sprache muss nicht jede sprachliche Formulierung von vorneherein (irgendwo) richtig sein; auch hier gibt es Sprachfehler, nämlich dann, wenn für den jeweiligen Kontext unübliche Sprache genutzt wird. Bestimmte Sprachverwendungen können etwa die mediale oder die diatopische Variation missachten. Wer etwa typisch mündliche, nähesprachliche Konstruktionen in einem schriftlichen Distanzkontext nutzt, macht einen Fehler. Wer sich in Bayern in informellen Kontexten niederdeutsch artikuliert, hat die übliche Sprache verfehlt. Zur Normativitätsauffassung in der Richtig-oder-Falsch-Ideologie existiert jedoch ein wesentlicher Unterschied. Unter variationslogischen Bedingungen kann man nämlich nicht mehr per se von falschen oder richtigen Varianten sprechen. Die sprachliche Richtigkeit wird hier ja stets relativ zu bestimmten Kontexten bestimmt. Auch die Redeweise, dass eine bestimmte Variante im Deutschen falsch ist, verbietet sich unter diesen Voraussetzungen. Bestimmte Wortformen, syntaktische Konstruktionen oder Aussprachen können nur in bestimmten Kontexten falsch sein, nicht generell. Sofern man nennenswerte Belege aus der Sprachwirklichkeit vorweisen kann, gibt es keine grundsätzlich falschen Varianten.

Die Identifikation richtiger bzw. falscher Sprache in der Richtig-oder-Falsch-Ideologie und in der variationslogischen Fundierung erfolgt also erkennbar nach unterschiedlichen Prinzipien. Das schreit geradezu nach einer terminologischen Differenzierung. Deshalb haben sich in der Sprachwissenschaft neben dem eher ideologisch geprägten Begriffspaar *richtig / falsch* mittlerweile die Termini *angemessen / unangemessen* etabliert. Statt von Sprachrichtigkeit spricht man variationslinguistisch-pragmatisch fundiert (oder auch sprachkritisch gewendet (Kilian u.a. 2010: 39; Kilian u.a. 2013)) von Sprachangemessenheit. Dadurch lässt sich dann im Einzelfall angemessene von unangemessener Sprache unterscheiden (z.B. Kienpointner 2005; Schneider 2005: 21; zur Diskussionsbreite Aptum-Themenheft: Angemessenheit 2015; zur terminologischen Tradition z.B. Liebsch/ Döring 1978: 310ff).

**Nachdrücklichkeit der Richtig-oder-Falsch-Ideologie**
Die Richtig-oder-Falsch-Ideologie geht also von trügerischen Voraussetzungen aus, die mit einer wissenschaftlich begründeten Sicht auf sprachliche Zweifelsfälle an wesentlichen Punkten unvereinbar sind. Damit könnte man sie eigentlich ad acta legen. Freilich würde dann eine bemerkenswerte Sache unter den Tisch fallen, nämlich ihre sehr hartnäckige, über Jahrhunderte anhaltende Existenz. Sie lässt sich auch heute noch beobachten und wird offensichtlich immer weiter fortgeschrieben. Es dürfte also lohnenswert sein, sich noch etwas näher mit der Richtig-oder-Falsch-Ideologie zu befassen. Hier scheint etwas zu wirken, was durchaus eine große Kraft und Nachdrücklichkeit besitzt. Was ist das? Woher kommt es? Was führt dazu, dass der Richtig-oder-Falsch-Ideologie trotz ihrer heiklen Prämissen so viel lebendige Überzeugungskraft innezuwohnen scheint?

Zur Beantwortung dieser Fragen ist anfangs auf Erfahrungen zu verweisen, die jedem sprechenden Menschen vertraut sind. Beim Erstspracherwerb wurden wir immer wieder damit konfrontiert, dass (vorübergehend) unkorrekte Sprache produziert wird. Das merken kleine Kinder recht schnell, Eltern sowieso, zum Beispiel im Zoo: „Dahinten! Lauter Tigers und Panthers!" Wer sprechen lernt, kommt nur durch Fehler weiter. Dass die Sprachlerner in der einen oder anderen Form, explizit oder (häufiger) implizit, auf Sprachfehler hingewiesen werden, kommt also vielfach vor. In den ersten Lebensjahren wird so ein deutliches metasprachliches Bewusstsein dafür geschaffen, dass man bei der Sprachproduktion auf dem falschen Weg sein kann, dass es also möglich ist, die richtige Variante zu verfehlen und falsch zu sprechen. Sicher vertieft die Schule diese generelle Haltung, sowohl auf Schüler- als auch auf Lehrerseite. Schließlich kann man den Schriftspracherwerb als eine Art zweiten Spracherwerb verstehen. Er vollzieht sich zwar nach anderen Prinzipien als der Erwerb der mündlichen Sprache. Dass in beiden Fällen freilich mit der Unterscheidung von falsch und richtig zu rechnen ist, dürfte eine Erkenntnis sein, die das natürlich gewachsene Sprach- und Schriftbewusstsein im Kern dominiert. Sowohl mündlich als auch schriftlich ist, so die lebendige Erfahrung in jeder Spracherwerbsbiographie, von vornherein mit der Diskriminierung von Varianten zu rechnen. Sie kann sozial folgenreich sein. Die Richtig-oder-Falsch-Ideologie ist – wenn man so will – das unvermeidbare Nebenresultat des Sprechen- und Schreibenlernens.

Das bestätigt sich heutzutage auch in der multikulturellen Gesellschaft immer wieder, nämlich im Kontakt mit Personen, die Deutsch als Fremd- bzw. Zweitsprache lernen oder auf irgendwelchen Erwerbsstufen stehen geblieben sind. Auch in diesem Umfeld werden zweifellos viele Sprachfehler produziert, die das Erfahrungsfundament der Richtig-oder-Falsch-Ideologie weiter stützen. Dazu kämen endlich noch offensichtliche Versprecher (sowie schriftsprachliche Vertipper), in denen laut einhelliger Ansicht der jeweiligen Kommunikationsteilnehmer Sprachfehler produziert wurden. Kurzum: Es gibt verschiedene Erfahrungsbereiche, in denen man wiederholt dem Umstand begegnet, dass Menschen zweifellos Sprachfehler produzieren. Darin steckt zumindest eine Teil-Erklärung für die nachdrückliche Existenz der Richtig-oder-Falsch-Ideologie. Offensichtlich werden diese Erfahrungen dann auch auf andere kommunikative Sektoren übertragen.

**Richtig-oder-Falsch-Ideologie und Standardsprachlichkeit**
Damit aber nicht genug. Denn die Brisanz und Langlebigkeit der Richtig-oder-Falsch-Ideologie ist nur dann angemessen zu verstehen, wenn man eine wesentliche Sprachentwicklung des Deutschen in den Blick nimmt, die in der germanistischen Linguistik sozusagen zum Kernbestand der etablierten Forschungsgegenstände gehört. Ich spreche von der Ausbildung der Standardvarietät bzw. Standardsprache, die die deutsche Sprachgeschichte der letzten Jahrhunderte im Kern geprägt hat. Seit spätestens dem 17. Jahrhundert hat sich bekanntlich über den vielen diatopischen Varietäten des Deutschen allmählich diese besondere Sprachform herausgebildet. Ihre konstitutiven Eigenschaften sind schnell aufgezählt. Es sind: Überregionalität, stilistische Neutralität, Schriftbasiertheit, Distanzcharakter, relativ große Homogenität. Varianten werden abgebaut, Devariation greift um sich, Varianten werden zu Devarianten (Rössler 2016). Vor diesem Hintergrund lässt sich annehmen, dass die gegenwärtige Sprachwissenschaft des Deutschen in mehreren Hinsichten auf einen klaren und trennscharfen Begriff von Standardsprachlichkeit angewiesen ist (Klein, W.P. 2013).

Viele Befunde innerhalb der Richtig-oder-Falsch-Ideologie lassen sich nun besser einordnen, wenn man ihre Argumentationsmuster und -voraussetzungen mit der Existenz der Standardsprache in Verbindung bringt, ja sie daraus geradezu ableitet. Man muss lediglich annehmen, dass alle standardsprachlichen Varianten immer richtig, alle anderen, also die aus anderen Varietäten, ggf. immer falsch sind. Damit wird die Standardsprache sozusagen zum letzten, unhinterfragbaren Fluchtpunkt aller normativen Erwägungen innerhalb der Richtig-oder-Falsch-Ideologie. Das, was Ideologie der Standardsprachlichkeit genannt wurde (*ideology of standard language* (Milroy 2001)), verbindet sich mit der Richtig-oder-Falsch-Ideologie und wird zu einer festen Burg der sprachlichen Normativität.

Das oben explizierte Denken in Variationsklassen (Kap. 1.2) ist dadurch natürlich ausgehebelt. Zumindest theoretisch dürfte stets die Identifikation einer eindeutig richtigen und einer eindeutig falschen Variante möglich sein, wenn man sich vor einen Zweifelsfall gestellt sieht. Dies korrespondiert unmittelbar einem Prozess, der überhaupt erst zur Standardvarietät geführt hat und in dem sie bis heute noch verwurzelt ist. Denn die Standardvarietät konnte nur dadurch entstehen, dass ihr gegenüber alle anderen Varietäten einen niederen Status bekamen. Die Entwicklung, die zur Ausbildung der Standardsprache führte, manifestiert sich faktisch als ein Auswahlprozess. Erst durch diese hochgradig selektive Ent- bzw. Aufwertungsbewegung, die im einzelnen sehr komplex war und ist, entstand die Standardsprache als eine neue, übergreifende Sprachform mit einem festen kommunikativen Profil. Das erklärt auch den großen Druck, der innerhalb der Richtig-oder-Falsch-Ideologie auf der fälligen Variantenselektion in richtig bzw. falsch lastet. Denn damit ist ein Lebensnerv der Standardsprache getroffen, ohne den es sie faktisch gar nicht geben würde. Sie ist im Kern aus Selektionsprozessen hervorgegangen und ohne sie gar nicht denkbar. Nicht-Selektion könnte diesen Lebensnerv, so die Befürchtung, treffen, die Entwicklung womöglich umkehren und zu ihrem Verfall, am Ende sogar zum Untergang führen: dialektales, unüberschaubares Sprachgewusel, das Sprecher anhaltend in Zweifel stürzt, statt transparenter (deutscher) Spracheinheit, die eine zweifelsfreie Orientierung zu verbürgen scheint. Wer unterschiedslos alle Varianten und individuellen Sprachformen akzeptiert, spricht in dieser Sicht vielleicht irgendwie Deutsch, aber nicht dasjenige Deutsch, mit dem üblicherweise die öffentliche Kommunikation bestritten wird und in der sich die soziale Integrität eines Individuums der deutschen Sprachgemeinschaft verkörpert. Von daher wird es auch verständlich, warum sich die Sprecher der Standardvarietät – und wer würde heutzutage nicht dazu gehören? – oft nur sehr schwer mit der Existenz von zwei gleichzeitig richtigen Varianten abfinden können. Darin verbirgt sich nicht nur sprachwissenschaftliche Ignoranz, sondern auch die Sorge, dass eine Säule unserer gegenwärtigen Kommunikation ins Wanken geraten könnte.

## Standardsprachlichkeit als Variantenselektion

Mit diesem Konglomerat aus zugleich begründeten und unbegründeten Annahmen, die im Umfeld der Richtig-oder-Falsch-Ideologie wirken, sind alle Mitarbeiter in den Sprachberatungsstellen, aber auch Lehrer (im Deutschunterricht) immer wieder konfrontiert. Viele Ratsuchende sind nämlich einigermaßen enttäuscht, wenn sie hören, dass von Fall zu Fall beide Varianten eines Zweifelsfalls richtig sein können oder Variante A im einen, Variante B im anderen Kontext richtig ist. Sie unterstellen dann zu Unrecht, dass hier jemand die Standardsprache nicht kennt oder vielleicht sogar nicht schätzt: „Ach, Sie kennen die Lösung wohl auch nicht! Es kann aber doch nur eine richtige Form geben!?" Richtig daran ist, dass Standardsprachlichkeit im Kern mit Variantenselektion und sprachlicher Homogenität verbunden ist. Falsch ist daran, dass man Variantenselektion nur innerhalb der Richtig-oder-Falsch-Ideologie vollziehen kann. Zudem wird momentan immer deutlicher, dass auch die Standardsprache selbst über ein gewisses Maß an Inhomogenität und Variantenfülle verfügt. Sie ist weniger monolithisch, als es von vielen ihrer Verfechter immer wieder angenommen wird. Die Prägung des Terminus *Standardvariation*, dem man zweifellos eine gewisse Konjunktur voraussagen darf, ist insofern sprechend (Eichinger/Kallmeyer 2005). Er zeigt an, dass man sich bereits die Standardsprache selbst, nicht nur das Deutsche insgesamt, als ein System vorzustellen hat, das die Sprecher zumindest manchmal vor die Wahl zwischen existierenden Varianten stellt. Mittlerweile gibt es ausgefeilte Möglichkeiten, dieser standardsprachlichen Variation korpusgrammatisch nachzugehen und diese Struktureigenschaft sprachtheoretisch präzise zu modellieren (Bubenhofer u.a. 2014b: bes. Kap. 1.2).

Die Selektionsprozesse, die sich im Zuge der Standardisierung der deutschen Sprache ergeben haben (und täglich massenhaft wiederholen!), besitzen also mindestens untergründig eine enge Beziehung zu der Art und Weise, wie man mit sprachlichen Zweifelsfällen im Alltag umgeht. In beiden Fällen steht schließlich die Auswahl zwischen Varianten an. Dass wir es hier nicht nur mit einer individuellen, sondern einer gesellschaftlichen Problematik zu tun haben, kann man nicht zuletzt an den verschiedenen sozialen Institutionen ersehen, die in der einen oder anderen Weise vom Druck dieser Variantenselektion zeugen. Den schulischen Deutschunterricht möchte ich hier nur nennen, ohne seiner Funktionalität für die Ausbildung von Standardsprachlichkeit im einzelnen weiter nachzugehen. In jedem Fall werden dort wichtige Weichenstellungen für den normativen Umgang mit sprachlichen Zweifelsfällen gestellt. Alles hängt hier davon ab, ob überhaupt und, wenn ja, wie in der Schule der Begriff des Sprachfehlers („falsches Deutsch") mit der Existenz von Zweifelsfällen zusammengebracht wird. Auch die Sprachberatungsstellen, die oben (S. 5) schon erwähnt und zum

Ausgangspunkt der Identifikation von Zweifelsfällen gemacht wurden, gehören zu den Institutionen, in denen der mit den Zweifelsfällen verbundene Selektionsdruck eine maßgebliche Rolle spielt. Denn dort werden Anfragen zur Sprache ja nicht nur registriert, sondern – eigentlich viel wichtiger – auch beantwortet. In diesen Antworten werden jeweils bestimmte Wege für sprachliche Auswahlprozesse gebahnt.

**Sprachratgeber**
Zu den einschlägigen sozialen Institutionen gehören außerdem – kaum weniger wichtig – bestimmte Publikationen, die sich explizit auf die deutsche Sprache und ihren („richtigen") Gebrauch beziehen. Diese Bücher, Broschüren und Artikel kann man, zunächst sehr grob, als Sprachratgeber bezeichnen (Greule 1997, 2002). Ihre Gehalte verkörpern sich auch oft in Sprachglossen, die in Tageszeitungen oder verwandten Medien publiziert werden. Dazu gehören außerdem Anleitungstexte, die sich auf bestimmte, standardsprachlich einschlägige Textsorten beziehen und letztlich in der Geschichte der Rhetorik wurzeln. Für die Gegenwart wären beispielsweise die zahlreichen Ratgeber zum Verfassen von Bewerbungen, (Geschäfts-) Briefen und verwandten Texten aufzuführen (Bergmann 1999; Bremerich-Vos 1991; Ettl 1984; Strauss 2018). Alles fügt sich zu einem regelrechten Diskurs, in dessen Zentrum eine mehr oder weniger stark normative Sicht auf Sprache aufgehoben ist. Auch die bereits angesprochenen Zweifelsfallsammlungen gehören in der Regel zu den Sprachratgebern.

In den Sprachratgebern werden sprachliche Zweifelsfälle oft berührt, entweder explizit oder implizit, entweder ausführlich oder weniger ausführlich. Häufig geschieht das mit sprachkritischem Duktus und mit exemplarischer Intention. Zu ihrer Wirksamkeit trägt sicher der Umstand bei, dass es sich nicht selten um gut verkäufliche Bücher handelt, manchmal sogar um literarische Bestseller. Verlage mögen Sprachratgeber. Man sollte sie freilich nicht mit sprachwissenschaftlichen Arbeiten verwechseln. Je weiter man sich von der Gegenwart entfernt, desto mehr verwischen sich allerdings die Grenzen zwischen der Geschichte der Sprachwissenschaft und der Geschichte der Sprachratgeber. Ihr inhaltliches und formales Profil ist schillernd und vielgestaltig, insbesondere dann, wenn deren tiefe Verankerung in der deutschen Sprachgeschichte in Rechenschaft gezogen und zudem ihre sozial- und kulturgeschichtliche Symptomatik thematisiert wird (Law 2006). Ohne eine vollständige Typologie und Klassifikation der Sprachratgeber anzustreben, seien dazu an dieser Stelle – ausgehend von der Gegenwart – nur einige erste Informationen und Überlegungen formuliert. Die Geschichte der Sprachratgeber, die bis ins 15. Jahrhundert zurückreicht, wird näher und materialreicher im historischen Abschnitt (Kap. 2) thematisiert.

Will man die Rolle der Sprachratgeber für die normative Bewältigung von Zweifelsfällen erörtern, so lohnt schon ein Blick auf die Titel. Hier stehen oft Formulierungen wie *gute, richtige Sprache* oder *gutes, richtiges Deutsch*. Die Ratschläge können unter traditionellen grammatischen Perspektiven erfolgen, dann tauchen eben Wörter wie *Grammatik* oder *Sprachlehre* auf. Ein etwas anderer Schwerpunkt ergibt sich, wenn die Belehrungen eher unter stilistischen Vorzeichen gegeben werden. Dafür existiert dann das Dach der Stilistik, Stilkunde, Stilkunst oder Stillehre, mitunter auch mit Übergängen zur *Sprachkritik* (z.B. Püschel 1991; Sanders 1992; Antos 1995). Feste Grenzen zwischen grammatischen und stilistischen Sprachratgebern, die sich theoretisch sicher ziehen ließen, existieren in der Praxis freilich nicht.

Ein herausragendes Beispiel für den stilbezogenen Zweig der Sprachratgeber ist das sehr verbreitete, einflussreiche Werk von Ludwig Reiners. Es wurde auch nach dem Tod des Autors verschiedentlich überarbeitet und neu herausgegeben (z.B. 2004, 141.–144. Tsd.). Daran lässt sich ablesen, dass man bei den Sprachratgebern mit einer nachhaltigen Traditionsbildung rechnen muss. Oft übernehmen die Autoren in der einen oder anderen Art und Weise Einschätzungen, Befunde oder Sprachbeispiele aus anderen Quellen. Daher kommt es hier auch gelegentlich (oft?), man könnte fast sagen: naturwüchsig, zu mehr oder weniger klaren Plagiaten. Das wurde insbesondere am Fall von Ludwig Reiners näher untersucht (Reuschel 2014).

Zur Charakterisierung des Gegenstands von Sprachratgebern, insbesondere mit fehlerlogischem Zungenschlag, lassen sich weitere einschlägige Formulierungen der Buchtitel in den Blick nehmen. Es finden sich hier symptomatische Wörter wie *(typische) Sprachfehler, Sprachsünde, Sprachdummheit, Sprachverirrung, Sprachverschluderung, Sprachverwirrung, Kauderwelsch, Murks, Schwierigkeit / Hauptschwierigkeit, Stolpersteine*, aber eben auch *Zweifelsfall*. Diese Ausdrücke, die in der Regel direkt und eindeutig (ab-)wertende Gehalte transportieren, zeigen deutlich, wie tief der Umgang mit sprachlichen Zweifelsfällen in der Richtig-oder-Falsch-Ideologie verankert ist. Zumindest einen Teil der Sprachratgeber kann man als Werke verstehen, in denen die neuhochdeutsche Sprache im Sinne eines Parakodex kodifiziert wurde (Klein, W.P. 2014).

Was die Autoren der Sprachratgeber angeht, so begegnet man in erster Linie zwei Berufsgruppen, Journalisten und Schriftstellern. Die beiden Gruppen lassen sich bestimmt nicht immer gut unterscheiden. Für erstere Gruppe stehen – um nur einige zu nennen – Autoren wie Matthias Heine (z.B. Heine 2016), Eike Christian Hirsch (z.B. Hirsch 1994), Rudolf Walter Leonhardt (z.B. Leonhardt 1987), Wolf Schneider (z.B. Schneider 2017), Hermann Schreiber (Sprachglossen im *Hamburger Abendblatt*), Bastian Sick (Sick 2004, 2005), Hermann Unterstöger

(Sprachglossen in der *Süddeutschen Zeitung*), Dieter E. Zimmer (z.B. Zimmer 2005), für letztere – auch das nur ausschnitthaft – Wiglaf Droste (z.B. Droste 2013), Max Goldt (z.B. Goldt 2007), Eckard Henscheid (z.B. Henscheid 1984), Karl Kraus (z.B. Kraus 1937), Fritz Mauthner (z.B. Mauthner 1901), Ernst Röhl (z.B. Röhl 1991), Andreas Thalmayr bzw. Hans Magnus Enzensberger (z.B. Enzensberger 2008). Natürlich darf man deren Werke nicht alle über einen Kamm scheren. Hier gibt es zweifellos Unterschiede bei der Identifikation und Behandlung sprachlicher Probleme sowie beim Zugriff auf Bewertungen. In jedem Fall handelt es sich aber um Personen, die berufsmäßig sehr viel mit dem Formulieren sprachlicher Texte zu tun haben – kein Wunder also, dass hier die Problematik der sprachlichen Zweifelsfälle besonders einschlägig, intensiv und nicht selten sozialdistinktiv behandelt wird. Linguisten beteiligen sich heutzutage in der Regel nicht an der Abfassung von Sprachratgebern, da man den Vorwurf einer präskriptiven Sprachauffassung fürchtet.

**Das Beispiel Bastian Sick**
Vor allem zum besonders erfolgreichen (und mutmaßlich einflussreichen) Werk von Bastian Sick (in Buchform zuerst Sick 2004) haben relativ viele Sprachwissenschaftler ausdrücklich Stellung genommen (Schneider 2005; Maitz/Elspaß 2007; Ágel 2008; Topalovic/Elspaß 2008; Meinunger 2008; Hundt 2010; Dieckmann 2012; Krause 2012). Dabei wurde hauptsächlich nach der Argumentationsbasis für die weitreichenden normativen Behauptungen Sicks Ausschau gehalten sowie nach möglichen Wirkungen auf den Sprachgebrauch gefragt. Wie begründet Sick bei seinen Erwägungen, die oft um sprachliche Zweifelsfälle kreisen, seine Entscheidung für die angeblich richtige bzw. falsche Variante? Wie wasserdicht sind seine Argumentationen? Auch wenn sich bestimmt nicht alle seine Texte über einen (methodischen) Kamm scheren lassen und durchaus viele kenntnisreiche Informationen gegeben werden, hat sich doch herausgestellt, dass bei seinen Behauptungen oft Differenzierungen unter den Tisch fallen, die in einer varietätenfundierten Sicht auf die Sprachrealität essenziell sind: in erster Linie der Sprachwandel, also die Unterscheidung von alter und neuer Sprache, sowie die mediale Variation, also die Unterscheidung von mündlicher und schriftlicher Sprache (ähnlich Schneider 2011). Von daher ist klar: Sicks normative Stellungnahmen sind häufig unzutreffend, zumindest schief und gespickt mit Halbwahrheiten. Noch gravierender ist allerdings der Umstand, dass der Status des tatsächlichen Sprachgebrauchs für Sick, soweit erkenntlich, keine Instanz darstellt, die er konstitutiv als Ausgangspunkt für normative Erwägungen berücksichtigen würde. Plakativ weiter gedacht: Folgt man seinen Ausführun-

gen, so kann es prinzipiell der Fall sein, dass alle Sprecher des Deutschen an bestimmten Stellen falsch sprechen und allein Sick (und vielleicht einige Andere) richtig formulieren. Wenn aber der Sprachgebrauch keine Entscheidungsinstanz darstellt: Auf welcher Basis fällt Sick dann seine Unterscheidungen zwischen richtiger und falscher Sprache? Tatsächlich bleibt das bei ihm oft im Dunkeln. Seine Behauptungen zur Unterscheidung zwischen richtiger und falscher Sprache ruhen letztlich auf tönernen Füßen.

Was beispielsweise den angeblichen semantischen Unterschied von *offenbar* und *offensichtlich* im adverbialen und im adjektivischen Gebrauch angeht, so wurde resümiert, dass für ihn der tatsächliche Sprachgebrauch am Ende bedeutungslos ist. Zudem ist nicht immer ersichtlich, auf welcher Basis überhaupt eine bestimmte Variante als richtig, eine andere als falsch deklariert wurde. Wer nach den leitenden Kriterien für diese Entscheidung fragt, findet bei Sick jedenfalls keine deutliche Antwort, auf die er sich verlassen könnte. Oder anders gesagt: „Die (sprachliche) Welt, in der das existiert, was Sick als richtig behauptet, bleibt unbekannt." (Dieckmann 2012: 67). Demgegenüber wird in den sprachwissenschaftlichen Entwürfen, Prinzipien der Sprachberatung festzumachen, in der Regel betont, dass im Bezug auf den realen, sich ggf. wandelnden und oft varietätenspezifischen Sprachgebrauch stets ein konzeptioneller Angelpunkt für die Sprachempfehlungen liegen sollte (z.B. Höhne 1991; Stetter 1995). Wissenschaftlich fundierte Sprach-Ratschläge lassen sich nur „über die Rekonstruktion einer Gebrauchsnorm" entwickeln (Eisenberg 2007).

Dieser Befund zu Bastian Sick lässt sich – bei aller gebotenen Vorsicht, denn wirklich abgesicherte Untersuchungen gibt es dazu nicht – wahrscheinlich verallgemeinern. Bei der Suche nach den Grundlagen für die normativen Erwägungen der Sprachratgeber kommt man häufig nicht zu einem klar umrissenen Ergebnis. Sofern überhaupt angesprochen, finden sich dort zwar immer wieder Versuche, mehr oder weniger systematisch zu argumentieren und verschiedene Faktoren offensiv ins Feld zu führen, z.B. den Sprachgebrauch, flexionsmorphologische Analogie oder lexikalisch-semantische Transparenz, Sprachökonomie oder Sprachästhetik sowie (angeblich) ursprüngliche Sprachzustände oder das gesunde Sprachgefühl. Das hat ja auch durchaus Tradition (Lühr 1992; Ziegler 1999; zum Sprachgefühl Klein, W.P. 2015). Wie diese Faktoren aber systematisch zusammenhängen und jeweils zu einem bestimmten normativen Urteil führen (z.B. Variante A richtig, Variante B falsch), kann von Fall zu Fall sehr unterschiedlich sein und ist zudem keineswegs bei allen Sprachratgebern identisch. In dieser irritierenden Variabilität liegt der Grund dafür, dass man die normativen Auskünfte der Sprachratgeber stets mit einer gewissen Zurückhaltung betrachten sollte. Sie mögen zwar von Fall zu Fall relevante Informationen zur Klärung der Zweifelsfälle enthalten. Wichtiger ist den Autoren im Zweifel aber eher das eindeutige, klare Verdikt, in dem *falsch* von *richtig* unterschieden wird und also *Fehler* identifizierbar werden, als eine sorgfältige Argumentation, die differenziert mit der Sprachrealität kalkulieren würde. Damit mag es auch zusammenhängen, dass in den Schriften – bewusst oder unbewusst – oft nur Urteile aus älteren Stellungnahmen weitergegeben werden.

Für die Sprachratgeber kann man folglich festhalten: Es werden dort häufig falsche oder zumindest halb-falsche Analysen vorgelegt. Nicht selten haben sie mit den tatsächlichen Gegebenheiten des Sprachgebrauchs wenig oder gar nichts zu tun, wurden aber früher von anderen Autoren bereits in derselben oder einer ähnlichen Form verbreitet. Die Legitimität der Entscheidungen eines Sprachratgebers liegt am Ende häufig in einem anderen, älteren Sprachratgeber. Ihre Autoren können nur deshalb schnell (und bisweilen recht großmäulig) zwischen *richtig* und *falsch* unterscheiden, weil sie sich auf die Urteile von anderen verlassen und mit der Komplexität des realen Sprachgebrauchs faktisch nichts zu tun haben wollen. Freilich sei ausdrücklich festgehalten, dass in Sprachratgebern auch immer wieder richtige Dinge zur deutschen Sprache zu lesen sind. Es wäre falsch zu behaupten, dass in diesen Büchern samt und sonders nur fragwürdige Informationen stehen. Immer kommt es auf den Einzelfall an, wenn man die Tragfähigkeit einer normativen Bemerkung zu einem sprachlichen Zweifelsfall ermessen möchte. Und Einzelfall bedeutet hier: Zur Debatte müsste ein einzelner Autor, ein einzelnes Buch, ein einzelnes Kapitel innerhalb eines Buchs oder sogar nur eine einzelne Bemerkung stehen.

Die Sprachratgeber stellen also aus linguistischer Sicht eine recht ambivalente Gruppe metasprachlicher Publikationen dar, weil sie die Sprachwirklichkeit nicht immer treffen, also entweder völlig verfehlen oder nur ausschnitthaft und schräg spiegeln. An vielen Punkten tradieren und festigen sie eine problematische Richtig-oder-Falsch-Ideologie, die für eine normative Sicht auf sprachliche Zweifelsfälle traditionell von großer Bedeutung ist. Damit stützen sie überdies einen heiklen Fehler-Diskurs, der die öffentliche Wahrnehmung und Diskussion sprachlicher Zweifelsfälle oft auf schiefe Bahnen lenkt.

# 2 Zur Geschichte sprachlicher Zweifelsfälle

In Kap. 1.1 wurde festgestellt, dass es gar nicht so einfach ist, die Existenz eines sprachlichen Zweifelsfalls sicher nachzuweisen. Es mag daher verwegen erscheinen, einige Ausführungen ausdrücklich der Geschichte sprachlicher Zweifelsfälle zu widmen. Denn was schon für die Gegenwart nicht einfach zu leisten ist, gestaltet sich in historischen Perspektiven meistens noch schwieriger. Für den vorliegenden Fall gibt es freilich verschiedene Überlegungen und Befunde, die es möglich machen, die Geschichte sprachlicher Zweifelsfälle (im Deutschen) etwas näher auszuloten, ohne dabei ins völlig haltlose Spekulieren zu geraten. Allerdings kann man von einer solchen Darstellung natürlich nicht denselben Plausibilitätsgrad erwarten, der für eine Betrachtung sprachlicher Zweifelsfälle in der Gegenwart in Anspruch genommen werden kann. Notwendigerweise muss es sich hier um historische Detektiv- und Interpretationsarbeit handeln, die sich auf einzelne Indizien und begründete Reflexionen stützt.

**Zweifelsfälle und die Ursprünge der europäischen Philologie**
Zunächst ist auf eine markante Formation der europäischen Wissenschaftsgeschichte hinzuweisen. Die Bewusstwerdung sprachlicher Zweifelsfälle ist nämlich eng mit der Entstehung und frühen Entwicklung philologisch-grammatischer Studien verbunden. Dass Sprache schon in alter Zeit systematisch als Erkenntnisobjekt der Wissenschaft begriffen wurde, hat viel mit dem Registrieren von und dem Nachdenken über Formulierungsvarianten zu tun. Damit scheint immer schon ein gewisser Selektionsdruck verbunden gewesen zu sein. Denn meistens ging es nicht allein darum, die Existenz von Varianten zu konstatieren und zu beschreiben. Immer wieder und in unterschiedlichsten Konstellationen entstand in der Folge die normative Frage, welches denn nun die richtige dieser zwei Varianten sein könnte. Zweifelnde Variantenaufmerksamkeit mündet offensichtlich häufig in das Bedürfnis nach Variantenselektion, womöglich ergibt sich das sogar irgendwie naturwüchsig. Und insofern die Auswahl zwischen Varianten oft mit dem argumentativen, expliziten Bezug auf bestimmte Entscheidungsinstanzen einhergeht, trägt eine solche Beschäftigung mit Sprache oft die Züge von Wissenschaftlichkeit.

Ein wichtiger Strang in der Geschichte von Philologie und Sprachwissenschaft rekapituliert demnach sprachliche Zweifelsfälle. Man könnte freilich genauso gut davon sprechen, dass in den angesprochenen Variantenselektions-Szenarien dasjenige wurzelt, was sich später mit Begriffen wie *Sprachkultur*, *Sprachpflege*, *Sprachaufklärung* oder *Sprachkritik* verbindet.

Für diesen wissenschaftshistorischen Hintergrund ist einschlägig, dass bereits für die römische Grammatik eine entsprechende Traditionslinie ausgemacht wurde, bei der explizit die „Diskussion sprachlicher Zweifelsfälle" im Vordergrund stand (Ax 2005: 123). Dazu gehören beispielsweise die – nur fragmentarisch überlieferten – *Dubii sermonis libri octo* von Plinius d. Ä. (1. Jh. nach Chr.) (Plinius Secundus 1894), Pseudo-Capers *De verbis dubiis* (4. Jh. nach Chr.) sowie die Schrift *De dubiis nominibus* eines Anonymus (Ax 2005: 124). Diese Überlieferung manifestiert sich innerhalb einer antiken Philologie, in der die (normative) Frage nach dem richtigen Sprechen bzw. Schreiben im Sinne einer begründeten Variantenauswahl von großer Bedeutung war. Dabei kamen als Entscheidungskriterien hauptsächlich Analogie, literarische Überlieferung und der Sprachgebrauch infrage, ferner auch Etymologie, Klangschönheit und Aspekte der semantischen Differenzierung (Siebenborn 1976). Dass man hier von regelrechten Sprachzweifeln und insofern auch vom anfangs zögerlichen Nachdenken über zwei Formen ausgehen muss, zeigen die tragenden Begriffe der o.g. Buchtitel unmissverständlich an: *dubium, dubitare* ‚zweifelhaft, Zweifelsfall, zweifeln' < *duo, duplus* ‚zwei, doppelt'. Und auch die angesprochene ausdrucksseitige Teilidentität der Varianten eines sprachlichen Zweifelsfalls manifestierte sich bereits in der römischen Grammatik. So besprach Plinius d. Ä. etwa die Differenz der ausdrucksseitig minimal unterschiedlichen Wörter *clipeus* vs. *clupeus* und *vertex* vs. *vortex*. Damit griff er Zweifelsfälle auf, die aus Sprachwandelprozessen des Lateinischen hervorgegangen, also diachron gesteuert waren (Siebenborn 1976: 49).

Für die tiefe Verwurzelung des Zweifelsfallszenarios in der europäischen Wissenschaftsgeschichte spricht auch ein Umstand, der für manche Beobachter auf der Hand liegen mag, der aber keineswegs selbstverständlich ist. Denn auch in alten Zeiten zog das Nachdenken über Sprachvarianten schon den einschlägigen Fehlerdiskurs nach sich, wie er oben (Kap. 1.4) in Grundzügen für die deutsche Gegenwartssprache beschrieben wurde. Er verkörperte sich beispielsweise in quasi-medizinischen Formulierungskonzepten. Demnach kann man bei der Auswahl von Varianten gelegentlich die (mutmaßlich) falsche erwischen. Dann kommt es zu „Gebrechen der Zunge (vitium linguae)", die Sprache erkrankt, es droht ihr Verfall, womöglich der Tod (Cherubim 2001: 433). Die normative Auseinandersetzung mit Zweifelsfällen gerät unter dieser Prämisse zu einer medizinischen Therapie. Diejenigen Schriften, die als frühe Vorläufer der heutigen Sprachratgeber gelten müssen, werden zu Heilmitteln, durch die die angegriffene Sprache auf den Weg der Besserung gebracht werden soll. Auf die Sprecher bezogen geht es um die Ablegung schlechter Gewohnheiten, die krank machen. Sprachgelehrte ähneln so Ärzten, die zum gesunden Leben aufrufen und gegen falsche sprachliche Verknöcherungen wettern. Grammatik wird zur Arbeit an der Gesundheit der Sprache.

Einer der größten römischen Gelehrten war hier unmissverständlich: „Es folgt daraus doch wohl nicht, daß die töricht handeln, die bei den Kindern Schienen an den Knien anbringen, um ihre verkrümmten Beine zu strecken? Da also der Arzt nicht zu tadeln ist, der den, der durch lange, schlechte Gewohnheit krank ist, bessert, warum soll denn der zu tadeln sein, der eine wegen schlechter Gewohnheit weniger wirksame Sprechweise [durch Korrektur] in eine bessere überführt." (Varro, De lingua latina IX,11 (1. Jh. nach Chr.) [zit. nach Cherubim 2001: 429]). Von solchen Auffassungen ist der Weg nicht weit zu dem Projekt, durch die besorgte Sammlung verbreiteter Fehler die Sprache retten zu wollen. Bereits in der Antike kursierten solche Schriften, die unter Begriffen wie *Barbarismus* und *Soloecismus* praktische Sprachprobleme in den Fokus rückten. Sie etablierten und befeuerten im Umkreis der damaligen Philologie den einschlägigen Fehler- und Sprachverfallsdiskurs (Siebenborn 1976: 35; Thümmel 2009).

Man sieht: im antiken Schrifttum existierten verschiedene Instanzen, in denen sich ein gewisser Diskurs über sprachliche Zweifelsfälle formierte. So wie unsere heutige Wortarten-Klassifikation auf antike Konzepte zurückgeht, scheint es auch andere Aspekte der Sprachbetrachtung zu geben, die letztlich in der gemeinsamen europäischen Gelehrsamkeitsgeschichte verankert sind. Es ist hier allerdings nicht der Platz, im Detail der Frage nachzugehen, wie diese alten Ansätze von Jahrhundert zu Jahrhundert von den Sprachgelehrten überliefert und vielleicht auch weiterentwickelt wurden. Das wäre auch ein ausgreifendes Unternehmen, denn in den verschiedenen Sprach- und Nationaltraditionen – Griechisch, Latein, Italienisch, Französisch, Spanisch, Englisch usw. – haben die antiken Anstöße ihre Gestalt verschiedentlich verändert und sind in unterschiedlichen Formen in die Gegenwart eingeflossen.

**Wurzeln der Zweifelsfälle in der Geschichte des Deutschen**

Von Interesse ist hier lediglich ein erster Überblick zu den Formen und Funktionen des Zweifelsfalldiskurses in der *deutschen* Sprachgeschichte. In Kontrast zum Rückblick auf die Antike kann er erst relativ spät einsetzen, nämlich erst am Beginn der Neuzeit. Das hängt damit zusammen, dass im Mittelalter noch keinerlei Ansätze zu finden sind, die deutsche Sprache zum Untersuchungsgegenstand einer (quasi-) wissenschaftlichen Darstellung oder Untersuchung zu machen. Erst seit dem 16. Jahrhundert gibt es zögerliche Bewegungen, im Rahmen der lateinischen Wissenschaftskultur die deutsche Sprache ähnlich wie andere Sprachen philologisch-grammatisch wahrzunehmen und zu erforschen. Dies geschah zunächst nur im Sinne eines Abwertungsdiskurses. Man sprach über die Mängel und Defizite des Deutschen, insofern es mit den traditionellen (Prestige-) Sprachen der Gelehrsamkeit, also Griechisch und Latein, nicht mithalten konnte (Ruge 2014). Ein interessierter, besorgter Blick auf das Deutsche war in der Gelehrsamkeit des 17. Jahrhunderts noch eine revolutionäre Angelegenheit (Klein, W.P. 2011b). Erst im 18. Jahrhundert ergab sich eine nachdrückliche Aufwertung dieser Sprache. Vor dem 19. Jahrhundert war es nicht möglich, die deutsche Sprache im Rahmen eines germanistischen Universitätsstudiums zu erforschen. Noch im 18. Jahrhundert hätte man sicherlich ein spöttisch-ungläubiges Lachen ertragen müssen, wenn man sich mit dem Wunsch, die deutsche Sprache zu studieren, an einer Universität hätte immatrikulieren wollen.

**Sprachliche Zweifelsfälle im Mittelalter?**
Das alles führt dazu, dass wir für Überlegungen zu den sprachlichen Zweifelsfällen im Mittelalter faktisch keine aussagekräftigen Indizien besitzen. Deutsch war kein Thema. Dazu kommt ein medien- und bildungsgeschichtlicher Befund sowie eine mobilitätsgeschichtliche Tatsache. Was letzteres angeht, so muss man für die frühe Neuzeit weniger soziale und räumliche Bewegung annehmen als für die Moderne. Die Menschen waren stark an ihre Heimat-Region und ihre soziale Klasse gebunden. Es war ungewöhnlich, dass sich ein Individuum aus diesen Bindungen löste. Nur unter recht speziellen Vorzeichen ergaben sich für wenige Menschen Anlässe für Reisen (Schulz 2014). Und auch gesellschaftlich herrschte soziale Stabilität: ein Bauer blieb ein Bauer, ein Edelmann ein Edelmann. Mit dieser eingeschränkten Mobilität sinkt aber die Möglichkeit, dass man mit alternativen regionalen Sprechweisen (Dialekten) oder alternativen Gruppensprachformen (Soziolekten) in Kontakt kommt und über entsprechende Varianten zweifelt. Die meisten Menschen wurden kaum mit der Komplexität der Sprache konfrontiert. Auch was die Medien- und Bildungsgeschichte angeht, so stand der Umgang mit Sprache vor der Entdeckung und Verbreitung der Buchdruckkunst im 15. Jahrhundert unter anderen Vorzeichen als später. Schriftlichkeit war noch ein sehr exklusives Phänomen, kaum jemand konnte lesen und schreiben, Schulen waren rar, Bildung im heutigen Sinne kaum verbreitet.

Nun waren wir davon ausgegangen, dass der Kontakt mit der Komplexität der Sprache und die (schulische) Schriftlichkeit Faktoren sind, die die Entstehung sprachlicher Zweifelsfälle erheblich fördern. Fehlen diese Faktoren, so wird folglich noch ein anderer Grund dafür greifbar, warum wir über das Mittelalter und seine sprachlichen Zweifelsfälle kaum etwas sagen können: Aufgrund der historischen Rahmenbedingungen waren sie schlicht nicht so präsent wie heutzutage. Es existierten vermutlich viel weniger sprachliche Zweifelsfälle als gegenwärtig und sie waren von vorneherein nur auf kleinere Teile der Sprachgemeinschaft beschränkt.

Natürlich kann man gleichwohl versuchen sich auszumalen, dass und wie auch in dieser Zeit die Sprecher (und die wenigen Schreiber) des Deutschen gelegentlich über Formulierungsvarianten nachgedacht haben und sich nicht einfach für eine der Varianten entscheiden konnten. Das mag bei verschiedenen Gelegenheiten immerhin vereinzelt der Fall gewesen sein, z.b. beim Kopieren und gelehrten Tradieren von Handschriften, im seltenen Kontakt mit Menschen aus anderen Dialekträumen oder einfach im Zuge des individuellen Spracherwerbs, sei es des Deutschen oder des Lateinischen. Die Reflexion über sprachliche Zweifelsfälle wäre sicher etwas, was mit der „Spracharbeit" im Mittelalter zusammenhängen könnte (Wegera 2012). Worüber genau haben also zumindest einige Menschen des Mittelalters (immer wieder?) gezweifelt? Welche Klassen von Zweifelsfällen gab es und wie wurden die damit verbundenen Formulierungsprobleme kollektiv verbindlich bewältigt? Darüber wissen wir nichts Präzises. Die wenigen sprachlichen Zweifelsfälle des Mittelalters bleiben im Dunkeln. Um so interessanter ist es dann, denjenigen Zeitraum in den Blick zu nehmen, in dem die ersten deutlichen Hinweise auf die Existenz sprachlicher Zweifelsfälle im Deutschen zu finden sind. Gemeint ist das 16. Jahrhundert. Es wird im folgenden Unterkapitel den Auftakt zu einer etwas genaueren Beleuchtung der sprachhistorischen Dimension unseres Themas abgeben.

## 2.1 16. bis 18. Jahrhundert

Dass am Beginn der Neuzeit mehr sprachliche Zweifelsfälle entstehen und zudem greifbarer werden als zuvor, kann man zuallererst an der gesteigerten Aufmerksamkeit für Fragen der deutschen Sprache erkennen. Jetzt entstehen die ersten Bücher, in denen Ansätze zu einer grammatischen Beschreibung des Deutschen formuliert werden. Sie sind Teil einer größeren Bewegung, in der in rhetorischen Ratgebern, Briefstellern und Formularbüchern Ratschläge zum formell richtigen Gebrauch des Deutschen gegeben werden (Jellinek 1913: I, Kap. 2–5; Götz 1992; Knape/Roll 2002). Dadurch sollte der Gebrauch des Deutschen in der frühneuzeitlichen (Stadt-) Verwaltung und der höfischen Macht- und Statusrepräsentation gestützt und vorangetrieben werden. Das geschah oft in Abgrenzung zur lateinischen Sprache, die als Garant der internationalen Verständigung fungierte und mit religiösem Machtanspruch verquickt war. Die sprachbewusste Förderung und Profilierung des Deutschen diente so der lokalen Ausbildung formeller

Kommunikationskulturen. Dahinter verbargen sich Gegenstücke zur flächendeckenden Verwaltung und Repräsentation der katholischen Kirche. Aus derlei Spannungen entwickelte sich auch der Humus für den protestantischen Aufbruch. Entsprechende Frontstellungen zwischen dem hergebrachten Autoritätsanspruch des Lateinischen und den aufstrebenden Ambitionen des Deutschen verkörperten sich zudem bildungsgeschichtlich. Am Rande des Lateinunterrichts, der das Eingangstor zur zeitgenössischen Gelehrsamkeit darstellte, kamen manchmal die Spezifika des Deutschen zur Sprache, wiederum oft in Kontrast zum Lateinischen oder Griechischen (Puff 1995). Am Rande der traditionellen Bildung bemerkten einige unangepasste Gelehrte zunehmend die Entwicklungspotenziale der deutschen Sprache. Damit wurde ihre Ausweitung auf diejenigen kommunikativen Sektoren – v.a. Kirche und Universität – vorbereitet, die ihr bis jetzt verschlossen geblieben und dem Lateinischen vorbehalten waren. Die plakative Formel, mit der die sprachlichen Verhältnisse der Zeit vorangetrieben wurde, lautete zweifellos: Deutsch statt Latein (Klein, W.P. 2011a)!

**Gesteigerte Variantenaufmerksamkeit**
Im Zuge dieser Entwicklungen muss man generell von einer gesteigerten Variantenaufmerksamkeit ausgehen. Die Autoren verzeichnen – vor allem in grammatisch-orthographischen Zusammenhängen – wiederholt und nachdrücklich den Umstand, dass die Form der deutschen Sprache in den verschiedensten Formen variiert, also nicht völlig stabil ist (zum Kontext auch Donhauser 1986). Die registrierten Varianten werden dabei in der Regel mit den unterschiedlichen Sprachregionen verknüpft und zugleich auf Lautung und Schreibung bezogen: In den verschiedenen Landschaften deutscher Zunge spricht (schreibt) man offensichtlich teilweise unterschiedlich. Im einzelnen nahmen die Autoren in der ersten Hälfte des 16. Jahrhunderts beispielsweise anhand bestimmter Buchstaben-Oppositionen die folgenden Schreib- (und ggf. auch Aussprache-) Varianten zur Kenntnis: <i / j / y>, <eu / ew>, <u / v>, <c / k>, <f / v>, <j / g>, <s / ß>, <x / cks>, <ch / k>, <z / sz / cz / tz>, <d / t / dt / th> (Götz 1992: 328–331).

Die Variantenaufmerksamkeit war aber nicht auf den graphematisch-phonetischen Bereich beschränkt. Dazu möchte ich mit illustrierender Intention kurz einige der zahlreichen Fälle herausgreifen, die sich aus einschlägigen Sammlungen erschließen lassen.[7] In einer der ersten Grammatiken des Deutschen hat etwa Albert Ölinger im Jahre 1573 in morphologischer Sicht notiert, dass bei bestimmten Substantiven unterschiedliche Genera beobachtet werden können: *die / der*

---

7 Im folgenden greife ich in Teilen auf meine ältere Darstellung aus Klein, W.P. 2011c zurück.

*Wolck, der / das Stier, der / das ort, der / das mensch, der / das gemahl* (Ölinger 1573: 34). Auch Kasusvarianten fielen auf (z.B. Gen. Sg. *des Herzen / Herzens, des Knaben / Knabens*; generalisiert für den Gen. *-s* oder *-es*; Akk. *den leflen / lefeln*), ebenso Pluralvarianten (z.B. Pl. *die schuld / schulden*) (Ölinger 1573: 56, 58, 63, 72). In der Verbmorphologie zeigten sich ähnliche Phänomene, in erster Linie bei der Bildung der Tempusformen (*ich liehe / leûch, ich hancke / huncke [ < hinken]*), *ich verwundere mich / es wundert mich, ich hab geschriben / ich hab geschriben gehabt, gekönnt / gekondt* (Ölinger 1573: 125, 130, 134, 143, 154)). Dass dabei der Buchstabe (Laut) <[e]>, also das Schwa, eine besondere Rolle spielte, insbesondere wenn er am Ende eines Worts stand, war schon in der frühneuhochdeutschen Grammatik kein Geheimnis (z.B. *ich habe / ich hab* inklusive einer ersten Generalisierung (Ölinger 1573: 20)). Und auch in der Wortbildung wurden Varianten wahrgenommen, z.B. *widwe / widfraw / widib* [Witwe], *Printzin / Princessin, zauberin / zauberin* (Ölinger 1573: 34).

### Albrecht Ölinger und das Problem der Zweifelsfälle

Solche und ähnliche Variantenpaare finden sich an zahlreichen Stellen in den Schriften, die in der frühen Neuzeit zur Beschreibung der deutschen Sprache erarbeitet wurden.[8] Haben wir mit solchen Varianten nun frühneuhochdeutsche Zweifelsfälle identifiziert? Man könnte sich die Sache leicht machen und die Frage schlicht bejahen. Denn offensichtlich kommen den fraglichen Autoren Sprachvarianten zu Bewusstsein, die zu Irritationen Anlass gaben und – zumindest vermittelt – mit kommunikativen Entscheidungsproblemen zusammenhingen. Gelegentlich findet man sogar einen direkten Anhaltspunkt dafür, dass hier von regelrechten Sprachzweifeln auszugehen ist. Ölinger formulierte etwa an einer Stelle ausdrücklich per Überschrift, dass nun einige Angaben „über zweifelhaftes Genus" *(De dubio genere)* folgen sollten. Interessant ist in diesem Zusammenhang, dass er sich kurz Gedanken darüber machte, was es mit solchen Zweifelsfällen auf sich hat: „Zweifelsfälle beim Genus liegen dann vor, wenn anerkannte Autoren [bei einem Substantiv (wpk)] unterschiedliche Genera gebrauchen" (Übers. wpk) („Dubii generis sunt, quae a probatis authoribus alio atque alio genere usurpantur." (Ölinger 1573: 49)). Demnach geht es hier nicht nur darum, dass generell Varianten im Deutschen in den Blick kommen. Vielmehr of-

---

**8** Zum Ausmaß dieses Schrifttums vgl. die Bibliographie derjenigen Publikationen, in denen entsprechende Überlegungen und Sammlungen unter grammatischen und orthographischen Vorzeichen veröffentlicht wurden, in Moulin-Fankhänel 1994, 1997.

fenbart sich die Existenz dieser Varianten sogar darin, dass sie in Texten erscheinen, die denselben hohen Gebrauchswert („anerkannte Autoren") besitzen. Eine Entscheidung zwischen solchen Varianten muss besonders schwerfallen, weil keine normative Differenz zwischen dem Sprachgebrauch eines „anerkannten" und eines „nicht-anerkannten" Autors erkennbar ist. Wer auf die Urteilsfähigkeit „anerkannter Autoren" setzt, wird enttäuscht. Der eine „anerkannte Autor" nutzt das eine, der andere das andere Genus. Wo aber klare Entscheidungsgründe nicht in Sicht sind, muss der Zweifel sogar noch wachsen, weil sich keine Hinweise auf einen vernünftigen Ausweg aus dem Sprach-Dilemma ergeben. Alles deutet demzufolge auf die Existenz sprachlicher Zweifelsfälle.

Stimmt das aber? Was fällt unter den Tisch, wenn man solche Konstellationen umstandslos als Belege für sprachliche Zweifelsfälle (hier: im Frühneuhochdeutschen) interpretiert? Zunächst liegt auf der Hand, dass ein einzelner Beleg in einer Grammatik noch nicht beweist, dass das jeweilige Variantenpaar tatsächlich auch von vielen Sprechern als Zweifelsfall begriffen wurde. Die obigen Befunde zeugen nur vom individuellen Zweifel Albert Ölingers. Dass viele Sprecher über ein Variantenpaar zweifeln, fungierte aber oben als ein Kriterium, das vorliegen muss, wenn man einen Zweifelsfall identifizieren möchte.

Dieser Einwand lässt sich für einen groben Überblick, wie er hier angestrebt wird, allerdings leicht entkräften. Denn schon für das 17. Jahrhundert, besonders aber für das 18. Jahrhundert, lassen sich viele weitere Schriften benennen, in denen dieselben oder verwandte Variantenpaare wie bei Ölinger in den Aufmerksamkeitsfokus sprachbewusster Schriftsteller und Gelehrter gerieten. Die Frühgeschichte der deutschen Sprachwissenschaft, die durch Persönlichkeiten wie Schottelius, Stieler, Gottsched, Aichinger und Adelung repräsentiert wird, hat sich immer wieder mit der Beschreibung und Bewältigung solcher Variationen beschäftigt. Die grundsätzlichen Herde für sprachliche Zweifelsfälle blieben dabei relativ konstant, auch wenn die lexikalischen Beispiele mit der Zeit wechseln konnten. Zu den zentralen Bereichen gehörten, wie oben benannt, Genus- und Flexionsprobleme beim Substantiv, die Tempusbildung beim Verb, Doppelformen in der Wortbildung, ein relativ festes Set an orthographischen Fragen sowie noch einige andere Bereiche mehr. Faktisch könnte man sogar die – nur moderat riskante – These aufstellen, dass das Typeninventar, das im zweiten Teil dieses Buchs diskutiert wird, in den meisten Fällen direkte Vorläufer in der deutschen Sprachgeschichte besitzt. In der Regel gehen diese Traditionen mindestens bis zum 18. Jahrhundert zurück, in vielen Fällen sogar bis hin zum 16. Jahrhundert. All das spricht dafür, dass hier keine individuelle, sondern eine kollektive Tatsache vorliegt, die aufs engste mit der Geschichte des Deutschen und seiner Zweifelsfälle verwachsen ist.

Schwerer wiegt freilich ein Einwand, der aus einem anderen Bestimmungsmerkmal der anfänglichen Definition abzuleiten ist und das Vorliegen von Zweifelsfällen bei Ölinger relativiert. Es müssen nämlich, wie oben ausgeführt (Kap.1.1), Hinweise darauf vorliegen, dass ein Sprecher angesichts von zwei Varianten auch tatsächlich nach der korrekten Variante sucht, wenn man von einem Zweifelsfall sprechen möchte. Der Zweifel ist ja nicht selbstgenügsam, sondern er resultiert konstitutiv aus der – zumindest vorübergehend: erfolglosen – Suche nach der richtigen Variante. Woher wissen wir also, dass Ölinger auf der Suche nach der korrekten Form war, als er Varianten notierte? Ist das wirklich gesichert oder womöglich nur eine Unterstellung, die sich allein aus unserer heutigen Perspektive auf Sprachvarianten ergibt?

Tatsächlich ist es nämlich so, dass Ölinger an den fraglichen Stellen eben nicht mehr macht, als Varianten lediglich zu registrieren. Für eine anhaltende, vielleicht sogar verzweifelte Suche nach der (einen!?) richtigen Variante gibt es keine Hinweise. Der Grammatiker beschreibt schlicht das Nebeneinander von Varianten, nicht mehr, aber auch nicht weniger. Statt Varianten durch Suche nach der einen „richtigen" Variante zu reduzieren, herrscht hier vielmehr Variantentoleranz. Zugespitzt gesagt: Wer annimmt, dass die Sammlung von Varianten stets in einen Entscheidungsprozess mündet, ist auf dem Holzweg. Ein solcher Schluss ist sachlich nicht gerechtfertigt. Er bleibt ohne flankierende Beweise letztlich reine Spekulation. Um die Problematik mit einem anderen Beispiel vor Augen zu führen: Stellen wir uns einen Autor des 16. Jahrhunderts vor, der uns berichtet, dass es damals im deutschen Sprachgebiet rote und grüne Hüte gegeben hat, also eine Variation in Kleiderfragen bestand. Können wir daraus schließen, dass er auf der Suche nach dem (farblich) richtigen Hut war? Wollte er womöglich den korrekt gefärbten Hut finden? Darf man einem solchen Berichterstatter ein Orientierungsproblem in Kleiderfragen unterstellen?

**Die Suche nach der richtigen Variante im 16. Jahrhundert?**
Diese Überlegungen zeigen, dass die Annahme sprachlicher Zweifelsfälle im 16. Jahrhundert voraussetzungsreich ist. Sie eröffnen uns darüber hinaus aber auch einen Weg, wie man die weitere Geschichte der sprachlichen Zweifelsfälle im 17. und 18. Jahrhundert im Überblick sinnvoll begreifen kann. Denn im Laufe der Zeit gibt es zunehmend deutliche Hinweise darauf, dass sich die sprachsensiblen Zeitgenossen im Falle eines Falles nicht mehr nur mit der Registrierung von Varianten zufrieden geben wollten. Man war mehr und mehr auf der Suche nach der „richtigen" Variante, wenn man sich mit entsprechenden Sprachschwankungen konfrontiert sah.

Anders ausgedrückt: zur *Sammlung* von Varianten kam nun eine immer breitere normative *Bewertung* der Varianten. Die bloße Feststellung, dass es Varianten gibt, wurde durch die Frage, welche denn die „richtige" sein könnte, ergänzt. Und da ein solches Problem durch unterschiedliche Argumentationsstrategien in den Griff gebracht werden kann, wird sich in der Folgezeit eine schillernde Sprachdiskussion in Deutschland ausbilden. Sie entwickelte sich in verschiedenen Formen und teilweise sehr heterogen. Denn die Frage nach dem Gebrauch der „richtigen" Sprachvariante schien wie dazu geschaffen, mit nicht-sprachlichen Konnotationen befrachtet zu werden. Man musste nur die Wahl der „richtigen" Sprachvariante mit regionalen Machtansprüchen, religiösen Positionen, sozialen Zuschreibungen oder individuellen Bildungsgraden verbinden. So geriet der Sprachgebrauch zu einer Instanz, bei der es um wesentlich mehr ging als die Mitteilung bestimmter Sachinformationen. Bestimmte Variantenselektionen konnten für die jeweiligen Sprecher unterschiedliche Signalwirkungen mit sich bringen. Sie standen zunächst oft für die regionale Herkunft, dann aber konnotativ auch für religiöse Überzeugungen oder den gesellschaftlichen Status, der sich in einer bestimmten Bildung verkörperte.

Ein gutes und frühes Beispiel für diese Potenz von Sprachvarianten, mit außersprachlichen Gehalten befrachtet zu werden, ist das *e*, vor allem in der Schwa-Variante. In den religiösen und politischen Kämpfen der Zeit geriet es zu einem Zeichen für den ostmitteldeutschen Protestantismus, der sich in Frontstellung zum süddeutschen Katholizismus befand. Wer also *Auge* (statt: *Aug*), *gerne* (statt: *gern*), *müde* (statt: *müd*), *ich laufe* (statt: *ich lauf*), *des Kopfes* (statt: *des Kopfs*) formulierte, griff nicht nur eine semantisch eigentlich bedeutungslose Formvariation auf, sondern er gebrauchte das sog. lutherische *e* (Habermann 1997). Durch die (norddeutschen) *e*-Varianten geriet man zum Protestant, die kürzeren (süddeutschen) Formen zeigten den Katholiken an. Durch eine spezifische Variantenselektion bezog ein Sprecher demnach gesellschaftspolitisch und religiös Stellung, auch wenn er sich dieser Signalwirkung eines kleinen Buchstaben bzw. Lauts womöglich gar nicht bewusst gewesen sein mag. Sprache stand für mehr als Sprache.

An dieser Stelle wird also systematisch und im historischen Überblick sehr gut greifbar, was oben für die normative Sicht auf Zweifelsfälle ins Zentrum gerückt wurde. Hinter der allmählichen Herausbildung der deutschen Standardsprache steht eine spezifische Art und Weise, mit sprachlichen Zweifelsfällen umzugehen. Oder andersherum: die Entstehung der deutschen Standardsprache wurde von einem sprachbewussten Prozess begleitet (verursacht?), der sich zunächst in Variantenidentifikation, dann verstärkt in Variantenselektion verkörpert. Auch die Verwobenheit der Standardsprache mit der oben erörterten Fehlerideologie (Kap.1.4) zeigt hier ihre historischen Ursprünge. Wer in der Lage ist, bei zwei Varianten die richtige zu wählen, kann nunmehr Fehler identifizieren und für ihre Vermeidung Partei ergreifen. Alle Sprachinteressierten können das, so die Unterstellung, doch nur bedingungslos gutheißen! Die Sammlung der richtigen Varianten ergibt dann die Standardsprache, alle anderen Sprachformen gehören zu einem prekären Sprachbereich, der zwar existiert, aber für viele Zeitgenossen eigentlich keine Existenzberechtigung besitzt.

**Zweifelsfälle im 17. und 18. Jahrhundert: Schottelius und Leibniz**
Die Geschichte der sprachlichen Zweifelsfälle lässt sich bis zum 18. Jahrhundert als die Intensivierung dieses bewussten Selektionsprozesses beschreiben. Das Ganze hatte gravierende Folgen für die Lage der deutschen Sprache und die sie tragende Gesellschaft. Mit der Zeit bildete sich eine neue, dialektferne Form des Deutschen heraus. Die metasprachlichen Aktivitäten, in denen diese Auswahlvorgänge eingebunden waren, haben die deutsche Standardsprache vielleicht nicht ursächlich geschaffen, aber doch stark gestützt. Die Thematisierung der Zweifelsfälle erfolgt vor dem Hintergrund des Projekts, etwas ins Leben zu rufen, was die Architektur der deutschen Sprache grundsätzlich verändern sollte.

Es spricht für sich, dass für die grammatische Diskussion des 17. Jahrhunderts unter dem Oberbegriff der „Spracharbeit" die folgende zentrale Frage ausgemacht wurde: „Woran soll man sich in sprachlichen Zweifelsfragen orientieren?" (Hundt 2000: 42). Mit anderen Worten, mit welchen Argumenten soll die Variantenselektion vollzogen werden? Auf welche Legitimitäten kann man sich hier stützen? Was für die Orientierung in der Grammatik fraglich war, ließ sich auch auf andere sprachliche Ebenen übertragen. Im Raum standen dann mindestens die folgenden Legitimationsinstanzen, mit denen man seine Zweifelsfälle in den Griff bringen wollte (Josten 1976): Man kann sich auf die regionale Verteilung der Varianten stützen und dann einen bestimmten landschaftlichen Sprachgebrauch favorisieren. Man kann den Sprachgebrauch einzelner Personen als vorbildhaft ansehen. Man kann bestimmte gesellschaftliche Institutionen als richtungsweisend anerkennen. Oder man schaut generell auf andere sprachliche Formen und versucht, sozusagen systemlinguistisch, dem Prinzip der Analogie zu folgen. Auch Überschneidungen zwischen diesen Prinzipien waren nicht ausgeschlossen, im Gegenteil.

So kam es, dass der eine sich nach der meißnischen Kanzlei orientieren wollte, ein anderer nach dem Sprachgebrauch Luthers. Weitere Parteien favorisierten die Vorbildhaftigkeit der literarischen Sprache von Martin Opitz, der Sprache des kaiserlichen Hofs oder schlicht des Fränkischen oder Schwäbischen. Vergleichsweise abstrakt argumentierten diejenigen, die aus den (angeblichen) Existenzgesetzen der Sprache selbst sprachimmanente Gründe für die Bevorzugung bestimmter Varianten ableiten wollten. Man ahnt: Derlei Diskussionen mussten ausufernd werden und konnten kaum zu einem einhellig akzeptierten Ergebnis führen. Ein schnelles Ende der Debatten, das alle Diskutanten zufrieden (und ruhig) gestellt hätte, war nicht in Sicht. Im Zweifel ließ sich stets ein bisher unbeachtet gebliebenes Argument für oder gegen eine bestimmte Sprachvariante finden. Kein Wunder, dass schon der wichtigste Sprachforscher des 17. Jahrhunderts, Justus Georg Schottelius, einiges aufbieten musste, um mit Überzeugungskraft für oder gegen bestimmte Varianten zu votieren. Er prägte die Rede von der „Grundrichtigkeit", die ihn sicher durch seine Sprachzweifel leiten sollte. Darin flossen analogistisch sprachimmanente Perspektiven mit sprachhistorisch-religiösen Befunden zusammen (Hundt 2000: 254). Ein Ende der Sprachdiskussionen, in denen um das Für und Wider bestimmter Varianten gestritten wurde, war damit nicht erreicht, eher eine grundsätzliche Vertiefung und Verschärfung. Die Frage, was sprachlich richtig oder falsch war, blieb offen.

Die anhaltende Brisanz der Variantenselektion bei sprachlichen Zweifelsfällen lässt sich an einer Bemerkung ersehen, die einige Jahre nach dem Tod von Schottelius formuliert wurde. Sie zeugt deutlich davon, dass man sich um die Wende vom 17. zum 18. Jahrhundert nicht auf dem Höhepunkt oder gar am Ende, sondern erst am Anfang entsprechender Sprachdebatten sah. Gottfried Wilhelm Leibniz skizzierte in seiner programmatischen Sprachschrift ein Projekt, in dem die Deutschen auf die Suche nach der „Sprachrichtigkeit" in ihrer Muttersprache gehen sollten. In vielen Fällen sei nämlich noch nicht klar, wie diese „Sprachrichtigkeit" „nach den Regeln der Sprachkunst" im Deutschen aussehen sollte. Weil aber vernünftige Menschen hier mit der Zeit zu einer sinnvollen Lösung (zusammen-) kommen sollten, war sein Ausblick – wie könnte es am Beginn der Aufklärung anders sein? – optimistisch: „denn obwohl darin [d.i. in der „Sprachrichtigkeit" (wpk)] ziemlicher Mangel befunden wird, so ist es doch nicht schwer, solchen mit der Zeit zu ersetzen und sonderlich vermittelst guter Überlegung zusammengesetzter tüchtiger Personen einen und anderen Zweifelsknoten aufzulösen." (Leibniz 1983: 41). Es gäbe demnach „noch viele grammatische Knoten", die von den Deutschen zu entwirren wären. So berichtet er etwa über „einige Zweifel […], worüber ganze Länder voneinander unterschieden und Kanzleien selbst gegen Kanzleien streiten, als zum Exempel, was für Geschlechts das Wort Urteil sei." (Leibniz 1983: 42f). Für den Ausbau des Deutschen zu einer vollwertigen Sprache, die endlich dem Latein und den anderen großen Sprachen Europas ebenbürtig sein sollte, war laut Leibniz die Bewältigung derartiger grammatischer Zweifelsfälle von großer Bedeutung.

**Vertikalisierung des Varietätenspektrums: „Hochdeutsch"**
Die Intervention von Leibniz führt in das Herz der Sprachdebatten des 18. Jahrhunderts. Der Druck zur Selektion von Varianten ist gegenüber dem 16. Jahrhundert stark gewachsen. Immer wenn die Zeitgenossen Varianten registrierten, erhob sich jetzt sogleich die Frage, welche Variante denn die „richtige", welche „falsch" sein könnte. Ohne unzulässig zu verallgemeinern, lässt sich die These aufstellen, dass die gesamte Sprachdiskussion des 18. Jahrhunderts genau vor dieser Frage stand. Was für das 16. Jahrhundert nur in Ansätzen nachzuweisen war, wird nun zum generellen Trend der Zeit: an die Seite der Variantenidentifikation tritt verschärft das Bedürfnis nach Variantenbewertung. Aus einer anderen Perspektive formuliert: das ehedem vor allem horizontal-regional angelegte Varietätenspektrum des Deutschen wird nun zunehmend, nachhaltig und sozialhistorisch folgenreich „vertikalisiert" (Reichmann 1988). Der Zielpunkt dieser Entwicklung ist die deutsche Standardsprache oder – wie man im Verlaufe der Zeit sagen wird – die Ausbildung und Sicherung des „Hochdeutschen". Um diesen Begriff versammelten sich jedenfalls im 18. Jahrhundert die verschiedenen sprachthematisierenden Diskurse, die einen erheblichen Anteil an der Herausbildung des neuhochdeutschen Normbewusstseins haben sollten (Scharloth 2005; Faulstich-Christ 2008).

Vom Ausmaß der Debatten und Prozesse, die in diese Entwicklung involviert waren, kann an dieser Stelle nur ein kleiner Eindruck vermittelt werden. In der sprachwissenschaftlichen Forschungsliteratur findet man dazu jedenfalls jede Menge Material, allerdings nicht selten unter heterogenen Überschriften. Das macht es gelegentlich schwer, zusammengehörige Dinge tatsächlich als zusammengehörig zu erkennen. Zu den grammatik- bzw. sprachwissenschaftsgeschichtlichen Fokussierungen wären für das 18. Jahrhundert an erster Stelle die zahlreichen sprachthematisierenden Werke von Autoren wie Gottsched, Adelung und Aichinger zu nennen (im Überblick Polenz 1994: Kap. 5.6). Darüber hinaus sind die verschiedenen Aktivitäten zu nennen, die allmählich zur Etablierung einer expliziten Fremdsprachendidaktik, hier also: Deutsch als Fremdsprache (DaF) führten (Glück 2002). Vor allem Matthias Kramer war in dieser Sache ein wegweisender Autor, der in seinen einflussreichen Werken viele Problemfälle mit Zweifelsfallstatus diskutierte (Glück 2013: Kap. I, 6/7). Die grammatisch-sprachwissenschaftliche Arbeit der Zeit betraf also immer auch die Diskussion derjenigen Varianten, die zögernde Entscheidungen bei sprachlichen Korrektheitserwägungen verursacht hatten. Wohlgemerkt: hier soll nicht behauptet werden, dass die genannten Autoren stets den Begriff „sprachlicher Zweifelsfall" im Munde führten. Das ist sicher nicht der Fall. Es soll allerdings behauptet werden, dass die Autoren in der einen oder anderen Form, explizit oder implizit, mit den sprachlichen Zweifelsfällen ihrer Zeit befasst waren.

**Sprachgesellschaften und Orthographie im 18. Jahrhundert**
Zur Intensivierung der Diskussion kommen dann noch vereinsgeschichtliche Aspekte hinzu. Sie verbreitern die sprachwissenschaftlichen Perspektiven ins Gesellschaftshistorische. Die sprachlichen Zweifelsfälle werden also nicht mehr nur in kleinen, gelehrten Zirkeln zu einem Problem, sondern sie entfalten ihre spezifische sprachbewusstseinsformierende Kraft nun auch in weiteren sozialen Kreisen. Zunehmende Bildung und Lesekompetenz im Zeitalter der Aufklärung führten in denjenigen sozialen Schichten zu stärkerer Variantenaufmerksamkeit, die damit bisher kaum konfrontiert worden waren.

Für die ausgedehntere Thematisierung und Bewältigung sprachlicher Zweifelsfälle innerhalb der deutschen Sprachgemeinschaft ist etwa das informelle Netz der „Deutschen Gesellschaften" von Bedeutung. Sie wurden im 18. Jahrhundert gegründet und haben sich verschiedentlich für Belange der deutschen Sprache interessiert und engagiert (Cherubim u.a. 2005: Kap. 4/5). Diesen Aktivitäten wurde sogar ausdrücklich ein Anschluss an die oben angesprochenen antiken Traditionen der Zweifelsfall-Diskussion attestiert (Cherubim u.a. 2005: 45ff). Dass schon damals die Zweifelsfall-Problematik untrennbar mit der Richtig-oder-Falsch-Ideologie verflochten war, hat man für die sprachkritische Diskussion des 18. Jahrhunderts wie folgt auf den Punkt gebracht. „Sprachkritik ist [...] nicht nur eine begründete Entscheidung darüber, was in einer Sprache im Sinne bestimmter Anforderungen als ‚richtig' gelten kann, sondern bedarf auch der negativen Demonstration, d. h. der Vorstellung und Diskussion des Fehlerhaften oder der Zweifelsfälle." (Cherubim u.a. 2005: 45; Leweling 2005: 169).

Freilich war das Übergangsfeld zwischen richtigen, fehlerhaften und zweifelhaften Sprachformen ausgedehnt. Eine klare Trennung zwischen diesen Sprachbezirken war selten gegeben, höchstens für einen einzelnen Gelehrten, zu dem sich aber im Falle eines Falles stets andere Gelehrte äußerten und Einspruch erhoben. Entsprechend weit gefächert waren die Diskussionen, die meistens kaum auf ein klares, eindeutiges Ziel hinführten. Sie betrafen sämtliche Ebenen der Sprache, an vorderster Front aber Aussprache, Schreibung und Flexionsmorphologie. Die Debatten zur Syntax trugen demgegenüber einen etwas anderen Charakter, weil dabei grundlegende sprachphilosophische Fragen aufgeworfen wurden. Sie führten eher von den spezifischen Kontexten der deutschen Sprachdiskussion weg und gehören damit in die Entstehungsgeschichte der allgemeinen Sprachwissenschaft (Konopka 1996: v.a. Kap. 2.1).

**Gottsched und Weitenauer**
Besonders nachdrücklich verkörperte sich die Wahrnehmung sprachlicher Zweifelsfälle in orthographischen Kontexten. Die ursächliche Verbundenheit der Zweifelsfälle mit der schriftlichen Dimension der Sprache, also ihre Verankerung in Schreib- und Leseprozessen, ist hier gleichsam mit den Händen zu greifen. Diese Aussage gilt auch dann, wenn man bemerkt, dass die damaligen Debatten viel zu oft von einer simplen Gleichsetzung von gesprochener und geschriebener Sprache durchzogen waren. Hier wäre prinzipiell schon erkennbar gewesen, was oben bereits hervorgehoben wurde: Wer von sprachlichen Zweifelsfällen reden will, darf von Schriftlichkeit nicht schweigen. Den grammatisch-orthographischen Regelwerken wurden jedenfalls verschiedentlich Sammlungen „zweifelhafter Wörter" beigefügt, meistens ausdrücklich zu schuldidaktischen Zwecken. Die unmittelbare Vorgabe dafür hatte Johann Christoph Gottsched erarbeitet. Er stellte ein „Orthographisches Verzeichniß zweifelhafter Wörter" zusammen (Gottsched 1762: 114) und sah darin einen „beständigen Rathgeber […], so oft man in gewissen Wörtern zweifelhaft seyn möchte" (Gottsched 1762: 150).

Entsprechend verfuhr 1785 auch der Autor der „Würzburger Regeln vom Schreiben, Reden und Versmachen in deutscher Sprache". Ausdrücklich nannte er für diesen Abschnitt seines Werks das folgende Ziel: „Unser angehenktes orthographisches Handbuch soll auch viele Zweifel entscheiden." (zit. nach Endlein 2005: 151). Diese Tradition der Sprach- besser: Schriftbewusstheit, die sich um die Beratung bei „zweifelhaften" Wörtern drehte, verlängert sich in der Folge mindestens bis zum 19. Jahrhundert. Julius Beltz erstellte beispielsweise eine Lehrerhandreichung mit dem einschlägigen Titel „Orthographie der Wörter von zweifelhafter Schreibart" (Beltz 1867). Allgemein kann man schließen: Die Arbeiten, die seit dem 18. Jahrhundert auf breiter Front zur Rechtschreibung erschienen, müssen als Versuche verstanden werden, sprachliche Zweifelsfälle auf der orthographischen Ebene kollektiv verbindlich zu bewältigen.

Aus heutiger Sicht stehen die Sammlungen gleichzeitig für zwei Dinge: Sie informieren darüber, welche Zweifelsfälle damals existierten, und sie enthüllen die Strategien, mit denen die Zeitgenossen den irritierenden Sprachzweifel in den Griff bekommen wollten. Was diese Strategien angeht, so schwebte über allen Diskussionen meistens noch der optimistische Geist, den schon Leibniz beschworen hatte. Man sah das Problem der Sprachvarianten hauptsächlich als eine Folge der dialektalen Zersplitterung und hoffte gleichzeitig darauf, der regionalen Uneinheitlichkeit mit einer gemeinsamen, vernünftigen Anstrengung Herr werden zu können. In der Vernunft und ihrer Anwendung auf Sprache sah man demzufolge ein Vermögen, die verunsichernden, lokalen Vielheiten hinter sich zu lassen und in einem gut begründeten, sicheren Sprachganzen zu vereinen. Rationale Überlegung ist der Garant für die Befreiung vom individuellen sprachlichen Zweifel und die beglückende Übereinkunft in einer überregionalen Sprach- und Verstandesgemeinschaft.

Bei Ignaz Weitenauer, der 1764 ein Werk mit dem einschlägigen Titel „Zweifel von der deutschen Sprache" veröffentlichte, klang das sogar wie bei dem philosophischen Heros der Moderne, René Descartes: „Werde ich ie zuweilen das Glück haben, auf eine gründliche Gewißheit zu kommen: so bin ich eben darum befugt den vorgetragenen Zweifel aufzulösen und zu entscheiden. Wo ich aber keinen gnugsamen Grund antreffe, muß ich solches andern überlassen, welche mehr Einsicht, Erfahrenheit, oder Kühnheit besitzen." (Weitenauer 1764: Vorrede). Wie Descartes in seiner philosophischen Grundlegung von einem umfassenden, methodischen Zweifel ausging, so scheint auch Weitenauer im Sprachzweifel ein vorübergehendes Stadium gesehen zu haben, das am Ende zu einer „gründlichen Gewißheit" führen sollte.

### Gesteigerte Variantenkenntnis im 18. Jahrhundert: z.B. Adelung

Die erheblich gesteigerte Gegenwart sprachlicher Zweifelsfälle im 18. Jahrhundert besitzt neben der rein quantitativen Dimension auch eine kognitiv-analytische Seite. Denn es ist nicht nur so, dass immer mehr Menschen immer mehr Sprachvarianten zur Kenntnis nahmen. Die Varianten werden auch immer deutlicher in ihrer gesamten Komplexität wahrgenommen. Von Fall zu Fall kommt es zu ausgefeilteren Analysen, durch die neue, bisher nicht oder nur undeutlich thematisierte Aspekte des realen Sprachgebrauchs in den Blick kommen. Der Zuwachs geschieht schleichend und in kleinen Stufen, man könnte auch sagen: unbemerkt und unwillkürlich. Zu keinem Zeitpunkt hat es eine Art Entdeckung oder gar Erfindung gegeben, die das Variantenbewusstsein womöglich mit einem Schlag revolutioniert hätte. Das gilt sowohl für die gelehrte als auch für die öffentliche Sprachdiskussion.

Diese langsame, aber stetige kognitiv-analytische Entwicklung sei mit einem Beispiel aus vielen kurz illustriert. Adelung besprach in seiner Sprachlehre von 1781 das Problem lexikalischer Varianten wie üblich zunächst unter dialektaler Perspektive. Demnach kann man zum Beispiel das schwankende Genus bei Derivata auf *–niß* durch den unterschiedlichen Sprachgebrauch in verschiedenen Regionen erklären. Es ist eben „so, daß in einer Provinz dieses, in einer andern jenes am üblichsten ist." (Adelung 1781: 121). Dazu kamen nun allerdings auch Wörter, deren Genus-Schwankung nicht dialektal, sondern semantisch basiert ist. Hier zeigt die Genus-Varianz also unterschiedliche Bedeutungen an, z.B. *der* vs. *das Mensch*. So weit, so traditionell. Von besonderer Bedeutung ist dann eine Beobachtung, die die Komplexität der Fakten noch einmal steigert. Denn laut Adelung gibt es überdies Wörter, deren Genusvarianz sich sogar innerhalb einer einzelnen Region („oft in einer und eben derselben Provinz") abspielt, die also nicht zwischen den verschiedenen Sprachlandschaften angesiedelt ist. Als Beispiele nennt er Genusschwankungen wie *der Lohn / das Wochenlohn, die Haft / der Verhaft, der Muth / die Schwermuth*. Und er schiebt sogar gleich einige Beispiele nach, die bezeugen, dass derartige Varianten selbst in dem von ihm so favorisierten „Hochdeutsch" vorkommen, etwa *die Kolbe / der Kolben, die Quelle / der Quell* (Adelung 1762: 123–126). An diesem Punkt wird folglich aus der Ferne etwas sichtbar, was später „Standardvariation" heißen wird: Sprachschwankungen können sich nicht nur zwischen den Varietäten, sondern auch innerhalb einer Varietät ergeben, selbst in der Standardvarietät. Zudem geht Adelung nicht weiter darauf ein, dass bei seinen Beispielen teilweise Simplizia mit Komposita (z.B. *Lohn / Wochenlohn*) und Derivata (z.B. *Haft / Verhaft*) in eins gesetzt werden und außerdem kleinere Formvariationen (z.B. +/-*e*: *Quelle / Quell*) unter den Tisch fallen. Streng genommen spricht er also gar nicht von denselben Substantiven, deren Genus variiert.

Hätte Adelung diese zusätzlichen Aspekte reflektiert, wären noch weitere Faktoren infrage gekommen, um die steuernden Bedingungen des Sprachgebrauchs zu erfassen und realistische Regeln aufzustellen. In heutiger Terminologie formuliert: er unterschlägt die morphologische Struktur der fraglichen Wörter sowie ihren silbenphonologischen Bau. Daraus hätten sich womöglich ebenso tragfähige Erklärungsansätze ableiten lassen können wie aus regionalen und semantischen Gesichtspunkten. So bleibt es aber erst einmal bei den etablierten Analyse-Kategorien, also Dialekt und Bedeutung, die als grundsätzliche Erklärungsmuster herhalten müssen, um Variation zu verstehen. Sie werden zwar mit einigen komplexitätssteigernden Beobachtungen verbunden. Deren Tragweite wird jedoch analytisch nicht wirklich ausgereizt.

Dieses Beispiel zeigt auch: Je mehr konkrete Sprachvarianten aufgelistet werden, desto vielfältiger werden die Faktoren, die als Erklärung für die Sprachschwankungen potentiell infrage kommen können, ja müssen. Anders gesagt, mehr Empirie steigert die Komplexität des wahrgenommenen Objekts und macht eine erschöpfende Erklärung mit den alten Denkmustern (hier: Dialekt, Semantik) immer unwahrscheinlicher. Der Reflexionsgegenstand, hier also die sprachliche Variation, wird zwar zunehmend realistischer erfasst, dadurch aber auch erheblich facettenreicher und grammatisch ungreifbarer. Die vernünftige Auflösung des Zweifels, der mit der Wahrnehmung von Varianten verbunden ist, rückt dabei womöglich in weite Ferne: Denn das analytische Vermögen vermag nicht mit der schillernden Realität der Sprache Schritt zu halten.

Dass die Varianten und Zweifelsfälle des Deutschen mit der Zeit immer präsenter wurden, ist eine Tatsache, die auch auf die weitere Entwicklung im 19. Jahrhundert verweist. Festzuhalten bleibt jedoch zunächst, dass im Laufe des 18. Jahrhunderts stetig mehr Zweifelsfälle registriert wurden und im Zusammenhang der Ausbildung des Standarddeutschen („Hochdeutsch") dann bewältigt werden mussten. Dahinter steht auch eine ausgebaute Schriftkultur, die sich zunehmend in Schulen und Lesekulturen aktualisiert und mehr und mehr Menschen involviert. Die Detailkenntnisse über das Deutsche werden größer, damit wachsen aber auch die Anforderungen an die analytische Durchdringung des vielschichtigen Sprachgebrauchs, wenn man sich der Variation wirklich vernünftig stellen will. Die Hoffnung, dass die kollektive Anwendung der Vernunft in absehbarer Zeit zu einer variantenlosen, regional unspezifischen Form des Deutschen führen wird, ist vielleicht noch da, aber bestimmt nicht erfüllt. Man konnte sich längst nicht in allen Zweifelsfällen ausdrücklich auf vernünftige, variantenlose Formen einigen.

## 2.2 19. Jahrhundert

Gewiss könnte man die Geschichte der sprachlichen Zweifelsfälle im 19. Jahrhundert als eine Entwicklung beschreiben, in der fast alles auf Bahnen fortgesetzt wird, die im 16. Jahrhundert ansatzweise gelegt und im 18. Jahrhundert fest etabliert wurden. Das wäre freilich zu einfach und würde der unübersichtlichen Geschichte nicht gerecht werden, da ein schiefes Bild entstände. Stattdessen sollen hier die spezifischen Änderungen in den Vordergrund gerückt werden, durch die sich die Geschichte der Zweifelsfälle im 19. Jahrhundert von der vorhergehenden Zeit unterscheidet. Es werden also eher die Diskontinuitäten als die Kontinuitäten betont. Zu Beginn ist die folgende Frage erkenntnisleitend: Welche Ursachen und Motive haben dazu beigetragen, dass die sprachlichen Zweifelsfälle in der Moderne anders erscheinen und begriffen werden als zuvor? Für das Verständnis der Entwicklung ist es wichtig, sich einen Überblick über die veränderten Rahmenbedingungen zu verschaffen. Die Identifikation und Bewältigung sprachlicher Zweifelsfälle hängt nämlich – wie oben schon gelegentlich angedeutet – nicht unwesentlich von der sprachlichen, gesellschaftlichen und politischen Gesamtlage einer Zeit ab. Diese Faktoren sollen für das 19. Jahrhundert zu Beginn näher beleuchtet werden.

### Durchsetzung der deutschen Standardsprache („Hochdeutsch")

Was die sprachlichen Dinge im engeren Sinn angeht, so ist vor allem der veränderte Status der Standardsprache in Rechenschaft zu ziehen. Die ersten Jahrzehnte des 19. Jahrhunderts gelten nämlich als derjenige Zeitraum, in dem die deutsche Standardsprache, das „Hochdeutsche", nun endlich entstanden ist. Anders als noch im 18. Jahrhundert existiert sie jetzt in einer relativ stabilen und einheitlichen Form. Früher war sie Diskussionsgegenstand und blieb faktisch eher wandelbares Konzept und Wunschgegenstand, jetzt war sie Realität mit einem soliden Zukunftspotenzial. Man kann das an einem einfachen Befund erkennen. Normalerweise dürfte es nämlich heute gut möglich sein, einschlägige Texte vom Beginn des 19. Jahrhunderts ohne große Anstrengung und Lektüre-Irritationen zu lesen und zu verstehen. Die damalige Standardsprache ist in wesentlichen Teilen mit der heutigen Standardsprache identisch. Es gibt allerdings einen Unterschied zwischen damals und heute. Denn nur ein vergleichsweise kleiner Kreis nutzte und pflegte seinerzeit diese neue Varietät des Deutschen. Das waren in erster Linie unsere klassischen Schriftsteller. Sie werden mit Recht als diejenigen Schreiber gesehen, die für die Ausbildung des „Hochdeutschen" Maßgebliches geleistet haben. Insbesondere die zweite Hälfte des 19. Jahrhunderts gilt dann als derjenige Zeitraum, in dem die Standardsprache über diesen kleinen Kreis der Schriftsteller und Gelehrten hinausging. Sie verbreitete sich allmählich in alle Lebensbereiche Deutschlands (Mattheier 2004). Was vordem nur eine beschränkte soziale Gültigkeit besaß, drang mit der Zeit in so gut wie alle gesellschaftlichen Gruppen ein.

In diesem Streuungsprozess mussten vor allem bei bestimmten Sprechern und Schreibern Zweifelsfälle entstehen, nämlich bei denen, die die neu entstandene Standardsprache noch nicht sicher beherrschten. Dazu gehörte aber ein recht großer Teil der deutschen Sprachgemeinschaft. Denn die generelle sprachliche Lage sah in Deutschland immer noch so aus, dass man zunächst in einem mehr oder weniger stark dialektal geprägten Umfeld aufwuchs und erst mit der Zeit, insbesondere beim Schriftspracherwerb in der Schule und in beruflichen Zusammenhängen, mit dem Druck zur Nutzung des Standards konfrontiert war. Die Spannung zwischen der lokalen Sprache der Kindheit und dem überregionalen Standard der Erwachsenen war eine Brutstätte für die Entstehung sprachlicher Zweifelsfälle. Schließlich ging es hier um etwas, das für viele Sprecher Züge eines Fremdspracherwerbs trug. Neben dem regionalen Dialekt, der für soziale Nähe stand und sich in erster Linie mündlich verkörperte, trat nun die Standardsprache. Sie repräsentierte Überregionalität, soziale Distanz und manifestierte sich vor allem schriftlich bzw. schriftsprachnah. Gleichzeitig bekam der normative

Zielpunkt bei Korrektheitserwägungen ein wesentlich deutlicheres Profil als zuvor. Denn anders als in den ausufernden Diskussionen und eher theoretischen Überlegungen der Vergangenheit konnte man nun schlicht auf die zeitgenössische Realität der Standardsprache verweisen, wenn man auf der Suche nach der „richtigen" Variante war. Der suchende Blick auf den vorbildhaften Sprachgebrauch der – wie man damals sagte – „guten Schriftsteller" war für viele eine sichere Strategie, mit der die Variantenselektion bei sprachlichen Zweifelsfällen stets mutmaßlich erfolgreich vollzogen werden konnte.

Zu der geschilderten Entwicklung kamen noch andere, außersprachliche Prozesse hinzu, durch die die Präsenz der sprachlichen Zweifelsfälle mittelbar erhöht und verschärft wurde. Die gesteigerte Mobilität der Zeit unterstützte sicher das Aufkommen von Situationen sprachlicher Irritation. Man denke ruhig an das ausgedehntere Postkutschen- und Straßennetz und die Eisenbahnlinien, mit denen Mitteleuropa zunehmend durchzogen wurde. Wer unterwegs ist, begegnet sprachlicher Variation auf ganz handfeste Weise. Außerdem strömte die Bevölkerung im Laufe der Zeit vom Land in die immer größeren Städte und wurde dort durcheinandergemischt. In den Industrie-Fabriken des 19. Jahrhunderts, wo Arbeiter aus verschiedenen Landstrichen zusammengewürfelt wurden, wird sich so mancher gewundert haben, wie man Deutsch auch sprechen konnte. War das aber „richtiges" Deutsch?

Die geschilderten Entwicklungen wurden durch den weiteren Ausbau der geschriebenen Sprache ergänzt, also derjenigen Sprachmedialität, die fast naturwüchsig sprachliche Zweifelsfälle nach sich zieht. Im Zuge der umfassenden Alphabetisierung und der allmählich durchgesetzten Schulpflicht konnten am Ende des 19. Jahrhunderts fast alle Sprecher des Deutschen schreiben und lesen. Die Standardsprache löste sich damit aus den elitären Schriftstellerkreisen und wurde sozial nachhaltig pädagogisiert (exemplarisch für Baden Bluhm-Faust 2005). Die nun zahlreich entstehenden Schulgrammatiken sind ein gut greifbares Symptom für den um sich greifenden erzieherischen Umgang mit Sprachvarianten, die als Ursachen für das Aufkommen sprachlicher Zweifelsfälle wirken konnten (exemplarisch für die Flexionsmorphologie Banhold 2015). Auch die rasante Entfaltung der Tageszeitungen sowie die massenhafte Verbreitung von Trivial- und populärwissenschaftlicher Literatur sind Mosaiksteine in der gesellschaftlichen Verbreitung und Festigung schriftlicher Sprachformen. Aus einer vordem noch weitgehend mündlich organisierten Gesellschaft wurde mehr und mehr eine literale Gesellschaft. Somit konnte nicht nur die Spannung zwischen Dialektalität und Standardsprache, sondern auch der vertiefte Kontrast zwischen Mündlichkeit und Schriftlichkeit sowie der generelle Ausbau der Varietätenvielfalt zur Ausbildung sprachlicher Zweifelsfälle führen, sofern die Variationen zwischen diesen Sprachformen aufmerksamen Zeitgenossen zumindest dunkel zu Bewusstsein kamen.

**Bürgertum und Sprache**
Darüber hinaus ergab sich aus einer weiteren gesellschaftlichen Entwicklung eine folgenreiche Umjustierung in der Geschichte sprachlicher Zweifelsfälle. Gemeint ist der Aufstieg des Bürgertums zu einer tonangebenden gesellschaftlichen Klasse. Damit war die Entfaltung eines sozialen Bewusstseins verbunden, das in maßgeblichen Teilen auf spezifischen Sprach- und Kommunikationsformen beruhte und sich insbesondere als Gegenentwurf zu adeligen Verhaltens- und Denkmustern ausbildete (Linke 1996; Cherubim u.a. 1998). Zu den typisch bürgerlichen Lebensformen gehörten etwa das extensive Briefeschreiben, das Führen von Tagebüchern, das Romanlesen, das Schmökern in Konversationslexika und das gesellschaftliche Gespräch im Geiste guter Bürgerlichkeit. Alle diese Aktivitäten setzten, produktiv und rezeptiv, ein wesentliches Vermögen voraus, nämlich dass die Kommunikationspartner die deutsche Standardsprache sicher und bewusst beherrschen. Wer das nicht konnte, durfte kaum darauf hoffen, zu den fortschrittlichen bürgerlichen Kreisen der Zeit gerechnet zu werden. „Falsches" Sprechen und Schreiben – sei es die Wahl eines seltsamen Worts, sei es eine wunderliche Aussprache oder eine unübliche Flexionsform – besaßen unmittelbare Folgen für die gesellschaftliche Positionierung des jeweiligen Individuums, auch wenn beim Kommunizieren die jeweiligen Bedeutungsgehalte den Hörer oder Leser durchaus erreicht hatten. Es kam immer auch darauf an, *wie* man sprach und schrieb, nicht nur darauf, *was* man sagte oder meinte. Die Formen, in denen sprachliche Botschaften weitergegeben wurden, waren mindestens genauso wichtig wie die sprachlich kodierten Botschaften selbst.

Mit anderen Worten, die Standardsprache wurde zu einem überaus prestigebehafteten Sozialsymbol, dessen (formale) Beherrschung für die gesellschaftliche Einordnung des Einzelnen und seinen Aufstieg in höhere gesellschaftliche Stellungen eine unerlässliche Vorgabe darstellte (Mattheier 1991). Erst im Zuge dieser Entwicklung kam es zu einer weitgehenden Stigmatisierung des Dialekts. Während noch im 18. Jahrhundert über die Minder- oder Höherwertigkeit verschiedener Dialekte gestritten wurde und die Gestalt des erstrebten „Hochdeutsch" in der Sprachrealität noch nicht sicher verankert war, ging der Aufstieg des Bürgertums mit einer großen Klarheit einher: regionale Sprachformen sind schlecht, die Standardsprache ist gut. Oder schlagwortartig zugespitzt: die „Variantentoleranz", die vor dem 19. Jahrhundert herrschte, wurde bis zum 20. Jahrhundert „durch immer strengere Variantenreduzierung" ersetzt (Polenz 1999: 232).

Die gesamte Entwicklung schuf damit ein weiteres Bedingungsgefüge, aus dem auf breiter Front sprachliche Zweifelsfälle hervorgehen konnten. Denn wer in einer Situation lebt, in der es gerade auf kleine, sozial höchst relevante sprachliche Unterschiede ankommt, der wird seine eigene Sprachproduktion natürlich argwöhnisch und genau beäugen. Und wer so etwas tut, der wird in der einen oder anderen Form ständig auf sprachliche Zweifelsfälle stoßen. Der Deutschunterricht setzte genau an diesem Punkt ein: Wer im Leben weiterkommen will, muss „Hochdeutsch" sprechen können. Standardsprache ist gut fürs Sozialprestige. Wer sich nicht aus den Fängen der lokalen Sprache zu lösen vermag, wird sich mit minderwertigen gesellschaftlichen Positionen begnügen müssen. Dasselbe lässt sich natürlich auch anspornender formulieren: Wer sich in sprachlichen Fragen erfolgreich anstrengt, besitzt mit der erworbenen Sprachbildung die Chance, seinen gesellschaftlichen Weg nach oben zu gehen und sich von den Beschränkungen der Geburt und des individuellen Herkommens zu befreien.

Sprachkultivierung wird also zum Vehikel des sozialen Aufstiegs. Was vorher für das Lateinlernen galt, bezieht sich nun auf eine interne Varietät des Deutschen, eben die enorm prestigebehaftete, überregional gültige Standardsprache. In dieser bürgerlichen Sprachfixiertheit steckt nicht zuletzt eine Distanzierung von der Adelsschicht, wo man seinen sozialen Rang nicht durch eigene Verdienste erworben, sondern lediglich geerbt hatte. Ohnehin hatte man im Adel nie ein Problem damit gehabt, in der eigenen Sprache die regionale Herkunft durch Dialektismen und individuelle Sprechweisen anzuzeigen.

Für die moderne Konfrontation des Individuums mit Zweifelsfällen wird diese Konstellation typisch werden: Zum einen verursacht die geschilderte Lage eine erhöhte Aufmerksamkeit auf Sprache, die hohe sozialsymbolische Erträge verspricht, dadurch aber zugleich stets Unsicherheit schafft. Denn bei jeder Sprachproduktion droht stets der Missgriff auf eine vielleicht „falsche", nichtstandardsprachliche Variante. Sie würde, peinlicherweise für alle hör- oder sichtbar, unmittelbar die soziale Deklassierung nach sich ziehen. Zum anderen verschafft sie denjenigen, die sich auch nur halbwegs sicher sind, tatsächlich standardsprachliche Sprachformen zu nutzen, ein anhaltendes Überlegenheitsgefühl gegenüber denjenigen, die „falsch" sprechen oder auch nur über Varianten zweifeln. In jedem Fall gewinnen die sprachlichen Zweifelsfälle durch diese Konstellation eine erhebliche individuelle und soziale Brisanz, die sie in dieser Form vorher zu keinem Zeitpunkt besessen hatten.

## Reichsgründung und Sprachentwicklung

Was die politischen Dinge angeht, so liegt die entscheidende Änderung gegen Ende des 19. Jahrhunderts. Mit der Reichsgründung 1871 entstand auf deutschem Boden zum ersten Mal ein politisches Groß-Gebilde, das konstitutiv Einheit und Selbstbestimmung repräsentierte: der deutsche Nationalstaat. Was vordem nur theoretisch diskutiert worden war, nämlich die enge Verbindung von Sprache und Volk, bekam nun eine klare politische Kontur. Sie versprach völlig neue Denk- und Aktivitätsperspektiven. Es verwundert daher auch nicht, dass man seit dem 19. Jahrhundert von einem Sprachnationalismus mit politischem Fundament sprechen kann. Er besitzt zwar sicher Wurzeln, die bis in die frühe Neuzeit zurückreichen. Seit der Reichsgründung gewinnt er allerdings ein politisch-ideologisches Profil, das es in dieser Form ebenfalls noch nicht gegeben hatte (Stukenbrock 2005; Durrell 2017). Inwiefern ist diese Nationalisierung aber für die Präsenz der sprachlichen Zweifelsfälle von Bedeutung? Ihre Relevanz lässt sich vor allem mit Blick auf die Bewältigungsstrategien sprachlicher Zweifelsfälle beschreiben. Zunächst wird durch den Lauf der politischen Dinge der Status der deutschen Standardsprache noch einmal gehoben. Die Formel dafür war einfach: eine Nation, eine Sprache. Und diese Sprache sollte im Bewusstsein der Zeit über eine Eigenschaft verfügen, die für die Klärung sprachlicher Zweifelsfälle unmittelbare Folgen besaß. Für die Zeitgenossen musste die Sprache in Deutschland natürlich in erster Linie einheitlich sein, also dialektfrei und variantenlos, eben das einheitliche „Hochdeutsch". Der neue deutsche Staat mag zwar, so eine Überzeugung der Zeit, Dialekte in sich bergen. Es muss aber eine Instanz geben, die überregional als kommunikatives Gegenstück der zwischenzeitlich erlangten politischen Einheit fungiert.

Das alles brachte neue Handlungsspielräume mit sich, zumindest in der politischen Imagination. Sämtliche Ideen und Überlegungen, die vorher in beschränkten gelehrten Kreisen, von einzelnen Autoren und in isolierten Handreichungen zur Entscheidungsfindung in sprachlichen Fragen formuliert worden waren, drängten nun gewissermaßen auf die große politische Bühne des geeinten Deutschlands. Wer Einheit, politisch und sprachlich, will, der muss – dem Trend der Zeit zufolge – auch für die Einheit eintreten und auf allen gesellschaftlichen Ebenen entsprechende Institutionen schaffen und stützen, nicht zuletzt sozialsymbolische. Dadurch ging die generelle Orientierung in Fragen der sprachlichen Variation aufs neue deutlich in Richtung Variantenausschluss, Variantenintoleranz und „Fehlervermeidung". Die Verunglimpfung von Sprachvarianten wird zu einer Anstrengung im großen Bemühen, endlich einen bedeutenden deutschen Nationalstaat zu schaffen und als europäische Großmacht aufzutreten. Das moderne Deutschland ist ein geeintes Deutschland, Einheit trotz

Vielheit. Man verspricht sich von Dialektdistanz und Variantentilgung einen sprachlichen Fortschritt, von dessen Fruchtbarkeit schon die Durchsetzung der Standardsprache bei den literarischen Klassikern Zeugnis abgelegt hatte. Dass diese Einheitsambitionen jedoch nicht so einfach umgesetzt werden konnten, zeigte sich bereits in einer Domäne, in der sich eigentlich recht schnell eine entsprechende Spracheinheit hätte verwirklichen können. Ich meine die Normierung der deutschen Orthographie. Die entsprechende kulturpolitische Anstrengung begann unmittelbar nach der Reichsgründung, endete aber erst nach einem quälend mühsamen Prozess im Jahre 1901 mit der berühmten II. Orthographischen Konferenz in Berlin.

**Spracheinheit und Sprachvielfalt**
Dabei hatte sich nicht zuletzt herausgestellt, dass dem Bau einer orthographischen Ganzheit doch mehr Hürden im Weg standen, als es im politischen Einheitstaumel der Reichsgründung den Anschein gehabt hatte. Eine gewisse Variation schien einfach nicht aus der Welt zu schaffen. Und wenn man sich näher mit den sprachlichen Vielheiten beschäftigte, gab es sogar viele gute Gründe dafür, sie an bestimmten Punkten bewusst aufrecht zu erhalten, etwa bei der systematischen Unterscheidung von nativen Schreibungen und Fremdwortschreibungen. Und kam den verschiedenen Dialekten im deutschen Sprachgebiet nicht irgendwie auch eine positive Rolle im sozialen Haushalt der deutschen Sprache zu? Das mit Abstand größte, bis heute folgenreiche Unternehmen zur Dokumentation der deutschen Dialektvielfalt nahm jedenfalls schon Ende der 70er Jahre des 19. Jahrhunderts so richtig Fahrt auf. Georg Wenker, der große Dialektologe, legte damals dem Preußischen Kulturminister entsprechende Pläne vor. Statt der Spracheinheit feierte man auf seinen Spuren seitdem die Sprach- und Variantenvielfalt des Deutschen: Vielheit trotz Einheit!

Oben wurde eine Konstellation geschildert, in der die sprachbewussten Protagonisten von sprachlichen und außersprachlichen Kräften immer wieder hin und hergerissen wurden. Die Autoren, die sich im 19. und beginnenden 20. Jahrhundert ausdrücklich mit sprachlichen Zweifelsfällen auseinandersetzten, befanden sich also in einem hochgradig aufgeladenen Spannungsfeld. Viele Energien wiesen in Richtung Einheit, also Variantenreduktion, andere aber auch in Richtung Vielheit, also Variantentoleranz.

Zu allem Überfluss änderte sich im Laufe des 19. Jahrhunderts auch der Status derjenigen Personen, die sich mit Zweifelsfällen befassten. Denn diejenigen, die während der Entstehung der modernen Germanistik die deutsche Sprache erforschten, taten das unter anderen Vorzeichen als die Grammatiker des Deutschen der vorhergehenden Jahrhunderte. Ging es in der älteren Grammatik im

Kern um die Angabe von Regeln zum kollektiven Umgang mit Sprachvarianten, so distanzierten sich die Sprachwissenschaftler des 19. Jahrhunderts von dieser Ambition. Schlagwortartig gesprochen: Die ältere, präskriptive Form der Sprachwissenschaft sollte durch den modernen, deskriptiven Ansatz abgelöst werden. Dahinter steht eine romantische Konzeption der Sprachwissenschaft, die Sprachvariation als etwas Naturwüchsiges ansieht, das nicht durch vorschreibende Regeln irgendwie beeinflusst werden soll. Jacob Grimm, der Erfinder dieser Sprachwissenschaft, verunglimpfte in der Vorrede zu seiner epochalen *Deutschen Grammatik* etwa ausdrücklich die Formulierung von „sprachmeisterregeln" (Grimm 1819: XI). Damit distanzierte er sich von der Sprachbetrachtung nach der Art von Adelung, an dem sich die Sprachgelehrten vorher maßgeblich orientiert hatten.

Für die Beratung in Fragen sprachlicher Zweifelsfälle zog das die unmittelbare Folge nach sich, dass moderne Sprachwissenschaftler in solchen Fragen schlicht ihre Unzuständigkeit beteuern. Im Unterschied zum 18. Jahrhundert will man keineswegs mehr „Schulgrammatiker" sein. Man strebte also nicht danach, vernünftige Regeln des Sprachgebrauchs zu vermitteln und den Kindern womöglich das „richtige", „hochdeutsche" Sprechen beizubringen. Stattdessen ist seit Grimm Wissenschaftlichkeit angesagt. Sie geht mit einer gewissen Schul- und Pädagogikverachtung einher und besitzt auch eine eskapistische Komponente. Oder anders gesagt: Theorie statt Praxis. Sprachregeln werden zur linguistischen Analyse des Deutschen aufgestellt, nicht für die Sprachkonsultation von Sprechern, die über den Umgang mit Varianten zweifeln und vielleicht Unterstützung wünschen könnten.

**Moderne Sprachwissenschaft und öffentliche Sprachdiskussion**
In dieser Konstellation steht die moderne Sprachwissenschaft für eine grundsätzliche Hochachtung für Varianten. Jede praktische Sprachberatung wird infolgedessen misstrauisch als eine Aktivität beäugt, die Varianten aus der Sprache tilgen und damit eine unnatürliche, unerwünschte Sprachentwicklung in Gang setzen könnte. Gleichzeitig dominiert in der öffentlichen Sprachwahrnehmung, wie oben skizziert, die scharfe normative Scheidung zwischen standardsprachlichen und nicht-standardsprachlichen Sprachformen, also genau das Gegenteil einer variantentoleranten Haltung. Angesichts dieser Spannung zwischen wissenschaftlicher und nicht-wissenschaftlicher Einstellung kann es daher auch nicht verwundern, dass sich das öffentliche, schulisch unterfütterte Sprachbewusstsein und die Sprachwissenschaft seit dem 19. Jahrhundert kontinuierlich auseinanderentwickelt haben (Dieckmann 1991; zum wissenschaftshistorischen

Hintergrund auch Cherubim 2008). Genau das, was die Öffentlichkeit in sprachlichen Fragen hochhält, nämlich die möglichst trennscharfe Scheidung zwischen Varianten zur Stützung des Sozialprestiges der deutschen Standardsprache, sehen viele Sprachwissenschaftler tendenziell als eine sinnlose, naturwidrige Entwürdigung der Sprache und eine haltlose Bevormundung der Sprecher.

Seit spätestens der zweiten Hälfte des 19. Jahrhunderts besitzt die Beschäftigung mit sprachlichen Zweifelsfällen in der Folge einen sprachdidaktisch-pädagogischen Anstrich, dem von sprachwissenschaftlicher Seite meistens Desinteresse, wenn nicht sogar offene Ablehnung bis hin zu unverhohlener Verachtung gegenübersteht. Wenn überhaupt, dann erörtern Sprachwissenschaftler die Orientierungsprobleme, die sich aus sprachlichen Zweifelsfällen ergeben, unter distanzierenden Oberbegriffen wie „Normierung" und „Kodifizierung" und beschreiben damit die Herausbildung der deutschen „Gemeinsprache" (z.B. Paul 1880/1995: Kap. 23). Man will deskriptiv, nicht präskriptiv sein (relativierend Hunnius 2003; Klein, W.P. 2004).

Die gerade skizzierte Aufspaltung zwischen wissenschaftlichen und nichtwissenschaftlichen Interessen lässt sich auch textgeschichtlich verfolgen. Denn sprachliche Zweifelsfälle werden im Verlaufe der Zeit zunehmend in eigenständigen Publikationen behandelt. Von den gleichzeitig erscheinenden wissenschaftlichen Grammatiken entfernen sich diese Schriften immer mehr. Dieser Befund lässt sich auch aufstellen, wenn bisher noch kein vollständiger Überblick über die Zweifelsfall-Literatur des 19. und 20. Jahrhunderts existiert. In verschiedenen Forschungsarbeiten besitzen wir lediglich mehr oder weniger verstreute und unterschiedlich materialreiche Hinweise auf die Texte, in denen in diesem Zeitraum sprachliche Zweifelsfälle gelegentlich (mit-) behandelt wurden. Entsprechende Übersichten, Detailuntersuchungen oder resümierende Interpretationen finden sich etwa – mit recht unterschiedlichen Akzentuierungen und Perspektivierungen – in Cherubim 1983; Dieckmann 1989, 1991; Elspaß 2005 und Greule 1997, 2002.

Generell zeichnet sich demnach jedenfalls ab: War bis zum Beginn des 19. Jahrhunderts die gelehrte Beschäftigung mit dem Deutschen – zumindest untergründig – stets mit der Thematisierung von Zweifelsfällen verbunden, so kommt es nun zu einer Auseinanderentwicklung von wissenschaftlicher Grammatik und Zweifelsfall-Literatur.

Neben den geschilderten Gründen, die mit den unterschiedlichen Interessen von Sprachwissenschaftlern und Nicht-Sprachwissenschaftlern zusammenhängen, besitzt diese Tendenz auch wissenschaftssystematische Hintergründe. Denn für die konkrete linguistische Sprachbeschreibung sind Varianten zunächst nachgeordnet. Hier geht es um die Analyse zentraler, nicht-peripherer Entwicklungen und Strukturmuster. Varianten mögen zwar – theoretisch – anerkannt sein. Bei der – praktischen – grammatischen Beschreibung müssen sie aber notwendigerweise eher unter den Tisch fallen, weil sie kaum für grundlegende Bauformen einer Sprache stehen und die genaue grammatische Analyse ohnehin eher erschweren. Wer von vorneherein überall grammatische Varianten sieht, wird zu den grundlegenden Strukturen des Sprachsystems kaum vordringen können.

Deshalb lässt sich annehmen, dass die Zweifelsfälle in der modernen grammatischen Literatur gewissermaßen einen blinden Fleck darstellen. Ihre Nicht-Beachtung prägt das wissenschaftliche Variantenbewusstsein auf eine tendenziell nachteilige Art und Weise, insbesondere dann, wenn Sprachwandelphänomene erforscht werden sollen. So wurde schon für das 19. Jahrhundert festgehalten:

> Zweifelsfälle, Schwankungen oder Verstöße werden aber in Grammatiken kaum erfaßt oder, falls dies doch der Fall ist, unter der Rubrik Ausnahmen verbucht bzw. in Anmerkungen untergebracht. Für die Rekonstruktion des Sprachwandels, wie er wirklich verlaufen ist, sind aber diese Phänomene von besonderer Bedeutung. (Cherubim 1983: 184).

### Zweifelsfallsammlungen: Sprachfehler und Sprachuntergang

Überblickt man in groben Zügen die Zweifelsfall-Literatur des 19. Jahrhunderts, so ist zunächst bemerkenswert, dass mit der Zeit zahlreiche entsprechende Schriften und Sammlungen erschienen. Laut einem zeitgenössischen Autor schossen sie „wie Pilze aus der Erde". Die Motivation dafür wurde deutlich benannt und mit Recht in eine historische Reihe gestellt:

> Die Frage, welche Sprachformen im Deutschen richtig sind, und wie man in zweifelhaften Fällen sprechen müsse, ist nicht erst in unserer Zeit aufgeworfen worden, sondern sie ist schon einige Jahrhunderte alt. Es läßt sich aber nicht verkennen, daß diese Frage heute, da der schriftliche Gebrauch der Sprache immer mehr zunimmt, da sich immer weitere Kreise in der großen Öffentlichkeit der Sprache bedienen, wichtiger als früher geworden ist; und daß viele Menschen das Bedürfnis haben, sich über S p r a c h g e b r a u c h und S p r a c h r i c h t i g k e i t zu belehren, zeigen die zahlreichen Auflagen dieses Buches und das Entstehen ähnlicher Werke, die in der neuesten Zeit wie Pilze aus der Erde geschossen sind.
> (Andresen 1880/1923: 1)

In diesem Zusammenhang erschließt sich dem Betrachter recht schnell eine Tendenz, die auch noch für die gegenwärtige Sicht auf Zweifelsfälle von wegweisender Bedeutung ist. Ich meine den Umstand, dass sich gegen Ende des 19. Jahrhunderts ein deutlicher Trend bei der Thematisierung von Zweifelsfällen ausmachen lässt. Denn mit der Zeit schiebt sich deutlich ein fehlerorientierter, ja fehlerfixierter Diskurs in den Vordergrund. Ging es vorher hauptsächlich um die Dokumentation von Varianten und die anschließende Variantenanalyse, so strebt man später vor allem danach, im Sprachgebrauch Mangelhaftigkeiten festzumachen. Plakativ gesagt, früher stieß man auf interessante Sprachschwankungen und dokumentierte sie, jetzt fand man Vergehen an der Sprache, die sich die Sprachgemeinschaft zuschulden kommen ließ. Mehr und mehr beherrschte also der oben (Kap. 1.4) umrissene Fehlerdiskurs die Wahrnehmung der sprachlichen Zweifelsfälle.

Das zeigt beispielsweise der *Deutsche Antibarbarus*, der 1879 von Karl Gottlieb Keller publiziert wurde. Laut Vorwort hatte der Autor sprachinteressierte Adressaten im Auge, die mit dem konfrontiert sind, „was in dem heutigen Deutsch von zweifelhafter Berechtigung oder entschieden unberechtigt und verwerflich ist" (Keller 1879: V). In dieser Formulierung taucht zwar der Zweifel noch auf, ins Auge sticht jedoch die Fehlerperspektive: „entschieden unberechtigt und verwerflich". Diese Akzentuierung bestätigt sich dann überdeutlich in Aufbau und Zuschnitt des Buchs. In fast jeder der 26 Kapitelüberschriften findet man mit eindringlicher Eingleisigkeit das Wort *fehlerhaft*: *Lexikalisch Fehlerhaftes, Fehlerhafte Flexion des Zeitworts, Fehlerhafte Apposition, Fehlerhafter Modus, Fehlerhafte Wortstellung, Fehlerhafte Metaphern* usw. usw. Von Zweifeln war hier also nicht mehr die Rede. Die Haltung, die bei der Abfassung des Buchs offensichtlich eine tragende Rolle gespielt hat, könnte man wohl wie folgt auf den Punkt bringen: Keller war nicht an Schwankungen und Varianten im Deutschen interessiert, sondern an der Identifikation von Fehlern im Sprachgebrauch der Zeitgenossen. Gerade weil das nicht zwei völlig unterschiedliche Dinge sind, ist es bezeichnend, dass seine Ambition nur in eine Richtung ging, nämlich hin zu einem verschärften Fehlerdiskurs.

Schon an den Titeln vergleichbarer Publikationen lässt sich dieselbe Schlagseite wahrnehmen. Sie ließ sich naheliegender Weise noch um Anleihen beim Sprachverfallsdiskurs erweitern. Demnach begeht man im Deutschen viele Fehler und Nachlässigkeiten. Sie könnten schlimmstenfalls den Untergang der deutschen Sprache nach sich ziehen. Auf dieser Linie ist in den einschlägigen Werken von *sprachlichen Sünden* oder *Sprachschäden* die Rede (Lehmann 1877; Matthias 1892), von der *Verrottung* und *Verwilderung* der deutschen Sprache oder schlicht von *Sprachverderbnis* (Wolzogen 1880; Schmits 1892; Silbermann 1906).

Die Verfasser dieser Werke sahen in ihren Arbeiten einen Dienst am Vaterland und an der deutschen Sprache. Sie wollten als treue Bürger des gerade vereinten deutschen Reiches dazu beitragen, den Untergang der deutschen Sprache abzuwenden, und damit ein herausragendes Sozialsymbol der jungen Nation stützen. Dabei gab es oft einen fest umrissenen Angriffspunkt, an dem alle verderblichen Tendenzen zusammenzulaufen schienen. Es war die Sprache der Massenpresse, in der sich zum ersten Mal mit großer Breitenwirkung eine Sprache der Öffentlichkeit konstituierte. Dass die sprachthematisierenden und -kritisierenden Werke oft in hohen und mehrfachen Auflagen verbreitet wurden, beweist ihr großes Echo. Sie trafen augenscheinlich einen Nerv der Zeit.

### Gustav Wustmann: *Sprachdummheiten. Grammatik des Zweifelhaften…*
Am besten gelang das vermutlich dem Bibliothekar Gustav Wustmann. Er veröffentlichte eine einschlägige Sammlung von *Sprachdummheiten*, die er im Untertitel als *Grammatik des Zweifelhaften, des Falschen und des Häßlichen* bezeichnete (Wustmann 1891). Dieses Buch, das noch 1966 in einer überarbeiteten Auflage erschien, steht seitdem für eine klar präskriptive, konservative Position in sprachlichen Zweifelsfällen (Henne 1966; Dittmer 1983; Meyer 1993). Es fungiert daher auch oft als ein Werk, an dem sich der große Unterschied zwischen einer sprachwissenschaftlichen und einer nicht-sprachwissenschaftlichen (ggf. „laienlinguistischen") Sicht auf Varianten und angebliche „Fehler" überdeutlich illustrieren lässt (z.B. Kilian u.a. 2010: Kap. 3; Eisenberg/Fuhrhop 2013: 12). Die Fragwürdigkeit bestimmter Einstellungen und Befunde zum Problem der Sprachvariation lässt sich an Wustmanns Traktat in der Tat sehr gut zeigen. Gegenüber ähnlichen Werken der Zeit sticht es zudem durch einen besonders rüden und kompromisslosen Darstellungsstil hervor. Wer Anregungen sucht, wie man den Sprachgebrauch anderer Menschen denunzieren kann, wird hier leicht fündig. So können einzelne Varianten laut Wustmann nicht nur *falsch* und *unrichtig*, ein *Fehler*, *Verstoß* oder *Irrtum* sein. Sein negatives Bewertungsvokabular ist darüber hinaus erstaunlich ausgebaut und vielfältig. Varianten sind von Fall zu Fall für ihn nämlich auch *unmöglich*, *reine Willkür*, *grobe Schnitzer*, *völlig widersinnig*, *dumm*, *albern*, *anstößig*, *greulich*, *ungehörig*, *auffällig*, *merkwürdig*, *ungesucht*, *gar nicht einzusehen*, *gespreizt*, *lächerlich*, *alt-* oder *neumodisch*, *beklagenswert*, *gehackt*, *hässlich*, *schleppend*, *verkümmert*, *zerhackt*, *schwülstig*, *beschämend*, *störend*, *unerträglich*, *unbegreiflich*, *verwirrend*, *gesucht*, *unsinnig*, *schwerfällig*, *lästig*, *unfein* usw. usw. Die Rede ist von der *Gassensprache*, der *Nachäfferei des Englischen*, der *traurigen Verlotterung des Sprachgefühls* und einem großen *Übelstand*, der mit der Nutzung einzelner Varianten verbunden sei.

Gegen diesen Stil sowie gegen die gesamte Anlage des Buchs gab es schon früh Einsprüche von Zeitgenossen (Contze 1898; Tappolet 1898). Sie kritisierten Wustmann deshalb deutlich. Insgesamt wird man freilich nicht an der Einsicht vorbeikommen, dass das Werk für eine Haltung steht, die an der Wende zum 20.

Jahrhundert den Umgang mit den sprachlichen Zweifelsfällen maßgeblich geprägt und auch für die Zukunft in gewisse Bahnen gelenkt hat. Präskriptive Sprachverunglimpfung à la Wustmann wurde auch im 20. und 21. Jahrhundert keinesfalls ad acta gelegt. Daher lohnt es sich, dieses Werk in einigen Aspekten kurz näher zu betrachten. Dadurch soll der spezifische Charakter der Bewältigung sprachlicher Zweifelsfälle am Ende des 19. Jahrhunderts auf den Punkt gebracht werden. Gegenüber dem 18. und frühen 19. Jahrhundert ergeben sich hier ferner einige Unterschiede, aus denen man auch heute noch etwas lernen kann.

Zunächst ist herauszustellen, dass Wustmann tatsächlich sprachliche Zweifelsfälle seiner Zeit aufgreift. Im Vorwort spricht er darüber, dass es zwar viele Lehrbücher zur deutschen Sprache gäbe, dass dort aber nur Selbstverständliches und Triviales gelehrt werde. „Über das, worüber viele im Zweifel sind und doch gerne eine Entscheidung hören möchten," fände man in diesen Büchern leider nichts (Wustmann 1891: 31). Genau an dieser Stelle will er mit seinem Werk einsetzen. Das ist, wie auch aus dem weiteren Kontext hervorgeht, ein klarer Vorwurf an die damalige Sprachwissenschaft, die sich – wie oben erläutert – aller sprachbewertenden Urteile enthielt. Obwohl viele Leute in sprachlichen Dingen Fragen haben und Orientierung wünschten, wurden sie von den akademischen Sprachexperten im Stich gelassen. In diese Lücke drängt nun Wustmann. Er stellt die Dinge so dar, dass er von Personen, die von sprachlichen Zweifelsfällen geplagt wurden, um Hilfe gebeten wurde. Zunächst einmal kann man ihm das wohl auch glauben.

Für die Anlage seiner Beratung ist freilich bezeichnend, dass er offensichtlich nur an eine bestimmte Art der Hilfestellung denken kann. Man erwartet ja von ihm eine „Entscheidung", offensichtlich also die Auswahl zwischen zwei Varianten. Und wie aus dem gesamten Buch hervorgeht, kann er sich diese Entscheidung nur so vorstellen, dass entweder die eine oder die andere fragliche Variante richtig oder falsch ist. Von vornherein bleibt er in einem schlichten Sinne im zweiwertigen Gefängnis des Fehlerdiskurses und seiner Richtig-oder-Falsch-Ideologie gefangen. Die Sprecher wünschen eine „Entscheidung", also beugt er sich dem Druck, freilich mit viel Freude und Lust an der Formulierung harscher Werturteile und weitergehender Denunziationen. Systematisch anders konzipierte Lösungsmöglichkeiten kommen bei seinen Auswahlprozessen nicht in den Blick.

**Gustav Wustmann: Legitimation für Denunziation**
Man würde Wustmann unterschätzen, wenn man ihm bei dem Problem der Wertung eine unreflektierte, naive Sorglosigkeit unterstellen würde. Er macht sich nämlich durchaus Gedanken darüber, auf welche Legitimationsinstanzen man in

solchen Fällen zurückgreifen kann. Wie lassen sich die Entscheidungen zwischen Varianten begründen? Mit welcher Strategie kann man den zweifelnden Sprechern helfen? Die Antwort ist 1891 noch eindeutig: „In rein grammatischen Fragen ist der einzig richtige Standpunkt der konservative." (Wustmann 1891: 31). Mit anderen Worten, ein Blick in die Sprachgeschichte sollte normalerweise enthüllen, welche der beiden Varianten die ältere ist. Und diese Variante sei dann zu bevorzugen. „Nur in ganz aussichtslosen Fällen ist der Kampf aufzugeben und dem neuen, auch wenn es falsch ist, das Feld zu räumen." (Wustmann 1891: 31). Die Beratung in sprachlichen Zweifelsfällen wird zu einem Ringen gegen den Sprachwandel. Mit der Zeit scheint er aber an die Grenzen dieses Kalküls gestoßen zu sein. Vermutlich versagte die sprachkonservative Strategie nicht selten. Manchmal ist nämlich schwer zu ermitteln, welche von zwei Varianten die ältere ist. Zudem dürfte es nicht immer einfach sein, darüber zu befinden, wann der „Kampf" gegen einen Sprachwandelprozess „ganz aussichtslos" ist und wann es sich noch lohnt, dagegen zu halten. Möglicherweise hat er auch andere zeitgenössische Literatur zur Kenntnis genommen, wo die fragliche Problematik von vorneherein differenzierter behandelt wurde (z.B. Andresen 1880: 2ff).

Und wenn man nun noch die Präsenz der wieder prominenter werdenden deutschen Dialekte beachtet, so verkomplizierte sich die Lage für ihn weiter. Dass Wustmann die Frage nach den Legitimationsinstanzen in einer späteren Auflage reformulierte, könnte also damit zusammenhängen, dass er allmählich immer tiefer in die Materie eindrang und die Komplexität der anstehenden Entscheidungen zumindest aus der Ferne ahnte. 1903 traten jedenfalls zwei weitere Instanzen an die Seite der Sprachgeschichte: zum einen der Sprachgebrauch, mit dem sich offensichtliche Fehler identifizieren ließen, zum anderen „der gute Geschmack". Letzterer sollte besonders dann die gewünschte Variantenselektion gewährleisten, wenn es „um zweifelhafte und schwankende Fälle" ging (Wustmann 1903: XIII). Der Ausweg in zweifelhaften Fällen lag nach Wustmann also in quasi-ästhetischen Urteilen, die nicht weiter begründet werden mussten. Geschmack rangierte vor Verstand, der hier für unzuständig erklärt wurde.

Diese Berufung auf Geschmacksurteile muss in größere historische Zusammenhänge eingeordnet werden. Faktisch verbirgt sich darin eine Resignation, bei der man nicht mehr darauf baut, in sprachlichen Zweifelsfällen nachvollziehbare, vernünftige Entscheidungen finden zu können. Der individuelle Geschmack ersetzt die Hoffnung auf das Wirken der gemeinschaftlichen Vernunft. Was im 18. und frühen 19. Jahrhundert die Sprachreflexion im Zeichen der Aufklärung ausgezeichnet hatte, nämlich die Suche nach rationalen, kollektiv verbindlichen Lösungen, fällt bei Wustmann (und den von ihm begeisterten Lesern) einfach unter den Tisch. Das Entscheidungsverfahren, das nun im Zusammenspiel zwischen hilfesuchenden Sprechern und hilfsbereitem Wustmann zum Tragen kommt, könnte man – vielleicht etwas überspitzt – wie folgt beschreiben: In Zweifelsfällen verlassen wir uns als einfache Sprecher auf den guten Geschmack eines selbsternannten, besonders geschmacksbegabten Sprachführers und finden so in nationalromantischem Geist zu einer sprachlich gefestigten Gemeinschaft. Im Hintergrund dieser Konstellation wirkte auch die Karriere des Begriffs *Sprachgefühl*, der bei Wustmann überdies eine deutlich wahrnehmbare antisemitische Komponente besaß (Klein, W.P. 2015: 28).

**Daniel Sanders:** *Hauptschwierigkeiten in der deutschen Sprache*
Dass Wustmanns Umgang mit sprachlichen Zweifelsfällen schon in seiner Zeit nicht alternativlos war, lässt sich an einem Autor vorführen, der eine andere maßgebliche Schrift über sprachliche Zweifelsfälle publiziert hat. Die Rede ist von Daniel Sanders, einem jüdischen Sprachgelehrten, dem es trotz zahlreicher ausgefeilter Publikationen zur deutschen Sprache nie gelang, an der damaligen deutschen Universität Fuß zu fassen (Haß-Zumkehr 1995). Er brachte im Jahre 1872 ein alphabetisch geordnetes *Wörterbuch der Hauptschwierigkeiten in der deutschen Sprache* heraus. Es erschien, wesentlich erweitert, um 1920 bereits in der 43./44. Auflage, wurde also durchschnittlich mehr als ein Mal pro Jahr neu aufgelegt – für ein sprödes Wörterbuch sicher schon damals ein unglaublicher Verkaufserfolg! Kein Wunder, dass wenig später ähnliche Sammlungen erschienen, die programmatisch „die Schwierigkeiten unserer Muttersprache" in den Griff bekommen wollten (Bennewitz/Link 1898).

Im Vorwort zur Erstausgabe des Sanders'schen Wörterbuchs liest man unmissverständlich, dass hier sprachliche Zweifelsfälle behandelt werden. Der Lexikograph erläutert, dass es in jeder Sprache neben den „allgemein anerkannten Regeln" viele Sprachschwankungen gebe, die „bei Gebildeten und selbst bei Schriftstellern eine Unsicherheit erzeug[en], ob die in einem bestimmten Fall nebeneinander vorkommenden verschiedenen Formen und Ausdrucksweisen gleichberechtigt sind oder welche die richtigere oder vielleicht die allein richtige sein dürfte. Die Zweifelsfälle sind nicht bloß zahlreicher, sondern es ist auch die Unsicherheit in denselben größer, als man im allgemeinen glaubt und anerkennt." (Sanders ca. 1920: V). Aus der Neubearbeitung wurde ferner erkennbar, dass ihn zwischenzeitlich „unausgesetzt [...] Anfragen über grammatische Schwierigkeiten und Zweifelsfälle" erreicht hatten, und zwar „aus allen Gegenden des Vaterlandes und über dessen Grenzen hinaus" (Sanders ca. 1920: VII).

Schon die obigen Bemerkungen zeigen das Format, mit dem sich Sanders den sprachlichen Zweifelsfällen widmet. Es unterscheidet ihn deutlich von Wustmann und anderen Autoren seiner Zeit. Sanders stellte die Unsicherheit der Sprecher und die damit zusammenhängenden Sprachschwankungen in den Vordergrund. Ausgangspunkt für sein Werk war also unverkennbar die Sprachberatungsperspektive, nicht die Ambition, den Zeitgenossen mangelhafte Sprache nachzuweisen oder die deutsche Sprache vor dem Untergang zu retten. In eine ähnliche Kerbe schlägt auch seine tendenziell positive Sicht auf die (graphematische) Integration von Fremdwörtern (Zastrow 2015). Generell spricht es für sich, dass er in der Einleitung seines Nachschlagewerks kein einziges Mal das Wort *Sprachfehler* fallen lässt – von denunzierenden Wörtern wie *Sprachverfall*, *Sprachuntergang*, *Sprachsünde* oder *Sprachverderbnis* ganz zu schweigen. Wo die Sprache schwankt, verbietet es sich, vorschnell eine Haltung einzunehmen, mit der einzelne ratsuchende Sprecher verunglimpft werden könnten.

Eine ähnliche Stoßrichtung besitzt auch die Art und Weise, wie sich Sanders angesichts der Richtig-oder-Falsch-Ideologie positioniert. Er ist offensichtlich willens, sich in sprachlichen Fragen aus der traditionellen binären Logik des richtig-oder-falsch zu lösen: Varianten könnten „gleichberechtigt" sein, eine Variante „richtiger" als eine andere oder aber „allein richtig". Alles läuft auf Graduierung und Feinunterscheidungen hinaus, nicht auf eine einfache Dichotomie. Hier stehen von vorneherein mehr Optionen zur Verfügung als bei Wustmann, der in solchen Fällen per „Geschmack" nur zwei Urteilsformen kannte: richtig oder falsch. Schon an diesen Details lässt sich erkennen, dass Sanders' Darlegungen zu den sprachlichen Zweifelsfällen realitätshaltiger (und daher auch wissenschaftlicher) angelegt waren als die Ausführungen Wustmanns. Dass in den Neubearbeitungen der Werke von Sanders später ganz andere, nämlich „präskriptivpuristische" Akzente (Haß-Zumkehr 1995: 549) gesetzt wurden, gehört leider in die noch zu schreibende Enttäuschungsgeschichte der Sprachreflexion in Deutschland.

**Variantenselektion und Sprachstandardisierung**
Diesseits dieser Unterschiede zwischen den Autoren, die sich im 19. Jahrhundert mit sprachlichen Zweifelsfällen befasst haben, muss man freilich festhalten, dass es in allen Fällen um bewusste Variantenselektionen ging – mit mehr oder weniger präskriptivem Anstrich, mit mehr oder weniger sozialer Verunglimpfung derjenigen Sprecher, die im Einzelfall die eine oder die andere Variante nutzten. Angesichts der großen Verbreitung der Zweifelsfallsammlungen am Ende des 19. Jahrhunderts könnte man insofern die These vertreten, dass diese Bücher durch

ihre ausdrücklich formulierte und bisweilen aggressiv angestrebte Variantenselektion womöglich den Lauf der Sprachentwicklung entscheidend beeinflusst haben. Wenn zwei Varianten im Deutschen kursierten, haben sie vielleicht dafür gesorgt, dass die als Fehler oder minderwertig diffamierte Variante allmählich verschwand, während sich die andere Variante als Standardform durchsetzte. Die deutsche Sprache sähe heutzutage, so der Schluss, anders aus, wenn es diese praktisch orientierten Zweifelsfallsammlungen nicht gegeben hätte.

Die Problematik lässt sich sogar noch zuspitzen, wenn man für die vorhergehende Zeit zudem die zahlreichen Stellungnahmen der Grammatiker und Orthographie-Lehrer in Rechenschaft zieht. Schließlich kann man, wie oben angedeutet (Kap. 2.1), die Frühgeschichte der sprachreflektierenden Arbeiten zum Deutschen und seiner Schreibung in vielen Fällen als Arbeit an der bewussten Auswahl zwischen Varianten verstehen. Die Konstellation wäre in der vormodernen Zeit also ganz ähnlich wie bei den Zweifelsfall-Sammlungen des 19. Jahrhunderts. Die Herausbildung der neuhochdeutschen Standardsprache geht womöglich insgesamt auf die Interventionen der Grammatiker und Orthographie-Lehrer zurück. Hätte es sie nicht gegeben, würden wir heute anders sprechen und vor allem anders schreiben. Tatsächlich wurde die Frühgeschichte der Sprachwissenschaft des Deutschen schon häufig in dieser Perspektive thematisiert (Erben 1989; Bergmann 1982; Jahreiß 1990; Takada 1997, 1998; Jakob 1999). Ausgehend vom 19. Jahrhundert finden sich ähnliche Untersuchungshorizonte, in denen sowohl grammatisch-orthographische Quellentexte als auch Zweifelsfall-Sammlungen berücksichtigt wurden (Davies/Langer 2006; Elspaß 2005).

In diesen Analysen forschte man beispielsweise danach, inwiefern solche metasprachlichen Schriften die Auswahl zwischen morphosyntaktischen Varianten beeinflusst haben könnten. Man denke z.B. an Paare wie *dem Mann sein Pferd / das Pferd des Mannes*, *größer wie / größer als*, *wegen dem Wetter / wegen des Wetters* oder *Männlein / Männchen* (Davies/Langer 2006: Kap. 6). Bestimmte Varianten könnten so metasprachlich stigmatisiert worden sein, insbesondere im Spannungsfeld von mündlicher und schriftlicher Sprache (Sandig 1973). Die Folge wäre: Entweder wurden die Formen durch diese Stigmatisierung völlig aus dem Sprachgebrauch verdrängt oder aber in bestimmte nicht-standardsprachliche Bezirke der Sprache – manche sprechen von „Substandardvarietäten" – verbannt. Die Sprache hätte also eine Entwicklung genommen, die ohne die entsprechenden normativen Interventionen nicht erfolgt wäre.

## Natürliche vs. unnatürliche Sprachentwicklung

Gelegentlich findet man an diesem Punkt die Rede davon, dass es eine „natürliche" Sprachentwicklung gibt, die von einer „unnatürlichen" bzw. „seminatürlichen", „künstlichen" Entwicklung zu unterscheiden sei. „Natürlich" wäre eine Sprachentwicklung dann, wenn es keine metasprachlichen Interventionen von außen gibt, die Sprache also ohne explizite Bewertungen, allein durch „innersprachliche" Faktoren voranschreiten würde. „Unnatürlich" wäre ein Sprachwandel dann, wenn seine Entwicklungsrichtung von (quasi-) normativen Texten verursacht wird, also „außersprachliche" Faktoren ins Spiel kommen. Die Interventionen der Grammatiker erscheinen insofern – positiv gesehen – als Beiträge zum großen Projekt der expliziten „Spracharbeit", die für das Deutsche maßgeblich im 17. Jahrhundert begann und seine Struktur erheblich geprägt haben könnte (z.B. Hundt 2000; Wegera/Waldenberger 2012: 41). In anderer Sprechweise erscheinen dieselben metasprachlichen Bewegungen – negativ und missgünstig gestimmt – als „Sprachmanipulationen", die vom angeblich „natürlichen" Gang der Sprache wegführen (z.B. Weiß 1998: 9).

Diese Unterscheidung zwischen natürlichen und künstlich-unnatürlichen Entwicklungszügen einer Sprache ist letztlich ein sprachtheoretischer Reflex, der aus dem anti-aufklärerischen, romantischen Impuls der modernen Sprachwissenschaft Grimm'scher Prägung hervorgeht. Zur Erkenntnis der vielschichtigen Wandelprozesse, durch die die Sprachentwicklung seit jeher geprägt ist, trägt die undifferenzierte, quasi-ideologische Differenzierung zwischen natürlichen und künstlich-unnatürlichen Sprachentwicklungen nicht viel bei. Mehr noch: Wer einen Sprachgebrauch, bei dem sich Sprecher explizit vom Hauptstrom der Sprachentwicklung distanzieren, als unnatürlich-künstlich ansieht, suggeriert, dass in solchen Bewegungen etwas schief läuft. Das könnte am Ende sogar auf eine Verunglimpfung von (allen?) metasprachlich-normativen Aktivitäten hinauslaufen. Diejenigen, die in sprachlichen Zweifelsfällen für Orientierung und Beratung sorgen möchten, sind aber weder in eine natürliche noch in eine künstlich-unnatürlichen Sprachentwicklung involviert. Sie tragen mit ihrer Bitte um vernünftige Sprachkonsultation schlicht zur lebendigen, schillernden Existenz einer Sprache bei. Oder anders gesagt: Sie wollen schlicht wissen, wie sie entscheiden und beraten können.

## Explizite Sprachnormierung als Ursache für Sprachwandel?

Diese Zusammenhänge lohnen allerdings eine genauere Betrachtung. Behauptungen, dass normative Werke besonders in Zweifelsfällen den Lauf der deutschen Sprache ursächlich und insofern künstlich-unnatürlich beeinflusst haben könnten, liegen zwar nahe, sind aber in verschiedenen Hinsichten nicht unproblematisch (zur Fragestellung generell Krause 2012). Zunächst ist festzuhalten, dass zu diesem Problemkomplex bisher kaum empirisch-genauer und vor allem nicht großflächiger geforscht wurde. Dabei ist es keineswegs trivial, Sprachwandelprozesse auf den Einfluss metasprachlicher, externer Faktoren zurückzuführen. In beschränkten Kommunikationsumgebungen mögen solche Feststellungen noch relativ plausibel sein. Wenn man beispielsweise in orthographischen oder morphosyntaktischen Einzelheiten nachweisen kann, dass bei der Manuskripterstellung in einer Zeitungs- oder Verlagsredaktion explizit bestimmte Normschriften beachtet wurden, kann deren Einfluss als gesichert gelten. Dasselbe gilt für das womöglich gut dokumentierbare Wirken von Normschriften in schulischen und anderen Bildungskontexten. Auf dieser Linie konnte man etwa nachweisen, dass sich die Sprachnormierungen von Gottsched in der Verlagswelt des 18. Jahrhunderts relativ rasch weitgehend durchgesetzt haben (Jakob 1999).

Anders sieht das aber aus, wenn man die generelle Entwicklung der deutschen Sprache vom Alt- über das Mittel- zum Neuhochdeutschen mit dem übergreifenden Wirken von Normschriften in Verbindung bringen möchte. Denn dann kann man eine etwaige Gleichförmigkeit von Normvorgaben und allgemeiner Sprachentwicklung nicht umstandslos mit einer kausalen Wirkung gleichsetzen. Zur Illustration dieser methodologischen Schwierigkeit sei eine kleine vertiefende Überlegung angestellt:

Nehmen wir an, wir beobachten im 17. Jahrhundert zwei Varianten (A / B), die im Sprachgebrauch nebeneinander existieren. Eine Untersuchung der zeitgenössischen Normschriften ergibt nun, dass es zwischen dem 17. und 19. Jahrhundert zu einer zunehmenden Stigmatisierung der Variante A kommt. Die Grammatiker empfehlen den Gebrauch der Variante B und sehen die Variante A immer nachhaltiger als falsch und fehlerhaft an. Eine Erhebung zur Sprache des 20. Jahrhunderts führt sodann zu dem Ergebnis, dass die Variante A kaum noch im Sprachgebrauch vorhanden ist. Man findet fast nur noch Variante B. Gegenüber dem 17. Jahrhundert hat sich die Sprache also stark verändert. Statt ursprünglicher Sprachvariation dominiert nun sprachliche Homogenität. Varianten spielen kaum noch eine Rolle.

Nach Lage der Dinge scheint die Erklärung für diese Sprachentwicklung auf der Hand zu liegen. Sie ist mutmaßlich auf den Einfluss der normativen Schriften zurückzuführen. Die Grammatiker haben sich mit ihrer Empfehlung durchgesetzt, ihre Variantenselektion hat gegriffen. Dieser Schluss ist allerdings problematisch. Denn wenn explizite Normierung und Sprachentwicklung in dieselbe Richtung laufen, heißt das noch lange nicht, dass die expliziten Normen diese

Sprachentwicklung auch tatsächlich verursacht haben. Aus der reinen Koexistenz der beiden Entwicklungstendenzen lässt sich nicht schließen, dass die eine Entwicklung, also die Variantenreduktion, von der anderen Entwicklung, also den Stigmatisierungsbemühungen, verursacht wurde. Was statistisch korreliert, muss nicht kausal verbunden sein. Die Sprachentwicklung könnte auch ohne Normierung in genau dieselbe Richtung weitergelaufen sein. Vielleicht spiegeln die Normen also nur Sprachwandelprozesse, die ohnehin vorgefallen wären, auch ohne Normierung. Zugespitzt gesagt: Vielleicht ist es völlig irrelevant, welche Normen in bestimmten Kommunikationsumgebungen eine Zeit lang vorhanden sind, weil die Sprache als Ganzes ohnehin eine Entwicklung nimmt, die durch einzelne Normsetzungen in lokalen Kontexten überhaupt nicht in Mitleidenschaft gezogen wird.

Vor diesem Hintergrund sollte man sich vor Augen führen, dass man den Nachweis einer Auswirkung von Normschriften auf die allgemeine Sprachentwicklung eigentlich nur in einer einigermaßen unrealistischen Untersuchungsumgebung zweifelsfrei erbringen könnte. Dazu wäre es nämlich nötig, in der jüngeren deutschen Sprachgeschichte eine gesellschaftliche Kommunikationsumgebung zu identifizieren, in der keinerlei Normschriften rezipiert wurden, und zwar weder unmittelbar noch mittelbar. Würde man nun feststellen, dass die Sprachentwicklung in diesem normunbeeinflussten Bereich anders gelaufen ist als in dem normbeeinflussten Bereich, wäre es sehr wahrscheinlich, dass die unterschiedlichen Sprachentwicklungen mit dem Wirken der Normschriften zusammenhängen könnten. Mit anderen Worten, man bräuchte eine Kontrollgruppe, die man der üblichen standardsprachlichen Entwicklungsumgebung gegenüberstellen könnte.

Das ließe sich womöglich auch mit einer Art Science-Fiction-Szenario kalkulieren. Gäbe es nämlich irgendwo auf einem fernen Planeten eine Spiegelwelt zur unsrigen, in der alle gesellschaftlichen Entwicklungen parallel liefen, nur keine Ausbildung von Normschriften zur Sprache erfolgte, so könnte man die Sprachentwicklung in diesen beiden Welten miteinander vergleichen. Daraus ließen sich dann Schlüsse zu möglichen Auswirkungen von Normschriften auf den Gang der deutschen Sprache ziehen. Derartige Untersuchungen sind offensichtlich utopisch und nicht zu verwirklichen. Das macht eine Beantwortung der Frage, ob Normvorschriften die Sprachentwicklung prägen können, sehr schwierig. Dazu kommt noch die Tatsache, dass die verschiedenen Sprachebenen für die Normierung unterschiedlich sensibel sein dürften. Auf der graphematischen Ebene ist beispielsweise auf lange Sicht eher mit einer erfolgreichen normativen Beeinflussung zu rechnen als bei morphosyntaktischem Sprachwandel.

### Sprachkodexforschung und Zweifelsfälle: z.B. Schulgrammatiken

Gleichwohl könnte man in einigen Details zumindest an bestimmten Punkten weiterkommen, wenn man Arbeiten im Sinne einer Sprachkodexforschung vorantreiben würde (Klein, W.P. 2014). Man müsste klein anfangen. Beispielsweise würde es schon helfen zu erfahren, ob die zahlreichen Normschriften im Sinne eines Sprachkodex überhaupt alle in dieselbe Richtung gewiesen haben oder nicht. Dabei wäre in Rechenschaft zu ziehen, dass sie ein komplexes Netz von intertextuellen und metatextuellen Verweisen darstellen, in denen mehr Variation herrschen könnte, als oft angenommen wird (Stark 2016). Wurde tatsächlich bei bestimmten Variantenpaaren immer dieselbe Variante selektiert oder gab es auch gegenläufige Bewegungen? Zumindest in bestimmten Zeiten? Kam es in den verschiedenen Fällen stets zur Stigmatisierung derselben Variante und, wenn nein, welche historischen Verläufe lassen sich in den Aussagen der sprachkodifizierenden Texte selbst erkennen?

Für den eingeschränkten Bereich der deutschen Schulgrammatiken wurde für die Flexionsmorphologie eine solche Untersuchung durchgeführt (Banhold 2015). Hier zeigte sich unter anderem, dass die Schulgrammatiken nicht alle mit derselben Stimme gesprochen haben. Es war eben nicht so, dass stets bestimmte Varianten einheitlich stigmatisiert worden wären. Zudem gab es verschiedene Entwicklungen, die von der historischen Dynamik dieser Normschriften zeugen. Schulgrammatiken wurden etwa im Laufe des 19. Jahrhunderts immer weniger in einem präskriptiven Modus formuliert, ihre normativen Ambitionen waren also nicht stabil. Viele derartige Untersuchungen wären nötig, um die Frage, wie einflussreich die Normierung des Deutschen gewesen ist, zumindest ansatzweise zu beantworten. Für das 19. und 20. Jahrhundert sei in diesem Zusammenhang auf das Datenbank-Projekt ZweiDat (Zweifelsfälle-Datenbank) an der Universität Würzburg hingewiesen.[9] Es dient zur Erforschung derartiger Strukturen und Bewegungen in sprachkodifizierenden Texten des Neuhochdeutschen (Banhold/ Blidschun 2013). Dort wird ein systematisch orientierter Zugang zu denjenigen Schriften bereitgestellt, die in sprachlichen Zweifelsfällen Auskünfte mit normativer Wertigkeit gegeben haben. Das Ganze besitzt mehr als bloß historische Relevanz. Denn wir sollten wissen, wie der neuhochdeutsche Sprachkodex im Detail beschaffen ist und wie er möglicherweise an bestimmten Punkten unsere Sprachentwicklung und den Umgang mit sprachlichen Zweifelsfällen beeinflusst hat und vielleicht noch heute beeinflusst. Für die Geschichte der Syntax wurde entsprechend resümiert: „Zur Zeit ist das letzte Wort zur Frage nach der Wirkung

---

9 http://kallimachos.de/zweidat/

von präskriptiven Normierungen sicher noch nicht gesprochen." (Fleischer/ Schallert 2011: 258).

## 2.3 20. Jahrhundert und aktuelle Tendenzen

Die Rahmenbedingungen bei der Bewusstwerdung sprachlicher Zweifelsfälle setzten sich im 20. Jahrhundert weitgehend in denselben Entwicklungslinien fort wie im späten 19. Jahrhundert. Die gewachsene gesellschaftliche Mobilität konsolidierte sich, zum Teil gesteigert durch verschiedene technische Innovationen, die den sprachlichen Erfahrungskreis der Einzelnen ausdehnten. Dazu gehörten regionale und überregionale Tageszeitungen und Zeitschriften, später Kino, Radio, Telefon und Fernsehen. Auch die Migrationsbewegungen, die vom Land wegführten und zur Ausbildung der modernen Großstädte führten, müssen wieder genannt werden. Die Sprecher des Deutschen kamen also verstärkt mit anderen Sprach- und Sprechformen in Kontakt und wurden so mit der komplexen Variantenvielfalt der Sprache konfrontiert. Diatopisch nahm man die Sprache in den verschiedenen Dialekträumen wahr, diastratisch lernte man in der persönlichen Spracherwerbsbiographie zahlreiche gruppensprachliche Kommunikationsformen kennen. Aus der gesteigerten Mobilität ergaben sich demnach verschiedentlich Ursachen für die Entstehung sprachlicher Zweifelsfälle. Darüber hinaus dürften die vielen Sprachratgeber und sprachdidaktischen Werke, die seit der zweiten Hälfte des 19. Jahrhunderts den Büchermarkt geradezu überschwemmten, auf breiter Front dazu beigetragen haben, dass zumindest ein verschwommenes Bewusstsein von der sprachlichen Formenvielfalt existierte. Dass die Behandlung sprachlicher Varianten insbesondere in den höheren Schulklassen zum grammatischen Curriculum gehörte, spricht insofern für sich. In jedem Fall dürfte durch den Gang der Zeit die Variantenaufmerksamkeit der Sprecher des Deutschen vertieft worden sein. Auch die Nationalisierung des öffentlichen Sprachbewusstseins konnte sich weiter in den sozial- und kulturgeschichtlichen Bahnen bewegen, die mit der Reichsgründung im 19. Jahrhundert gelegt worden waren.

**Orthographische Einigung und Sprachberatung**
Was die normative Bewältigung der Zweifelsfälle im staatlichen Kontext anging, so ergaben sich die maßgeblichen Tendenzen bezeichnenderweise aus derjenigen Bewegung, die zur orthographischen Einigung im deutschen Reich geführt hat. Seit der 7. Auflage des Orthographischen Wörterbuchs (1902) arbeitete Kon-

rad Duden mit der Redaktion des Leipziger Verlags *Bibliographisches Institut* zusammen (Polenz 1999: 241). Nach Dudens Tod im Jahr 1911 übernahm diese Verlagsredaktion die weitere Herausgabe des einschlägigen Rechtschreibwörterbuchs, das damals auch mit dem später sog. Buchdruckerduden vereinigt wurde. Im Jahre 1915 erschien sodann die 9. Auflage unter dem Titel *Duden – Rechtschreibung der deutschen Sprache und der Fremdwörter*. Auf der Rückseite des Titelblatts bot man den interessierten Lesern weiteren Rat in Rechtschreibfragen an: „Auskunft in Rechtschreibfragen erteilt: Kaiserlicher Oberkorrektor Otto Reinecke, Berlin SO 26, Elisabethenufer 57" (Neubauer 2009: 49). Seit 1921 war dafür Theodor Matthias zuständig (Sauer 1988: 117); er hatte zuvor schon ein einschlägiges Werk mit sprachberatender Intention verfasst (Matthias 1892). Damit etablierte sich ein Verlag, der für die deutsche Sprachgemeinschaft die Beratung bei sprachlichen Problemen übernahm. Das Konsultationsangebot, das seitdem immer wieder in den Rechtschreibwörterbüchern annonciert wurde, geriet zu einem festen Bestandteil im deutschen Sprachbewusstsein. Seit den ersten Jahrzehnten des 20. Jahrhundert wusste man nun in Deutschland: Wer sprachlich nicht weiter weiß, konsultiert den Duden, entweder brieflich oder direkt in den verschiedenen Verlagspublikationen zur deutschen Sprache. Die moderne Sprachwissenschaft spielte bei der Stillung dieses Beratungsbedarfs höchstens eine Nebenrolle.

Die großen Kontinuitäten und Diskontinuitäten in der Geschichte des 20. Jahrhunderts zeigen sich darin, wie dieses Angebot zur Sprachberatung in der Folge gefasst wurde. Im Rechtschreibduden von 1930 firmierte, vier Jahr vor seinem Tod, noch einmal Theodor Matthias: „Auskunft in Rechtschreibfragen erteilt Rektor Dr. Theodor Matthias. Anfragen sind zu richten an das Bibliographische Institut AG, Leipzig" (Duden/Matthias 1930: 2). Im Vorwort zur 1941er Ausgabe wurde der ausgeweitete Anspruch auf eine allgemeine Sprachberatung in Zweifelsfällen ausdrücklich festgehalten: „Die Sprachpflege, zu der unser Buch hinführen will, sucht der Verlag durch die ‚Deutsche Sprachberatungsstelle' zu fördern, die zur Klärung aller sprachlichen Zweifelsfragen beitragen will." (Fachschriftleitung des Bibliogr. Instituts 1943: 4). Vier Jahre später wurde dieses Bekenntnis zur Sprachberatung in einem Vorwort aus dem Jahre 1947 wörtlich wiederholt; die Ausgabe des Rechtschreibwörterbuchs erschien nun allerdings in Wiesbaden (Klien 1954: 3*f). Wiederum zwanzig Jahre später findet sich eine neue Postanschrift, an die man nun schriftliche Anfragen richten konnte. Sie war in Mannheim lokalisiert, wo mittlerweile das *Institut für deutsche Sprache* gegründet worden war: „Auskunft über rechtschreibliche, grammatische und stilistische Zweifelsfälle erteilt unentgeltlich die Sprachberatungsstelle der Dudenredaktion, 68 Mannheim 1, Postfach 311, Friedrich-Karl-Str. 12" (Grebe 1967: Titelblatt, Rückseite). Die Orte und Umstände der Sprachberatung änderten sich, die zentrale Instanz blieb identisch. Die Tatsache, dass bei sprachlichen Normfragen ein kommerzieller Verlag federführend war, konnte durch diese Konstellation in den Hintergrund rücken und eine übergeordnete, sozusagen ministerielle Steuerung nahelegen. Kein Wunder, dass die Zeitgenossen oft schlicht „vom Duden" sprachen und dahinter nicht selten eine nationale Institution mit einem quasi-staatlichen Auftrag vermuteten.

Im Jahre 1915 wurde also der Grundstein für die enorme Bedeutung der Dudenredaktion für die Geschichte der sprachlichen Zweifelsfälle im 20. Jahrhundert gelegt. Faktisch ist es eine Doppelrolle, die sich mit der Zeit für den dahinter stehenden Verlag nachdrücklich auszahlen sollte. Einerseits sammelt man dort die diversen Anfragen zur deutschen Orthographie und gewann so ein handfestes Bild von den Rechtschreibproblemen, vor denen sich die Schreiber des Deutschen gestellt sahen. Weil sich die Erkundigungen der Sprecher aber nicht nur auf die orthographische Dimension der Sprache beschränkten, weitete sich die Beratungstätigkeit der Redaktion allmählich auf alle Anfragen zum Deutschen aus. Man registrierte zusätzlich allerlei Problemfälle auf phonetischem, morphologischem, syntaktischem und lexikalisch-semantischen Feld. Andererseits erteilte man Auskünfte, wie man sich denn in den jeweiligen Fällen sprachlich verhalten sollte. Sprachwissenschaftlich formuliert: die Dudenredaktion verfügte in der einen oder anderen Form Sprachnormen, die in Rücksicht auf konkrete sprachliche Zweifelsfälle formuliert wurden. Letztlich standen die Antworten auf die Anfragen natürlich im Vordergrund, nicht ihre neutrale Dokumentation. Die Auskunftsfreudigkeit der Dudenredaktion führte dazu, dass eine Instanz entstand, die fortan in allen sprachlichen Fragen und Zweifelsfällen als normative Autorität gelten sollte.

Diese Stellung der Dudenredaktion resultierte, wie gezeigt, nicht aus einer offiziellen staatlichen Sprachpolitik, sondern aus einer Kooperation, die sich ursprünglich zwischen Konrad Duden und einem privatwirtschaftlich arbeitenden Verlag ergeben hatte. Damit war also lediglich ein informeller, gewohnheitsmäßiger Status der Dudenredaktion bei der Beratung in sprachlichen Dingen gegeben. Er bekam im Jahre 1955 jedoch einen gewissen amtlichen Charakter. Damals verfügte die deutsche Kultusministerkonferenz, dass die orthographischen Regelungen aus den Jahren 1901 / 1902 weiterhin in Kraft bleiben sollten. Weil die alten Rechtschreib-Regelungen aber offensichtlich gewisse Lücken aufwiesen und viele Fragen offenließen, formulierte die Konferenz einen folgenreichen Zusatz: „In Zweifelsfällen sind die im ‚Duden' gebrauchten Schreibweisen und Regeln verbindlich." (Polenz 1999: 241). Damit war das sog. Duden-Monopol in Rechtschreibfragen geschaffen. Es endete gut 40 Jahre später mit der Neuregelung der deutschen Orthographie im Jahre 1996. Seitdem besitzt kein Verlag mehr ein offizielles Privileg für die Regelung der deutschen Rechtschreibung. Faktisch kann jeder Autor ein Rechtschreibwörterbuch bei jedem Verlag publizieren und entsprechende (oder ganz andere) Regeln aufstellen. Davon unbenommen ist allerdings das weiterhin anhaltend hohe Prestige, das die Dudenredaktion in der deutschen Sprachgemeinschaft bei sprachlichen (Norm-) Fragen genießt. Wer nach einer Berufungsinstanz sucht, um bestimmte Aussagen zur Sprache zu legitimieren, wird sich in der Regel auf die Dudenredaktion und ihre Publikationen berufen. Das gilt sicher auch bei sprachlichen Zweifelsfällen aller Art. Erst seit den 80er Jahren des 20. Jahrhunderts gibt es Bemühungen, unabhängig von der Dudenredaktion nicht-kommerzielle Anlaufstellen für die praktische Sprachberatung in Zweifelsfällen anzubieten (s.o. Kap. 1.1).

Man kann also festhalten, dass die Regelung der deutschen Orthographie eher mittelbar und kaum folgerichtig geplant zur Entstehung einer Institution geführt hat, die für die Dokumentation und die gesellschaftliche Bewältigung der sprachlichen Zweifelsfälle von überragender Bedeutung ist. Die Dudenredaktion wird im 20. Jahrhundert zur großen Sammel- und Auskunftsstelle für Fragen zur deutschen Sprache. Der Ausgangspunkt ihrer Arbeit lag anfangs allein in der Rechtschreibung, erstreckte sich von dort aber zunehmend auf die anderen (grammatischen) Dimensionen des Deutschen.

**Normierung der Aussprache**
Am Rande sei bemerkt, dass an der Wende vom 19. zum 20 Jahrhundert auch die Normierung der deutschen Aussprache auf der Tagesordnung stand (z.B. Ehlich 2001; Seifert 2015). Bei der normativen Vereinheitlichung der Schrift sollte die Vereinheitlichung der Aussprache sozusagen gleich miterledigt werden. Für die Gegenwart der sprachlichen Zweifelsfälle ist diese Problematik freilich weit weniger von Bedeutung gewesen als die Normierung der Orthographie. Denn die Regelung der Lautung betraf die überregionale Bühnensprache, faktisch also vor allem Spezialisten wie Theater- und Filmleute. Einschlägig war die *Deutsche Bühnenaussprache* von Theodor Siebs, die 1898 erschien und viele weitere Auflagen erlebte (Siebs 1969). Phonetische Zweifelsfälle dürften in diesen Fachkontexten zwar häufig gewesen sein. Ein flächendeckendes Phänomen, das alle Sprecher des Deutschen nachdrücklich betroffen hätte, war damit aber vermutlich nicht verbunden. Bei der zweifelsfallintensiven Rechtschreibung, in die durch ihren Schulbesuch alle Sprecher des Deutschen involviert sind, liegen die Dinge anders als bei der (angeblichen) Rechtlautung und ihrem vergleichsweise eingeschränkten Zweifelsfallpotenzial. Seit jeher sind in den Sprachberatungsstellen die Anfragen zur Aussprache wesentlich seltener als die Anfragen zur Schreibung.

Allerdings kommt bei der Aussprache, insbesondere für die ältere Zeit, die Tatsache zum Tragen, dass die deutsche Standardsprechsprache in einem komplexen phonetischen Ausgleichs- und Konstruktionsprozess entstanden ist (z.B. Lameli 2006). Er besitzt eine klare soziale Relevanz: wer nur die dialektale Aussprache beherrscht, kommt gesellschaftlich nicht weiter. Bei dieser Ausgangslage werden auch im 20. Jahrhundert sicherlich noch viele Zweifelsfälle entstanden sein, die die Aussprache betreffen. Sie wurzelten in der Spannung zwischen der sich allmählich formierenden Standardaussprache und den jeweiligen lokalen Dialekten. Man denke nur an Schüler, die zunächst dialektal aufgewachsen waren und im Zuge des Schriftspracherwerbs mit der normativ hochgradig belasteten Übernahme der Standardaussprache konfrontiert wurden. Richtig sprechen war dann genauso wichtig wie richtig schreiben. Wie weit die Relevanz dieser Problematik noch in die Gegenwart reicht, ist von sprachwissenschaftlicher Seite leider viel zu wenig erforscht.

**Allgemeiner deutscher Sprachverein**
Nimmt man die Institutionen in den Blick, die im 20 Jahrhundert den Umgang mit sprachlichen Zweifelsfällen beeinflusst haben (oder haben könnten), so fehlt noch eine Erwähnung der Sprachvereine, die sich unabhängig von der akademischen Sprachwissenschaft der öffentlichen Sache der Sprache angenommen haben. An erster Stelle ist hier der *Allgemeine Deutsche Sprachverein* (ADSV) zu nennen, der 1885 gegründet wurde (Polenz 1999: 271). In seiner Vereinszeitung, die seit 1889 erschien, gab es zwar auch Rubriken, die in der Nähe der Sprachberatung in Zweifelsfällen angesiedelt waren, so zum Beispiel eine Sprachhilfe und einen Briefkasten (Polenz 1999: 272). Zudem prangte auf der Titelseite des Rechtschreibdudens von 1930 die Information, dass er „mit Unterstützung des Deutschen Sprachvereins" erstellt worden sei (Duden/Matthias 1930). Es gab also durchaus Beziehungen zwischen den Duden-Traditionen der Sprachberatung und dem *Allgemeinen Deutschen Sprachverein*. Zum Ausbau einer nennenswerten, systematisch organisierten Sprachberatung ist es allerdings in dem Verein, soweit ersichtlich, nicht gekommen. Das hängt sicher damit zusammen, dass er sich bis zum Zweiten Weltkrieg vor allem auf die Fremdwortproblematik konzentrierte. Die Fokussierung auf die Kritik an Entlehnungsvorgängen besitzt aber höchstens mittelbar ein gewisses Zweifelsfallpotenzial. Wer fremde Wörter aus dem Deutschen entfernen möchte, zweifelt nicht über Sprachvarianten, die Formulierungsprobleme darstellen. Er weiß immer schon Bescheid, sofern nur die Etymologie der Wörter geklärt ist.

Die Abfassung von puristischen Verdeutschungsbüchern ist also nicht mit der Zusammenstellung von Zweifelsfallsammlungen gleichzusetzen. Allerdings könnten die lexikalischen Sammlungen, die vom *Allgemeinen Deutschen Sprachverein* in seiner einschlägigen Reihe publiziert wurden (z.B. Scheffler 1896; Kunow 1897; Bruns 1915), einen Effekt nach sich gezogen haben, der auch in die Geschichte der Zweifelsfälle gehört. Denn durch die explizite Angabe von „deutschen" Ausdrücken gegenüber „fremden" Wörtern entstehen Wortpaare, die Zweifelsfälle stimuliert haben könnten. In der Folge mag sich für einige Sprecher die Frage erhoben haben, welches Wort man denn nun nutzen sollte: *Adresse* oder *Anschrift*, *Broschüre* oder *Heft*, *Aktie* oder *Anteilschein*, *Nonsens* oder *Unsinn*? Und was ist eigentlich der Unterschied zwischen diesen Wörtern?

**Gesellschaft für deutsche Sprache**
Etwas anders sieht die Lage bei dem Sprachverein aus, der 1947 die Nachfolge des *Allgemeinen deutschen Sprachvereins* antrat, nämlich die Wiesbadener *Gesellschaft für deutsche Sprache* (GfdS). Da sie unter dem Druck stand, sich von den fremdwort- und fremdenfeindlichen Bestrebungen ihrer Vorgängerin distanzieren zu müssen, waren tragfähige Überlegungen zur Programmatik eines zeitgemäßen deutschen Sprachvereins gefragt. Sie drehten sich in den Anfangsjahren hauptsächlich um den Begriff der Sprachpflege. Er sollte in modernisierter Form die maßgebliche Basis für das Wirken der *Gesellschaft für deutsche Sprache* abgeben. An die Stelle der verhängnisvollen Sprachreinigung müsste, so die Hoffnung, eine moderne Form der Sprachkultivierung treten. Wie dies genau zu verstehen und mit Leben gefüllt werden könnte, war freilich alles andere als selbstverständlich. Was macht ein moderner Sprachpfleger? Welche Rolle spielt dabei die Sprachgemeinschaft? Und wie verhält sich die Sprachpflege zur Sprachwissenschaft? Jedenfalls tauchte in den entsprechenden Diskussionen der 50er Jahre immer wieder die Idee auf, in sprachlichen Zweifelsfällen eine Orientierung für die deutschen Sprecher und Schreiber zur Verfügung zu stellen. So warb ein Verantwortlicher 1950 dafür, dort ein „Hilfsangebot" zu machen, wo „Unsicherheit und Ratlosigkeit der Sprecher und Schreiber nach Belehrung oder Bestätigung verlangt" (Wiechers 2004: 174). In solchen Formulierungen verkörperte sich allerdings nicht nur ein nüchternes Sprachberatungskonzept, sondern es zeigte sich auch ein lockerer Anklang an die präskriptiven Traditionen des 19. Jahrhunderts. Mit anderen Worten: wie in der Vergangenheit drohte die Sprachberatung stets in das aggressive Anprangern von Fehlern und Sprachdummheiten sowie in die Klage über Sprachverderb (Wiechers 2004: 187) umzuschlagen.

Innerhalb der *Gesellschaft für deutsche Sprache* war die Distanzierung von der einschlägigen präskriptiven Überlieferung und den damit verbundenen Legitimationen also offensichtlich nicht einfach durchzusetzen. Mit der Zeit verdichtete sich jedoch die Orientierung an einem nicht-präskriptiven Sprachberatungskonzept, das zu einem festen Bestandteil der GfdS-Aktivitäten geworden ist (Wiechers 2004: Kap. 7.2.1). Davon zeugen auch die interne Einrichtung einer Arbeitsstelle für Gegenwartssprache sowie der Aufbau des GfdS-Informationsdienstes *Der Sprachdienst* seit dem Jahre 1957. Insbesondere die letztere Publikation besitzt einen Charakter, der den üblichen Zweifelsfallsammlungen ähnelt. Hier werden nämlich immer wieder einzelne Anfragen in Sachen Sprache an die GfdS sowie ihre Beantwortung dokumentiert. Allerdings muss man einräumen, dass diese Anfragen nicht immer zu den sprachlichen Zweifelsfällen zu rechnen sind. Oft handelt es sich schlicht um Wissensfragen des Typs Woher kommt das Wort x? Oder: Was bedeutet eigentlich das Wort y?

Insgesamt lässt sich aber festhalten, dass die GfdS durch ihre Sprachberatung an der gesellschaftlichen Bearbeitung von Zweifelsfällen teilnimmt. Im öffentlichen Sprachbewusstsein reicht das Prestige und die Reichweite der GfdS-Sprachberatung jedoch längst nicht an das Wirken der Dudenredaktion heran. Im einzelnen ist auch nicht klar, wie sich die GfdS in ihrer Sprachkonsultation im Laufe der Zeit positioniert hat und wie sie konkret mit den vielen Details der Sprachberatung verfahren ist. Hier gibt es also noch einige Forschungslücken, die es zu füllen gilt, wenn man die Rolle der GfdS für den Umgang mit sprachlichen Zweifelsfällen im Deutschen ermessen will. Denn: „Eine Gesamtdarstellung der [GfdS- (wpk)] Sprachberatung von der Gründung bis heute existiert bisher nicht." (Wiechers 2004: 259)

Die Dudenredaktion und die *Gesellschaft für deutsche Sprache* sind zwei Institutionen, die für die gesellschaftliche Bewältigung sprachlicher Zweifelsfälle in Deutschland von großer Bedeutung sind. Sie stehen für eine professionelle Sprachberatung. Ihre Mitarbeiter publizieren Schriften, die in unterschiedlicher Tiefe die Existenz sprachlicher Zweifelsfälle thematisieren. Dabei bewegen sie sich in Traditionen, die – wie im vorhergehenden Kapitel gezeigt – tief in die Geschichte der deutschen Sprache und des normativ geprägten Sprachbewusstseins verweisen. Die maßgeblichen Traditionen sprachberatender (oder auch sprachkritischer) Publikationen setzten sich auch im 20. Jahrhundert bis zur Gegenwart fort. Dazu gehören auch die Sprachratgeber, zu denen oben bereits einige Informationen gegeben wurden. Die zahlreichen sprachreflexiven Schriften, die in dieser Geschichte zu finden sind, können hier nicht im einzelnen besprochen werden. Leider existiert auch keine Untersuchung, in der das sachliche Profil und die Ambitionen dieser Publikationen im Zusammenhang näher analysiert worden wären. Um aber zumindest allgemeinere Entwicklungstendenzen andeuten zu können, seien exemplarisch einige wenige Schriften herausgegriffen. Sie sollen einen vorläufigen Eindruck davon vermitteln, wie sprachliche Zweifelfälle in zeitgenössischen Dokumentationen des 20. und 21. Jahrhunderts aufgegriffen und behandelt wurden.

### Eduard Engel: *Gutes Deutsch*

Beginnen möchte ich mit einer Schrift von Eduard Engel, seit 1871 amtlicher Stenograph im deutschen Reichstag und Autor zahlreicher sprach- und literaturhistorischer Bücher (zu Werk und Biographie Sauter 2000). Seine Sammlung verweist bereits im Titel auf die einschlägige Richtig-oder-Falsch-Ideologie: *Gutes Deutsch. Ein Führer durch Falsch und Richtig* (1922, zuerst 1918). Das Ziel des Buchs bestand darin, den Leser „im Schwankenden, Zweifelhaften, Umstrittenen, Schwierigen" der Sprache eine „Belehrung" über das zu vermitteln, „was als richtig und gut zu gelten hat". Laut eigener Aussage hatte Engel dazu „mehr als tausend Einzelfälle" zusammengestellt (Engel 1922: 9). Dabei ging es dem Autor nicht um isolierte Details oder Kuriositäten, sondern um „solche Fehler und Schwankungen, die in Massen auftreten, den Leser also zur Nachahmung des Schlechten verführen können" (Engel 1922: 10). Das alles klingt nach einem unmittelbaren Anschluss an den harten, präskriptiven Kern der Richtig-oder-Falsch-Ideologie im Gefolge von Gustav Wustmann. Der Eindruck trügt allerdings. Denn Engel strebte ausdrücklich danach, nicht als „selbstherrlicher Sprachmeisterer" [sic!] oder „Sprachdrillmeister" für „anmaßende Sprachbüttelei" zu wirken und nur den eigenen „Geschmack" oder die „dünkelhafte Willkür" gelten zu lassen (Engel 1922: 10, 12f, 26, 48). Ihm schwebte vielmehr eine rational argumentierende, empirisch gesättigte Sprachreflexion modernen Zuschnitts vor, bei der dem „Sprachgebrauch" klarerweise die Rolle des „obersten Richters" (Engel 1922: 32) zukommen sollte.

Um dieses Ziel zu erreichen und sich von seinem Lieblingsgegner, nämlich eben Gustav Wustmann, zu distanzieren, nahm er bereits verschiedene Existenzformen der deutschen Sprache an (z.B. „weihevolle Rede und Schrift" vs. „häuslicher und freundschaftlicher Alltagsverkehr"). Die einschlägigen Sprachschwankungen und Zweifelsfälle erklärte er mit den Austauschprozessen und Reibungen zwischen diesen Existenzformen (Engel 1922: 11ff). Dabei führte er seine ausgedehnten Erfahrungen mit unterschiedlichen Sprechern aus verschiedenen Regionen Deutschlands ins Feld. Im Reichstag hatte er schließlich über drei Jahrzehnte „viele tausend Reden von vielen hundert Rednern" „aus allen deutschen Gauen" gehört und dokumentiert (Engel 1922: 49). Wer konnte also besser die Zweifelsfälle der deutschen Sprache beurteilen als Engel, der zeit seines Lebens in einem standardsprachlichen Kommunikationskontext hautnah mit der lebendigen Vielfalt der deutschen Sprache und ihren verschiedenen regionalen Ausprägungen konfrontiert gewesen ist? Infolgedessen argumentierte er normentheoretisch explizit mit Graduierungen, die differenziert auf den realen Sprachgebrauch bezogen waren, Sprachwandeltendenzen berücksichtigten und gegen eine simple Unterscheidung zwischen richtig und falsch gerichtet waren. Programmatisch konnte er daher auch dekretieren: „Doppelformen schaden keiner Sprache, der deutschen sind sie durch Anlage und Entwicklung ureigen geworden." (Engel 1922: 27).

Insgesamt ist Engels Konzeption zum Umgang mit sprachlichen Zweifelsfällen in der Grundtendenz also durchaus fortschrittlich und zukunftsweisend. Wer den wenig originellen Titel seiner Schrift nur wörtlich nimmt, verfehlt seine zentralen Intentionen. Sie zeugen vielmehr von einem reflektierten, variantenbewussten Umgang mit Zweifelsfällen. Freilich hat Engel seine Ansichten nicht wirklich auf einer breiteren Datenbasis und unter systematischer Berücksichtigung der Vielfalt von Zweifelsfällen entwickelt und realisiert. Seine Ausführungen mussten notgedrungen oft mehr Programm als empirisch gestützte Sprachforschung bzw. Sprachnormung bleiben.

### Karl Schneider: *Was ist gutes Deutsch?*

Der Ansatz und die Leistung von Engel gewinnen noch an Fortschrittlichkeit und Problembewusstsein, wenn man ihn mit anderen Zeugnissen seiner Zeit vergleicht. Karl Schneider etwa publizierte ein Buch unter der Überschrift *Was ist gutes Deutsch?* (Schneider 1931). Es war laut Untertitel ausdrücklich den „Schwierigkeiten und Zweifelsfälle[n]" der zeitgenössischen Sprache gewidmet und propagierte eine ebenso dezidierte wie flache Sicht auf die existierenden Sprachvarianten. Im Vorwort bediente er umstandslos die Rede vom drohenden Sprachverfall, der sich deutlich in vielfältigen Formen des Regelbruchs abzeichnen sollte. Begleitet wurde das Ganze von Anwürfen gegen die zeitgenössische Sprachwissenschaft, die den kursierenden Sprachvarianten eine ganz andere, deskriptive Aufmerksamkeit entgegenbrachte. Unmissverständlich benannte Schneider sein grundsätzliches Ziel, das womöglich nur auf persönlicher Rechthaberei und einer tiefsitzenden Reserve gegenüber Sprachwandel basierte. Er war nämlich beseelt von der „Hoffnung, seine Auffassungen in sprachlichen Zweifelsfragen im wesentlichen als zutreffend anerkannt zu sehen und damit an seinem Teil zur Besserung des Zustandes der deutschen Sprache beizutragen." (Schneider 1931: X).

**Duden, Band 9:** *Zweifelsfälle der deutschen Sprache*
Was die weitere Geschichte derartiger Bücher angeht, so ist für die zweite Hälfte des 20. Jahrhunderts vor allem ein Band hervorzuheben, in dem sich die Redaktion des Bibliographischen Instituts im Jahre 1965 zum ersten Mal ausdrücklich der Problematik der Zweifelsfälle widmete, nämlich Duden 9/1965. Als Bearbeiter firmierten Günther Drosdowski, Paul Grebe und Wolfgang Müller. Diese alphabetische Sammlung legte also den Grundstein für den neunten Band der Duden-Reihe, der noch heute die zentrale Anlaufstelle für die Dokumentation und Bewältigung sprachlicher Zweifelsfälle im Deutschen darstellt. Er steht in Verbindung mit der einschlägigen Grammatik des Bibliographischen Instituts, die 1935 zum ersten Mal erschien und derzeit in der 9. Auflage greifbar ist (Duden 4/2016). Im Duden 9/1965 verdichteten sich die Erfahrungen und Befunde, die im Laufe der Zeit in der – ursprünglich rein orthographisch orientierten – Sprachberatung der Dudenredaktion angesammelt worden waren. Terminologisch schwankte man darin – genauso wie in der Tradition seit dem 19. Jahrhundert – zwischen den Begriffen *Zweifelsfall* und *Hauptschwierigkeit*. Von der hervorgehobenen Rolle von Duden 9 zeugt nicht zuletzt seine Vorbildlichkeit auf dem Buchmarkt. Die später erschienene Sammlung eines konkurrierenden Verlags, in der Status und Profil von Duden 9 offensichtlich als konzeptionelle Vorgabe dienten (Dittmann u.a. 2003, 2009), hat nie die hervorgehobene Stellung von Duden 9 erreicht.

Über den unmittelbaren Anlass für die Erstellung von Duden 9/1965 sowie über seine Konzeption und Entstehung ist leider wenig bekannt. Die lakonischen Bemerkungen im Vorwort führen zwar die Praxis der Sprachberatung an und betonen den Ratgeber-Charakter der Publikation. Demnach gab es schon damals ca. 8.000 – 10.000 Anfragen pro Jahr an die Verlagsredaktion. Was den sprachwissenschaftlichen Analyse- und Beratungsgehalt der Auskünfte angeht, so bleiben die knappen Ausführungen aber an wesentlichen Stellen (absichtlich?) dunkel und unfertig. Weil das Werk für die sprachlichen Zweifelsfälle maßgeblich werden und bis heute bleiben sollte, seien die wenigen konzeptionellen Ausführungen der Erstausgabe im Zusammenhang zitiert:

> Die „Hauptschwierigkeiten der deutschen Sprache" bewahren nicht Regeln, die von der sprachlichen Entwicklung überholt sind. Die Normen selbst sind überprüft und auf Grund des gegenwärtig geltenden Sprachgebrauchs festgelegt worden. An Hand der umfangreichen Belegsammlungen aus dem Schrifttum der letzten Jahre konnte die Dudenredaktion feststellen, in welchem Maße sprachliche Erscheinungen aus der Umgangssprache in die Hochsprache gedrungen sind, und konnte so das Verhältnis von gesprochener zu geschriebener Sprache bestimmen. (Duden 9/1965: Vorwort)

Was man als Sprachwissenschaftler vor diesem Hintergrund gerne wissen würde, wird leider noch nicht einmal ansatzweise angesprochen, geschweige denn transparent geklärt. Um nur einiges anzudeuten: Wie muss man sich die angeführte „Überprüfung" und „Festlegung" der „Normen" vorstellen? Was umfassen die „umfangreichen Belegsammlungen", welches „Schrifttum" ist gemeint und wie wurden die Dokumentationen erstellt, fortgeführt und ausgewertet? Wie wird zwischen „Umgangssprache" und „Hochsprache" unterschieden? Und wie sind die Belege zur „gesprochenen" und „geschriebenen Sprache" erhoben und analysiert worden? Bis heute hält sich die Dudenredaktion bei genauen Antworten auf solche Fragen faktisch weitgehend bedeckt.

Ganz ähnlich sieht die Lage in einer Publikation aus, die einige Jahre später als unmittelbares Gegenstück zum Duden 9 erscheinen sollte. Ich meine das *Wörterbuch der Sprachschwierigkeiten. Zweifelsfälle, Normen und Varianten im gegenwärtigen deutschen Sprachgebrauch*. Es wurde unter der Leitung von Joachim Dückert und Günter Kempcke im Jahre 1984 in der DDR erarbeitet. Weitere Auflagen folgten recht bald, nämlich 1986 (2. Auflage) und 1989 (3. Auflage). Als Zentralbegriffe fungierten im Vorwort die Formeln „Unsicherheit" im Sprachgebrauch angesichts von Sprachvarianten und Sprachwandel, „Zweifelsfälle", aber auch „Abweichungen" und „Fehler". Insgesamt ist der Fehlerdiskurs hier präsenter als in Duden 9. Zum sachlichen Profil der Sammlung finden sich dann aber vergleichbare Motive und Bemerkungen wie in der westdeutschen Duden-Variante. Einige generelle Ambitionen werden zwar kurz und etwas blumiger als in Duden 9/1965 angesprochen. Genauere methodologische und konzeptionelle Informationen, die die (empirische?) Legitimation der Normentscheidungen betreffen würden, fehlen allerdings. Auch zu diesem Befund seien einige einschlägige Stellen aus dem Vorwort der Sammlung zitiert:

> Das Wörterbuch wird Antwort auf die Frage geben, ob die Varianten zulässig oder bevorzugt und welche Anwendungsbedingungen an die eine oder andere Variante gebunden sind. Informationen über Abweichungen und Beschränkungen verhüten unübliche und unzulässige Formbildungen, und in der Verhütung von Fehlern sehen wir eine weitere wichtige Aufgabe dieses Nachschlagewerkes. Die durch unzulässige Analogiebildung, durch Übertragung anderer grammatischer oder wortbildnerischer Modelle entstehenden, häufig auftretenden grammatischen oder syntaktischen Fehler sollen durch Angabe der nach der Norm gebräuchlichen Formen bewußt gemacht werden und so den Benutzer zu einer besseren Sprachbeherrschung führen und zugleich sein Sprachbewußtsein festigen. Das Wörterbuch ist an der schriftsprachlichen Norm orientiert, es soll aber Entwicklungstendenzen angemessen berücksichtigen. Angesichts der großen Bedeutung der gesprochenen Sprache und ihres Einflusses auf die geschriebene Sprache verzeichnet das Wörterbuch auch umgangssprachliche Elemente, insbesondere wenn ihr Verhältnis zu schriftsprachlichen Mitteln beleuchtet werden soll. (Dückert/Kempcke 1989: 5)

Viel mehr ist dann zu den konzeptionell-methodologischen Hintergründen nicht zu erfahren. Die Frage nach der konkreten (empirischen oder theoretischen) Basis für die im Wörterbuch getroffenen Verfügungen in sprachlichen Zweifelsfällen bleibt also unbeantwortet.

Es wäre sicher interessant, genauer aufzuklären, ob und, wenn ja, wie sich die lexikographischen Informationen zu den einzelnen Fällen und Varianten in der BRD und der DDR möglicherweise systematisch unterscheiden. Zu dieser Problematik liegt jedoch keine Untersuchung vor. Die weitere Geschichte sieht jedenfalls so aus, dass nach der deutschen Vereinigung – bibliographisch gesehen – nur die Tradition des 1965 begonnenen Duden 9 fortgesetzt wurde. Weil diese Entwicklungslinie für die Behandlung der sprachlichen Zweifelsfälle im Deutschen einschlägig ist, seien in der folgenden Tabelle die maßgeblichen Informationen zu den einzelnen Auflagen von Duden 9 zusammengefasst:

**Tab. 4:** Auflagen von Duden 9

| Titel | Bearbeiter laut Titelei | Auflage/Jahr |
|---|---|---|
| Duden. Hauptschwierigkeiten der deutschen Sprache | Bearbeitet von Günther Drosdowski, Paul Grebe, Wolfgang Müller | 1./1965 |
| Duden. Zweifelsfälle der deutschen Sprache. Wörterbuch der sprachlichen Hauptschwierigkeiten | Bearbeitet von Dieter Berger, Günther Drosdowski, Paul Grebe, Wolfgang Müller | 2./1972 |
| Duden. Richtiges und gutes Deutsch. Wörterbuch der sprachlichen Zweifelsfälle | Bearbeitet von Dieter Berger und Günther Drosdowski | 3./1985 |
| | Herausgegeben und bearbeitet vom Wissenschaftlichen Rat der Dudenredaktion. Redaktionelle Bearbeitung: Dr. Werner Scholze-Stubenrecht | 4./1997 |
| | Herausgegeben von der Dudenredaktion. Redaktionelle Bearbeitung: Annette Klosa | 5./2001 |
| | Herausgegeben von der Dudenredaktion. Bearbeitet von Peter Eisenberg unter Mitwirkung von Franziska Münzberg und Kathrin Kunkel-Razum | 6./2007 |

| Titel | Bearbeiter laut Titelei | Auflage/Jahr |
|---|---|---|
| | Herausgegeben und überarbeitet von der Dudenredaktion unter Mitwirkung von Peter Eisenberg und Jan Georg Schneider | 7./2011 |
| | Herausgeberin Prof. Dr. Mathilde Hennig | 8./2016 |

Die Wörterbuchartikel in den verschiedenen Auflagen von Duden 9 unterscheiden sich von Fall zu Fall, manchmal in vielen, manchmal in wenigen Details. Nicht selten bleiben die Artikel freilich auch von Auflage zu Auflage vollkommen gleich. Wann verändert sich warum und in welcher Form eine Darstellung, durch den ein sprachlicher Zweifelsfall bewältigt werden soll? Auch zu dieser vielschichtigen Entwicklung existiert bisher keine genauere sprachwissenschaftliche Untersuchung. Ob und, wenn ja, in welcher Art und Weise sich die Einordnung der verschiedenen Varianten sowie die entsprechenden Normformulierungen also mit der Zeit geändert haben, wurde bisher – statistisch und systematisch – nicht gründlicher untersucht. Dasselbe gilt für die allgemeine Konzeption der verschiedenen Auflagen. Darüber hinaus wäre aber auch zu prüfen, inwiefern Duden 9 mit anderen Werken aus der Dudenredaktion an allen Punkten harmoniert. Ebenso könnte man an einen Abgleich mit der zeitgenössischen sprachwissenschaftlichen Forschung denken. Es ist ja durchaus möglich, dass sich hier manchmal gewisse Widersprüche und methodologische Ungereimtheiten ergeben könnten. Hinweise auf solche Abstimmungsschwierigkeiten wurden für einzelne grammatische Bereiche jedenfalls bereits gegeben (Hansen 1992).

Die generelle Unkenntnis der Genese der Auflagen von Duden 9 ist nicht zuletzt deshalb ein großes Defizit, weil sich in den Detail-Entwicklungen auch prinzipielle Änderungen im (normativen) Umgang mit sprachlichen Zweifelsfällen verbergen könnten. Welches Variantenbewusstsein manifestiert sich in dieser Geschichte? Welcher Sprachbegriff wird vermittelt? Vorläufig kann man nur vermuten, dass sich das generelle Programm für die Aufarbeitung der Zweifelsfälle in den ersten Auflagen im Laufe der Zeit wenig geändert hat. In der vierten Auflage (1985) ist jedenfalls im Vorwort ausdrücklich von der „bewährte[n] Konzeption" des Nachschlagewerks die Rede. Bekannt, weil relativ leicht ersichtlich, ist nur die Tatsache, dass bereits seit der zweiten Auflage die alphabetische Reihe der Stichwörter durch thematisch breiter angelegte Abschnitte („Überblicksartikel") durchbrochen ist. Sie sind systematisch und inhaltlich recht heterogen und tragen z.B. Überschriften wie Brief, Deklination, Fremdwort, Fugen-s, Genitiv, Ortsnamen, Rektion, römische Zahlzeichen, Umlaut oder Vergleichsformen. Mit der Zeit wurden sie in späteren Auflagen durch weitere Artikel ergänzt.

### Duden, Band 9, 6. Auflage (2007)

Es ist, wie gerade angedeutet, schon ein wenig beklagenswert, dass wir über das Zustandekommen und die Entwicklung der maßgeblichen normativen Schriften in sprachlichen Zweifelsfällen relativ wenig Bescheid wissen. Erst in letzter Zeit scheint sich hier der Wind etwas zu drehen. Für die Erstellung der 6. Auflage (2007) liegt jedenfalls eine aussagekräftige Erläuterung von Peter Eisenberg vor. Daraus kann man ersehen, welche Prinzipien und Strategien bei der Überarbeitung dieser Ausgabe wegweisend waren (Eisenberg 2007). Demnach wurde für diese Ausgabe bewusst ein gebrauchsorientierter Normbegriff angesetzt. Darin gingen sowohl varietätenlinguistische, diachrone als auch systemlinguistische Befunde ein. Die wegweisende Normierungsinstanz liefert der „geschriebene Standard". Er fungiert als empirisch fassbare „Leitvarietät". Man ermittelt ihn beispielsweise aus Texten der überregionalen Presse. Terminologisch wird das einschlägige Begriffspaar *richtig* vs. *falsch* in der 6. Auflage programmatisch gemieden. Allerdings verbirgt sich das präskriptive Potenzial dieser Unterscheidung womöglich in anderen Ausdrücken. Es könnte also vielleicht nicht so leicht sein, diese überlieferte Differenz aus der Welt zu schaffen (Lotzow 2016).

Die 6. Auflage entfernt sich mithin von der traditionellen Richtig-oder-Falsch-Ideologie, die seit dem 19. Jahrhundert die praktische Sicht auf die Zweifelsfälle dominierte. Wenn Varianten existieren, wird versucht zu klären, unter welchen Bedingungen sie wo mit welcher Funktion im Sprachgebrauch auftauchen. Als quasi-normative „Generallinie" der Überarbeitung fungiert ein Konzept, das – so lässt sich interpretieren – aus kompetenten Sprechern vollkompetente Sprecher (s.o. Kap.1.3) machen soll: „Sage dem Sprecher, womit er es bei einem bestimmten Phänomen zu tun hat und überlasse ihm die Entscheidung, was er mit den Informationen anfängt, so weit wie möglich selbst." (Eisenberg 2007: 225).

In bester aufklärerischer Tradition ist von Geschmack, angeblichen Sprachautoritäten oder ähnlichen Instanzen keine Rede. Sprachlicher Zweifel soll durch realistische Informationen zum deutschen Sprachgebrauch bewältigt werden und insofern in vernünftigen Entscheidungen resultieren. Hinter dieser Haltung steckt auch ein grundsätzliches Vertrauen in die Urteilsfähigkeit der Sprecher: Wenn sie gut über ihre Sprache informiert sind, werden sie – so die Unterstellung – schon angemessene, tragfähige Entscheidungen über ihren persönlichen Sprachgebrauch treffen.

### Duden, Band 9, 7./8. Auflage (2011/2016)

Für die 7. und 8. Auflage von Duden 9 liegt keine genauere Auskunft zu den Überarbeitungsprinzipien vor; man kann freilich davon ausgehen, dass der Weg der

6. Auflage weiterverfolgt wurde (Hennig 2017: 229). Allerdings kam es in der 7. Auflage zu einer redaktionellen Innovation, die regelrecht ins Auge sticht und auch konzeptionell von einiger Bedeutung ist. Seit dieser Auflage wird nämlich häufig bei zwei (oder mehr) beschriebenen Varianten eines Zweifelsfalls eine Variante als „Empfehlung" der Dudenredaktion gekennzeichnet, und zwar durch deutliche gelbe Hervorhebung. Die Einführung dieser Konvention wird von den Bearbeitern wie folgt begründet und in quasi-normentheoretische Überlegungen eingebettet:

> In dieser Auflage spricht die Dudenredaktion erstmals im Dudenband 9 Empfehlungen bei rechtschreiblichen, grammatischen oder auch stilistischen Zweifelsfällen aus. Zu diesem Schritt hat sich die Redaktion entschlossen, weil die Nutzerinnen und Nutzer häufig wissen möchten, welche von mehreren sprachlichen Varianten sie wählen sollen, um ihren Text angemessen zu gestalten. Denn häufig werden im Buch zwei Varianten gezeigt, die beide korrekt sind, sodass die Wahl schwerfällt. Viele Ratsuchende wünschen sich hier eine klarere Orientierung, möglichst auf den ersten Blick. Im Buch sind diese empfohlenen Varianten deshalb gelb unterlegt. Alle empfohlenen Varianten wurzeln im schriftlichen Standarddeutsch. Das heißt aber nicht, dass die jeweils andere gezeigte Variante falsch wäre (auch diesen Fall gibt es, das wird dann aber ausdrücklich hervorgehoben). Durch die Dudenempfehlungen werden weniger häufig belegte standardsprachliche, regionale, fachliche oder stilistische Varianten nicht abgewertet – sie haben ihren festen Platz in der täglichen schriftlichen und mündlichen Kommunikation. Die Redaktion möchte mit den Empfehlungen lediglich all jenen helfen, die einen Text verlässlich in schriftlichem Standarddeutsch verfassen wollen. (Duden 9/2011: 11)

Die Duden-Empfehlungen greifen also aus zwei Varianten, „die beide korrekt sind", eine heraus. Diese Hervorhebung basiert offensichtlich auf der reinen Frequenz der Varianten. Die nicht empfohlene Variante ist in den Duden-Korpora „weniger häufig belegt". Dass diese Strategie angewandt wird, bestätigt sich, wenn man einige Beispiele für diese Empfehlungen in Augenschein nimmt. So wird etwa für das Wort *Flussbett* der Plural *Flussbetten* empfohlen, *seltener* sei die *Flussbette*. Aus demselben Grund wird *es graut mir* empfohlen (statt: *es graut mich*), *irre* (statt: *irr*) und *Sie wurde sofort in das* (statt: *im*) *Krankenhaus aufgenommen*. Häufig fehlen in den Artikeln aber auch entsprechende Frequenzangaben. Als Genus von *Laptop* wird beispielsweise das Maskulinum empfohlen, obwohl lakonisch festgehalten wird: *auch: das Laptop*. Vergleichbares findet sich bei der empfohlenen Schreibung *Klub* (statt: *Club*), der Einwohnerbezeichnung *Münchner* (statt: *Münchener*) und der Pluralform *Nachlässe* (statt: *Nachlasse*).

Man kann nach einem möglichen Effekt dieser Empfehlungsstrategie fragen. Dann steht im Raum, dass durch die (korpusabhängige) Bevorzugung höher-frequenter Varianten Sprachwandelvorgänge verzögert werden. Denn Sprachveränderungen deuten sich zunächst nur in geringeren Frequenzen an. Lexikographisch werden diese Fälle durch die gelb markierten Empfehlungen aber systematisch in den Hintergrund gerückt. Neue Sprachvarianten haben es also anfangs schwer, in den Genuss von Duden-Empfehlungen zu kommen. Wer sich nach diesen Präferenzen richtet, behindert womöglich die Sprachentwicklung.

Dasselbe gilt freilich auch für Varianten, deren Frequenz sich relativ zu den letzten Jahrzehnten verringert haben könnte. Auch sprachliche Einheiten, die auf dem absteigenden Ast sind, können im Gegensatz zu den sich allmählich durchsetzenden Varianten (noch) niedrig-frequent auftauchen. Für diesen Sprachwandeltyp, also den Untergang von Wörtern oder Wortformen, fungiert die Wörterbuch-Klassifikation als nicht-empfohlene Variante sozusagen als Katalysator. Sie unterstützt den Niedergang der weniger präferierten Variante, fördert die mittlerweile häufigere Variante und schließt den entsprechenden Sprachwandel damit gleichsam lexikographisch ab. Davon dürften insbesondere sog. Archaismen betroffen sein (Jang 2006). In summa gilt also: Die sprachwandelverzögernden und die sprachwandelbeschleunigenden Effekte der gelben Duden-Markierungen könnten sich am Ende womöglich gegenseitig aufheben. Die Durchsetzung neuer Varianten wird dadurch behindert, das Verschwinden veralteter Varianten wird beschleunigt.

Vor der Folie der neuartig konzipierten Duden-Empfehlungen wurden die Frequenzangaben in Duden 9/2011, die sich in der Nutzung von Wörtern wie *selten*, *seltener* und *meist* verkörpern, einer stichpunktartigen Analyse unterzogen (Eber/Rössler 2016). Dabei spielten andere Korpusdaten als bei den Erhebungen der Dudenredaktion eine Rolle. Demnach ist der realistische Erkenntnis- und Orientierungsgehalt, der mit diesen Wörtern verbunden wird, nicht unproblematisch, insbesondere bei ohnehin recht niedrig-frequenten Sprachphänomenen. Welche Frequenzverhältnisse mit den genannten Angaben genau verbunden sind, scheint einigermaßen variabel zu sein. Hinter den frequenzanzeigenden Wörtern stehen nicht immer dieselben statistischen Verhältnisse.

Dieser Befund sollte auch die generelle Einschätzung der gelb markierten Duden-Empfehlungen beeinflussen. Was ist von den Empfehlungen zu halten? Manche ratsuchenden Sprecher mögen es damit nach eigener Einschätzung einfacher haben. Wer will, kann sich in sprachlichen Dingen schlicht nach der Farbe richten: Bei Gelb ist man im Duden immer auf der sicheren Seite. Der Aufbau einer einigermaßen reflektierten Sprachkenntnis und Entscheidungsfähigkeit wird damit jedoch nicht unterstützt. Die gelben Markierungen führen wohl eher dazu, „die Akzeptanz für Variation – auch in der medialen Schriftlichkeit – eher zu verringern und das sprachliche Urteilsvermögen und Selbstbewusstsein des einzelnen Schreibenden an den Kodex zu delegieren." (Eber/Rössler 2016: 160).

Gegenüber dem Profil der Änderungen, das für die 6. Auflage von Duden 9 resümiert wurde, steckt in der 7. Auflage folglich ein gegenläufiger Gehalt. Die neuen Duden-Empfehlungen setzen nicht am Ausbau der reflektierten Sprach- und Variationskompetenz der Sprecher an. Sie sind eher an älteren Sprachautoritätskonzepten orientiert. Tendenziell dürfte dadurch die mehr oder weniger unreflektierte Variantenreduktion gefördert werden. Die Dudenredaktion weist mit der 7. Auflage einen Weg, der fraglos richtig sein soll, damit sich die Sprecher schnell, aber unbedacht entscheiden können. So distanziert sie sich mit den gelben Markierungen von dem aufklärerischen Ziel, die Sprecher mit möglichst präzisen Informationen über den Sprachgebrauch auszustatten, damit sie am Ende souverän selber entscheiden können, welche Sprachvariante sie vernünftigerweise nutzen möchten. Am Rande sei bemerkt, dass damit der Autoritätsanspruch der Dudenredaktion bei sprachlichen Fragen natürlich implizit, aber nachdrücklich gestützt wird. In der Geschichte der sprachlichen Zweifelsfälle wäre es sicher nicht das erste Mal, wenn bei einer solchen Wendung auch die Sorge um die Verkaufszahlen von Büchern eine Rolle gespielt hätte.

**Neue Tendenzen am Ende des 20. Jahrhunderts**
Die meisten Ausführungen dieses Kapitels betreffen bisher die Art und Weise, wie man in der deutschen Sprachgemeinschaft in maßgeblichen Publikationen und Institutionen mit Zweifelsfällen umgegangen ist. Es wurden keine Entwicklungen thematisiert, die das Ausmaß und die verschiedenen Klassen von sprachlichen Zweifelsfällen betroffen hätten. Der Blick war also metasprachlich, nicht objektsprachlich gerichtet. Aber auch was die objektsprachliche Dimension angeht, lassen sich einige Dinge erörtern, die für eine übergreifende Geschichte der Zweifelsfälle relevant sind. Dabei ist noch nicht an die vielen kleinen Sprachbewegungen und Sprachvariationen zu denken, die es im Verlaufe der letzten Jahrzehnte mit Sicherheit gegeben hat. Immer wieder werden vielen Sprechern verschiedenste Formen von Laut-, Schrift-, Form- und Grammatikvariationen zu Bewusstsein gekommen sein und den ansonsten reibungslos ablaufenden Formulierungsprozess in der deutschen Sprache verzögert haben. Diese Mikrovariationen können und sollen an dieser Stelle aber nicht weiter aufgegriffen werden. Dasselbe gilt für die Rechtschreibreform aus dem Jahr 1996. Sie hat vorübergehend zu vielen Sprachirritationen geführt. Schreiber, die an die alte Rechtschreibung gewöhnt waren, mussten überlegen, ob und, wenn ja, wie sie der neuen folgen wollten. Auch diese zweifelsfallstimulierende Entwicklung wird hier nicht weiter aufgegriffen, obwohl man dazu sicherlich vieles sagen könnte, insbesondere im Bereich der Getrennt- und Zusammenschreibung (z.B. Eisenberg 1997; Günther 1997; Ickler 1997; Munske 1997: 313–324).

Vielmehr möchte ich mich auf einige Hinweise zu kommunikativen Problemkomplexen beschränken, die in der einen oder anderen Art und Weise historisch neuartige Konstellationen von sprachlichen Zweifelsfällen mit sich gebracht haben. Im einzelnen werden die jüngere politische Geschichte (Deutsche Wiedervereinigung), das Aufkommen feministischer Sprachkritik sowie politischer Korrektheit kurz angesprochen. In allen diesen Fällen ist es – zumindest vorübergehend – zu zahlreichen neuen Zweifelsfällen gekommen. Diese Fälle hat es in den genannten Umgebungen so vorher nicht gegeben. Man kann sogar vermuten, dass die damit verbundenen Sprachentwicklungen den hergebrachten, historisch relativ stabilen Kanon der Zweifelsfälle durch prominente Problemfälle maßgeblich erweitert haben. Was ihre Brisanz und den damit verbundenen Entscheidungsdruck angeht, dürften sie freilich den alten Typen vielfach in nichts nachstehen. Strukturell bewegen sich die Innovationen vor allem auf der lexikalischen und der morphologischen Sprachebene.

**Deutsche Wiedervereinigung**
Wir wissen aus der Praxis der Sprachberatung, dass nach der deutschen Wiedervereinigung viele Anfragen aus den Unterschieden zwischen der west- und der ostdeutschen Variante des Deutschen resultierten (zum folgenden Kühn 1994, 2003; Kühn/Almstädt 1997). Sie wurden überwiegend von ostdeutschen Sprechern formuliert. Bestimmt können solche Erkundigungen nicht immer umstandslos als Belege für die Existenz von Zweifelsfällen gewertet werden. Denn oft waren die Sprecher mit Blick auf ein bestimmtes Wort verunsichert, ohne schon eine konkrete Alternative vor Augen zu haben. Zweifelssituationen ohne die Reflexion über zwei Varianten sind aber per definitionem noch keine Zweifelsfälle. Mit einer gewissen terminologischen Nachsicht wird man aber auch solche Bewusstseinslagen zumindest in die Nähe der klassischen Zweifelsfälle rücken können. Das generelle Szenario lässt sich wie folgt erläutern.

Als Konsequenz der deutschen Teilung etablierten sich in Ost- und West-Deutschland an einzelnen Stellen des Wortschatzes unterschiedliche Sprachgebräuche. Zu keinem Zeitpunkt ist es freilich zur Ausbildung von zwei tatsächlich unterschiedlichen Sprachen gekommen. Die kleinen Unterschiede wurden allerdings aufgrund der politischen Situation oft stark überhöht. Mit der Wiedervereinigung gerieten diese Unterschiede zu kommunikativen Hürden, insbesondere für ostdeutsche Sprecher, die sich an die allmählich durchsetzenden westdeutschen Gegebenheiten auch sprachlich anpassen mussten. Typische Sprachdomänen für solche Konflikte waren Berufs-, Geschäfts- und Verwaltungssprachen. Ein einfaches Szenario sah beispielsweise so aus, dass den Sprechern die Spannung zwischen einer DDR-typischen Sprachvariante und einem (möglichen?)

westdeutschen Gegenstück bewusst wurde. Daraus erwuchs die Frage, welche Variante mittlerweile, also nach der Wiedervereinigung, wohl die richtige Variante sein könnte. Auch bisher unbekannte (westdeutsche) Wortpaare, bei denen das Problem der semantischen Identität bzw. Unterschiede im Raum stand, konnten Irritationen verursachen.

Gewiss besitzen die zahlreichen Zweifelsfälle, die im Zuge der Wiedervereinigung entstanden, unterschiedliche sprachtheoretische Profile. Sie können hier nicht in allen Details durchgespielt werden. Zur Illustration seien daher nur einige typische Variantenpaare angeführt, die in den Jahren nach der Wiedervereinigung zu Anfragen bei Sprachberatungsstellen geführt haben: *Fortbildung / Weiterbildung, Altersheim / Seniorenheim, Fischereischein / Angelschein, Gymnasium / Erweiterte Oberschule, Broiler / Grillhähnchen*. Auch kleinere Formvariationen mit einem regionaltypischen Hintergrund konnten auftauchen: *Zielstellung / Zielsetzung, Plastebeutel / Plastikbeutel, Nachholspiel / Nachholespiel, Bierbüchse / Bierdose*.

Es ist davon auszugehen, dass die sprachlichen Zweifelsfälle, die mit der Wiedervereinigung einhergingen, aufgrund der realgeschichtlichen Entwicklung dem Untergang geweiht sind. Allerdings gibt es dazu keine detaillierten wissenschaftlichen Erhebungen. Durch die Angleichung der Lebensverhältnisse im vereinten Deutschland dürften die entsprechenden kommunikativen Hindernisse bei jüngeren Sprechern deutlich rückläufig sein. Die Spezifika der ostdeutschen Sprache werden nur noch von älteren Sprechern am Leben gehalten. Ohne eine irgendwie geartete Präsenz der ostdeutschen Sprache fehlt aber die Basis, auf der die geschilderten Zweifelsfälle weiterexistieren könnten.

**Feministische Sprachkritik**

Im 20. Jahrhundert gab es zahlreiche Aktivitäten, durch die der soziale Status von Frauen aufgewertet werden sollte. Insofern davon das Verhältnis von Männern und Frauen betroffen ist, steht dafür das Schlagwort der Geschlechtergerechtigkeit. Spätestens seit den 80er Jahren des 20. Jahrhunderts besitzen diese Bewegungen eine unmittelbar sprachbezogene Komponente. In der bisherigen Form der deutschen Sprache machte man mit der Zeit mehr und mehr Gehalte aus, die der Herstellung der Geschlechtergerechtigkeit mutmaßlich im Wege stehen. Sie müssen, so die Ambition der Aktivisten (Aktivistinnen?), folglich bereinigt werden, wenn man Männer und Frauen in allen gesellschaftlichen Bereichen gleichstellen möchte. Aus diesem Ansatz erwuchsen bis heute viele Bücher, Untersuchungen, Traktate und Aufrufe, in denen die Geschlechterproblematik in der Sprache in den verschiedensten Formen thematisiert wurde. Ein – wohl intendiertes – Resultat dieses Diskurses liegt in der Verunsicherung von Sprechern, die sich in Sprachproduktionssituationen wiederfinden, in denen Geschlechtsunterschiede eine Rolle spielen oder spielen könnten. Solche Situationen kommen freilich beständig vor. Menschen kommunizieren häufig mit und über andere Menschen. Die Geschlechterproblematik ist allgegenwärtig. An diesem Punkt ist also von einer recht ergiebigen neuen Brutstätte für die Entstehung sprachlicher Zweifelsfälle auszugehen.

Die einschlägigen Variationspaare, die entsprechende Zweifelsfälle bilden, haben einen unterschiedlichen Zuschnitt. Wiederum nur zur Illustration, seien einige Fälle aus den überaus zahlreichen beobachtbaren Varianten herausgegriffen. Es kann sich um (quasi-) lexikalische Varianten der folgenden Typen handeln, z.B. *Student / Studentin / Studierender / Studierende, Doktorand / Doktorandin / Promovierender / Promovierende, Lehrer / Lehrerin / Lehrender / Lehrende, Leiter / Leiterin / Leitender / Leitende / Leitung, Professor / Professorin / Professur, Frau / Fräulein / Dame*. Faktisch sind allerdings besonders Pluralvarianten von großer Bedeutung, z.B. *Kollegen / Kolleginnen, Leser / Leserinnen, Studenten / Studierende*. Ebenso wichtig ist die graphematische Repräsentation solcher und verwandter Einheiten, z.B. <Kollegen und Kolleginnen> / <KollegInnen> / <Kollegen / Kolleginnen>, <Kollegen /-innen>, <Kolleg/-inn/en> / <Kolleg(inn)en>, <Kolleg*innen>. Mittelbar gehört auch die Einbindung entsprechender Formen in Wortbildungsprozesse zu diesem neuen Nest sprachlicher Zweifelsfälle, z.B. *Studentenwerk / Studierendenwerk, Bewerberzahlen / Bewerberinnenzahlen / BewerberInnenzahlen / Bewerbungszahlen, Kanzleramt / Kanzlerinamt / Kanzlerinnenamt, Mannschaft / Frauschaft / Frauenmannschaft / Team, Bauherr / Baufrau, Bürgersteig / Bürgerinnensteig / Gehweg, jedermann / jedefrau / alle*. Selbst eher grammatisch relevante (Re-) Flexionsvarianten sind betroffen, z.B. *man / frau / mensch, jedermann / jedefrau / jedermensch, Das Mädchen wird Lehrer / Lehrerin, Alle meine Töchter sind Arzt / Ärzte / Ärztinnen, Wer hat denn hier seinen / ihren BH vergessen?* Darüber hinaus kann zudem die Formulierung phraseologischer Einheiten durch solche metasprachlichen Interventionen zweifelhaft werden: *aller Herren Länder / aller Frauen Länder, Die Schwestern haben beim Schwimmen toter Mann / tote Frau / totes Mädchen gespielt*.

Schon diese wenigen und unsystematischen Beispiele deuten an, wie weit die Fälle gestreut sind und wie tief die sprachliche Irritation reichen kann. Von Fall zu Fall sind sehr grundsätzliche grammatische Strukturen und lexikalische Bestände des Deutschen betroffen. Vieles scheint textsortengebunden zu sein. Insbesondere Textsorten, in denen Adressaten direkt angesprochen werden, kommen dann in den Blick. Für die geschriebene Sprache sind die zahlreichen Typen von Briefen und E-Mails sowie Stellenanzeigen anzuführen, aber auch Gesetzestexte, Verordnungen, amtliche Formulare und vielleicht sogar Gebrauchsanleitungen. In der gesprochenen Sprache sind sämtliche Reden, Ansprachen und mündlichen Verlautbarungen mit einem offiziellen Hintergrund von Bedeutung, im politischen Kontext womöglich mit besonderer Dringlichkeit.

Wenn man das gesamte Zweifelsfall-Spektrum, das durch die feministische Sprachkritik ins Leben gerufen wurde, sprachwissenschaftlich genau abmessen wollte, so müsste man ein eigenes Buch schreiben. Die erste Aufgabe der Sprachwissenschaft besteht in diesen Zusammenhängen jedenfalls darin, genau zu beobachten, welche Argumente für die Sprachinterventionen geltend gemacht werden und inwiefern diese Argumente die Realität der Sprache tatsächlich treffen. In jedem Fall ist – wie oben angedeutet – davon auszugehen, dass die Diskussion sowie die anstehenden Entscheidungen in Zweifelsfällen über rein grammatische Befunde und Perspektiven weit hinausgehen. Letztlich stehen dabei oft „Glaubensbehauptungen", also keine Tatsachenfeststellungen, zur Disposition (Heine 2018). Sie betreffen die These, dass bewusste Sprachveränderungen gesellschaftliche Veränderungen bewirken können. Daran kann man glauben oder nicht.

Darüber hinaus ist von großem Interesse, welche der vielen Varianten sich aus welchen Gründen in welchen Kontexten verteilen und womöglich durchsetzen werden. Was diese objektsprachliche Entwicklung angeht, so ist die Lage momentan sicherlich noch recht unübersichtlich. Tatsache ist allerdings: Die feministische Sprachkritik hat zweifellos in der Geschichte der sprachlichen Zweifelsfälle bereits nachhaltige Spuren hinterlassen. Bei der variablen Kodierung der Geschlechtsunterschiede reicht ihre zweifelsfallinduzierende Wirkung weit über das hinaus, was an diesen Punkten auch in der Vergangenheit gelegentlich schon beobachtet werden konnte.

**Politische Sprachkorrektheit (political correctness)**
Von ihrer Genealogie her haben die Zweifelsfälle, die sich in den letzten Jahrzehnten aus der sog. politischen Korrektheit ergaben, einen ähnlichen Zuschnitt wie die Zweifelsfälle, die durch feministische Sprachkritik entstanden sind. Auch bei der politischen Korrektheit steht die Behauptung im Raum, dass durch die Nutzung bestimmter Wörter bestimmte Gruppen von Menschen illegitim benachteiligt und verunglimpft werden. Das wird zum Anlass genommen, die Nutzung alternativer Wörter zu empfehlen. Wer diese Wörter nicht aufgreift und bei den alten Formen bleibt, ist – so der Vorwurf der Verfechter dieser Sprachkritik – politisch nicht auf der Höhe der Zeit, weil er sich an überkommene soziale Sichtweisen klammert und damit anstößige Gesellschaftskonzepte stützt: Er „diskriminiert", weil er „diskriminierende" Wörter nutzt. Demnach lässt sich der Grad der

politischen Vernünftigkeit eines Menschen bereits an der Nutzung einzelner Wörter erkennen – ganz unabhängig davon, was die jeweilige Person sonst so von sich gibt oder anstellt. Wer politisch bewusst ist, nutzt politisch korrekte Wörter und vermeidet die unkorrekten. In der Sprache finden sich demnach, so die Unterstellung, eindeutige Signale zur moralischen Einordnung ihrer Sprecher.

Von dieser Sprachkritik sind beispielsweise Wörter wie *Zigeuner, Eskimo* und *Neger*, aber auch *Rasse, Hasenscharte, türken* oder *Mongolismus* betroffen. Die zweifelsfallinduzierenden Variantenpaare bzw. -reihen, die durch alternativ empfohlene Wörter entstanden sind, sehen dann – hier sicherlich nicht erschöpfend gelistet – wie folgt aus: *Zigeuner / Sinti / Roma, Eskimo / Inuit, Neger / Schwarzer / Afrikaner / Afrodeutscher* (auch in Wortbildungen, vgl. *Zigeunerschnitzel, Zigeunersoße, Negerkuss / Mohrenkopf, Negerkönig), Rasse / Ethnie / Nationalität, Hasenscharte / Lippenspalte / Cheiloschisis, türken / fingieren / fälschen, Mongolismus / Downsyndrom / Trisomie 21, Flüchtling / Geflüchtete*.

Diese politische Sprachkritik steht und fällt mit der Beantwortung der Frage, ob und, wenn ja, in welcher Art und Weise in den kritisierten Wörtern tatsächlich ein verunglimpfendes Potenzial enthalten ist. Dieses Potenzial müsste unabhängig vom jeweiligen Sprecher und dem jeweiligen kommunikativen Kontext, in dem es geäußert wird, wirken und seine verwerfliche Energie ebenso automatisch wie zwangsläufig entfalten. Nur in diesem Fall kann man den Wörtern per se eine solche negative Kraft zuschreiben. Es ist sicher nicht einfach nachzuweisen, ob es dieses Potenzial in der genannten Form wirklich gibt. Dasselbe gilt für die Widerlegung einer solchen Aussage. Ferner ist nicht ausgeschlossen, dass die Diskussionen um die politische Korrektheit erst zur Ausbildung dieses Potenzials geführt oder dazu wenigstens beigetragen haben. In der Vergangenheit hat es die inkriminierte politische Unkorrektheit dieser Wörter womöglich nur in Ansätzen gegeben. Heute hingegen ist sie in zahlreichen kommunikativen Kontexten zweifellos vorhanden.

**Neue Horizonte für normative Entscheidungen**
Die Entscheidung in sprachlichen Zweifelsfällen besitzt seit dem 19. Jahrhundert eine spezielle normative Brisanz. Sie betraf schon immer – wenigstens in besonders einschlägigen Grenzfällen – die gesamte Existenz eines Sprechers. Wer in der Vergangenheit die angeblich richtige Sprachvariante verfehlte, konnte als tendenziell sprachinkompetent gelten, mit allen negativen Folgen, die das für seinen sozialen Status mit sich brachte. Wer nicht das angeblich richtige Deutsch beherrschte, musste deshalb stets mit Konsequenzen für seine gesellschaftliche

Position rechnen. Die „Verwechslung" von Dativ und Akkusativ oder die „Vernachlässigung" des Genitivs waren mehr als bloß sprachliche Probleme. Anders gesagt: solche „Sprachabweichungen" waren zu verdammen.

Mit der feministisch und politisch inspirierten Sprachkritik der letzten Jahrzehnte wird diese Anreicherung sprachlicher Formen mit sozialen Einschätzungen fortgeschrieben. Die Konsequenzen bei der Wahl einer angeblich falschen Sprachvariante transportieren nun allerdings andere Konnotationen als in der Vergangenheit. Es geht nicht mehr nur um die reine Kompetenz in der deutschen Sprache und ihre Auswirkungen auf die gesellschaftliche Positionierung eines Sprechers. Wer heutzutage die angeblich richtige, „politisch korrekte" Variante verfehlt, läuft Gefahr als unmoralischer, unsensibler Fortschrittsfeind da zu stehen. Der Gebrauch von Wörtern wie *Student* oder *Neger* wird per se als Ablehnung der empfohlenen Varianten und der damit verbundenen politisch-kulturellen Positionen genommen. In der Folge ergibt sich für die Verfechter dieses Denkens eine unbezweifelbare Tatsachenfeststellung: Wer so spricht, benachteiligt oder beleidigt andere Menschen, ganz unabhängig davon, ob er das wollte oder nicht. Wer Ausdrücke wie *Student* oder *Neger* in den Mund nimmt, gilt durch diesen Wortgebrauch als schlechter Mensch. Es ist vermutlich schwer zu entscheiden, ob die alten Formen der Diskriminierung durch Sprache für den einzelnen Sprecher gravierender waren als die neuen, die aus der feministischen und politisch motivierten Sprachkritik erwachsen.

Darüber hinaus gibt es noch einen anderen Aspekt, in dem sich die Stigmatisierung durch Sprache in Vergangenheit und Gegenwart unterscheidet. Denn in der feministischen und politischen Sprachkritik werden die empfohlenen Sprachvarianten nicht selten erst noch geschaffen. Während sich die normative Diskussion in der Vergangenheit auf (irgendwo) existierende Varianten bezog, kommt es gegenwärtig häufig zur Prägung vollständig neuer sprachlicher Einheiten. Erst wenn diese neuen Einheiten durch eine spezifische Sprachreflexion kreativ gebildet worden sind, werden sie in Prozesse des sprachlichen Zweifels involviert. Wenn man will, kann man das so interpretieren, dass die Sprache durch solche Sprachkreationen wesentlich stärker verändert wird als in der Geschichte entsprechender Normierungen. Schließlich wird sie auf Wege gebracht, die vorher noch nicht einmal in Ansätzen angelegt waren. Vor der breiten Resonanz der feministisch und politisch inspirierten Sprachreflexion hat es Substantive wie *Studierende* und *Afrodeutscher* nicht gegeben. Und auch das stigmatisierende Potenzial von Wörtern wie *Student* und *Neger* könnte, wie bereits angedeutet, wenigstens in Teilen etwas sein, was erst durch die verschiedenen sprachkritischen Aktivitäten geschaffen wurde, zumindest wird es dadurch wohl anhaltend gestützt. Diese Einschätzung zu den möglichen Folgen von Sprachkritik ist nicht grundsätzlich neu. Sie wurde z.B. in ähnlicher Art und Weise bereits im Zusammenhang der Diskussionen um die sog. „belasteten Wörter" des Nationalsozialismus formuliert (Dieckmann 2012: Kap. 7.4).

Aus einer anderen Perspektiven zeigen diese Entwicklungen, dass auf dem Feld der Sprache immer auch gesellschaftliche Auseinandersetzungen stattfinden. Sprache dient niemals nur der bloßen Weitergabe von Informationen, sondern stets auch der sozialen Positionierung von Individuen und gesellschaftlichen Gruppen. Es geht um Identität und Differenz, um die Durchsetzung sozialer Geltungsansprüche, manchmal um Moden. Auch dies ist freilich eine Erkenntnis, die alles andere als neu ist. Und dass sich dieser Befund in der Geschichte der Zweifelsfälle fortwährend bewahrheitet, ist ebenso wenig überraschend. Denn die Varianten von Zweifelsfällen sind geradezu dafür prädestiniert mit sprachexternen Gehalten aufgeladen zu werden.

Vor welchen Aufgaben steht hier die Sprachwissenschaft? Wie in vielen anderen Fällen auch, kommt es zunächst darauf an, die Fakten zu erheben und genau zu beobachten, was sich wo mit welcher Verteilung im Sprachgebrauch wirklich durchsetzt. Exemplarisch gesagt: Wer vermeidet bei welchen Gelegenheiten warum und mit welchen Alternativen Wörter wie *Student* und *Neger*? Werden sie nicht doch noch in manchen kommunikativen Umgebungen genutzt? Und welches Ausmaß und welchen Charakter besitzen diese Sprachgebräuche, wenn man sich die übergreifenden Entwicklungstendenzen der deutschen Sprache vor Augen führt? Generell sollte man dabei nicht vergessen, dass Sprache stets als Massenphänomen zu begreifen ist. Formulierungsmuster, die sich etwa nur in einem Szene-Café in Berlin beobachten lassen, stehen noch nicht für eine neue Entwicklungslinie der deutschen Sprache.

### Das Internet und die sprachlichen Zweifelsfälle

Am Schluss des Überblicks über die Geschichte der sprachlichen Zweifelsfälle lohnt ein Blick auf das Internet. Durch diese technische Innovation hat sich die generelle Möglichkeit der Sprecher, mit Varianten der deutschen Sprache in Kontakt zu kommen, sicher erhöht. Zum Teil entstehen hier auch neue Varianten, die es vorher nicht gegeben hat. Diese Ausweitung ist zunächst innerhalb der Fortschrittsgeschichte geschriebener Kommunikation zu begreifen. Dabei ist zu berücksichtigen, dass es sich bei den elektronischen Verkörperungen der deutschen Sprache im Internet nicht nur um die klassischen Formen distanzierter Schriftlichkeit handelt (z.B. offizielle Internetseiten von Zeitungen, Verwaltungen, Firmen, Vertriebsportalen, Bildungsinstitutionen). In den privaten Netzwerken, die durch zahlreiche neue Techniken (z.B. E-Mail, Instant-Messenger-Dienste, Blogs, Chats) einen nähesprachlichen, aber immer raumübergreifenden

Charakter besitzen, manifestieren sich zudem sehr individuelle, ggf. auch dialektnahe bis idiolektale, jedenfalls standardferne Sprachformen des Deutschen. Ähnlich angelegt sind zudem die SMS-Kommunikation und die verschiedenen Möglichkeiten, in Video- und Audioportalen aktuelle Formen primärer Mündlichkeit zu konsumieren. Dadurch wächst insgesamt die Wahrscheinlichkeit, dass man auf Sprechweisen trifft, die man noch nicht kennt. Somit ist der traditionelle Humus für die aktuelle Bildung von Zweifelsfällen bereitet. Die Konfrontation mit Varianten bietet Einfallstore für die Reflexion über ganz konkrete Sprachalternativen. Die Frage ist jetzt nur, wie man mit der Kenntnis dieser neuen Sprachformen umgeht. Zugespitzt lassen sich je nach individueller Konstitution zwei Grundtypen differenzieren:

Auf der einen Seite finden sich diejenigen Rezipienten, die bei unbekannten Sprachvarianten umstandslos von falschen (oder auch: erschreckenden, schlimmen, unerträglichen usw.) Sprachvarianten sprechen. Solche Phänomene könnten – der Schluss liegt aus der Sicht dieser Rezipienten nahe – wieder einmal den Sprachverfall, womöglich sogar den Sprachuntergang ankündigen. Das Neue und Ungewohnte gefährdet also das Alte und Bekannte. Wer hingegen reflektierter und zögernder veranlagt ist, sieht sich angesichts der Existenz von neuen Varianten eher vor sprachliche Zweifelsfällen gestellt. Die Konfrontation mit den neuen Sprachvarianten des Internets resultiert bei diesen Rezipienten nicht in einer Verfestigung der traditionellen Sprache, sondern in einer ersten, noch unsicheren und begriffslosen Öffnung für die neuen Formen. Dabei liegt kommunikationsgeschichtlich eine Parallele auf der Hand: Was in den sprachthematisierenden Diskursen des 19. Jahrhunderts die Sprache der aufkommenden Massenpresse war, ist heutigen Beobachtern die Sprache des Internets und der neuen Medien.

Die auf das Internet bezogenen Entwicklungen überschneiden sich zudem mit einer anderen Bewegung, die für die Gegenwart der sprachlichen Zweifelsfälle von einiger Bedeutung ist. Es hat nämlich den Anschein, dass das Normenbewusstsein in der Sprache heutzutage eine geringere Relevanz besitzt als in der Vergangenheit. Entsprechende Untersuchungen im schulischen Bereich lassen sich in dieser Art und Weise interpretieren (Davies 2000, 2001). Wenn sich das bewahrheitet, wäre der normative Druck bei Entscheidungen über Sprachvarianten in zweifacher Hinsicht gemindert: einerseits bei der Dringlichkeit, über Varianten überhaupt nachzudenken, andererseits bei den negativen sozialen Folgen, die die Auswahl angeblich falscher Varianten mit sich bringen. Für die Beantwortung der Frage, ob das im Gesamtrahmen der deutschen Sprache tatsächlich so ist, liegen freilich noch keine repräsentativen wissenschaftlichen Untersuchungen vor. In jedem Fall wäre es sinnvoll, entsprechende Analysen nicht auf die deutsche Sprache allgemein, sondern nur auf bestimmte kommunikative Domänen und Sektoren zu beziehen. Von Interesse wäre es beispielsweise herauszufinden, in welchen Kommunikationsumgebungen noch mit einem relativ hohen normativen Druck zu rechnen ist und wo sich die Dinge zwischenzeitlich verschoben haben. Bereits in den verschiedenen Bildungseinrichtungen (z.B. Hauptschule, Realschule, Gymnasium, Berufsschule, Fachhochschule, Universität) könnten unterschiedliche Bedingungen zu finden sein. Daneben ist etwa an betriebliche Arbeitskontexte, journalistische und verlegerische Umgebungen sowie administrative Instanzen zu denken. Sie dürfen bestimmt nicht alle über einen Kamm geschoren werden. Und womöglich herrschen auch in Nord- und Süd-, in West- und Ostdeutschland unterschiedliche Verhältnisse beim Umgang mit sprachlichen Zweifelsfällen. Mit anderen Worten, bei der Beantwortung der Frage, wie der gegenwärtige Bewusstseinshorizont im Umgang mit sprachlichen Zweifelsfällen beschaffen ist, stehen noch viele empirische Erhebungen aus. Erst wenn sie abgeschlossen sind, könnten wir uns ein halbwegs klares, tragfähiges Bild von der Problematik machen.

Zuletzt ist auf eine weitere Entwicklung hinzuweisen, die durch die Etablierung der neuen digitalen Kommunikationsmöglichkeiten möglich geworden ist. Auf den verschiedenen interaktiven Internet-Plattformen ist es nun für die Sprecher nämlich sehr viel leichter, sich über persönliche sprachliche Zweifelsfälle auszutauschen. Daraus erwachsen nicht selten (Quasi-) Beratungsdiskurse, in denen man sich unabhängig von den üblichen normativen Instanzen über Fragen zur deutschen Sprache austauscht. Interessierte Sprecher informieren sich in diesen Foren gegenseitig über Fragen und Probleme, die sie in irgendeiner Art und Weise für sprachlich relevant halten. Für den Sprachwissenschaftler stellen die Diskussionen, die in solchen Portalen geführt werden, interessante Daten dar. Daraus lassen sich mehr oder weniger direkte Rückschlüsse auf das Sprachwissen und die realen Sprachprobleme der Sprecher ziehen (Breindl 2016; Hennig/Koch 2016). Damit ähneln sie den traditionellen Zweifelsfallsammlungen. Bei den sprachbezogenen Internet-Portalen handelt es sich demnach um neuartige virtuelle Orte, an denen man im 21. Jahrhundert der Präsenz sprachlicher Zweifelsfälle nachgehen kann. Auch hier stellt sich dann die Frage, in welcher Hinsicht in diesen Internetumgebungen grundsätzlich neue Dinge zum Vorschein kommen oder ob sich im wesentlichen nur die Themen und Diskussionsformen wiederholen, die schon seit vielen Jahrzehnten, z.T. sogar Jahrhunderten zum überlieferten Kanon der Zweifelsfälle im Deutschen gehören.

# 3 Methodologische Vorbemerkungen

Die folgenden Kapitel haben das Ziel, einige typische und häufig wiederkehrende sprachliche Zweifelsfälle der deutschen Gegenwartssprache aufzugreifen und zu erörtern. Das muss man präzisieren. Denn streng genommen geht es in den nächsten Kapiteln gar nicht um einzelne, konkrete Zweifelsfälle, sondern um grammatische Bereiche oder Domänen, in denen es immer wieder zu Zweifelsfällen, also zur Reflexion über Varianten, kommt. Die terminologische Unterscheidung zwischen Zweifelsfällen und Zweifelsfallbereichen oder Zweifelsfalldomänen kann jedoch normalerweise vernachlässigt werden, nicht zuletzt aus darstellungsökonomischen Gründen.

Im Vordergrund der Ausführungen stehen stets die möglichst präzise Beschreibung der einzelnen Typen und die Analyse ihrer Entstehungshintergründe. Daraus werden sich auch Argumentationen für sprachnormative Entscheidungen ergeben. Die Frage, was im Einzelfall als richtig oder falsch zu gelten hat, wird also nicht aus dem Auge verloren, allerdings auch nicht in jedem Fall in den Mittelpunkt gerückt. Als erste Richtschnur für entsprechende Erwägungen fungieren in jedem Fall die Üblichkeiten der deutschen Standardsprache der Gegenwart, gegebenenfalls im Vergleich und in Abgrenzung zu anderen Varietäten des Deutschen. Die Standardsprache wird hier als empirisch fassbare Gegebenheit genommen. Daran kann man sich in der Regel orientieren, wenn es um Entscheidungen darüber geht, was als richtig oder falsch, angemessen oder unangemessen zu gelten hat. Sie fungiert also als Leitvarietät. Die Varianten aus anderen Varietäten des Deutschen sollen dadurch selbstverständlich nicht per se abgewertet werden.

Die methodische Ausrichtung an der Standardsprache ist auch dadurch gerechtfertigt, dass sie bei den Sprechern, die sich in Zweifelsfallsituationen wiederfinden, in der Regel im Hintergrund steht. Man fragt beispielsweise nicht danach, was in einem Dialekt oder einer besonderen Gruppensprache richtig ist, sondern „im Deutschen". Und implizit wird mit dieser Blickrichtung meistens die Standardsprache als Maßstab gesetzt, vor allem dann, wenn sich die Auskunft auf entsprechende kommunikative Situationen bezieht. Dieser Ausrichtung kann man sprachwissenschaftlich durchaus folgen, ohne in einen flachen präskriptiven Modus zu verfallen.

Konzeptionell sind in diesen normativen Zusammenhängen die Bestimmungen aus Duden 9 maßgeblich, wie sie für die 6. Auflage ausdrücklich expliziert wurden (Eisenberg 2007). Die deutsche Standardsprache, die durch Nähe zur Schriftsprache, Überregionalität, stilistische Neutralität sowie Distanzkommunikation ausgezeichnet ist, wird also als eine reale Orientierungsinstanz der

Sprachwirklichkeit genommen, nicht als bloße wissenschaftliche Abstraktion oder gar unwirkliche theoretische Konstruktion (Klein, W.P. 2013, für die Syntax Schneider 2016). Die Standardsprache existiert. Es lässt sich daher stets danach fragen, wie sie – auch und gerade in Details – momentan beschaffen ist. Diese empirischen Befunde können dann normativen Überlegungen zugrunde gelegt werden.

Um Missverständnisse zu vermeiden, sei in diesem Zusammenhang zudem ausdrücklich festgehalten, dass für die deutsche Sprache keinerlei amtliche oder staatliche Instanz existiert, die dekretieren würde, was in Fällen des sprachlichen Zweifels richtig oder falsch ist. Selbst die Orthographie ist davon nicht ausgenommen. Denn die sogenannte „amtliche" Regelung der Rechtschreibung besitzt faktisch nur eine eingeschränkte Geltung, da sie lediglich auf diejenigen „Institutionen (Schule, Verwaltung)" beschränkt ist, „für die der Staat Regelungskompetenz hinsichtlich der Rechtschreibung hat" (DR §1). Die Nicht-Existenz einer amtlichen Sprachentscheidungsstelle erhöht jedoch den Druck, sich Gedanken darüber zu machen, auf welcher Basis überhaupt in solchen Fragen begründete, also nicht bloß daher gesagte Werturteile wie richtig (korrekt) und falsch (unkorrekt) abgegeben werden können.

### Realistische Variantentoleranz

Oft ergibt sich aus den folgenden Analysen – explizit oder implizit – ein Plädoyer für Variantentoleranz: Beide Varianten sind richtig, keine ist falsch. Man könnte meinen, dass die Neigung zur Variantentoleranz mit einer grundsätzlichen Einstellung des Verfassers dieses Buchs zusammenhängt. Je nach Standpunkt mag dem Leser diese Haltung entweder als sanft, liberal und duldsam oder aber als entscheidungsunfähig, nachlässig und lebensfremd erscheinen. Beides trifft die Sache nicht. Denn Variantentoleranz ergibt sich in den meisten Fällen direkt aus den sprachlichen Tatsachen. Die deutsche Sprache ist nun einmal so, wie sie ist, also voller Varianten. Entweder finden sich die Varianten eines Zweifelsfalls bereits innerhalb der Standardsprache oder eine Variante gehört zum Standard, die andere Variante zu einer anderen Varietät.

Wer die Varianten nicht kennt und daher eine variantenintolerante Haltung einnimmt, ist womöglich ahnungsloser als ein Sprecher, der zweifelt (s.o. Kap. 1.3). Die Existenz von Varianten, die konditioniert oder unkonditioniert sein kann (s.o. Kap.1.2), lässt sich nicht wegdiskutieren. Das Plädoyer für Variantentoleranz ist demnach wesentlich fester in den sprachlichen Daten verankert als die variantenintoleranten Träumereien von angeblichen Sprachexperten, die den komplexen Aufbau und den facettenreichen Gebrauch einer Sprache noch nicht einmal annähernd überblicken. Zugespitzt gesagt: eine vernünftig formulierte

Variantentoleranz besitzt gegenüber der Variantenintoleranz den unschätzbaren Vorteil des Realitätsbezugs. Variantenintoleranz kann dagegen oft nur durch eine ungute Mischung aus Phantasie und Ideologie aufrechterhalten werden.

Variantentoleranz bedeutet aber nicht, dass alles unterschiedslos zu akzeptieren ist. Man muss sich stets um die Erkenntnis der sprachlichen Fakten bemühen, um die genannten Differenzierungen der Zweifelsfälle im Auge zu behalten. Für unkonditionierte Zweifelsfälle liegt die Variantentoleranz dann, wie oben erläutert, ohnehin auf der Hand. Wenn sich unterschiedliche Formulierungskontexte für einzelne Varianten ausmachen lassen, also konditionierte Zweifelsfälle vorliegen, hängt die Entscheidung zwischen richtig und falsch dagegen vom angemessenen Bezug auf den jeweiligen kommunikativen Zusammenhang ab. Die Unterscheidung zwischen konditionierten und unkonditionierten Zweifelsfällen ist für die normative Diskussion der verschiedenen Fälle also stets von Bedeutung. Sie wird in den folgenden Kapiteln allerdings nicht immer wieder schematisch angesprochen, sondern stets konzeptionell vorausgesetzt. In jedem Fall wurzelt das Plädoyer für Variantentoleranz genau dann auf einem tragfähigen Fundament, wenn es in der tatsächlichen Varianten- und Varietätenvielfalt der deutschen Sprache fundiert ist. Darüber hinaus werden im folgenden je nach individuellem Zweifelsfall auch weitere Faktoren angesprochen, die bei der jeweils anstehenden Variantenselektion berücksichtigt werden müssen.

**Heterogenität der Zweifelsfälle**
Durch die exemplarische Darstellung verschiedener Typen und Klassen soll auch ein Einblick in die beträchtliche inhaltliche Spannbreite der Phänomene gegeben werden, die sich in Zweifelsfällen manifestieren können. Das heterogene Spektrum verkörpert sich im ersten Schritt bereits in den unterschiedlichen Systembereichen, die den Kapiteln 4 bis 9 zugrunde gelegt werden. Schon durch diese Einteilung wird nahegelegt, dass man mit verallgemeinernden Aussagen über „die Zweifelsfälle allgemein" sehr vorsichtig sein sollte. Bei phonetischen, graphematischen, flexionsmorphologischen, wortbildungsbezogenen, syntaktischen und lexikalischen Zweifelsfällen können ganz unterschiedliche Rahmenbedingungen herrschen und Einflussfaktoren wirken. Was als maßgeblich für die Analyse eines flexionsmorphologischen Zweifelsfalls herausgeschält wurde, spielt bei einem syntaktischen Zweifelsfall womöglich gar keine Rolle. Die Konzeptualisierung eines phonetischen Zweifelsfalls kann ganz anders aussehen als die Erfassung eines Zweifelsfalls aus der Wortbildung.

Gleichwohl gibt es bestimmte Szenarien und Horizonte, die bei verschiedenen Typen von Zweifelsfällen immer wieder auftauchen. Die Unterstellung, dass es in der großen Heterogenität der Zweifelsfälle solche wiederkehrenden Szenarien gibt, stellt einen fruchtbaren Ausgangspunkt für jeden sprachinteressierten Menschen dar, der in der einen oder anderen Art und Weise mit Zweifelsfällen zu tun hat. Sie dient daher auch in diesem Buch als wesentliche methodologische Prämisse.

### Zweifelsfälle und sprachwissenschaftliche Forschung

Die folgenden Ausführungen sollen zudem verdeutlichen, dass und wie Zweifelsfälle in der sprachwissenschaftlichen Forschung aufgearbeitet wurden und werden. Das mag für ein sprachwissenschaftliches Einführungsbuch trivial klingen, ist im gegebenen Kontext aber nicht selbstverständlich. Denn obwohl die (germanistische) Sprachwissenschaft einiges zu den vielen Fällen zu sagen hat, sind diese Erkenntnisse nicht immer leicht auszumachen. Dafür gibt es vor allem einen Grund. In zahlreichen Forschungskontexten tauchen zweifelsfallrelevante Befunde und (Erklärungs-) Theorien nämlich unter Überschriften auf, die – oberflächlich gesehen – gar nichts mit Zweifelsfällen zu tun haben. Manchmal sind die Erkenntnisse, durch die einzelne sprachliche Zweifelsfälle erhellt werden, grammatiktheoretisch oder wissenschaftslogisch geradezu versteckt.

Terminologisch zeigt sich das ganz deutlich: In der modernen Sprachwissenschaft nutzt man generell eher Fachwörter wie *Variante*, *Regelabweichung*, *Regelkonflikt*, *Schwankung* oder *Doppelform* als den Ausdruck *Zweifelsfall*. In dieser Bevorzugung offenbart sich auch eine gewisse Schlagseite der wissenschaftlichen Arbeit: Sprecher, die mit einem Zweifelsfall konfrontiert sind, stellen in der gegenwärtigen Sprachwissenschaft – mit wenigen rühmlichen Ausnahmen – keine Instanz dar, an der sich die Forschung im Kern orientieren würde. Dafür gibt es natürlich, wie in den einführenden Kapiteln verschiedentlich angedeutet wurde, gute Gründe. Sie sollen hier aber in den Hintergrund gestellt werden. Es wird also der potentielle sprachwissenschaftliche Beitrag zur Bewältigung sprachlicher Zweifelsfälle betont. Im Gegenzug heißt das natürlich nicht, dass jedes Detail, das sprachwissenschaftlich erforscht wurde, für die Beratungsperspektive relevant ist.

Der Bezug auf die Forschung verkörpert sich in den folgenden Kapiteln vor allem in Verweisen auf einschlägige Literatur, manchmal auch in Hinweisen auf Internet-Portale oder andere weiterführende Informationen. Die Literatur-Verweise erfolgen mehr oder weniger stark ausgebaut und kommentiert, je nachdem, ob sich daraus für die Diskussion der einzelnen Zweifelsfälle einschlägige Erkenntnisse und Konsequenzen ableiten lassen oder nicht. Oft fehlte freilich auch der Platz, um gründlicher auf die jeweiligen Analysen und Forschungskontexte eingehen zu können. Das kann freilich jeder Leser bei Interesse selber genauer nachschlagen. Auch eigentlich Selbstverständliches soll erwähnt sein, damit keine falschen Vorstellungen zu den folgenden Kapiteln entstehen: Vermutlich liegt es in der Natur der Sache, dass kein einziger Zweifelsfall wirklich erschöpfend behandelt wird und die jeweilige Detail-Diskussion an vielen Punkten offen bleiben musste. Allemal steht fest: jeder einzelne Zweifelsfall bleibt ein weites Feld.

**Legitimation für die Annahme sprachlicher Zweifelsfälle**
Woher kann man die Gewissheit nehmen, dass im folgenden tatsächlich sprachliche Zweifelsfälle behandelt werden? Den Ausgangspunkt für die Identifikation sprachlicher Zweifelsfälle bilden ebenfalls die Dokumentationen von Duden 9, also die realistischen Erfahrungen, die in einer maßgeblichen Sprachberatungsstelle gesammelt und dokumentiert wurden. Gelegentlich werden auch Daten aus vergleichbaren Dokumenten hinzugezogen, insbesondere aus der langen Geschichte der Sprachratgeber zum Deutschen. Was als sprachlicher Zweifelsfall gesehen wird, hängt also nicht von grammatiktheoretischen Erwägungen oder dem Urteil irgendwelcher (Quasi-) Autoritäten ab. Einfach gesprochen liegen für uns Zweifelsfälle dann vor, wenn die entsprechenden Variantenpaare in der Sprachberatung öfters thematisiert wurden und sie daher Eingang in Duden 9 (oder vergleichbare Sammlungen) gefunden haben. Damit soll natürlich nicht behauptet werden, dass sämtliche Sprecher des Deutschen in solchen Fällen immer und anhaltend in Zweifel geraten. Das Ganze knüpft unmittelbar an die obigen definitorischen Ausführungen zum Begriff des sprachlichen Zweifelsfalls (s.o. Kap.1.1) und die darauf aufbauenden Subklassifikationen an (s.o. Kap. 1.2).

Ähnliches gilt für die Diskussion des Status der Varianten, aus denen die verschiedenen Zweifelsfälle jeweils bestehen. Nicht nur bei der Identifikation der Zweifelsfälle, sondern auch bei den weiteren Analysen werden in der Regel zunächst die einschlägigen Klärungen und Befunde der letzten Auflagen von Duden 9, also Duden 9/2011+2016, aufgegriffen, ohne dass diese Bezüge hier immer im Detail und bei jedem Wort bibliographisch nachgewiesen werden. Insgesamt sei in diesem Zusammenhang ausdrücklich festgehalten, dass die folgende Behandlung der Zweifelsfälle ohne die bewundernswerte Detail-Arbeit, die in den verschiedenen Auflagen von Duden 9 geleistet wurde, nicht denkbar gewesen wäre. In manchen Fällen stütze ich mich daneben auf weitere Informationen aus der langen Tradition der Zweifelsfallsammlungen und Sprachratgeber, um den Status einzelner Zweifelsfälle und die dort zum Tragen kommenden Varianten und normativen Bewertungen genauer abschätzen zu können. Auch das Institut für deutsche Sprache in Mannheim betreibt einen im Internet frei zugänglichen

Anlaufpunkt, der in diesem Zusammenhang genannt werden muss, nämlich die „Grammatik in Fragen und Antworten" des Informationssystems grammis (IdS-GiFuA). Darüber hinaus werden, wie oben bereits besprochen, sprachwissenschaftliche Forschungen herangezogen, bei denen die Varianten eines sprachlichen Zweifelsfalls in der einen oder anderen Art und Weise thematisiert wurden.

## 3.1 Primäre Fragenkomplexe

Welche Grundsätze und Vorentscheidungen kommen bei der Behandlung der Zweifelsfälle zum Tragen? Zunächst ist festzuhalten, dass keinesfalls angestrebt wurde, tatsächlich alle Zweifelsfälle der Gegenwart zu thematisieren. Allerdings sollen zumindest, wie oben bereits programmatisch angedeutet, einige zentrale Typen und Konstellationen von Zweifelsfällen beleuchtet werden, die sich auf den verschiedenen Ebenen der Sprache immer wieder zeigen. Systematisch gesehen kommen daher Zweifelsfälle auf allen Sprachebenen zum Tragen, also in Aussprache (Phonetik) und Schreibung (Graphematik), Formenbildung (Flexionsmorphologie) und Wortbildung, Satzbau (Syntax) und Wortschatz (Lexik). Quantitativ sind allerdings – wie zu diskutieren sein wird – nicht alle Ebenen in derselben Art und Weise betroffen. Rein aus Platzgründen wurde hier auf die Behandlung von sprachlichen Zweifelsfällen bei Phraseologismen oder vergleichbaren festen Formulierungen verzichtet. Viele Materialien und entsprechende sprachwissenschaftliche Sichtungen liegen auf diesem Feld freilich sicher vor (z.B. Stumpf 2015).

Was die grundsätzlichen Analysedimensionen angeht, so kann die systematische Betrachtung von Fall zu Fall recht unterschiedlich ausfallen. Anfänglich werden jedoch immer wieder ähnliche Fragen gestellt, um sich bei den Varianten eines Zweifelsfalls vernünftig zu orientieren. Man kann von den primären Fragekomplexen sprechen, die sich in vier Bereiche gliedern lassen. Sie müssen möglichst mit der Hilfe von empirisch erhobenen Sprachgebrauchsdaten beantwortet werden. Dadurch werden die grundlegenden Informationen ermittelt, die der weiteren Analyse (s.u. Kap. 3.2) als empirische Basis dienen.

**Vier Fragen: diachronisch, semantisch, varietätenlinguistisch, Frequenz**
Diachrone Befunde (1) werden immer dann hinzugezogen, wenn mit dieser Blickrichtung die Probleme der Gegenwart erhellt werden können. Oft, aber nicht immer kann man bei den Varianten eines Zweifelsfalls deutlich eine alte und eine neue Form identifizieren. Dadurch werden sprachliche Zweifelsfälle vor dem Hintergrund des aktuellen Sprachwandels begriffen und gegebenenfalls auch in

langfristig wirkende Entwicklungstendenzen der deutschen Sprache eingeordnet. Vermutlich existieren die meisten Zweifelsfälle deshalb, weil sich das Deutsche mehr oder weniger rasch wandelt und in Teilen umorganisiert und optimiert.

Ähnliches gilt für semantische Feststellungen (2) zu den Variantenpaaren eines Zweifelsfalls. Die Klärung der Frage, ob die Varianten eines Zweifelsfalls dieselbe Bedeutung tragen oder nicht, ist häufig dazu geeignet, seine Existenz besser zu verstehen. Dabei kann es nicht selten um semantische Nuancen, bestimmte subtile Konnotationen, implizite oder explizite Perspektivierungen oder Fokussierungen gehen. Diese kleinen Bedeutungsunterschiede sind häufig im alltäglichen Sprachgebrauch präsent, aber den Sprechern nicht immer ausdrücklich bewusst. Trotzdem gehören sie zweifellos zur deutschen Gegenwartssprache. Von daher sind solche Konstellationen für die Entstehung sprachlicher Zweifelsfälle geradezu prototypisch: Man nimmt formseitig sprachliche Unterscheidungen wahr, scheitert aber vorerst im Bemühen, sie klar und deutlich zu verstehen und ihre möglichen kommunikativen Folgen abzuschätzen.

Auch varietätenlinguistische Erkenntnisse und Daten (3) können solche erhellenden Gehalte mit sich bringen. Wer weiß, in welchen Sprachvarietäten die Varianten eines bestimmten Zweifelsfalls entweder vorkommen oder nicht vorkommen, kann besser verstehen, was es mit dem Zweifel, den sie transportieren, auf sich hat. An erster Stelle stehen hier oft diatopisch verankerte Varietäten des Deutschen.

Damit sind mitunter (quasi-) statistische Informationen verbunden (4). Sie betreffen die Frequenz der Varianten im allgemeinen Sprachgebrauch, in verschiedenen Domänen oder in bestimmten (typischen) Anwendungssituationen. Es kann sehr hilfreich sein zu wissen, ob eine sprachliche Einheit im Gebrauch eher häufig oder eher nur in Einzelfällen vorkommt und wo sie möglicherweise eine besonders starke Verbreitung besitzt. Allerdings sollte man bei solchen Informationen immer im Hinterkopf haben, dass angesichts des riesigen Umfangs des Deutschen wirklich repräsentative statistische Sprachgebrauchsdaten oft nur schwer zu bekommen sind.

Im Überblick lassen sich die verschiedenen primären Fragenkomplexe und ihre Relevanz für die folgenden Kapitel 4 bis 9 in dieser Übersicht zusammenfassen:

**Tab. 5:** Primäre Fragenkomplexe bei der Analyse von Zweifelsfällen

| Zweifelsfall nach sprachlicher Systemebene | | Primäre Fragenkomplexe | | | |
|---|---|---|---|---|---|
| | | Diachron | Semantisch | Varietät | Frequenz |
| Phonetik (Kap. 4) | variierende Aussprache | | | | |
| Graphematik (Kap. 5) | variierende Schreibung | Ist eine Variante älter bzw. neuer als die andere Variante (Sprachwandel)? | Tragen beide Varianten (exakt) dieselbe Bedeutung oder gibt es (feine) Bedeutungsunterschiede? | Tauchen beide Varianten in denselben oder in unterschiedlichen Varietäten auf? | Taucht die eine Variante häufiger im Sprachgebrauch auf als die andere Variante? |
| Flexion (Kap. 6) | variierende Flexionsformen | | | | |
| Wortbildung (Kap. 7) | variierende Wortbildungsformen | | | | |
| Syntax (Kap. 8) | variierender Satzbau | | | | |
| Lexik (Kap. 9) | variierende Lexeme | | | | |

Man sollte sich vor Augen führen, dass Antworten auf die vier Fragen aus dieser Tabelle längst nicht immer auf der Hand liegen, geschweige denn stets gut gesichert sind. Die vier Fragen klingen einfach, ihre Beantwortung ist alles anders als leicht. Dies gilt auch und gerade dann, wenn bestimmte Informationen zu einzelnen Wörtern, Wortformen oder Konstruktionen in der Literatur rasch zu finden sein mögen. Irgendetwas wird häufig schnell behauptet. Das kann aber durchaus problematisch sein: Wer eine Variante eines Zweifelsfalls als älter ansieht als die andere, hat das vielleicht nicht immer wirklich überprüft. Wer von semantisch identischen Varianten spricht, kennt vermutlich nicht alle Vorkommen der jeweiligen Wörter. Wer eine Variante in einer bestimmten Varietät ansiedelt, die andere in einer anderen, hat wahrscheinlich nicht den vollen Überblick über sämtliche Varietäten des Deutschen. Und wer ausdrücklich feststellt, dass eine bestimmte Variante *oft*, *häufiger*, *kaum* oder *gar nicht* verbreitet ist, hat nicht immer eine gesicherte Frequenz-Erhebung angestellt oder auch nur zur Hand.

Daraus lässt sich nur eine Konsequenz ziehen: Der riesige, letztlich unüberschaubare Umfang des deutschen Sprachgebrauchs sollte uns bei Antworten in den primären Fragekomplexen immer vorsichtig bleiben lassen. Was ca. 100 Millionen Sprecher täglich auf Deutsch sprechen und schreiben, wird an vielen Stellen immer im Dunkeln bleiben. Andererseits kommt man oft nur weiter, wenn man bestimmte historische, semantische, varietätenlogische und statistische Informationen als gegeben ansieht und auf dieser Basis versucht, die jeweiligen Fälle besser zu verstehen. Irgendwo muss die Analyse ja ansetzen. In jedem Fall darf man darauf gespannt sein, welche Erkenntnisse zur deutschen Sprache die elektronisch gestützte Korpuslinguistik in Zukunft in den Abermillionen von Sprachdaten zutage fördern wird. Aus der Perspektive der Analyse von Zweifelsfällen ist die genaue Erhebung des Sprachgebrauchs von Varianten jedoch niemals wirklich abgeschlossen, immer aber eine Bedingung für eine angemessene Analyse.

## 3.2 Formen und Muster von Komplexität und Gradualität

Auf die anfängliche Orientierung in den primären Fragekomplexen folgt in der Regel der Versuch, mithilfe der ermittelten Informationen den jeweiligen Zweifelsfall näher zu analysieren. Dabei kommt es vor allem darauf an, den Zweifelsfall eben als Zweifelsfall zu verstehen. Es geht also um eine Modellierung, bei der das Zweifelhafte der Variantenselektion in der einen oder anderen Art und Weise theoretisch gefasst wird und zum Vorschein kommen muss. Nur wer die auseinanderdriftenden Kräfte und Einflussfaktoren vorführen kann, die auf den jeweiligen sprachlichen Systemebenen wirken und zu besonderen Verwicklungen führen, ist in der Lage, die reale Existenz sprachlicher Zweifelsfälle zutreffend zu rekonstruieren, also tatsächlich zu verstehen. Im Kern ist dabei stets die folgende simple Problematik zu behandeln: Wie kommen die Varianten in ihrer Koexistenz zustande und wie lässt sich also erklären, dass die Varianten bei den Sprechern Zweifel verursachen?

Zur Beantwortung dieser Frage werden in den folgenden Kapiteln immer wieder ähnliche Analysemuster herangezogen. In vielen Punkten können die verschiedenen Typen von Zweifelsfällen grundsätzlich in derselben Art und Weise (oder zumindest ähnlich) modelliert werden. Ihr Zweifelsfallstatus erschließt sich also oft in vergleichbaren Konzeptualisierungen. Die Informationen, die aus den Antworten in den primären Fragekomplexen resultieren, können in diesen Zusammenhängen also durch immer wiederkehrende analytische Komplexe begriffen werden, um daraus ein Verständnis der Zweifelsfälle abzuleiten. Welche Analysemuster sind das? Was sind die tragenden Begriffe?

## Strukturelle Komplexität

Zunächst ist auf einer relativ unspezifischen Ebene darauf hinzuweisen, dass es im Zuge des Sprachgebrauchs manchmal zu einem Aufbau von erheblichen strukturellen Komplexitäten kommen kann. Diese Komplexitäten können dann für den einzelnen Sprecher in Zweifelsfall-Situationen resultieren. Zur Illustration lässt sich ein schlichter syntaktischer Befund anführen: In kurzen Sätzen mit wenigen Wörtern, Satzgliedern und Nebensätzen ergeben sich sicher weniger syntaktische Zweifelsfälle als in langen Sätzen mit vielen Wörtern, Satzgliedern und Nebensätzen. Je mehr sprachliche Einheiten ein Satz enthält, desto mehr gerät man in Gefahr, dass die verschiedenen syntaktischen Abstimmungsleistungen, die jeder Sprecher zwischen diesen Einheiten zu vollbringen hat, unübersichtlich werden. Möglicherweise tauchen durch die größere Quantität an sprachlichen Kategorien in langen Sätzen sogar Konstellationen auf, die mit den üblichen syntaktischen Verfahren gar nicht mehr bewältigt werden können, weil prinzipiell unlösbare Regelkonflikte entstanden sind. Um es plakativ auszudrücken: in langen Sätzen müssen – ggf. im Rahmen von Rektions- und Kongruenzrelationen, sub- und koordinierenden Bezügen – oft die folgenden Kategorien beachtet und in einen konsistenten Zusammenhang gebracht werden: Numerus, Kasus, Person, Tempus, Modus sowie Flexions-Eigenschaften wie starke vs. schwache Adjektivflexion oder Aktiv- vs. Passiv-Konstruktionen.

Es macht freilich den besonderen Charakter von Sprache aus, dass die reine Quantität an sprachlichen Einheiten sicher nicht der einzige Faktor ist, der zu syntaktischen Zweifelsfällen führen kann. Ebenso wie lange Sätze oft völlig unproblematisch funktionieren und überhaupt kein Zweifelsfallpotenzial besitzen, können bereits kurze Sätze Situationen hervorbringen, die zweifellos zweifelhaft sind: *Zwei und eins ist* oder *sind drei*? Generell gilt jedoch (und vermutlich nicht nur für die syntaktische Systemebene), dass die Quantität der involvierten sprachlichen Einheiten und Kategorien mit der Anzahl möglicher Zweifelsfälle korreliert. Einfach gesagt: je komplexer ein Stück Sprache ist, desto wahrscheinlicher wird das Auftauchen sprachlicher Zweifelsfälle. Daraus folgt eine simple analytische Maxime: Wer Zweifelsfälle verstehen möchte, sollte stets mit der Möglichkeit rechnen, dass im jeweiligen Fall aus irgendwelchen Gründen (über-)komplexe Strukturen entstanden sind, die an relevanten Punkten von den normalen, einfachen Strukturen abweichen und so Zweifelsfälle generieren. Dann kommt es darauf an, im Detail zu klären, inwiefern eine gesteigerte Komplexität vorliegt, die eine Art Quantensprung gegenüber den einfachen Strukturen darstellt. Anders gesagt: für die Zweifelsfallanalyse ist es oft zentral zu wissen, was in einer Sprache als einfach (evtl. auch unmarkiert) und was als komplex (evtl. auch markiert) zu gelten hat.

## Übergangszonen, Skalen, Gradualitäten

Über dieses allgemeine Denken in einfachen vs. komplexen Strukturen hinaus ist für eine angemessene Zweifelsfallanalyse besonders das Denken in Übergangszonen und Skalen zu kultivieren. Durch die Ansetzung von Gradualitäten lässt sich die Existenz zahlreicher Zweifelsfälle sinnvoll modellieren und begreifen, auch für den Deutschunterricht (Köpcke 2011). Dieses Kalkulieren mit Übergangszonen und Graubereichen, die konstitutiv an Gradualitäten gebunden sind, kann zum einen noch recht nah an der Verteilung der Daten im Sprachgebrauch ansetzen. Die zahlenmäßig erfassbare Variantendistribution in der Sprachwirklichkeit enthüllt oft schon prägende Existenzfaktoren eines Zweifelsfalls. Taucht die Variante A beispielsweise überwiegend mündlich (oder: in Norddeutschland, bei älteren Sprechern, in Briefen) auf, Variante B aber schriftlich (oder: in Süddeutschland, bei jüngeren Sprechern, in E-Mails), so liegt in der Erkenntnis dieser Verteilung bereits ein Schlüssel zum Verständnis des jeweiligen Falls. Aber auch wenn man die Stellung der Varianten innerhalb des deutschen Sprachsystems betrachtet, lässt sich häufig mit graduierenden Befunden herausschälen, was das Zweifelhafte eines Zweifelsfalls ausmacht. Distributionell kann sich das etwa an unterschiedlichen sprachlichen Kontexten beim Gebrauch der Varianten zeigen: Variante A mag etwa vornehmlich in dem einen syntaktischen Kontext verankert sein, Variante B in einem anderen.

## Prototypentheorie

Terminologisch wird das Denken in Gradualitäten im folgenden zudem mit der Prototypentheorie verbunden. Diese Theorie wurde in der Sprachwissenschaft insbesondere in der Semantik fruchtbar gemacht. Bekanntlich geht man dort davon aus, dass die Klassenzugehörigkeit bestimmter Einheiten graduell erfolgt, also nicht in einem simplen Sinne distinkt-binär angelegt ist. Sie ist durch mehr oder weniger große Ähnlichkeitsbeziehungen ausgezeichnet. Demnach gibt es besonders gute (prototypische) und eher schlechte (periphere, marginale) Vertreter einer Klasse, dazwischen können zahlreiche Abstufungen herrschen, am Rande zudem Übergangszonen zu anderen Klassen. Auch außerhalb der Semantik scheint es so zu sein, dass die Prototypentheorie hervorragend dazu geeignet ist, den grundsätzlichen Aufbau einer Sprache und ihre Verwendung zu konzeptualisieren.

Es ist leicht zu sehen, dass der prototypentheoretische Ansatz problemlos mit dem Denken in Gradualitäten in Einklang zu bringen ist. Die Extreme einer Skala umfassen zum einen die jeweiligen zentralen Prototypen einer Klasse, zum anderen deren randständige Vertreter, die sich in Übergangszonen befinden. In einer solchen Spannung zwischen Zentrum und Peripherie einer sprachlichen Klasse lässt sich das Zweifelhafte von Zweifelsfällen häufig instruktiv erfassen und mit einigem Erkenntnisgewinn verbildlichen. Zweifelsfälle werden somit gleichsam als Randphänomene erfasst – mit allen Eigenschaften, die solche Randständigkeit üblicherweise mit sich bringt. Sie sticht aus der Masse hervor, da sie von üblichen Mustern abweicht, ist aber rein quantitativ im Sprachgebrauch womöglich eher gering vertreten. Damit wäre im übrigen auch illustriert, warum Zweifelsfälle von den Sprechern oft so aufmerksam wahrgenommen werden, während andere sprachliche Einheiten und Konstruktionen schlicht links liegen gelassen werden. Was normal und üblich ist, verursacht kaum Aufmerksamkeit. Was von den geläufigen Mustern abweicht, fällt ins Auge, wenn es um geschriebene Sprache geht, ins Ohr, wenn gesprochen wird.

**Peripherie als Brutstätte sprachlicher Zweifelsfälle**
Zur Illustration dieses Denkens in Gradualitäten und Prototypen seien im folgenden vier Ausprägungen exemplarisch unterschieden, nämlich die diatopische (1), die diachronische (2), die varietätenlogische (3) und die sprachsystembezogene (4) Gradualität. Dadurch wird es in allen Fällen möglich sein, spezifische Übergangsfelder zwischen den beiden Ausgangspunkten einer Skala in den Blick zu nehmen. Der Grundgedanke liegt darin, dass an den Ausgangspunkten (= Zentren) für ein spezifisches sprachliches Phänomen kein Anlass für Sprachzweifel besteht, in den Übergangsfeldern (= Peripherie), also zwischen den Polen aber schon. Auf die Varianten eines Zweifelsfalls bezogen, gibt es dabei, rein technisch, zwei Möglichkeiten: Beide Varianten gehören zur Peripherie oder nur eine der Varianten gehört zur Peripherie. In jedem Fall resultiert aus einer solchen Konstellation ein sprachlicher Zweifelsfall.

Zweifelsfälle tauchen im folgenden Schema demnach in den schraffierten Bereichen auf, also dort, wo zumindest einer der Varianten ein peripheres Phänomen bildet. In den Bereichen, die entweder von senkrechten oder waagerechten Linien dominiert werden, also in den Zentren der jeweiligen Domänen, existiert jeweils nur eine Variante, entweder Variante A (= senkrechte Linien) oder Variante B (= waagerechte Variante). Hier gibt es also keinen Zweifelsfall, weil eine zentrale Existenzbedingung fehlt, nämlich die gleichzeitige Existenz von (mindestens) zwei Varianten:

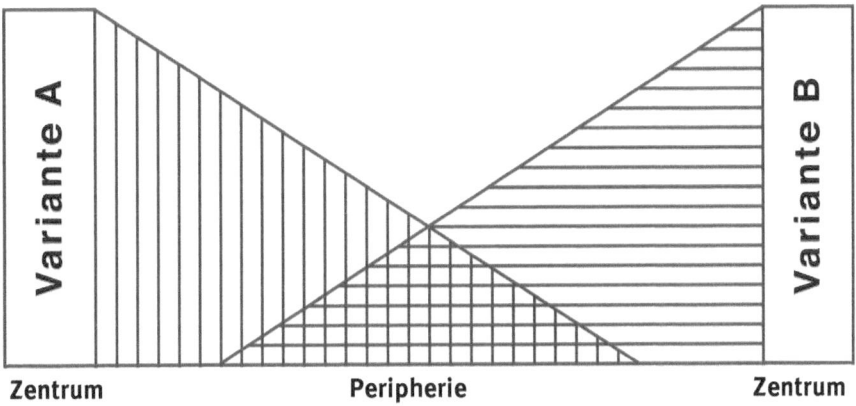

**Abb. 1:** Gradualität in schematischer Darstellung

Dieses Muster, wie sich Gradualität in einem ersten Schritt modellieren lässt, ist natürlich sehr schematisch und noch nicht wirklich realistisch. Es lässt sich aber konkreter machen, indem die Gradualität jeweils unter diachronischer, diatopischer, varietätenlogischer oder sprachsystematischer Perspektive ausformuliert wird. In verschiedenen Hinsichten können – je nach den vorliegenden empirischen Befunden – die Varianten eines Zweifelsfalls in unterschiedliche Ausprägungen von Zentren und Peripherien situiert werden. Die jeweiligen Peripherien sind dann sozusagen die Brutstätten für die Entstehung sprachlicher Zweifelsfälle. In den Zentren findet sich dagegen jeweils nur eine Variante, woraus sich kein Zweifelsfallpotenzial ergibt. Wiederum sehr schematisch lässt sich das in einer Übersicht folgendermaßen vertiefen:

**Tab. 6:** Ausprägungen der Gradualität durch Situierung von Varianten

|  | Zentrum | Peripherie |  |  | Zentrum |
|---|---|---|---|---|---|
| Diatopisch (Raum) | Region A | Region A > < Region B |  |  | Region B |
| Diachronisch (Zeit) | 1800 | 1900 | 2000 | 2100 | 2200 |
| Varietätenlogisch | Standardsprache |  | Nicht-Standardsprache |  |  |
| Sprachsystematisch | Sprachliche Kategorie A |  | Sprachliche Kategorie B |  |  |

In den vier Dimensionen, die in dieser Tabelle erfasst sind, kann man zahlreiche Zweifelsfälle abbilden und so den Existenzstatus ihrer Varianten illustrieren:

## Diatopische Gradualität

Die diatopische Gradualität ist raumbezogen. Man denke sich also zwei Regionen (A, B), die aneinander grenzen. In den Regionen werden in einer bestimmten Sprachdomäne unterschiedliche Varianten genutzt. Schematisch lässt sich also davon sprechen, dass in der Region A Variante A genutzt wird, in Region B Variante B. Wie kann man sich nun den Übergang von Region A zu Region B variantentechnisch vorstellen? Es dürfte sehr unrealistisch sein anzunehmen, dass der Übergang von Region A zu Region B mit einem Schlag erfolgt. Sprachgrenzen funktionieren anders als politische Grenzen; sie haben keine Schlagbäume. Eher sollte man mit einem allmählichen Übergang rechnen. Je mehr man aus der Mitte der Region A in Richtung B voranschreitet, desto mehr begegnet man der Variante B. Das geschieht erst sporadisch und vereinzelt, dann immer stärker zunehmend. Irgendwann ist die Variante A nicht mehr die Haupt-, sondern die Nebenvariante, bis man in die Mitte von Region B gelangt, wo die Variante A gar nicht mehr zu finden ist. Zwischen den beiden regionalen Zentren gibt es also einen mehr oder weniger breiten Übergangsbereich, in dem man in unterschiedlicher Häufigkeitsverteilung sowohl Variante A als auch Variante B findet. Bei Sprechern, die in dieser Übergangszone wohnen oder die dort irgendwie mit den beiden Varianten konfrontiert werden, können sich demnach sprachliche Zweifelsfälle entwickeln. Es taucht die Frage auf, welche der beiden Varianten wohl die richtige ist.

Diesen Befunden zur diatopischen Gradualität entspricht – ganz generell – ein Grundzug der modernen Sprachwissenschaft, insofern die regionale Verankerung des Deutschen untersucht wird: Dialektologie und moderne Regionalsprachenforschung ist in weiten Teilen Variantenanalyse (Schmidt/Herrgen 2011).

## Diachronische Gradualität

Die diachronische Gradualität ist zeitbezogen. Sie spiegelt eine grundsätzliche Eigenschaft jeder natürlichen Sprache, nämlich den sprachlichen Wandel. Variantentechnisch manifestiert er sich im historischen Übergang von Variante A zu Variante B. Genauso wenig wie die diatopische Verteilung zwischen zwei Regionen nicht mit einem Schlag an einer linearen Grenze erfolgt, ereignet sich sprachlicher Wandel nicht über Nacht. Es ist mit längeren Perioden zu rechnen, in denen Variante B erst sporadisch und vereinzelt neben Variante B tritt, dann aber im Laufe der Zeit zunehmend gebraucht wird und erst am Ende Variante A vollständig ersetzt hat. In bestimmten Zeiträumen existiert also ein mehr oder weniger langer Übergangsbereich, in dem in einer Sprachgemeinschaft in unterschiedlicher Häufigkeitsverteilung sowohl Variante A als auch Variante B kursiert. Sprecher, die in einer solchen Übergangsepoche leben, werden mehr oder weniger stark mit den beiden Varianten konfrontiert. Bei ihnen können sich folglich sprachliche Zweifelsfälle entwickeln, bei denen die Frage auftaucht, welche der beiden Varianten wohl die richtige ist. In der obigen Abbildung befindet sich eine solche Schnittstelle zwischen dem Jahr 1900 und 2100. Vor 1900 und nach 2100 kann es in diesem schematischen Modellfall nicht zu einem entsprechenden sprachlichen Zweifelsfall kommen, weil der Sprachwandel entweder noch nicht begonnen hat oder bereits abgeschlossen ist. Im Jahre 2018 befände man sich also in einem Zeitraum, in dem vermehrt mit sprachlichen Zweifelsfällen zu rechnen ist, weil beide Varianten statistisch nahezu gleichmäßig verteilt sind. Analyse von Sprachwandel ist in weiten Teilen Variantenanalyse (Nübling u.a. 2010).

Aus der graduellen Schematisierung der Diachronie geht zudem etwas hervor, was für die Zusammenhänge zwischen Zweifelsfällen und Sprachwandel insgesamt von großem Interesse ist. Wenn man nämlich sinnvollerweise annimmt, dass in einer Sprache nicht nur ein Phänomen, sondern gleichzeitig verschiedene Phänomene von Sprachwandel betroffen sein können, wird die hochgradig dynamische Existenzgrundlage der Sprache sichtbar. Zu jedem Zeitpunkt ihrer Entwicklung besteht sie gleichzeitig aus stabilen (= zentralen) und instabilen (= peripheren) Komponenten. In den instabilen, zweifelsfallstimulierenden Komponenten verkörpert sich synchron die Diachronie einer Sprache. Von daher ist es eine wichtige Aufgabe jeder sprachwissenschaftlichen Arbeit herauszufinden, wie das Gefüge von Stabilität und Instabilität, Zentralität und Peripherie einer Sprache in einer bestimmten Phase beschaffen ist. Wer hier Bescheid weiß, kann sprachliche Zweifelsfälle analysieren.

Weil der Sprachwandel einen ganz wesentlichen Faktor bei der Entstehung vieler sprachlicher Zweifelsfälle darstellt, sei noch betont, dass in dieser Dimension recht unterschiedliche Konstellationen begegnen. Einzelne Sprachwandelvorgänge ziehen sich über sehr lange Zeiträume, ja viele Jahrhunderte. Es können zentrale Organisationsstrukturen einer Sprache betroffen sein. So kommt es, dass wir heute gelegentlich noch dieselben oder zumindest ähnliche Zweifelsfälle beobachten können wie im 16. Jahrhundert. Andere Entwicklungsprozesse besitzen dagegen nur einen vergleichsweise eingeschränkten, lokalen Charakter, der vielleicht nur einige Jahrzehnte währt und dann schnell abgeschlossen ist.

In allen Fällen resultiert aus den Sprachwandelprozessen eine Richtschnur für diejenigen, die in solchen Konstellationen nach einer generellen normativen Orientierung in Zweifelsfällen suchen. Hat man nämlich identifiziert, welche der kursierenden Varianten die alte und welche die neue ist, so steht man vor einer einfachen Alternative: Wer eher konservativ-bewahrend verfahren möchte, wählt die alte Sprachform. Für fortschrittliche Zeitgenossen steht die neue

Sprachform zur Verfügung. Allerdings trifft man diese Wahl im Einzelfall unter unsicheren Vorzeichen. Denn nicht immer ist klar, welche Variante sich wohl auf lange Zeit durchsetzen wird, wo also der Fortschritt tatsächlich waltet. Dann bleibt nur die Möglichkeit, die persönliche Variantenwahl als eine Art Abstimmung im großen Wandelprozess einer Sprache zu verstehen. Wie man durch die Wahl einer Partei gesellschaftliche Strömungen befördern oder behindern kann, so ist es von Fall zu Fall auch mit der Wahl zwischen Varianten in sprachlichen Zweifelsfällen. Wenn ich – aus welchem Grund auch immer – will, dass die Variante X an Bedeutung gewinnt, so muss ich sie wählen – vorausgesetzt natürlich, beim intendierten Leser (Hörer) kommt damit genau diejenige Information an, die ich an ihn richten möchte.

Ein besonderer Typ des Sprachwandels muss hier eigens hervorgehoben werden. Denn in jedem Fall sind Sprachentwicklungen, die sich durch den Kontakt mit anderen Sprachen ergeben, ein Faktor, der immer wieder zahlreiche sprachliche Zweifelsfälle nach sich zieht. Wie unten verschiedentlich zu zeigen sein wird, ergeben sich aus den vielschichtigen Integrationsprozessen von Fremdwörtern fortwährend Konstellationen, die die Mitglieder einer Sprachgemeinschaft nachhaltig in Zweifel stürzen: Fremdwortanalyse ist zu großen Teilen Variantenanalyse (Eisenberg 2018). Fraglich ist dann, welche Aussprache, Schreibung oder morphologische Form eines Fremdworts denn in konkurrierenden Fällen die richtige sein könnte. Graezismen, Latinismen, Gallizismen, Italianismen sind in diesem Sinne schon immer Stolpersteine für viele Sprecher und Schreiber des Deutschen gewesen. Für Anglizismen gilt das erst, sprachhistorisch gesprochen, seit kurzem. Denn vor dem 20. Jahrhundert kam es kaum zu Entlehnungen aus dem Englischen.

**Varietätenlogische Gradualität**
Die varietätenlogische Gradualität bezieht sich auf die Existenz unterschiedlicher Varietäten und damit auf die innere Architektur einer Sprache. Auch zwischen den Varietäten gibt es Übergangszonen, die Ursachen für die Entstehung sprachlicher Zweifelsfälle darstellen. Je nach Anzahl und Charakter der Varietäten einer Sprache, können sich zahlreiche und verschiedenartige Typen solcher Grenzbereiche ergeben.

Schablonenhaft sei hier nur eine einzige Übergangszone herausgegriffen, allerdings eine besonders wichtige, nämlich die zwischen der Standardsprache und nicht-standardsprachlichen Varietäten (= kurz: Nicht-Standard (-sprache)). Dieses Verhältnis wird auch in der modernen Soziolinguistik konstitutiv graduell erfasst. Die Rede ist etwa vom Dialekt-Standard-Kontinuum (z.B. Ammon 2003), von der Dynamik, die für das Dialekt/Standard-Spektrum kennzeichnend ist (z.B.

Schmidt/Herrgen 2011: Kap. 4.3) und sogar von der Variation, die im Inneren der Standardsprache zu finden ist (Eichinger/Kallmeyer 2005). Die moderne Varietätenlinguistik ist ein großes Unternehmen der Variantenanalyse. Einzelne Varianten können demnach gegenüber anderen Einheiten lediglich am Rande der Standardsprache und wenig frequent gebräuchlich sein. Demgegenüber sind sie in bestimmten nicht-standardsprachlichen Varietäten gang und gäbe.

Es ist zu betonen, dass in der varietätenlogischen Gradualität ganz verschiedene weitere Konstellationen vorkommen können. In ähnlicher Weise wie bei der Spannung zwischen Standard- und Nicht-Standardsprache können unterschiedliche Register, Stile, und Textsorten als Extrempunkte einer Skala fungieren. Dazu kommen mediale Unterschiede, an erster Stelle die Unterscheidung zwischen mündlicher und schriftlicher Sprache. Sie gewinnt an Brisanz, wenn man sie, wie in der neueren Forschung üblich, nicht nur als medial-technische, sondern im Sinne von Nähe- vs. Distanz-Sprache auch als konzeptuelle Differenz begreift (Koch/Oesterreicher 1985).

Damit haben wir also einen weiteren Bereich identifiziert, in dem sprachliche Zweifelsfälle entstehen. Gegenüber der diatopischen und der diachronen Gradualität, die relativ transparent in Raum und Zeit verankert sind, besitzt die varietätenlogische Gradualität freilich einen anderen, abstrakteren Charakter. Diatopische und diachronische Übergangsbereiche sind noch relativ gut als bestimmte räumliche Gebiete bzw. zeitliche Phasen vorstellbar. Das unterstützt ihre Zugänglichkeit, sowohl für Sprachwissenschaftler als auch für linguistische Laien. Die Übergangszonen zwischen sprachlichen Varietäten sind dagegen weniger gut greifbar als lokale und temporale Schnittstellen, obwohl sie letztlich in derselben Art und Weise Instanzen von Gradualitäten darstellen wie diatopische und diachronische Graubereiche.

**Sprachsystematische Gradualität**

Noch abstrakter als die varietätenlogische Gradualität ist die sprachsystembezogene. Sie sei daher an einem konkreten Beispiel eines graphematischen Zweifelsfalls illustriert, der im Rahmen der Wortartenklassifikation zu analysieren ist. Immer wieder kommt es zu Irritationen, wie man das Wort *Abend* in der Formulierung *heute A/abend* zu schreiben hat. Groß oder klein? Die anhaltende Präsenz dieses Zweifelsfalls lässt sich ergründen, wenn man dieses Problem prototypentheoretisch in der Peripherie der Wortart Substantiv situiert (ähnlich Fuhrhop 2015: Kap. 6).

Für die Großschreibung spricht dann zunächst die Tatsache, dass *Abend* an und für sich ein prototypisches Substantiv darstellt. Man findet alle Eigenschaften, die man normalerweise von einem Substantiv erwartet: Es trägt eine fest umrissene lexikalische Bedeutung ('Ende des Tages'), man kann einen Plural oder einen Genitiv bilden (*Abende, Abends*), davor können Artikel gestellt werden (*der Abend, ein Abend*) und es kann durch adjektivische oder andere Attribute näher bestimmt werden (*der schöne Abend, der Abend im Mai, der Abend, der nicht enden will...*). Das alles spricht unmissverständlich für die Großschreibung von *Abend*. Denn Substantive werden in der deutschen Gegenwartssprache graphematisch durch Initialmajuskeln von allen anderen Wortarten abgesetzt. Die Unterscheidung zwischen Klein- und Großschreibung ist in der Wortartenklassifikation verankert.

Betrachtet man vor diesem Hintergrund die Formulierung *heute A/abend*, so erkennt man, dass bei diesem Gebrauch von *Abend* nicht alle prototypischen Eigenschaften eines Substantivs vorliegen. Semantisch gibt es zwar keine Differenz zum normalen *Abend*, in allen anderen Punkten ist jedoch genau das nicht realisierbar, was bei dem prototypischen Substantiv *Abend* in allen Formulierungen normalerweise möglich ist. Plural und Genitiv lassen sich hier nicht bilden (\**heute Abende,* \**heute Abends*); dasselbe gilt für die Hinzufügung eines Artikels (\**heute der / ein Abend*) und auch Attribute sind höchstens eingeschränkt möglich (\**heute schöne Abend, heute abend im Mai?, heute abend, der nicht enden will*).

Das führt zur Erkenntnis, dass *Abend* in der Formulierung *heute Abend* allenfalls ein sehr untypisches Substantiv darstellt. In dieser syntaktischen Umgebung befindet es sich an der Peripherie der Wortart *Substantiv*. Der Gebrauch ist, sprachsystematisch gesehen, für ein Substantiv randständig, weil es sich an dieser Stelle sozusagen auf andere Wortarten zubewegt und dadurch seine Prototypikalität in weiten Teilen abgelegt ist. Diese Erkenntnis wird dadurch gestützt, dass es durch Wörter ersetzt werden kann, die zweifellos kleingeschrieben werden (z.B. *heute früh*). Eigentlich ist es angesichts dieser Befunde auch nicht abwegig, über die Berechtigung der Zusammenschreibung nachzudenken (*heuteabend*). Im Usus kommt die Zusammenschreibung *heuteabend* jedenfalls durchaus vor.

Bei der Konstruktion *heute A/abend* muss es also aus sprachsystematischen Gründen notwendigerweise und anhaltend zu Situationen des sprachlichen Zweifels kommen. Ihr Irritationspotenzial wurzelt darin, dass der Ausdruck *Abend* in der fraglichen Formulierung an der Peripherie der Wortart Substantiv angesiedelt ist. Daher wirken viele Kräfte in die Richtung der Kleinschreibung. Weil *Abend* aber normalerweise problemlos und gut begründet groß geschrieben wird, müssen diese Verhältnisse irritieren. Dieser Zweifelsfall wird auch dadurch nicht aus der Welt geschafft, dass man an diesem Punkt per amtlicher Orthographie-Regelung ohne Argumentation die Großschreibung anordnet (DR §55 (6)).

Aus dem Exkurs zu einem graphematischen Zweifelsfall lässt sich außerdem etwas Wichtiges über die Wortartenklassifikation und ihren Beitrag zur Entstehung von sprachlichen Zweifelsfällen lernen. Die Zuordnung von Wörtern zu den Wortarten ist systematisch graduell und nicht binär zu konzipieren. Wenn ein Wort, besonders in einer bestimmten Verwendung, nur schwer zu einer bestimmten Wortart gerechnet werden kann und sich daher an der Peripherie von einer (oder gar zwei) Wortarten befindet, muss bereits aus sprachsystematischen Gründen stets mit der Entstehung sprachlicher Zweifelsfälle gerechnet werden. Das lässt sich generalisieren: Auch das Sprachsystem ist weniger ein Geflecht von festen Zuordnungen, sondern ein Gewebe, in dem eine Ordnung herrscht, die nur über Gradualitäten wirklichkeitsnah erfasst werden kann.

**Probleme der Schematisierung**
Die Annahme von theoretischen Instanzen wie Gradualität, Prototyp und Peripherie ist selbstverständlich nicht unproblematisch und in vielen Hinsichten erläuterungsbedürftig. Alles wurde hier sehr idealtypisch entwickelt, ohne dass problematische Details behandelt oder auch nur angesprochen worden wären. Dieses Defizit rührt in erster Linie daher, dass in einer Einführung zum Thema nur ein begrenzter Raum zur Diskussion methodologisch-theoretischer Probleme vorhanden ist. Im Zweifel geht es hier eher um die illustrative und exemplarische Analyse von Details als um die Explikation eines theoretisch anspruchsvollen Ansatzes zur Analyse von Zweifelsfällen.

Von daher ist zu betonen, dass die obigen Erläuterungen lediglich sehr grobe, vorläufige Skizzen darstellen. In der weiteren Arbeit wäre genauer zu explizieren, wie sich die Begriffe Gradualität, Prototyp und Peripherie jeweils auf einem gegebenen Forschungsfeld darstellen und mit den tragenden Begriffen *Zweifelsfall* und *Variante* verbinden lassen. Gemäß den unterschiedlichen Systemebenen der Sprache müssten die Dinge in der Regel unterschiedlich zugeschnitten werden. Je abstrakter eine Theorie formuliert ist, desto eindrucksvoller mag sie sein. Allerdings ist sie dann auch immer weniger geeignet, Details aus der Geschichte und Gegenwart sprachlicher Zweifelsfälle wirklich zu erhellen.

Zum Schluss sei zudem auf eine methodologische Schwierigkeit hingewiesen. Viele Zweifelsfälle können nämlich gleichzeitig in zwei (oder sogar noch mehr) unterschiedliche Formen der Graduierung eingebunden sein. Was diachron etwa als alte Variante identifiziert wurde, kann sich diatopisch durch eine erhöhte Frequenz in bestimmten Regionen manifestieren. So zeigen sich im Raum Befunde, die eine Zeitkomponente besitzen. In manchen Regionen spricht man fortschrittlicher, in anderen eher alte Zustände bewahrend. Diachronie (= Sprachwandel) und Diatopie (= regionale Verteilung der Sprache) stehen also nicht völlig zusammenhanglos nebeneinander. Einige andere Beispiele für solche Überschneidungen zwischen den Gradualitätstypen seien nur kurz angedeutet: In bestimmten Varietäten mögen bestimmte sprachsystematische Gegebenheiten einen peripheren, in anderen einen zentralen Charakter besitzen. Sprachliche Einheiten, die zwischen Standard- und Substandard situiert sind, können auch sprachsystematische Eigenschaften aufweisen, die einen peripheren Charakter besitzen. Und in Sprachwandelprozesse sind oft Varianten involviert, die in sprachsystematischer Sicht entweder ein zunehmend prototypisches oder zunehmend peripheres Profil aufweisen.

Man sieht: Die Architektur einer Sprache lässt sich nicht in vier trennscharf erfassbare Gradualitätszonen einteilen. Überschneidungen zwischen den verschiedenen Ebenen sind prinzipiell stets möglich. Die Zuordnung der Zweifelsfälle in unterschiedliche Gradualitätstypen ist nicht disjunkt. Das mag für Theoretiker unbefriedigend und logisch verbesserungswürdig sein, ist allerdings der komplexen Sprachwirklichkeit sicherlich angemessen, sofern man Rechenschaft darüber abgibt, auf welcher Basis man zu bestimmten Klassenzuordnungen und Gradualitätsannahmen kommt.

# 4 Phonetische Zweifelsfälle

Bei phonetischen Zweifelsfällen ist die Aussprache des Deutschen ein Anlass für Sprachreflexion. Man zweifelt darüber, ob ein Wort so oder anders ausgesprochen werden muss. Angesichts der gesamten Palette sprachlicher Zweifelsfälle gehören solche Irritationen aus verschiedenen Gründen eher zu den Ausnahmen. Ihr Profil steht zunächst quer zur üblichen Schriftbasiertheit der Zweifelsfälle. Denn es ist schwer anzunehmen, dass sie in Situationen wurzeln, in denen geschriebene Sprache produziert wird. Wer schreibt, wird sich normalerweise keine Gedanken darüber machen, wie bestimmte Wörter ausgesprochen werden. Jedenfalls gibt es dafür keinen unmittelbaren kommunikativen Anlass, da beim Schreiben ja gerade kein zuhörender Adressat anwesend ist. Und wer spricht, wählt in der Regel automatisch und instinktiv Wörter aus, bei denen die Aussprache unzweifelhaft ist. In Einzelfällen mag es freilich so sein, dass auch in der gesprochenen Sprache plötzlich Aussprachezweifel auftauchen. Man denke an fremdsprachliche Ausdrücke, die bei bestimmten Gesprächsthemen einfach nicht umgangen werden können, etwa Eigennamen von Personen, Städten, Ländern oder anderen Gegebenheiten, über die man etwas sagen möchte. Wenn man nach Schottland reist, steht irgendwann die Aussprache des Worts *Edinburgh* an. Island-Fahrer besuchen vielleicht den *Eyjafjallajökull*, in der Pizzeria gibt es *Gnocchi*, das neue Handy ist ein *Huawei*. Und wie hieß nochmal der Friedensnobelpreisträger aus Polen: *Wałęsa*!

Diese Eingangsüberlegung lässt sich verallgemeinern. Ein großer Teil der phonetischen Zweifelsfälle bezieht sich auf Ausdrücke mit einem fremdsprachlichen Hintergrund. Davon sind allerdings nicht nur Eigennamen betroffen, sondern auch Appellativa, die im Zuge von Entlehnungsprozessen in der deutschen Sprache aufgenommen wurden. Die Ursache für die Entstehung solcher Zweifelsfälle liegt auf der Hand: Häufig finden sich schwankende Aussprachen von Wörtern wie *Restaurant*, *Bonbon*, *Chance*, *Branche*, *China*, *Trainer*, *Chips*, *Chuzpe* oder *Creme*. Aussprachezweifel, die keine Fremdwörter betreffen, sind dagegen sehr viel seltener und auch unzugänglicher. Warum sollte man auch als muttersprachlicher Sprecher des Deutschen auf einmal darüber nachdenken, wie ein bestimmtes Wort richtig ausgesprochen wird?

Das alles weist auf eine zentrale Differenz hin: Die Unterscheidung von Wörtern, die schon immer zum Deutschen gehört haben (= native bzw. indigene Wörter, Erbwörter), und Wörtern, die irgendwann von außen in die deutsche Sprache gekommen sind (= Entlehnungen, Fremdwörter), ist für die Analyse phonetischer

Zweifelsfälle von großer Bedeutung. Daher werden diese beiden Gruppen im folgenden gegeneinander abgesetzt und in unterschiedlichen Kapiteln behandelt. Kap. 4.1 ist den nativen Wörtern gewidmet, Kap. 4.2 den Fremdwörtern.

**Legitimation für Entscheidungen in phonetischen Zweifelsfällen**
Auch bei der Entscheidung in phonetischen Zweifelsfällen gilt natürlich, dass man sich zunächst am realen Sprachgebrauch zu orientieren hat. Im Unterschied zur Schreibung gibt es hier zudem keine irgendwie geartete „Amtliche" Regelung, die bei normativen Diskussionen zu berücksichtigen wäre. Keine Instanz weist den Weg. Wie spricht man also im deutschen Sprachgebiet, insbesondere wenn es um phonetische Details geht? Was ist hier repräsentativ? Wer variiert wie und bei welchen Gelegenheiten? Die Antworten auf diese Fragen sind notorisch unsicher und ein ständiger Gegenstand sprachwissenschaftlicher Forschung.

Es gibt zwar einige Wörterbücher zur Standardaussprache des Deutschen (z.B. Krech u.a. 2010). Sie haben teilweise bereits längere (Auflagen-) Geschichten hinter sich, die in mancher Hinsicht bis über hundert Jahre in die Vergangenheit zurückreichen. Oft sind sie in der einen oder anderen Form mit der Normierung der Bühnenaussprache von Theodor Siebs im Jahre 1898 verbunden (zum Kontext Seifert 2015). Welche empirische Basis die in den Wörterbüchern verzeichneten Aussprachen besitzen, ist allerdings – gerade in den strittigen Fällen – oft nicht ganz klar (zum Kontext z.B. Besch 2003; Hirschfeld/Stock 2014). Konzeption und Status der verschiedenen Aussprache-Wörterbücher wurden daher schon öfters näher untersucht, miteinander verglichen oder mit eigens erhobenen Aussprachedaten kontrastiert (Takahashi 1996; Ehrlich 2008; Hollmach 2007).

Auch bei den Internet-Portalen, die der deutschen Sprache oder ihrem Erwerb als Fremdsprache gewidmet sind, gibt es mittlerweile einige (quasi-) lexikographische Anlaufstellen, an denen man sich die Aussprache der Wörter direkt per Audio-Datei anhören kann. Einschlägig sind vor allem das wissenschaftlich fundierte DWDS[10] sowie Portale mit kommerziellem (Duden[11], Langenscheidt[12], Pons[13]) oder einem anderen (LEO[14]) Hintergrund. Freilich ist auch bei diesen Konsultationsmöglichkeiten nicht immer ersichtlich, woher die jeweiligen Befunde

---

10 http://dwds.de/
11 http://www.duden.de/hilfe/aussprache
12 http://de.langenscheidt.com/
13 http://de.pons.com/
14 http://www.leo.org/

bei real variierenden Aussprachen kommen. Ähnlich liegen die Dinge bei der ARD-Aussprachedatenbank, die für die überregionale Sprache der Nachrichten maßgeblich, aber leider für die Öffentlichkeit nicht zugänglich ist (Lückemeier 2016).

Einen anderen Charakter besitzen hingegen die diversen dialektologischen Projekte, in denen die phonetischen Varianten des Deutschen detailliert wissenschaftlich dokumentiert und analysiert werden (im Überblick Schmidt/Herrgen 2011: Kap. 4). Das zentrale Darstellungsmedium ist dann nicht das Wörterbuch, sondern die Dialekt- bzw. Varietäten-Karte. Dort wird die regionale Verteilung ausgewählter Aussprachen verzeichnet und dann ggf. zu größeren regionalsprachlichen Clustern zusammengefasst. Für die Gegenwart und mit Blick auf die Standardsprache sowie standardnahe Varietäten sind insbesondere der *Atlas zur Aussprache des deutschen Gebrauchsstandards* (AADG) am *Institut für deutsche Sprache* wichtig, außerdem einige Karten aus dem *Atlas zur deutschen Alltagssprache* (AdA). Etwas älter ist dagegen mittlerweile König 1989. Die historische Tiefendimension ist in den einschlägigen Karten des *Deutschen Sprachatlas* (*Wenker-Atlas*) zugänglich. Auch sie sind mittlerweile digital frei verfügbar.[15] Zudem wurden regionale Aussprachebesonderheiten unter der Perspektive der unterschiedlichen nationalen Varietäten des Deutschen aufgearbeitet (Ammon u.a. 2016: bes. LXIV–LXXIII).

**Problematik der Datenerhebung**
Zur Frage, wie ein bestimmtes Wort in der deutschen Gegenwartssprache ausgesprochen wird, existieren also recht unterschiedliche Quellen. Ihre Diversität steigert sich sogar noch in methodologischer Perspektive. Will man nämlich die empirische Aussagekraft dieser Befunde ermessen, so ist genau in Rechenschaft zu ziehen, wie die phonetischen Daten erhoben wurden. Um nur zwei Möglichkeiten zu nennen: Manchmal werden die Daten durch das Vorlesen schriftlicher Vorlagen experimentell eigens stimuliert, manchmal werden mehr oder weniger spontane Gespräche oder Reden aufgenommen und dann näher phonetisch analysiert. Im ersten Fall kommen die Aussprachen also im direkten Rekurs auf die Schriftform zustande. Dann ist jedoch mit graphematischen Interferenzen bei der Aussprache der Wörter zu rechnen, also mit sog. Leseaussprachen. Dabei ist überdies von Belang, ob es sich bei der schriftlichen Vorlage um Wörter aus einer (ungeordneten) Liste oder einen vollständigen kleinen Text handelt. In jedem

---
15  Vgl. https://regionalsprache.de/dsa.aspx.

Fall gilt: Wenn man ein Wort mit der Endung <-ig> vorlesen lässt, um die Variation zwischen [-ɪk] und [-ɪç] zu testen, könnte sich in der Aussprache öfter ein [-ɪk] ergeben als bei spontaner Sprache, wo einem der Buchstabe <g> nicht vor Augen steht. Die Frage, welche Rolle solche Leseaussprachen in der Sprachwirklichkeit tatsächlich spielen, ist durch solche Vorlese-Experimente freilich streng genommen gar nicht beantwortet. Allerdings ist zu vermuten, dass sie für viele phonetische Entwicklungen einen prägenden Charakter besitzen.

Dazu kommt der Umstand, dass wir im gegebenen Zusammenhang speziell an standardsprachlichen, weniger an dialektalen oder regionalsprachlichen Aussprachen interessiert sind. Das heißt aber, dass die phonetischen Daten aus kommunikativen Kontexten stammen sollten, die eine gewisse Überregionalität, soziale Distanziertheit und Formalität garantieren. Prototypisch werden dazu oft Nachrichtensendungen in überregionalen Medien herangezogen, da die genannten Spezifika für Standardsprachlichkeit hier offensichtlich vorliegen. Bei vielen Projekten zur Untersuchung der Aussprache spielte die genaue Berücksichtigung solcher Faktoren aber keine tragende Rolle, da andere Untersuchungsschwerpunkte und wissenschaftliche Ansätze im Vordergrund standen.

**Problematik der Dateninterpretation**
Insgesamt ist es also nicht einfach, für die Analyse phonetischer Zweifelsfälle tragfähige und aussagekräftige empirische Daten zur gegenwärtigen Standardsprache zu bekommen. Generell lässt sich allerdings so viel sagen: Die Varianten, die bei phonetischen Zweifelsfällen im Hintergrund stehen, sind häufig in unterschiedlichen Regionen des deutschen Sprachgebiets verankert. Darin spiegelt sich der Umstand, dass die Architektur der deutschen Sprache seit altersher eine starke diatopisch-phonetische Komponente besitzt. Deutsche Sprachvariation manifestiert sich konstitutiv in unterschiedlichen Lautungen, die in unterschiedlichen Landstrichen genutzt werden. Auch im Zusammenhang der Versuche, die Aussprache der Standardsprache zu normieren und zu vereinheitlichen, kamen diese diatopischen Unterschiede natürlich mehr oder weniger systematisch zur Sprache (z.B. Siebs 1969: 145–148). Mittelbar steht die Landschaftsgebundenheit tendenziell für Dialektalität, auch wenn an diesem Punkt häufig regional unspezifische Begriffe wie Umgangs- oder Alltagssprache kursieren. Die diatopische Verankerung unterschiedlicher Aussprachen wird zudem hochgradig sozial aufgeladen und der Schrift gegenübergestellt. Zugespitzt gesagt: Dialekt steht qua Laut für Heimat, Privatheit und soziale Nähe, während Schriftlichkeit mit Überregionalität, Öffentlichkeit und sozialer Distanz assoziiert wird.

Sprachwandelperspektiven spielen demgegenüber bei der Erforschung phonetischer Zweifelsfälle eine untergeordnete Rolle. Hat man variierende Aussprachen identifiziert, richtet sich der erste Blick normalerweise eher auf die Lautungen verschiedener Regionen als auf die Suche nach alten und neuen Aussprachen oder die Berücksichtigung des Sprecheralters. Bei den phonetischen Zweifelsfällen, die mit Fremdwörtern zusammenhängen, sind die Verhältnisse allerdings gerade umgedreht. Hier ist die Aussprache in den verschiedenen Regionen weniger von Interesse. Stattdessen rücken, wie unten genauer zu zeigen sein wird, diachron fundierte Integrationsperspektiven in den Vordergrund, außerdem diastratische Aspekte sowie situative Faktoren, die man phonostilistisch genannt hat (vgl. z.B. Krech u.a. 2010: Kap. 6). Sie werden normalerweise nicht diatopisch gebrochen: Stärker integrierte, neuere (ggf. „ungebildete") Aussprachen sind von weniger integrierten, älteren (ggf. „gebildeten") Aussprachen zu unterscheiden – ganz unabhängig davon, in welcher Region die jeweiligen Sprecher leben.

## 4.1 Native Wörter

Eingangs wurde bereits festgehalten, dass sich phonetische Zweifelsfälle besonders häufig bei nicht-nativen Wörtern ergeben. Woher kommen dann aber phonetische Zweifelsfälle bei nativen[16] Wörtern oder auch bei Entlehnungen, die schon vollständig in die deutsche Sprache integriert sind? Welche Ursachen führen hier zu Zweifelsfallsituationen?

Zur Beantwortung dieser Fragen lohnt ein erster Blick auf einige Wörter, die im folgenden behandelt werden. Dazu gehören z.B. *Voigt*, *Buckow*, *Itzehoe*, *Senf*, *Pferd*, *König*, *FAZ*. Insbesondere bei den ersten beiden Wörtern sticht ein Merkmal ins Auge, das einen deutlichen Hinweis auf die Ursachen für phonetische Zweifelsfälle liefert. Die Wörter verfügen nämlich über Eigentümlichkeiten, die es bei nativen Wörtern normalerweise nicht gibt. Das wortinterne <oi> und das wortfinale <ow> sind sehr selten und hauptsächlich auf Eigennamen und Fremdwörter beschränkt. Das <oe> mag als andere Schreibweise für <ö>/[ø] bekannt sein. Gerade deshalb fragt man sich aber, ob das hier als [ø] oder in der üblichen Lautung für ein finales <e>, also als Schwa, hier mit vorangehendem o-Laut, also

---

[16] Gelegentlich werden in diesem Kapitel auch vollständig ins Deutsche integrierte Entlehnungen, also sog. Lehnwörter, mitbehandelt. Aus systematischer Perspektive können sie hier weitgehend wie native Wörter behandelt werden. Damit sollen natürlich keine Zweifel zur etymologischen Herkunft der Wörter gesät werden.

etwa [-hoə] zu lesen ist. Bei *Senf* kann die Frage auftauchen, ob man hier statt <n>/[n] nicht eher [m], ggf. sogar [-mpf], spricht. Ähnlich sieht der Fall am Ende des Worts *König* aus. Normalerweise spricht man ein <g> als [g] aus. Aber das ist hier wohl nicht der Fall. Man hört entweder ein [k] oder ein [ç]. Ein [ıç] taucht zudem in sehr vielen Wörtern auf, wird dann aber doch immer mit <ch> geschrieben: *köstlich, freundlich* oder *plötzlich*. Was ist hier also los? Bleibt zum Schluss die Frage, wie man Abkürzungen, also sozusagen untypische Formen der Verschriftlichung von Wörtern wie FAZ, womöglich auch in Kontrast zu F.A.Z. und taz, ausspricht.

Die obigen Fälle zeigen eine Gemeinsamkeit, die womöglich gar nicht so schnell erkannt wird, weil sie so offen zutage liegt und für uns so übermäßig vertraut ist. Bei allen angesprochenen Zweifelsfällen kommt nämlich in der einen oder anderen Form ein Bezug auf die schriftliche Form der Wörter ins Spiel. Für die Analyse der Entstehungsursachen von phonetischen Zweifelsfällen ist das von großer Bedeutung. Denn man könnte ja meinen, dass beim Zweifel über die Aussprache die schriftliche Dimension vernachlässigt werden kann. Das scheint aber offensichtlich nicht der Fall zu sein. Phonetische Zweifelsfälle rühren bei nativen Wörtern oft daher, dass das Gefüge von Lautform und schriftlicher Repräsentation nicht wie üblich funktioniert. Anders gesagt, phonetische Zweifelsfälle resultieren aus Eigentümlichkeiten, die an der Peripherie der normalen Schreibungen angesiedelt sind. Dahinter stehen also graphematische Besonderheiten. In vielen Fällen wurden sie schon in der Orthographie-Debatte des 19. Jahrhunderts diskutiert. Dieser Befund lässt sich hypothetisch weiterdenken: Wenn man nämlich die fraglichen Wörter nach den Regularitäten des derzeitigen graphematischen Kernsystems schreiben würde, so müssten die entsprechenden Zweifelsfälle nach dieser ersten Analyse verschwinden. Die Schreibungen könnten zum Beispiel wie folgt aussehen: *Vogt* (oder sogar *Vohkt*), *Itzehoh, Semf, Ferd, Könich, Eff-A-Zet / Fatz*. Leider wird man die These, dass mit solchen ungewohnten Schriftbildern ein Schwund an phonetischen Zweifelsfällen verbunden sein könnte, nie realistisch überprüfen können.

Die – wenigstens implizite – Präsenz der Schreibung bei der Reflexion über Aussprachevarianten beweist aufs neue, dass sprachliche Zweifelsfälle in der einen oder anderen Art und Weise mit der Schriftlichkeit einer Sprache zusammenhängen. Diese Verbindung gilt mithin sogar beim Zweifel über Aussprachevarianten, also auf einer Betrachtungsebene, wo die Schreibung erst einmal nichts zu suchen hat. Das kann man wahrscheinlich verallgemeinern. Wenn die Sprecher des Deutschen über Wörter reflektieren, ist in dieser Denkbewegung immer auch die Schreibweise der Wörter präsent. Sprachbewusstsein ist Schriftbewusstsein. Selbst wenn eigentlich nur die Aussprache zur Debatte steht, drängt sich also die Schriftlichkeit der Wörter in den Vordergrund der Sprachaufmerksamkeit.

Für die Analyse phonetischer Zweifelsfälle ist die Einsicht in die Quasi-Untrennbarkeit von Aussprache- und Schriftbewusstsein aber sicher nicht erschöpfend. Vor allem fehlt ein weitergehender Befund zu den tatsächlichen Aussprachevarianten, die bei einem Wort jeweils gegeben sind. Hier hilft der alleinige Bezug auf die Schriftform nicht weiter. Die Frage nach dem Status der Aussprachevarianten bei phonetischen Zweifelsfällen ist freilich im ersten Schritt recht einfach zu beantworten. Dahinter stehen sehr häufig diatopisch konditionierte Varianten, also unterschiedliche Aussprachen eines Worts in unterschiedlichen Regionen. Diese Aussprachevarianten existieren auch völlig unabhängig von der Schreibung des Deutschen. Sie müssen durch ihre pure lautliche Existenz zu phonetischen Zweifelsfällen führen.

Demzufolge gibt es mindestens zwei Instanzen, die zur Analyse phonetischer Zweifelsfälle bei nativen Wörtern systematisch in Rechenschaft zu ziehen sind: zum einen die Schreibung der Wörter und die damit potentiell im Raum stehenden Aussprachen und Regularitäten, insbesondere bei peripheren Verschriftlichungen, zum anderen die unterschiedlichen Aussprachen eines Worts im deutschen Sprachraum. Beide Faktoren können – getrennt oder gemeinsam – Konstellationen schaffen, die bei nativen Wörtern zur Entstehung phonetischer Zweifelsfälle führen.

**Wörter mit der Endung -*ig* oder -*g***

In der Sprachberatung wird eine Anfrage zum Problem der richtigen Aussprache besonders häufig genannt. Sie betrifft die Aussprache von Wörtern mit der Endung -*ig* (Kleiner 2010: 259). Typisch ist dafür das Wort *König*. Im Raum stehen die Varianten mit [-k] oder mit [-ç]. Woher rührt diese Problematik? Was muss man wissen, um sich hier zu orientieren?

Vorab ist festzuhalten, dass dieser Zweifelsfall mit sehr vielen Wörtern verbunden ist. Die Endung -*ig* findet sich nicht nur in einfachen Wörtern (z.B. *Leipzig, wenig, übrig, billig, richtig*), sondern auch in zahlreichen Ausdrücken, die noch deutlich als Wortbildungen zu erkennen sind (z.B. *giftig, mächtig, haarig*). Das Wortbildungsmorphem -*ig* ist recht produktiv. Immer wieder werden damit neue Wörter gebildet. Von der reinen Häufigkeit der Wörter gesehen, ist die Aussprachproblematik bei -*ig* in der deutschen Gegenwartssprache folglich sehr präsent. Dazu kommt der Umstand, dass von dem zugrundeliegenden Problem nicht nur Wörter auf -*ig*, sondern auch andere Lexeme mit dem finalen Graphem <g> betroffen sind, etwa *Zug* oder *Sarg*. Was spricht nun für die eine oder andere Aussprache-Variante von *König*?

Die [-k]-Variante, also die Aussprache als Plosiv, wird zunächst stark graphematisch gestützt, allerdings nicht durch eine einfache Laut-Buchstaben-Entsprechung. Wäre das so, dann müsste das Wort ja *Könik* geschrieben werden. Die graphematische Unterstützung erfolgt vielmehr durch eine Regularität, die sehr fest in der Schreibung des Gegenwartsdeutschen verankert ist. Obwohl nämlich ein einzelnes Wort in der Aussprache variieren kann, wird es in der Schreibung stets unverändert repräsentiert. Wo würden wir auch hinkommen, wenn wir die Schreibung der Wörter nicht mehr stabil halten und jede Aussprachevariation schriftlich abbilden würden?

Insbesondere wirkt sich das bei der sog. Auslautverhärtung aus. Viele Substantive ändern beispielsweise ihre Lautung, wenn sie in den Plural gesetzt werden. Am Ende des Worts *Stab* spricht man ein [p], im Plural *Stäbe* dagegen ein [b]. Die Schreibung des betreffenden Konsonanten richtet sich nach der Pluralform. Die Variation der Aussprache des Konsonanten wird in der Schreibung also nicht abgebildet. Diese Regularität findet sich in sehr vielen Fällen. Einschlägig sind Wörter, die mit einem <b>, <d> oder eben <g> enden. Dahinter stehen dann also die Aussprachevarianten [p/b] (= (1)), [t/d] (= (2)) und [k/g] (= (3)):

(1)   a. [p]: *Stab, Lob, Schub, Hieb, Leib, Staub*
      b. [b]: *Stäbe, Lobe, Schübe, Hiebe, Leiber, Stäube*
(2)   a. [t]: *Rad, Tod, lud, Lied, Eid*
      b. [d]: *Räder, Tode, luden, Lieder, Eide*
(3)   a. [k]: *Tag, Trog, Zug, Krieg, schräg, Teig, Flugzeug*
      b. [g]: *Tage, Troge, Züge, Kriege, schräge, Teige, Flugzeuge*

Faktisch ist jeder Schreiber bzw. Sprecher des Deutschen mit diesem Bezug zwischen Schreibung und Lautung vertraut, auch wenn ihm die phonetischen und graphematischen Details womöglich nur dunkel bewusst sind. Jedenfalls lässt sich das Wort *König* problemlos in diese Systematik unter (3) eingliedern. Demnach ist mit der Aussprache [-k] (Plural [-g]) zu rechnen. Sie wird durch die Schreibung nahegelegt und kann so auch in Analogie zu vielen anderen Wörtern sowie zu Form-Varianten wie *richtige, richtigste / zwanzigste* und *Richtigkeit* gebracht werden. Zudem steht sie in klarem Kontrast zu teilweise hochfrequenten Wörtern, die auf *–(i)ch* enden, insbesondere auch mit dem Wortbildungsmorphem *-lich* (z.B. *ich, euch, täglich, friedlich, plötzlich, Gespräch*). In dieser Perspektive existieren sogar regelrechte Minimalpaare, deren Schreib-Differenz auch einen Lautunterschied nötig zu machen scheint, vgl. *Teig / Teige, Teich / Teiche.*

Im Umkehrschluss kann man vermuten, dass die Plosiv-Aussprache desto instabiler werden könnte, je mehr man sich von schriftsprachlichen Kommunikationskontexten entfernt.

Die [-ç]-Variante von *König*, also die Aussprache als Frikativ (Spirans), ist eine Aussprache, die in vielen Landstrichen des deutschen Sprachgebiets breit belegt ist (zum folgenden Kleiner 2010).[17] Angesichts dieser Aussprache ist die standardsprachliche Schreibung von *König* eine graphematisch periphere Angelegenheit. Ganz grob gesehen ist es so, dass die frikative Variante besonders im Norden und in der Mitte Deutschlands genutzt wird, während die Plosiv-Aussprache eher im Süden sowie in Österreich und der Schweiz beheimatet ist. Dazu kommt, dass die Aussprache deutlich von der Position des Konsonanten im Wort abhängt. In Ausdrücken wie *billigste*, *berechtigt* und *berechtigte* gibt es beispielsweise eine starke Tendenz zur [k]-Aussprache, während bei dem Morphem *-igkeit* die Frikativ-Aussprache häufiger ist.[18]

Bei genauer Untersuchung ergibt sich zudem, dass als mögliche Frikativ-Aussprache nicht nur [-ç], sondern auch [-ɕ] und [-ʃ] („Könisch") zu beachten sind, letzteres hauptsächlich im Westen und – allerdings eher vereinzelt – im Osten. Die [-ɕ]-, [-ʃ]- und [-k]-Varianten besitzen in den genannten Landstrichen jeweils einen Charakter, der tief in den betreffenden Dialekten bzw. Regionalsprachen verwurzelt ist. Dahinter stehen wiederum alte Lautwandelprozesse, die sich in den Sprachregionen des Deutschen unterschiedlich ausgewirkt haben (Stichwort: Spirantenverschiebung). Sie reichen teilweise bis in die althochdeutsche Zeit zurück (Paul 1998: §91; Ebert u.a. 1993: 163). Diese Wandelprozesse manifestieren sich in der Gegenwart als diatopisch greifbare Aussprachevariationen. Sie transportieren damit mehr oder weniger starke dialektale bzw. umgangssprachliche Konnotationen. Davon sind nicht nur Wörter auf *-ig* betroffen, sondern auch Lexeme wie *Tag*, *Zeug* und *weg* (vgl. [tax, taːx], [tsɔɪç, tsɔɪʃ], [vɛç]).[19] Selbst das initiale *g-* ist betroffen. Die deutlich dialektale (Berliner) Aussprache einer Formel wie *gute Gans* als [juːtə jans] gehört zu diesem Phänomenkreis. Die genauen Gegebenheiten dieser phonetischen Entwicklungen, insbesondere auch ihre Verkörperungen in der Gegenwart, sind bis heute nicht abschließend geklärt.

---

**17** Z.B. AADG: Karte: *-ig* im Auslaut in *billig*, *König*, *richtig*; AdA: Karte: Aussprache *König*, *wenig* und *zwanzig*.
**18** Vgl. AADG: Karte: <ig> vor <t> in *gekündigt*, *unentschuldigt*, *beleidigt*, *bescheinigte* + Karte: <ig> vor <keit> in *Notwendigkeit* und *Süßigkeiten*.
**19** Vgl. dazu AdA: Karten: Aussprache *weg* + Aussprache *Tag* und *Zeug*.

Aus all dem ergibt sich das komplexe Panorama der Kräfte, die auf die Aussprache von Wörtern auf *-ig* bzw. *-g* einwirken. Es sind die Schriftform, die landschaftliche Prägung, alte Sprachwandelprozesse sowie die Stellung des Konsonanten im Wort. Etwas paradox ist der Befund, dass die Plosiv-Aussprache einerseits durch die standardsprachliche Schreibung legitimiert erscheint, andererseits aber einen süddeutschen Dialektcharakter besitzt. Die nord- und mitteldeutsche Aussprache von *König* mit [-ç] ist demgegenüber weitverbreitet und wird zudem von gängigen Aussprachekodifizierungen als Standard empfohlen (Kleiner 2010: 261).

Angesichts dieser Spannungen ist es kein Wunder, dass Sprecher bei Wörtern wie *König, Zeug* oder *zwanzigste* ins Zweifeln geraten können, wie hier der Buchstabe <g> auszusprechen ist. Zwischen den klar dialektalen Formen auf [ɢ] und [ʃ] und dem Pärchen [k, ç] existiert eine Skala, bei der man je nach Wortumgebung und kommunikativem Kontext von mehr oder weniger Standardsprachlichkeit ausgehen kann.

**Standardaussprache zwischen Schreibung, Regionalität und Sprachwandel**
Bei vielen anderen phonetischen Zweifelsfällen ist die generelle Ausgangslage ähnlich der, die gerade beschrieben wurde: Sprachwandelprozesse, die teilweise bereits seit langer Zeit im Gang sind, führen zu unterschiedlichen regionalen Verteilungen bestimmter Aussprachevarianten. In den diatopischen Unterschieden verbergen sich dann sekundär oft unterschiedliche Formalitätsgrade (privat, informell, nähesprachlich o.ä.). Dadurch wiederum entsteht entweder eine geringere oder größere Distanz zur Standardaussprache.

Die Schreibung stützt dabei von Fall zu Fall die eine oder die andere Variante. Einerseits suggeriert die Schriftform der Wörter im Sprachbewusstsein der Sprecher oft eine Stabilität, die in der Lautung faktisch nicht gegeben ist: Was gleich geschrieben wird, wird nicht immer gleich ausgesprochen. Andererseits können unterschiedliche Buchstaben gelegentlich zu Unrecht als unterschiedliche Lautungen begriffen werden: Was unterschiedlich geschrieben wird, wird nicht immer unterschiedlich ausgesprochen. Generalisierungen zu einer allgemeinen Bewertung der Schriftform sind schwer möglich oder – wenn man so will – gefährlich. Denn es kommt immer auf das einzelne Phänomen an und die aktuellen und sprachhistorischen Daten, die damit verbunden sind. Insgesamt liegt in der Schreibung also gleichsam ein „phonetisches Irritationspotential", das auch für jeden Erwerb von Deutsch als Fremdsprache eine gewisse Hürde darstellt (Klein, W.P. 2000). Der beste Weg, sich in diesem komplexen Bedingungsgefüge zu orientieren, sollte darin liegen, Schreibung und (potentielle) Lautung(en) anfangs möglichst unabhängig voneinander zu betrachten und erst in einem zweiten Schritt aufeinander zu beziehen.

Vor diesem Hintergrund seien im folgenden noch einige typische phonetische Zweifelsfälle in aller Kürze angesprochen.

**Wörter mit initialem *s-*, *st-* oder *pf-***
Der Buchstabe <s> suggeriert in der Gegenwartssprache, dass damit immer derselbe Frikativ-Laut verschriftlicht wird. Tatsächlich steht <s> aber für zwei unterschiedliche Frikativ-Laute, nämlich den stimmhaften [z] und den stimmlosen [s] alveolaren Frikativ:

(4)   a. [z]: *Saal, Mühsal, Nase, Hose, Wiese, Gemüse, Öse, Bremse,*
     b. [s]: *was, etwas, uns, eins, aus, links, Haus, heraus, Tages, Opas, Osten*
     c. [s] *ist, Ast, Lust, Kunst, kleinste, Angst*
     d. [s] *tagsüber, insgeheim, Kindskopf, Lieblingslied, Mannsbild*

Als primär kann in der Standardsprache die Verschriftlichung des [z] am Wort- und Silbenbeginn gelten (4a). Stimmloses [s] kommt demgegenüber generell am Wort- bzw. Silbenende (4b), in konsonantisch komplexen Silbenendrändern (4c) und als Fugen-s in Wortbildungen vor (4d). Diese Verteilung der Aussprache des <s> stellt normalerweise für die Sprecher kein Problem dar. Man wählt automatisch die richtige Variante, ohne dass man die genannte Verteilung der Varianten bewusst kennen müsste.

Phonetische Zweifelsfälle können sich nun dadurch ergeben, dass die stimmhafte Aussprache von [z] in einigen Regionalsprachen, insbesondere in Süddeutschland, ungewöhnlich ist. In diesen Fällen (vgl. (4a)) wird das initiale <s> ebenfalls als stimmloses [s] ausgesprochen. Für die Wörter *Sirup* und *Saison* wurde das aktuell recht präzise kartographiert.[20] Nach dieser Untersuchung erstreckt sich von Sachsen über Thüringen und das südliche Hessen bis zum Saarland ein breites Übergangsgebiet, in dem man beide Lautungen findet. Dazu kommt noch eine Zwischenform, also eine dritte Aussprachevariante, bei der sich beide Artikulationen sozusagen die Waage halten und die Lautdifferenzen insgesamt noch kleiner werden. Nördlich dieses Gebiets nutzt man das [z], südlich davon das [s]. Im Süden besteht lautlich also keine Unterscheidung zwischen <sechs> und <Sex>.

---

20 Vgl. AADG: Karte: /z/ im Anlaut in *Sirup* und *Saison.*

Demnach haben wir hier ein instruktives Beispiel für ein graduell organisiertes Übergangsgebiet, in dem von Fall zu Fall Aussprache-Zweifelsfälle auftauchen dürften. Aufgrund der hohen Mobilität, die heutzutage im deutschen Sprachraum herrscht, sowie der engen kommunikativen Vernetzung in digitalen Kontexten und Verbindungen ist das Aufkommen dieses Zweifelsfalltyps natürlich nicht nur auf das genannte regionale Übergangsgebiet beschränkt. Diatopische Variation kann sich auch in kommunikativen Prozessen äußern, die sozusagen weitgehend ortsungebunden ablaufen und die Sprecher damit tendenziell aus ihrer regionalen Verankerung lösen.

Was die Bewertungsperspektive angeht, sei nur soviel gesagt, dass die normative Belastung der Differenz zwischen stimmlosem und stimmhaftem <s> relativ gering sein dürfte. Nur wer als süddeutscher Sprecher in standardsprachlichem Kontext unbedingt vermeiden möchte, dass seine Herkunft über die Aussprache erkannt oder thematisiert wird, hätte einen Anlass, über eine Änderung seiner Aussprache nachzudenken. In semantischer Perspektive ist zudem höchst unwahrscheinlich, dass sich aus der Gleichlautung von <sechs> und <Sex> irgendwann Verständigungsprobleme entwickeln könnten. Durch den Kontext ist sicher immer klar, was gemeint ist. Es drohen keine Missverständnisse.

Ähnlich, aber mit anderen Akzenten liegen die Dinge bei Wörtern, die mit <sp-> oder <st-> beginnen.[21] Standardsprachlich ist hier eindeutig mit der Aussprache [ʃp-, ʃt-] zu rechnen. In Norddeutschland, jenseits eines Übergangsgebiets, das sich in etwa von Berlin bis ins Münsterland erstreckt, sind aber noch die niederdeutschen Lautungen [sp-, st-] präsent, zumindest unter älteren Sprechern, die manchmal auch von Jüngeren gehört werden dürften. Diese Aussprachen sind deutlich als regionalsprachlich-dialektal markiert, genau so wie die stimmlosen <s>-Aussprachen in wort- und silbeninitialen Positionen des Südens.

Lehrreich und weiterführend ist in dieser Hinsicht ein Blick auf die Wörter, die die Affrikate <pf> enthalten, oft wortinitial, aber auch wortmedial und -final. Wir haben beispielsweise – zum Teil schon vor vielen Jahrhunderten aus anderen Sprachen entlehnt – *Pferd, Pfeil, Pfahl, Pfeffer, Pfote, Pfütze, pfeifen, Kampf* und *Apfel*. Die Schrift, die seit langer Zeit sehr stabil die Buchstaben <pf> aufweist, stützt und stabilisiert an diesem Punkt deutlich die Affrikaten-Aussprache [pf]. Im Norden existieren allerdings dialektal verwurzelte (niederdeutsche) Aussprachen, bei denen das [p] nicht vorhanden ist und lediglich der Frikativ [f] artikuliert wird, also z.B. [ˈfɛfɐ] für *Pfeffer*.

---

21 Vgl. zum Hintergrund AdA-Karte: *s-pitzer S-tein* (Aussprache).

Dahinter stehen letztlich Sprachwandelprozesse, die weit in die deutsche und europäische Sprachgeschichte zurückreichen. In vor-althochdeutscher Zeit entwickelten sich nämlich im Zuge der sog. zweiten Lautverschiebung die Affrikaten aus einfachen Plosivlauten wie *p*, *t* und *k*. Dieser Wandelprozess, der noch im Germanischen, also einer Vorform des Deutschen, stattfand, führte auch zur Differenzierung des Deutschen und des Englischen aus einer gemeinsamen Vorläufersprache (vgl. z.B. engl. *pepper, apple* vs. dt. *Pfeffer, Apfel*). Diese Konsonantenveränderung wurde allerdings im deutschen Sprachgebiet nicht wirklich flächendeckend durchgeführt, sondern verlor von Süden nach Norden an Durchsetzungskraft. Die regionale Verteilung der Lautvarianten spiegelt also die begrenzte Reichweite eines zentralen Entwicklungsprozesses, der überhaupt zur Herausbildung der deutschen Sprache geführt hat. Daher kommt es, dass im gesamten niederdeutschen Bereich Aussprachen ohne [pf] üblich waren. Das Niederdeutsche war hier dem Englischen noch näher als dem Hochdeutschen (vgl. engl. *apple, pepper*, nieder-dt. *Appel, Peffer*, hoch-dt. *Apfel, Pfeffer*). Im Zuge des Aufstiegs der deutschen Standardsprache, die wesentlich auf mittel- und oberdeutschen Sprachformen beruht, verlor die niederdeutsche Lautung dann stark an Boden.

Die alte Lautverschiebung vom *p* zum *pf* besitzt also ein Gegenstück in der regionalen Verteilung der *p*- bzw. *pf*-Aussprachevarianten. Im Raum verkörpert sich wieder einmal die Zeit. Die genaue Verteilung der beiden Aussprachevarianten ist über die Jahrhunderte nicht völlig stabil und auch in der Gegenwart nicht für alle Wort-Vorkommen mit <pf> identisch.[22] Im Wort *Pflaster* scheint sich etwa die Variante ohne Affrikate stärker zu halten als im Wort *Pfütze*. Auch unterschiedliche experimentelle Kontexte bei der Untersuchung bedingen wieder unterschiedliche Aussprachen. Beim Vorlesen einer Wortliste ist man eher geneigt ein [pf] auszusprechen als bei einer annähernd spontansprachlichen Äußerung. In der folgenden Abbildung lässt sich der Einfluss dieser Faktoren deutlich erkennen. Sie können anhand buchstäblicher Markierungen der Tabelle erschlossen werden: WL, UB und BB zeigen bei den einzelnen Wörtern an, ob die Daten im Rahmen des Vorlesens einer Wortliste ermittelt wurden (= WL), aus einer Übersetzungsaufgabe aus dem Englischen resultierten (= UB) oder in freien Bildbeschreibungen vorkamen (= BB):

---

22 Vgl. zum folgenden AADG: Karte: <pf> (/pf/) im Anlaut.

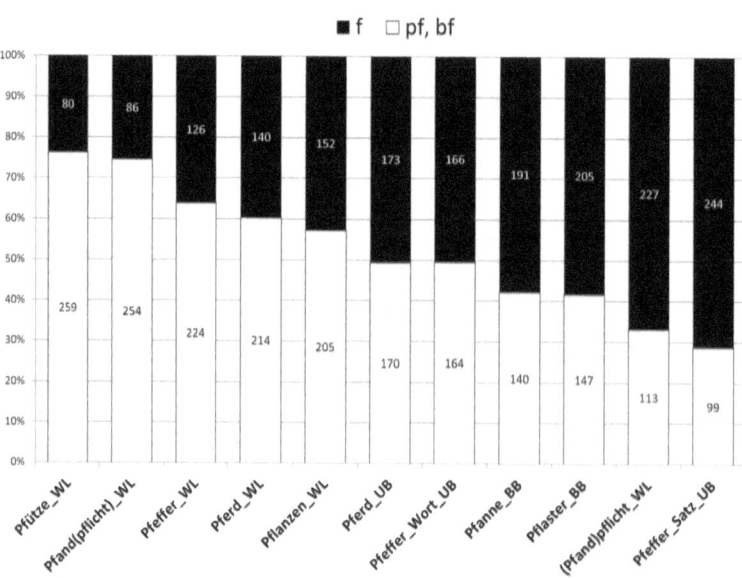

**Abb. 2:** Distribution von [f-] vs. [pf-, bf-] bei unterschiedlichen Wörtern mit <-pf->.[23]

Aus der obigen Verteilung geht die Gradualität des Zweifelsfalls deutlich hervor. Dazu kommt ein rein technischer, artikulatorischer Befund. Beim flüssigen, womöglich schnellen Sprechen ergeben sich nämlich sehr oft Ausgleichsprozesse zwischen den Konsonanten und Vokalen, sog. Assimilationen (Eisenberg/Fuhrhop 2013: 50–52). Sie können bis zum völligen Verschwinden einzelner Laute führen. Dieser Lautveränderungs- bzw. Lautverlustmechanismus ist weder regional noch gruppenspezifisch gebunden. Er kann sich bei jeder Sprechgelegenheit auswirken. Vor diesem Hintergrund ist die Aussprache mit [f] weniger aufwändig und daher schneller zu artikulieren als die Aussprache mit [pf]. In der Sprachwirklichkeit dürften daher Aussprachen ohne [pf] wesentlich verbreiteter sein, als unsere Schrift durch die stabile Schreibung mit <pf> signalisiert, z.B. [kamf] statt [kampf] für *Kampf*. Falsches Deutsch ist das sicherlich nicht. Und ein Missverständnis ist wohl auch nicht zu befürchten, wenn die Wörter *Pferd* und

---

[23] Quelle: http://prowiki.ids-mannheim.de/bin/view/AADG/PfimAnlaut (Institut für deutsche Sprache, Atlas zur Aussprache des deutschen Gebrauchsstandards (AADG) (13.4.2018)). Ich danke Stefan Kleiner (Institut für deutsche Sprache) für die Bereitstellung der Abbildung.

*fährt*, *Pfahl* und *fahl* phonetisch gelegentlich zusammenfallen sollten. Aus dem Kontext, der in mündlicher Sprache ohnehin präsenter ist als in schriftlicher Sprache, werden wir immer wissen, was gemeint ist.

**Wörter mit <-nf>**
Assimilationen spielen auch bei einem anderen Zweifelsfall eine Rolle, der immer mal wieder im Kontext der Sprachberatung auftaucht. Er betrifft die Artikulation von Wörtern, die auf <-nf> enden, also z.B. *Senf, fünf* und *Hanf*. Hier stehen die folgenden Varianten im Raum, einerseits die Aussprache mit der Endung [-nf], also der Schreibung folgend, oder mit [-mf] (ggf. sogar [-mpf]), also entstanden durch eine Assimilation, da hier das *n* dem Folgelaut *f* angeglichen und dadurch als *m* artikuliert wird. Auch hier dürfte es so sein, dass in der Sprachwirklichkeit – selbst in standardsprachlichen Kommunikationskontexten! – die assimilierte Aussprachevariante häufig, wenn nicht sogar am häufigsten vorkommt. Das mag lediglich anders sein, wenn bei der Aussprache eine schriftliche Vorlage unmittelbar relevant ist, etwa beim Vorlesen eines Märchens für Kinder oder beim Verlesen von Nachrichten in Radio und Fernsehen. Allerdings sind solche direkten Verschränkungen zwischen Schrift- und Lautsprache bei der Aussprache deutscher Wörter eher ungewöhnlich. Normalerweise spricht man ohne irgendeine Vorlage in geschriebener Form.

In dieser Perspektive erhebt sich eine Frage, die man nicht einfach vom Tisch wischen sollte: Warum schreiben wir überhaupt <Senf> und nicht <Semf>, wenn sowieso in der Regel [zɛmf] artikuliert wird? Die Antwort kann nur in Rekurs auf die Sprachgeschichte gegeben werden. Denn das Wort stammt ursprünglich aus dem Lateinischen, ist also eigentlich kein nativer Ausdruck. Es leitet sich vom lateinisch-griechischen *sinapi(s)* ab und wurde bereits im Althochdeutschen in der Form *senaf* genutzt. Daraus wiederum ergab sich später *senef*. Bereits in mittelhochdeutscher Zeit fiel dann gelegentlich der zweite Vokal weg, was sich später festigte und zur Form *senf* führte. In dieser kleinen Wortgeschichte spiegeln sich sehr grundsätzliche Entwicklungen des Deutschen. Mit der Zeit hat sich nämlich die ursprünglich silbenprofilierende Struktur des Deutschen mehr und mehr zu einem wortprofilierenden Typ entwickelt (Szczepaniak 2007).

Am Beispiel *Senf* sieht man das daran, dass das Wort in älterer Zeit noch aus zwei relativ einfachen Silben bestand. Sie sind mit der Zeit zu einer einzigen, allerdings komplexeren Silbe zusammengewachsen. Ausschlaggebend dafür war vor allem der Wegfall des zweiten *e*. Erst zu diesem Zeitpunkt geriet das *n* in eine Position, in der es für Assimilationsvorgänge anfällig wurde. Vorher wird man immer *n* artikuliert haben, da der Laut stets am Beginn einer Silbe stand und der vokalische Silbenkern direkt folgte. Nach dem Wegfall des *e* wechselte das *n* seine Silbenposition, da es nun im Silbenendrand, noch dazu gefolgt von einem Frikativ, stand. Mit anderen Worten, die assimilierte Aussprache mit *m* kann sich auf breiter Front erst am Beginn des Frühneuhochdeutschen ergeben haben. Zu dieser Zeit war die Schreibung mit <n> aber bereits fest etabliert. Sie geht schließlich auf die Ursprünge des Deutschen zurück und dürfte sich durch die entwickelnde Buchdruckkultur weiter stabilisiert haben. Ein Schreibwandel von <n> zu <m> hätte den Bruch mit einer ganzen Schrifttradition botanischer Gelehrsamkeit bedeutet. Außerdem wäre damit ein gewisser europäischer Sprachzusammenhang zerstört worden, in dem das <n> schon immer einen festen Platz besaß (vgl. z.B. frz. *sénevé*, ital. *senape*, schwed. *senap*, dän. *sennep*, finn. *sinapi*, estn. *sinep*). Die Verwandtschaft zu anderen Sprachen würde verdunkelt, wenn man statt *Senf Semf* oder gar *Sempf* schreiben würde. Diese kulturgeschichtliche Verbundenheit besitzt nicht zuletzt ein biblisches Fundament (Matthäus 13, 31–32; Markus 4, 30–32).

Am Rande sei bemerkt, dass eine solche Entwicklung in ähnlichen Fällen durchaus zu einer Schreibänderung geführt hat, so beispielsweise bei mhd. *entvëlhen*. Das Wort wurde in der ersten Silbe früher häufig in assimilierter Form als *-mpf* ausgesprochen. Deshalb übernahm man im Verlaufe der Zeit die von der damaligen Schreibung abweichende Lautung auch in einer neuen Schriftform. Im heutigen Wort *empfehlen* verkörpert sich also graphematisch eine phonetische Assimilation, die sich gegen eine ältere Schreibung durchgesetzt hat (Szczepaniak 2007: 229).

**Wörter mit <ä>**

Was phonetische Zweifelsfälle bei Vokalen angeht, so ist an erster Stelle auf einige Wörter hinzuweisen, die mit <ä> geschrieben werden. Die Aussprache dieses Vokals variiert im deutschen Sprachraum nicht unerheblich. Das ist auch eine Ursache dafür, dass seine Einordnung in das Phonemsystem des Deutschen besondere konzeptionelle Probleme bereitet und in der Forschung umstritten ist (Eisenberg/Fuhrhop 2013: 91f; Becker 2012: 37f). Auch die historischen Hintergründe sind unübersichtlich und schwer auf einen Nenner zu bringen (Paul 1998: §31–33; Ebert u.a. 1993: §L 12).

Die Brisanz der zugrundeliegenden Aussprachevariation liegt zudem darin, dass dadurch bestimmte Wörter lautlich zusammenfallen können, die in der Schrift deutlich geschieden sind. Man stelle sich beispielsweise vor, dass die Lautung der folgenden Wörter identisch ist: *Bären / Beeren, sägen / Segen, zäh / Zeh, Dänen / denen, Säle / Seele*. Missverständnisse sind bei Gleichlautung wohl nicht auszuschließen. Ein lautlich identischer, insofern semantisch mehrdeutiger Satz wie *Ich habe im Wald viele Beeren / Bären gesehen* ist denkbar. Wenn die Aussprache dieser Wörter unterschiedlich ist, findet sich normalerweise die folgende Zuordnung: <ä> / [ɛː] (= offene Aussprache, standardsprachlich) und <e, ee> / [eː] (= geschlossene Aussprache, regionalsprachlich). Mit dieser lautlichen Differenz lässt sich dann zudem die Aussprachevariation erfassen, die von hochfrequenten Wörtern wie *Mädchen, später* und *Käse* sowie von Fremdwörtern (z.B. *Trainer, Container, Faible, Creme*) bekannt sein mag.

Tatsächlich geht man derzeit sogar davon aus, dass es hier nicht nur zwei, sondern insgesamt fünf Aussprachevarianten gibt.[24] Zu den oben genannten Formen kommen noch eine leicht offene [ęː], eine sehr offene [ęː] und eine überoffene Variante [æː] hinzu. Die Verteilung im deutschen Sprachraum sieht grob so aus, dass die geschlossene, also ggf. missverständliche, Aussprache hauptsächlich in Nord-Deutschland und Österreich verbreitet ist. Demgegenüber findet sich die offene bis überoffene Form vor allem im Südwesten. Insgesamt zeigen diese Fakten, dass man es hier wieder mit einem phonetischen Zweifelsfall zu tun hat, der deutlich die diatopische Variation des Deutschen und die damit verbundenen Gradualitäten spiegelt. Es wäre falsch, diktatorisch zu behaupten, dass man im Deutschen Wörter wie *Bären / Beeren* oder *sägen / Segen* unterschiedlich aussprechen muss, weil sie schließlich unterschiedlich geschrieben werden. Allerdings gibt es gewisse Plausibilitäten dafür, dass dieser Lautunterschied in der Standardaussprache normalerweise gemacht wird und dadurch auch die unterschiedlichen Schreibungen gestützt werden.

**Variation der vokalischen Quantität**
Bei den Vokalen ist auch die Quantität ein Merkmal, das bei den Sprechern zu phonetischen Zweifelsfällen führen kann. Soll man ein spezifisches Wort mit einem langen oder kurzen Vokal aussprechen? Beispiele für Lexeme, bei denen dieses Problem auftauchen kann, wären etwa *Bad, Rad, Glas, Spaß, dass, es, Rache, grob, schon* und *lutschen*. Die Schreibung spielt in diesem Fall eine ganz andere Rolle als bei den Wörtern mit <ä>. Denn in der deutschen Orthographie gibt es kein Mittel, mit dem die Länge oder Kürze eines Vokals wirklich flächendeckend verschriftlicht würde. Lediglich die Quantität von [ɪ] / [iː] wird im Kernwortschatz recht einheitlich durch <i> / <ie> wiedergegeben. Quantitätsmarkierungen mit <h> (z.B. *dehnen, Fahne, ohne, Ruhm*) oder verdoppelte Buchstaben (z.B. *Beet, Paar, Boot*) können zwar vorkommen, sie müssen es aber nicht (Eisenberg/Fuhrhop 2013: 301–305). In vielen Fällen stehen für lange Vokale schlicht einzelne

---

24 Zum folgenden vgl. AADG: Karte: [ɛː].

Vokalbuchstaben: *lesen, fragen, Hose, tun.* Kurzum, bei der Aussprache von Vokalen kann die Schreibung der Wörter nicht wirklich als steuernder Faktor bei der Auswahl zwischen der langen oder kurzen Variante in den Blick kommen. Faktisch könnte die Schrift sogar die fortwährende Existenz von zwei gleichberechtigten Varianten stützen. Denn aus der Schreibung der Wörter ergibt sich kein klarer Anhaltspunkt für die eine oder die andere Aussprachevariante.

Was die diatopische Verteilung dieser Aussprachevariation angeht, so sind handfeste empirische Daten schwer zu bekommen. Für das Wort *Rache* wurde aber ermittelt, dass die lange Aussprache hauptsächlich im Südwesten des deutschen Sprachraums vorkommt. In allen anderen Regionen dominiert die kurze Aussprache.[25] Andere Erhebungen betreffen die Wörter *lutschen, schon* und *dass.*[26] *Lutschen* spricht man überall kurz aus, im Süden und Osten mitunter aber auch lang. *Schon* wird überall lang, im Südwesten jedoch auch sehr häufig kurz ausgesprochen. Nur im Süden inklusive Österreich hört man *dass* gelegentlich lang, sonst immer kurz. Ähnliches scheint für *es* zu gelten.

Klare Ausspracheregionen, in denen die Vokalquantität gegenüber anderen Regionen relativ einheitlich ausgesprochen würde, lassen sich demnach nicht ausmachen. Es nimmt nicht wunder, dass vor diesem Hintergrund phonetische Zweifelsfälle auftauchen. Eine starke normative Belastung wirkt bei diesen Aussprachen aber offensichtlich nicht. Das hängt vermutlich auch damit zusammen, dass die Schreibung hier keine Variante eindeutig favorisiert.

### Einzelfälle, z.B. *FAZ*

Die bisher behandelten phonetischen Zweifelsfälle besaßen einen gewissen systematischen Charakter. Sie ließen sich oft sowohl diatopisch als auch diachron weiterverfolgen, zudem konnten strukturelle Gegebenheiten des Deutschen beachtet werden, um die jeweiligen Fälle besser einordnen zu können. Daneben kommt es jedoch immer mal wieder zu Aussprache-Irritationen, die einen mehr oder weniger isolierten Einzelfall-Charakter besitzen. Wie in den anderen Fällen, spielt der Bezug auf die Schreibung auch hier meistens eine wichtige Rolle. Einige wenige Fälle seien noch herausgegriffen.

Was ist die korrekte Aussprache für FAZ?[27] [fats] oder [ˈʔɛfˈʔaˈtsɛt]? Die graphematische Einbettung der phonetischen Zweifelsfälle sticht bei dieser Frage

---

25 Vgl. AADG: Karte: Quantitätsvariation des Tonsilbenvokals in *Rache.*
26 Vgl. zum folgenden Ada: Karten: *duschen, lutschen* (Vokalquantität) + *schon* (Vokalquantität) + *dass, es* (Vokalquantität).
27 Vgl. zum folgenden auch IdS-GiFuA: FAZ sprich 'ef-a-zett' oder 'faz'? – Aussprache von Kurzwörtern.

ins Auge. Es gibt zwar Wörter, denen eine Abkürzung zugrunde liegt, die unabhängig von der Schrift funktioniert (z.B. *Uni, Demo, Rad*). Oft werden aber Abkürzungen in schriftsprachlichen Kontexten durch bestimmte, meistens initiale Buchstaben-Kombinationen gebildet. Sie können dann in manchen Fällen einen Wortcharakter bekommen. Und Wörter müssen wir nicht nur schreiben, sondern auch aussprechen können. Dabei gibt es nun prinzipiell zwei Möglichkeiten: einerseits werden die einzelnen Buchstaben zusammenhängend artikuliert (z.B. UFO, NATO, DAX, TÜV), andererseits isoliert (z.B. ARD, ZDF, EU, ADAC, BGB). Die isolierte Artikulation liegt nahe, wenn keine Vokale in der Abkürzung vorkommen (z.B. BGB). Die zusammenhängende Artikulation greift besonders schnell, wenn eben diese Vokale zur Verfügung stehen (z.B. NATO). Sie wird aber nicht immer genutzt, wo es technisch möglich wäre (z.B. ADAC, EU). Aus den strukturellen Vorgaben der Abkürzung ergibt sich also kein Hinweis darauf, wie man solche Wörter aussprechen sollte. Auf dieser Basis gibt es kein richtig oder falsch. Was hier also allein zählen kann, ist der Sprachgebrauch. Welche Aussprache hat sich etabliert? Im Fall von FAZ sind keine genaueren Untersuchungen angestellt worden. Jedenfalls hört man beide Aussprachen, im Norden und im Süden, im Osten und im Westen. Ob die Redaktion der FAZ bei der Klärung dieser Frage ein Vorrecht genießen sollte, sei dahingestellt. Für Außenstehende könnte es zumindest ein Akt der Höflichkeit sein, bei der Aussprache denjenigen Leuten zu folgen, die zu der betreffenden Institution, für die die Abkürzung steht, gehören. Aber spricht man das Wort in der FAZ-Redaktion überhaupt einheitlich aus?

**Aussprache von Eigennamen, z.B. *Troisdorf, Eberswalde***
Ein anderer Fall betrifft Eigennamen. Diese Wörter stehen in verschiedenen Hinsichten an der Peripherie des Wortschatzes. Graphematisch äußert sich das beispielsweise darin, dass man hier oft Schreibungen findet, die den üblichen Verschriftungsprinzipien des Deutschen aus guten Gründen entgegenlaufen (Nübling u.a. 2012: Kap. 4.5). Dazu gehört auch die Bewahrung altertümlicher und nicht-standardkonformer Schreibungen. Während etwa Vokallängen bei Bedarf durch ein <h> oder Vokalverdoppelung angezeigt werden können, finden sich bei Eigennamen auch ein <i> (z.B. *Troisdorf, Voigt*), ein <w> (z.B. *Teltow, Pankow*) oder ein <e> (z.B. *Coesfeld, Soest, Itzehoe*). Im letzteren Fall muss das besonders irritierend wirken, weil die Kombination Vokal-Graphem +<e> auch für Umlaute stehen kann (z.B. *Moeller, Schroeder, Foerster, Laboe*).

Auch die Akzentsetzung kann bei Eigennamen einen peripheren Charakter besitzen, der nicht mit den prototypischen Formen des Deutschen übereinstimmt, beispielsweise bei der Akzentgebung in komplexen Wörtern (Nübling u.a. 2012: 67). Während Komposita normalerweise auf dem ersten Kompositionsglied betont werden (z.B. *Fréihafen, Hóchwald, Dórfkirche*), findet sich bei vielen Eigennamen ein anderes Muster: Das Letztglied wird betont (z.B. *Ludwigsháfen, Eberswálde, Gelsenkírchen*). Dabei wirkt die Schreibung diesmal nicht als irritationsfördernde Komponente. In der deutschen Orthographie gibt es nämlich kein Zeichen, das die Akzentgebung anzeigen würde. Das wirkt sich nicht zuletzt bei den wenigen Wörtern aus, die durch unterschiedliche Akzentsetzung und Formenbildung ihre Bedeutung verändern können, so etwa *Man muss den Baum úmfahren* (*Der Baum wurde umgefahren*) vs. *Man muss den Baum umfáhren* (*Der Baum wurde umfahren*). Auch in einem zweifelsfallintensiven Wort wie *Stralsund* wird per Schreibung keine Akzentsetzung angezeigt.

### Buchhalterisch

Das fehlende Instrumentarium zur Akzentverschriftlichung kann umgedreht auch als Freibrief für die Realisierung ungeahnter Möglichkeiten wirken. Im Wort *buchhalterisch* gibt es jedenfalls keinen graphematischen Anhaltspunkt dafür, wo man in diesem viersilbigen Wort den Hauptakzent setzen sollte. Anderseits existiert ein Betonungsmuster, das sich in vielen vergleichbaren Wörtern in recht einheitlicher Weise zeigt. Es muss negativ formuliert werden: Auf keinen Fall liegt die Betonung in solchen Wörtern auf den letzten beiden Silben. Die Wortbildungsmorpheme, die aus dem Substantiv *Buchhalter* das Adjektiv *buchhalterisch* gemacht haben, werden also nicht betont. Für dieses Muster stehen Wörter wie *kriegerisch, mörderisch, verführerisch, schauspielerisch, mittelmeerisch*. Hinter diesen Lautungen verbergen sich prototypische Akzentuierungen bei nativen Wörtern, die mit -erisch gebildet wurden und keinen Anlass für Sprachzweifel bieten. Gleichwohl taucht die Frage, wie man das Wort *buchhalterisch* aussprechen muss, im Sprachberatungskontext immer wieder auf.[28] Die Ursache für diesen Zweifelsfall ist schnell gefunden. Tatsächlich wird das Wort nämlich in Verwaltungs- und Wirtschaftskreisen nicht selten auf der vorletzten Silbe und mit gespannter, langer Vokalquantität artikuliert, also [buːxhalˈteːʀɪʃ]. Wäre es also möglich, dass die Experten in diesen Sachen ein Wort, das sie sicher täglich nutzen, falsch aussprechen? Was könnte sie bewegen, von den prototypischen Formen abzuweichen?

---

**28** Als Beleg für diese Aussage suche man nur nach den Wörtern *Aussprache* und *buchhalterisch* im Internet.

Diese Fragen erscheinen in einem neuen Licht, wenn man zur Kenntnis nimmt, dass ein entsprechendes nicht-prototypisches Betonungsmuster in anderen Wörtern gut greifbar existiert, z.B. bei *grammatikálisch, provisórisch, äthérisch, esotérisch* oder *genérisch*. Es handelt sich um nicht-native Wörter, die offensichtlich anders funktionieren als native Wörter und hier als Vorlage gedient haben könnten. Anders gesagt, wer *buchhalterisch* mit dem Akzent auf der vorletzten Silbe ausspricht, orientiert sich an den Gegebenheiten von Fremdwörtern. Er will – bewusst oder unbewusst – von den nativen Sprachformen abweichen und eher die Vorgaben fremder Sprachen nutzen. Im vorliegenden Fall könnte das einen gewissen gruppenstärkenden Aspekt besitzen. Man gibt sich als Verwaltungs- und Wirtschaftsexperte zu erkennen, wenn man die ungewöhnliche Akzentgebung nutzt. Oder steckt dahinter der Versuch, sich durch bestimmte Aussprachen ein Prestige zu verschaffen, das in nativen Wörtern nicht ohne weiteres verfügbar ist? Wie dem auch sei: In der diskutierten Aussprache offenbart sich die Spannung zwischen nativen und nicht-nativen Wörtern, die immer wieder zur Entstehung sprachlicher Zweifelsfälle führt. Diese Spannung soll im folgenden Kapitel etwas genauer umkreist werden.

## 4.2 Fremdwörter

Die deutsche Sprache ist ohne Entlehnungen nicht denkbar. Sie hat im Laufe der Zeit immer wieder Wörter aus anderen Sprachen übernommen. Dabei wurden die fremden Wörter teilweise stark verändert, auch in der Aussprache. Denn ein Mensch mit deutscher Muttersprache ist mehr oder weniger gut auf die Aussprache fremder Wörter vorbereitet. Und damit sind jetzt keine Fremdsprachenkenntnisse gemeint. Denn die artikulatorischen Fähigkeiten, die man im Rahmen des Erstspracherwerbs des Deutschen immer wieder trainiert und mit der Zeit perfekt ausbildet, beziehen sich letztlich nur auf einen kleinen Ausschnitt der Laute und Lautkombinationen, die in den Sprachen der Welt zu finden sind.

**Fremdwortintegration als Ursache für phonetische Zweifelsfälle**
Manche fremden Wörter kann man schnell und problemlos artikulieren, bei anderen ergeben sich Schwierigkeiten. Sie resultieren aus der Tatsache, dass die phonetisch-phonologischen Systeme der fremden Sprachen in größerer oder in geringerer Distanz zu den Üblichkeiten im Deutschen stehen können. In der Folge entwickeln sich Aussprachevarianten, die als potentielle Zweifelsfälle im Raum stehen. Die unterschiedlichen Aussprachen müssen also im Rahmen der

Integration fremder Wörter in das native System des Deutschen betrachtet werden. Diese Hintergründe sind von zentraler Bedeutung, wenn man die Aussprache fremder Wörter im Deutschen analysieren will. Die damit verbundenen Fakten zur Entstehung von Aussprachevarianten wurden sprachwissenschaftlich schon verschiedentlich thematisiert. Auf einschlägige Überblicke lässt sich auch im Zusammenhang der Analyse phonetischer Zweifelsfälle immer wieder zurückgreifen (Eisenberg 2018: Kap. 4; Munske 1988).

Relativ nah ist ein fremdes Wort dann, wenn es nur Laute enthält, die es auch im Deutschen gibt. Deshalb hat man mit der phonetischen Integration von englischen Wörtern wie *test* und *tip* keine Probleme. Relativ entfernt ist es, wenn es einen oder sogar mehrere Laute besitzt, die man im Deutschen nicht kennt. Dazu kommen womöglich noch Lautkombinationen, die im nativen System nicht existieren. Denn nicht nur die pure Existenz einzelner Laute muss bei Entlehnungsvorgängen bewältigt werden, sondern auch die Kombination der Laute, die von den nativen Möglichkeiten des Deutschen abweichen können. Ein Beispiel für fremde Laute, die es im Deutschen nicht gibt, sind die französischen Nasalvokale oder die Frikative, die dem englischen <th> entsprechen, also [θ, ð]. Ein Beispiel für eine fremde Kombination existierender deutscher Laute findet sich in Wörtern wie *Psychologie* ([ps-]), *Sklave* ([skl-]), *Computer* ([-pj-]) oder *graduell* ([-ɥɛ-]). Auch unübliche Positionen eines Lauts innerhalb einer Silbe sind zu berücksichtigen. So gibt es im Deutschen zwar den Laut [ç] (*ich, misslich, frech, ächzen*), allerdings nicht am Beginn einer Silbe wie in den Wörtern *Chiasmus* oder *Chirurg*.

Die Aussprachevarianten, die im Zuge der Fremdwortintegration entstehen, bewegen sich demnach – prinzipiell gesehen – zwischen zwei Polen. Auf der einen Seite stehen die Lautungen der Wörter, wie sie in der Gebersprache üblich sind. Auf der anderen Seite werden diese Lautungen als Anlass für mehr oder weniger regelhafte Integrationslautungen genommen, die sich den üblichen Gegebenheiten der deutschen (Standard-) Aussprache annähern. Dabei verlieren die fremden Wörter mehr und mehr ihre lautliche Fremdartigkeit und entfernen sich damit von ihrem sprachlichen Ursprung. Oder anders gesagt: durch phonetische Integration werden die Fremdwörter für Muttersprachler des Deutschen immer einfacher auszusprechen, da sie nunmehr weniger fremde Laute und Lautkombinationen enthalten.

### Fremdsprachenkenntnis als Lösung für phonetische Zweifelsfälle?
Was die normative Frage nach der richtigen Aussprache in solchen Fällen angeht, liegt zunächst eine Konstellation auf der Hand. Wenn zur Diskussion stehen sollte, wie man englische, französische oder andere Fremdwörter richtig aussprechen muss, wendet man sich an englische oder französische Muttersprachler,

notfalls an Menschen, die diese Sprachen im Zweitspracherwerb gut gelernt haben. Bei Latinismen stehen Latein-Lehrer sicher gerne zur Verfügung. Dann wird man beispielsweise erfahren, dass *Thriller* nicht mit [s-] anlauten darf und am Ende von *Restaurant* ein Nasal-Vokal zu artikulieren ist. Das ist eben so im Englischen bzw. im Französischen! So weit, so nachvollziehbar.

Für die Diskussion phonetischer Zweifelsfälle ist das aber nicht einmal die halbe Geschichte. Denn in diesem Zusammenhang geht es ja nicht darum, wie man die Fremdwörter in ihren Ursprungssprachen ausspricht, sondern darum, wie sie (momentan) im Deutschen zu artikulieren sind. Zur Debatte muss stehen, wie sich die phonetische Integration der Fremdwörter ins Deutsche aktuell darstellt und welche Folgerungen daraus für die Frage nach der richtigen Aussprache zu ziehen sind. Dazu können Engländer, Franzosen und Latein-Lehrer meistens wenig sagen, denn hier helfen ja nur Kenntnisse der deutschen Sprachrealitäten weiter. Stattdessen beharren die Fremdsprachenkenner gelegentlich auf der angeblich richtigen Aussprache und belächeln diejenigen, die die fraglichen Wörter „auf Deutsch", also integriert, aussprechen. Die Motivation für dieses herablassende Verhalten ist nachvollziehbar, die normative Entschiedenheit, die die vorgeblichen Sprachexperten für die Lösung sprachlicher Zweifelsfälle im Deutschen vor sich hertragen, aber von vornherein nicht sachgerecht. Engländer, Franzosen und Latein-Lehrer sind keine Instanzen, die über die Aussprache englischer, französischer oder lateinischer Wörter im Deutschen entscheiden könnten. Allerdings besitzen sie ein gutes Hintergrundwissen, um den historischen und systematischen Ausgangspunkt für relevante Integrationsprozesse und die Entstehung von Aussprachevarianten besser abschätzen zu können. Dazu müssen in jedem Fall Kenntnisse darüber kommen, auf welche Art und Weise die Fremdwörter von wem bei welchen Gelegenheiten tatsächlich im Deutschen ausgesprochen werden.

Und damit stehen wir wieder vor demselben grundsätzlichen Problem, das auch bei der Frage nach der diatopischen Distribution von Aussprachevarianten nativer Wörter nicht einfach zu lösen war: Wie hört sich der reale Sprachgebrauch im Verbreitungsgebiet der deutschen Sprache tatsächlich an? Und welche Faktoren führen im Einzelfall zur einen oder anderen Lautung? Anders gesagt: Man benötigt handfeste, empirisch gut abgesicherte Antworten auf eine einfache Frage: Wie sprechen deutsche Muttersprachler, wenn sie bestimmte Fremdwörter nutzen? Zur Illustration, mit welchen graduellen Stufungen und Einflussfaktoren hier zu rechnen ist, seien im folgenden einige Fälle exemplarisch herausgegriffen. Sie sind teilweise nach den Herkunftssprachen der Fremdwörter geordnet, denn je nachdem aus welcher Sprache bestimmte Fremdwörter stammen, ergeben sich spezifische phonetische Zweifelsfälle mit ähnlichen Hintergründen.

**Gallizismen: Probleme mit Nasalvokalen: *Beton* vs. *Saison***
Im nativen Kernsystem der deutschen Standardsprache gibt es keine Nasalvokale. Im phonetischen System des Französischen spielen sie dagegen eine tragende Rolle. Dafür stehen etwa Wörter wie *Balance*, *Saison*, *Karton* und *Bonbon*. Werden nun solche Wörter französischen Ursprungs (= Gallizismen) im Deutschen übernommen, stellt sich die Frage, wie die deutschen Sprecher mit den Nasalvokalen verfahren. Einige generelle Konstellationen lassen sich unterscheiden.

Diejenigen Sprecher, die über Französisch-Kenntnisse verfügen, werden tendenziell bei den Nasalvokalen bleiben. Warum sollten sie auch anders verfahren, wenn sie in mühseligen Erwerbsprozessen gelernt haben, wie man solche Wörter ausspricht? Dazu kommt, dass Französisch-Kenntnisse im deutschen Sprachraum relativ verbreitet sind, jedenfalls verbreiteter als Kenntnisse des Griechischen, Isländischen oder Chinesischen. Das gilt zudem in historischer Perspektive. Der Sprachkontakt mit dem Französischen ist etwas, was das Deutsche seit Jahrhunderten prägt. Spätestens im 17. Jahrhundert gerät das Französische zu einer Kontaktsprache mit hohem Prestige. Die französische Aussprache von Gallizismen war zu bestimmten Zeiten ein Muss. In bestimmten gesellschaftlichen Zirkeln mag das heute noch genauso sein. Wer die Nasalaussprache also nicht beherrscht, konnte und kann sich gesellschaftlich schnell disqualifizieren. Gebildete Sprecher verfügen in der Regel über Französischkenntnisse, die sie nicht verstecken werden. Das alles führt zu einer Stabilisierung der Nasalaussprache.

Diejenigen Sprecher, die nicht über Französisch-Kenntnisse verfügen, müssen notwendigerweise Ausweichstrategien nutzen, um mit den nasalierten Gallizismen zurechtzukommen. Die erste Möglichkeit besteht schlicht in der vollständigen Vermeidung der fremden Wörter, gegebenenfalls mit Ersatz durch entsprechende native Ausdrücke. Statt *Balance* spricht man dann von *Gleichgewicht*, für *Bonbon* steht *Klümpchen*, *Bollchen*, *Zuckerstein* oder *Zückerle*. Je nach Zeitgeist kann man diese Vermeidungsstrategie gegebenenfalls mit sprachpuristischen oder anderen sprachpolitischen Zielsetzungen verknüpfen. Die Beziehungen zwischen Deutschland und Frankreich waren bekanntlich nicht immer harmonisch. Eine andere Ausweichstrategie zielt darauf ab, die Nasalvokale irgendwie mit den Mitteln der nativen deutschen Phonetik wiederzugeben, sie also zu integrieren. Dabei kann die Orientierung an der schriftlichen Form der Wörter eine Hilfestellung bieten. Je gebräuchlicher ein Gallizismus in der Folge wird, desto mehr ist damit zu rechnen, dass er von Bewegungen erfasst wird, die von Nicht-Französischsprachigen dominiert werden. Neben der Gebrauchsfrequenz kann – zumindest mittelbar – auch die Semantik der Wörter ein Faktor sein, der die Entwicklung beeinflusst. Abstrakte, bildungssprachliche Wörter bewahren die Nasalvokale womöglich stabiler als Wörter mit konkreten Bedeutungen, die in vielen alltagssprachlichen Situationen verankert sind.

Ein solches komplexes Faktorenbündel hat dazu geführt, dass die Gallizismen *Parfum, Karton* und *Beton* heutzutage ganz überwiegend ohne Nasalvokale ausgesprochen werden. Bei *Parfum* [paʀˈfœ̃ː] wurde entsprechend auch die Schreibung verändert und zwar zu *Parfüm* [paʀˈfyːm]. Die Aussprache mit dem finalen [-m] bewahrt die Nasalierung noch im Konsonanten. Sie wird außerdem durch die Schreibung gestützt. Bei *Beton* (und *Karton*) finden sich gegenüber der ursprünglichen, nasalierten Aussprache die integrierten Lautungen [beˈtɔŋ] und [beˈtoːn] (auch: [bɛˈtɔŋ]). Die Aussprache mit finalem -*n* wird durch die alte Schreibung stabilisiert, für erstere deutet sich kein Schreibwandel zu <Betong> an. In beiden Fällen liegt eine fortgeschrittene phonetische Integration ins Deutsche vor. Natürlich spricht das nicht prinzipiell gegen eine nasalierte Aussprache. Wenn sich ein Sprecher trotz aller Integrationsbewegungen für die alten nasalierten Vokale entscheiden sollte, so müsste er freilich einkalkulieren, dass ihn manche Zuhörer als einen blasierten und überheblichen Sprecher wahrnehmen werden, der mit seiner französischsprachigen Bildung prahlen möchte.

Ähnliches gilt für die vergleichbar strukturierten Lexeme *Balkon, Ballon,* und *Bon,* vielleicht auch für *Salon*.[29] Auch hier überwiegen deutlich die nicht-nasalierten Aussprachen.[30] Anders sieht es dagegen bei *Saison* aus. Insbesondere in den westlichen und südwestlichen Teilen des deutschen Sprachgebiets lassen sich bei diesem Gallizismus noch viele nasalierte Aussprachen beobachten. Vielleicht drückt sich darin die relative Nähe dieser Sprecher zum französischen Sprachgebiet aus. Im Osten liegen französische Aussprachen einfach ferner als im Westen. Aber auch in allen anderen Regionen kommen Lautungen mit Nasalvokalen durchaus vor. Das Wort *Saison* wird uneinheitlich ausgesprochen, es ist also noch nicht so stark in die deutsche Sprache integriert wie die anderen genannten Lexeme. Das dürfte nicht zuletzt an dem Umstand liegen, dass in *Saison* mit <ai> eine graphematische Vokalkombination auftaucht, die im Kernsystem der Schreibung peripher ist, in Fremdwörtern dagegen häufig vorkommt, allerdings mit unterschiedlichen Lautungen (vgl. *E-Mail, Trainer, Container, Detail, Affaire, Terrain, naiv, Laie*). In generell vergleichbarer Art und Weise changiert die Aussprache von *Balance, Chance* und *Branche* zwischen weniger oder stärker

---

29 Zu *Bon* vgl. auch IdS-GiFuA: Darf ich für den Kassenbon auch '-bong' sagen? — Zur Aussprache „fremder" Wörter mit nasalierten Vokalen.
30 Dazu und zum folgenden AADG: Karte: Nasal und Nasalierungen bei /ɔ̃ː/ - <on> in *Balkon, Ballon, Eisenbahnwaggon, Saison.* Für *Salon* liegen leider keine entsprechenden Daten vor.

integrierten phonetischen Formen.[31] Nicht-integrierte Aussprachen konservieren in unterschiedlichem Ausmaß den Nasalvokal, integriertere Aussprachen zeigen eine Kombination von Vokal plus [n] oder [ŋ].

Das Beispiel von *Saison* kann herhalten, um die wesentlichen Möglichkeiten für zweifelnde Sprecher auf den Punkt zu bringen. Es sind drei: Die nicht-integrierte Lautung mit [-õ:] (1) ist noch durchaus möglich und weist den Sprecher tendenziell als französischkundig aus. Besonders in gebildeten Kreisen ist die Variante vermutlich gebräuchlich. Wer stattdessen [-ɔŋ] (2) artikuliert, plädiert implizit für eine stärkere Angleichung des Gallizismus an das deutsche Kernsystem und damit für einen sprachlichen Fortschritt, wie ihn *Parfüm*, *Karton* und *Beton* schon hinter sich haben. Mit dieser Aussprache situiert man sich aber auch diatopisch, da sie insbesondere im Norden und in der Mitte des deutschen Sprachgebiets verbreitet ist. Die andere integrierte Aussprache, nämlich [-o:n] (3), ist besonders schriftsprachnah und vor allem im Süden zu finden, insbesondere im schweizerischen und österreichischen Deutsch. Falsch ist keine der drei Varianten.

Bleibt zum Schluss noch zu erwähnen, dass vor diesem Hintergrund von einem einzelnen Sprecher eigentlich auch nicht unbedingt eine einheitliche Aussprache erwartet werden darf. Wer *Saison* mal nasaliert, mal mit [-ɔŋ], mal mit [-o:n] artikuliert, bildet faktisch nur eine lebendige Variation ab, die genau so in der deutschen Gegenwartssprache zu beobachten ist. Die unstete Aussprache könnte womöglich sogar einen Sprecher kennzeichnen, der besonders viel unterwegs ist, der also ständig mit den nord- und süddeutschen Gegebenheiten in Kontakt ist und der noch dazu über das Spannungsfeld der phonetischen Integration von Gallizismen Bescheid weiß. Allerdings dürfte es vielleicht auch für ihn sinnvoll sein, sich mehr oder weniger bewusst für genau eine Aussprache zu entscheiden, damit man nicht immer wieder in phonetische Zweifel gestürzt wird.

**Anlautvariationen:** *Chips*
Wer überlegt, ob er das Wort *Chips* im Anlaut mit [tʃ-] (= Affrikate) oder mit [ʃ-] aussprechen sollte, ist mit einem Problem konfrontiert, das in ein ganzes Netz von potentiellen Aussprachezweifeln verwoben ist. Die Lage ist zweifellos unübersichtlich, da sich – wenn man so will – zwischen verschiedenen Wörtern und Schreibungen jede Menge Quer- und Analogieverbindungen ausmachen las-

---

31 Vgl. näheres bei AADG: Karte: Nasal und Nasalierungen bei /ã:/ - <an> in *Branche*, *Balance*, *Chancen*.

sen. Sie beziehen sich vor allem auf Fremdwörter, die ein <ch> enthalten. Bei längerem Nachdenken wird der Zweifler womöglich in Rechenschaft ziehen, dass man *Chips* aufgrund seiner Schreibung eventuell sogar mit [ç-] (vgl. *Chile, China*) oder mit [k-] (vgl. *Chirurg, Chor*) anlauten lassen könnte. Und findet man bei Wörtern wie *Gin, Gelatine, Journalist* oder *Dschungel* nicht initiale Laute, die so ähnlich klingen wie bei *Chips*? Und was ist dann noch mit der *Cheops-Pyramide*? Von *Chuzpe* vielleicht ganz zu schweigen...

Das Grundproblem liegt hier darin, dass unterschiedliche Herkunftssprachen mit jeweils einigermaßen stabilen graphematisch-phonetischen Strukturen durch den Kontakt mit dem Deutschen verbunden werden. Über englische, französische und lateinisch-griechische Fremdwörter fließen gewisse sprachliche Muster zusammen und bilden insgesamt für den Sprecher des Deutschen einen Irritationskomplex, der teilweise hochgradig konfus anmutet, weil darin die Usancen unterschiedlicher Sprachen miteinander vermengt werden. Was in den einzelnen Sprachen an und für sich eine gewisse Logik besitzt, kann bei der gesammelten Übernahme ins Deutsche einen chaotischen Eindruck erwecken. Denn deutsche Sprecher werden bei der Übernahme von Fremdwörtern gewissermaßen gleichzeitig mit den Besonderheiten des Englischen, Französischen, Griechisch-Lateinischen und anderer Sprachen konfrontiert, obwohl sie möglicherweise keine dieser Sprachen wirklich beherrschen. Missmutig gelaunt, könnte einem die Problematik als grundsätzliches sprachhistorisches Defizit erscheinen: Hier rächt sich die Tatsache, dass die deutsche Sprache viele Wörter nicht nur aus einer, sondern aus mehreren Gebersprachen entlehnt hat, noch dazu in unterschiedlichen Zeitepochen und gebrochen durch verschiedene Mittlersprachen.

Orientierung kann vor diesem Hintergrund wiederum vor allem die Integrationsperspektive verschaffen. Welche Aussprachevariante spricht für stärkere, welche für geringere Integration in das deutsche Kernsystem? Beim Wort *Chips* ergibt sich diesbezüglich ein einfacher Befund. Der Anlaut mit [tʃ-] ist weniger integriert. Denn diese Affrikate ist nativ zwar durchaus vorhanden (z.B. *Matsch*), allerdings nicht am Silbenbeginn wie bei *Chips*. Der Anlaut mit [ʃ-] ist dagegen in sehr vielen nativen Wörtern verbreitet, wird allerdings entweder mit <sch> oder <st, sp> verschriftlicht. Relativ eindeutig ist auch die regionale Verbreitung der beiden Aussprachen.[32] Im Süden artikuliert man ziemlich einheitlich die Affrikate, im Norden eher, aber nicht ganz so einheitlich die Frikativ-Lautung. Dazwischen existiert ein Übergangsgebiet, in dem beide Lautungen in unterschiedlichen Verteilungen vorkommen. Diese diatopische Verteilung ist vermutlich mit

---

32 Vgl. dazu und zum folgenden AADG: Karte: <Ch-> in *Chips*.

der historischen Präferenz für Affrikaten im Süden verbunden. Sie ist tief in einschlägigen hochdeutschen Lautgesetzen verankert. Mit anderen Worten: Die unterschiedlichen Aussprachen von *Chips* im deutschen Sprachraum rekapitulieren womöglich die Reichweite der Affrikatenverschiebung, die in alter Zeit zur Entwicklung des Althochdeutschen geführt hat.

### Anlautvariationen: *Chemie*

Ähnlich wie *Chips* dürfte sich auch die Aussprache anderer Anglizismen verhalten, etwa *Champion, Charter, checken*. Viele Gallizismen könnten auch in dieses Muster passen, z.B. *Champignon, Chanson, Charge, Charme, Chauffeur, Chef, Chiffre*. Allerdings gibt es einen entscheidenden Unterschied zu den Anglizismen, der die Lage für deutsche Sprecher erheblich kompliziert: In den Gallizismen existiert in der französischen Ausgangslautung ein [ʃ-], also gerade nicht die anlautende Affrikate [tʃ-], die in den Anglizismen als Ausgangslautung vorliegt. Während also die initiale Frikativlautung [ʃ-] in Anglizismen als stärker integriert gelten muss, steht sie in Gallizismen, zusammen mit ihrer graphematischen Repräsentation durch <ch>, gerade für Nicht-Integriertheit.

Damit aber nicht genug der Komplikationen. Denn zu allem Überfluss gibt es nun noch Wörter mit anlautendem <ch>, die aus dem Griechischen stammen, z.B. *Chaos, Charakter, Charisma, Chemie, Chiasmus, Chirurg, Chor, Chronik, Christus* (= Graezismen). Als potentielle Aussprachen stehen hier aber, mit langer historischer Tradition, nicht [tʃ-] und [ʃ-], sondern [k-] (Typ: *Christus*) und [ç-] (Typ: *Chemie*) im Raum. Von Interesse ist für unseren Zusammenhang hauptsächlich der Typ *Chemie*, weil der Typ *Christus*, zumindest im bundesdeutschen Sprachraum, relativ frequent und stabil ist und daher kaum Zweifelsfälle hervorruft. Die Lautung *Chemie* / [çe'miː] wird dagegen dadurch gestützt, dass die Schreibung <ch> bei Kontakt mit hellen Vokalen nativ stets mit [ç] artikuliert wird (z.B. *ich, echt, mächtig*). Phonographisch lässt sich die Verbindung von <ch> und [ç] also als Integration interpretieren. Allerdings existiert [ç] nativ nie im Wortanlaut. Das spricht dafür, die Lautung *Chemie* / [çe'miː] phonetisch gerade als nicht integriert zu verstehen.

Angesichts der zahlreichen Einflussfaktoren, die auf Wörter mit initialem <ch> lasten, ist es demnach gut verständlich, warum die Aussprache von Ausdrücken wie *Chemie, Chirurg, Chile* und *China* im Deutschen alles andere als stabil ist. Faktisch finden sich bei diesen Wörtern im deutschen Sprachraum daher alle oben beschriebenen Varianten, also [ç, k, ʃ, tʃ] – und sogar noch zwei weitere, nämlich [x, kx].³³ Auch wenn diese beiden Varianten nicht besonders häufig vorkommen, lassen sich für sie nichtsdestoweniger starke Gebrauchsmotive angeben. [x] wird phonographisch durch <ch> / [x] gestützt (vgl. z.B. *Loch, wach, Tuch*). Zusammen mit [kx] erscheint diese Variante zudem so gut wie ausschließlich im südwestdeutsch-schweizerischen Sprachraum, also in einer Gegend, in der [x] und [kx] in den regionalen Sprachvarianten ohnehin eine große Rolle spielen. Um also alles zugespitzt auf ein Wort zu münzen: Für sämtliche Varianten von *Chemie*, also mit initialem [ç, x, k, kx, ʃ, tʃ], kann man beschreiben, wodurch sie jeweils hervorgerufen und gestützt werden, worin also ihre Legitimität wurzelt und wie diese Varianten im Rahmen von sprachlichen Integrationsprozessen zu begreifen sind:

**Tab. 7:** Stützende Faktoren für initiale Aussprachevarianten von *Chemie*

| Aussprache von *Chemie* | phonographische Stützung | diatopische Stützung | Integration | |
|---|---|---|---|---|
| | | | Schrift | Laut |
| [ç-] | vgl. <ich, echt, mächtig> | v.a. nord-dt. | ja | z.T. |
| [x-] | vgl. <Loch, wach, Tuch> | v.a. schweizerisch | ja | z.T. |
| [k-] | vgl. <Chaos, Christus> | v.a. süd-dt., öster. | nein | ja |
| [kx-] | | v.a. schweizerisch | nein | z.T. |
| [ʃ-] | vgl. <Charme, Chef> | v.a. mittel-, ost-dt. | nein | ja |
| [tʃ-] | vgl. <Chips, checken> | (wenig belegt) | nein | nein |

Es lässt sich resümieren, dass bei Integrationsprozessen von Fremdwörtern verschiedene Faktoren in unterschiedlichen Konstellationen zusammenkommen können und somit unterschiedliche Aussprachen gestützt werden: die Ausgangslautung in der fremden Sprache, die Schreibung des Worts und die damit verbundenen phonographischen Konnotationen im Deutschen, die Fremdsprachenkenntnisse des jeweiligen Sprechers sowie seine Herkunft aus einer Region, in der bestimmte regionale Sprachformen des Deutschen kursieren. Für die sprachwissenschaftliche Analyse folgen daraus verschiedene Graduierungen, in denen solche phonetischen Zweifelsfälle eingebettet sein können: ein Sprecher kann mehr oder weniger gut mit der Ausgangslautung der Fremdwörter vertraut sein,

---

33 Vgl. dazu und zum folgenden AADG: Karte: <Ch-> in *Chemie, China, Chirurg* und *Cheopspyramide*; zu *Chile* insbesondere die Karte: <Ch-> in *Chile*.

die Schreibung kann einzelne Aussprachevarianten mehr oder weniger stark stützen und gewisse regionalsprachliche Lautbesonderheiten können bestimmte Aussprachevarianten mehr oder weniger stimulieren. Daraus können wiederum unterschiedliche Integrationsgrade der jeweiligen Fremdwörter ergeben. Dass bei solchen komplexen Vorgaben immer wieder Zweifelsfälle entstehen müssen, liegt auf der Hand.

Mit den zahlreichen Aussprachevarianten wächst jedoch in modernen Zeiten auch der Selektionsdruck, insbesondere in distanzsprachlich und überregional geprägten, also standardsprachlichen Kommunikationskontexten. Der kursierenden Variantenvielfalt steht oft ein mehr oder weniger sinnvoll motiviertes Homogenisierungsstreben gegenüber. Die Aussprachewörterbücher mit standardsprachlicher Relevanz notieren jedenfalls relativ einheitlich für *Chemie* und *Chirurg* lediglich die Anlautung mit [ç-]. Der Sprachgebrauch von Nachrichtensprechern in überregionalen Medien wird dadurch sicher angemessen wiedergegeben. Warum die im Süden deutlich präferierte Aussprache mit [k-] lexikographisch in den Hintergrund tritt, ist letztlich eine offene Frage, die nicht einfach zu beantworten sein wird. Aus der standardsprachlichen Bevorzugung der [ç-]-Variante könnte man freilich schließen, dass diese Sprachentwicklung für Bayern und Schwaben irgendwie ungerecht ist. Das ist jedoch eine moralische Folgerung, zu der sich sprachwissenschaftlich wenig bis gar nichts sagen lässt. Jedenfalls sollte man sich gut überlegen, ob man Sprachwandelprozesse wirklich so beschreiben möchte, dass man von Fall zu Fall regionale Gewinner und Verlierer gegenüberstellt.

### Weitere phonetische Variationen: Einzellaute und Akzente

Anhand von *Beton, Saison, Chips, Chemie* sowie verwandter Wörter wurden hier einige typische Konstellationen für phonetische Zweifelsfälle bei Fremdwörtern näher beleuchtet. Vergleichbares ließe sich auch für andere Variationen leisten. Relativ aktuelle diatopische Informationen liegen beispielsweise für die Anlautvariationen bei den Wörtern *Gelatine, Journalist* und *Jury* vor; sie betreffen etwa die Varianten [ʃ-, ʒ-, tʃ-, dʒ-].[34] Beim Wort *Szene* stehen die Aussprachemöglichkeiten mit [sts-, ts-, s-] im Raum.[35] Einschlägig ist auch die [s-, ʃ-]-Variation bei der <st>- und <sp>-Graphie in Fremdwörtern wie *Stil, Steak, Spray, Instrument, Standard, Stereo, Strategie, Toaster* und *Sponsor* oder die <v> / [v-, f-]-Variation bei

---

34 Vgl. dazu AADG: Karte: /ʒ/ in *Gelatine, Journalist* und *Jury*.
35 Vgl. dazu AADG: Karte: Sonderfall Anlautgruppe <Sz-> in *Szene*.

*Ventil, Verse, Pulver, Nerven* und Flexionsformen wie *aktiven* oder *repräsentativen*.[36]

Neben solche Einzellautbetrachtungen ist auch die Thematisierung unterschiedlicher Akzentsetzungen zu stellen. Bei zweisilbigen Wörtern wie *Büro, Konsum, Musik, Kaffee, Jury, Dämon* und *Tabak* existieren nämlich in der Gegenwartssprache unterschiedliche Betonungsmöglichkeiten. Das gilt sogar noch für ein Wort, das ursprünglich auch aus einer fremden Sprache ins Deutsche gekommen ist, mittlerweile aber wohl nicht mehr als Fremd-, sondern als Lehnwort zu bezeichnen ist, nämlich *Tunnel*. Man kann diese Wörter entweder auf der ersten oder der zweiten Silbe betonen. Für die Betonung auf der zweiten Silbe stehen die Wörter *Büro, Konsum, Musik*, für Erstbetonung – zumindest tendenziell – *Dämon, Jury, Kaffee, Tabak, Tunnel*. Was die Variation angeht, so sieht es momentan so aus, dass es eine mehr oder weniger deutliche regionale Verteilung gibt. Wenn bei vorrangig erstbetonten Wörtern Zweitbetonungen vorkommen, finden sie sich vor allem, allerdings nicht ausschließlich im süddeutschen Sprachraum, etwa bei *Kaffee, Tabak* und *Tunnel*.[37] Die Variation kann sich auch semantisch-graphematisch verfestigen. Besonders deutlich ist das, wenn man *Kaffee* ‚Getränk aus Kaffeebohnen' und das zweitbetonte *Café* ‚Gasthaus' gegenüberstellt. Die unterschiedlichen Betonungen transportieren unterschiedliche Bedeutungen, die von unterschiedlichen Schreibungen gestützt werden. *Konsúm* steht für ‚Verbrauch von Gebrauchsgütern', *Kónsum* für eine ‚Handelseinrichtung der Konsumgenossenschaft in der DDR'. Aber auch wenn *Büro* und *Musik* auf der ersten Silbe betont werden, ändern sich zumindest die Konnotationen, die mit diesen Aussprachen verbunden sind. Wer *Musík* hört, lässt sich wohl anders beschallen als derjenige, der *Músik* hört.

Integrations- und sprachwandeltheoretisch ist diese phonetische Variation klar zu fassen. In der Erstbetonung manifestiert sich eine stärkere Integration in die deutsche Sprache als in der Zweitbetonung. Denn native zweisilbige Wörter werden stets auf der ersten Silbe betont; sie weisen also ein trochäisches Betonungsmuster auf (vgl. *Mutter, Vogel, Hase, Wiese*). Daraus lässt sich im Einzelfall auch wieder ein Argument für Entscheidungsprozesse bei phonetischen Zweifelsfällen ableiten, insbesondere dann, wenn sich noch keine festen semantischen Unterscheidungen zwischen den Betonungsvarianten etabliert haben: Wer also möchte, dass die betreffenden Wörter stärker in die deutsche Sprache integriert werden, wählt die Erstbetonung. Dadurch wird mittelbar auch die Einheitlichkeit

---

36 Vgl. die entsprechenden Karten und Materialien in AADG.
37 Vgl. AdA: Karte: Betonung.

der deutschen Sprache untermauert. Wer die Etymologie der Wörter qua Aussprache in Erinnerung behalten und dadurch neben der nativen Kerngrammatik einen Sektor mit nicht-nativen Strukturen stützen möchte, wählt die Zweitbetonung. Dadurch wird mittelbar auch der Zusammenhang des Deutschen mit seinen Entlehnungssprachen untermauert und zudem ein gesamteuropäischer Sprachraum gestützt.

**Eigennamen und die Frequenzproblematik**
Bisher wurden phonetische Zweifelsfälle bei Fremdwörtern in gewissen systematischen Zusammenhängen betrachtet. Die thematisierten Probleme betrafen in der Regel nicht nur ein einzelnes Wort, sondern mehrere Wörter mit ähnlichen Strukturen und in vergleichbaren Konstellationen. Oft ging es um hochfrequente Wörter, mit denen jeder konfrontiert wird, der das Deutsche in alltäglichen Situationen nutzt. Man kann davon ausgehen, dass die behandelten Probleme – was die grundlegenden Fragenkomplexe angeht – auch eine bestimmte historische Stabilität aufweisen. Schon vor fünfzig oder hundert Jahren wurden die Sprecher des Deutschen vor ähnliche Fragen mit vergleichbaren Wahlmöglichkeiten gestellt. Es handelte sich also um immer wiederkehrende Fälle, auch wenn im einzelnen womöglich jeweils andere Wörter betroffen waren.

Darüber hinaus tauchen phonetische Zweifelsfälle aber oft in sehr spezifischen, sozusagen isolierten Kontexten auf. Dabei wirken teilweise andere Kräfte, gerade wenn es um die Frage geht, welche Variante man am Ende wählen sollte, wie sich also die richtige Aussprache anhören sollte. Als Beispiel sei das Wort *Libyen* angeführt. Das Wort gibt es in drei unterschiedlichen phonetischen Formen: ['liːbyən], ['lyːbiən] und ['liːbiən].[38] Erstaunlicherweise ist diejenige Aussprache, die die Aussprachewörterbücher recht einheitlich verzeichnen, nämlich ['liːbyən], im deutschen Sprachraum kaum gebräuchlich. Am häufigsten ist definitiv ['lyːbiən], in allen Sprachregionen findet man überdies mitunter ['liːbiən]. Relevante diatopische Verteilungen sind nicht absehbar. Die Aussprache-Lexikographie arbeitet hier also deutlich an der Realität der kursierenden Aussprachevarianten vorbei. Das hängt sicher auch damit zusammen, dass mit der Aussprache des Worts *Libyen* eine sehr spezifische, geradezu einzigartige Konstellation vorliegt – wenn man einmal von einem Wort wie *Embryo* absieht. Nun kann man zwar erklären, wie es zu den kursierenden Aussprachevarianten kommt. Struk-

---

**38** Dazu und zum folgenden vgl. AADG: Karte: Vokalvariation in *Libyen*.

turell ist das Ganze aber so isoliert, dass damit keine weiteren Wörter oder irgendwie andere paradigmatische Strukturen berührt wären. Und auch mit Blick auf die reine Sprachgebrauchsfrequenz ist die Problematik sicher marginal.

Für die Analyse phonetischer Zweifelsfälle lässt sich das in Teilen generalisieren. Denn im Bereich fremder Eigennamen kommt es immer wieder zu sehr spezifischen Sprachschwankungen und daraus resultierenden Aussprache-Irritationen (vgl. aus lexikographischer und kodifizierender Sicht Krech/Dubielzig 2002; Ebel u.a. 2014). Im Zuge der globalen Nachrichtenberichterstattung wird man etwa mit fremden Personen (> Personennamen), fremden Orten (> Toponyme) oder fremden Sitten, Gebräuchen und Lebensmitteln konfrontiert. Dabei passiert es nicht selten, dass in den jeweiligen Personennamen, Toponymen oder kulinarischen Bezeichnungen die Spezifika bestimmter exotischer Sprachen aufscheinen, mit denen man im Deutschen nicht vertraut sein kann. Allerdings geschieht das häufig nur sehr vorübergehend. Eine Person oder eine Stadt ist oft genauso schnell wieder aus den Nachrichtenspalten verschwunden, wie sie irgendwann hineingekommen ist. Damit ist aber das entsprechende Gesprächsthema für die Sprecher vom Tisch, der phonetische Zweifelsfall sozusagen durch Verschwinden erledigt. Stabile und einheitliche Lösungen für derartige phonetische Zweifelsfälle sind damit gar nicht so sehr gefordert. Die Frage beispielsweise, wie man den isländischen Vulkan *Eyjafjallajökull*, das thailändische Gericht *Kaeng Khiao Wan Nuea* oder den Fußballspieler *Xhaka* im Deutschen ausspricht oder aussprechen sollte, wird dadurch etwas müßig.

Für solche Fälle bleibt vielleicht am Ende nur der Ratschlag, dass es im direkten Kontakt mit anderen Menschen eine Sache von Höflichkeit und Respekt sein könnte, fremde Personen- und Ortsnamen so auszusprechen, wie man sie von dem betreffenden Gegenüber hört. Vor allem müsste das wohl gelten, wenn man sich selber gerade im fremden Sprachkreis des Gegenübers bewegt. Allerdings könnte es ebenso zu einer weltweit verbreiteten Weisheit bei Gastgebern gehören, dass man von fremden Besuchern längst nicht immer die korrekte Aussprache des eigenen Namens oder der jeweiligen Landeshauptstadt erwarten darf. Sprachen sind unterschiedlich, gerade was die Aussprache angeht. Phonetische Variantentoleranz bei Fremdwörtern wäre damit auch eine Sache der Gastfreundschaft.

# 5 Graphematische Zweifelsfälle

Wie im einführenden Kapitel erläutert, kann man davon ausgehen, dass zögernde Überlegungen zu Schreibvarianten, also graphematische Zweifelsfälle, in der Sprachwirklichkeit relativ häufig vorkommen. Das hängt sicher damit zusammen, dass die Schreibung normativ besonders stark belastet ist. Dieser grundlegende Befund ergibt sich nicht zuletzt aus den Darlegungen zur Geschichte der sprachlichen Zweifelsfälle (s.o. Kap. 2). Durch den normativen Hintergrund ist auch die Rede von der deutschen Orthographie (bzw. eingedeutscht: „Rechtschreibung") gerechtfertigt. Anders als beim neutralen Terminus *Graphematik* verkörpert sich in den Begriffen *Orthographie* und *Rechtschreibung* die hohe normative Wertigkeit, mit der die Schreiber des Deutschen in der Sprachwirklichkeit zurechtkommen müssen. Einfach gesagt: Wer nicht richtig schreiben kann, darf auf wenig Nachsicht hoffen, wenn es um die Frage nach der persönlichen Sprachkompetenz geht.

Das ist zunächst auch völlig verständlich und zu bekräftigen. Schließlich besitzt der Schulbesuch im deutschen Sprachraum genau dieses zentrale Ziel: dass die Schüler nämlich die deutsche Standardsprache in Wort und Schrift beherrschen. Liest man also in einem Text *Wihze* statt *Wiese*, *Kint* statt *Kind*, *frackt* statt *fragt* oder *schprache* statt *Sprache*, so ist der Schluss erlaubt, dass der Schreiber dieser Wörter das Ziel des Deutschunterrichts verfehlt hat. Er beherrscht die deutsche Standardsprache nicht, da er zweifellos falsche Schreibungen produziert. Diese orthographischen Fehler verletzen fundamentale Prinzipien der deutschen Sprache. Für viele Berufe ist ein solcher Schreiber daher ungeeignet.

**Graphematische Zweifelsfälle vs. orthographische Fehler**
Für graphematische Zweifelsfälle ist allerdings ein anderer Horizont anzusetzen. Die Fehler, die in Zweifelsfällen möglicherweise drohen, besitzen dann einen anderen Charakter als die oben genannten Beispiele. Denn hier bewegt man sich in einem Sprachbereich, in dem – wie stets bei sprachlichen Zweifelsfällen – Varianten existieren, die sozusagen objektiv gerechtfertigt sind. Mit anderen Worten: hinter den Varianten graphematischer Zweifelsfälle stehen jeweils gute Gründe, da sich sowohl Argumente für die eine als auch für die andere Schreibung finden lassen. Der Umstand, dass ein Schreiber nicht weiß, ob er *andernorts* oder *andern Orts*, *daran ist er schuld* oder *daran ist er Schuld*, *keinmal* oder *kein Mal*, *Piccolo* oder *Pikkolo* schreiben soll, besitzt für seine Sprachkompetenz keinesfalls dieselbe Wertigkeit wie die Produktion von Schreibungen wie *Wihze*, *Kint*, *frackt* oder *schprache*. Letztere Beispiele verstoßen gegen Regularitäten, die sich im

Kernbereich der Sprache befinden und daher bereits in frühen Entwicklungsstadien sicher erworben werden (müssen). Es sind also klare, eindeutige Fehler mit symptomatischem Charakter für die defektive Schreibkompetenz, die sie hervorgebracht hat.

Graphematische Zweifelsfälle befinden sich hingegen in peripheren Sprachregionen, in denen – bildlich gesprochen – nicht die Farben Schwarz und Weiß dominieren, sondern die Sicht durch die Farbe Grau erschwert wird. Eindeutige Schlüsse auf die Sprachkompetenz lassen sich anhand solcher Zweifelsfälle höchstens bedingt ziehen. Wie bei allen anderen sprachlichen Zweifelsfällen kommt es bei der Analyse solcher Konstellationen darauf an, diesen besonderen Charakter der Schreib-Varianten graphematischer Zweifelsfälle zu klären. Wer solche Zweifelsfälle nur vor der Folie einfacher orthographischer Fehler betrachtet, verfehlt den wesentlichen Grund dafür, warum sie in der Sprachwirklichkeit anhaltend brisant existieren. Auf der Basis undifferenzierter Fehler-Erwägungen, die sich womöglich in plakative Anklagen versteigen („Sprachverfall!"), wird man sie nicht verstehen können. Graphematische Zweifelsfälle und (einfache) orthographische Fehler sollte man also nicht in einen Topf werfen. Sprachtheoretisch müssen sie in eine Theorie graphematischer Variation eingeordnet und dort genauer reflektiert werden (Berg 2016).

**Der Status der *Amtlichen Regelung der deutschen Orthographie***
Dass wir eine sog. *Amtliche Regelung der deutschen Orthographie* (Deutsche Rechtschreibung. Regeln und Wörterverzeichnis. Entsprechend den Empfehlungen des Rats für deutsche Rechtschreibung, im folgenden = DR, in der Variante 2006/2010 „Fassung 2011") besitzen, könnte womöglich gegen diese Trennung von graphematischen Zweifelsfällen und orthographischen Fehlern ins Feld geführt werden. Denn mit dieser Kodifizierung der Orthographie lässt sich, so die Unterstellung, jede Schreibvariante sicher und klar klassifizieren: entweder als richtig oder als falsch. Demnach sind Schreibungen wie *anderen Orts*, *daran ist er Schuld* und *kein Mal* falsch, die anderen Schreibvarianten dagegen richtig (DR §39 (1), 56 (1)). Wer das nicht weiß, kann – so ließe sich denken – eben nicht richtig Deutsch, weil er nicht genug gelernt hat, basta! Schon bei den Varianten *Piccolo* oder *Pikkolo* kommen jedoch andere Befunde ins Spiel. Denn die *Amtliche Regelung* akzeptiert hier per Wörterverzeichnis beide Schreibweisen; keine ist falsch. Und auch in anderen Fällen, also nicht nur bei Fremdwortschreibungen, werden in der *Amtlichen Regelung* manchmal durchaus zwei ähnliche Varianten als richtig etikettiert.

Damit lässt sich ein erster Blick auf die folgende Diskussion graphematischer Zweifelsfälle werfen. Denn hier werden vor allem Schreib-Konstellationen aufgegriffen, bei denen die *Amtliche Regelung* sozusagen großzügig angelegt ist. Für die Analyse von Zweifelsfällen wird es darauf ankommen, den systematischen Charakter dieser Großzügigkeit zutage zu fördern. Denn die gelegentliche Variantentoleranz der *Amtlichen Regelung* ist keineswegs zufällig und willkürlich über die gesamte Orthographie verteilt. Sie kommt sinnvollerweise genau in denjenigen Schreib-Sektoren zum Tragen, wo es objektive Rechtfertigungen für zwei Schreibvarianten gibt. Sekundär sind damit in der Regel Variantenschreibungen betroffen, die ohnehin häufig in der Schreibwirklichkeit vorkommen und zum Teil sogar selber auf amtliche Reformen zurückgehen können (Weder 2016). In dieser Frequenz zeigt sich – ganz unabhängig von den amtlichen Rechtschreibvorgaben –, dass es gute Gründe für die Akzeptanz von Variantenschreibungen gibt. Wenn bestimmte Schreibvarianten anhaltend, auch in der jüngeren Sprachgeschichte und in sämtlichen kommunikativen Umgebungen, beobachtet werden können, so muss man dies als Indiz dafür interpretieren, dass hier bestimmte periphere Sprachbereiche (ggf. auch Sprachwandeltendenzen) vorliegen. Sie lassen sich nicht dadurch aus der Welt schaffen, dass man entweder die eine oder die andere Schreibung als amtlich richtig dekretiert. Relativ sinnlos ist es daher auch, an diesen Stellen mit der Kompetenz oder Inkompetenz der Schreiber zu argumentieren. Zugespitzt gesagt: Die Variantenschreibungen kompetenter Sprecher resultieren aus der Komplexität und der Wandelbarkeit der gesamten Sprache, nicht aus unabgeschlossenen Schreiblernprozessen einzelner Personen.

Selbstverständlich heißt dies nicht, dass sämtliche beobachtbaren Variantenschreibungen stets gut begründet sind. Zweifellos existieren orthographische Fehler. Für die Analyse kommt es hier aber darauf an, – zumindest exemplarisch – diejenigen Kräfte und Mechanismen zu identifizieren, durch die bestimmte Schreibvarianten normativ legitimiert sein können, andere dagegen eindeutig als (standardsprachliche) Fehler zu klassifizieren sind. Dabei ist auch zu berücksichtigen, dass die *Amtliche Regelung der deutschen Orthographie* nicht das Nonplusultra der Schriftanalyse darstellt. Im engeren Sinn handelt es sich hierbei ja nicht um Erkenntnisse, die einer sprachwissenschaftlichen Analyse entstammen. Der vielköpfige Deutsche Rechtschreibrat, der hinter der *Amtlichen Regelung* steht, ist kaum mit Sprachwissenschaftlern besetzt. Schriftnormierung ist etwas anderes als graphematische Analyse, auch wenn es hier sicher Überschneidungen geben mag. Dieses Kapitel nimmt daher die einschlägigen sprachwissenschaftlichen Modellierungen der Graphematik auf (Eisenberg/Fuhrhop

2013: Kap. 8; Fuhrhop/Peters 2013: Kap. II; Fuhrhop 2015), behält die Kodifizierungen der *Amtlichen Regelung* aber stets im Hinterkopf, vor allem wenn es um die Entscheidungsprozesse in sprachlichen Zweifelsfällen geht.

Angesichts der Erforschung sprachlicher Zweifelsfälle zeigt sich die relative Unwissenschaftlichkeit der *Amtlichen Regelung* vor allem im absoluten Vorrang dichotomer Perspektiven: Schreibung X ist richtig, Schreibung Y ist falsch. Dazwischen gibt es in der *Amtlichen Regelung* faktisch meistens nichts. Auch die gelegentliche Akzeptanz von zwei richtigen Varianten bewegt sich ja noch in einem binären Denken über die Sprache. Von Graduierungen und Skalierungen ist zwar manchmal andeutungsweise die Rede, konzeptionell werden solche Relativierungen allerdings gerade nicht ins Zentrum gestellt. Stattdessen immer wieder: richtig oder falsch? Für eine normative Vorgabe ist das natürlich verständlich und wahrscheinlich kaum anders zu denken. Für die Analyse graphematischer Zweifelsfälle darf freilich nicht unter den Tisch fallen, dass Schreibungen wie *andern Orts, daran ist er Schuld, kein Mal* zwar normativ falsch sein mögen, aber längst nicht so falsch sind wie *Wihze, Kint, frackt oder schpreche*. Trotz der dichotomisch angelegten Vorgabe der *Amtlichen Regelung* bleiben graduierende und skalierende Konzepte also Pflicht, wenn man Schreibvarianten im Rahmen der Diskussion graphematischer Zweifelfälle beleuchten will. Mehr noch: Damit wäre sogar ein Ansatzpunkt zur Evaluation der *Amtlichen Regelung* gegeben. Sie ist desto mehr sprachwissenschaftlich legitimiert, je mehr sie – wenigstens implizit – von einer Unterscheidung zwischen simplen orthographischen Fehlern und komplexen graphematischen Zweifelsfällen ausgehen würde. Leider tut sie das – wenn überhaupt – viel zu unsystematisch.

## 5.1 Groß- und Kleinschreibung

Die Analyse der Zweifelsfälle bei der Groß- und Kleinschreibung ist aufs engste mit der Analyse der Wortart Substantiv verbunden. Denn die zentrale Regel lautet schlicht: Substantive werden im Deutschen großgeschrieben. Das ist also der Ausgangspunkt der Analyse von Zweifelsfällen bei der Groß- und Kleinschreibung. Zum Hintergrund sollte man zudem wissen, dass die Substantivgroßschreibung sowohl historisch als auch systematisch nachgeordnet einzuordnen ist.

Historisch ist die Substantivgroßschreibung sekundär, weil sie erst allmählich im 16. und 17. Jahrhundert entstanden ist. Gegen Ende des 18. Jahrhunderts hatte sie sich dann weitgehend durchgesetzt. Vorher schrieb man zwar auch gelegentlich Wörter groß. Dabei spielte die Wortart aber keine tragende Rolle. Das Kriterium für Großschreibungen war nämlich semantisch. Wörter, die wichtige Dinge bezeichneten, wurden entweder durchgängig oder nur von Fall zu Fall groß geschrieben: *Gott* (auch: *GOtt*), *Er, Heilig, Fürstlich, Edel, Aber*. Außerdem wurden schon seit langem Wörter am Anfang von Sätzen oder Absätzen großgeschrieben.

Auch systematisch ist die Substantivgroßschreibung sekundär, weil sie im Gefüge der Schrift gleichsam die Ausnahme darstellt. Alle anderen Wortarten werden kleingeschrieben. Normalerweise ist das völlig unproblematisch. Denn das Wissen, wo in einem Satz Substantive vorkommen, ist tief im Sprachvermögen kompetenter Sprecher verankert. Insofern ist es keine große Kunst, die deutsche Substantivgroßschreibung sicher zu beherrschen. Manchmal ergeben sich freilich Zweifelsfälle. Sie bestehen häufig aus Varianten der folgenden Art, die in wesentlichen Teilen schon die Normierungsdiskussionen im 19. Jahrhundert geprägt haben (Rädle 2003: Kap. 3):

(1) a. *das ist mir recht / Recht, sie war schuld / Schuld*
    b. *ein paar / Paar Bücher, eine menge / Menge Bücher*
    c. *er kommt mitte / Mitte des Monats, er fährt ende / Ende des Monats*
    d. *die platonischen / Platonischen Schriften*
    e. *das münchener / Münchener Oktoberfest, die berliner / Berliner Seen*

(2) a. *vor kurzem / Kurzem, seit langem / Langem, von neuem / Neuem, im allgemeinen / Allgemeinen*
    b. *aufs äußerste / Äußerste gespannt sein, mein möglichstes / Möglichstes tun*
    c. *er sprach deutsch / Deutsch mit ihr*
    d. *zum einen / Einen ... zum anderen / Anderen, nichts anderes / Anderes, nichts gutes / Gutes, irgendetwas blödes / Blödes*
    e. *das für / Für und wider / Wider, das hin / Hin und her / Her*
    f. *auf dem laufenden / Laufenden bleiben*
    g. *man fuhr zum schwarzen / Schwarzen Meer, sie bekam die gelbe / Gelbe Karte*

Die obige Übersicht weist eine Gemeinsamkeit auf, die von großem Interesse ist. In allen Fällen handelt es sich nämlich um mindestens zwei Wörter im Zusammenhang. Es geht nicht um isolierte Wörter, die Schreibprobleme verursachen würden. Das kann man verallgemeinern. Zweifelsfälle bei der Groß- und Kleinschreibung betreffen zwar einzelne Wörter, aber immer in spezifischen syntaktischen Zusammenhängen. Die Probleme ergeben sich in der Regel auf einer mittleren syntaktischen Ebene, nämlich bei Nominalphrasen (Nominalgruppen) oder vergleichbaren Einheiten. Wenn man die fraglichen Wörter aus (1) und (2) ohne ihre jeweiligen Begleiter und isoliert schreiben müsste, käme es sicher nicht zu graphematischen Zweifelsfällen: Die Wörter aus (1) würde man sicher groß schreiben (z.B. *Schuld, Mitte*), die aus (2) zweifellos klein (z.B. *kurz, einen, für, laufend, gelb*).

In dieser Beobachtung liegt ein Schlüssel für die Analyse. Denn die obigen Probleme bei der Groß- und Kleinschreibung resultieren aus zwei Szenarien, die letztlich auf einen identischen Befund hinführen: Zum einen begegnen wir Substantiven in syntaktischen Kontexten, die für diese Wortart untypisch sind (1), zum anderen treffen wir auf nicht-substantivische Wortarten in syntaktischen Kontexten, in denen wir eigentlich Substantive erwarten (2). In (1) stehen in dieser Sicht Substantive, die eigentlich gar keine normalen Substantive mehr sind. Es sind sozusagen Substantive, die in Teilen ihres substantivischen Wesens beraubt wurden. In (2) sind dagegen nicht-substantivische Wortarten zusammengestellt, deren Vertreter in bestimmten Nominalphrasen irgendwie auf dem Weg sind, normale Substantive zu werden. Sie stehen sozusagen im Begriff, ihre angestammten Wortarten zu verlassen.

Kurzum, alle diese graphematischen Zweifelsfälle rühren daher, dass wir Wörter bestimmter Wortarten auf eine Art und Weise gebrauchen, die für sie nicht-prototypisch, also peripher ist. Oder anders gesagt: es handelt sich um Wörter, die sich in bestimmten syntaktischen Kontexten aus ihrem üblichen sprachlichen Umfeld lösen und zu neuen Ufern aufbrechen. Durch die Nutzung von Wörtern in untypischen Umgebungen werden Schreiber mit Zweifelsfällen bei der Großschreibung konfrontiert. Womöglich gilt sogar: Gerade wer Wörter kreativ nutzt, muss gelegentlich über Großschreibungsvarianten nachdenken, da er sich in neuen Formulierungshorizonten bewegt. Wer sich sprachlich immer wieder auf bekannten Bahnen artikuliert, wird stets wissen, ob er klein oder groß zu schreiben hat.

Das Zweifelhafte der Zweifelsfälle wird demnach durch eine prototypentheoretisch interpretierte Wortartenlogik analysierbar. Die zentrale Problematik kann man noch dadurch etwas genauer in den Blick nehmen, dass man die Frage stellt, was denn eigentlich ein prototypisches Substantiv ausmacht. Denn mit der Antwort auf diese Frage wird auch greifbarer, was die zweifelsfreie Großschreibung von zweifelhaften Fällen unterscheidet.

**Typische und untypische Substantive**
Ein typisches Substantiv verfügt – wie oben bereits kurz ausgeführt (s.o. Kap. 3.2, S. 120) – über die folgenden vier spezifischen Eigenschaften: Es besitzt (1) eine fest umrissene lexikalische Bedeutung, es ist (2) nach Numerus und Kasus flektierbar, unmittelbar davor können (3) Artikel und (4) attributive Adjektive gestellt

werden. Es gibt also nicht eine einzelne Eigenschaft, die ein Wort zu einem Substantiv macht, sondern mehrere. Dazu kommt, dass die Eigenschaften (3) und (4) etwas betreffen, das an spezifische syntaktische Kontexte gebunden ist. An isolierten Wörtern lässt sich ja per se überhaupt nicht testen, ob man einen Artikel oder ein Adjektiv vor ein bestimmtes Wort stellen kann. Tests, in denen Artikel oder Adjektive einem bestimmten Wort vorangestellt werden, projizieren stets bestimmte syntaktische Umgebungen. Diese Satz-Einbindungen können aber von Fall zu Fall recht unterschiedlich ausfallen. Adjektivattribuierungen sind beispielsweise manchmal möglich, manchmal nicht. Dasselbe Wort kann also in einem bestimmten Satzkontext ein typisches Substantiv sein, in anderen nicht. Die wandelbaren syntaktischen Kontexte, in denen bestimmte Wörter auftauchen, sind demnach Faktoren, die darüber mitentscheiden, ob ein Wort ein typisches oder untypisches Substantiv ist. Angesichts dieser Lage lässt sich sogar dafür plädieren, dass bei der graphematisch relevanten Substantiv-Identifikation der Bezug auf den syntaktischen Kontext einen deutlichen Vorrang vor den anderen Kriterien genießen sollte. Als zentraler Aspekt gilt dann die Frage, ob ein bestimmtes Wort als Kern einer Nominalgruppe fungiert oder nicht (Fuhrhop/ Peters 2013: 271f). Methodologisch wird damit die Attribuierbarkeit zum zentralen Kriterium für Großschreibung.

Alle diese Befunde zwingen unmittelbar zu graduierenden und relativierenden Sichtweisen. Demnach können Wörter je nach ihrer syntaktischen Verwendung (!) über mehr oder weniger Substantivcharakter verfügen. Wenn alle genannten Eigenschaften da sind, handelt es sich zweifellos um Substantive. Das ist, sowohl qualitativ als auch quantitativ, der Normalfall. Er bietet für den kompetenten Sprecher kein Schreibproblem. Sollten aber zwei oder gar drei Eigenschaften des typischen Substantivs fehlen und lediglich eine, womöglich nur undeutlich, vorliegen, so ist zweierlei möglich: Das Wort ist entweder kein richtiges Substantiv mehr oder noch kein richtiges Substantiv, in jedem Fall freilich ein untypisches Substantiv. Mit solchen untypischen Substantiven, die an bestimmte Satzkontexte gebunden sind, bewegt man sich also im Übergangsfeld zwischen prototypischen Zentren.

Ist man nun mit einem solchen untypischen Substantiv konfrontiert, muss die Entscheidung über Groß- oder Kleinschreibung notwendigerweise Schwierigkeiten bereiten. Einiges weist auf Klein-, anderes auf Großschreibung hin. Als Schreiber bekommt man angesichts dieser Lage ein unangenehmes, zweifelndes Gefühl, weil man von den vorliegenden Fakten hin- und hergerissen ist. Bei den typischen Substantiven und ihrer problemlosen Großschreibung, also in den sprachlichen Normalfällen, fühlt sich das immer ganz anders an.

**Wege zur richtigen Schreibung: Das Spannungsfeld der Großschreibung**
Wie soll man aber nun in solchen Fällen schreiben? Bei der Beantwortung dieser normativen Frage kommt es auf eine Abwägung der Kräfte an, die in die eine oder die andere Richtung wirken. Ein kleines Übergewicht mit einer bestimmten Tendenz kann in diesem labilen Spannungsfeld ausschlaggebend sein. Prinzipiell gesehen gibt es dann bei solchen Zweifelsfällen exakt drei Wege, die man nach Lage der Dinge beschreiten kann: man empfiehlt Großschreibung (a), Kleinschreibung (b) oder Variantentoleranz (c), akzeptiert also sowohl die Groß- als auch die Kleinschreibung. Für alle drei Wege gibt es aus den normativen Schriften zahlreiche Beispiele. Unter Berücksichtigung der normativen Vorgaben können für die Schreibvarianten aus (1) und (2) die folgenden Schreibungen als richtig festgehalten werden:

(3) a. *das ist mir recht, sie war schuld* (DR §56 (1))
   b. *ein paar / Paar Bücher* (DR §55 (5)), *eine Menge Bücher* (Duden 9/2016, s.v. *Menge*)
   c. *er kommt Mitte des Monats, er fährt Ende des Monats* (Duden 9/2016, s.v. *Anfang / anfangs*)
   d. *die platonischen Schriften* (DR §62)
   e. *das Münchener Oktoberfest, die Berliner Seen*
      (DR §61, Duden 9/2016 s.v. *Münchner / Münchener, Berliner...*)
(4) a. *vor kurzem / Kurzem, seit langem / Langem, von neuem / Neuem,* (DR §58 (3,2), siehe aber: *im Allgemeinen* (DR §57 (1))
   b. *aufs Äußerste gespannt sein, mein Möglichstes tun* (Duden 9/2016 s.v. *Vergleichsformen* (3.5), *möglich,* DR §57 (1), 58 (2))
   c. *er sprach deutsch / Deutsch mit ihr* (DR §57 (1))
   d. *zum einen ... zum anderen, nichts anderes / Anderes, nichts Gutes, irgendetwas blödes / Blödes* (DR §57 (1), Duden 9/2016, s.v. *andere, nichts*)
   e. *das Für und Wider, das Hin und Her* (DR §57 (5))
   f. *auf dem Laufenden bleiben* (DR §57 (1))
   g. *man fuhr zum Schwarzen Meer, sie bekam die Gelbe Karte* (DR §60 (2.4), §64 (3))

Um die Logik dieser normativen Entscheidungen zu erörtern, lassen sich einige Fälle herausgreifen und kurz näher beleuchten. Für Kleinschreibung von *sie war schuld* (3a) spricht sicherlich der Umstand, dass *schuld* in dieser Konstruktion nicht attribuierbar ist (*\*sie war groß(e) schuld*). Das Wort *platonisch* (3d) ist zweifellos ein Adjektiv, da es eine typische Adjektiv-Endung enthält (*-isch*) und entsprechend flektiert und syntaktisch eingesetzt werden kann. Auch hier ist also die Kleinschreibung gut zu rechtfertigen. Das sieht bei den fraglichen Wörtern aus 3e, bei sog. Stadtadjektiven (Fuhrhop 2003), schon anders aus. Flexion gibt es hier nicht, ebenso wenig die für Adjektive typische prädikative Verwendung (*Der See ist Berliner, *Die Seen sind Berliner), vom adverbialen Gebrauch ganz zu schweigen. Das alles spricht dafür, dass man bei der Großschreibung bleibt, da der Übergang von substantivischen Eigennamen zu (prototypischen) Adjektiven nicht wirklich vollzogen ist. Die Wörter aus 4e sind klarerweise attribuierbar (*Das ewige Hin und Her*). Das ist ein starkes Argument für Großschreibung. Ähnliches gilt für die Wörter aus 4g (z.B. *das schöne Schwarze Meer*). Sie besitzen als feste Verbindungen von Adjektiv + Substantiv zudem ein besonderes semantisches Profil, das durch die Großschreibung der Adjektive einleuchtend gestützt wird.

Bei anderen Großschreibungen ist die Sache nicht so deutlich. Sind *aufs Äußerste* (4b), *nichts Gutes* (4d) und *auf dem Laufenden* (4f) attribuierbar, also mit gutem Gewissen mit Majuskeln zu schreiben? Die normative Entscheidung für Großschreibung ist hier weniger gut abgesichert als bei den zuvor genannten Fällen. Es wäre denkbar gewesen, hier gleichzeitig auch Kleinschreibung zuzulassen. Denn der per Großschreibung signalisierte substantivische Charakter der Wörter kommt in diesen Konstruktionen nicht so deutlich zum Vorschein. Dass sowohl die Zulassung von Groß- als auch von Kleinschreibung sinnvollerweise möglich ist, zeigen insbesondere 4a und, zumindest teilweise, 4d. Demgegenüber ist die ausschließliche Großschreibung von *im Allgemeinen* (4a) fragwürdig.

Besonders klar ist die Variantentoleranz dann legitimiert, wenn es syntaktisch zwei Konstruktionshintergründe gibt, die beide gleichermaßen zutreffen können. Die Kleinschreibung von *er sprach deutsch* (4c) ist gerechtfertigt, weil in einem solchen Satz an derselben syntaktischen Position Adjektive mit Kleinschreibung vorkommen können (z.B. *er sprach schnell und undeutlich*). Zudem existiert das Wort *deutsch* fraglos als Adjektiv (z.B. *Die deutschen Wälder*). Hier wird es eben adverbial gebraucht. Die Großschreibung *er sprach Deutsch* ist aber ebenso gerechtfertigt, weil diese Konstruktion so expandiert werden kann, dass der substantivische Charakter per Attribuierbarkeit von *Deutsch* greifbar wird (z.B. *er sprach ein schnelles Deutsch*). Der Satz *er sprach d/Deutsch* ist also syntaktisch zweideutig. Dadurch ergeben sich allerdings keine unterschiedlichen Bedeutungen. Man kann ihn also klein oder groß schreiben, ohne dass damit die Semantik betroffen wäre, wohl aber die Syntax.

Letzteres unterscheidet 4c von dem ansonsten ähnlich gelagerten 3b. Auch in 3b werden beide Schreibvarianten (*paar / Paar*) normativ akzeptiert, aber sie kodieren in unterschiedlichen syntaktischen Konstruktionen außerdem auch unterschiedliche Bedeutungen. Im Falle von *Paar* ‚zwei' ist das fragliche Wort die

Basis für eine folgende Genitiv-Konstruktion (vgl. *ein Paar (großer) Bücher*, syntaktisch ähnlich *ein Bündel (großer) Bücher*). Im Falle von *paar* ‚einige' handelt es sich um eine attributartige, also quasi-adjektivische Konstruktion, die von einem Nominativ gefolgt wird (vgl. *ein paar (große) Bücher*, syntaktisch ähnlich *einige große Bücher*). Weil beim Wort *Menge* unter ansonsten ähnlichen Rahmenbedingungen noch keine entsprechende semantische Differenzierung vorliegt, scheint dort die normative Beschränkung auf die Großschreibung noch sinnvoll zu sein, auch wenn syntaktisch eine vergleichbare Ambiguität vorliegen dürfte (vgl. *eine menge große Bücher* vs. *eine Menge großer Bücher*). In häufigen Formulierungen wie *eine Menge Gold* (?*eine Menge Goldes*), *eine Menge Kuchen* (?*eine Menge Kuchens*), *eine Menge Bier* (?*eine Menge Bieres*) u.ä. deutet sich aber womöglich an, dass die Genitiv-Konstruktion an Land verliert und damit künftig auch die (attributive) Kleinschreibung von *Menge* analog zu *paar* legitimiert sein könnte. Hinter solchen Schwankungen stehen also letztlich Sprachwandelprozesse. Sie betreffen in ähnlicher Form auch sog. Partitiv-Konstruktionen, die unabhängig von der Schreibung viele syntaktische Zweifelsfälle nach sich ziehen (s.u. Kap. 8.3, S. 278).

**Großschreibung von Infinitiven**

Bei Infinitiven ergeben sich oft graphematische Zweifelsfälle, die mit den gerade erörterten Typen strukturell vergleichbar sind. Aus normativer Perspektive geht es dabei stets um die Grundfrage, in welchem Ausmaß die Infinitive in bestimmten syntaktischen Kontexten individuell mit Substantivhaftigkeit ausgestattet sind. Je mehr Merkmale typischer Substantive identifiziert werden können, desto mehr spricht im Einzelfall also für Großschreibung statt der üblichen Kleinschreibung von Verben – dazu nur noch einige typische Beispiele, bei denen die jeweils normativ legitimierte Schreibung[39] durch Unterstreichung direkt als richtig gekennzeichnet ist:

---

[39] Vgl. dazu DR §57,2; Duden 9/2016: s.v. *Groß- oder Kleinschreibung*, 1.2.3, *Infinitiv und Infinitivgruppe* (4), *Substantivierungen* (3.1).

(5) a. *Das lesen / (aufmerksame) L̲esen macht Spaß. Beim lesen / (aufmerksamen) L̲esen...*
 b. *Das Kind lernt (aufmerksam (zu)) l̲esen. Da hilft nur (langsam und laut (zu)) l̲esen.*
 c. *Das Kind lernt (aufmerksames) L̲esen. Da hilft nur (langsames und lautes) L̲esen.*
 d. *Sie vergaß (das Buch) zu l̲esen / Lesen. Zum lesen / L̲esen (des Buchs) bin ich nicht gekommen.*

Variantentoleranz ist bei *Das Kind lernt lesen / Lesen* und bei *Da hilft nur lesen / Lesen* anzusetzen, weil für eine solche Konstruktion sowohl eine verbale (5b) als auch eine substantivische (5c) Lesart möglich ist. Es würde gegen die objektiven Möglichkeiten dieser Formulierung sprechen, wenn man hier entweder nur Groß- oder nur Kleinschreibung verfügen würde. Sobald allerdings in fraglichen Formulierungen ausschließlich Attribuierungen mit flektierten Adjektiven sowie Artikel-Voranstellungen möglich sind, spricht alles für das Vorliegen eines Substantivs, also für Großschreibung (5a). Auch Kontraktionen von Präpositionen und Artikeln besitzen einen entsprechenden Signalcharakter (5a *beim* (= *bei dem*), 5c / 5d *zum* (= *zu dem*)). Als Marker für eine verbale Lesart fungiert dagegen ein *zu* (5d). Allerdings liegt in solchen Fällen immer noch kein prototypisches Substantiv vor, weil diese substantivierten Infinitive morphologisch defektiv sind. Sie verfügen nämlich nicht über Pluralformen wie normale Substantive. Das bleibt sozusagen ein nicht-substantivischer Stachel im Fleisch der Großschreibung von Infinitiven. Er könnte sich zumindest bei einigen Schreibern in einem minimal anhaltenden Irritationsgefühl manifestieren.

**Zweifelsfälle als Resultate von Ausbauprozessen**
Die Erörterungen zu den Beispielen (1) bis (5) haben zunächst gezeigt, was hinter den graphematischen Zweifelsfällen bei der Groß- und Kleinschreibung steckt. Es handelt sich um Bewegungen, die vom Ausbau der formulierungstechnischen Möglichkeiten des Deutschen zeugen. Substantive werden nicht mehr als (typische) Substantive genutzt. Andere Wortarten erscheinen in strukturellen Positionen, bei denen man normalerweise Substantive erwartet. Insgesamt werden durch solche Konstellationen die abstrahierenden Ausdruckspotenziale des Deutschen erweitert. Durch die Substantivierung von Infinitiven lassen sich etwa Handlungen vergegenständlichen und zum Gegenstand der Rede machen. Dasselbe gilt für Adjektive, durch deren Substantivierung Eigenschaften verdinglicht und so thematisierbar werden. Ohne diese Übergänge zwischen den Wortarten könnte man nicht so differenziert und flexibel über die Welt sprechen, wie wir es

vermögen. Genauso, wie durch Wortbildung neue Wörter entstehen können, wurzeln in den untypischen Gebräuchen von Wortarten innovative syntaktische Potenziale für die Sprecher des Deutschen. Womöglich gehen damit sogar neue Denkhorizonte einher. Mit anderen Worten, die produktive Weiterentwicklung der deutschen Sprache zieht gelegentliche Irritationen bei ihrer Schreibung nach sich. Der Ausbau von Denk- und Formulierungsmöglichkeiten bringt normative Folgelasten bei der Groß- und Kleinschreibung mit sich.

Aus den (morpho-) syntaktischen Analysen von (1) bis (5) ergeben sich freilich Befunde, aus denen man tragfähige Kriterien zur Normierung der Schreibung ableiten kann. Die normative Entscheidung für Kleinschreibung, Großschreibung oder Variantentoleranz besitzt allerdings von Fall zu Fall einen mehr oder weniger stark zwingenden Charakter. Er kann auf jedem der drei Wege zum Vorschein kommen und ist dabei in unterschiedlichem Maße von Sicherheit geprägt. Die syntaktische Gradualität, die in einem Mehr oder Weniger an Substantivhaftigkeit verankert ist, führt dazu, dass man sich beim Schreiben mehr oder weniger sicher fühlen kann.

Um es nur an Entscheidungen für Großschreibung zu illustrieren: In einigen graphematischen Zweifelsfällen mag am Ende alles klar in Richtung Großschreibung weisen (z.B. *das Hin und Her*). Hierher gehören sicher auch die sog. Signalschreibungen, die durch Großschreibung eine bestimmte Einheit deutlich als Substantiv ausweisen (z.B. das *In-den-Tag-hinein-Leben*). Bei anderen Entscheidungen für Großschreibung können dagegen einige Vorbehalte übrigbleiben (z.B. *im Allgemeinen*). Sie führen bei manchen Schreibern vielleicht zu anhaltenden Irritationsgefühlen. Zuletzt kann es sein, dass es gute Gründe dafür gibt, sowohl Großschreibung als auch Kleinschreibung als normativ richtig zu bewerten. Es ist zu betonen, dass in allen diesen Fällen die geschilderten normativen Entscheidungen aus objektiven Gegebenheiten der deutschen Sprache resultieren und nicht aus individuellen (oder gar ästhetischen) Erwägungen der Normierer.

**Groß, klein... oder vielleicht mittel?**
Der graduelle Zuschnitt, der bei normativen Entscheidungen in graphematischen Zweifelsfällen vorliegen kann, lässt sich in einem kleinen Gedankenexperiment weiter beleuchten. Denn man könnte argumentieren, dass in manchen Fällen die adäquate Normierung der Schreibung weder in der Großschreibung, der Kleinschreibung noch in der Variantentoleranz liegen dürfte. Für Konstruktionen wie *vor kurzem*, *mein Möglichstes* oder *im Allgemeinen* müsste schrifttechnisch eigentlich eine dritte Lösung eingeführt werden, nämlich die Mittelschreibung, eine Buchstabengröße (und ggf. eine Buchstabenform), die zwischen der Groß- und

der Kleinschreibung liegt. Erst mit einer solchen Möglichkeit wären die syntaktischen Gradualitäten, die mit manchen graphematischen Zweifelsfällen verbunden sind, visuell angemessen repräsentiert und die Schreiber würden nicht mehr durch anhaltende Irritationserfahrungen belästigt. Alle anderen Lösungen kommen ja gewaltsamen, unpassenden binären Eingriffen in ein syntaktisches Kontinuum gleich. Wo in der Sprache fließende Übergänge sind, müssen sie in der Schrift auch durch fließende, also graduierende Möglichkeiten wiedergegeben werden: groß, mittel, klein!

Diese Überlegung ist natürlich sehr hypothetisch und theoretisch. Soweit bekannt, hat es in der Geschichte der (deutschen) Schrift auch nie eine nennenswerte Bewegung gegeben, in der solche dreiwertigen Möglichkeiten zum Tragen gekommen oder auch nur tastend ausgelotet worden wären. Rein schreib- und drucktechnisch hätte dem hingegen überhaupt nichts im Wege gestanden. Gegen eine solche Entwicklung spricht freilich der grundsätzlich binäre Charakter der Schrift, der oben bereits angesprochen wurde. Sie basiert im Kern auf ja / nein-Entscheidungen: Man schreibt einen bestimmten Buchstaben oder man schreibt ihn nicht. Eine dritte strukturelle Möglichkeit gibt es in der Schrift nicht. Mit diesem Organisationsprinzip wird jeder Sprecher bereits auf den untersten Stufen der Schreibentwicklung eingehend und nachdrücklich vertraut gemacht. Graduierende Horizonte sind dem orthographischen Wesen der Schrift völlig fremd, obwohl sie im Funktionieren der Sprache alles andere als peripher sind. Von daher kann man eine fundamentale Spannung zwischen Schrift und Sprache annehmen. Aus dieser Kluft werden auf absehbare Zeit immer wieder und unvermeidbarer Weise graphematische Zweifelsfälle hervorgehen. Die Lösung dieser Spannung liegt nicht in der Einführung eines unrealistischen graduierenden Schreibverfahrens (groß, mittel, klein), sondern in der Beförderung der Einsicht, dass Schrift und Sprache schon aus grundsätzlichen Erwägungen nicht überall völlig harmonisch zusammenpassen können.

**Wortinterne Großschreibung (Binnenmajuskeln)**
Seit Ende des letzten Jahrhunderts kann eine besondere Form der Großschreibung für zusätzliche Schreibirritationen sorgen. Gemeint ist die Nutzung der Großschreibung in der Wortmitte, also die sog. Binnenmajuskel. Diese Schreibeigentümlichkeit ist sprachwissenschaftlich bereits oft genauer analysiert worden (z.B. Ludwig 1989; Mengel 1992; Gabler 1995; Nussbaumer 1996; Stein 1999; Müller 2014). In ihrem Gebrauch fließen verschiedene domänenspezifische Motivationen zusammen. In größeren schrifthistorischen Zusammenhängen gesehen ist das Phänomen zudem nicht neu. Bereits im 17. Jahrhundert lassen sich zahlreiche Binnenmajuskeln identifizieren. Sie wurden schon damals ausdrücklich als

sprachliche Zweifelsfälle begriffen, teilweise noch unter anderen Rahmenbedingungen als heutzutage: „Ob aber ein Substantivum, wenns in composito und in der Mitten des Worts stehet / auch müsse mit dem grossen Buchstaben bekleidet werden / ist im Zweiffel. Zumahlen da oft in einem Wort zwey / drey Substantiva zusammen kommen. Als: Manns=Treu / Feld=Haupt=Mann / Schul=Brauch / Widder= Horn / Land=Messer=Zeug. Himmel=Fahrts=Ehre." (Bödiker 1701: 31).

Die neuere Konjunktur der Binnenmajuskel beginnt in den 1980er Jahren. Seitdem findet man neben Schreibungen wie <Mitarbeiterinnen, Studentinnen> auch <MitarbeiterInnen, StudentInnen>. Lautlich sind die Pluralformen erst einmal nicht zu unterscheiden. Graphematisch besteht hier aber ein deutlicher Unterschied: Statt <...i...> liest man <...I...>. Diese wortinternen Großschreibungen entstanden im Zuge feministisch orientierter Sprachkritik. Sie wurden als Konkurrenzformen zu den Pluralformen <Mitarbeiter, Studenten> geprägt, um Frauen in der Sprache deutlich wahrnehmbarer zu machen. Streng genommen geht es hier also nicht nur um Schreib-, sondern auch um (morphologische!?) Flexionsvarianten, die allerdings nur in der geschriebenen Sprache zum Tragen kommen. Unabhängig davon waren Binnenmajuskeln schon bei typographischen Hervorhebungen sowie bei Abkürzungen gebräuchlich (z.B. *SPD, USA*), auch in gemischten Kombinationen (z.B. *BAFöG, GmbH, SpVgg, GroKo*).

Dazu kommt dann noch die Tatsache, dass Binnenmajuskeln in der Werbesprache mittlerweile gerne genutzt wurden. Der Einfluss der englischen Sprache dürfte bei dieser Entwicklung eine gewisse Rolle gespielt haben (*McDonald, iPhone, eBay*). Jedenfalls nutzt man Binnenmajuskeln nicht selten, um bestimmte Waren oder Markennamen auffällig zu verschriftlichen (z.B. *MasterCard, InterCity, ProSieben, DeutschlandRadio, FernUniversität, ElitePartner*). Auch Reihenbildungen mit identifikatorischer Funktionalität sind nachweisbar (z.B. *InterCityExpress, InterCityHotel, InterCityNight*). Zudem können mit solchen Schreibweisen gewisse sprachspielerische Effekte erzielt werden, etwa morphologische Umfunktionalisierungen von Wortbildungsmorphemen (z.B. *WunderBar, SaftBar, PreisWert, RWE geht voRWEg*). Einen etwas anderen Charakter besitzen die Schreibungen in speziellen technischen Umgebungen, etwa bei der Formulierung sog. Hashtags in den sozialen Medien (z.B. *#MiaSanMia, #PokemonWettbewerb*). Hier können sie durch bestimmte Restriktionen beim Zeichengebrauch hervorgerufen werden, z.B. durch das Verbot der Nutzung von Spatien. Das Irritationspotenzial dieser Schreibweisen kann von Fall zu Fall groß sein, da nicht nur eine, sondern mehrere alternative Formen in den Blick kommen können, vgl. etwa: *MiaSanMia / Mia-San-Mia / Miasanmia / miasanmia / Mia san mia, BahnCard / Bahn-Card / Bahncard*.

Das Hauptmotiv zur Nutzung solcher Schreibungen liegt sicherlich in dem Streben nach Aufmerksamkeitssteigerung. Ausgefallene Verschriftlichungen sollen ins Auge springen und dem Leser damit in Erinnerung bleiben. Was die Evaluation der Varianten angeht, muss in Rechenschaft gezogen werden, dass sie häufig Kontexten entstammen, die wenig mit traditioneller Schriftlichkeit zu tun haben. Sie erscheinen oft in Zusammenhängen, wo einzelne (schriftliche) Wörter isoliert, also nicht in durchformulierten Fließtexten, auftauchen, z.B. auf Plakaten, Schildern und (Internet-) Bannern oder in Listen und Tabellen.

All dies spricht dafür, dass die wortinterne Großschreibung mit den traditionellen Mechanismen normativer Sprachbetrachtung, die auf längere Fließtexte zielt, kaum angemessen in den Griff gebracht werden kann. In der *Amtlichen Regelung* der Orthographie wird sie jedenfalls gar nicht erfasst. Lediglich die Diskussion der Bindestrichschreibung kommt gelegentlich in ihre Nähe (z.B. DR §43–46, 55 (2)). Für die Zweifelsfallevaluation ergibt sich daraus erst einmal eine geringe normative Belastung. Binnenmajuskeln werden in der *Amtlichen Regelung* nicht diskutiert, also gibt es kein amtliches Verbot, freilich auch keine ausdrückliche Erlaubnis solcher Schreibungen. Realistisch gesehen sollte man jedoch davon ausgehen, dass insbesondere bei den werbesprachlichen Prägungen die betroffenen Institutionen eine gewisse orthographische Konstanz wünschen. Schließlich handelt es sich um schriftliche Werbeträger, die eng mit dem jeweiligen Produkt assoziiert werden und seine öffentliche Präsenz stützen (sollen). In dieser Hinsicht ähneln sie Eigennamen. Auch hier besitzen graphematische Variationen eine ähnliche Wertigkeit. Sie betrifft hauptsächlich die Identifikationsfunktion von Sprache (z.B. *Schmid, Schmidt, Schmitt, Schmied*). So wie man normalerweise an der Schreib-Konstanz des eigenen Namens interessiert ist, sollte man wohl auch mit der Binnenmajuskel von Produktbezeichnungen verfahren. Wenn diejenigen, die bestimmte Bezeichnungen geprägt haben, sich mit diesen Verschriftlichungen identifizieren, ist es ein Gebot der Höflichkeit, solche ungewöhnlichen Schreibungen nicht unter den Tisch fallen zu lassen. Wer möchte schon, dass sein Name falsch geschrieben wird?

## 5.2 Getrennt- und Zusammenschreibung

Genauso wie bei der Groß- und Kleinschreibung, stellen sich Probleme der Getrennt- und Zusammenschreibung normalerweise nicht bei isolierten Wörtern, sondern bei Wörtern, die in bestimmten syntaktischen Zusammenhängen auftauchen. Einen ersten Eindruck von der Spannweite der Zweifelsfälle vermittelt die folgende Zusammenstellung:

(6) a. *klein geschnittene / kleingeschnittene Zwiebeln, ein schwer verständliches / schwerverständliches Problem, leicht verdauliches / leichtverdauliches Essen, ein allgemein gültiger / allgemeingültiger Satz*
   b. *die Öl fördernde / ölfördernde Industrie, Rat suchende / ratsuchende Schüler, die Laub tragenden Bäume / laubtragenden Bäume. Der Klimawandel ist Besorgnis erregend / besorgniserregender.*
   c. *Das kann man nicht operativ / nichtoperativ behandeln. Die Wahl findet nicht öffentlich / nichtöffentlich statt.*
   d. *Das sollte man einfach so stehen lassen / stehenlassen. Das muss man schnell bekannt geben / bekanntgeben. Ich will heute noch Staub saugen / staubsaugen.*
   e. *mit Hilfe der UNO / mithilfe der UNO, auf Grund / aufgrund des Wetters, an Hand der Karte / anhand der Karte*
   f. *eine Hand voll / eine Handvoll Kirschen, eine Handbreit / Hand breit Stoff, Das Fenster stand einen Fingerbreit / Finger breit offen, ein achtel Liter / achtelliter / Achtelliter Wein*
   g. *er machte es noch ein Mal / einmal, das ist nun mal / nunmal so, eben so / ebenso habe ich mir das vorgestellt, das kommt nicht in Frage / infrage*

**Getrennt- und Zusammenschreibung: trivial!?**
Auch die Erörterung solcher Zweifelsfälle muss bei Trivialitäten ansetzen, die uns normalerweise nie in Zweifel stürzen: Wörter werden stets zusammengeschrieben. Bei einmorphemigen Wörtern ist das völlig evident; sie seien ein- oder zweisilbig. Kein Schreibkundiger überlegt, ob man statt <Mann, Haus, Kugel, Forelle, müde> nicht *<Ma nn, Ha us, Ku gel, Fo relle, Fo rel le, mü de> schreiben sollte. Die Einfügung von Wortzwischenräumen, sog. Spatien (Sg. Spatium), steht hier nicht zur Debatte; das wären eindeutig Fehler. Dasselbe gilt bei den verschiedenen Typen mehrmorphemiger Wörter, also bei flektierten Wortformen (z.B. *<Mann es, Häus er, Kugel n, Forelle n, müde n>), Komposita (z.B *<Haus tür, Kugel blitz, Forellen teich, Säbel zahn tiger käfig>) und Derivationen (*<Mann schaft, häus lich, kugel ig, forellen artig, er müden>). Bei all diesen sprachlichen Einheiten ist intuitiv klar, dass es sich um Wörter handelt. Und Wörter müssen – da gibt es kein Vertun! – zusammengeschrieben werden. Diese Sicherheit, die tief in unserer Sprachkompetenz verankert ist, bezieht sich letztlich nicht nur auf den Wortstatus an und für sich, sondern auch auf die Wortartenzuordnung. Bei *Mannschaft, Säbelzahntigerkäfig, häuslich, verdunkeln* wissen wir zweifellos, dass diese lexikalischen Einheiten eben als Substantiv, Adjektiv oder Verb genutzt werden können. Wo in Sätzen Leerstellen für diese Wortarten vorhanden sind, kann man die genannten Wörter heranziehen, um syntaktisch korrekte Sätze zu formulieren.

Die eindeutige Wortartenzuordnung stützt die zweifelsfreie Identifikation von Wörtern und damit die Zusammenschreibung.

Genauso fundamental lässt sich zunächst die Getrenntschreibung in den Blick nehmen. Jeder Schüler, der den basalen Schriftspracherwerb einigermaßen erfolgreich absolviert hat, schreibt in dem folgenden Satz genau 6 Spatien, und zwar sicher, mit der Zeit weitgehend automatisiert und daher nahezu unbewusst:

(7)   *Taschentücher 1 kann 2 man 3 kinderleicht 4 mit 5 Wasserfarbe 6 bemalen.*

Von Zweifelsfällen zur Getrennt- bzw. Zusammenschreibung gibt es hier keine Spur. Diese Sprecher-Sicherheit rührt daher, dass wir die Wörter im Satzzusammenhang, also in ihren syntaktischen Relationen, wahrnehmen. Und für die Existenz solcher Relationen gibt es in der Schrift ein eindeutiges Zeichen: eben das Spatium. Es ist ein visuelles Signal für abstrakte grammatische Strukturen. Wer es als (lautbezogenes) Pausenzeichen versteht, verkennt seine Funktionalität völlig. So wissen wir etwa intuitiv, dass das Wort *kann* in (7) in syntaktischen Relationen zu seinen beiden Nachbarn (*Taschentücher, man*) steht und daher mit Spatien umgeben sein muss. Und auch das Spatium zwischen *mit* und *Wasserfarbe* signalisiert, dass zwischen diesen beiden Wörtern eine syntaktische Beziehung besteht. Wohlgemerkt: das Spatium zeigt nie an, welcher Typ syntaktischer Relation zwischen den getrennten Einheiten besteht, sondern nur dass eine solche syntaktische Relation vorhanden ist.

Anders verhält es sich dagegen mit der Verbindung zwischen den Lexemen *Taschen* und *Tücher, Kinder* und *leicht* sowie *Wasser* und *Farbe*. Bei diesen Wörtern bestehen im obigen Satz keine syntaktischen, sondern morphologische (Wortbildungs-) Relationen, also werden sie ohne Spatien geschrieben. Das ist weniger trivial, als es auf dem ersten Blick klingen mag. Denn in anderen Konstellationen ist es durchaus denkbar, dass die drei Wortpaare nicht morphologisch, sondern syntaktisch verbunden sind. Dann schreibt man sie – genauso problemlos – mit Spatien:

(8)   *Der Zauberer berührte die Kinder* [!] *leicht und schon kamen aus ihren Taschen* [!] *Tücher, die durch bloßes Wasser* [!] *Farbe bekamen.*

Das Ganze klingt womöglich abstrakt und weit hergeholt. Das spricht aber nicht gegen die theoretische Signifikanz und die praktische Relevanz der Feststellung, dass die Getrenntschreibung wichtige syntaktische Signale transportiert. Gelegentlich werden die zugrundeliegenden Verhältnisse sogar völlig unlinguistisch aufgegriffen, beispielsweise in Sprachspielereien. Mit Spatien wird etwa aus dem spatienlosen Wort *Wachsmalstift* ein Satz. Das Wort verliert dadurch seinen Wortstatus und erhält durch die Spatien interne syntaktische Relationen: Was sagt der große Stift zum kleinen Stift? *Wachs mal Stift!*

**Wortbildung oder Syntax? Wort oder Syntagma?**
Vor dem Hintergrund der geschilderten Funktionalität von Spatien sind die Entstehungsursachen von Zweifelsfällen bei der Getrennt- und Zusammenschreibung zu erfassen. Sie werden zu einem konstitutiv grammatischen Problem, das nicht allein rein graphematisch zu bestimmen ist. Es betrifft die Abgrenzung zwischen Morphologie und Syntax und die Übergänge, die sich zwischen diesen beiden wesentlichen Sphären der Sprache ergeben können. Was begreifen wir als syntaktisches Phänomen (Syntagma) und setzen also (noch) ein Spatium? Und was ist zu einem Wort geworden und wird entsprechend (schon) zusammengeschrieben? Genau in dieser Perspektive wurde die Getrennt- und Zusammenschreibung ausführlich sprachwissenschaftlich beleuchtet (Jacobs 2005; Fuhrhop 2007; sowie kondensiert Eisenberg/Fuhrhop 2013: Kap. 8.5). Die Bemühungen zielten auch darauf ab, (hierarchisierbare) Kriterien und Tests zu entwickeln, durch die man den Übergangsbereich zwischen Morphologie und Syntax nicht nur intuitiv, sondern methodologisch sauber und objektiv-nachvollziehbar in den Griff bekommt. Die Details dieser Arbeiten können hier nicht im einzelnen referiert und diskutiert werden. Die konzeptionelle Stoßrichtung der einschlägigen Untersuchungen soll aber zumindest andeutungsweise aufgenommen und an bestimmten Punkten weiter entfaltet werden.

Festzuhalten bleibt zunächst, dass sich die fraglichen Zweifelsfälle wieder als graduelles Phänomen entpuppen, wenn man sie im Übergangsbereich zwischen Morphologie und Syntax ansiedelt. Mit anderem Fokus lassen sich diese Bereiche also als Sphären ansehen, die von der Dynamik der Sprache – besser: von der Kreativität der Sprecher – zeugen. Konkret ergibt sich sehr häufig folgendes Szenario: Bestimmte Faktoren führen dazu, dass einzelne Syntagmen nicht mehr als solche (also als syntaktisch fundiert) erscheinen, sondern tendenziell als Wörter, also als Einheiten der Lexik, genutzt werden. Manchmal können dieselben Wortreihen sogar sowohl als Syntagma als auch als Wort verstanden werden. Einfach gesagt: aus Syntagmen werden manchmal (neue) Wörter. Wo vorher mehrere Wörter in einem syntaktischen Zusammenhang standen, steht nun einzelnes Wort. Man spricht daher auch von Univerbierungen. Vor diesem Hintergrund spricht es für sich, dass die heutige Zusammenschreibung vieler Komposita in historischer Sicht nicht stabil war (Solling 2012).

Je nach Typ und theoretischer Konzeptualisierung können – terminologisch bisweilen recht heterogen – Subformen unterschieden werden, z.B. Zusammenbildungen, Zusammenrückungen, Inkorporationen, Verschmelzungen. Es lassen sich viele Beispiele anführen, die zeigen, dass solche Bewegungen von der Syntax in die Lexik weitgehend abgeschlossen sind und die Zusammenschreibung folglich relativ fest etabliert ist. Man denke an Wörter wie *brandaktuell, energiesparend, rückwärtsgewandt, bahnbrechend, zeitsparend, schlafwandeln, Nichtraucher, inmitten, gegenüber, beiseite, jederzeit, trotzdem* und *nichtsdestoweniger*. Zahlreiche Zweifelsfälle rühren insofern daher, dass die Bestandteile bestimmter syntaktischer Konstruktionen zwar auf dem Weg sind, zu Wörtern zu werden, diese Entwicklungen aber noch nicht abgeschlossen sind. Manchmal bleiben die Prozesse sogar auf halbem Weg stecken, weil sie grundlegende Strukturprinzipien des Deutschen betreffen. Sie führen so zu anhaltenden Irritationen bei den Sprechern, die notwendigerweise immer wieder dieselben oder ähnliche Zweifelsfälle entstehen lassen.

**Normative Orientierung bei Spatienproblemen**
In jedem Fall wird durch die Erkenntnisse zum Status der Spatien etwas gerechtfertigt, was in der Öffentlichkeit gelegentlich als Manko der *Amtlichen Regelung der Orthographie* verstanden wird, dass sie nämlich an bestimmten Stellen sowohl die Getrennt- als auch die Zusammenschreibung vorsieht. In dieser Variantentoleranz ist keine ahnungslose Unentschiedenheit zu sehen, sondern eine Reaktion auf die Tatsache, dass die Bewegungen zwischen Morphologie und Syntax oft unabgeschlossen sind, manchmal sogar unvermeidliche, anhaltende Reibungen bestehen. Es wäre demnach sachfremd, in solchen Vermittlungsbereichen die eine oder die andere Schreibung zu selegieren bzw. zu tilgen. Nicht von ungefähr bleiben im (standardsprachlichen) Usus ja auch oft zwei Varianten hartnäckig präsent – ganz unabhängig davon, was in normativ-metasprachlichen Kontexten über sie verbreitet wird.

Als Beispiel für die gerechtfertigte Variantentoleranz der *Amtlichen Regelung* sei nur die folgende Formel zitiert: „Zusammen- wie auch getrennt geschrieben werden kann, wenn der entsprechende Ausdruck sowohl als Zusammensetzung [= neues Wort (wpk)] als auch als syntaktische Fügung [= Syntagma (wpk)] angesehen werden kann." (DR §36 (2)). Damit werden beispielsweise die folgenden Problempaare normativ-orthographisch entlastet: *die Rat suchenden / ratsuchenden Bürger, klein geschnittenes / kleingeschnittenes Radieschen, selbst gebackene / selbstgebackene Kekse*.

In anderen Fällen kann es dagegen Tendenzen und Argumente geben, die eher für Getrennt- oder eher für Zusammenschreibung sprechen, je nachdem, ob eine Konstruktion noch als (klar) syntaktisch fundiert oder bereits als lexikalisch gefestigt(er) begriffen werden muss. Der Fluchtpunkt solcher Erwägungen liegt dann darin, gegebenenfalls eine Variante als (klar) falsch, die andere als (klar) richtig zu klassifizieren. In solchen normativen Setzungen wird jedoch das irritierende Gefühl, das sprachliche Zweifelsfälle begleitet, verständlicherweise nicht immer vollständig beseitigt. Das hängt auch damit zusammen, dass in der Schrift normalerweise keine Graduierungen zur Verfügung stehen, die eine angemessene visuelle Repräsentation für sprachliche Übergangsphänomene bieten könnten. Etwas Ähnliches wurde bereits bei der Groß- und Kleinschreibung herausgestellt, insofern es dort nur zwei graphematische Möglichkeiten gibt: groß oder klein. Genauso binär, also nicht graduierend, funktioniert die Spatiensetzung: Man setzt ein Spatium oder man setzt es nicht. Eine Stufung von dünnen, mittleren und breiten Spatien ist nicht vorgesehen, von einer hypothetischen Graduierung durch farbliche Gestaltung – schwarze, graue, grüne, blaue usw. Spatien – ganz abgesehen. Allerdings besitzt wohl die Bindestrichschreibung (ggf. auch die Unterstrichschreibung) einen Zuschnitt, der als Erweiterung der binären zu einer dreiwertigen Logik verstanden werden kann: 1. ohne Spatium, 2. mit Bindestrich (Unterstrich), 3. mit Spatium. Generell bleibt jedoch festzuhalten: Das Irritationsgefühl, das bei der Getrennt- und Zusammenschreibung mit Zweifelsfällen verbunden ist, wird letztlich anhalten. Die objektiven Gegebenheiten sehen eben so aus, dass es um morphologisch-syntaktische Übergangs- und Graubereiche geht, die mit einer sprachwissenschaftlichen Analyse nur genauer verstanden, aber nicht aus der Welt geschafft werden können.

Über allem könnten für den ratsuchenden Schreiber einige einfache Orientierungsfragen im Zentrum der metasprachlichen Reflexion über Zweifelsfälle der Getrennt- und Zusammenschreibung stehen: Möchte ich nach Lage der Dinge durch Spatienvermeidung die Bildung eines (neuen) Worts in der Sprache anerkennen und befördern? Oder möchte ich mich eher dafür aussprechen, die jeweiligen syntaktischen Strukturen in den Aufmerksamkeitsmittelpunkt zu stellen und so durch die Spatiensetzung den Syntagmenstatus einer Formulierung betonen? Anders perspektiviert, aber mit derselben Stoßrichtung: Stellen für mich zwei (oder mehr) sprachliche Formen in einem bestimmten Zusammenhang ein einziges Wort dar oder nicht? Wenn ja, so spricht einiges für Zusammenschreibung und die Stützung der Univerbierung; wenn nein, so liegt eher die Getrenntschreibung nahe, womit die Univerbierung tendenziell unterbunden wird.

Dass diese einfach anmutenden Fragen freilich an vielen Punkten Folgeprobleme nach sich ziehen und von Fall zu Fall unterschiedliche Gewichtungen und Argumentationen möglich sind, soll abschließend mit einigen weiteren Vertiefungen skizziert werden. Wie lässt sich also das strukturelle Spannungsfeld zwischen Syntagmen und Wörtern, das zu graphematischen Zweifelsfällen führt, weiter beleuchten? Man benötigt offensichtlich Kriterien, mit denen die beiden Pole dieses Felds nicht nur individuell-intuitiv, sondern objektiv-nachvollziehbar thematisiert und dadurch bestenfalls auch operationalisierbar gemacht werden können. Dafür gibt es mindestens zwei prinzipielle Möglichkeiten. Zum einen kann man auf mögliche Bedeutungsunterschiede achten, also quasi eine semantische Lupe in Anschlag bringen, zum anderen lässt sich die Wortart der möglicherweise aus Syntagmen entstandenen oder entstehenden Wörter in den Mittelpunkt rücken. Für die Darstellung dieser beiden Möglichkeiten möchte ich unter anderem auf einige der Beispiele aus (6) zurückgreifen, mit denen das Feld der einschlägigen Zweifelsfälle am Anfang des Kapitels illustriert wurde.

**Vertiefende Fallbetrachtung I: Semantik**
Semantisch ist unmittelbar deutlich, dass *ein Bild fest nageln* etwas anderes bedeutet als *jemanden auf eine Position festnageln*. *Kleinkariert* kann ein Mensch sein, *klein kariert* ein Stoff. Wer *sitzenbleibt*, macht etwas anderes als derjenige, der *sitzen bleibt*. Die Setzung bzw. Nicht-Setzung von Spatien nimmt also von Fall zu Fall Bedeutungsunterschiede auf. Hinter dem alten Syntagma (*fest nageln, klein kariert, sitzen bleiben*) steht dann die wörtliche, konkrete Bedeutung, während sich das neu entstandene Verb (*festnageln, kleinkariert, sitzenbleiben*) über eine neue, idiomatisierte Bedeutung definieren lässt. In Nuancen kann das auch für die semantische Differenz zwischen *stehen lassen* und *stehenlassen*, *bekannt geben* und *bekanntgeben* gelten. Womöglich saugt man auch nicht immer Staub, wenn man gerade *staubsaugt*. Wer etwa einen Tischstaubsauger nutzt, saugt wohl eher Krümel und Brösel. Trotzdem kann die Rede davon sein, dass er *staubsaugt* und also gerade nicht *Staub saugt*. Man sieht: Spatiensetzung und Spatienvermeidung können durchaus (kleine) Bedeutungsunterschiede, die im Sprachgebrauch zumindest angelegt sind, aufnehmen und visuell signalisieren. Wenn eine klare Bedeutungsdifferenzierung vorliegt, ist der Univerbierungsprozess, der sich in einer Zusammenschreibung manifestiert, normalerweise weitgehend abgeschlossen.

Auch an Wörtern, die ohne Beteiligung verbaler Elemente entstanden sind, lässt sich das veranschaulichen. Die Semantik von Ausdrücken wie *allerdings, geradewegs, keineswegs, ebenso, geradezu, dermaßen* und *nichtsdestoweniger* lässt sich nämlich nicht (mehr) aus den einzelnen morphematischen Bestandteilen dieser Lexeme ableiten. Beispielsweise ergibt sich die Bedeutung von *allerdings* und *geradewegs* nicht irgendwie aus einer (syntaktisch interpretierbaren) Addition der Bedeutungen von *alle(r) + ding(s)* bzw. *gerade +weg(s)*. Diese Nichtableitbarkeit ist zweifellos ein guter Grund für Zusammenschreibung. Sie dürfte auch das heutige graphematische Zweifelsfallpotenzial dieser Wörter in Grenzen halten. Aus solchen semantisch-kompositionellen Überlegungen kann man auch an vielen anderen Punkten Orientierungskapital schlagen: Für die Zusammenschreibung von *etwas kommt infrage* (statt: *in Frage*) spricht dann beispielsweise der Umstand, dass normalerweise kaum noch irgendeine konkrete Frage im Raum stehen dürfte, wenn etwas infrage kommt.

Angesichts der geschilderten Rolle der Semantik für die Analyse von Zweifelsfällen bei der Getrennt- und Zusammenschreibung ist es gewiss gerechtfertigt, dass man in der *Amtlichen Regelung* dem Sprachnutzer manchmal explizit die Entscheidung in Zweifelsfällen überträgt und also grundsätzlich auf seine sprachlichen Orientierungsfähigkeiten vertraut: „Lässt sich in einzelnen Fällen keine klare Entscheidung darüber treffen, ob eine idiomatisierte Gesamtbedeutung vorliegt, so bleibt es dem Schreibenden überlassen, getrennt oder zusammen zu schreiben." (DR §34 (E.5), ähnlich §39 (E.3)). Damit wird ein liberaler und vernünftiger Weg eröffnet, der die Entwicklung der deutschen Orthographie seit frühsten Zeiten stets bestimmt hat, nämlich die individuelle, sprachsensible Nutzung von graphematischen Möglichkeiten, die sich – aus welchen Gründen auch immer – an bestimmten Punkten kollektiv vereinheitlichen und stabilisieren, während sie an anderen Stellen variabel und eher offen bleiben.

**Vertiefende Fallbetrachtung II: Wortarten**
Man kann die fraglichen Zweifelsfälle danach klassifizieren, welche Wortart als Ergebnis der Bewegung von der Syntax zur Morphologie im Raum steht. Zu welcher Wortart könnte das Wort gehören, das möglicherweise entstanden ist? Was die eingangs angeführten Fälle angeht, würden die Beispiele aus 6a-c für die Zielwortart Adjektiv, 6d für das Verb, 6e für die Präposition, 6f für das Substantiv und 6g für das Adverb oder auch die Partikel stehen. Mit dieser Vorgabe lässt sich nicht nur generell danach fragen, inwiefern in den einzelnen Fällen Befunde für eine Univerbierung vorliegen, sondern auch, inwiefern Befunde für die Identifikation einer bestimmten Wortart vorliegen. Es geht ja nicht nur darum, dass irgendein neues Wort entstanden sein könnte, sondern auch darum, zu welcher Wortart es gehören könnte. Je mehr prototypische Merkmale einer Wortart identifiziert werden können, desto sicherer ist die Feststellung, dass durch Univerbierung ein neues Wort entstanden ist und daher Getrenntschreibung vermieden werden sollte.

Für 6a-c steht demnach an, danach zu fragen, inwiefern die potenziellen neuen Wörter über die typischen Merkmale eines Adjektivs verfügen, also die Verwendbarkeit als Attribut, Prädikativ und Adverbial sowie die Möglichkeit morphologischer Komparation. Bei *schwer/ verständlich* wird insofern zunächst die Zusammenschreibung gestützt, da die drei syntaktischen Verwendungen problemlos möglich sind: *die schwerverständliche Vorlesung, die Vorlesung ist schwerverständlich, die Vorlesung plätscherte schwerverständlich vor sich hin*. Weniger eindeutig lässt sich die Frage nach der Komparation beantworten. Ist es möglich, das übliche morphologische Steigerungsmuster für Adjektive zu nutzen: *Die Mathe-Vorlesung ist schwerverständlicher als die Bio-Vorlesung* (a)? Oder droht hier sozusagen ein Rückfall in syntaktische Muster und damit die Getrenntschreibung: *Die Mathe-Vorlesung ist schwerer verständlich als die Bio-Vorlesung* (b)? Dazu käme prinzipiell noch eine dritte Schreibmöglichkeit: *Die Mathe-Vorlesung ist schwererverständlich als die Bio-Vorlesung* (c).

Die Schwierigkeiten, die mit diesen Fragen aufgeworfen sind, können letztlich nur empirisch weiterverfolgt werden. Sollten sich im realen Sprachgebrauch für (a) viele Befunde ergeben, müsste die Zusammenschreibung als gestützt gelten. Wenn viele Belege auf (b) hinweisen, würde die Getrenntschreibung untermauert. Die Problematik von (c) liegt darin, dass die Formulierung des Komparativs auf syntaktische Strukturen hinweist, die Schreibung aber Univerbierung suggeriert. Systematisch gesehen ist das inkonsistent. Das dürfte auch ein Grund dafür sein, dass diese Schreibung im Usus vermutlich nicht nennenswert vorkommt. Soweit momentan erkennbar, gibt es dagegen sowohl viele empirische Befunde für (a) als auch für (b). Summa summarum spricht also normativ einiges dafür, sowohl Getrennt- als auch Zusammenschreibung zuzulassen und die Schreibvariante (c) auch aus systematischen Gründen eher zu unterbinden. So verfährt im Kern auch die *Amtliche Regelung* (DR §36 (E.3)).

Bei *allgemein/ gültig* stellt sich das zunächst ähnlich dar. Die syntaktischen Verwendungsmöglichkeiten stützen die Zusammenschreibung. Hier weist aber die Komparation wohl eher auf Univerbierung hin: *Die Hypothese A ist allgemeingültiger als die Hypothese B. / ?!Die Hypothese A ist allgemeiner gültig als Hypothese B.* Wenn sich dieser Befund empirisch erhärten ließe, so wäre das ein Argument gegen die anhaltende Präsenz der Getrenntschreibung. Die *Amtliche Regelung* macht freilich noch keinen Unterschied zwischen den Fällen *schwer/ verständlich* und *allgemein/ gültig* (DR §36 (2.2)). Möglicherweise könnte sich hier also für die Zukunft eine Änderung der Kodifizierung anbieten.

Die gerade erörterten Beispiele zur Adjektivierung syntaktischer Phrasen zeigen, dass insbesondere die Komparation eine große Hürde für die Univerbierung mit fest etablierter Zusammenschreibung darstellt. Das beweisen auch andere Beispiele aus (6), allerdings vor allem aus semantischen Gründen. Während nämlich bei bestimmten potenziellen neuen Wörtern die Komparation relativ unproblematisch zu sein scheint und die Zusammenschreibung daher schon gut gefestigt ist (z.B. *In Afrika ist der Klimawandel besorgniserregender als in Asien*), sieht das in strukturell ähnlichen Fällen anders aus. Kann man formulieren: ?*In Afrika sind die Bäume laubtragender als in Asien*? Oder: ?*In Russland ist die Industrie ölfördernder als in Deutschland.* Ganz ausgeschlossen sind vermutlich Formulierungen wie \**Die Krankheit X muss nichtoperativer behandelt werden als die Krankheit Y* oder \**Diese Wahl muss nichtöffentlicher stattfinden.* Was bereits negiert ist, kann sinnvollerweise nicht noch einmal gesteigert werden. Insbesondere im letzten Fall spricht also einiges für Getrenntschreibung. Freilich gibt es hier einen Ausweg, der die prekäre graphematische Lage etwas mildert, nämlich die Bindestrichschreibung (*nicht-operativ, nicht-öffentlich*). Flankierend zeigt zudem das sog. Fugen-*s* in vergleichbaren Fällen deutlich die morphologische Univerbierung und somit Zusammenschreibung an (vgl. *nichtswürdig* gegenüber \**nichtwürdig*).

Auf die Diskussion der weiteren Wortartenprobleme (Verb, Präposition, Substantiv, Adverb bzw. Partikel) möchte ich verzichten. Denn dabei stellen sich teilweise Abgrenzungs- und Identifikationsfragen, die nicht in wenigen Worten abgehandelt werden können. Als Fazit zur Getrennt- und Zusammenschreibung sei vielmehr – auch nach der Erörterung der letzten Fälle – festgehalten: Es lassen sich zwar oft gewisse sprachliche Entwicklungszüge oder strukturelle Tatsachen festmachen, die entweder für die Getrennt- oder die Zusammenschreibung sprechen. In vielen (nicht in allen!) Fällen dürfte es jedoch vernünftig sein, diese Unterscheidung offen zu lassen und für Variantentoleranz zu plädieren. Damit würde jedenfalls die Übergangszone zwischen Syntax und Morphologie nicht unangemessen normativ belastet und das Sprachgefühl der Schreiber geriete nicht in Konflikt mit etwaigen Sprachwandeltendenzen.

## 5.3 Fremdwortschreibung

Bei Fremdwörtern tauchen graphematische Zweifelsfälle häufig auf. Die „Liste der rechtschreiblich schwierigen Wörter", die vom Duden-Verlag auch aufgrund der Erfahrungen aus der Sprachberatung zusammengestellt wird, enthält ziemlich genau zur Hälfte Wörter mit einem nicht-nativen Hintergrund.[40] Im ersten Schritt können die graphematischen Zweifelsfälle analog zu phonetischen Zweifelsfällen bei Fremdwörtern behandelt werden. Die oben (Kap. 4.2) erläuterten Analyseperspektiven lassen sich auch in diesem Bereich anwenden. Also muss man sich wieder vor Augen führen, dass die Integration von Fremdwörtern in das deutsche Sprachsystem zu Varianten, hier also: *Schreib*varianten, führt. Diese

---

40 Vgl. http://www.duden.de/sprachwissen/sprachratgeber/schwierige-woerter (14.3.17).

Varianten können dann – je nach Nähe oder Ferne zu den prototypischen Schreibungen im deutschen Kernsystem – mehr oder weniger stark integriert sein: *Telefon, Likör, Soße, Varietee* sind stärker integriert als *Telephon, Liqueur, Sauce, Varieté*. Den Integrationshorizont gibt es auch aus der Sicht der *Amtlichen Regelung*: „Im Prozess der Integration entlehnter Wörter können fremdsprachige und integrierte Schreibung nebeneinanderstehen." (DR §32 (2), dazu auch DR §0 (3,1)). Unter dieser Vorgabe können Zweifelsfälle bei der Fremdwortschreibung also wieder gut als graduelles Phänomen begriffen werden. Zudem wird hier aufs neue deutlich, dass Zweifelsfälle in sprachlichen Ausbauprozessen auftreten. Durch die Integration von neuen Wörtern wird der deutsche Wortschatz größer. Dieser Zuwachs wird sozusagen durch vorübergehende Irritationserfahrungen erkauft.

Was die Entscheidungsfindung in Zweifelsfällen angeht, so ist die Situation daher erst einmal eindeutig: Der Schreiber besitzt in dem Sinne eine Wahl, dass er mit seiner Entscheidung entweder für oder gegen eine stärkere Integration von Fremdwörtern plädieren kann. Sein Votum käme also entweder einer Beförderung des Sprachwandels oder der Stützung des status quo gleich. Wie so oft, ginge es bei sprachlichen Zweifelsfällen um Fortschrittlichkeit („Das ist jetzt modern!") oder um ein Festhalten am Althergebrachten („Das war schon immer so!").

Man kann sich in einer kurzen Spekulation die flächendeckenden Folgen solcher Entscheidungen ausmalen. Breite Integrationswilligkeit würde in größeren Maßstäben zu einer Vereinheitlichung der deutschen Schreibung führen. Immer weniger Fremdwörter wären mit der Zeit anhand ihrer Schreibung als Fremdwörter zu erkennen. Die Unterscheidung zwischen nativen Wörtern und Fremdwörtern würde forciert eingeebnet. Das hätte auch Folgen für die Schule. Der Erwerb der Schreibkompetenz könnte höchstwahrscheinlich problemloser von statten gehen, da weniger Varianten im Raum ständen. Das Deutsche würde einfacher. Anhand der Schreibung ließe sich jedoch gleichzeitig nicht mehr erkennen, ob Wörter schon immer zum Deutschen gehört haben oder irgendwann einmal aus anderen Sprachen übernommen wurden. Sekundär würden damit auch diverse Verwandtschaftsbeziehungen des Deutschen zu anderen europäischen Sprachen graphematisch verwischt. Denn die vergangenen Entlehnungsbeziehungen würden sich nicht mehr in heutigen Schreibunterschieden spiegeln. Schrifttypologisch würde die deutsche Sprache „flacher", also an Tiefe verlieren (Meisenburg 1998). Die Schreibung des Deutschen wäre ärmer, insofern in ihrer schriftlichen Gestalt weniger Information kodiert wäre. Vom Schreibenlernen hätte man weniger.

### Graphematische Perspektiven auf Fremdwortintegration

Die graphematische Integration von Fremdwörtern ist ein Feld, auf dem zahlreiche Faktoren wirken und das daher für eine adäquate Analyse zu beachten ist. Dazu gehören die Aussprache der Fremdwörter, der reale Schreibusus, die Fremdsprachenkenntnisse und das Fremdwort-Bewusstsein der Sprecher, das Prestige bestimmter Schreibungen und nicht zuletzt natürlich die normativen Vorgaben. Nur für den letzten Faktor lassen sich in Gestalt der *Amtlichen Regelung* und ihrer Geschichte relativ rasch tragfähige Informationen ermitteln (historisch einordnend Zastrow 2015). In allen anderen Punkten ist zu konstatieren, dass wir wenig über das tatsächliche Profil der involvierten Faktoren wissen. Wir sind zwar nicht völlig ahnungslos. So wird man etwa ohne große Untersuchung festhalten dürfen, dass Kenntnisse des Englischen im deutschen Sprachraum verbreiteter sind als Kenntnisse des Französischen oder Griechischen. Wie aber Kenntnisse des Lateinischen verteilt sind und welchen Charakter sie in der deutschen Sprachgemeinschaft heutzutage besitzen, liegt weitgehend im Dunkeln. Das alles erschwert die Analyse von Zweifelsfällen bei der Fremdwortschreibung erheblich. Denn oft ist unklar, welche Schreibvarianten es in welchem Ausmaß und in welcher Verteilung gibt und wie ihr Status daher im einzelnen zu bestimmen ist. Auch Empfehlungen zum normativen Umgang mit unterschiedlichen Fremdwortschreibungen bewegen sich angesichts dieser Wissensdefizite auf dünnem Eis.

Vor dem Hintergrund der Integrationsthematik und unserer mangelhaften Kenntnisse über die Sprachwirklichkeit sollen im folgenden einige typische Komplexe graphematischer Zweifelsfälle bei Fremdwörtern herausgegriffen werden. Dabei wird immer wieder zum Vorschein kommen, inwiefern wir mehr über unsere Schreibrealität wissen müssten, um die jeweiligen Fälle angemessen beurteilen zu können. Trotzdem lassen sich Überlegungen mit einem gewissen Anspruch auf Allgemeingültigkeit anstellen.

### Wie entstehen Zweifelsfälle bei der Fremdwortschreibung?

Wenn man die vielfältigen Faktoren, durch die bei der Fremdwortschreibung Zweifelsfälle ausgelöst werden, beleuchten will, kann ein spekulativer Blick auf konkrete Irritationssituationen hilfreich sein. Wie könnte man sich also die Lage der Schreibenden vorstellen? Bei der Beantwortung der Frage, wie graphematische Zweifelsfälle bei Fremdwörtern individuell entstehen, wäre es wichtig zu wissen, ob die Zweifelnden die betreffenden Wörter bereits als Fremdwörter identifiziert haben oder nicht. Gehen sie also davon aus, dass es sich im jeweiligen Fall um ein Fremdwort handelt? Oder tritt ihnen der Zweifelsfall unabhängig von der Differenzierung zwischen nativen und fremden Wörtern entgegen? Auch für den Erwerb der Fremdwortschreibung ist die Beantwortung derartiger Fragen eine Problematik, die bei möglichen didaktischen Interventionen an zentraler Stelle berücksichtigt werden muss (Paxa 2013).

Zur Illustration, mit welchem Bewusstsein man hier rechnen könnte, möchte ich das etwas zuspitzen und das Wort *Telef/phon* als Beispiel nehmen. Im einen Fall könnte der Zweifelnde wie folgt angetrieben sein: „Ich möchte jetzt das Wort für diesen Sprechapparat schreiben und weiß, zumindest dunkel, dass das irgendwie so ein seltsames Fremdwort ist und dass man solche Fremdwörter ja oft anders schreibt als die normalen deutschen Wörter. Was soll ich denn jetzt machen? Variante A oder B – oder womöglich noch anders?" Es wäre aber auch etwas anderes denkbar: „Ich möchte jetzt das Wort für diesen Sprechapparat schreiben und erinnere mich dunkel daran, dass ich für dieses Wort schon unterschiedliche Schreibungen gesehen habe: Variante A und Variante B. Was soll ich denn jetzt machen?" Im ersten Fall stünde von vorneherein im Raum, dass Schreibungen infrage kommen, die nicht durch das native Kernsystem gedeckt sind, mit den Kernschreibungen vielleicht sogar regelrecht in Konflikt stehen. Im zweiten Fall wäre die Reflexion über die Schreibvarianten sozusagen frei von der etymologischen Last, die durch die Unterscheidung zwischen nativen und nichtnativen Wörtern existiert.

Gewiss wird man in der Sprachwirklichkeit auf beide Haltungen treffen, noch dazu auf viele Zwischenstufen und spezielle Ausformungen. Auch angesichts der sehr unterschiedlichen Fremdsprachenkenntnisse bei Sprechern des Deutschen werden hier große Wissensunterschiede vorliegen, von der Auswirkung unterschiedlicher Schreibsituationen ganz zu schweigen. Für die Entscheidungsstrategien der zweifelnden Schreiber ist die Frage, ob man ein Fremdwort oder ein natives Wort identifiziert hat, von großer Tragweite. Je nachdem, ob der Schreiber von einem Fremdwort oder einem nativen Wort ausgeht, wird er eher über die eine oder die andere Schreibung nachdenken.

**Einige Typen der Schreibirritation bei Fremdwörtern**

Um einen ersten, heuristischen Zugang zu den zahlreichen möglichen Schreibirritationen bei Fremdwörtern zu finden, seien drei Typen unterschieden:

(1) Ist der Schreiber mit Ausdrücken konfrontiert, die (noch) über deutliche nicht-graphematische Fremdwortspezifika verfügen, so dürfte der Zweifelsfallstatus besonders gravierend sein. Das trifft z.B. auf drei- oder mehrsilbige Wörter ohne (klare) morphologische Segmentierung zu. Im nativen Wortschatz gibt es solche Fälle kaum. Entsprechend verfügt man über keine Strategien, wie in solchen Fällen akute Schreibprobleme gelöst werden könnten. Wenn darüber hin-

aus Laut-, Akzent- und Silbenstrukturen vorliegen, die es nur in wenigen, womöglich nur selten auftretenden Wörtern gibt, so kann man vermuten, dass es zu anhaltenden und flächendeckenden Irritationen kommt. Beispiele dafür wären Ausdrücke wie *Champignon, Karussell, Kommuniqué, Mannequin, Mayonnaise, Portemonnaie, Rhapsodie, Spaghetti, Zucchini*. In solchen Fällen werden die Sprecher – bewusst oder unbewusst – annehmen, dass hier schwer zu schreibende Fremdwörter vorliegen, weil bereits unabhängig von der Schreibung klare Fremdwortmerkmale existieren, die aus der Laut-, Akzent- und Silbenstruktur resultieren.

Da die Wörter bereits als fremd kategorisiert wurden, ist auch eher mit der Stützung fremder Schreibungen zu rechnen. In solchen Fällen stellt man sich sozusagen darauf ein, nicht-nativ zu schreiben. Man wird daher auch vor einzelnen Integrationsschreibungen tendenziell zurückschrecken. Freilich ist durch einen solchen Vorlauf noch lange nicht entschieden, wie im einzelnen tatsächlich gerade zu schreiben ist. Klar wäre lediglich: Man muss hier irgendwie anders als bei nativen Wörtern schreiben, aber wie? Es kommt dann gelegentlich zu etwas, was man Fundamentalverunsicherung nennen könnte. Denn der Zweifel kann sich gleichzeitig auf mehrere Schreibvariationen eines Worts beziehen. Das Wort *Mayonnaise* etwa weist drei Variationsstellen auf: <y> / <j>, <nn> / <n>, <ai> / <e(h/e)> / <ä>. Für alle Varianten gibt es gewisse Schreib-Vorbilder, durch die der Zweifel veranlasst gewesen sein kann. Das erschwert die Suche nach der richtigen Schreibung natürlich erheblich, weil sich dadurch ein potenzierter Irritationsgehalt ergibt. Ich nenne nur die folgenden Möglichkeiten:

*Mayonnaise, Majonnaise, Majonaise, Majonnese, Majonnehse, Majonnäse, Mayonaise, Mayonnese, Mayonnehse, Mayonnäse, Majonese, Mayonese, Majonehse, Majonnäse, Majonäse, Mayonäse, Mayoneese, Majoneese, Mayonneese.*

Wen mag es angesichts solcher Möglichkeiten verwundern, dass die Fremdwortschreibung im Deutschen bei manchen Schreibern als schwierig gilt?

(2) Mildern dürfte sich die Schreibproblematik dann, wenn es für solche drei- oder viersilbigen Fremdwörter gewisse Reihenbildungen gibt, womöglich mit hoher Gebrauchsfrequenz. Dadurch werden bestimmte Schreibungen gefestigt. Die Reihenbildungen besitzen eine rein phonetische, aber auch eine morphologische Seite, insofern einzelne Silben tendenziell einen bestimmten Bedeutungsgehalt annehmen und dadurch die (Quasi-)Transparenz der Wörter gesteigert wird (z.B. *-ik: Polemik, Pragmatik, Rhetorik, Symbolik*; *-tur: Diktatur, Literatur, Korrektur, Temperatur*; *prä-: Präambel, Prädikat, Präfektur, Präparat*). Bei solchen Wörtern gibt es zwar immer noch Zweifelsfallpotenzial. Gegenüber der zuerst genannten

Gruppe dürften hier aber insgesamt weniger Zweifelsfälle auftauchen, weil sich die Schreibungen zumindest an bestimmten Stellen stabilisiert haben. Oft findet man solche Reihenbildungen bei Wörtern, die schon seit langer Zeit im Deutschen existieren und als Europäismen auf griechisch-lateinische Vorgänger zurückgehen (Munske/Kirkness 1996). Auch dieser etymologische Hintergrund wirkt schreibstabilisierend.

(3) Einsilbige und zweisilbige Wörter, v.a. mit trochäischer Betonung, ggf. noch mit finaler Schwa-Silbe, sind dagegen Lexeme, bei denen sich die graphematische Integrationsproblematik verschärft und offen stellt. Durch die genannten silbenstrukturellen Eigenschaften sind sie von nativen Wörtern oft nicht mehr zu unterscheiden. Daher bieten sich an vielen Stellen weitgehend stabile native Verschriftlichungen mit starker Integration an (z.B. *Bluse, Keks, Likör, Schal, Soße, Paket*). Mit der Zeit dürfte der Zweifelsfallstatus zurückgehen, weil die Wörter immer stärker in die deutsche Sprache integriert wurden. Tauchen überhaupt noch Zweifelsfälle auf, so haben sie einen ganz anderen Charakter als bei der erstgenannten Gruppe. Denn hier stehen dann immer ganz klare native Verschriftlichungen ganz klaren fremden Verschriftlichungen gegenüber, z.B. *Blouse / Bluse, Cakes / Keks, Liqueur / Likör, Sauce / Soße /, Paquet / Paket, Shawl / Schal*.

Zu den drei Typen müsste noch vieles erörtert werden, um den Zweifelsfallstatus der jeweiligen Schreibprobleme im einzelnen zu klären. Ausgehend von den Aussprachemöglichkeiten und den silbenstrukturellen Gegebenheiten ergeben sich für einige Schreibvarianten stärkere, für andere schwächere Unterstützungen. Solche Überlegungen können hier aus Raumgründen nicht weiterverfolgt werden. Auf die einschlägige vertiefende Literatur sei freilich hingewiesen (Eisenberg 2018: Kap. 7; Munske 2010). Festzuhalten bleibt in jedem Fall, dass man gut nachvollziehen kann, inwiefern sich aus der Integration von Fremdwörtern graphematische Zweifelsfälle ergeben. Als Vorgabe gibt es die nicht-nativen Schreibungen. Sie bilden den einen Pol des Gravitationszentrums, in dem sich die Zweifelsfälle befinden. Ausgehend davon kann es gut begründbare Tendenzen geben, die nicht-nativen Schreibungen zugunsten von plausiblen nativen Verschriftlichungen aufzugeben. Das wäre der andere Pol, zwischen denen sich die Erwägungen der Schreiber bewegen.

Allerdings wirken besonders die alten Fremdwortschreibungen auch gegenseitig (und interlingual) stützend. Das ist ein guter Grund dafür, die fremden Schreibungen nicht oder nicht vollständig durch native Schriftbilder zu ersetzen. Wenn man schon *Philosophie, Aphorismus* und *Alphabet* übernommen hat, ist es plausibler *Atmosphäre* statt *Atmosfäre* zu schreiben. Für die Schreibung *Atmo-*

*sphäre* sprechen auf dieser Linie auch Befunde aus anderen (großen) europäischen Sprachen (vgl. engl. *atmosphere*, frz. *atmosphère*, anders dagegen span. *atmósfera*, ital. *atmosfera*). Das lässt sich generalisieren: Entlehnte Wörter können nicht nur in den nativen Sektor der deutschen Sprache integriert werden, sondern auch in den Bereich, der im Deutschen (und anderen europäischen Sprachen) eigens für Fremdwörter reserviert ist, ggf. unter Berücksichtigung der jeweiligen Entlehnungssprachen. Auch solche Reihenbildungen bringen eine Stabilisierung der Schreibung mit sich. Sie hat ein abnehmendes Zweifelsfallpotenzial zur Folge, ohne dass die Entlehnungen tatsächlich graphematisch vollständig ins Deutsche integriert würden.

Von daher ließen sich zwei graphematische Grundformen der Integration von Fremdwörtern ins Deutsche unterscheiden: Einerseits die klassische Integration, die auf den nativen Kernbereich zielt, andererseits die Einordnung der Schreibungen in die graphematischen Bilder und Muster, die man von den hervorstechenden Fremdwortgruppen im Deutschen (v.a. Graezismen, Latinismen, Gallizismen, Anglizismen) gewohnt ist.

**Konsonantenverdoppelung als Zweifelsfall**
Im nativen Kernbereich ist die Verdoppelung von Konsonanten (Gemination) klar strukturiert. Man findet sie bei Wörtern mit sog. Silbengelenken (z.B. <tt, ll, mm, nn, rr> *Latte, alle, kommen, rennen, irre*). Ein erstes Erkennungszeichen für Silbengelenke ist die intervokalische Stellung der Konsonanten. Prototypisch befinden sie sich in Silbengelenken immer zwischen zwei kurzen (ungespannten) Vokalen. In allen anderen Fällen, in denen der jeweilige Konsonant auftaucht, wird er nur einfach geschrieben (z.B. <t> (*tief, mit*), <l> (*Lage, Wald*), <m> (*Maß, klimpern*), <n> (*nie, Mond,*)). Weil es sinnvoll ist, dass dasselbe Wort auch in verwandten Wortformen immer gleich geschrieben wird, wird die Konsonantengemination auch auf Wörter und Wortformen übertragen, in denen eigentlich kein Silbengelenk vorhanden ist, z.B. *allseits, kommt, Rennbahn, irrtümlich*. Diese Verhältnisse bilden, hier sicher sehr verkürzt, ein stabiles Bedingungsgefüge, mit dem die Schreiber des Deutschen normalerweise kein Problem haben. Im Kernbereich ergeben sich bei der Konsonantengemination folglich keine graphematischen Zweifelsfälle.

Bei Fremdwörtern sieht das aus verschiedenen Gründen anders aus. Zum einen ist häufig die Aussprache (noch) nicht so stabil wie bei nativen Wörtern. Das bezieht sich auch auf die Verteilung von kurzen, ungespannten und langen, gespannten Vokalen. Sie variiert stark; man spricht von Gespanntheitsneutralisation (Eisenberg 2018: 203). In vielen Fremdwörtern kann man bei der Verteilung von gespannten und ungespannten Vokalen von freier Variation ausgehen. Damit sind Silbengelenke bei (integrierten) Fremdwörtern weniger gut greifbar als im Kernwortschatz. Dazu kommt der Umstand, dass in der entlehnten Schreibung Konsonantenverdoppelungen nicht obligatorisch vorkommen müssen. Wenn also die Ausgangsschreibung wie üblich zunächst beibehalten wird, kann es zu Konflikten zwischen der herkömmlichen Schreibung und dem Vorliegen von Aussprachen kommen, in denen Silbengelenke präsent sind. Das dadurch entstehende Irritationsfeld lässt sich genauer umkreisen, wenn man erst einmal allein die schriftliche Ebene und die intervokalische Stellung von Konsonanten ins Auge fasst und die Frage nach der jeweiligen Ausgangssprache unberücksichtigt lässt. Schließlich wissen wir – wie oben betont – weder genaues zur Aussprache von Fremdwörtern noch zum flankierenden Fremdwortbewusstsein. In (9) und (10) sind auf dieser Basis, also ganz unabhängig von Aussprache und Entlehnungssprache, einige Normschreibungen von Fremdwörtern mit den intervokalischen Konsonanten [l] und [r/ʀ] zusammengestellt:

(9)  <l>  *Dilettant, Elefant, Galerie, Galionsfigur, Galopp, Gelatine, Kavalier, Kilo, kolossal, Kommilitone, Lappalie, solar, tolerant, Trilogie*
   <ll> *Ballett, Billard, brillant, Dekolleté, detailliert, exzellent, Guerilla, Kamille, Karussell, Kavallerie, Kollaps, Kollision, parallel, Satellit*
(10) <r>  *eruieren, inhärent, Kandare, Karosserie, Karussell, Koryphäe, Oregano, original, parallel, peripher, pittoresk, separat, Terabyte, Torero*
   <rr> *bizarre, Curry, Gitarre, Hurrikan, Karriere, Konkurrenz, korrigieren, Korridor, mediterran, narrativ, Sherry, skurril, Terrasse, Terror*

Aus (9) und (10) wird zumindest deutlich, dass die Verteilung von einfachem <l> und <r> gegenüber den Verdoppelungen <ll> und <rr> nicht so unproblematisch zu handhaben ist wie die entsprechende Verteilung im nativen Kernsystem. Für andere Konsonanten ließen sich ähnliche Verhältnisse zusammenstellen (z.B. <p, pp> (*separat, Apparat*), <f, ff> (*definitiv, diffizil*), <t, tt> (*eklatant, Attacke*), <k, kk> (*Dokument, okkult*)), vergleichbar auch <g, gg> (*agrarisch, aggressiv*).

Wohlgemerkt: die obigen, recht unsystematischen Zusammenstellungen sollen nicht suggerieren, dass die fraglichen Schreibungen völlig chaotisch sind. An verschiedenen Punkten wird man gewisse Verfestigungen und insofern gute Gründe für oder gegen Konsonantenverdoppelungen finden. Deutlich gespannte vokalische Aussprachen vor dem betreffenden Konsonanten sind beispielsweise hohe Hindernisse für Geminationen (z.B. [el] (*Elefant, Gelatine*), [ol] (*solar, Oregano, Torero*), [eʀ] (*peripher*)). Oft sind aber an denselben Stellen auch ungespannte Aussprachen möglich, also [ɛl], [ɔl], [ɛʀ]. Das lässt das Pendel dagegen in Richtung Silbengelenk und also zu möglichen Konsonantenverdoppelungen ausschlagen (z.B. *Orregano*, *Torrero*). Solche Relativierungen im Hinterkopf sei festgehalten: Die Schreibungen aus (9) und (10) können aufgrund der geschilderten Rahmenbedingungen stets als ein Herd für Verunsicherungen und Zweifel wirken, vor allem dann, wenn es sich um weniger frequente Wörter handelt, die man zudem in den eigenen Fremdsprachenkenntnissen gar nicht oder nicht sicher verorten kann. Ihr Zweifelsfallpotenzial wurzelt letztlich in der Tatsache, dass die Fremdwortschreibungen sowie die flankierenden Aussprachen weniger gefestigt und vereinheitlicht sind als die Modalitäten im Kernbereich der deutschen Schreibung. Dass diese Variabilität in ihrer gesamten Breite normativ so gut wie gar nicht in den Blick gerät, ist für die Analyse von Zweifelsfällen – man muss es so deutlich sagen – völlig unerheblich.

**Phonographisch oder morphologisch: *potenziell* oder *potentiell*?**
Ob man das Adjektiv *potenziell* oder *potentiell* schreibt, also zu Beginn der letzten Silbe mit <z> oder mit <t>, ist eine Frage, die häufig Zweifel aufwirft. Auch bei der Endsilbe -*ial* ergibt sich gelegentlich eine vergleichbare Problematik: *Potenzial* oder *Potential*. Sie findet sich in vergleichbarer Form auch bei anderen Wortpaaren: *differenziell* / *differentiell*, *essenziell* / *essentiell*. Solche Reihenbildungen zeigen stets, dass eine strukturelle Konstellation betroffen ist. Man muss sie in einer entsprechenden Analyse erfassen. Was spricht also für die eine, was für die andere Schreibweise?

Hinter der *t*-Schreibung steht eine auffällige Besonderheit, mit der die Affrikate [ts] im Deutschen verschriftlicht wird. Nativ wird sie phonographisch mit <z> verschriftlicht (z.B. *Tanz*, *zu*, *zwei*). In bestimmten fremdworttypischen Lautumgebungen erscheint sie aber regulär als <t>, z.B. *Aktion*, *martialisch*, *partiell*, *pretiös*, *Spekulatius*, *tertiär*. Von daher haben die Schreiber des Deutschen sicher eine stark phonographisch gestützte Assoziation zwischen der Lautkombination [ts] und dem Buchstaben <t>. Diese Verbindung ist auf nicht-native Wörter beschränkt und dürfte daher das Fremdwortbewusstsein prägen. Das spricht also für die Schreibungen *potentiell*, *differentiell*, *essentiell*.

Demgegenüber gibt es eine schriftsprachlich relevante Regularität, die bestimmt ebenso deutlich ausgeprägt ist. Sie wirkt sich noch dazu gleichermaßen auf native und nicht-native lexikalische Bestände aus. Ich meine das morphologische Schreibprinzip. Wenn nun bei bestimmten Fremdwörtern, die über die Komponente <t> / [ts] verfügen, morphologisch verwandte Lexeme mit anderen Schreibungen im Raum stehen, so ergibt sich automatisch eine Kluft zwischen zwei möglichen Schreibungen. Wer also vielleicht *differentiell* schreiben möchte, kommt unvermittelt darauf, dass eine morphologische Relation zum Wort *Differenz* besteht. Das würde aber die Schreibung *differenziell* nahelegen. Unmittelbares Vorbild dafür könnten Wortpaare wie *Tendenz / tendenziell* und *Substanz / substanziell* sein. Die <z>-Schreibung ist darüber hinaus ein Anschluss an die native phonographische Verschriftlichung der Affrikate [ts]. Von daher spricht für die <z>-Schreibung einerseits das morphologische Prinzip, das mittelbar das Bewusstsein für nicht-native Suffixe wie *-anz* und *-enz* stützt. Andererseits wirkt das phonographische Prinzip, das auch eine verstärkte Integration der <z>-Schreibung in den nativen Bereich vorantreibt.

Vor diesem Hintergrund wird verständlich, warum in diesen Fällen Zweifel auftauchen können. Verschiedene Kräfte zerren ironischerweise gerade an denjenigen Schreibern, die sich besonders bewusst der Verschriftlichung von Fremdwörtern widmen möchten. Allerdings folgt aus den obigen Überlegungen auch ein plausibler Ausweg aus der Irritation. Das morphologische Schriftprinzip ist nämlich für die deutsche Sprache sehr zentral. Seine Reichweite wurde zudem in den letzten Jahrhunderten kontinuierlich ausgebaut und gestärkt. Das spricht also für *potenziell, differenziell, essenziell*, da ein morphologischer Bezug zu *Potenz, Differenz, Essenz* besteht. Für *Aktion, martialisch, partiell, pretiös, Spekulatius* gilt das nicht, da keine morphologischen Gegenstücke mit <z>-Schreibung existieren. Ein Umschwenken zur <z>-Schreibung ist in diesem Licht nicht berechtigt – nur dann, wenn man die Fremdwörter mit aller Macht phonographisch stärker integrieren möchte.

Bei *tertiär* sieht das auf dem ersten Blick anders aus. Denn wir haben das Wort *Terz*, das semantisch auf *tertiär* bezogen werden kann und die Schreibung *terziär* rechtfertigen würde. Allerdings haben sich die Bedeutungen der beiden Wörter schon etwas stärker differenziert als in den zuvor genannten Fällen. Das Wort *Terz* ist in verschiedenen Bedeutungen fachsprachlich verankert (Musik ‚dritter Ton / dritte Stimme', Kirche ‚dritte Stunde des Tages', Fechtkampf ‚spezielle Klingenlage'). Seine Bedeutung geht insofern über die bloß abstrakte Dreiheit hinaus. Diese semantische Differenzierung kann als Rechtfertigung der unterschiedlichen Schreibungen von *Terz* und *tertiär* verstanden werden. Ähnliches könnte für die Entwicklung der Schreibung *potentiell* gelten. Denn der morphologische Bezug zu *Potenz* ist wohl eher rückläufig. Bei *potentiell* denkt man kaum an eine Beziehung zur ‚Zeugungskraft des Mannes', die bei der Semantik des Worts *Potenz* aber für viele im Vordergrund stehen dürfte.

### *Frisör*, aber *Ingenieur*: Konsistenz? Frequenz? Prestige?

Die Sprachkontaktproblematik, die in Zweifelsfällen der Fremdwortschreibung zentral ist, legt es nahe, darüber nachzudenken, welche Faktoren im einzelnen dazu führen, dass bestimmte Wörter graphematisch eher schnell und vollständig, andere dagegen nur langsam und teilweise in den Kernbereich des Deutschen integriert werden. Je deutlicher und greifbarer die verschiedenen Kräfte werden, die im Zweifel für die eine oder die andere Variante sprechen, desto klarer kann sich der Zweifelnde bei den anstehenden Entscheidungen orientieren. Das Kraftfeld, das Zweifelsfälle verursacht, wird transparenter und erscheint im besten Fall als ein klar definierter Spielraum mit unterschiedlichen Handlungsoptionen. Sie ergeben sich alle aus der Sprachkontaktproblematik und den daraus resultierenden Schreibungsvarianten, die von Fall zu Fall mit sozial hochgradig aufgeladenen Konnotationen befrachtet sein können.

Am Beispiel der beiden Variantenpaare *Friseur / Frisör* und *Ingenieur / Ingeniör* lassen sich dazu abschließend noch einige allgemeinere Überlegungen anstellen. Dadurch sollen auch die oben angesprochenen Befunde ein Stück weit rekapituliert werden. Zunächst ist festzuhalten, dass die Schreibweisen mit *-ör* klarerweise für eine stärkere Integration der Wörter ins Deutsche stehen. Wer sie nutzt, erhebt also seine Stimme dafür, diese Wörter so zu behandeln, dass sie ihr französisches Aussehen verlieren.

Im Falle von *Frisör* lässt sich rasch feststellen, dass diese Schreibung bereits sehr gebräuchlich ist. Das spricht auch für ihre amtliche Anerkennung. Das nichtintegrierte *Friseur* mag, absolut gesehen, allerdings noch in der Überzahl sein, anders als z.B. *Manöver*, wo sich die integrierte Schreibung mittlerweile vollständig gegenüber *Manœuvre* durchgesetzt hat. Kurzum: Beide Schreibweisen, also *Friseur* und *Frisör*, sind richtig. Sie können gleichwohl je nach Kommunikationssituation manchmal unterschiedliche Konnotationen transportieren. *Frisör* ist eine Schreibweise, die manchem Zeitgenossen Bildungsferne, fehlende Fremdsprachenkompetenz oder sogar pure sprachliche Nachlässigkeit signalisiert. Gerechtfertigt ist ein solcher Schluss von der Schreibung auf die intellektuellen Fähigkeiten eines Schreibers zweifellos nicht. Das verhindert jedoch nicht, dass er immer mal wieder gezogen wird.

Bei der Schreibung *Ingeniör* könnte das auf den ersten Blick alles genauso aussehen. Auch hier geht es um eine Berufsbezeichnung, die französisch geprägt ist und daher ursprünglich mit der Endung *-eur* geschrieben wurde. Andere Entlehnungen lassen sich leicht in diese Reihe stellen: *Redakteur, Kommandeur, Inspekteur, Regisseur, Gouverneur*. Gegenüber *Frisör* existiert jedoch ein maßgeblicher Unterschied. Die Schreibung *Ingeniör* ist im Schreibusus des Deutschen so gut wie gar nicht vorhanden. Nur in sehr speziellen Kontexten taucht sie gelegentlich auf, etwa aus einleuchtenden Gründen bei Phraseologismen: *Dem Ingeniör ist nichts zu schwör*. Wer in einer normalen Kommunikationssituation *Ingeniör* schriebe, würde also gewissermaßen ein sehr viel höheres Risiko eingehen als derjenige, der *Frisör* schreibt. Was vom realen Sprachgebrauch abweicht, ist immer auffällig und kann metasprachlich gedeutet werden. Die Leser oder Hörer fragen sich sofort: Warum macht er das? Kann er vielleicht nicht anders?

Das angesprochene Risiko lässt sich näher umkreisen, indem man den Gründen nachgeht, die gegen eine Nutzung von *Ingeniör* sprechen. Diese Gründe bedingen vermutlich auch den Sprachgebrauch, in dem *Ingeniör* faktisch nicht existiert. Der Fremdwortcharakter von *Ingenieur* ist unabhängig von der Schreibung bereits wesentlich deutlicher präsent als bei *Friseur / Frisör*. Er wird an einem Laut erkennbar, der nicht-nativ ist ([ʒ]), noch dazu an der Endsilbenbetonung eines Dreisilbers, der morphologisch nicht wirklich transparent ist. Das alles stützt das Fremdwortbewusstsein, das dann zur nicht-nativen -*eur*-Schreibung drängt.

Und selbst wenn man hier stärker graphematisch integrieren wollte, ist man mit einem derzeit geradezu unlösbaren Problem konfrontiert. Denn für [ʒ] gibt es keinen eindeutigen Kandidaten für eine entsprechende Verschriftlichung. Es stehen lediglich heterogene, nicht-native Varianten zur Verfügung: entweder <g> (z.B. *Genie, Etage, Giro*) oder <j> (z.B. *Journalist, Jeans*). Die <j>-Variante würde darüber hinaus wortintern mit der nativen Verschriftlichung des [j] kollidieren, die bei einer Integration die nicht-native Verschriftlichung mit <i> ersetzen müsste. Auf dieser Basis ist also keine vollständige graphematische Integration möglich. Die aus den skizzierten Vorgaben resultierenden, phonetisch ambivalenten und inkonsistenten Schreibungen (<*Ingenjör, Injenjör*>) können diese Angleichung jedenfalls nicht leisten. Mit anderen Worten, wer das Wort <*Ingenieur*> graphematisch integrieren möchte, steht vor gravierenden Problemen. Für viele Schreiber dürfte es daher folgerichtig sein, auf eine Eindeutschung gleich ganz zu verzichten und daher auch am Wortende alles so zu belassen, wie man es von Fremdwörtern eben mehr oder weniger gut kennt. Das Fehlen einer konsistenten graphematischen Integration verhindert sozusagen Teilintegrationen am Wortende, die prinzipiell ähnlich wie bei *Frisör* wären.

Dazu könnte auch ein Frequenz-Aspekt kommen. Denn es ist sehr wahrscheinlich, dass eine hohe Wort-Frequenz einen Faktor darstellt, der eher integrationsfördernd wirkt. Die Wörter, die von allen Schreibern und Lesern häufig genutzt werden, neigen stärker zu einer Integration in das deutsche Kernsystem als diejenigen, die lediglich wenig gebräuchlich und noch dazu vielleicht nur bestimmten Gruppen (z.B. Fachleuten) bekannt sind. Und da man es in der deutschen Sprachgemeinschaft insgesamt wohl häufiger mit *Friseuren* als mit *Ingenieuren* zu tun hat, könnten die Integrationsprozesse bei den *Frisören* stärker und nachhaltiger sein als bei den *Ingenieuren*.

Zu guter Letzt sei noch eine Einflussgröße erwähnt, die ebenfalls einen Unterschied bei der Integration der Wörter *Frisör* und *Ingenieur* ausmachen dürfte. Ich meine den Faktor Prestige. Bestimmten phonographischen Verschriftlichungen haftet per se eine abwertende Konnotation an. Darin können sich die alte Abwertung des Dialekts, Kindersprachliches sowie die Annahme fehlender Bildung und mangelhafter Fremdsprachenkompetenz vermischen. Die Abwertung phonographischer Muster zeigt sich in beiden Richtungen, die im Spannungsfeld zwischen Lautung und Schreibung denkbar sind: Wer ein Wort wie *Restaurant* so ausspricht, wie man es schreibt (z.B. [RɛstoˈRant]), gilt tendenziell als ungebildet. Dasselbe gilt für den, der etwa ein Wort wie [ˈpɛnthaʊ̯s] so (nativ) schreibt, wie man es ausspricht, also <Penthaus> statt <Penthouse>. In dieser Abwertungslogik, die sich im Verhältnis zwischen Buchstabe, Laut und Fremdsprachenkenntnissen ergibt, mögen die *Ingenieure* und ihr Umfeld möglicherweise mehr als die *Frisöre* und *Frisörinnen* darauf bedacht sein, dass ihre Berufsbezeichnung nicht graphematisch integriert wird.

# 6 Flexionsmorphologische Zweifelsfälle

Bisweilen passiert es, dass man weiß, welches Wort man gerade nutzen möchte, aber unsicher ist, wie die Wortform lautet, die man im Moment benötigt. In solchen Situationen wurzelt die Existenz flexionsmorphologischer Zweifelsfälle. Hier sind also nicht Aussprache und Schreibung fraglich, sondern die Bildung bestimmter Wortformen ist zweifelhaft. Von daher ist klar, dass flexionsmorphologische Zweifelsfälle nur bei denjenigen Wörtern auftauchen können, die sich tatsächlich je nach Bedarf und syntaktischem Kontext ändern können. Das wären mithin die flektierbaren Wortarten, im wesentlichen Verben, die konjugiert werden, sowie Substantive und Adjektive, die dekliniert werden. Artikel und Pronomen können zwar auch flektiert werden. Flexionsmorphologische Zweifelsfälle bei diesen Wortarten werden hier aber aus Raumgründen nicht näher thematisiert. Zur Illustration seien am Anfang einige Beispiele für flexionsmorphologische Zweifelsfälle aufgelistet, damit man sich deren Zuschnitt etwas konkreter vorstellen kann.

Bei Verben kann insbesondere die Bildung des Präteritums (*X haute oder hieb?*), der 1. Person Präsens (*ich haue oder hau?*), des Partizips II (*x hat es gesendet oder gesandt?*) und des Imperativs (*Ess oder iss den Teller leer!*) Zweifel verursachen. Auch recht spezielle Probleme können hier angeführt werden (*x hat geschlussfolgert oder schlussgefolgert?*). Sie ziehen zudem manchmal Zweifelsfälle auf anderen Sprachebenen nach sich, etwa auf der graphematischen Ebene (*x hat schlussgefolgert oder schluss gefolgert oder Schluss gefolgert?*). Die Bildung von sog. periphrastischen Verbformen, also die Verbindung von Hilfs- und Vollverb, sei in diesem Zusammenhang ebenfalls als möglicher Herd für flexionsmorphologische Zweifelsfälle genannt (*x ist* oder *hat geschwommen*). Bei Substantiven bilden etwa Pluralformen die Brutstätte für entsprechende Probleme (z.B. *die Bogen / Bögen, die Bunde / Bünde, die Denkmale / Denkmäler, die Pizzas / Pizzen, die Balkons / Balkone, die Globen / Globusse, die Pronomen / Pronomina*). Dasselbe gilt für die Genitiv-Bildung (z.B. *Krieges / Kriegs, des Präsidenten / des Präsident, des Bärs / Bären*). Bei Adjektiven kann von Fall zu Fall die Bildung von Komparativen und Superlativen Zweifelsfälle verursachen (z.B. *dümmer / dummer, edeler / edler, teuerer / teurer, hübscheste / hübschste, trägeste / trägste, weitestreichende / weitreichendste, bestbezahlteste / bestbezahlte*). Einzelne Adjektive scheinen irgendwie besonderen Flexionsmustern zu folgen und sind daher ebenfalls schwerer in den Griff zu kriegen als andere (*rosa / rosane Herzen*).

Vor diesem Hintergrund dürfte es plausibel sein, dass die folgende Darstellung zunächst an diesen drei Wortarten orientiert ist: Sie schreitet also der Reihe nach bestimmte flexionsmorphologische Zweifelsfälle bei Verben (Kap. 6.2), Substantiven und Adjektiven (Kap. 6.3) ab, um mit einem kleinen resümierenden Kapitel zu enden. Dort werden besonders die einschlägigen normativen Befunde rekapituliert (Kap. 6.4). Vorher sind aber einige allgemeine Klärungen und Problematisierungen zu den Rahmenbedingungen bei flexionsmorphologischen Zweifelsfällen anzusprechen (Kap. 6.1). Denn auf diesem Feld gibt es spezielle Faktoren und Hintergründe, die für die Analyse und Bewältigung dieser Typen von Zweifelsfällen ausdrücklich in Rechenschaft gezogen werden sollten.

## 6.1 Flexion – Paradigma – Norm

Dass man Wörter verändert, um einen grammatikalisch korrekten Satz zu formulieren, ist nicht selbstverständlich. Es gibt Sprachen, in denen weitgehend auf Flexion verzichtet wird. Sie ist also für das Funktionieren von Sprache nicht unerlässlich. Im Kontext der europäischen Sprachen ist die Flexion allerdings ein weit verbreitetes Phänomen. Auch unter historischen Vorzeichen ist für uns Flexion der Regelfall. Viele kennen sie aus dem Lateinischen und Französischen, manche aus dem Griechischen, der eine oder andere vielleicht sogar aus dem Finnischen oder Türkischen. Wer diese Sprachen beherrschen will, kommt um das mühselige Lernen von Flexionsklassen nicht herum: Unter welchen Bedingungen verändern sich die Wörter im Satz? Und welche Wörter verhalten sich ähnlich, flektieren also nach demselben Muster?

Schon seit langem werden solche Fragen mit der Hilfe von sog. Flexionsparadigmen beantwortet und genauer untersucht. Darin verkörpern sich flexionsmorphologische Regularitäten, die sich im Sinne von Modellen zu einzelnen Flexionsklassen verdichten lassen. Das Paradigma eines deutschen Substantivs enthält beispielsweise acht Positionen. Es wird durch die Numerus-Unterscheidung (Singular, Plural) und die vier Kasus (Nominativ, Genitiv, Dativ, Akkusativ) definiert.

**Tab. 8:** Flexionsparadigmen der Substantive *Welt* und *Berg*

|  | Singular | Plural | Singular | Plural |
|---|---|---|---|---|
| Nominativ | *Welt* | *Welten* | *Berg* | *Berge* |
| Genitiv | *Welt* | *Welten* | *Bergs* | *Berge* |
| Dativ | *Welt* | *Welten* | *Berg* | *Bergen* |
| Akkusativ | *Welt* | *Welten* | *Berg* | *Berge* |

Freilich werden etwa Plural und Genitiv nicht bei allen Substantiven auf dieselbe Art gebildet. Den Plural kann man auf recht unterschiedliche Weisen formulieren: mit *-e* (*Berge*), *-er* (*Kinder*), *-n* (*Fragen*), *-en* (*Welten*), *-s* (*Omas*); dazu kommt ggf. der Umlaut (*Hände, Kälber, Vögel*), außerdem der gar nicht seltene Fall, dass Singular- und Pluralform identisch sind (*Funken, Engel, Leser*). Ähnliches gilt für die verschiedenen Möglichkeiten, einen Genitiv zu bilden: *-s* (*Bergs, Omas*), *-en* (*Menschen*) sowie der Genitiv ohne spezielle Markierung (*Welt*). Verkomplizierend wirkt ferner, dass längst nicht jede Position eines Paradigmas eine einzigartige Form umfasst. Dann spricht man von synkretistischer Formenbildung. Im Singular und Plural von Feminina (z.B. *Welt*) sind beispielsweise jeweils alle Formen identisch. An der Wortform lässt sich dort also nicht ablesen, ob ein Nominativ, Genitiv, Dativ oder Akkusativ vorliegt. Nur die Unterscheidung von Singular und Plural ist klar als solche markiert. Bei vielen Wörtern ist das freilich anders. Hier werden insbesondere der Genitiv Singular (z.B. *Bergs* vs. *Berg*) und der Dativ-Plural (*Bergen* vs. *Berge*) deutlich von den anderen Singular- bzw. Plural-Formen unterschieden. Aber auch bei *Berg* existieren Synkretismen. Im Sg. Nom., Dat., Akk. etwa gibt es stets dieselbe Form, nämlich *Berg*.

Kurzum: Unter allen Umständen muss man mehrere Flexionsklassen bzw. unterschiedliche Paradigmen für das deutsche Substantiv annehmen und dabei verschiedene Faktoren berücksichtigen, mindestens das Genus sowie die Genitiv- und Plural-Bildung. Im Verbparadigma potenzieren sich diese Probleme. Denn hier gibt es wesentlich mehr Kategorien, die von der Formenbildung zu bedienen sind. Zum Numerus (Singular / Plural) kommen traditionell noch Tempus (Präsens, Präteritum, Perfekt, Plusquamperfekt, Futur I / II), Person (1., 2., 3.), Modus (Indikativ, Konjunktiv, Imperativ) sowie die Unterscheidung von Aktiv und Passiv hinzu. Insgesamt kommt man so nach üblicher Zählung auf (mindestens) 144 Paradigma-Positionen. Auch hier muss man sich darauf einstellen, dass die Formen in den verschiedenen Positionen des Verb-Paradigmas nicht immer auf dieselbe Art und Weise gebildet werden. Man vergleiche nur die Reihen *lenken – lenkte – gelenkt*, *lesen – las – gelesen* und *denken – dachte – gedacht*. Es existiert also nicht nur ein einziges Muster für die Bildung von Präteritum- und Partizip-Formen, sondern es gibt mehrere unterschiedliche. Zudem finden sich auch in den Verb-Paradigmen zahlreiche Synkretismen.

Insgesamt sollte damit angedeutet werden: Die Beantwortung der Frage, wie viele und welche Flexionsklassen es im Deutschen für Verben, Substantive und Adjektive gibt, ist keineswegs trivial. Es gibt unterschiedliche Vorschläge, wie man die Flexion des Deutschen am sinnvollsten analysieren und für die verschiedenen Wortarten in Unter-Klassen mit entsprechenden Paradigmen darstellen könnte (einführend Eisenberg/Fuhrhop 2013: Kap. 5; Thieroff/Vogel 2012). Die verschiedenen Grammatiken des Deutschen verfahren bei der Klassifikation der zahlreichen Flexionsformen längst nicht alle auf dieselbe Art und Weise.

**Hochschätzung der Flexion**

Daraus lässt sich schließen, dass es nicht einfach ist, beim Umgang mit der deutschen Flexion den Überblick zu behalten. Das gilt sowohl für die Sprecher als auch für die Sprachwissenschaftler. Vor diesem Hintergrund sollte man sich nicht zuletzt vor Augen führen, dass das Erlernen einer Sprache seit vielen Jahrhunderten im Ruf steht, ein ziemlich geistloses Auswendiglernen von geordneten Wortformen, also Paradigmen, zu sein. Mehr noch: Oft nahm (und nimmt?) man an, dass nur derjenige eine Sprache wirklich „richtig" beherrscht, der sich in den zahlreichen Paradigmen sicher und bewusst bewegt und gegebenenfalls eher durch ein großes Formen-Gedächtnis als kommunikative Sensibilität beeindruckt – ganz unabhängig von der Frage, ob die diversen Formen der Paradigmen in der Sprachrealität tatsächlich alle eine tragende Rolle spielen oder nicht. Im Zweifel ist mancher sprachbewusste Mensch nicht abgeneigt, der pedantischen Sammel-Logik von Paradigmen mehr Realitätsgehalt einzuräumen als dem beobachtbaren Sprachgebrauch seiner Mitmenschen. Einfach gesagt: Wer mehr Flexionsformen kennt als ein anderer, spricht angeblich besser Deutsch. Es kommt wohl nicht von ungefähr, dass gerade der außerordentlich flexionsbewusste Grammatikunterricht – sei es im Griechischen, Lateinischen oder Deutschen – seit altersher auch ein fruchtbares Biotop für Federfuchser und Kleingeistigkeit abgibt. Für uns ist dabei wichtig: Unausgesprochen werden im Zweifel flektierende gegenüber nicht-flektierenden Formen traditionell eher bevorzugt. Sie scheinen irgendwie hochwertiger und richtiger zu sein als unflektierte Wortformen oder Präpositionalphrasen. Als einer unter vielen hat E. Engel das so ausgedrückt: „Die Bezeichnung des Gefüges durch Beugungsfälle wirkt kraftvoller und edler als die durch Vorwörter." (Engel 1922: 102).

Zudem enthält das seit langem etablierte Verfahren der Grammatiker, die Flexionsformen systematisch in Paradigmen zu ordnen, noch einen anderen kryptisch-normativen Gehalt. Synkretistische Formen können damit nämlich implizit abgewertet werden. Sie verfügen ja auf dem ersten Blick über keine morphologische Trennschärfe, da sie mit anderen Formen identisch sind, aber laut Paradigma unterschiedliche grammatische Funktionen erfüllen sollen. Schon die hergebrachte Aufstellung von Paradigmen legt insofern die Meinung nahe, dass Synkretismen – insbesondere wenn sie aus unflektierten Formen bestehen – Sprachmuster darstellen, denen gegebenenfalls ein minderwertiger, abweichender Gehalt zukommt. Dass man in der Forschung mittlerweile mit sog. unterspezifizierten Paradigmen-Darstellungen arbeitet, ist ein Ausweg aus diesem Dilemma und steigert sicherlich den analytischen Zugriff auf die deutsche Flexionsmorphologie (Wiese 1999; Wiese 2006; Thieroff/Vogel 2012: Kap. 4.5).

### Flexionswandel als Entstehungsursache für sprachliche Zweifelsfälle

Zum potentiellen Irritationsgehalt der Flexionsmorphologie kommt die Tatsache hinzu, dass natürlich auch diese Sprachebene dem Sprachwandel unterworfen ist. Er besitzt zwei Dimensionen, die beide für die Analyse von Zweifelsfällen hochrelevant sind. Zum einen kann sich die Systematik der Flexionsklassen insgesamt ändern. Eine Klasse mag wegfallen, andere mögen – gleichzeitig oder später – neu entstehen. Das sind dann Prozesse, die sich über längere Zeiträume hinziehen und einen makrostrukturellen Charakter besitzen. Eher als mikrostrukturell ist ein Wandel einzustufen, bei dem sich ein einzelnes Wort aus einer bestimmten Flexionsklasse löst und in eine andere Klasse wechselt: Vorher wurde das Wort nach der Klasse X flektiert, neuerdings nach der Klasse Y. Wörter können also ihre flexionsmorphologische Klassenzugehörigkeit ändern. Dadurch ergeben sich Übergangsbereiche, in denen beispielsweise manche (ältere) Sprecher ein Wort noch nach der alten Klassenzugehörigkeit flektieren, andere (jüngere) Sprecher aber eine neue Klasse heranziehen, um bestimmte Wortformen hervorzubringen.

Meistens spielen bei solchen Bewegungen Analogien eine wesentliche Rolle. Was für die Wörter einer Flexionsklasse gilt, wird analogisch auf ein Wort übertragen, das bisher noch nicht zu dieser Klasse gehörte. Wird das zu einem Massenphänomen, ändert sich die gesamte normative Konstellation: Aus anfänglichen Flexions-Fehlern werden mit der Zeit reguläre Formen, vorausgesetzt der Übertritt eines Worts in eine andere Flexionsklasse ist abgeschlossen und die alten Flexionsformen besitzen nur noch einen archaischen oder Substandardcharakter. So entstehen immer wieder Formvarianten, die als Anlässe für Sprachzweifel fungieren können. Viele der folgenden Beispiele, die als typische

Zweifelsfälle aus der Verb-, Substantiv- und Adjektiv-Morphologie herausgegriffen werden, haben einen solchen Entstehungshintergrund. Sie machen es unmittelbar plausibel, dass in flexionsmorphologischer Perspektive der Begriff des „Flexionsklassenzweifels" geprägt wurde (Eichinger 2013: 152).

Insbesondere bei Sprachen, die – wie das Deutsche – bereits eine lange, wechselvolle (Schrift-) Sprachgeschichte hinter sich haben, ist also damit zu rechnen, dass flexionsmorphologischer Wandel an bestimmten Punkten Unübersichtlichkeiten nach sich zieht. In bestimmter Hinsicht werden wir tagtäglich mit den zahlreichen Flexionsexperimenten unserer Ahnen konfrontiert, hauptsächlich mit den gelungenen, gelegentlich aber auch mit weniger gelungenen oder auch mit denen, die bisher lediglich einen Substandard-Status erreichten. Dieser Formenreichtum bekommt im Laufe der Zeit durch seine pure Quantität eine gewisse irritierende Komponente. So wurde in der Forschung jedenfalls schon konstatiert, dass der Flexionswandel „zu immer größerer Undurchschaubarkeit und Dysfunktionalität geführt hat. Das Ergebnis gleicht Großmutters altem Speicher, in dem sich im Laufe der Jahre vieles angesammelt hat, was man nicht brauchen kann, aber auch nicht wegwerfen möchte, weil es schön ist, uns an Großmutter und Großvater erinnert, und weil man es ja vielleicht irgendwann mal doch noch brauchen könnte." (Klein, W. 2003: 52). Eine solche Einschätzung unterschätzt womöglich die Funktionspotenziale der Flexion der deutschen Gegenwartssprache. Man sollte sich aber trotzdem an diese Position erinnern, wenn man reflexhaft in flexionsmorphologischen Zweifelsfällen eher für als gegen die flektierte Form eingestellt ist. Zugespitzt gesagt steht demnach bei flexionsmorphologischen Zweifelsfällen die folgende Frage im Raum: Macht es Sinn, das sprachliche Erbe der Großeltern anzunehmen, auch wenn es in der Gegenwart möglicherweise keine rechte Funktionalität mehr besitzen könnte? In diesem Licht kann die Bewertung von Flexionsvarianten immer auch eine Prise von Ahnenverehrung bekommen, womöglich sogar von Totenkult.

**Flexion als Ideologie: „Unterlassung der Flexion"**
Tatsächlich scheint es so zu sein, dass in sprachlichen Zweifelsfällen, die die Flexionsmorphologie betreffen, eine starke Tendenz zu einer bestimmten normativen Haltung drängt. Oft besitzen nämlich diejenigen Formen eine höhere Wertigkeit, die als stärker flektierend angesehen werden können: *hieb, gesandt, iss, des Krieges, dem Präsidenten, die Bögen, dümmer* sind dann für viele (sprachbewusste) Sprecher irgendwie (!?) besser, schöner oder richtiger als *haute, gesendet, ess, des Kriegs, dem Präsident, die Bogen, dummer*. Längere Formen (z.B. *dem Präsidenten*) oder Formen mit Vokalwechsel (z.B. *hieb, iss, dümmer*) dominieren so über kürzere Formen (*dem Präsident*) oder Formen ohne Vokalwechsel (*haute,*

*ess, dummer*). Nicht immer, aber häufig wird mit dieser Strategie die ältere gegenüber der neueren Form favorisiert. Dieser Befund kommt nicht von ungefähr. Er steht in Verbindung mit einem weitreichenden flexionsmorphologischen Entwicklungsmuster. Generell werden nämlich im Deutschen seit vielen Jahrhunderten flektierende morphologische Muster abgebaut. Im Althochdeutschen gab es mehr Flexionsformen für ein gegebenes Wort als im Neuhochdeutschen. Daraus folgt: Wenn sich heute zwei Formvarianten durch ihren Flexionsgrad unterscheiden, so ist die stärker flektierende Variante oft die ältere Sprachform. Das geht so weit, dass viele Wortformen heute überhaupt nicht mehr flektiert werden. Dann stehen (alte) flektierende Wortformen den nicht-flektierenden (neuen) Wortformen gegenüber.

Diesem Abbauprozess korrespondiert, dass an anderen Stellen des Sprachsystems neue Strukturen aufgebaut werden. Sie übernehmen die alten Flexionsfunktionalitäten und erfüllen teilweise sogar ganz neue Aufgaben. Was die Deklination der Substantive angeht, so ist in erster Linie die allmähliche Entstehung und Entwicklung des Artikels zu nennen. Im Althochdeutschen gab es diese Wortart höchstens in Ansätzen. Mit der Zeit entwickelte sich der Artikel aber zunehmend als eigenständige grammatische Kategorie mit fest umrissenen Funktionen. Damit bildet er eine Kompensation für den fortschreitenden Abbau von Deklinationsmustern. Die – abgesehen von der Plural-Unterscheidung – recht profillosen Flexionsformen von *Welt* und *Berg* gewinnen daher deutlich an morphologischer Prägnanz, wenn man sie zusammen mit dem (bestimmten) Artikel auflistet. Dann kann man viele Paradigma-Positionen gut unterscheiden, die ohne den beigefügten Artikel noch völlig identisch aussahen:

**Tab. 9:** Flexionsparadigmen der Substantive *Welt* und *Berg* inklusive Artikelformen

|  | Singular | Plural | Singular | Plural |
|---|---|---|---|---|
| Nominativ | *die Welt* | *die Welten* | *der Berg* | *die Berge* |
| Genitiv | *der Welt* | *der Welten* | *des Bergs* | *der Berge* |
| Dativ | *der Welt* | *den Welten* | *dem Berg* | *den Bergen* |
| Akkusativ | *die Welt* | *die Welten* | *den Berg* | *die Berge* |

Wer vor diesem Hintergrund prinzipiell für stärker flektierende Formen votiert, missachtet demnach eine Wandeltendenz der deutschen Sprache, die ihre Entwicklung seit ihrer Herausbildung aus dem Germanischen prägt. Oder anders herum: Es ist gut erklärbar, warum seit langer Zeit gerade ältere Menschen häufig bedauern, dass jüngere Menschen die Flexionsformen des Deutschen nicht mehr beherrschen. Dieses Sprachbewusstsein ist nur ein Reflex des Umstands, dass sich die deutsche Sprache weiterentwickelt und zu jeder Zeit immer die alten Sprachformen – also die Sprache der Großeltern – von den neuen Sprachformen – also der Sprache der Jugend – abgelöst werden. Für die Großeltern ist das klarerweise eine Verlustgeschichte, die sie bedauern mögen, weil die eigene Sprache schließlich untergeht. Da Großeltern und Eltern in der Regel einflussreicher und tonangebender sind als Enkel und Kinder, ist es auch nicht verwunderlich, dass gerade veraltende, allmählich funktionslos werdende Sprachformen paradoxerweise oft an Prestige gewinnen (Baumann/Dabóczi 2014). Solche Sprachwandelprozesse gewähren jedoch keine General-Lizenz zur normativen Denunziation der neuen Sprachformen. Der Zuwachs an Prestige bei älteren Formen ist – wenn man so will – oft nur das letzte, verzweifelte Aufbäumen der alten Sprachformen, bevor sie endgültig in der stetig dunkler werdenden Geschichte des Deutschen verschwinden.

Die unreflektierte, man kann wohl auch sagen: ideologische Hochschätzung der Flexion manifestiert sich in bestimmten Sprechweisen, die teilweise recht tief in der (Geschichte der) Sprachreflexion verankert sind. Wie bei vielen anderen sprachlichen Zweifelsfällen ist es nicht nebensächlich, mit welchen Bildern und impliziten Unterstellungen man die realen Sprachverhältnisse in Worte fasst. In jeder Sprachbeschreibung steckt ja ein gewisser konzeptioneller Gehalt, mit dem man sich das bezeichnete Phänomen ein Stück weit begreiflich macht. Flexionsmorphologisch einschlägig ist insofern die Rede davon, dass in manchen Sprachgebräuchen eine „Unterlassung" der Flexion beobachtet werden kann. Man kann darin – um im obigen Bild zu bleiben – die Stimme von Oma und Opa wahrnehmen. Wo normalerweise Flexionsmorpheme zu finden sind, fallen sie in bestimmten Fällen weg. Diese suggestiv abwertende Redeweise lässt sich mindestens bis in das 19. Jahrhundert zurückverfolgen, also genau bis zu dem Zeitraum, in dem sich die deskriptiv-analytische Sprachwissenschaft von der präskriptiv-normativen Sprachbeschreibung nachdrücklich differenzierte.

Interessant sind die Akzentverschiebungen, die sich hier beobachten lassen. Anfänglich war die Rede von der „Unterlassung" der Flexion eine simple Tatsachenbeschreibung: Flexionsmorpheme sind nicht immer da, wo man sie erwarten könnte (z.B. Schötensack 1856: 108, 120; Paul 1880/1995: §230). Von Fall zu Fall mag die Formel auch heutzutage noch diesen rein deskriptiven Charakter besitzen (z.B. Paulfranz 2013: Kap. 6). Durch ihre Tradierung in sprachnormativen Kontexten bekommt sie aber auch eine gewisse wertende Komponente. In den Duden-Publikationen ist sie jedenfalls seit langem tief verwurzelt und prägt von daher vermutlich das Flexionsbewusstsein so manches Sprechers (vgl. Duden 9/1965: s.v. „Unterlassung der Deklination", Duden 4/2016: Register s.v.

„Unterlassung"). Diesem Befund widerspricht auch nicht, dass dort in jüngerer Zeit – ziemlich nebulös – die sog. „anerkannte" von der „nicht anerkannten" Unterlassung der Flexion unterschieden wird.

Wenn die Nicht-Existenz von Flexionsendungen als „Unterlassung" der Sprecher bezeichnet wird, so suggeriert das, in diesen Sprachgebräuchen eine Verfehlung, mindestens einen Lapsus zu sehen. Man denke etwa an die juristische Formel von der „unterlassenen Hilfeleistung". Einen solchen Vorwurf möchte man sicher nicht gerne auf sich sitzen lassen. In dieselbe Kerbe schlägt man, wenn an solchen Punkten von „mangelhafter" Flexion die Rede ist (Schötensack 1856: §10). Sprachpflegerisch formuliert: Wer den Gebrauch von Flexionsmorphemen „unterlässt", tut etwas, was unüblich ist: Deutsch ist schließlich eine flektierende Sprache! Er hat womöglich nicht gut aufgepasst, war nicht sorgfältig genug. Vielleicht macht er sich mit seinem Nicht-Handeln sogar irgendwie schuldig. Die deutsche Sprache wird in dieser Sicht potentiell zum Opfer einer unterlassenen Hilfeleistung. Ein Kurzschluss mit der Sprachverfallsmetaphorik liegt nahe. Der Wegfall von Flexionsendungen, der in individuellen Verfehlungen liegt, trägt – so die Suggestion – zum Verfall der deutschen Sprache bei.

Wer das Ganze – oberflächlich gesehen – locker nehmen möchte, aber genau in dieser normativen Tradition fest verwurzelt ist, spricht heutzutage dann davon, dass es im Deutschen einen neuen Kasus gibt, den „Kasus verschwindibus". Als Dienst an der Sprache erscheint es nunmehr, wenn man auf dieser Basis flektierte (angeblich: richtige) und unflektierte (angeblich: falsche) Wortformen nebeneinander auflistet und fleht: „Lasst ihnen ihre Endungen!" (Sick 2005: 64f). Nach dem, was oben über die Geschichte der Flexion und ihre Beschreibung gesagt wurde, ist klar, dass solche Haltungen weder zu einer treffenden Analyse noch zu einer belastbaren normativen Aussage führen können. Ihr Unterhaltungswert steht hier nicht zur Debatte.

**Welche Flexion warum?**
Die obige Betrachtung zur Art und Weise, wie man über variierende Flexionsformen spricht, sollte nicht als Plädoyer für die generelle Bevorzugung nicht (oder schwach) flektierender gegenüber (stark) flektierenden Formen missverstanden werden. Sie sollte aber davor warnen, in (stärker) flektierten Formen von vorneherein etwas Höherstehendes, Besseres, „Richtigeres" zu sehen als in schwächer flektierenden oder nicht-flektierten Formen. Ein solches Bewertungskonzept mag fürs erste plausibel erscheinen, weil so irgendwie ein „Verlust" (von Endungen) und eine mutmaßlich negative Sprachentwicklung wettgemacht werden könnte. Zudem gehört das Konzept zu einer viele Jahrhunderte alten, eindringlichen Art und Weise, wie uns Flexionsvarianten bewusst vermittelt werden. Im

Deutschunterricht spielt die Thematisierung flexionsmorphologischer Varianten jedenfalls seit dem 19. Jahrhundert eine große Rolle (z.B. Banhold 2015; Sayatz 2009). Genauer besehen ist man mit diesem hergebrachten Bewertungskonzept jedoch nicht in der Lage, die gegebenen Sprachkomplexitäten inklusive der einschlägigen Entwicklungen des Deutschen auf einen sinnvollen Begriff zu bringen. Das Konzept versagt zudem in den Fällen, in denen es gar nicht um ein Mehr oder Weniger an Flexion gehen kann, sondern nur um das Wie der Flexion. Oft sind nämlich die zur Debatte stehenden Flexionsvarianten überhaupt nicht nach ihrem Flexionsgrad zu ordnen. Ein möglicher Sprachverfall lässt sich so gar nicht ins Spiel bringen. Fraglich ist dann nämlich nur, welcher Typ der Flexion genutzt werden soll, unabhängig von ihrer Stärke oder Schwäche (z.B. Gen.: *des Bärs / Bären*, Pl.: *Pizzas / Pizzen*, Konj. *stände / stünde*).

Darüber hinaus sind bei der Analyse entsprechender Zweifelsfälle noch weitere Faktoren als der bloß ausdrucksseitige Flexionswandel in Rechenschaft zu ziehen. Von Fall zu Fall kann die historische Entwicklung nämlich je nach Region ein unterschiedliches (quantitatives) Ausmaß angenommen haben. Manche Flexionsvarianten sind im deutschen Sprachgebiet, gerade unter Einbezug der Dialektvielfalt, unterschiedlich verteilt. In bestimmten Landstrichen hält sich in der regionalen Umgangssprache etwa eher die alte Form, in manchen Gegenden zeigt sich vermehrt die neue. Auch solche Verteilungen können für die normative Betrachtung je nach Kommunikationssituation relevant sein. Dazu kommt manchmal auch eine semantische Variation. Schließlich stehen den Sprechern zwei Ausdrucksvarianten zur Verfügung. Sie können wenigstens in Nuancen unterschiedliche Bedeutungen annehmen oder andere feine Unterschiede aufweisen, die in einem tendenziell unterschiedlichen Usus wurzeln.

In summa: Der Gebrauch der Flexionsvarianten kann – gleichzeitig oder in Teilen – diachronisch, diatopisch und semantisch konditioniert sein sowie unterschiedliche Gebrauchshäufigkeiten aufweisen. Es ist naheliegend, dass diese Komplexität die Sprecher zeitweilig irritiert und gelegentlich zu metasprachlichen Spekulationen inspiriert. Einige der Spannungen und möglichen Konstellationen, die auf dem großen Gebiet des Flexionsklassenzweifels zu finden sind, sollen vor diesem Hintergrund an ausgewählten Beispielen kurz etwas näher beleuchtet werden.

## 6.2 Konjugation: Verbmorphologie

Die Einteilung der Verben in unterschiedliche Flexionsklassen ist ein zentraler Zug der deutschen Sprache. Genauso zentral ist der Umstand, dass sich diese

Klassen und die ihnen zugeordneten Wörter seit der Herausbildung des Deutschen aus dem Germanischen fortwährend verändern. Man versteht die deutsche Standardsprache viel besser, wenn man weiß, auf welche Art und Weise diese Entwicklungsprozesse im Vergleich mit anderen germanischen Sprachen und Dialekten (z.B. Englisch, Schwedisch, Luxemburgisch, Alemannisch) abgelaufen sind und wie sie jeweils angestoßen wurden (Dammel 2016).

**Schwache statt starker Flexion**
Die verbalen Flexionsklassen sind in zwei große Gruppen geschieden: stark und schwach. In der starken Flexion ändert sich im Präteritum der Vokal des Verbstamms. Man spricht vom sog. Ablaut. Das Partizip II wird mit *ge-en* gebildet. So kommt es zu Reihen wie *singen – sang – gesungen, sprechen – sprach – gesprochen, beißen – biss – gebissen*, die man in musterhaften Vokalabfolgen, sog. Ablautreihen, verdichten kann: *i-a-u, e-a-o, ei-i-i*. In der schwachen Flexion wird das Präteritum dagegen durch einfache Hinzufügung des *-te* gebildet, das Partizip durch *ge-t*: *lachen – lachte – gelacht, kochen – kochte – gekocht, schaukeln – schaukelte – geschaukelt*.

Historisch gesehen sind die starken Verben primär. Die schwache Flexion ist später durch einen Grammatikalisierungsprozess entstanden. Daran war eine Vorform des Verbs *tun* beteiligt (vgl. strukturell in etwa: *ich tat wecken > ich wecken tat > ich weck-te*). So wuchsen zwei Wörter mit der Zeit zusammen (Szczepaniak 2009: Kap. 6.1). Die Flexionsendung *-te* und das Verb *tun* sind also etymologisch verwandt. Die starken Verben werden heutzutage vor allem durch ihre große Gebrauchsfrequenz gestützt. Benutzen wir ein starkes Verb häufig und schon in jungen Jahren, ist seine Flexion stabil. Kommt dagegen ein starkes Verb nur noch selten vor, weil seine Bedeutung heutzutage vielleicht keine große Rolle mehr spielt, gibt es eine deutliche Tendenz, das Wort auch gemäß der schwachen Flexion zu beugen. Zugespitzt gesagt: Weil das *Melken, Dreschen, Flechten, Weben* und *Schwören* heutzutage viel weniger präsent sind als früher, verändert sich die Konjugation dieser Wörter und schwenkt von starken zu schwachen Flexionsmustern. Daneben können sich auch innerhalb der starken Flexion Wandelprozesse ergeben, weil sie nicht nur aus einer, sondern aus mehreren Ablautreihen besteht.

Aus diesem Szenario ergeben sich viele Anlässe und Typen analogischer Formenbildungen, die zur Entstehung von Varianten führen und Zweifelsfälle nach sich ziehen können (Dammel 2016: Kap. 2). Der prototypische Wechsel vollzieht sich freilich seit Jahrhunderten so, dass ehemals starke Verben neuerdings schwach flektiert werden (Theobald 1992). Man kann das als Stärkung regelhafter Strukturen deuten. Die Vielfalt starker Flexionsklassen, die oft einzeln gelernt werden müssen, wird zunehmend durch das relativ einheitliche, gut handhabbare Bildungsmuster schwacher Verben ersetzt. Die suggestive Kraft-Terminologie – schwache Verben ersetzen starke Verben – sollte jedoch nicht dazu verleiten, diesen Wandel als irgendwie (oder sogar grundsätzlich) negativ zu sehen. Die deutsche Sprache verliert in diesem Prozess nicht an Stärke; sie wird nicht altersschwächlich. Die Formel zum Verständnis dieser Vorgänge lautet vielmehr: „Reorganisation statt Dekadenz" (Dammel 2014: 51).

Das Spannungsfeld zwischen starker und schwacher Verbflexion lässt sich durch eine exemplarische Zusammenstellung einiger Verben illustrieren. Tabelle 10 verzeichnet Wörter, bei denen im Neuhochdeutschen sowohl starke als auch schwache Formenbildung vorkommen.[41] In der Regel handelt es sich dabei um Übergänge von der starken zur schwachen Flexion (= Kreuz in Spalte 2). Man findet jedoch manchmal auch ursprünglich schwache Verben, die zumindest phasenweise wie starke behandelt werden (z.B. *schinden, stecken, verderben*) (= kein Kreuz in Spalte 2). Auch in diesen Fällen zeigt sich, wie verschlungen analogisch angelegte Sprachwandelprozesse wirken können. Sofern den Sprechern formale Vorbilder für Flexionsmuster zur Verfügung stehen, ist stets damit zu rechnen, dass ein bestimmtes Wort im Lichte eines bisher nicht genutzten Musters gesehen wird und dadurch eine Flexionsvariante entsteht. Sicher kommen so zunächst Abweichungen und Fehler zustande. Verfestigt sich aber die neue Formenbildung, so entsteht Sprachwandel. Bis er abgeschlossen ist, stehen alte und neue Formen in unterschiedlichen Frequenzen und Verteilungen nebeneinander und können sprachliche Zweifelsfälle hervorbringen.

---

**41** Die Tabelle wie das folgende basiert zunächst auf Duden 4/2016: §704 sowie den einschlägigen Worteinträgen in Duden 9/2016, außerdem auf den etymologischen Informationen aus Pfeifer (Hg.) 1993 und Theobald 1992. Für die Angaben zur diatopischen Variation wurden zudem die Wortinformationen aus Ammon u.a. 2016 herangezogen.

**Tab. 10:** Flexionsklassenschwankungen bei Verben

|  |  | stark > schwach | Semantische Differenz | Diatopische Differenz |
|---|---|---|---|---|
| *backen* | *buk / backte* | x | | x |
| *dreschen* | *drosch / dreschte* | x | | |
| *dünken* | *deuchte / dünkte* | x | | |
| *erbleichen* | *erbleichte / erblich* | x | | |
| *erküren* | *erkor / erkürte* | x | | |
| *erschrecken* | *erschrak / erschreckte* | x | x | |
| *fechten* | *focht / fechtete* | x | | |
| *flechten* | *flocht / flechtete* | x | | |
| *fragen* | *frug / fragte* | | | x |
| *gären* | *gor / gärte* | x | | |
| *glimmen* | *glomm / glimmte* | x | (x) | |
| *hängen* | *hing / hängte* | x | x | x |
| *hauen* | *haute / hieb* | (x) | | x |
| *klimmen* | *klomm / klimmte* | x | | |
| *melken* | *molk / melkte* | x | | |
| *saugen* | *sog / saugte* | x | x | |
| *schaffen* | *schuf / schaffte* | x | x | |
| *schallen* | *scholl / schallte* | (x) | | |
| *scheren* | *schor / scherte* | x | x | |
| *schinden* | *schund / schindete* | | | |
| *schwellen* | *schwoll / schwellte* | x | x | |
| *schwören* | *schwo/ur / schwörte* | x | | x |
| *senden* | *sandte / sendete* | x | x | |
| *sieden* | *sott / siedete* | x | | |
| *stecken* | *stack / steckte* | | x | |
| *triefen* | *troff / triefte* | x | | |
| *verderben* | *verdarb / verderbte* | | x | |
| *weben* | *wob / webte* | x | x | |
| *wenden* | *wandte / wendete* | | (x) | |

Die Entscheidung, die in diesen Zweifelsfällen ansteht, bezieht sich also erst einmal auf alt oder neu. Die starken Verbformen sind in der Regel alt, die schwachen neu. Wer bewusst konservativ verfahren und Altes bewahren möchte, greift also zu den starken Verbformen. Wer zukunftsorientiert ist und sich an den langfristigen Entwicklungstendenzen des Deutschen orientiert, flektiert schwach. Mittelbar sollte man zudem wie üblich den allgemeinen Sprachgebrauch beachten. Es ist etwas anderes, ob eine starke Form noch gut im Usus verankert ist und lediglich erste schwache Formen auftauchen oder ob sich eine schwache Form schon weitgehend durchgesetzt hat und die starke Form mittlerweile für viele nur noch archaisch bis lächerlich klingt. Man kann die beiden Fälle mit Blick auf die anstehende Entscheidung in Zweifelsfällen daher auch risikotheoretisch deuten: Im ersten Fall liegt das kommunikative Risiko eher bei der neuen, schwachen Form; die alte, starke Form verspricht Verlässlichkeit, Solidität und keine große Aufregung. Im zweiten Fall liegt das kommunikative Risiko eher bei der alten, starken Form, die für Zurückgebliebenheit steht, weil sich die neue, schwache Form weitgehend durchgesetzt hat und als neutral zu gelten hat.

Ist es abwegig, vor diesem Hintergrund auf die Idee zu kommen, sich dem allgemeinen Sprachtrend entgegen zu stellen und schwache Verben vermehrt (wieder) stark zu flektieren? Faktisch ist das sicher besonders innovativ und phantasievoll. Wenn man dann noch Gleichgesinnte um sich schart, lässt sich ein Verein gründen und auf eine Revision der Sprachgeschichte hoffen. Diesem Ziel hat sich jedenfalls die „Gesellschaft zur Stärkung der Verben"[42] verschrieben. Für die schwachen Verben *lachen*, *kochen* und *schaukeln* schlägt sie beispielsweise die folgenden starken Formen vor: *lachen – liech – gelachen*, *kochen – kuch – gekochen*, *schaukeln – scholk – gescholken*. Man braucht allerdings kein großer Sprachprophet zu sein, um solchen Bemühungen einen Misserfolg vorauszusagen. Die gut rekonstruierbaren Kräfte, durch die die schwache Verbalmorphologie gestützt wird, sind viel zu groß, als dass sich solche neuen starken Verbformen im Deutschen tatsächlich durchsetzen könnten. Spaß kann es trotzdem machen, Flexionsvarianten mal auszuprobieren und so den analogisch inspirierten Sprachwandel zumindest mikrostrukturell zur Geltung zu bringen.

**Semantische und diatopische Differenzierungen**

Wenn man zweifelt, ob ein bestimmtes Verb stark oder schwach zu flektieren ist, gibt es außer der Differenz alt vs. neu manchmal noch weitere Faktoren, die bei der Entscheidung zwischen den Varianten zu berücksichtigen sind. Sie beziehen

---

42 https://verben.texttheater.net/ (3.10.2017)

sich vor allem auf die semantischen und diatopischen Eigenschaften der Wörter. Auf diesen Ebenen können sich Bedeutungsunterschiede und regionale Gebrauchsunterschiede bei der Nutzung der beiden Varianten einstellen. Wurden bei einzelnen Wörtern entsprechende Befunde festgestellt, so sind die Wörter aus Tabelle 3 in Spalte 3 und 4 mit einem Kreuz markiert.

Semantisch sehr trennscharf ist beispielsweise der Unterschied zwischen *scheren* ‚abschneiden' und *scheren* ‚weggehen'. Während dieser Unterschied im Infinitiv und anderen Formen ausdrucksseitig nicht erkennbar ist, spiegelt er sich aber in der Morphologie des Präteritums: *Sie schor das Fell* (nicht *scherte*) / *Er scherte sich zum Teufel* (nicht *schor*). Etwas subtiler ist schon der Unterschied zwischen *schaffen* ‚vollbringen, meistern' und *schaffen* ‚schöpferisch hervorbringen'. Denn hier existieren die beiden Bedeutungen nicht völlig unabhängig voneinander. Trotzdem dürfte in den folgenden Kontexten normalerweise Eindeutigkeit herrschen: *Sie schaffte die Klausur* (nicht *schuf*) / *Gott schuf die Welt* (nicht *schaffte*). In anderen Satzumgebungen ist die semantische Differenzierung aber weniger eindeutig und es gibt daher keinen Grund, eine der beiden Varianten als falsch zu bezeichnen: *Sie schaffte / schuf Klarheit*. Allerdings könnte man auf der Basis der prototypischen Bedeutungsunterscheidung in den beiden Formulierungen mit Recht auch gewisse Bedeutungsnuancen sehen: Im ersten Fall (*schaffte*) erscheint die Tätigkeit eher als das Ergebnis einer planmäßigen Aufgabenlösung. Im zweiten (*schuf*) eher als das Resultat eines schöpferischen, kreativen Prozesses. Beides ist möglich und nicht weit voneinander entfernt.

Solche Bedeutungsunterschiede manifestieren sich gelegentlich auch in der Differenzierung zwischen transitiven und intransitiven Verben, also zwischen Verben, die ein direktes Objekt fordern oder die es nicht benötigen. So lässt sich etwa *schwellen* (intransitiv) ‚größer werden' von *(an)schwellen* (transitiv) ‚größer machen' unterscheiden. In der Präteritum-Flexion kommt dieser Bedeutungsunterschied sozusagen an die Sprachoberfläche: *Der Fluss schwoll an* (nicht *schwellte*) / *Der Sturm schwellte die Segel* (nicht *schwoll*). Ähnliche Unterscheidungen zeigen die Verben *erschrecken*, *hängen* und *stecken*. Bei *weben* und *glimmen* spiegeln die unterschiedlichen Flexionsvarianten ansatzweise die Unterscheidung zwischen einem wörtlichen und einem metaphorisch-übertragenen Sinn.

Diatopische Differenzierungen beziehen sich darauf, dass bestimmte Flexionsformen in manchen Sprachräumen gebräuchlicher sein können als in anderen. So wurde beispielsweise konstatiert, dass die starke Flexion von *backen* in der Schweiz noch relativ verbreitet ist. In Österreich und Bayern dominiert *gehaut* gegenüber *gehauen*. Und eine Form wie *frug* könnte besonders noch im Niederdeutschen genutzt werden, weil sie schließlich von dort stammt. Das mag alles so sein. Von Fall zu Fall sind solche raumbezogenen Informationen auch bei Entscheidungen in sprachlichen Zweifelsfällen relevant. Wer wie die Einheimischen formulieren möchte, gewinnt durch solche Informationen wichtige Anhaltspunkte für das eigene Sprechen. Die diatopischen Informationen vermindern zudem das sprachliche Überraschungs- und Irritationspotenzial, wenn man sich im deutschen Sprachgebiet bewegt und auf ungewöhnliche Flexionsformen trifft. Mit dem Wissen um die Existenz von Flexionsvarianten ist man bei sprachlichen Auffälligkeiten weniger schnell verblüfft. Das ist auch aus der Sprachproduktionsperspektive relevant. Denn die Variantenselektion hat ja nicht zuletzt einiges damit zu tun, ob man auffallen möchte oder nicht, wenn man mit anderen Menschen spricht. Wer will, kann jedenfalls mit der Wahl bestimmter Flexionsvarianten Aufsehen erregen.

**Varianten zwischen und innerhalb von Flexionsklassen**
Die Tatsache, dass die Verbflexion aus zahlreichen Paradigma-Positionen besteht, legt es nahe, dass ein einzelnes Wort nicht mit einem Mal vollständig von der einen in eine andere Flexionsklasse wechselt. Ähnlich ist der Umstand einzuschätzen, dass die einzelnen Flexionsklassen an bestimmten Paradigma-Positionen mehr oder weniger gut unterschieden sind. Manche Klassen sind sehr distinkt gegenüber anderen, da sich ihre Formen deutlich von den anderen abheben. Andere Klassen stimmen dagegen an vielen Positionen überein. Dazu kommt, dass manchmal bereits innerhalb einer Klasse mit Formvarianten zu rechnen ist. Demnach ist sowohl diachron als auch synchron damit zu rechnen, dass zwischen den Flexionsklassen Übergangszonen existieren. Von Interesse für die Zweifelsfall-Perspektive ist eine genauere Analyse dieser Übergangszonen.

Einzelne Variantenpaare können besonders aussagekräftig für übergeordnete Bewegungen oder strukturelle Schnittbereiche sein. So führen etwa Imperativ-Varianten zu Zweifelsfällen: *Ess!* oder *Iss!*, *Werf!* oder *Wirf!* Es wurde insofern die These aufgestellt, dass sich der Übergang von der starken zur schwachen Verbflexion zuerst beim Imperativ ankündigt (Eisenberg/Fuhrhop 2013: 194f). Die Existenz imperativischer Flexionsvarianten würde also indizieren, dass wir ein bisher stark flektiertes Verb bald schwach flektieren könnten. Wer *Ess den Teller auf!* oder *Werf den Ball mal her!* formuliert, wäre auf dem Weg, bald *Ich esste den Teller auf* und *Dann werfte ich den Ball her* zu sagen. Ob die These die Wirklichkeit trifft, müsste sich durch empirische Untersuchungen bestätigen oder widerlegen lassen, die den Sprachgebrauch von älteren und jüngeren Sprechern vergleichen. Ein Bestandteil der Untersuchung könnte sein, die Grammatikalitätseinschätzungen der beiden Sprechergruppen zu vergleichen. Die leitende

Untersuchungshypothese würde wie folgt lauten: Für jüngere Sprecher sind Flexionsformen wie *esste* und *werfte* akzeptabler als für ältere Sprecher.

Von anderem Zuschnitt ist die Variation, die mit der Setzung oder Nicht-Setzung eines Schwas verbunden ist. Prototypisch ist sie derzeit wohl in der 1. Pers. Sg. zu besichtigen. Sie gibt ebenfalls immer wieder Anlass für Zweifelsfälle: *Ich schreie* oder *ich schrei*, *ich rufe* oder *ich ruf*, *ich bete* oder *ich bet*. Imperativ-Varianten sehen ähnlich aus: *Schrei/e mich nicht so an!, Ruf/e mich doch an!, Bet/e doch öfter!* Verschärft ist die Problematik bei Verben, die auf *-el* oder *-er* enden. Denn hier stehen faktisch sogar drei Varianten im Raum, die irritieren können: *Segele / segle / segel doch öfter!, Wandere / wandre / wander mal sonntags!* Auch in der 1. / 3. Person Plural gibt es eine formal vergleichbare Schwa-Problematik: *wir / sie schrien / schrieen, wir / sie drehn / drehen*. Dazu können im Schriftkontext noch graphematische Zweifelsfälle hinzukommen. Sie betreffen die Apostrophschreibung: *ich schreie, ich schrei* oder *ich schrei'*.

Die Existenz solcher Variantenpaare verdankt sich nicht sprachlichen Wandelprozessen. Auch einschlägige diatopische Verteilungen, die die Zweifelspaare begreiflich machen würden, sind hier nicht absehbar. Die Formvariation lässt sich also nicht dadurch einordnen, dass man eine Variante als älter bestimmt oder bevorzugt in einer bestimmten Region situiert. Zudem laufen semantisch orientierte Erklärungen offensichtlich ins Leere. Die unterschiedlichen Formen versprachlichen nicht (minimal) unterschiedliche Bedeutungen. Die Abwesenheit dieser traditionellen Erklärungsmuster für die Variation in der Verbflexion stellt für die normative Sprachbetrachtung ein Problem dar. Wie soll man hier Entscheidungen treffen und rechtfertigen, wenn weder diachrone, diatopische oder semantische Faktoren herangezogen werden können? Gibt es hier womöglich freie Variation?

Trotz dieser relativ unsicheren Ausgangslage wird erstaunlicherweise nicht selten eine relativ klare Wertung ausgesprochen. Besonders in der Vergangenheit hat man hier mit eindeutigen Wertungen nicht gezögert. Sie laufen oft darauf hinaus, die Formen mit Schwa der (geschriebenen) Standardsprache zuzuschreiben und die schwa-losen Formen als mündlich und umgangssprachlich zu charakterisieren. Umfangreichere Erhebungen zur Untermauerung dieser Sicht wurden freilich nie durchgeführt. Woher nimmt man also die Gewissheit solcher Urteile? Ich könnte mir vorstellen, dass die Aufwertung der schwa-haltigen Formen eher in der oben angesprochenen allgemeinen Hochschätzung der Flexion wurzelt als in haltbaren empirischen Befunden. Die längeren Formvarianten erwecken den Eindruck, dass dort keine ungerechtfertigten Tilgungen erfolgten. Bei den kurzen Formen könnte, so die Unterstellung, der tendenziell chaotische, mutmaßlich regellose Charakter der mündlichen Umgangssprache Formen mit zweifelhafter

Legitimität hervorgebracht haben. Sie müssen also in einer flexionsfixierten Sicht ein niedrigeres Prestige besitzen als die langen Formen. Einer sprachwissenschaftlichen Überprüfung halten solche simplen, aber suggestiven Argumentationsmuster nicht stand. Stattdessen nimmt man heute an, dass die Formvarianten mit dem Silbenaufbau der Verben und der Logik des Paradigmen-Aufbaus erklärt werden können. Damit wird auch in Rechenschaft gezogen, dass diese Formvariation nicht bei allen Verben, sondern eben nur bei Verben auftritt, die über bestimmte Lautmuster verfügen (Thieroff/Vogel 2012: 15; Eisenberg/Fuhrhop 2013: 182f; Duden 4/2016: 449–452).

**Komplexitätssteigerung I: *downgeloadet* oder *gedownloadet*?**
Natürlich konnten in den obigen Ausführungen längst nicht alle (potentiellen) Zweifelsfälle ausgemacht und näher behandelt werden, die in der Formenbildung der deutschen Verbflexion zu finden sind. Es sei hier etwa noch das Stichwort Umlaut genannt. Darunter fallen z.B. Varianten wie *(be)nutzen / (be)nützen*, *dämpfen / dampfen*.[43] Sie sind oft diatopisch konditioniert. Insbesondere denke man aber an das weite Feld der unterschiedlichen Konjunktivformen, also z.B. *hülfe / hälfe, begänne / begönne, schwämme / schwömme* sowie an die konkurrierende Umschreibung mit *würde*-Formulierungen, also *helfen: hülfe / hälfe / würde helfen*. Hier wirken sicher zahlreiche Kräfte, die anhaltend für sprachliche Zweifelsfälle sorgen (z.B. Lotze/Gallmann 2009; Thurmair 2016).

Einschlägig ist darüber hinaus der Umstand, dass aus verbalen Wortbildungsprozessen Zweifelsfälle resultieren können. Beispielsweise wurden mit *sagen* viele neue Wörter gebildet. Sie steigern zweifellos das Ausdruckspotenzial des Deutschen: *ansagen, absagen, durchsagen, lossagen, voraussagen, zusagen*. Aus einem einfachen Wort sind morphologisch komplexe Wörter hervorgegangen. Im Gegensatz zu einfachen Verben sind sie trennbar (anders *entsagen, versagen!*). Das besitzt auch den Vorteil, dass mit ihnen die syntaktischen Informationseinheiten ganzer Sätze gut abgegrenzt und identifiziert werden können: *Sie sagte das Treffen in Berlin ohne Umschweife ab*. Das abgetrennte *ab* zeigt klar das Satzende an. Danach beginnt eine neue syntaktische Informationseinheit. In der Formenbildung verkörpert sich die Trennbarkeit der Verben in einer spezifischen Partizipform. Anders als bei einfachen Verben befindet sich der Partizip-Marker *ge-* nicht am Anfang der Wortform: *abgesagt* (*geabsagt*). Auch das Partizip, das morphologisch komplexe Verben bilden, die nicht trennbar sind, sieht anders

---

[43] Vgl. dazu z.B. auch AdA: Karte: *benutzen / benützen*.

aus. Es wird nämlich ohne *ge-* gebildet (*entsagt, versagt*). Im partizipialen Bildungsmuster von *abgesagt* spiegelt sich also die syntaktische Trennbarkeit des Verbs. Das unterscheidet trennbare Verben eindeutig von nicht-trennbaren Verben. So weit, so problemlos.

Bei bestimmten komplexen Verben entstehen in dieser Konstellation freilich Unsicherheiten (zum Hintergrund Pittner 1998; Becker/Peschel 2003). Auf den ersten Blick sieht etwa ein Wort wie *schlussfolgern* wie ein trennbares Verb aus. Das würde also das Partizip *schlussgefolgert* nahelegen. Deshalb findet sich dieses Partizip auch durchaus im Sprachgebrauch. Häufiger trifft man allerdings auf die Form *geschlussfolgert*. Diese Formenbildung wäre folglich ein Zeichen für Nicht-Trennbarkeit. Und tatsächlich wird *schlussfolgern* wahrscheinlich eher als nicht-trennbares Verb gebraucht: *Er schlussfolgerte schnell* ist sicher gebräuchlicher als *Er folgerte schnell schluss*. Die Befunde zeigen, dass es für beide Varianten dieses Zweifelsfalls gute Gründe gibt. Das kann man verallgemeinern: Die fruchtbare Wirkung, die in der Wortschatzerweiterung durch verbale Wortbildung liegt, wird an bestimmten Punkten durch Zweifelsfälle bei der Flexion komplexer Verben erkauft. In anderen Fällen wirken sich diese Verhältnisse sogar noch irritierender aus, weil die Bildung von Flexionsformen generell blockiert zu sein scheint. Wie sieht etwa das Paradigma der Verben *bausparen* und *bergsteigen* aus? Er *bauspart / spart bau / bergsteigt / steigt berg*? Und wie lauten die Flexionsformen des Verbs, von dem das Substantiv *Uraufführung* abgeleitet wurde?

Mit der zweifelsfallintensiveren Lage, die durch die Existenz trennbarer Verben entsteht, lässt sich auch eine Problematik klären, die in den letzten Jahren – auch in der öffentlichen Sprachdiskussion – häufig thematisiert wurde (Adam 2009). Heißt es *gedownloadet* oder *downgeloadet*? Diese Frage ist keineswegs eine Komplikationslast des Sprachkontakts mit dem Englischen, aus dem das Verb entlehnt wurde. Dieser Zweifelfall existiert im Deutschen, wie oben skizziert, bereits unabhängig von Sprachkontaktvorgängen. Auf den ersten Blick mag das Wort *downloaden* vor dieser Folie ein trennbares Verb sein. Damit wäre die Partizipbildung *downgeloadet* sowie eine getrennte Verwendung plausibel (*ich loade das schnell down*). Aber auch die Nicht-Trennbarkeit ist sicher beobachtbar, also *gedownloadet* und *ich downloade das schnell*. In welche Richtung sich die Dinge bewegen werden und wie entsprechend eine begründete Orientierung in diesem Zweifelsfall ausfallen muss, wird man allein durch genaue Beobachtung des Sprachgebrauchs klären können. Dabei wäre auch auf dasjenige Zweifelsfallpotenzial zu achten, das tatsächlich aus der Entlehnungssituation resultiert, nämlich die variierende Aussprache des Verbs im Deutschen sowie die unterschiedlichen Partizip-Schreibungen (*downgeloaded / gedownloaded* vs. *ge-*

*downloadet / downgeloadet*). Womöglich wird sich dieser Zweifelsfall aber ohnehin erledigen, weil sich statt *downloaden* die Wortbildung *runterladen* durchsetzen wird. Dazu könnte beitragen, dass bei diesem Wort kein entsprechender Zweifelsfall besteht. Hier spricht zweifellos alles für Trennbarkeit: *gerunterladen* ist ebenso falsch wie *ich runterlade das schnell*.

**Komplexitätssteigerung II:** *habe geschwommen* **oder** *bin geschwommen***?**
Außer durch Wortbildungsprozesse werden die Zweifelsfälle in der Verbflexion auch noch durch andere langfristig wirkende Sprachbewegungen hervorgerufen. Dafür sei hier nur ein Prozess angeführt, der die verbalmorphologische Entwicklung der deutschen Sprache seit Jahrhunderten beherrscht. Periphrastische, also mehrteilige Verbformen sind für die deutsche Verbalmorphologie von zentraler Bedeutung (Teuber 2005). Sie sind gegenüber einteiligen Verbbildungen seit langer Zeit auf dem Vormarsch. Im Althochdeutschen waren entsprechende Konstruktionen noch kaum verfügbar. Sie mussten sich erst in einem allmählichen Grammatikalisierungsprozess entwickeln und stehen für einen zentralen Entwicklungszug des Neuhochdeutschen (Betten 1987: Kap. 2; Szczepaniak 2011: Kap. 6.3 –6.6). Dieser Formen-Aufbau hat die Ausdrucksmöglichkeiten des Deutschen im verbalen Bereich stark erweitert. Durch die periphrastischen Formen sind viele semantische Differenzierungen möglich, die vorher nicht auf dieselbe Art und Weise versprachlicht werden konnten. Mit anderen Worten: durch die periphrastischen Formen verfügen die Sprecher über ein größeres Zeicheninventar, um ihre Gedanken variabel und mit feinen Bedeutungsunterschieden in Sprache umzusetzen.

Vergangenheitsbezug, Passiv, Futur, Progressiv und Absentiv werden mittlerweile in solchen periphrastischen Mustern realisiert. Für Vergangenheitsbezug und Konjunktiv stehen auch noch nicht-periphrastische, einteilige Formen zur Verfügung:

**Tab. 11:** Periphrastische und nicht-periphrastische Formenbildung beim Verb

|  | periphrastisch (neu) | nicht-periphrastisch (alt) |
|---|---|---|
| Vergangenheit | sie hat geschlagen | sie schlug |
| Passiv | sie wird geschlagen, sie ist geschlagen |  |
| Futur | sie wird schlagen |  |
| Progressiv | sie ist am schlagen |  |
| Absentiv | sie ist schlagen |  |
| Konjunktiv | sie würde schlagen | sie schlüge |

Aus der Übersicht geht direkt hervor, dass durch die verbale Formenevolution Konkurrenzen zwischen einteiligen und mehrteiligen Verbformen auftauchen können, beispielsweise dann, wenn man über die Vergangenheit oder Denkmöglichkeiten (Konjunktiv) spricht. Diese Konkurrenzen verursachen sicher manchen Zweifelsfall. Für die Klärung solcher Fälle wäre eine grundsätzliche Analyse der Verbformen, ihrer Funktionen und ihrer Verteilung im Sprachgebrauch nötig. Das kann hier nicht geleistet werden. Stattdessen soll wenigstens ein relativ fest umrissener Fall aus der Perfektbildung näher betrachtet werden.

Das Perfekt wird mit unterschiedlichen Hilfsverben realisiert, einerseits mit *haben*, andererseits mit *sein*. Gelegentlich ergibt sich in diesem Zusammenhang das Problem, welches Hilfsverb auszuwählen ist. Exemplarisch: Heißt es *ich habe geschwommen* oder *ich bin geschwommen*? Dazu muss man zunächst wissen, dass die Perfektbildung mit *sein* den Sonder-, die mit *haben* den Regelfall darstellt. Diese Verteilung und ihre Profilierung lässt sich bis tief in die Geschichte des Deutschen verfolgen (Gillmann 2016). Vor allem bei (intransitiven) Verben, die Vorgänge, Fortbewegungen oder Veränderungen des jeweiligen Subjekts bezeichnen, findet sich das Hilfsverb *sein*, so etwa bei *laufen, wachsen, verschwinden, begegnen, aufwachen, erblühen*. Cum grano salis kann man sagen, dass in allen diesen Fällen zielgerichtete Bewegungen in eine bestimmte Richtung versprachlicht werden. Das kann sehr konkret sein – man *läuft* auf ein Ziel zu – oder es kann einen abstrakteren Charakter besitzen – man *verschwindet* und erreicht somit das virtuelle Ziel der Unsichtbarkeit bzw. Nicht-Anwesenheit.

Diese Regularität im Hinterkopf lässt sich das geschilderte Selektionsproblem lösen. Ist bei einer bestimmten Bewegung ein Ziel absehbar oder sogar ausdrücklich sprachlich genannt, etwa durch adverbiale Richtungsangaben, so ist die Perfektbildung mit *sein* zu bevorzugen: *Dann bin ich zum Ufer geschwom-*

*men.* Wird eher die Bewegung an und für sich, also ohne eine etwaige Zielgerichtetheit, angesprochen, so greift man zu Formen mit *haben*: *Gestern habe ich viel geschwommen.* Beim Verb *flattern* etwa ist es ganz ähnlich: *Der Vogel hat unruhig mit dem Flügel geflattert / Der Vogel ist auf das Dach geflattert.* Je nach Kontext kann manchmal die eine, manchmal die andere Variante richtig sein.

Allerdings weisen einige Befunde darauf hin, dass diese klare semantisch konditionierte Differenzierung bei den Bewegungsverben nicht völlig stabil ist (Gillmann 2011). Das dürfte die Brisanz des angesprochenen Zweifelsfalls für die Zukunft womöglich steigern. Zu dieser Komplikation kommt noch hinzu, dass neben der semantischen Differenzierung auch noch eine diatopische Varianten-Verteilung existiert.[44] Im süddeutschen Sprachraum werden nämlich auch die Verben *sitzen, stehen, liegen* regulär mit Formen von *sein* verknüpft. Durch die große Frequenz dieser Wörter ist das ein markanter Unterschied zu anderen Sprachräumen. Man kann die Verteilung zwar durch einen Blick in die mittelhochdeutsche Geschichte dieser Wörter erklären (Szczepaniak 2011: 138f), für eine normative Information in Zweifelsfällen ist jedoch allein die genannte regionale Verteilung von Bedeutung. Wer im Süden unterwegs ist, sollte also nicht denken, dass er auf fehlerhafte Sprachformen gestoßen ist, wenn er das Verb *sitzen* in Verbindung mit *sein* hört. *Auf der Bank ist ein Mensch gesessen / gestanden / gelegen* sind dort gängige und unauffällige Sprechweisen. Auf einem anderen Blatt steht freilich die Beantwortung der Frage, warum diese Formulierungen deutlich als süddeutsch markiert gelten müssen und insofern nicht als standardsprachlich einzuschätzen sind.

## 6.3 Deklination: Substantiv- und Adjektivmorphologie

Vieles, was oben allgemein zur Flexionsmorphologie (Kap. 6.1) und speziell zu den Verben (Kap. 6.2) gesagt wurde, lässt sich auf den Bereich der Substantivmorphologie übertragen. Auch hier sind langfristige Wandelprozesse zu beobachten, die zu Re-Organisationen der verschiedenen Flexionsklassen und dadurch zu Zweifelsfällen führen. Anders als bei der umfangreichen Verbalmorphologie sind die Probleme hier freilich übersichtlicher und eindeutiger zu begrenzen, da die Substantivmorphologie rein quantitativ begrenzt ist. Hier kann es nur um die Frage gehen, inwiefern in Relation zur Grundform (Nominativ Singular) die Bildung der übrigen Kasus- und Numerusformen Zweifel aufwirft. Damit kommen aus dem achtteiligen Paradigma – vier Kasus jeweils in Singular und

---

44 Vgl. dazu auch AdA: Karte: *ist / hat angefangen.*

Plural – faktisch sieben Formen in den Blick. Weil der Akkusativ in Verbindung mit dem Nominativ einen unproblematischen Status genießt und der Plural sich in den unterschiedlichen Kasus kaum unterscheidet, sind demnach lediglich drei Problemkomplexe zu identifizieren: die Bildung von Genitiv- und Dativ-Formen im Singular sowie die Pluralbildung. Bevor das an einigen Beispielen etwas eingehender betrachtet werden soll, sind zur Orientierung die übergreifenden Entwicklungstendenzen der Substantivmorphologie mit besonderer Berücksichtigung der Zweifelsfallperspektive zu erläutern.

**Kasusnivellierung und Numerusprofilierung**
Wie in Kap. 6.1 bereits angedeutet, laufen die langfristig beobachtbaren Entwicklungsprozesse in der Flexionsmorphologie des deutschen Substantivs darauf hinaus, dass die einzelnen Kasus fast kaum noch am Wort selbst, sondern stattdessen durch den Artikel markiert werden. Man bezeichnet das als Kasusnivellierung. Momentan wird lediglich noch der Genitiv in Maskulina relativ deutlich als solcher sichtbar (z.B. *Berg-s*). Akkusativ und Nominativ sind, anders als in der Vergangenheit, formal ununterscheidbar. Und auch was den Dativ angeht, ist die Kasusnivellierung schon weitgehend abgeschlossen. Das kann man daraus ersehen, dass wir die entsprechende Markierung zwar noch kennen, aber überwiegend als altertümlich wahrnehmen. *Ich stand auf dem Berge* ist eine Formulierung, die heutzutage aufhorchen lässt, weil wir an dieser Stelle gemeinhin mit einem unmarkierten Dativ rechnen: *Ich stand auf dem Berg*. Das Zweifelsfallpotenzial, das mit dem Abbau des Dativ-*e* (*Berge* (alt) > *Berg* (neu)) verbunden ist, war früher größer, weil der Übergang seinerzeit noch eher im Gang war. Heutzutage kann man sich vielleicht nur noch darüber wundern, dass in festen Wendungen entgegen der sonstigen Systematik solche ungewöhnlichen Formen auftauchen (z.B. *im Grunde genommen, bei Lichte besehen, zu Grabe tragen*. Das ist freilich leicht zu erklären, weil in solchen stehenden Wendungen häufig altertümliche Sprachformen überleben, die ansonsten bereits der Vergangenheit angehören.

Anders als bei den weitgehend nivellierten Kasusformen kann man fast an allen substantivischen Wortformen immer gut erkennen, welcher Numerus vorliegt. Der Plural ist meistens eindeutig vom Singular abgehoben. Das bezeichnet man als Numerusprofilierung. Dazu trägt mittelbar auch der Wegfall des Dativ-*e* bei. Konnte die Form *Berge* früher entweder als Dat. Sg. oder als Plural verstanden werden, so ist durch den Dativ-*e*-Abbau klar: Es kann sich nur noch um den Plural handeln. Generell lässt sich also festhalten: In der deutschen Sprache gibt es einen weitreichenden, seit vielen Jahrhunderten beobachtbaren Trend dahin, den Kasus nicht mehr am Substantiv selbst, sondern am Artikel zu markieren.

Der Numerus ist dagegen eine Kategorie, die uns ganz überwiegend unmittelbar an der Wortform angezeigt wird. Man kann diese Verhältnisse auch aus semantisch-funktioneller Perspektive interpretieren und damit, kontrastiv-typologisch reflektiert, allgemeinere Entwicklungsprozesse in den Blick nehmen (Kürschner 2008; Dammel/Gillmann 2014). Die Numerus-Funktion steht in engster, konkreter Beziehung zur Bedeutung eines Worts. Daher ist es sinnvoll, sie auch unmittelbar am Wortkörper zu markieren. Die Kasus-Funktion besitzt dagegen nicht denselben Bedeutungsgehalt, sondern hauptsächlich eine abstrakt-syntaktische Relevanz. Sie kann daher auf Artikel und andere morphologische Elemente verlagert werden, die nicht mehr direkt am Substantiv hängen.

### Schwache Maskulina: Abbau von Kasusendungen

Die sog. schwachen Maskulina sind Substantive männlichen Geschlechts, die ihren Genitiv nicht mit -s, sondern mit -(e)n bilden. Auch alle anderen Formen des Paradigmas werden mit -(e)n gebildet, sowohl die Singular- als auch die Plural-Formen. Die schwachen Maskulina umfassen in erster Linie Personen- und Tierbezeichnungen (z.B. *Held, Junge, Zeuge, Rabe*) sowie zahlreiche Fremdwörter (z.B. *Präsident, Tourist, Autor, Planet, Automat*):

**Tab. 12:** Flexionsparadigma schwacher Maskulina am Beispiel von *Held* und *Präsident*

|  | Singular | Plural | Singular | Plural |
|---|---|---|---|---|
| Nominativ | Held | Helden | Präsident | Präsidenten |
| Genitiv | Helden | Helden | Präsidenten | Präsidenten |
| Dativ | Helden | Helden | Präsidenten | Präsidenten |
| Akkusativ | Helden | Helden | Präsidenten | Präsidenten |

Angesichts dessen, was oben über die kasusnivellierenden und numerusprofilierenden Tendenzen in der deutschen Sprache gesagt wurde, ist ein solches Paradigma in jedem Fall eine Besonderheit (Wiese 2000). Singular- und Plural-Formen sind bei den schwachen Maskulina alles andere als gut unterschieden; in drei von vier Fällen fallen sie zusammen. Im Singular unterscheidet sich ungewöhnlicherweise die Akkusativ-Form vom Nominativ. Der Genitiv Singular ist identisch mit Dativ und Akkusativ. Dadurch ist er weniger einzigartig, als wir es aus der starken Flexion gewohnt sind. Insgesamt kann man hier also nicht davon sprechen, dass die übergreifenden Sprachwandeltendenzen des Deutschen realisiert wären und ein stabiles Paradigma existiert. Daher ist zu erwarten, dass es verbreitet zur Bildung konkurrierender Flexionsvarianten kommt, die zu stärkerer Kasusnivellierung und Numerusprofilierung drängen. Sie sorgen immer wieder für viele Zweifelsfälle, denen letztlich dieselbe Sprachwandel-Konstellation zugrundeliegt. Für den ganzen Komplex seien zur Illustration nur einige wenige Beispiele genannt:

Wer Akkusativ und Dativ ohne Flexionsendung formuliert, unterstreicht die Numerusprofilierung: *Einem Held vertraut man / Dem Präsident gefällt das / Er bemerkte den Held / den Präsident.* Zugleich bekommt das Flexionsparadigma das Profil, das wir aus den anderen Flexionsklassen gewohnt sind. Mit einem Genitiv-*s* (*des Helds / des Präsidents*) greift man analogisch das Muster der starken Flexion auf und betont die einzigartige Stellung dieses Kasus in der Gegenwartssprache. Auch mit einer solchen Form wird natürlich die eindeutige Differenzierung zwischen Singular und Plural gestützt. Im Dickicht dieser Bewegungen ist dann durchaus nachvollziehbar, wenn man sich nicht mehr auf die profillose Genitiv-Endung -*en* verlässt und mit einem zusätzlichen -*s* sogar noch deutlicher wird. *Des Buchstabens* ist jedenfalls eine Flexionsform, die schon nicht mehr von automatischer Korrektur-Software gekennzeichnet wird. Bei *des Menschens*, *des Rabens* und *des Bärens* sieht das (vorerst) noch anders aus.

Mit diesen Flexionsvarianten wird, so lässt sich schließen, ein Wort von einem schwachen zu einem starken Maskulinum und die deutsche Substantivdeklination insgesamt „so konformistisch wie möglich" (Becker 1994). Wie ein solcher Flexionsklassenwechsel (bzw. eine „Vermischung" von Flexionsklassen) – auch mit Blick auf die dort wirkende zweifelsfallinduzierende Kraft – theoretisch konzeptualisiert und empirisch näher ausgelotet werden kann, ist bereits häufig näher untersucht worden (z.B. Thieroff 2003, 2016; Krischke 2012; Schäfer 2016; zum diachronen Hintergrund Ronneberger-Sibold 2016). Im einzelnen müssen in diesem Prozess verschiedene Steuerungsfaktoren beachtet werden, z.B. Bedeutung, Silbenanzahl, Kompositionalität, Länge sowie die Betonung der jeweiligen Wörter. Je nachdem, wie ein schwaches Maskulinum beschaffen ist, geht sein Flexionswandel demnach schneller oder langsamer vor sich oder ist womöglich ganz blockiert. Schwache, mehrsilbige Maskulina für Personen (z.B. *Matrose*, *Kollege*) verbleiben beispielsweise relativ stabil in dieser Klasse, während Wörter ohne diese Semantik (z.B. *Glaube*, *Gedanke*), insbesondere einsilbige (z.B. *Bär*), eher zu Übergängen neigen (Köpcke 2000). Weil man als aufmerksamer Sprachbeobachter auf Schritt und Tritt auf Beispiele für solche Bewegungen trifft, ist es sinnvoll, dass dieser Komplex auch didaktisch für den Schul-Unterricht aufbereitet wird (z.B. Peschel 2009; Müller/Schmitt 2017).

Vor dem Hintergrund dieser Befunde zur Dynamik der substantivischen Flexion kann es nur eine normative Empfehlung geben: Man hüte sich davor, bei schwachen Maskulina bestimmte Kasusformen vorschnell als falsch oder nachlässig zu bezeichnen. In den meisten Fällen sind Wandeltendenzen am Werk, die sich in der deutschen Sprache schon seit ihrer Herausbildung aus dem Germanischen manifestieren. Individuelle Präferenzen zwischen Varianten können davon natürlich unberührt bleiben: Wer seiner Flexion eine altertümliche und zurückgebliebene Prägung verleihen möchte, kann das sicherlich tun. Dadurch werden die neuen Formen aber nicht falsch, geschweige denn dysfunktional oder gar undeutsch.

**Genitivfragen: Der Trend zur Monoflexion**
Schon aus den obigen Erörterungen ließ sich entnehmen, dass dem Genitiv in der deutschen Gegenwartssprache ein besonderer Status zukommt. Im Singular ist es der einzige Kasus, der als solcher noch deutlich am Substantiv markiert ist, zwar nicht bei allen Wörtern, aber doch bei vielen, vor allem bei den starken Maskulina. Sie nutzen dafür einen relativ auffälligen Laut, nämlich ein finales -s. Im Nominativ, Akkusativ und Dativ wird der Kasus nicht (mehr) am Substantiv, sondern ausschließlich durch den Artikel (oder verwandte Wörter) angezeigt. Rein funktional gesehen könnte man die Genitivendung des Substantivs daher sogar als überflüssig bezeichnen. Denn der Genitiv wird bei starken Maskulina sowohl am Substantiv als auch durch Artikelwörter markiert: *des Bergs, eines Bergs, jedes Bergs, dieses Bergs*. Er tritt jeweils durch zwei -s auf und ist also mehrfach markiert: ein Mal in der Artikelform, ein Mal am Ende des Substantivs. In der Regel sind die Kasus heutzutage aber nur einfach markiert, und zwar am Artikel, nicht am Substantiv selbst. Seit langer Zeit besteht ein Trend zu dieser rein artikelgestützten Markierung der Kasus. Mehrfachmarkierungen sind demnach redundant und fallen zunehmend weg. Für die Analyse der Flexion der deutschen Gegenwartssprache ist diese sog. Monoflexion grundlegend (Duden 4/2016: §1517).

All das prädestiniert den Genitiv dazu, dass hier mit einem fortschreitenden Abbau von Kasusendungen zu rechnen ist. Gleichzeitig muss die noch vorhandene, ins Auge stechende Substantivmarkierung und ihr allmählicher Schwund den Sprechern des Deutschen besonders auffallen. Eine Folge: Vor allem alte Sprecher lieben den Genitiv, vielleicht insbesondere dann, wenn er bei jungen Sprechern nicht mehr auftaucht und so im Licht der guten, alten Zeit Verluste beklagt werden können. Er wird zum „Fall der Fälle", der nicht zufällig Züge eines Prestigekasus annimmt (Eichinger/Rothe 2014; Szczepaniak 2014). Der Genitiv ist – wenn man so will – der einzige Kasus, zu dem die deutsche Sprachgemeinschaft in den letzten Jahrzehnten eine erotische Beziehung aufgebaut hat. Das lässt sich schon an einschlägigen Buchtiteln ablesen: „Im Zweifel für den Genitiv" (Knörr 2003) – und drastischer: „Der Genitiv ist dem Streber sein Sex"

(Barth 2013). Man kann gut rekonstruieren, wie es angesichts der einschlägigen Sprachwandelprozesse dazu gekommen ist. Das heißt aber nicht, dass jeder Sprecher diese unreflektierte Wertschätzung einer Substantivendung teilen muss.

Diese grundsätzlichen Bemerkungen zum Genitiv waren aus zwei Gründen nötig. Zum einen spielt dieser Kasus in den Norm-Diskussionen zur deutschen Sprache eine besondere Rolle. Auch in der Forschung wurde sein gegenwärtiger Status zuletzt intensiv analysiert (z.B. Bubenhofer u.a. 2014; Konopka/Fuß 2016; Zimmer 2018). Sogar eine spezielle Forschungsdatenbank wurde erstellt.[45] Zum anderen lassen sich mit ihm und der Neigung zur Monoflexion viele Zweifelsfälle in Verbindung bringen. Neben den oben bereits angesprochenen Variantenpaaren gehören etwa auch die folgenden Anlässe für Zweifelsfälle zu diesem Feld: *des derzeitigen Amerika / Amerikas, Anfang dieses / diesen Jahres, ein Auto jenes / jenen Typs, dank seines Berichts / seinem Bericht*. Hinter allen Pärchen steht der Trend zur Monoflexion, also die Entwicklungstendenz, dass ein Kasus normalerweise nur an einer Stelle als solcher markiert wird, meistens durch den Artikel oder ähnliche Wörter. Weil davon nicht nur die Flexion, sondern auch die Syntax betroffen ist, werden einige verwandte Zweifelsfälle in Kap. 8.2 / 8.3 weiterverfolgt.

An dieser Stelle ist nur noch kurz die Frage aufzunehmen, wie es sich mit der Konkurrenz zwischen langen und kurzen Genitiv-Formen verhält: *Bergs* oder *Berges*? Auch hinter dieser Variation steckt letztlich ein tiefgreifender Umbau, der die deutsche Sprache seit Jahrhunderten bestimmt. Er hat zur Ausbildung der heutigen Silben- und Wortstrukturen geführt, die sich stark von den früheren Formen unterscheiden (Szczepaniak 2007). Die Entwicklung geht deutlich von den alten, langen zu den neuen, kurzen Genitiv-Formen; letztere bilden mittlerweile den Standard. Der Wandel von den langen zu den kurzen Formen erfasste nicht alle Wörter in derselben Art und Weise. Je nachdem, wie die Lautstruktur der betreffenden Wörter beschaffen war, ergab sich ein schnellerer oder ein langsamerer Übergang (Szczepaniak 2010a). Noch heute sind etwa lange Formen relativ stabil, wenn ein Substantiv auf *-s* endet (z.B. *Kreises*). Allerdings besteht hier auch keine echte Konkurrenz zur Kurzform, die aus lautlichen Gründen unmöglich ist. Unmittelbar nacheinander lassen sich zwei s-Laute nicht aussprechen. Absehbar dürfte freilich die Konkurrenz zur monoflektierenden Variante wachsen und damit zukünftige Zweifelsfälle stimulieren: *des Kreises > des Kreis*.

---

45 GenitivDB – Datenbank zur Genitivmarkierung: http://www.ids-mannheim.de/genitivdb/.

## Pluralvarianten bei nativen Wörtern

Gegenüber der Singularform sind die Pluralformen im Zeichen der Numerusprofilierung der Substantive normalerweise gut erkennbar. Wie oben (S. 194) schon angesprochen, stehen dafür mehrere Möglichkeiten zur Verfügung: die Pluralmorpheme *-e, -er, -n, -en, -s* sowie ggf. der Umlaut im Wortinneren. Manchmal entstehen Zweifelsfälle nun daraus, dass bei einem Wort zwei mögliche Pluralformen bewusst werden. Was den nativen Wortschatz angeht, denke man an Variantenpaare wie *Denkmale / Denkmäler, Worte / Wörter* oder *Wracks / Wracke*. Bisweilen tauchen sogar drei Varianten auf (z.B. *Jungen / Jungs / Jungens*) (Wegener 2003). Bei solchen Dreifach-Varianten ist oft ein Plural-Morphem beteiligt, das ohnehin eine Besonderheit im derzeitigen System darstellt: der *s-Plural* (Nübling/Schmuck 2010).

Für die gegenwartsorientierte Betrachtung solcher Pluralvarianten sind – anders als bei den bisher behandelten flexionsmorphologischen Fragen – eher semantische und varietätenspezifische als wandelbezogene Klärungsfaktoren zu berücksichtigen. Hier muss also weniger zwischen alten und neuen Formen unterschieden werden. Stattdessen können in den Varianten unterschiedliche Bedeutungen oder spezifische regionale Sprachgebräuche enthalten sein.

Für den Faktor Semantik stehen beispielsweise die Variantenpaare *Bänke* (,Sitzgelegenheiten') / *Banken* (,Geldinstitute'), *Gehälter* (,Arbeitslohn') / *Gehalte* (,Inhalt, Wert') und *Wörter* (,isolierte Worteinheiten, Einzelwörter') / *Worte* (,zusammenhängende Rede'). Zu letzterem passt also das Kompositum *Wörterbuch* (nicht: *Wortebuch*) und die Tatsache, dass man die folgende Entgegnung auf eine nette Begrüßungsrede sicher als ungewöhnlich empfinden würde: *Ich danke Ihnen für Ihre freundlichen Wörter!* Die semantische Differenzierung kann auch einen ungefestigten oder undeutlicheren Status besitzen und findet sich dann eher schwankend im Sprachgebrauch (z.B. *Blocks* (,zusammengesetzte, komplexe Dinge' / *Blöcke* ,klotzförmiges Objekt' (vgl. *Wohnblocks, Holzblöcke*)). Die diatopische Gliederung des Deutschen zeigt sich beispielsweise darin, dass die (umlauthaften) Varianten *Wägen, Bögen, Krägen* gegenüber (umlautlos) *Wagen, Bogen, Kragen* nur oder zumindest eher im süddeutschen Sprachraum verbreitet zu sein scheinen.[46]

Neben den semantisch und diatopisch konditionierten Varianten gibt es freilich auch konkurrierende Formen, bei denen bisher keine Steuerung absehbar ist, z.B. bei *Hammel / Hämmel*. Dort scheint also freie Variation zu herrschen. Damit verwandt sind Varianten, die sich nur durch unterschiedliche Frequenzen unterscheiden, z.B. wird *Denkmäler* und *Wracks* wohl häufiger als *Denkmale* und

---

46 Vgl. dazu auch AdA: Karte: Plural von *Tag / Wagen*.

*Wracke* gebraucht. Vor dieser Folie wären beispielsweise genauere Erhebungen interessant, wie es sich mit den folgenden zweifelsfallanfälligen Formen im Sprachgebrauch tatsächlich verhält: *Lager / Läger, Laden / Läden, Magen / Mägen, Nachlasse / Nachlässe, Sattel / Sättel*. Entsprechende Informationen wären auch nötig, um die markierungstheoretisch gestützte Betrachtung des deutschen Plural-Systems weiter voranzutreiben und besonders den Status des Umlauts besser zu verstehen als nach der bisherigen Datenlage möglich (Thieroff 2009; historisch-vergleichend Nübling 2013b).

**Pluralvarianten bei Fremdwörtern**
Bei Fremdwörtern stellt sich die Pluralproblematik vor allem unter der Integrationsperspektive. Diese Sichtweise wurde bei der Diskussion einschlägiger phonetischer und graphematischer Zweifelsfälle schon ausführlich erläutert (s.o. Kap. 4.2, 5.3). Daran ist jetzt anzuknüpfen. Oft lassen sich die fraglichen Variantenpaare also insofern bewerten, als dass bestimmte Pluralformen mehr oder weniger stark in das deutsche Kernsystem integriert sind.

Generell gilt, dass Fremdwörter meistens nur vorübergehend mit fremden Pluralformen im Deutschen genutzt werden. Hier können der jeweilige Sachkontext und die Entlehnungssprache eine gewisse steuernde Rolle spielen. Alltägliche Fremdwörter verlieren leicht ihre fremden Pluralmorpheme, vgl. etwa die Endungen *-e, -i, -a*, die es mit dieser Funktion im nativen Bereich nicht gibt: *Pizze, Celli, Espressi, Soli, Visa*. Demgegenüber sind die Pluralformen *Pizzas / Pizzen, Cellos, Espressos* und *Visen / Visums* stärker integriert. In fachlich-bildungssprachlichen Kontexten sind die fremden Pluralmorpheme eher stabil. Denn hier ist mit höheren Fremdsprachenkenntnissen zu rechnen, insbesondere in den klassischen Sprachen Latein und Griechisch. Als Grammatiker denkt man hier etwa an Pluralformen wie *Kasus* (mit langem *-us*), *Pronomina* und *Korpora*.

Fragt man nun nach einer normativen Entscheidung in solchen Fällen, so ist von derselben Konstellation wie bei den Aussprachevarianten von Fremdwörtern auszugehen: Wer seine Fremdsprachenkenntnisse unter Beweis stellen will, nutzt die fremden Pluralmorpheme und riskiert damit in alltäglichen Kommunikationskontexten eine gewisse Auffälligkeit. Denn im Alltag werden häufig vorkommende Wörter, wie gesagt, meistens schneller und stärker ins Deutsche integriert. Fremde Pluralendungen sind dort selten. Wer über geringere Fremdsprachenkenntnisse verfügt, neigt unwillkürlich zu stärkerer Integration und riskiert damit in bildungssprachlichen Zusammenhängen – ob er will oder nicht – eine gewisse Auffälligkeit.

Allerdings ist der Blick auf den Grad der Integration nicht immer unproblematisch. Auf den ersten Blick erwecken Pluralformen wie *Pizzen, Villen, Konten,*

*Globen, Individuen, Atlanten* den Eindruck der völligen Integriertheit. Denn sie enthalten offensichtlich das native Pluralmorphem *-en*. Das ist aber trügerisch. Denn die fraglichen Pluralformen folgen einem Bildungsmuster, das im Kernsystem der deutschen Sprache nicht prominent wirkt. In diesen Pluralformen geht nämlich die Grundform des Substantivs ein Stück weit verloren. Die Pluralendung *-en* wird hier nicht wie üblich einfach an die Grundform angehängt (z.B. *Welt > Welten*). Das ergäbe ja die nicht-existierenden Formen *Pizzaen, Villaen, Kontoen, Globusen, Individuuumen* und *Atlasen*. Stattdessen wird die Grundform auf eine bestimmte Stammform hin reduziert und diese dann pluralisch markiert: *Pizz-en, Vill-en, Kont-en, Glob-en, Individu-en, Atlant-en*. Man spricht in solchen Fällen von (subtraktiver) Stammformflexion, während im nativen Bereich normalerweise (additive) Grundformflexion beobachtet werden kann. Von daher ist es nicht einfach zu klären, welche Formen integrierter sind: die mit dem relativ jungen, oft bei Fremdwörtern auftretenden Plural-Morphem *-s* inkl. Grundformflexion (z.B. *Pizzas, Kontos*) oder die mit dem älteren Plural-Morphem *-en*, das aber untypischerweise per Stammformflexion realisiert wird (z.B. *Pizzen, Konten*). In ähnlicher Art und Weise lassen sich auch viele andere Pluralvarianten bei Fremdwörtern betrachten (Harnisch 2001; Wegener 2004; Eisenberg 2018: Kap. 5.2.2).

Alle angeführten Pluralbildungen tauchen im Sprachgebrauch aus guten Gründen auf. Es sind zudem keine spezifisch diatopischen Verteilungen oder gar semantische Unterschiede bei den Varianten festzumachen. Genauere Daten zu unterschiedlichen Häufigkeitsverteilungen oder einschlägigen Entwicklungsprozessen wurden bisher noch nicht ermittelt. Aus der Sicht derjenigen, die hier vor Zweifelsfällen stehen, ist das eine vergleichsweise komfortable Situation. Man kann zur einen oder zur anderen Variante greifen, ohne fürchten zu müssen, bestimmte Regularitäten des Deutschen zu unterlaufen. Es herrscht offensichtlich an vielen Stellen (noch) freie Variation. Das verhindert es freilich nicht, dass man auf Leute trifft, die felsenfest davon überzeugt sind, dass nur eine bestimmte Variante richtig sein kann. Eine objektive Begründung dafür gibt es nicht.

**Flexion der Adjektive: Komparation**

Auch in der Flexionsmorphologie der Adjektive gibt es zahlreiche Zweifelsfälle. Sie betreffen aber oft nicht die Frage, wie eine bestimmte Flexionsform gebildet wird. Vielmehr ist fraglich, welche der zahlreichen adjektivischen Flexionsendungen in einem bestimmten syntaktischen Kontext gewählt werden muss. Es sind also eher Selektionsprobleme als Bildungsprobleme. Vor dem Hintergrund der unterschiedlichen Paradigmen von Substantiven und Adjektiven ist das auch gut verständlich. Schließlich enthält das Flexionsparadigma eines Adjektivs wesentlich mehr Formen als das eines Substantivs, da es kein festes Genus besitzt. Je nach Substantiv, worauf sich ein Adjektiv bezieht, muss es ein spezifisches Genus annehmen können. Dazu kommt die Unterscheidung zwischen starker und schwacher Adjektiv-Flexion, die ebenfalls durch den syntaktischen Kontext bedingt ist. Zweifelsfälle, die in solchen Zusammenhängen auftauchen, müssen also im Syntax-Kapitel erörtert werden (Kap. 8.3).

Die i.e.S. flexionsmorphologischen Zweifelsfälle bei Adjektiven hängen oft mit der silbenphonologischen Struktur der Wörter zusammen. Bei Adjektiven, die auf -a enden, ist etwa unklar, wie hier überhaupt Flexionsformen gebildet werden könnten: *ein rosaer Mantel*? Diese Problematik hängt damit zusammen, dass in der Aussprache des Deutschen das Aufeinandertreffen von zwei unbetonten Vokalen vermieden wird. Man spricht von der sog. Hiatvermeidung. Deshalb existieren die Adjektive *amerikaisch, chinaisch, psychoisch, hinduisch* nicht, stattdessen aber – breit akzeptiert – *amerikanisch, chinesisch, psychotisch* und *hinduistisch*. Erstaunlich ist vor diesem Hintergrund, warum Flexionsformen wie *ein rosaner Mantel* oder *eine orangene Schüssel* mit dem Makel der Nicht-Standardsprachlichkeit behaftet sind. Ähnliches gilt für die Tatsache, dass kaum jemand auf die Idee kommt, das Wort *prima* mit einer solchen Hilfskonstruktion zu flektieren: *eine primane Reise*? Wahrscheinlich hängt das damit zusammen, dass die gängige Fügung *eine prima Reise* auch als Kompositum (*Primareise*) verstanden werden kann, obwohl sie meistens getrennt geschrieben wird. Von ähnlichem silbenphonologischen Zuschnitt ist die Frage, wie man bei Wörtern wie *edel* und *teuer* Flexionsformen bildet: *ein edeles / edles, teueres / teures Kleid*? Auch hier ist der Auslaut der Wörter auf *-el* und *-er* ausschlaggebend für die Entstehung von Zweifelsfällen. Wie so oft, gibt es hier eine klare Tendenz, dass die kurzen (zweisilbigen) und trochäischen Formen gegenüber den langen (dreisilbigen) Formen bevorzugt werden.

Unübersichtlich ist dagegen die Frage der Umlautnutzung bei der Steigerung der Adjektive. Bei hochfrequenten Wörtern sind wir in der Regel an den Umlaut gewöhnt: *alt – älter – älteste; groß – größer – größte; jung – jünger – jüngste*. Bei anderen Wörtern fehlt der Umlaut weitgehend, obwohl er formal möglich wäre: *glatt – glatter – glatteste, bunt – bunter – bunteste, froh – froher – frohste*. Man kann also nicht davon sprechen, dass der Umlaut in der Adjektiv-Komparation grammatisch fest verankert ist. Auch semantische oder diatopische Steuerungen sind nicht absehbar. Generell ist vor diesem Hintergrund mit großen Schwankungen zu rechnen. Ausführliche empirische Erhebungen zu dieser Variation, aus der sich gewisse Tendenzen ableiten ließen, wurden leider noch nicht unternommen. Das alles macht die Entscheidung in Zweifelsfällen eigentlich einfach: Obligatorische Aussagen, dass in einem bestimmten Adjektiv der Umlaut für die Komparation unbedingt zu vermeiden oder auf jeden Fall zu nutzen ist, sind heikel. Gegen diese Vorsicht sprechen auch nicht die zahlreichen kursierenden Listen, in denen die (angeblich) existierende Variation höchstens notdürftig wiedergegeben, aber nicht auf klar formulierte Steuerungsprinzipien gestützt wird.

## 6.4 Flexion und Gelassenheit

Aus den obigen Skizzen ergibt sich ein genereller Befund für die Bewertung verbaler und nominaler Flexionsvarianten: Wer weiß, dass die deutsche Flexion weder diachron noch synchron völlig stabil ist, dürfte auch normativ etwas gelassener werden. Die Suche nach der einen, einzigen richtigen Variante führt nicht immer zum Ziel. Oft liegt in der Akzeptanz von zwei Varianten eine sinnvolle, gut begründbare Lösung für den Umgang mit einem sprachlichen Zweifelsfall. Die Anerkennung von zwei Varianten kann sowohl mit der Sprachentwicklung als auch mit den normativen Bedürfnissen im Sprachalltag Schritt halten. Denn eine solche Lösung ist genauso eindeutig, fundiert und gerechtfertigt wie eine Lösung in denjenigen Fällen, wo nur genau eine Variante richtig ist.

Um es auf ein räumliches Orientierungsproblem zu übertragen: Manchmal führen zwei Straßen zu einer Stadt, manchmal nur eine. Wenn es zwei Straßen gibt, so ist die Aussage, dass zwei Straßen da sind, von derselben Qualität und Sicherheit wie dann, wenn es nur eine Straße gibt und eine entsprechende Auskunft gegeben werden muss. Das sei betont, weil die Botschaft, dass es zwei richtige sprachliche Varianten gibt, mitunter von vornherein als irgendwie minderwertig, ausweichend und unangemessen angesehen wird. Sprachwissenschaftlich ist das nicht gerechtfertigt. Und alltagspraktisch sollte man gut damit zurecht kommen können, wenn zwei Varianten zur Verfügung stehen – auch wenn es bei manchen Leuten offensichtlich eine tiefsitzende Abneigung gegen solche Konstellationen gibt. Was hinter diesem Grausen stecken könnte, wurde im systematischen Teil (Kap. 1.4) und im historischen Teil (Kap. 2) zumindest gelegentlich angedeutet.

Sofern es eindeutige semantische Konditionierungen der Varianten oder klare unterschiedliche Frequenzverhältnisse bei ihrer (regionalen o.ä.) Verteilung gibt, müssen diese Vorgaben allerdings berücksichtigt werden. Anderenfalls würde man am Sprachgebrauch vorbei formulieren. Normalerweise will man das nicht, weil man nicht durch ungewöhnliche Sprache auffallen möchte. Nur in relativ wenigen Fällen stehen hinter den Flexionsvarianten klar etablierte Bedeutungsunterschiede. Das Missverständnispotenzial bei der Nutzung der Varianten ist also gering, vor allem wenn man bedenkt, dass der kommunikative Kontext in der Regel erheblich zur semantischen Vereindeutigung beiträgt. Gleichwohl existieren viele gängige Wertungen zu den existierenden Flexionsvarianten. Sie können mehr oder weniger gut begründet sein und damit eine der kursierenden Varianten bevorzugen und die andere stigmatisieren. Auf Nachfrage hat fast jeder eine feste Meinung, welche Variante denn nun die richtige sein könnte. Nach Lage der Dinge spricht bei vielen Zweifelsfällen nichts dagegen, solchen Wertungen erst einmal skeptisch gegenüber zu stehen und das eigene Sprachgefühl sowie die Kenntnis des Sprachgebrauchs gelten zu lassen.

In solchen Perspektiven auf die Flexion liegt nicht zuletzt ein konkreter Ansatzpunkt für die weitere sprachwissenschaftliche Forschung. Sie muss ständig die facettenreichen und wandlungsfähigen Flexionsverhältnisse der deutschen Sprache dokumentieren und analysieren – einerseits um ihren Lauf wie gewohnt wissenschaftlich weiterzuverfolgen und zu deuten, andererseits um den Sprechern realistische Hilfestellungen in sprachlichen Zweifelsfällen zu geben. Was heute noch neutral und richtig war, kann nämlich morgen schon auffällig und abweichend sein. Und umgekehrt: Was heute noch auffällig und abweichend ist, kann morgen, na gut: übermorgen, schon neutral und richtig sein. Die grundlegende Frage für die empirische Arbeit lautet insofern schlicht: Wer flektiert in welcher Region bei welcher Gelegenheit auf welche Art und Weise und mit welcher Bedeutung? Das ist eine einfache Frage, die auf absehbare Zeit aber immer schwer zu beantworten bleibt. Denn Umfang, Komplexität und Funktionsvielfalt der deutschen Flexionsmorpheme bleiben sicherlich auch in Zukunft etwas, was nicht einfach zu überblicken sein wird.

# 7 Zweifelsfälle in der Wortbildung

Jede Sprache benötigt andauernd neue Wörter. Anders gesagt: immer wieder haben die Sprecher einer Sprache Anlässe, ein neues Wort zu bilden. Deshalb gibt es zahlreiche Mechanismen, wie neue Wörter gebildet werden können. Ohne solche Wortbildungsprozesse und ihre über Jahrhunderte angesammelten Resultate wäre die deutsche Sprache nur ein Bruchteil so leistungsfähig, wie sie es heute ist. Auch im Zuge dieses Ausbaus kommt es gelegentlich zu sprachlichen Zweifelsfällen. Sie betreffen zum einen die Frage, welche Form denn eine bestimmte Wortbildung haben sollte. Angesichts von Varianten zweifelt man, wie wohl die richtige Wortbildung lautet. Auf dem Feld der Derivation (Ableitung) kann etwa das Problem auftauchen, ob es *geistig* oder *geistlich*, *schmerzlich* oder *schmerzhaft*, *lösbar* oder *löslich*, *verkaufbar* oder *verkäuflich*, *formal* oder *formell*, *dubios* oder *dubiös*, *sensibel* oder *sensitiv* heißt? Bei Komposita gibt es Pärchen wie *Einkommensteuer / Einkommenssteuer, Rinderbraten / Rindsbraten, geschäftsführend / geschäfteführend, Apfelwein / Äpfelwein*? Und manchmal ist man irritiert davon, dass neben einem etablierten, einfachen Wort auch noch ein davon abgeleitetes, komplexes existiert: Was etwa hat es neben *Problem, Thema, Anmut* und *Einwand* mit Wörtern wie *Problematik, Thematik, Anmutigkeit* und *Einwendung* auf sich?

Nicht immer lassen sich die Zweifelsfälle in der Wortbildung auf gemeinsame Grundstrukturen zurückführen. Oft wirken sehr individuelle Faktoren, die man kennen muss, wenn man einen bestimmten Fall besser verstehen möchte. Für das folgende wird daher im ersten Überblick nur ein sehr grobes, formales Gliederungsraster angesetzt. Beispielhaft sind zwei große Bereiche in Augenschein zu nehmen: In Kap. 7.2 werden Zweifelsfälle im Zusammenhang mit Prä- und Suffigierungen, also zentralen Derivationsprozessen, betrachtet. Darauf folgt die Darstellung eines Themenkreises, der für Zweifelsfälle bei Wortbildungen einschlägig in den Blick kommt, nämlich Fälle, die mit den sog. Fugenelementen zusammenhängen, also z.B. -s- oder -er- in *Einkommensteuer / Einkommenssteuer, Rindsbraten / Rinderbraten* (Kap. 7.3). Vorab sollen freilich einige allgemeine Erörterungen formuliert werden. Sie berühren nicht alle, aber doch recht viele Wortbildungszweifelsfälle und können so zur ersten Orientierung beitragen, wenn ein Variantenproblem gelöst werden muss.

## 7.1 Vielfalt und Unschärfe der Wortbildungsprozesse

Es gibt nicht nur eine Möglichkeit, neue Wörter zu bilden, sondern viele. Das meiste ist dabei wortartenspezifisch. Neue Adjektive können z.B. gebildet werden, indem man Verben mit den Wortbildungsmorphemen *-bar, -sam, -lich* oder *-ig* verbindet (*essbar, sparsam, begreiflich, zappelig*), an Substantive *-lich, -ig* oder *-isch* anhängt (*freundlich, luftig, kindisch*) oder mit *un-* oder *-lich* aus einem bereits existierenden Adjektiv ein neues bildet (*unklug, grünlich*). Auch die Komposition von Adjektiven ist produktiv (*grasgrün, bitterböse*), ebenso Prozesse, die von syntaktischen Vorgaben ausgehen (*durststillend, blutbefleckt, weitreichend*). Dazu kommen zahlreiche nicht-native Wortbildungselemente mit ähnlichem Funktionspotenzial, z.B. *-abel, -phil, -phob* oder *quasi-* (*akzeptabel, frankophil, frankophob, quasi-göttlich*).

Diese Wortbildungsmuster funktionieren nicht alle auf dieselbe Weise. Oft sind Wortbildungsmorpheme auf eine bestimmte Wortart als Basis festgelegt. Auch gewisse Lautkombinationen können die Verbindung eines Morphems mit einer Basis verhindern. Es wirken also Bildungsregeln, vor allem in Form von Bildungsbeschränkungen. Adjektive wie *torschussbar, gehisch, wunschabel, unnichtamtlich* oder *heimatphil* werden normalerweise nicht gebildet. Solche Beschränkungen stehen dafür, dass die Wortbildung nicht chaotisch, sondern nach rekonstruierbaren, freilich komplexen Regeln funktioniert.

Dazu kommt die Tatsache, dass die semantische Funktionalität der verschiedenen Formen nicht immer trennscharf zu fassen ist. Es ist nicht so, wie man vielleicht denken könnte: Ein fest umrissener Bildungstyp steht genau für eine resultierende Bedeutung, die exakt von der Bedeutung eines anderen Bildungstyps unterschieden werden könnte. Stattdessen überschneiden sich die Funktions- und Kombinationspotenziale der verschiedenen Wortbildungsmuster an manchen Stellen mehr oder weniger deutlich. Der semantische Unterschied zwischen den Wortbildungsmorphemen ist nicht immer so gut greifbar, wie es die klare ausdrucksseitige Unterschiedlichkeit der Morpheme suggeriert. Man betrachte etwa *-bar, -lich* und *-sam*. Was wäre der Unterschied zwischen *erschwingbar* und *erschwinglich, biegsam* und *biegbar, empfindsam* und *empfindlich*?

Im Geflecht der verschiedenen Wortbildungsmuster können also gelegentlich inhalts- und / oder ausdrucksseitige Überlappungen entstehen. Besonders gut werden Brisanz und Präsenz solcher Grenzbereiche in sprachhistorischen Blickrichtungen sichtbar. Neue Wortbildungsmuster entstehen, treten mit alten in Konkurrenz, die sich dann unter dem Druck der neuen Mitspieler ihrerseits mehr oder weniger schnell wandeln. So gerät die Entwicklung von Derivationssuffixen im Deutschen zu einem zentralen Thema bei der Erforschung der Geschichte der deutschen Wortbildung (z.B. Stricker 2002; Müller 2009; Nübling u.a. 2010: Kap. 3.2.1.4; Kempf 2016). In der komplexen Vielfalt und Unschärfe der Wortbildungsmuster wurzeln jedenfalls – wie unten ausführlicher zu zeigen sein wird – viele Ursachen für die Entstehung sprachlicher Zweifelsfälle. Im Dickicht der vielen Muster, Restriktionen und Bedeutungen verliert man schnell den Überblick.

**Zur normativen Orientierung: Etabliertheit und semantische Differenz**
Welche Orientierungspunkte für die Variantenevaluation in Zweifelsfällen lassen sich festmachen? Auf welche Konditionierungen sollte man zunächst sein Augenmerk richten? Hat man ein Variantenpärchen mit unklarem Status als Zweifelsfall identifiziert, so gilt zunächst die Maxime, die auch in allen anderen Fällen hervorgehoben wurde. Entscheidend ist natürlich die Orientierung am realen Sprachgebrauch. Gibt es dort beide Varianten? Wenn ja: in welchen sozialen, regionalen oder anderen kommunikativen Umgebungen finden sie sich?

Bei der Profilierung der einzelnen Wortbildungsformen entfaltet der herrschende Sprachgebrauch eine unmittelbar normierende Kraft. Das sei an der Betrachtung von zwei Wörtern verdeutlicht, die in verschiedenen Hinsichten Bestandteile sprachlicher Zweifelsfälle sein könnten: *ungelungen* und *untig*. Beide Ausdrücke sind denkbar und regulär, vor allem wenn man an ähnlich gebildete Wörter denkt (vgl. *ungebeten, ungebrochen, ungeschoren, ungezwungen; obig*). Aus welchen Gründen auch immer, findet man aber *ungelungen* und *untig* nur sehr vereinzelt im (historischen) Sprachgebrauch. Für *ungelungen* gibt es standardsprachlich zwei etablierte Gegenstücke, ein syntaktisches (*nicht gelungen*) und ein morphologisches (*misslungen*). Wenn man den Sprachgebrauch als maßgebliche Instanz ansieht, kommt man also nicht umhin, in Zweifelsfällen von der Nutzung eines Worts wie *ungelungen* abzuraten und die gängigen Formen zu empfehlen.

Wer freilich gelegentlich über die etablierte Sprache hinausgehen möchte, sollte sich nicht durch vorschnelle Verdächtigungen bestimmter Wortbildungen irritieren lassen. Es gibt gute Gründe dafür, dass man der stigmatisierenden Berufung auf Regeln, die bestimmte Wortbildungen angeblich unmöglich machen, nicht immer trauen sollte (Heringer 1984; Donalies 2003). Auch *ungelungen* und *untig* sind Wörter, die – wenn man will – zur deutschen Sprache gerechnet werden können. Sie verstoßen jedenfalls nicht gegen Regeln der deutschen Wortbildung. Zudem gibt es im Falle von *untig* nur etwas sperrige syntaktische Alternativen (*das Beispiel unten* oder *das unten stehende Beispiel* statt: *das untige Beispiel*). Hier besteht also ein echter lexikalischer Bedarf. Man könnte zu einem großen Verfechter des Wörtchens *untig* werden und per Variantenwahl für die Stützung dieses Worts plädieren.

Was die generelle Orientierung am Sprachgebrauch angeht, so lassen sich noch weitere Diagnosen formulieren. Diatopische Variationen spielen bei Zweifelsfällen in der Wortbildung – wenn überhaupt – nur eine geringe Rolle. In der Regel bezieht sich die Variation höchstens auf großräumige Verteilungen, die in der Nähe der nationalen Varietäten des Deutschen stehen. Entsprechende Befunde zeigen beispielsweise die Varianten *Rinderbraten / Rindsbraten / Rindbraten, Rindfleisch / Rindsfleisch / Rinderfleisch, Schweinebraten / Schweinsbraten* und *Zugmitte / Zugsmitte*.[47] Die Formen mit *-s-* sind deutlich im süddeutschen Sprachraum verankert, allerdings nicht alle in derselben Weise: *Schweinsbraten* dominiert im gesamten Süden, während *Zugsmitte* nur in der Schweiz und vereinzelt in Österreich vorkommt. Im Norden und in der Mitte finden sich weit überwiegend die Formen mit *-er-* (*Rinderbraten*) oder *-e-* (*Schweinebraten*). *Rindfleisch* ist dagegen im gesamten deutschen Sprachraum die bevorzugte Variante, also auch dort, wo man eher von *Rinds-* oder *Rinderbraten* spricht. Ungewöhnlich ist es, wenn sich eine Wortbildungsgrenze relativ klar genau durch die Mitte des deutschen Sprachgebiets zieht, wie es bei *anspitzen / Anspitzer* (Norddeutsch) und *spitzen / Spitzer* (Süddeutsch) der Fall ist.[48]

Im Vergleich mit dem diatopischen Faktor ist die semantische Konditionierung der Varianten oft einschlägiger. Kommen also zwei Formvarianten zu Bewusstsein, die sich in ihrer Wortbildung unterscheiden, so kann in Zweifelsfällen oft ein Blick auf die Bedeutungsseite der Wörter weiterhelfen. Dem korrespondiert der Umstand, dass die Varianten häufig in unterschiedlichen Anwendungskontexten beheimatet sind. Der übliche Verwendungszusammenhang einer Variante führt zu einer besonderen semantischen Profilierung des jeweiligen Worts. Aus solchen Konstellationen lassen sich dann Hinweise auf die angemessene Nutzung der Wörter erschließen.

Ein Beispiel dafür ist das Variantenpärchen *lösbar / löslich*. Diatopische Perspektiven auf die beiden Varianten sind nicht hilfreich. Stattdessen ergibt die semantisch-kontextbezogene Analyse, dass *löslich* in erster Linie dann benutzt wird, wenn es um Materialien geht, die in Flüssigkeiten aufgelöst werden (können). Wörter, die in diesem Anwendungskontext häufig fallen, sind z.B. *Kaffee*, *Alkohol* und *Pulver*. *Lösbar* wird dagegen genutzt, wenn es um die Klärung und Bewältigung („Lösung") von bestimmten Problemen geht. In diesem Zusammenhang tauchen dann häufig Begleitwörter wie *Aufgabe*, *Frage* und *Rätsel* auf.

---

**47** Zum folgenden vgl. AdA: Karte: Fugenelemente sowie die Einträge zu *Rinder-*, *Rinds-*, *Zugs-* und *Schweins-* in Ammon u.a. 2016.
**48** Vgl. AdA: Karte: *Spitzer / Anspitzer*.

Allerdings sind die semantischen Unterschiede nicht in allen Fällen so prägnant wie im gerade skizzierten Beispiel. Auch hier existiert eine breite Skala. Sie reicht von deutlich unterscheidbaren Bedeutungen über weniger gut greifbare, aber dennoch vorhandene Unterschiede bis hin zu feinen und feinsten Bedeutungs- und Anwendungsdifferenzen. Über letztere kann man in vielen Fällen sicher auch lange streiten. Wo der eine Sprecher noch relativ deutliche Bedeutungsunterschiede wahrnimmt, sieht ein anderer keinen Unterschied mehr. Für ersteren läge also eine semantische Konditionierung vor, für letzteren keine Konditionierung. Entscheidend sind hier freilich nicht die subjektiven Einschätzungen einzelner Sprecher. Wer semantische Unterschiede im Deutschen annehmen möchte, muss auch in der Lage sein, sie im realen Sprachgebrauch nachzuweisen. Ansatzweise müssten in solchen Fällen – wie oben angedeutet – unterschiedliche Anwendungskontexte greifbar sein. Sie manifestieren sich auch in unterschiedlichen Begleitwörtern, die typischerweise mit den jeweiligen Varianten einhergehen und so charakteristische Kollokationen bilden. Moderne Semantik zur Klärung sprachlicher Zweifelsfälle ist stets auf der Suche nach solchen „Partnerwörtern" (Storjohann 2015: 108).

Wenn solche Begleitumstände im Sprachgebrauch nicht zu finden sind, ist die Annahme semantischer Differenzen nicht gerechtfertigt. Semantische Differenzen dürfen nicht nur einfach behauptet werden. Sie müssen auch aus dem Sprachgebrauch rekonstruierbar sein, wenn es sich nicht um bloße Hirngespinste handeln soll. Dabei ist zu berücksichtigen, dass lexikalisch-semantische Unterschiede (Sprachwissen) und reine Sachdifferenzen (Sachwissen) nicht dasselbe sind. Sprachbeschreibungen im Sinne von Bedeutungserläuterungen und Sachbeschreibungen sind nicht zu verwechseln, auch wenn das nicht immer einfach ist (Dieckmann 1988). Für den Blick auf sprachliche Zweifelsfälle zählen ausschließlich die ersteren. In jedem Fall ist damit zu rechnen, dass auch auf dem Feld der Wortbildung unkonditionierte, also echte Zweifelsfälle, existieren, bei denen keine semantischen Differenzen vorliegen.

Außerdem können stets noch diachrone Entwicklungen im Raum stehen. Die eine Wortbildungsvariante mag älter und auf dem absteigenden Ast sein, die andere neuer und sich in Zukunft womöglich durchsetzen. Wie so oft, können sich solche diachronen Tendenzen mit diatopischen, semantischen und anderen Faktorenbündeln mischen. Das erschwert die Orientierung für die Sprecher und fördert im schlimmsten Fall ungerechtfertigte normative Kurzschlüsse. Umso dringlicher wird dadurch auch die Suche nach verlässlicher Information. Neben Duden 4/2016 sei zum Nachschlagen in diesem Zusammenhang vor allem auf das im Entstehen begriffene Paronymwörterbuch hingewiesen (Storjohann 2014).

## 7.2 Suffixe und Präfixe

Mit Affixen lassen sich neue Wörter bilden. Sie zerfallen in zwei Gruppen: Suffixe und Präfixe. Nachgestellte Wortbildungsmorpheme, also Suffixe, sind für die Zweifelsfälle in der Wortbildung einschlägiger als Präfixe, also vorangestellte Wortbildungsmorpheme. Die auftauchenden Fälle lassen sich wiederum in zwei größere Gruppen teilen: Probleme bei nativen und bei nicht-nativen Wörtern.

**Adjektive: Probleme bei nativen Wörtern**

Die Wortbildungsmorpheme *-ig*, *-isch*, *-lich* und *-sam* kommen relativ häufig in Zweifelsfällen der Wortbildung vor. Die Beispiele der folgenden Tabelle illustrieren einige mögliche Konkurrenzen im Überblick:

**Tab. 13:** Konkurrierende Wortbildungssuffixe bei nativen Wörtern

| -ig | -isch | -lich | -sam | -s | andere |
|---|---|---|---|---|---|
| geistig | | geistlich | | | |
| | kindisch | kindlich | | | |
| | | (un)löslich | | | (un)lösbar |
| | | schmerzlich | | | schmerzhaft |
| | | bedauerlich | | | bedauernswert |
| holzig | | | | | hölzern |
| | | empfindlich | empfindsam | | |
| | | | bedeutsam | | bedeutend |
| nochmalig | | | | nochmals | |
| | | vergeblich | | vergebens | |
| | | | | öfters | öfter |

Wie oben bereits angesprochen, lassen sich in einigen Fällen deutliche semantische Unterschiede zwischen den Varianten feststellen. Sie korrelieren mit unterschiedlichen prototypischen Anwendungskontexten. Neben *(un)löslich / (un)lösbar* gilt dies etwa für *geistig* (‚den Geist betreffend') und *geistlich* (‚die Religion betreffend'), *kindlich* (‚nach der Art eines Kindes (neutral)') und *kindisch* (‚nach der Art eines Kindes, albern (abwertend)') sowie *schmerzlich* (‚seelisch-psychischen Schmerz verursachend, eher abstrakt') und *schmerzhaft* (‚körperlich-sinnlichen Schmerz verursachend, eher konkret'). Vergleichsweise klar ist der Unterschied auch zwischen *heimisch* und *heimlich*, *geschäftig* und *geschäftlich* oder *verständig* und *verständlich*. Alle diese Wortbildungen sind also möglich. Die Wörter können allerdings nicht in allen Situationen in derselben Art und Weise genutzt werden:

Wer auf Priester trifft, hat es mit *geistlichen* Personen zu tun, nicht mit *geistigen*. Wer die Statur oder das Gemüt eines Erwachsenen neutral mit der eines Kindes vergleichen möchte, sollte von einem *kindlichen*, nicht einem *kindischen* Erwachsenen sprechen. Eine Wunde nach einem Sturz ist *schmerzhaft*, nicht *schmerzlich*. Bei anderen Variationspaaren verwischen sich die (möglichen) Bedeutungsunterschiede mehr und mehr. Die semantische Konditionierung ist – sofern überhaupt vorhanden – weniger gut greifbar. Das dürfte z.B. für *empfindlich* (,für bestimmte Reize besonders empfänglich, feinfühlig, leicht gekränkt') und *empfindsam* (,zartfühlend, sentimental') gelten. Es sind viele Situationen denkbar, wo diese Adjektive semantisch austauschbar sind, ohne dass der Sprecher Gefahr läuft, falsch verstanden zu werden, oder die Kommunikation in anderer Weise ins Leere läuft. Ähnlich ist es bei *verletzbar* und *verletzlich*. In anderen Fällen wiederum mag die generelle Bedeutung der Varianten gleich sein, nur die Anwendungskontexte weisen Gebrauchsunterschiede auf. So sind *bedeutend* und *bedeutsam* zwar bedeutungsidentisch. Wenn man von wichtigen Personen spricht, taucht jedoch im Usus deutlich häufiger *bedeutend* als *bedeutsam* auf. Die Rede von einem *bedeutsamen* Gelehrten wird dadurch natürlich nicht falsch, sondern höchstens etwas ungewöhnlich. Ähnliche Befunde betreffen *holzig* und *hölzern* sowie *öfters* und *öfter*.

Bei den Paaren *vergebens / vergeblich* und *nochmals / nochmal* sind die synonymen Wörter zudem durch verschiedene syntaktische Anwendungskontexte konditioniert (Klein, W.P 2006). Die -s-Varianten sind Adverbien, sie können nicht attributiv verwendet werden (\**der vergebense / nochmalse Versuch*). Die -ig-Varianten sind Adjektive, die – zumindest im Fall von *vergeblich* – attributiv, prädikativ und adverbial verwendet werden können (*Der vergebliche Versuch, Der Versuch war vergeblich, Sie versuchte es vergeblich.*) Auch in solchen syntaktischen Informationen liegt ein orientierender Gehalt, an dem man sich bei der Nutzung ansonsten synonymer Formen orientieren kann.

Nimmt man die Gesamtheit der involvierten Faktoren bei derartigen Zweifelsfällen in den Blick, versteht man aufs neue, inwiefern die Rede von der großen Komplexität der Sprache immer gerechtfertigt ist. Diese Einsicht sollte uns jedoch auch etwas misstrauisch machen – misstrauisch nämlich gegenüber vorschnellen Behauptungen, dass zwei Wortbildungsvarianten mit Zweifelsfallpotenzial "eigentlich" zwei "klar" unterschiedene (unterscheidbare?!) Bedeutungen besitzen. Entsprechende vollmundige Feststellungen finden sich nämlich immer wieder in der öffentlichen Sprachdiskussion, z.B. dann, wenn es um den Unterschied zwischen *offenbar* und *offensichtlich* oder den zwischen *zweiwöchig* und *zweiwöchentlich* oder *vierzehntägig* und *vierzehntäglich* geht. Bei letzteren Ausdrücken mag sicher ein gewisser Unterschied existieren. Und natürlich gibt es den sachlichen Unterschied zwischen ‚zwei Wochen / vierzehn Tage dauernd' und ‚sich alle zwei Wochen / vierzehn Tage ereignend'. Ob sich dieser sachliche Unterschied aber auch in der Semantik der genannten Wörter verkörpert und so tatsächlich trennscharf dem Sprachgebrauch zugrunde liegt, ist alles andere als ausgemacht. Nicht alle sachlichen Unterschiede werden durch unterschiedliche Wörter repräsentiert. Ganz zu schweigen davon, dass sich so gut wie nie Missverständnisse ergeben werden, wenn diese Wörter nicht so gebraucht werden, wie es manche Sprachkritiker für richtig halten.

Auch das Paar *begnadigt / begnadet* kann als Zweifelsfall verstanden werden. Daran lässt sich noch eine weitere Möglichkeit erkennen, wie man in solchen Fällen klarer sehen kann. Denn die Frage nach der Semantik der Varianten – synonym oder nicht? – lässt sich oft dadurch beleuchten, dass man danach forscht, welche anderen Wörter ausdrucksseitig mit den jeweiligen Varianten verbunden sind. Demnach steht *begnadigt* an der Seite von *begnadigen* und *Begnadigung*. In *begnadet* verkörpert sich dagegen ein Bezug zu *Gnade*. Damit wird die differenzielle Semantik für diejenigen greifbarer, die die benachbarten Wörter kennen. Ein *begnadigter* Mensch konnte von einer Begnadigung profitieren, ein *begnadeter* von einer besonderen Gnade. Im Umkehrschluss bedeutet das: Je mehr Wörter ein Sprecher beherrscht, desto mehr Möglichkeiten besitzt er auch, sich in der morphologischen Komplexität einer Sprache angemessen zu orientieren. Generalisiert: In umfangreicherem Sprachwissen liegt also nicht nur die Ursache für die Entstehung sprachlicher Zweifelsfälle, sondern zugleich ein Mittel für ihre Bewältigung.

**Adjektive: Probleme bei nicht-nativen Wörtern**
Ein prominentes Beispiel für konkurrierende Wortbildungsmorpheme in nicht-nativen Wörtern stellt das Paar *-al / -ell* dar. Rasch lassen sich viele Formen aufzählen, in denen einiges an Zweifelsfallpotenzial enthalten ist:

*formal / formell, ideal / ideell, instrumental / instrumentell, konventional / konventionell, original / originell, personal / personell, proportional / proportionell, rational / rationell, real / reell, virtual / virtuell.*

Bei der Klärung des Status dieser Varianten können alle oben angesprochenen Eventualitäten auftauchen. Manchmal ergibt sich eine differenzielle Semantik, manchmal nicht. Manchmal kommen unterschiedliche prototypische Anwendungskontexte zum Tragen, manchmal nicht. Einige Formen werden nur noch wenig, andere immer öfter genutzt. Diatopische Befunde spielen keine Rolle. Stattdessen kann ein diachroner Blick hilfreich sein, insofern sich bestimmte (synonyme) Varianten mit der Zeit gegenüber anderen durchsetzen. Was hier prinzipiell geleistet werden muss, um eine tragfähige Analyse in sprachlichen Zweifelsfällen zu formulieren, wurde im Detail anhand der Varianten *sensitiv / sensibel* vorgeführt (Storjohann 2015).

Eine einfach formulierbare allgemeine Regularität, durch die sich die *-al*-Varianten von den *-ell*-Varianten unterscheiden, gibt es jedenfalls nicht. Weitere Beispiele mit anderen morphologischen Konstellationen stehen in der folgenden Übersicht:

**Tab. 14:** Konkurrierende Wortbildungssuffixe bei nicht-nativen Wörtern

| -ig | -isch | -istisch | -abel | andere x | andere y |
|---|---|---|---|---|---|
| | logisch | logistisch | | | |
| humorig | | humoristisch | | | |
| | praktisch | | praktikabel | | praktizierbar |
| markig | | | | markant | |
| | | | | autonom | autark |
| | | | | dubios | dubiös |

Die einzelnen Paare können hier nicht genauer erörtert werden. Im Grundsatz wären jedenfalls dieselben Analysekriterien zu beachten wie bei den nativen Wörtern. Bei den nicht-nativen Wörtern kommt jedoch noch die Problematik hinzu, dass die Relationen zwischen den Basen und den (Quasi-) Wortbildungselementen vielschichtiger sind als bei nativen Wörtern. Es existieren zahlreiche (Quasi-) Wortbildungselemente, die oft mit den unterschiedlichen Entlehnungssprachen zusammenhängen. Zudem kann man die morphologisch komplexen Wörter oft nicht so analysieren, dass zu einem bestimmten Wort nur ein Wortbildungselement hinzutritt und so ein neues Wort mit einfach rekonstruierbarer Bedeutung entsteht (Eisenberg 2018: Kap.6). Die Adjektive *praktisch*, *sensibel* und *dubios* etwa sind offensichtlich nicht so entstanden, dass zu den Wörtern *prakt*, *sens* und *dub* die Endungen *-isch*, *-ibel* und *-ios* hinzutreten. Das verhindert in vielen Fällen das Verständnis solcher Wortbildungen analog zu nativen Wortbildungsmustern.

Gleichwohl existieren in vielen Fällen verwandte Wörter, die in Zweifelsfällen Hinweise auf mögliche semantische Differenzen geben können. So wurzelt beispielsweise der Unterschied zwischen *pathetisch / pathologisch* oder *egoistisch / egozentrisch* darin, dass erstere mit *Pathos* (*Egoismus, Egoist*), letztere mit *Pathologie* und *Pathologe* (*Egozentrismus, Egozentriker*) zusammenhängen. Hier gibt es klare Bedeutungsunterschiede. Ähnliche Befunde – jedoch mit weniger semantischer Differenzierung – ergeben sich bei *elektronisch* (zu *Elektron, Elektronik, Elektroniker*) und *elektrisch* (zu *Elektriker, Elektrizität, elektrisieren, elektrifizieren*) oder *technisch* (zu *Technik, Techniker, technisieren*) und *technologisch* (zu *Technologie, Technologe*). Solche Konstellationen zeigen auch, welcher Faktor dazu beiträgt, dass einige Konkurrenzpaare kontinuierlich weiter existieren, obwohl kaum semantische Unterschiede absehbar sind. Die Existenz der Varianten wird nämlich durch ihre morphologische Relation zu anderen, verwandten Wörtern gestützt. Diese verwandten Wörter wiederum können deutlichere Abgrenzungen besitzen als die abgeleiteten Wortbildungen. Beispielsweise ist die Differenz zwischen *Techniker* und *Technologe* im Sprachgebrauch vermutlich klarer ausgeprägt als die zwischen *technisch* und *technologisch*.

Das synonyme Paar *dubios / dubiös* (ähnlich *nebulos / nebulös, promiskuos / promiskuös*) illustriert, wie sich die Existenz unterschiedlicher Entlehnungssprachen auf das Entstehen morphologischer Zweifelsfälle auswirken kann. Wieso gibt es die beiden Wörter, die keine relevante semantische Differenz versprachlichen und nur durch den Umlaut bzw. unterschiedliche Suffixe (*-os / -ös*) getrennt sind? Warum verschwindet nicht eins davon? Ein Grund dafür dürfte sein, dass hinter den beiden Ausdrücken jeweils wichtige Entlehnungssprachen stehen, von denen das Deutsche qua Fremdwortschatz auch relativ stabile Reihenbildungen übernommen hat. Hinter *dubios* (*nebulos*) steht die lateinische Sprache (*dubiosus, nebulosus*) und das im Deutschen gut greifbare Muster der *-os*-Adjektive (z.B. *burschikos, grandios, kurios, rigoros, virtuos*). *Dubiös* geht auf das französische Gegenstück (*dubieux*) zurück und basiert auf einem Muster, das im Deutschen auch ohne Französischkenntnisse Wirkung entfaltet (z.B. *desaströs, luxuriös, melodiös, nervös, monströs*). Mit anderen Worten, weil man im deutschen Sprachraum seit langer Zeit viel Latein und Französisch lernt, kommt es zu einem sprachlichen Zweifelsfall, der in ausdrucksseitig teilidentischen Entlehnungen wurzelt. Für beide Varianten gibt es gute Gründe. Falsch ist keine.

## Substantiv-Probleme bei Personenbezeichnungen

Beim Substantiv tauchen Zweifelsfälle in der Wortbildung weniger häufig und prägnant auf als beim Adjektiv. Aber auch hier gibt es konkurrierende Muster, deren Irritationspotenzial einen ähnlichen Charakter besitzen kann wie bei den erläuterten Adjektivpaaren.

Beispielsweise existiert seit jeher ein relativ großer Bedarf, Personenbezeichnungen zu bilden. Nun gibt es jedoch nicht nur eine Möglichkeit zur Prägung eines solchen Substantivs, sondern zahlreiche. Nativ und einschlägig ist etwa das *-er* (*Lehrer, Läufer*), weniger prominent *-ler* (*Künstler, Abweichler*). Dazu kommen *-ling* (*Liebling, Flüchtling*) sowie *-er*-Varianten, die von Partizipien abgeleitet wurden (*Gelehrter, Beamter, Studierender*). Ferner haben reihenbildende Übernahmen aus den Hauptentlehnungssprachen des Deutschen noch zu einem großen Zuwachs geführt: *-ist* (*Tourist*), *-iker* (*Alkoholiker*), *-är / -ar* (*Pensionär, Missionar*), *-ant / -ent* (*Praktikant, Student*), *-and* (*Konfirmand*), *-at* (*Diplomat*). Für diese Wortbildungsmorpheme gelten unterschiedliche Restriktionen. Bei allen Bildungen ist die primäre semantische Motivation jedoch zunächst identisch: Mit der neuen Personenbezeichnung bildet man ein Wort (generisches Maskulinum), das die bezeichnete Person in irgendeiner Art und Weise durch das charakterisiert, was in der Bedeutung der Wortbildungsbasis (inklusive der damit morphologisch verwandten Wörter) steckt.

Wen mag es angesichts dieser Vielfalt verwundern, dass hier Doppelformen auftauchen, die Zweifelsfälle nach sich ziehen? Schon rein formseitig sind in diesem Geflecht verschiedene Querverbindungen möglich. Um nur ein einziges Beispiel zu nennen: Derjenige, der in der Physik tätig ist, ist ein *Physiker*. Also müssen diejenigen, die in der Linguistik tätig sind, *Linguistiker* heißen? Das schließt sich auch nahtlos an andere Personenbezeichnungen an, zum einen an die zahlreichen *-er*-Derivationen, ferner an die *-iker*-Bildungen. Für *Linguistiker* gibt es also viele gut greifbare Vorbilder: *Kritiker, Musiker, Kosmetiker, Romantiker*. Gebräuchlich ist freilich nur die Personenbezeichnung *Linguist*. Wer über die Legitimität der Bildung *Linguistiker* nachdenkt, sollte auf Nachfrage also darüber informiert werden, dass er in bestimmten Kreisen ein Schmunzeln auslösen könnte. Der Sprachgebrauch stützt hier eine Form, bei der aus einer Disziplinenbezeichnung (*Linguistik*) durch Tilgung einer Silbe (*-ik*) eine Personenbezeichnung (*Linguist*) abgeleitet wird. Anders gesagt: Der *Linguist* steht in einer ziemlich irregulären Ableitungsbeziehung zur *Linguistik*. *Linguistiker* wäre regulärer, taucht im Usus aber nur marginal auf, in fachsprachlichen Kontexten gar nicht.

Wenn viele Wortbildungsmuster für Personenbezeichnungen zur Verfügung stehen, ist absehbar, dass sich bei Bedarf mehr oder weniger starke semantische

Differenzierungen ausprägen. Exemplarisch gesprochen: Wenn man die Ausdrücke *Musiker* und *Musikant* bilden kann, können sie auch mit unterschiedlichen Bedeutungsgehalten aufgeladen werden. Bei den Personenbezeichnungen steht besonders im Raum, dass bestimmte Suffixe in Kontrast zu anderen eine pejorative Konnotation transportieren könnten. Man vergleiche etwa Ausdrücke wie *Protestler, Reformler, Frömmling, Schreiberling* gegenüber *Protestant, Reformer / Reformator, Frommer, Schreiber*. Erstere besitzen gegenüber letzteren eine (leicht) abwertende Komponente. Fraglich ist freilich, ob sich dieser Faktor dann tatsächlich flächendeckend in den jeweiligen Suffixen verkörpert. Stecken in *Liebling* und *Säugling* aufgrund der Bildung mit *-ling* pejorative Aspekte? Oder ist es nicht so, dass der pejorative Bedeutungsgehalt von *-ling*-Bildungen viel eher mit der Basis als dem Suffix verknüpft ist, vgl. *Häftling, Schädling, Schwächling, Sträfling*? Außerdem wird sich der pejorative Gehalt vieler Personenbezeichnungen erst dann klarer abzeichnen, wenn tatsächlich eine direkte Konkurrenz zu einer anderen Personenbezeichnung existiert. Weil es schon *Schreiber* gibt, kann sich bei *Schreiberling* ein pejorativer Faktor verdichten. Bei *Säugling* fehlt das direkte Gegenstück und das Wort bleibt ohne pejorative Note.

Nur in Einzelfällen lassen sich deutliche Reihenbildungen angeben, die in Zweifelsfällen zur Orientierung dienen können. Es spricht für sich, dass sie oft aus anderen Sprachen entlehnt sind, also dann besonders gut greifen, wenn entsprechende Fremdsprachenkenntnisse vorhanden sind. Das gilt etwa für die Frage, ob es *Konfirmant* oder *Konfirmand* heißt. Wenn man weiß, dass die beiden Varianten qua (ursprünglich lateinischem) Suffix unterschiedliche Bedeutungen transportieren, kann der Zweifel bei einigen anderen Wörtern schnell aufgelöst werden: Das Suffix *-and* trägt stets einen passivischen Charakter. Es bezieht sich also auf Personen, insofern etwas mit ihnen gemacht wird (z.B. *Rehabilitand, Diplomand*). Dagegen steht *-ant* für eine aktivische Bedeutung. Entsprechende Personenbezeichnungen charakterisieren also die jeweiligen Menschen, insofern sie aktiv etwas tun (z.B. *Intrigant, Querulant*). Wer also der Konfirmation unterzogen wird, ist ein *Konfirmand*, kein *Konfirmant*. Wer intrigiert, ist ein *Intrigant*, kein *Intrigand*.

Aber schon bei einer anstehenden Doktorarbeit ergibt sich eine interessante Problematik. Die künftigen Doktoren sind ja recht aktiv und alles andere als passiv; das würde die Form *Doktorant* rechtfertigen. Tatsächlich findet sie sich häufig im Sprachgebrauch. Die übliche, normativ stets als richtig charakterisierte Form ist jedoch *Doktorand*. Darin verkörpert sich die (alte) Auffassung, dass ein *Doktorand* passiv einer Promotion unterzogen wird. Das deutet an: Der Suffix-Unterschied zwischen *-ant* und *-and* ist im Deutschen ziemlich ungefestigt, gar nicht produktiv und überdies fast nur graphematisch, kaum phonetisch präsent.

Daher ist er ein ständiger Herd für Zweifelsfälle. Nach Lage der Dinge werden aber gerade die Lateinlehrer immer wieder vehement dafür plädieren, dass diese Unterscheidung nicht untergehen darf. Eine Begründung für diese Haltung liegt nicht auf der Hand. Denn was im Lateinischen ein deutliches verbalmorphologisches Profil besitzt, muss längst nicht immer im 1:1-Verhältnis auf das Deutsche übertragen werden. Von ähnlichem Charakter, allerdings mit stabilerer Bedeutungsdifferenzierung, sind Zweifelsfälle, die von Wortpaaren wie *Emigrant / Immigrant* oder *esoterisch / exoterisch* ausgehen.

**Substantiv-Probleme bei Abstrakta**
Wenn Substantive aus anderen Wörtern abgeleitet werden, geht es neben Personenbezeichnungen oft im weitesten Sinne um Abstraktbildungen. Solche Abstraktbildungen ermöglichen uns, ausgehend von relativ konkreten Wortbedeutungen neue Bedeutungen zu kreieren. Vergegenständlichende und abstrahierende Redeweisen werden möglich. So werden etwa aus den Adjektiven *groß, genau, flüssig, müde, zufrieden* die vergegenständlichenden Substantive *Größe, Genauigkeit, Flüssigkeit, Müdigkeit, Zufriedenheit*. Für deverbale Substantive ist das Suffix -*ung* einschlägig, daneben auch sog. implizite Ableitungen (z.B. *bestehen, werfen > Bestand, Wurf*). Die kognitive Leistungsfähigkeit der deutschen Sprache wird durch solche Derivationsprozesse, bei denen konkrete Bedeutungsgehalte in Abstraktbildungen transzendiert werden, erheblich gesteigert. Den wortbildenden, abstrahierenden Gehalt der Suffixe -*heit*-, -*ig*, -*keit*, -*ung* kennen alle Sprecher, denn er verkörpert sich in zahlreichen Wörtern des deutschen Kernwortschatzes. Dieses Potenzial der Wortbildung zeigt, dass und wie die Sprache bestimmte Denkprozesse ebenso spiegeln wie stabilisieren und inspirieren kann.

Gelegentlich kommt es nun vor, dass Wortpaare auftauchen, deren Bestandteile in ähnlicher Art und Weise an eine gemeinsame Basis anknüpfen, z.B. *Anmutigkeit / Anmut, Gütigkeit / Güte, Gewähr / Gewährung, Einwand / Einwendung, Unterschied / Unterscheidung*. Formal sind die Wortbildungen zweifellos möglich. Man hat also das Gefühl, dass die Wörter nicht gegen übliche Wortbildungsregeln verstoßen und daher sicher existieren. Das Problem liegt jedoch darin, dass die formale Seite der Wörter zwar stets irgendeine Form von Abstraktion und Vergegenständlichung anzeigt, nach Lage der Dinge aber nicht klar ist, warum es die beiden semantisch und wortbildungstechnisch ähnlich angelegten Wörter überhaupt geben sollte. Es entsteht also die Frage: Was ist eigentlich der Unterschied zwischen x und y? In beiden Formen wird ja qua Wortbildung eine abstrahierende Vergegenständlichung angezeigt.

Die Antwort auf solche Fragen muss in erster Linie in der Semantik gesucht werden. Wenn im Sprachgebrauch deutliche Bedeutungsunterschiede bestehen, hat man sich danach zu richten, wenn es nicht zu Irritationen kommen soll. Zwischen *Gewähr* ‚Garantie' und *Gewährung* ‚Erlaubnis, Bewilligung' besteht ein Unterschied. In anderen Fällen ist jedoch kein (deutlicher) Bedeutungsunterschied greifbar und man vermag höchstens subtile stilistische oder textsortenbezogene Differenzen zu ahnen, etwa bei *Einwand / Einwendung*. Beide Varianten sind richtig. Übergreifende Regularitäten im Sinne klarer morphologischer Reihenbildungen sind auf diesem Feld nicht absehbar. Alles hängt an einzelnen Wortpaaren, deren Bestandteile semantisch mehr oder weniger unterschiedlich sein können.

Vergleichbares passiert auch bei Fremdwörtern. Aufgrund der tendenziell intransparenteren Morphologie, die noch dazu von den jeweiligen Fremdsprachenkenntnissen der Sprecher abhängt, ergeben sich hier sogar mehr Fälle als im nativen Kernbereich. Semantisch vergleichsweise klar geschieden wären etwa *Reparatur* ‚Ausbesserung' und *Reparation* ‚Wiedergutmachung durch das besiegte Land nach einem Krieg'. Bei anderen Wortpaaren sind die Bedeutungsunterschiede – wenn überhaupt vorhanden – viel geringer und daher kaum fehleranfällig (z.B. *Effizienz / Effektivität, Problem / Problematik, Thema / Thematik, Digitalisat / Digitalisierung*). Für andere Wortarten sei exemplarisch noch das synonyme *zumindest / mindestens* aufgelistet. Auch auf diesem Feld zählt der Einzelfall mit möglichen Stilnuancen und nicht eine klare grammatikalische Systematik.

### Verb-Probleme: *grüßen* vs. *begrüßen*

Gegenüber den adjektivischen und substantivischen Zweifelsfällen ist das Irritationspotenzial im Bereich der verbalen Wortbildung relativ klein. Strukturell ergeben sich hier keine neuen Analyse-Horizonte. Die Klärung des Variantenstatus betrifft wie üblich in aller Regel die semantische Dimension. Diatopische Konditionierungen sind kaum zu finden. Diachrone Entwicklungen können stets im Hintergrund wirken.

Am Beispiel der sog. *be*-Verben und ihrer unpräfigierten Gegenstücke lassen sich einige Beispiele näher betrachten. Eine Funktion der Präfigierung mit *be*- besteht darin, dass intransitive Verben zu transitiven werden. Während die unpräfigierte Verben also ohne ein Akkusativ-Objekt genutzt werden, können die präfigierten Verben nur mit einem Akkusativ-Objekt erscheinen: *Der Feldherr siegte dauernd / Der Feldherr besiegte den Feind*. Das Problem liegt nun darin, dass sich *be*-Präfigierungen auch bei Verben finden, die bereits in der unpräfigierten Variante mit einem Akkusativ-Objekt genutzt werden müssen. Diejenige grammatische Wortbildungseigenschaft, die normalerweise eine klare Differenzierung gestattet, macht dann also keinen fühlbaren Unterschied aus. Außerdem können sich in solchen Fällen die Bedeutungen der Varianten auch in anderen Dimensionen auseinander entwickeln. Wenn ein solcher Prozess vorliegt, kommt es kaum zu Zweifelsfällen. Semantisch klar unterschieden und daher ohne großes Zweifelsfallpotenzial ist etwa das Paar *achten* ‚jmd. schätzen'/ *beachten* ‚jmd. wahrnehmen', ähnlich ist es bei *nehmen / benehmen* oder *ruhen / beruhen*.

Anders liegen die Dinge aber beispielsweise bei Paaren wie *zahlen / bezahlen*, *grüßen / begrüßen* oder *füllen / befüllen*. Gibt es Unterschiede zwischen *Der Gast zahlte / bezahlte die Rechnung* oder *Der Gast grüßte / begrüßte die Dame*? Bei *zahlen / bezahlen* dürften im obigen Satz normalerweise keine Bedeutungsunterschiede zu finden sein. Bei *grüßen / begrüßen* ist zumindest in einigen Kontexten ein deutlicher Unterschied denkbar: *Der Gast grüßte / begrüßte die Dame* ‚sandte ein Zeichen der Verbundenheit' / ‚hieß willkommen'. Generalisierende Regeln zu solchen semantischen Differenzen lassen sich nicht formulieren. Es kommt alles darauf an, wie das einzelne Variantenpaar eines Zweifelsfalls im Sprachgebrauch tatsächlich genutzt wird und wie prominent hier Bedeutungsunterschiede zum Vorschein kommen. Sie sind entweder gar nicht vorhanden. Oder sie sind kaum, einigermaßen oder klar und deutlich wahrnehmbar.

Auch bei Fremdwörtern lassen sich ähnliche Verb-Paare beobachten. Allerdings verkörpern sich die Unterschiede dort eher an Suffigierungen. Morphologische Zusammenhänge mit anderen Wörtern können – wie oben bereits geschildert – semantische Unterschiede erhellen und damit Zweifelsfälle klären. Deutlich wird das zum Beispiel bei *rationieren* (zu *Ration*) vs. *rationalisieren* (zu *Rationalismus, Rationalität*). Weniger prägnant, aber im Sprachgebrauch wohl immer noch gut greifbar ist der Unterschied zwischen *authentisieren / authentifizieren*. Nicht wirklich semantisch konditioniert ist dagegen die Differenz zwischen *normieren / normen* oder *filtrieren / filtern*.

**Das Pleonasmusproblem: *einzigste, Vorderfront, zusammenaddieren***

Ein besonderer Problemkreis der Zweifelsfälle in der Wortbildung lässt sich unter dem Terminus Pleonasmus ansprechen. Mit diesem Begriff werden sprachliche Formulierungen bezeichnet, in denen mutmaßlich überflüssige, weil mehrfach bezeichnete Bedeutungsgehalte vorkommen. Verwandt damit ist auch die Tautologie. Morphologisch können die Beispiele *einzigste, Mitbeteiligung, Vorderfront, vorprogrammieren, Zukunftsprognose, Einzelindividuum* oder *zusammenaddieren* genannt werden. In den Wortteilen *-ste-* (Superlativ), *Mit-, Vorder-, vor-, Zukunfts-, Einzel-* und *zusammen-* sind Bedeutungskomponenten enthalten, die bereits in den basalen Wortbestandteilen *einzig-, -beteiligung, -front, -programmieren, -prognose, -individuum* und *-addieren* anwesend sind. Die Fügungen *weißer Schimmel, kleiner Zwerg* oder *anfängliche Startschwierigkeiten* illustrieren, dass Pleonasmen nicht nur in der Wortbildung, sondern auch auf syntaktischer Ebene auftauchen.

Aus solchen Szenarien können Zweifelsfälle entstehen, wenn man die Pleonasmen um den überflüssigen Wortbestandteil reduziert und dann nach dem Unterschied der Varianten fragt. Was wäre also die Differenz zwischen *einzige / einzigste, Beteiligung / Mitbeteiligung, Front / Vorderfront* oder *addieren / zusammenaddieren*? Für die Einschätzung des Zweifelsfallpotenzials solcher Formulierungen ist wichtig zu wissen, dass Pleonasmen seit langer Zeit einen ständigen Angriffspunkt für sprachkritische und präskriptive Interventionen abgeben. Sie befeuern unablässig den Fehlerdiskurs zur deutschen Sprache.[49] Demnach stellen sie Unkorrektheiten dar, weil sie überflüssiges, womöglich irreführendes Sprachmaterial enthalten und so einer vernünftig organisierten Sprache entgegenstehen. Der Vergleich zwischen den fraglichen Varianten ergibt keinen semantischen Unterschied, ja sogar eine ungute Verdoppelung oder Mehrfachmarkierung. Also stellen die nicht-pleonastischen Ausdrücke, so die oft vorgetragene Behauptung, Sprachfehler dar. Sozialdistinktiv gesagt: Pleonasmen zeigen, dass ein Sprecher kommunikativ unvernünftig, ja nachlässig und gedankenlos handelt und die deutsche Sprache nicht angemessen beherrscht.

Diese Sicht besitzt natürlich eine große Plausibilität. Und angesichts der klaren Stoßrichtung des öffentlichen Sprachdiskurs tut man zunächst gut daran, entsprechende pleonastische Formulierungen eher zu vermeiden. Das gilt vor allem in der Schriftsprache, bei der man ja in der Regel genug Zeit hat, um ihnen bewusst aus dem Weg zu gehen. Eine solche Beugung gegenüber dem Fehlerdiskurs erschöpft das Thema freilich nicht. Denn man verkennt das Pleonasmus-Problem, wenn man es lediglich auf individuelle Nachlässigkeiten und fehlende Sprachlogik reduziert. Das soll im folgenden noch mit einigen Informationen zu den Hintergründen von Pleonasmen erhärtet werden.

**Sprachpoetik statt Sprachlogik:** *auf immer und ewig*
Tatsächlich ist es nämlich so, dass Pleonasmen mit einem wichtigen Innovationsfaktor verbunden sind, der ständig in der Entwicklung aller Sprachen wirkt (Lehmann 2005). Sie resultieren aus dem weit verbreiteten kommunikativen Be-

---

49 Vgl. dazu nur http://kallimachos.de/zweidat/index.php/Pleonasmus (3.7.2018).

dürfnis, bestimmte Bedeutungsgehalte besonders nachdrücklich und akzentuiert zu formulieren. Demnach ist die superlativische Bedeutung in *einzigste* deutlicher enthalten als in *einzige*. Der Zukunftsbezug wird in *vorprogrammieren* klarer als in *programmieren*. Und was beim *zusammenaddieren* gemacht wird, ist Sprechern und Hörern präsenter als bei *addieren*. Genau solche Verstärkungs- und Hervorhebungsvorgänge stellen Grundelemente menschlicher Kommunikation dar. Sie führen notwendigerweise immer wieder zu Sprachwandelprozessen, die nicht selten metasprachlich thematisiert werden (Harnisch 2010). Am ehesten verkörpern sie sich im Sinne von Hypercharakterisierungen in mündlicher Sprache. Das Sprechen basiert nämlich im Vergleich zur nüchternen schriftlichen Sprache oft auf größerer Expressivität und Drastik (Koch/Oesterreicher 1996). Wir verdanken diesem Entwicklungszug etwa den Umstand, dass heute neben dem altertümlichen *Haupt* neutral von *Kopf* gesprochen wird. *Haupt* wurde nämlich im Mittelhochdeutschen allmählich durch das expressive „Kraftwort" *Kopf* (vgl. lat. *cuppa* ‚Becher', engl. *cup* ‚Tasse') ersetzt, um so nachdrücklicher und expressiver zu sprechen (Fritz 1998: 108f). Mittlerweile hat *Kopf* seine ursprüngliche Drastik verloren und wir können von den feinen stilistischen Unterschieden zwischen *Haupt* und *Kopf* profitieren.

Daraus lässt sich ein Schluss ziehen, der nicht nur die normative Sicht auf Pleonasmen betrifft. Wer ein strenges Verdikt gegenüber pleonastischen Mehrfachmarkierungen verfügt, könnte schlimmstenfalls an einer Wurzel der Sprachentwicklung rühren und notwendige Optimierungen blockieren. Oft ist es durchaus vernünftig, dasjenige, worauf es einem ankommt, betont und mehrfach zu sagen. In diesem Zusammenhang sei auch daran erinnert, dass Pleonasmen manchmal durchaus geschätzt und sogar als besonders funktional genutzt werden. Ist es nicht viel schöner zu sagen, dass man sein Gegenüber *auf immer und ewig* lieben wird als nur beim Wort *immer* zu bleiben? Gerade die nicht-pleonastische Formulierung *immer* könnte hier einen gewissen Nachteil gegenüber dem pleonastischen *immer und ewig* mit sich bringen. Logische Liebeserklärungen führen nicht weit, unlogische sind erfolgversprechender. In diesem Licht zeigt die anhaltende Präsenz von Pleonasmen jeder Art, dass sich die Formen und Funktionen realer Sprache oft nicht auf eine platte, oberflächliche Bedeutungslogik reduzieren lassen. Die Sprachdynamik hat im Kern mehr mit feinsinniger Poetik oder gebrüllter Drastik zu tun als mit nüchterner Referenzsemantik. Pleonasmen haben durchaus ihre Berechtigung.

## 7.3 Fugenelemente

Ausgehend von substantivischen Komposita kommt es immer wieder zu Zweifelsfällen, die auf den ersten Blick ein relativ festes, gut abgrenzbares strukturelles Profil besitzen. Es geht dabei um den Ort, an dem die verschiedenen Bestandteile eines Kompositums wie an Nahtstellen (= Fugen) miteinander verbunden sind. Anders gesagt steht die Art und Weise zur Debatte, wie Komposita gebildet werden und welche Konstruktionsregeln dabei zum Tragen kommen. Zur Illustration dieses Zweifelsfallpotenzials vergegenwärtige man sich die folgenden Beispiele. In einer Zeile stehen jeweils die Formen, die als Varianten eines Zweifelsfalls infrage kommen, insofern bei ihnen die Fugen eine variierende Gestalt haben können:

Tab. 15: Einige Beispiele für Fugenprobleme

| Nullfuge | -(e)s-Fuge | -er-Fuge | -e-Fuge | -en-Fuge |
|---|---|---|---|---|
| Einkommensteuer | Einkommenssteuer | | | |
| Rindbraten | Rindsbraten | Rinderbraten | | |
| Rindfleisch | Rindsfleisch | Rinderfleisch | | |
| Schweinbraten | Schweinsbraten | | Schweinebraten | |
| Mondschein | Mondesschein | | | Mondenschein |
| | | | Speisefolge | Speisefolge |
| Ellbogen | | | | Ellenbogen |
| Badmeister | | | Bademeister | |

Die Entscheidungsprobleme der obigen Tabelle sind vor dem Hintergrund zu sehen, dass in vielen anderen Fällen die Fuge des Kompositums keinerlei Fragen aufwirft. Vielfach ist unstrittig, dass eine Komposition ganz ohne ein Fugenelement auftritt: vgl. etwa *Streitkultur* (**Streitskultur*, **Streiterkultur*, **Streitekultur*, **Streitenkultur*). Oder man nutzt fraglos genau ein bestimmtes Fugenelement, z.B. -s-: *Freiheitskampf* (**Freiheitkampf*, **Freiheiterkampf*, **Freiheitekampf*, **Freiheitenkampf*) oder -er-: *Kinderwagen* (**Kindwagen*, **Kindeswagen*, **Kindewagen*, **Kindenwagen*). Bei *Streitkultur*, *Freiheitskampf* und *Kinderwagen* kommt derzeit wohl kaum jemand auf die Idee, über Fugenvarianten nachzudenken.

Die Sicherheit, die in solchen Fällen existiert, ist ein Faktor, der bei den Zweifelsfällen der Wortverfugung eine bestimmte Erwartungshaltung schafft. Wenn oft gewiss ist, wie ein bestimmtes Kompositum an seiner Nahtstelle beschaffen sein muss, so sollte diese Sicherheit doch auch bei den zweifelhaften Fällen zu erreichen sein. Was aber ist dann die richtige Variante und wie kann man ihre Richtigkeit begründen? Mit anderen Worten: Man fragt nach den generellen Regeln für die Wortverfugung, die in vielen Fällen bereits Sicherheit verschaffen und die man nur in Ausnahmefällen noch nicht kennt. Wer so nachdenkt, ist zwar auf dem richtigen Weg, die Fugenelemente besser zu verstehen. Es besteht aber auch die Gefahr, dass er auf dieser Basis ein adäquates Verständnis der Fugenelemente gerade verfehlt. Das kann nämlich dann passieren, wenn er auf dem richtigen Weg eine falsche Abbiegung nimmt. Diese Abbiegung hängt mit der Frage zusammen, wie das Regelinventar der Wortverfugung beschaffen ist und auf die zweifelhaften Fälle angewandt werden kann.

**Regularität und Irregularität der Fugenelemente**
Regeln zu den Wortfugen leiten sich aus den Fällen ab, in denen wir sicher sind und kein Zweifel herrscht. Inhaltlich beziehen sie sich stets auf die Form des Kompositionselements, das als Erstglied vor der (möglichen) Fuge steht. Die Form der Erstglieder bestimmt die Form der Wortfuge. Es ist etwa bekannt, dass das Fugen-*s* ziemlich sicher nach Wörtern mit bestimmten Suffixen auftaucht (z.B. *-tum, -ling, -ung, -ion, -(i)tät*). Einen anderen Charakter hat die Regel, dass schwache Maskulina an dieser Position immer von einer *-en*-Fuge gefolgt werden (Typ *Heldentod, Automatenlieferung, Präsidentensuite*). Und Erstglieder, die auf *-s/-ß-/-tz/-st/-sch* enden, weisen keine Verfugung auf. In derlei Perspektiven ließen sich noch weitere „reguläre" Zusammenhänge aufzählen.

Das Problem liegt freilich darin, dass mit solchen Regularitäten die zweifelhaften Fälle gerade nicht beleuchtet werden können. Sie greifen hier nicht, weil die spezifischen Ausgangsbedingungen der zweifelhaften Fälle in den bekannten Fugen-Regeln nicht erfasst sind. Es gibt eben auch Wörter, die keine der oben aufgezählten Eigenschaften besitzen. So kann man bei den Fugenelementen sowohl von einer Regularität als auch von einer Irregularität sprechen. Regulär werden bestimmte Komposita nach deutlichen Mustern verfugt. Gleichwohl bleiben viele irreguläre Fälle übrig, weil nicht für alle Kompositionskonstellationen Regeln aufgestellt werden können. Davon sind hauptsächlich Wörter betroffen, bei denen die Einfügung oder Nicht-Einfügung eines Fugen-*s* zur Debatte steht.

Im Sprachgebrauch zeigt sich diese Irregularität darin, dass bei einem Kompositum dieser Gruppe (zahlreiche) Belege für zwei Verfugungsmöglichkeiten gefunden werden können. Um die große Spannbreite des Phänomens zu veranschaulichen, seien einige wenige Variantenpaare genannt, für die das nach Auskunft der Literatur zutrifft (z.B. Nübling/Szczepaniak 2009: 217–219): *Ad-*

*vent(s)kalender, Datum(s)angabe, Einkommen(s)steuer, Essen(s)ausgabe, Friedhof(s)tor, Gesang(s)verein, Ingenieur(s)posten, Interessen(s)vertreter, Krieg(s)führung, Miet(s)haus, Praktikum(s)platz, Referat(s)gruppe, Schaden(s)ersatz, Testament(s)eröffnung, Werk(s)leiter.* Hinter den Zweifelsfällen steht also eine reale Form der Uneinheitlichkeit, die man zunächst einmal als solche anerkennen und mit aller Brisanz ins Auge fassen muss. Wer diese Irregularität – bewusst oder unbewusst – vom Tisch wischt und auf Teufel komm raus „Regeln" aufstellt, kann nicht behaupten, zu einer vernünftigen Zweifelsfallanalyse beigetragen zu haben.

**Die Kunst der richtigen Wortfuge**

Für die begründete Variantenselektion in Zweifelsfällen resultiert aus dieser Konstellation zunächst eine einfache Schlussfolgerung. Die Zweifelsfälle bei den Wortbildungsfugen sind sehr häufig als unkonditionierte, also echte Zweifelsfälle zu werten. Es lassen sich dann keine Bedingungen formulieren, die für die bedingte Auswahl von Variante A oder B sprechen (Typ: *Einkommen(s)steuer, Ell(en)bogen*). Auch die Zuordnung von Varianten zu bestimmten Kommunikationskontexten läuft häufig ins Leere. Bei Zweifelsfällen, die mit unterschiedlichen Wortfugen verbunden sind, gilt demnach nicht selten: Beide Formen sind richtig, keine ist falsch.

Für diese Feststellung spricht auch ein Vergleich mit den oben angesprochenen Derivationsproblemen. Denn im Gegensatz zu den Zweifelsfällen, die mit unterschiedlichen Suffix-Varianten zusammenhängen, taucht bei Fugenvarianten nur vereinzelt eine semantische Konditionierung auf. Unterschiedliche Bedeutungen wie bei *Landmann* ‚Bauer' / *Landsmann* ‚Mensch aus derselben Region' kommen kaum vor. Auch die Unterscheidung zwischen neuen und alten Varianten, also die diachrone Konditionierung, hilft längst nicht immer weiter. Denn die Antwort auf die Frage, welches die neue und welches die alte Variante ist, ist längst nicht immer evident. Der diachrone Faktor bleibt also relativ undeutlich und ist für normative Entscheidungen nur in Einzelfällen tragfähig. Man kann lediglich auf ihn bauen, wenn mit bestimmten Varianten relativ deutliche literarisch-archaisierende Konnotationen verbunden sind und so stilistische Unterschiede offenbar werden. Das trifft etwa auf die alten Formen *Waldesrand, Mondenschein, Erdenbürger, Sternenkunde* zu, die sich den neuen (neutralen) gegenüberstellen lassen: *Waldrand, Mondschein, Erdbürger, Sternkunde.* Wer mag, kann sich zudem nach etwaigen Frequenzverhältnissen richten. Entweder man schließt sich der häufiger gebrauchten Variante an, weil dafür vielleicht auch das eigene Sprachgefühl spricht. Oder man folgt – mit derselben Berufung auf das

Sprachgefühl! – einer weniger häufigen Variante. Beides ist möglich und nach Lage der Dinge gut begründbar.

In bestimmten Fällen stellen lediglich diatopische Konditionierungen einen Faktor dar, den man je nach kommunikativem Kontext als Beschränkung der persönlichen Sprachfreiheit ansehen kann. Zu den Wörtern *Rinderbraten / Rindsbraten* und *Schweinebraten / Rindsbraten* wurden dazu oben (Kap. 7.1) bereits die wesentlichen regionalsprachlichen Fakten berichtet. Was die bisher angeführten Beispiele angeht, bleibt nur noch nachzutragen, dass bei *Bad-* die unverfugten Varianten im Süden des deutschen Sprachgebiets beheimatet sind (z.B. *Badanstalt, Badmeister, Badzimmer, Badkleid*), während in der Mitte und im Norden die mit *-e-* verfugten Wörter dominieren. Ähnlich diatopisch konditioniert sind die Wörter *aufnahmsfähig, Aufnahmsprüfung*, die gegenüber den mit *-e-* verfugten Wörtern (*aufnahmefähig, Aufnahmeprüfung*) hauptsächlich in Österreich auftauchen.

**Deutsch als „kompositionsfreudige" Sprache**

Eine Skizze zum Zweifelsfallpotenzial der Wortfuge wäre ohne einen nachdrücklichen Hinweis auf die aktuelle linguistische Forschung unvollständig. Denn zu diesem Sprachphänomen wurden zuletzt recht viele Untersuchungen angestellt. Darunter sind Analysen, die eher synchron ansetzen und von der Gegenwartssprache ausgehen (z.B. Fuhrhop 1996, 1998; Michel 2009; Donalies 2011; Kopf 2017; Neef/Borgwalt 2012; Werner 2016). In anderen Arbeiten stehen dagegen diachrone (Nübling/Szczepaniak 2008, 2009, 2010, 2011; Michel 2010) oder sprachtypologisch-vergleichende (Kürschner 2003, 2010) Perspektiven im Mittelpunkt. Zudem wurden aus den verschiedenen Untersuchungsergebnissen auch fremdsprachendidaktische Konsequenzen gezogen (Michel 2010).

Diese Beiträge lassen sich insgesamt als Bemühungen verstehen, durch die eine wesentliche Eigenschaft der deutschen Sprache besser verstanden werden soll. Gemeint ist der Umstand, dass das Deutsche durch eine besonders produktive Wortbildung gekennzeichnet ist. Hier können auf relativ unproblematische Weise rasch neue Wörter geprägt werden. Das gilt besonders für Komposita. Während in anderen Sprachen für vergleichbare Zwecke häufig komplexe syntaktische Phrasen gebildet werden, ist es im Deutschen in der Regel leicht möglich, ein neues Substantiv einfach durch die Verkettung zweier Lexeme zu bilden. In diesem Licht handelt es sich um eine „kompositionsfreudige" Sprache (Gaeta/Schlücker 2012).

Vor dieser Folie erscheinen Zweifelsfälle, die mit den Fugenelementen verbunden sind, als Folgelasten der deutschen Kompositionsfreudigkeit. Wie man Struktur und Funktion der Fugenelemente dabei interpretiert, ist in der Literatur durchaus strittig. Für die Analyse der Zweifelsfälle wäre vor allem zu klären, welche Faktoren bei der Setzung bzw. Nicht-Setzung des Fugen-s anzunehmen sind und wie sich in diesem Licht die Zweifelsfälle darstellen. In der älteren Literatur wurde die Funktion des Fugen-s oft sehr summarisch als Aussprache-Erleichterung gesehen. Wie man dies phonetisch-artikulatorisch genau verstehen sollte, blieb dabei offen. Dagegen wird momentan hervorgehoben, dass die Fugen-Problematik am sinnvollsten im Zusammenhang übergreifender, langfristig wirkender Entwicklungsprozesse des Deutschen gesehen werden sollte. In dieser Sicht wird die Konjunktur des Fugen-s mit dem allmählichen Übergang von einer Silben- zu einer Wortsprache in Verbindung gebracht (prägnant Nübling/Szczepaniak 2010). Demnach taucht es als Verständnishilfe für den Hörer vor allem dann auf, wenn der (phonologische) Wortcharakter des Erstglieds undeutlich und insofern fraglich sein könnte. Je entfernter ein Wort von der prototypischen Trochäus-Form ist, desto eher kommt es zu einer unzweifelhaften s-Verfugung. Auch Zweifelsfälle bei den Fugenelementen werden insofern zu Übergangsphänomenen auf einer Skala, die aus der Entwicklungsdynamik des Deutschen erwächst.

**Transparente neue Wörter oder alte syntaktische Konstruktionen?**
Die Einfügung eines Fugen-s stellt in dieser Perspektive ein sprachliches Baumuster dar, durch das die Transparenz eines Kompositums gestützt wird. Das Fugenelement zeigt an, dass es sich bei dem markierten Ausdruck um das wortförmige Erstglied eines Kompositums handelt. Insgesamt wird dadurch der Wortcharakter des zusammengesetzten Ausdrucks betont. Damit wird auch eine klare Trennung zwischen Syntax und Wortbildung signalisiert. Möglich wurde diese Funktionalisierung des ursprünglich flexivischen -s, weil der pränominale Genitiv in den letzten Jahrhunderten stark zurückgegangen ist. Mit anderen Worten: Was früher als pränominales Genitiv-Attribut und insofern syntaktisch gefasst wurde, erscheint heutigen Sprechern – neu interpretiert im Rahmen der jüngeren Sprachentwicklung – als Einheit der Wortbildung.

Aus diesem Befund lässt sich von Fall zu Fall sogar ein sprachsystematisches Kriterium für eine Entscheidung in sprachlichen Zweifelsfällen entwickeln. Die Variante *geschäftsführend* wäre demnach richtiger als *geschäfteführend*, weil sich in ersterer Form ein langfristiger Entwicklungsprozess des Deutschen verkörpert, nämlich die starke Funktionalisierung des -s im Rahmen der überaus produktiven Wortbildungsaktivitäten der deutschen Sprecher und Schreiber. In der s-Variante manifestiert sich die Bildung eines neuen Worts deutlicher und transparenter als in *geschäfteführend*, das einer syntaktischen Konstruktion noch sehr viel näher steht. Die Entwicklung lässt sich unter Einbezug einschlägiger

Schreibvarianten (Getrennt- gegenüber Zusammenschreibung, Groß- gegenüber Kleinschreibung) idealtypisch wie folgt illustrieren:

**Tab. 16:** Von der Syntax zur Wortbildung

| | |
|---|---|
| *der die Geschäfte führende Vorstand* | syntaktische Konstruktion (alt) |
| *der Geschäfte führende Vorstand* | |
| *der geschäftefährende Vorstand* | 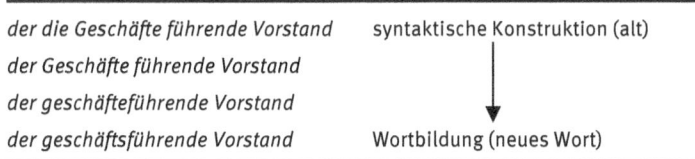 |
| *der geschäftsführende Vorstand* | Wortbildung (neues Wort) |

Insgesamt wirken hier dieselben Kräfte wie diejenigen, die bereits bei der Analyse von Problemen bei der Getrennt- und Zusammenschreibung skizziert wurden (Kap. 5.2). Das Szenario eröffnet für die Entscheidung in Zweifelsfällen bestimmte Optionen. Wer die Entstehung eines neuen Worts stützen und betonen möchte, nutzt *geschäftsführend*. Wer – konservativ geprägt – die Entstehung des Worts aus einer syntaktischen Konstruktion und den Übergangsbereich zwischen Morphologie und Syntax ins Blickfeld rücken möchte, nutzt *geschäftefährend* oder sogar noch *Geschäfte führend*. Flankierend kann man mit der Plural-Bedeutung von *Geschäfte*, die einem am Herzen liegen mag, argumentieren. Prospektiv spricht freilich vieles für die *s*-Variante, hinter der ein zukunftsweisender Entwicklungszug der deutschen Wortbildung steht.

Ohne statistische Zahlen zum gegenwärtigen Sprachgebrauch an der Hand zu haben, lässt sich gleichwohl eine Hypothese zur voraussichtlichen Entwicklungsdynamik formulieren: Sprecher, die *geschäftefährend* formulieren, sind alt, aber womöglich einflussreich. Sprecher, die *geschäftsführend* formulieren, sind jung, werden aber immer älter, die heutigen Alten meistens überleben und bald einflussreich sein. Das alles spricht für die Durchsetzung von *geschäftsführend*. Dass in dieser Entwicklung die Plural-Bedeutung von *Geschäfte* verloren geht, kann man bedauern, dürfte aber für die semantische Nutzung des neuen Worts *geschäftsführend* ziemlich irrelevant sein.

# 8 Syntaktische Zweifelsfälle

Die Syntax einer Sprache besteht aus den Regeln, denen man folgt, wenn Wörter und Wortformen zu größeren Einheiten, also Sätzen, zusammengefügt werden. Diese Regeln werden im Laufe des primären Spracherwerbs weitgehend problemlos und sicher erworben. Jeder Sprecher des Deutschen weiß beispielsweise, dass der folgende Satz nicht richtig gebildet wurde und einige Fehler enthält, weil grundlegende syntaktische Regeln gebrochen wurden: *Auf die Wiese Schafe eine Herde blökst munter hin vor ihnen.* Die einzelnen Wörter und Wortformen gibt es im Deutschen sehr wohl. Daher kann man mit diesem „Satz" auch einen gewissen Sinn verbinden. Wenn man einen bestimmten Inhalt zweifelsfrei versprachlichen und dabei nicht auffallen möchte, darf man die Wörter und Wortformen im Deutschen aber nicht so zusammenstellen, wie es in diesem inkorrekten Satz geschehen ist. Anders verhält es sich bei dieser Reihe: *Auf der Wiese blökt eine Herde Schafe munter vor sich hin.* Hier sind die grundlegenden syntaktischen Regeln in Kraft. Es handelt sich also um einen korrekten deutschen Satz. Er resultiert in der Regel aus einem impliziten Regelwissen, also aus einem Sprachwissen, das nicht (oder zumindest wenig) bewusst ist. Die Sprecher können daher an solchen Punkten zwar sehr sicher sprachliche Inkorrektheiten feststellen, aber nicht unbedingt erläutern, welche syntaktischen Regeln eigentlich gebrochen wurden, wenn ein solcher abweichender Satz vorliegt.

Für die Bildung deutscher Sätze ist es also einerseits nötig, bestimmte Wortformen zu bilden, andererseits müssen diese Wortformen in bestimmten Reihenfolgen erscheinen. Für die Analyse dieser syntaktischen Abstimmungsprozesse sind die Begriffe *Kongruenz* und *Rektion* von großer Bedeutung. Darunter lassen sich viele grundlegende syntaktische Regeln zusammenfassen, die alle deutschen Sprecher befolgen, auch wenn sie diese nicht ausdrücklich formulieren können. Unter diesen Stichwörtern können einige sprachliche Zweifelsfälle eingeordnet und entsprechend analysiert werden. Solche Konstellationen werden exemplarisch in den beiden folgenden Kapiteln vorgestellt (Kap. 8.1, 8.2). Darüber hinaus werden einige andere Typen aufgegriffen, die für syntaktische Zweifelsfälle einschlägig sind. Sie hängen insbesondere mit der Formulierung bestimmter Nominalphrasen zusammen (Kap. 8.3). Syntaktische Zweifelsfälle können auch Variationen der Wortstellung betreffen (Niehaus 2013). Solche Stellungsvarianten werden hier aus Raumgründen nicht näher behandelt.

**Syntaktische Zweifelsfälle als Resultate von Komplexitätsaufbau**
Generell lassen sich syntaktische Zweifelsfälle zunächst unter der Perspektive betrachten, dass ein Zuwachs an struktureller Komplexität von Fall zu Fall syntaktische Abstimmungsprobleme hervorbringen kann. Das ist der Nährboden für Zweifelsfälle. Um es an einem Beispiel kurz durchzuspielen: In Sätzen, in denen lediglich einfache Satzglieder auftauchen, ist das Zweifelsfallpotenzial gering. Besteht ein Satzglied dagegen aus mehreren oder gar vielen Wörtern, die womöglich untereinander in einer undurchsichtigen syntaktischen Relation stehen, so wächst die Gefahr, dass es zu Zweifelsfällen kommt, wenn ein Sprecher die einschlägigen syntaktischen Abstimmungsprozesse wie üblich durchführen möchte. Man vergleiche nur die möglichen Subjektphrasen *Das Schaf...* und *Entweder das Schaf auf der Wiese oder ein Rudel graue Wölfe mit vielen Jungtieren...* Die erste Phrase besteht nur aus zwei Lexemen und ist sichtlich einfach. Sie wird kein Problem verursachen. Die bekannten syntaktischen Regularitäten greifen hier prototypisch und umstandslos in der Form von Basisregeln. Sie bilden fundamentale und hochfrequente sprachliche Verhältnisse ab. Die zweite Phrase dagegen ist wesentlich länger, zudem intern noch recht komplex strukturiert. Zweifelsfälle können sich dabei sowohl in der internen Strukturierung (hier z.B. *graue / grauer*) als auch in der Abstimmung mit anderen Satzgliedern (hier mit dem Prädikat z.B. *...ist / sind in Gefahr*) ergeben. Für die Bewältigung dieser Gegebenheiten sind die Basisregeln, die den Kern der deutschen Syntax bilden, nicht mehr ausreichend.

Wie schon öfters betont, sollte man solche Szenarien auch unter funktionaler Perspektive betrachten. Denn mit der komplexen Phrase können wir gegenüber der einfachen Phrase einen komplexen Inhalt in Worte fassen und damit als sprachbegabte Wesen einen kommunikativ hergerichteten Denkgegenstand schaffen. Die Möglichkeit, solche höherwertigen syntaktischen Strukturen aufzubauen, steigert unsere sprachlichen Ausdrucks- und Differenzierungsmöglichkeiten erheblich. Komplexe Sprache wird zu einem hilfreichen Vehikel für komplexe Denkbewegungen. Als Folgelast dieses Komplexitätsaufbaus können jedoch gelegentlich syntaktische Zweifelsfälle auftauchen. Hinter diesem Komplexitätsaufbau stecken oft syntaktische Koordinationen (Nebenordnungen, Reihungen). Sie stellen wohl in allen Sprachen ein Verfahren dar, mit dem die Ausdrucksmöglichkeiten auf vielen syntaktischen Ebenen ausgebaut werden. Damit ist die Koordination als eine grundsätzliche Sprachtechnik zu sehen, aus der vielfältiges Zweifelsfallpotenzial auf der Ebene von Sätzen erwächst (Klein, W.P. 2004).

Mit dem komplexitätsbezogenen Hintergrund hängt es auch zusammen, dass bei syntaktischen Zweifelsfällen eventuelle sprachhistorische Änderungsprozesse nicht immer so gut greifbar sind wie bei phonetischen oder morphologischen Varianten. Gleichwohl ist es oft hilfreich, einen Blick in die Geschichte der Syntax zu werfen und mögliche Wandelprozesse aufzuspüren.

**Semantische, diatopische oder diachronische Varianten-Konditionierung?**
Wie bei den anderen Typen sprachlicher Zweifelsfälle lassen sich auch bei syntaktischen Zweifelsfällen keine allgemeingültigen Regeln für die Evaluierung der fraglichen Varianten formulieren. Stets hängt vieles vom Einzelfall ab. Vorab sei freilich mit einiger Vorsicht doch festgehalten: Klare Bedeutungsunterschiede finden sich bei den Varianten syntaktischer Zweifelsfälle selten. Dies gilt vor allem dann, wenn man realistisch mit der kontextuellen Einbettung der Varianten kalkuliert und nicht von vorneherein darauf auf ist, die Identifikation von Sprachfehlern mit semantischen Spitzfindigkeiten zu begründen. Die Konditionierung durch Bedeutungsunterschiede ist aber nicht alles. Natürlich können manche syntaktischen Varianten von Fall zu Fall auch in regionalen Sprachformen verankert, also diatopisch konditioniert sein. Dasselbe gilt für den Sprachwandel, durch den bestimmte Sprachformen eher einen altertümlich-konservativen, andere einen eher fortschrittlich-jugendlichen Charakter bekommen.

Solche Verallgemeinerungen sind immer mit großer Vorsicht zu genießen. Obwohl dazu keine konkreten Zahlen verfügbar sind, möchte ich jedoch die Behauptung riskieren, dass bei syntaktischen Zweifelsfällen nicht selten beide Varianten richtig sind und demnach keine normativ einschlägigen Unterschiede gemacht werden können. Es herrscht womöglich nicht immer freie Variation im strengen Sinn, aber zumindest gibt es oft keinen Anlass, eine der fraglichen Varianten als schlicht und einfach falsch zu kennzeichnen. Diese normative Entlastung sollte aber in keinem Fall als Plädoyer für die Unterlassung einer genauen syntaktischen Analyse missverstanden werden. Bevor man zur Aussage kommt, dass zwei syntaktische Varianten gleichzeitig richtig sind, müssen einige gewissenhafte Prüfungen absolviert sein.

## 8.1 Kongruenzphänomene

Der Terminus Kongruenz bezeichnet den Umstand, dass beim Aufbau von Sätzen bestimmte Wortformen in bestimmten grammatikalischen Kategorien übereinstimmen (kongruieren) müssen. Das gilt etwa zwischen Subjekt und Prädikat. Hier herrscht Übereinstimmung in der Kategorie Numerus. Ist das nicht der Fall, kommen falsche Sätze zustande (z.B. *Das Schaf blöken. *Die Schafe blökt.). In einer Spracherwerbsstudie, in der das kindliche Blickverhalten analysiert wurde, zeigte sich, dass die Bedeutung dieser Kongruenzrelation schon recht früh wahrgenommen und verarbeitet wird (Brandt-Kobele 2014). Das beweist ihren basalen syntaktischen Status. Zwischen Subjekt und Prädikat gilt in der Kategorie Person eine weitere Kongruenzrelation. Auch deren Verletzung zieht falsche Sätze nach sich (z.B. *Das Schaf blökst. *Du blökt.). Auf derselben Linie herrscht in einer Nominalphrase zwischen Artikel und Substantiv oder in einem Satz zwischen Subjekt und Possessivpronomina Kongruenz in der Kategorie Genus. Liegt dort keine Kongruenz vor, kommt es wiederum zu falschen Sätzen (z.B. *Der Schaf, *Das Schaf suchte ihren Hirten.). Kongruenzbeziehungen können ferner satzübergreifend sein, etwa zwischen Bezugswort und einem Relativpronomen oder bei einem anaphorischen Anschluss. Auch hier führt die Nicht-Beachtung der Kongruenz zu falschen syntaktischen Konstruktionen, sei es im Genus (z.B. *Das Schaf, der auf der Wiese lag. *Auf der Wiese lag das Schaf; er döste vor sich hin.) oder sei es im Numerus (z.B. *das Schaf, die auf der Wiese lagen; *Auf der Wiese lag das Schaf; sie dösten vor sich hin.).

Die obigen Fälle sind eindeutig falsch. An ihre Seite könnte man – genauso eindeutig – die richtigen Varianten stellen. Zweifel gibt es hier nicht. Nun ist aber seit langem bekannt, dass sich die Dinge darin nicht erschöpfen. Bei den Kongruenzbeziehungen kommt es über die einfachen Grundformen hinaus auch zu Gebrauchsschwankungen und unsicheren Grammatikalitätsurteilen. Es verwundert daher auch nicht, dass entsprechende Fälle in der normativen Literatur immer wieder ausführlich behandelt wurden (Jaeger 1992). Insbesondere die Probleme bei der Subjekt-Prädikat-Kongruenz wurden bereits in verschiedenen Dimensionen behandelt (z.B. Urbas 1993; Goschler 2014; Schrodt 2005), manchmal ausdrücklich mit Bezug auf die Zweifelsfall-Problematik (Wegerer 2012), manchmal sprachvergleichend (z.B. Deutsch vs. Englisch in Berg 1998) oder aber sprachdidaktisch (Siebert-Ott 1990). Auch Spezial-Konstellationen, in denen sich Abstimmungsprobleme in Kongruenzbeziehungen zeigen, wurden bearbeitet, z.B. die Frage, welcher Kasus nach *als* in reflexiven Konstruktionen benutzt wird (Schenzinger 2016). Zu diesen Thematisierungen der Kongruenz-Varianz muss ein Befund aus sprachhistorischer Perspektive hinzugefügt werden: Bisher konnten nämlich keine belastbaren Nachweise dafür erbracht werden, dass in der Geschichte der deutschen Sprache wirklich flächendeckende, nachdrückliche Bewegungen auf dem Feld der Kongruenz-Relationen stattgefunden haben (z.B. Fleischer/Schallert 2011: Kap. 7; van de Velde 1988). Das alles weist auf folgendes hin: Neben einem sehr stabilen Kern, der durch die bekannten einfachen und basalen Kongruenz-Regeln organisiert wird, gibt es im Deutschen seit jeher einen mehr oder weniger marginalen Bereich, in dem verschiedene Formen von Kongruenz-Variation beobachtet werden können.

Genau in diesem Bereich kommt es zu syntaktischen Zweifelsfällen. Eine erste Analyse dieser Fälle muss sich nach Lage der Dinge dann darauf beschränken zu klären, unter welchen Bedingungen solche Fälle auftauchen und ob bei der Variantenauswahl möglicherweise spezielle kommunikative Klippen zu umschiffen sein könnten. Damit umkreist man die Ursachen, die in einem Sprachsektor, der normalerweise von großer Sicherheit geprägt ist, zu Sprachirritationen führen. Die folgenden Überlegungen schließen locker an einschlägige und ausführlichere Stellungnahmen und Untersuchungen zum Problemkreis an (Duden 4/2016: §1601–1632; Duden /9 2016: 549–577; Wegerer 2012).

**Kongruenz: Numerus**

Die Numerus-Kongruenz zwischen Subjekt und Prädikat besitzt eine starke semantische Komponente. Sie mutet trivial an, wenn man sie ausdrücklich formuliert: Steht das Subjekt im Singular, ist das Verb singularisch zu kongruieren; steht es im Plural, ändert sich die Verbform entsprechend. Dabei wirkt auch eine Form-Inhalt-Entsprechung, die nicht selten einen ikonischen Charakter besitzt. Wenn die Substantive länger werden, wird auch die Verbform länger: *Das Schaf blökt → Die Schafe blöken / Das Schaf und die Kuh blöken*. Der formseitige Unterschied zwischen Singular und Plural manifestiert sich auch kognitiv-semantisch. Im Singular haben wir eine bezeichnete Entität vor Augen, im Plural mehrere. Dieses Form-Inhalt-Gefüge wird in der Sprachverarbeitung dadurch gestützt, dass das Subjekt oft vor dem Verb steht. Beginnt also ein Satz mit ausdrucksseitig pluralischen Sprachformen, denen kognitiv mehrere Entitäten zugeordnet sind, so erwarten wir tendenziell ein Verb im Plural. Diese Gleichrichtung zwischen Form und Inhalt ist sozusagen der Prototyp der Plural-Kongruenz zwischen Subjekt und Prädikat. Wenn das Subjekt nun eine nicht-prototypische Form annimmt und die Kongruenz mit dem Verb dadurch zweifelhaft wird, ist diese sehr tiefe Kongruenz-Regularität zwischen Form und Inhalt gestört. Im Englischen ist derselbe Zusammenhang weniger eng (Berg 1998). Ein erster Blick auf die involvierten Faktoren lässt sich an diesen Beispielen illustrieren:

(1)  *Das Sterben der Schafe und der Wölfe berührt / berühren uns.*
(2) a.  *Entweder das Schaf oder der Wolf stirbt / sterben.*
  b.  *Sowohl das Schaf als auch der Wolf stirbt / sterben.*
  c.  *Weder das Schaf noch der Wolf stirbt / sterben.*

(3) a. *Kein Schaf und kein Wolf stirbt / sterben.*
b. *Jedes Schaf und jeder Wolf stirbt / sterben.*
c. *Jedes Schaf und kein Wolf stirbt / sterben.*
d. *Kein Wolf und jedes Schaf stirbt / sterben.*
(4) a. *Eine Herde Schafe stirbt / sterben.*
b. *Keine Herde Schafe, aber jeder Wolf stirbt / sterben.*
c. *Weder eine Herde Schafe noch ein Wolf, aber jede Kuh stirbt / sterben.*

Den Zweifelsfall-Status der möglichen Subjekt-Phrasen (1) bis (4) kann man dadurch erhellen, dass man die Faktoren ausmacht, die einerseits für Singular-Kongruenz, andererseits für Plural-Kongruenz sprechen. Dabei muss man form- und inhaltsseitige Aspekte unterscheiden. Je mehr Befunde in Richtung Singular und Plural auftauchen, desto klarer kommt zum Vorschein, wieso es in dem jeweiligen Satz zu einem Zweifelsfall kommt.

So spricht in (1) die syntaktische Struktur zunächst eindeutig für Singular: Auf das singularische *Sterben* im Nominativ sind die beiden Genitive *Schafe* und *Wölfe* bezogen. Den Plural suggeriert dagegen der Umstand, dass man diese syntaktische Koppelung als Ellipse von *Das Sterben der Schafe und das Sterben der Wölfe* verstehen kann. Darin steckt ein klares Zeichen für Pluralität, nämlich das koordinierende *und*. Dazu kommt, dass selbst in der singularischen Syntax-Lesart semantisch-kognitiv zwei Entitäten im Raum stehen, nämlich auf der einen Seite eben das *Sterben der Schafe*, auf der anderen Seite das *Sterben der Wölfe*.

Bei (2) spricht zunächst der koordinierende Charakter der zweiteiligen Konjunktionen für eine Pluralität. Er ist zwar nicht so stark wie bei einem einfachen *und*. Wenn er semantisch dem *und* wie in (2b) ähnelt, gewinnt er aber an Prägnanz. Die Pluralität tritt dagegen in den Hintergrund, wenn durch die Formulierung die Identität der beiden bezeichneten Entitäten akzentuiert wird und sie gleichzeitig zu einer Art übergeordneter Einheit zusammengefasst werden (2a, 2c). Besonders stark verschwindet die Pluralität in semantischer Perspektive durch die Negation (2c). Wer im Subjekt davon spricht, dass keine Entität von seiner Rede betroffen ist (*weder das Schaf noch der Wolf*), darf sich nicht wundern, wenn statt Plural ein Singular in den Blick gerät und die Entscheidung zur Verbkongruenz schwierig wird.

Auch in (3) wirkt die Negation (*kein x*) semantisch in Richtung Singular. Ausdrucksseitig wird sie durch die singularische Form (*kein Wolf*) akzentuiert. Dass die Ausdrucksseite einen eigenen Faktor darstellt, lässt sich auch daran ersehen, dass bei ähnlicher Semantik, aber pluralischer Form keine Entscheidungsprobleme entstehen: *Keine Schafe und keine Wölfe sterben / *stirbt*. Dem singularischen Charakter von (3) steht entgegen, dass koordinierendes *und* sowie die Semantik von *jedes* eher den Plural nahelegen. Allerdings liegt in der Formulierung mit *jedes* ausdrucksseitig-morphologisch gerade kein Plural, sondern ein Singular (*jedes Schaf*) vor.

In (4a) wurzelt die Irritation in einer komplexen Subjekt-Phrase, die syntaktisch mehrdeutig ist. Sie besteht aus einem Singular- und einem Pluralwort (*Herde* + *Schafe*). Schon diese Konstellation weist nicht eindeutig in eine Kongruenz-Richtung. Die Mehrdeutigkeit wird noch dadurch gesteigert, dass die syntaktische Relation zwischen den beiden Wörtern undurchsichtig ist. Man erkennt das daran, dass bei der Hinzufügung eines Adjektivs zwei Formen denkbar sind. Wer *eine Herde schlauer Schafe* formuliert, weist *Schafe* als Genitiv aus. Entsprechend wird *Herde* zum eindeutigen Nominativ-Subjekt mit relativ klarer singularischer Kongruenz. Freilich ergibt sich auf semantischer Ebene ein Zug Richtung Mehrzahl. Schließlich verbergen sich in der Bedeutung des Worts *Herde* eindeutig mehrere Schafe, also eine Pluralität. Dadurch verliert die Singular-Kongruenz an Durchschlagskraft. Wer *eine Herde schlaue Schafe* formuliert, weist *Schafe* hingegen als Nominativ aus, wodurch pluralische Kongruenz gestützt wird. Fraglich ist dann freilich, in welcher syntaktischen Relation *Herde* und *Schafe* stehen. Nimmt man auch für *Herde* einen Nominativ an, hätte man in einer Subjektphrase sowohl ein Singular- als auch ein Pluralwort. Es ist offensichtlich, dass daraus ein Zweifelsfall bei der Subjekt-Prädikat-Kongruenz resultieren muss.

Das Ganze ist kein Einzelfall. Denn die strukturelle Problematik der Phrase *eine Herde Schafe* stellt nur die Spitze eines Eisbergs dar, der im Deutschen seit langer Zeit syntaktische Zweifelsfälle verursacht. Sprachhistorisch steht dahinter die Tatsache, dass die deutsche Nominalphrase von einem lang andauernden Übergangsprozess geprägt ist, der – wenigstens vorübergehend – ungefestigte, also zweifelsfallfördernde syntaktische Gebilde nach sich zieht: Alte Genitiv-Konstruktionen mit partitiver Bedeutung werden zunehmend als appositionelle Strukturen umgedeutet, also reanalysiert (s.u. Kap. 8.3, S. 277ff). Dadurch kommt es zur Existenz von zahlreichen Doppelformen, die seit Jahrhunderten anhaltend Kongruenz-Variationen und Normprobleme auslösen.

Wenn man nun die an und für sich schon zweifelsfallbehaftete Struktur *eine Herde Schafe* in Kontexte einbettet, die ihrerseits Kongruenz-Irritationen fördern, ist mit einer weiteren Steigerung variierender Formen zu rechnen. Dafür stehen syntaktische Koordinationen, die in verschiedenen Formen mit negierender Semantik verbunden sein können (4b-c). Als Konsequenz ergeben sich weitere irritierende Momente, die sowohl inhalts- als auch formseitig die einfache Herstellung einer Numerus-Kongruenz zwischen Subjekt und Prädikat blockieren.

Man kann sogar den Eindruck bekommen, dass durch diese Kombination gleichsam unlösbare Zweifelsfälle entstehen. Weder bei singularischer noch bei pluralischer Kongruenz stellt sich ein Sprachgefühl ein, mit dem man zufrieden wäre.

**Der Faktor Wortstellung und das Nähe-Prinzip**
Berücksichtigt man nun noch die Möglichkeit unterschiedlicher Wortstellungen, so verkompliziert sich die Lage weiter. Wenn das Subjekt dem Prädikat nicht wie üblich vorangeht, sondern folgt, ergeben sich durch systematische Umstellung von (1) bis (4) Sätze wie die folgenden:

(5) a.  *Heute berührt / berühren uns das Sterben der Schafe und der Wölfe.*
 b.  *Heute stirbt / sterben entweder das Schaf oder der Wolf.*
 c.  *Heute stirbt / sterben kein Schaf und kein Wolf.*
 d.  *Heute stirbt / sterben eine Herde Schafe.*

Durch die Änderung der Verbstellung bleiben Semantik und morphologische Form der Subjektphrasen gegenüber (1) bis (4) identisch. Von daher dürfte sich die Kongruenz-Problematik in (5) zunächst ähnlich darstellen wie in (1) bis (4). Man kann aber annehmen, dass bei realer Sprachproduktion der semantische Faktor an Einfluss gewinnen dürfte. Denn bei der Formulierung des Prädikats kann der Sprecher bzw. Schreiber ja äußerungstechnisch noch gar nicht auf eine sprachliche Form, sondern nur auf einen kognitiven Gehalt zurückgreifen. Er muss sich für einen Numerus entscheiden, obwohl das Subjekt als sprachliche Form in der Rede noch gar nicht geäußert wurde. Je nachdem wie der Sprecher bzw. Schreiber seine Aussage semantisch versteht, wird er also womöglich in die eine oder andere Richtung formulieren. Sieht er den Satz eher als eine Aussage über etwas an, was in seinem Denken zu einem einheitlichen (abstrakten) Gegenstand wurde, so erhält das Verb eine Singular-Form. Stehen ihm bei seiner Aussage eher mehrere diskrete Entitäten vor Augen, so wählt er ein pluralisches Verb. Beides hat seine Berechtigung.

Im Prinzip liegt in dieser Darstellung ein Gehalt, der auch in vielen anderen Sprachgebräuchen, in denen Kongruenzentscheidungen getroffen werden, anzusetzen ist: der Vorrang der Semantik. Traditionell spricht man auch von einer Konstruktion nach dem Sinn (constructio ad sensum, Synesis-Konstruktion). So werden gelegentlich (formal-) grammatische und semantische Kongruenz gegenübergestellt. Damit lässt sich etwa erklären, dass man trotz koordinierendem *und* gelegentlich singularisch kongruiert, nämlich dann, wenn die beiden Koordinate offensichtlich als ein (Denk-) Gegenstand empfunden werden und ihre sprachlich-formale Pluralität somit in den Hintergrund rückt: *Grund und Boden ist* (statt:

*sind*) *in Gefahr, Essen und Trinken ist* (statt: *sind*) *wichtig*. Für die Numerus-Kongruenz gilt in dieser Perspektive, dass der semantische Typ des Gegenstandes, über den etwas ausgesagt wird, die Kongruenz-Herstellung beeinflusst. Ansatzweise lässt sich das in dieser Hypothese zusammenfassen: Je abstrakter und weniger konkret-materiell die Dinge sind, über die gesprochen wird, desto stärker dürften sich Motive für die Singular-Kongruenz durchsetzen. Denn abstrakte Gegenstände sind im Sprachbewusstsein weniger scharf voneinander abgehoben als materielle Dinge.

Allerdings liefert auch die semantische Ebene nicht immer eindeutige Vorgaben für sichere Kongruenz-Entscheidungen. Das wurde oben schon angedeutet, als es um die Negation und die mehrteiligen Subjektphrasen mit einer ausschließenden Semantik ging (z.B. 2c, 3, 4b, 4c). Wenn sich aber weder aus der Form- noch aus der Inhaltsseite komplexer Subjektphrasen eindeutige Anhaltspunkte für Kongruenz-Relationen ableiten lassen, fragt man sich, welche anderen Einflüsse noch involviert sein könnten, nach denen Sprecher ihre Formulierungen ausrichten. Und tatsächlich gibt es noch einen Faktor, der besonders in komplexen Fällen die Numerus-Selektion bestimmen dürfte. Er ist auf der Formseite der Sprache angesiedelt und besitzt eine schlichte, aber daher umso wirkungsvollere Kraft. Die Rede ist vom Nähe-Prinzip (Proximitätsprinzip) (Wegerer 2012: 70). Demnach richtet sich die Verbform nach dem syntaktisch am nächsten stehenden nominativischen Ausdruck. Die Komplexität bestimmter Subjektphrasen wird dadurch sozusagen mit einem Schlag reduziert. Diese Auflösung der Kongruenz-Problematik hat etwas von der sprichwörtlichen Lösung des gordischen Knotens. Dafür stehen diese Beispiele:

(6) a. *Mehr als 100 Schafe, eine ganz große Herde, stirbt.*
   b. *Eine ganz große Herde, mehr als 100 Schafe, sterben.*
   c. *Viele Schafe, aber nur ein Wolf stirbt.*
   d. *Nur ein Wolf, aber viele Schafe sterben.*
   e. *Viele Wölfe und kein Schaf stirbt.*
   f. *Kein Schaf und viele Wölfe sterben.*

Das Nähe-Prinzip könnte dafür verantwortlich sein, dass in der Verbform bei (6a,c,e) der Singular, in (6b,d,f) der Plural zum Zuge kommt. Ausschlaggebend für die Kongruenz wären also *Herde* (6a), *Schafe* (6b,d), *Wolf* (6c), *Schaf* (6e) und *Wölfe* (6f) – die Wörter, die in unmittelbarer Nähe zum Verb stehen. Dasselbe würde gelten, wenn man in (4a) pluralisch und in (4b,c) singularisch kongruiert. Bei der Auswahl des jeweils anderen Numerus wäre das Prinzip missachtet. Im Nähe-Prinzip liegt auch ein Entfernungsprinzip: Je weiter eine Subjektphrase vom Verb entfernt ist, desto weniger entfaltet sie eine Wirkung, die die Kongruenz prägt. Hypothetisch kann man ferner annehmen, dass das Nähe-Prinzip insbesondere dann wirksam wird, wenn das Subjekt dem Prädikat folgt.

Auf den außergewöhnlichen Charakter dieses Prinzips ist ausdrücklich hinzuweisen. Es wird offensichtlich nur dann wirksam, wenn auf semantischer und morphologisch-ausdrucksseitiger Ebene keine eindeutige Numerus-Präferenz ausgemacht werden kann. Es „flickt" – „zufalls- und situationsgeleitet" – eine prekäre Lücke in der Grammatik des Deutschen (Reis 1979: 11, reformuliert Reis 2017). Vor diesem Hintergrund sei dahingestellt, ob es sinnvoll ist, hier überhaupt von einem „Prinzip" (oder gar von einer „Regel" oder einem „Gesetz") zu sprechen. Es handelt sich eher um eine prekäre Ausweichstrategie, die genutzt wird, wenn man mit den üblichen prototypischen Verfahren der Grammatik nicht weiterkommt. Vor allem in den komplexen Fällen ist es also nicht wirklich plausibel, wenn die Kongruenzproblematik allein durch die Wirkung eines formalgrammatischen und eines semantischen Prinzips erklären wird.

Mit anderer, im Effekt aber ähnlicher Stoßrichtung wurde in diachronischer Perspektive darauf hingewiesen, dass bei der Erforschung der Sprachkongruenz womöglich besser mit anderen Modellierungen gearbeitet werden sollte, z.B. mit der Gegenüberstellung von produktionsorientierten und rezeptionsorientierten Faktoren (Dammel 2015: 322). Dann wären primär online-Szenarien (Sprechen/Hören; mündliche Sprache) von offline-Szenarien (Schreiben/Lesen; schriftliche Sprache) zu unterscheiden, statt grammatische und semantische Konditionen zu kontrastieren. Variationen in der Kongruenz-Herstellung könnten also etwas damit zu tun haben, dass die Sprachverarbeitung eher mündlich-basiert (online) oder schriftlich-basiert (off-line) erfolgt.

**Subjekt-Prädikat-Kongruenz: Person**
Die strukturelle Brisanz von Zweifelsfällen bei der Kongruenz zwischen Subjekt und Prädikat erschöpft sich aber nicht in der Kategorie Numerus. Man muss auch in Rechenschaft ziehen, dass zusätzlich in der Kategorie Person kongruiert werden muss. Auch diese Dimension besitzt zunächst einen trivialen, prototypischen Kern, in dem unsere Formulierungen ohne jeden Zweifel problemlos funktionieren: *ich rufe, du rufst, er ruft, wir rufen...* Das ändert sich jedoch, wenn Subjekte wie zuvor komplexer werden und sprachliche Formen aus verschiedenen Personen aufnehmen:

(7) a. *Du und ich, Du oder ich, Sowohl du als auch ich...*   = 2.+1. Pers.
   b. *Mein Hund und ich, Mein Hund oder ich,*   = 3.+1. Pers.
   *Jeder Hund und ich...*
   c. *Wir und du, Wir oder du, Sowohl wir als auch du...*   = 1.+2. Pers.
   d. *Du und er, Du oder er, Sowohl du als auch er...*   = 2.+3. Pers.
   e. *Ich, du und die anderen...*   = 1.+2.+3. Pers.

Das Dilemma, das sich in solchen Subjektphrasen zeigt, lässt sich einfach auf den Punkt bringen: Das eine lexikalische Element fordert Kongruenz in der einen Person, das andere in einer anderen. Das *du* ruft sozusagen nach einem verbalen Gegenstück in der 2. Person (7a,d), das *ich* (7a) und das *er* (7d) fordern aber mit derselben koordinativen Berechtigung die 1. bzw. 3. Person. In (7b) stehen sich so 3. (*Hund*) und 1. Person (*ich*), in (7c) 1. (*wir*) und 2. (*du*), in (7e) sogar 1. (*ich*), 2. (*du*) und 3. (*die anderen*) gegenüber. Der Sprecher steht hier faktisch vor einer unlösbaren Aufgabe. Denn für solche Kombinationen in der Kategorie Person existiert sichtlich kein passender Kongruenz-Partner in der Verbform. Alle Formulierungen, die in einem solchen Fall gewählt werden, müssen notwendigerweise unbefriedigend bleiben. Die Grammatik hält für solche Subjekt-Eventualitäten keine Lösung bereit. Wer mag, kann diesbezüglich mit leichter Dramatisierung einen Bereich grammatischer Unaussprechlichkeit annehmen (Fanselow/ Féry 2002).

Kein Wunder ist es dann, wenn regelrechte Alternativ-Konstruktionen gewählt werden, die die Lage durch eine lexikalische Variation zumindest teilweise entspannen. Für (7a) lässt sich beispielsweise pluralisch in der 1. Person Plural (*wir*) formulieren: *Du und ich, wir...* Darüber hinaus kann auch in solchen Person-Konflikten von Fall zu Fall eine Wirkung des oben erläuterten Nähe-Prinzips veranschlagt werden. Zumindest zwischen nahe beieinander liegenden Wörtern ergibt sich so ein Gefühl, dass die üblichen Kongruenz-Regeln nicht völlig außer Kraft gesetzt werden.

**Kongruenzregeln?**
Die bisher behandelten Kongruenz-Probleme bergen für die folgerichtige Rekonstruktion einer Grammatik der deutschen Sprache einen gewissen Zündstoff. Auf diesen Punkt, der vor allem grammatiktheoretisch zu behandeln wäre, möchte ich an dieser Stelle jedoch nicht näher eingehen. Im Zusammenhang sprachlicher Zweifelsfälle ist vielmehr die normative Frage, wie in solchen Konstellationen denn verfahren werden sollte, von einem generellen Interesse. Wie sollen wir in den komplexen Fällen der Numerus- und Person-Konflikte kongruieren und wonach können wir uns hier richten? Welche Regeln gibt es denn nun?

Traditionell wird diese Frage in immer feineren Differenzierungen behandelt. Dabei werden die möglichen Strukturen und lexikalischen Füllungen von Subjektphrasen lediglich an einzelnen Satzbeispielen der Reihe nach durchgegangen und Lösungsmöglichkeiten in die eine oder andere Richtung besprochen und begründet. Im tatsächlichen Sprachgebrauch wird man mit den heutigen digitalen Möglichkeiten faktisch für fast alles einen Sprachbeleg vorweisen können. Es kommt zu einer Kongruenz-Kasuistik, in der viele einzelne Fälle abgehandelt werden. Dadurch gewinnt man den Eindruck, dass die Grammatiker die Sache im Griff haben und man ihnen wie einzelfallbewussten Rechtsanwälten trauen kann. Das ist sicher nicht unplausibel, verstellt aber womöglich die Sicht auf die generelle Problematik. Wenn man dann in normativen Kontexten noch in die übliche Regel-Terminologie verfällt, z.B. drei angebliche Basis-Regeln aufstellt (Kongruenz-Regeln I – III laut Duden 4/2016: §1601/1602), so suggeriert man damit eine Regelhaftigkeit, die im Deutschen in bestimmter Hinsicht aber gar nicht vorhanden ist.

Genauso gut könnte man nämlich die These vertreten, dass die deutsche Sprache für die oben aufgegriffenen komplexen Kongruenzkonstellationen gar keine Regeln besitzt – schon gar keine „strengen" oder „eindeutigen". Im nachhinein lassen sich zwar meistens die Motive dafür ausmachen, warum in die eine oder in die andere Richtung kongruiert wurde. Diese Motive haben aber einen anderen Status als das Regularium, das im prototypischen Bereich der Kongruenz-Beziehungen zwischen Subjekt und Prädikat herrscht. So ist etwa auch das Nähe-Prinzip, wie skizziert, kein klar umrissenes Sprachgesetz im Deutschen, sondern lediglich eine Art Notlösung in Ausnahmefällen. Zwischen dem regelbasierten Kernbereich und dem marginalen Sektor, in dem die syntaktischen Zweifelsfälle entstehen, gibt es sozusagen keine normative Kontinuität. Wer in Grammatiken oder Sprachratgebern bei solchen Zweifelsfällen „Regeln" im klassischen Sinn aufstellt, verfehlt die Realität der Sprache. Effizienzorientiert gesprochen: Oft sind in solchen Fällen beide Varianten eines Zweifelsfalls richtig. Zu einem ähnlichen Ergebnis kam auch eine ausführlichere Analyse von Numerus-Kongruenz-Variationen:

> Die in den aktuellen Werken [d.s. Grammatiken und Zweifelsfallsammlungen (wpk)] enthaltenen Empfehlungen und Beschreibungen sind oft zu eng gefasst und berücksichtigen den realen Sprachgebrauch nicht ausreichend. Zudem ist in den einzelnen Werken keine Einheitlichkeit in der Beurteilung gegeben. Aufgrund dieser Problematik sollte in Zukunft das Ziel der Thematisierung sprachlicher Zweifelsfälle eher jenes sein, innerhalb der Sprachgemeinschaft ein Bewusstsein dafür zu schaffen, dass Zweifelsfälle im hochkomple-

xen System einer Sprache grundsätzlich existieren. Die Sprecher/innen sollten damit konfrontiert werden, dass sie sich gewisse Freiheiten im Sprachgebrauch nehmen können, ohne gegen irgendwelche angeblichen „Gesetze" oder „Regeln" zu verstoßen.

(Wegerer 2012: 307).

Anders gesagt: In vielen, womöglich sehr vielen Fällen ist die Stigmatisierung angeblich falscher Kongruenz-Formulierungen sachlich nicht aufrecht zu erhalten. Hier existiert eine objektive, gut legitimierbare Freiheit, die man den Sprechern nicht aus irgendwelchen sprachfremden Motiven rauben sollte. Zu jeder Sprache gehören normative Freiräume, die sprachsystematisch gerechtfertigt sind und nichts mit ignoranter Beliebigkeit zu tun haben. Im Gegenteil: Die bewusste Nutzung dieser Freiräume basiert auf einer vertieften Kenntnis der Sprache und muss notwendigerweise zur Akzeptanz der beiden Varianten eines sprachlichen Zweifelsfalls führen. Anhaltende Missverständnisse oder ein Zusammenbruch der Kommunikation ist (sind!) dabei mit Sicherheit nicht zu befürchten.

**Kongruenz: Genus**
Kongruenz-Beziehungen gibt es nicht nur in den Kategorien Numerus und Person. Auch das Genus ist eine morphosyntaktische Kategorie, die in Kongruenz-Relationen involviert sein kann. Drei Szenarien, die zweifelsfallrelevant werden können, sehen beispielsweise wie folgt aus

(8) a. *Der Wald zeigt seine Schönheit.*         Possessivpronomen
    b. **Der Wald zeigt ihre Schönheit.*
    c. *Die Wiese zeigt ihre Schönheit.*
    d. **Die Wiese zeigt seine Schönheit.*
(9) a. *Der Wald, der große Schönheit zeigt...*    Relativpronomen
    b. **Der Wald, die große Schönheit zeigt...*
    c. *Die Wiese, die große Schönheit zeigt...*
    d. **Die Wiese, der große Schönheit zeigt...*
(10) a. *Es ist der Wald. Er zeigt große Schönheit.*   Personalpronomen
     b. **Es ist der Wald. Sie zeigt große Schönheit.*
     c. *Es ist die Wiese. Sie zeigt große Schönheit.*
     d. **Es ist die Wiese. Er zeigt große Schönheit.*

(8) bis (10) illustriert die Reichweite der prototypischen Kongruenz-Relationen in drei zentralen syntaktischen Domänen. Die unterstrichenen Wörter realisieren Genus-Kongruenz zum jeweils vorangehenden Substantiv. Wird sie nicht beachtet, kommt es zu ungrammatischen Sätzen oder falschen Satzanschlüssen (8b/d,

9b/d, 10b/d). In den obigen Sätzen ergeben sich keine Zweifelsfälle. Das kann sich ändern, wenn etwas ins Spiel kommt, was schon bei der Numerus-Kongruenz als Irritationsfaktor erschien: die Semantik. Sie wirkt vor allem bei Personenbezeichnungen. Hier geht man normalerweise von einer gewissen Gleichrichtung zwischen sprachlichem Geschlecht (= Genus) und natürlichem Geschlecht (= Sexus) aus. Bei bestimmten Wörtern ist diese Gleichrichtung aber nicht wie üblich vorhanden, z.B. bei *Mädchen, Fräulein, Weib*. Von der Sprache her ist bei solchen Wörtern eine Kongruenz im Neutrum gefordert; man spricht auch von grammatisch-formaler Kongruenz. Von der Sache her wird aber eine Kongruenz im Femininum nahegelegt; man spricht auch von semantischer Kongruenz. Die Spannung zwischen formaler und semantischer Kongruenz wirkt sich im Sprachgebrauch in verschiedenen Schwankungen aus. Je nach Satzkontext finden sich in relevanten Konstruktionen mehr oder weniger Belege für die beiden Kongruenzmöglichkeiten. Auch historisch sind diese Schwankungen mittlerweile relativ gut erforscht worden, ohne dass sich allerdings klar strukturierte Sprachwandelphänomene abgezeichnet hätten (Birkenes u.a. 2014; Fleischer 2012).

**Sexus als Irritationsfaktor in Kongruenz-Relationen**
Generell lässt sich vor diesem Hintergrund annehmen, dass eine semantische Kongruenz desto eher zum Tragen kommt, je mehr sich der Sexus im jeweiligen kommunikativen Kontext gegenüber dem Genus in den Vordergrund drängt. Dafür gibt es ganz unterschiedliche Ursachen. Auch das oben erörterte Nähe-Prinzip spielt dabei eine Rolle. Je weiter nämlich das Pronomen von seinem Bezugswort entfernt ist, desto eher kann mit semantischer Kongruenz gerechnet werden. Die formale Kongruenz ist also in einem einfachen, kurzen Satz relativ stabil: *Das Mädchen zeigt ihre Schönheit* (??). In diesem Satz steht nur ein Wort (*zeigt*) zwischen Substantiv und (Possessiv-) Pronomen. Vergrößert man den Abstand zwischen den beiden Kongruenz-Trägern durch mehr Wörter, so steigert man die Wahrscheinlichkeit, dass semantische Kongruenz auftaucht: *Dem Mädchen wurde im Dorf ein großer Erfolg zugetraut. Tatsächlich sollte sie noch viele Tore schießen.* Die Erklärung für die semantische Kongruenz liegt auf der Hand: Die sprachliche Form (*Mädchen*) ist sozusagen schon etwas in Vergessenheit geraten, wenn das Pronomen gewählt wird. Man denkt eher an das, was bezeichnet wird, als an das Wort, das für das Bezeichnete steht. Als Konsequenz ergibt sich die Kongruenz über den Sexus, also *sie*. Womöglich kann man das Auftreten semantischer Kongruenz also damit in Verbindung bringen, dass ein Sprecher sich besonders intensiv mit einer Sache beschäftigt und dabei die sprachlichen Formen, die schon gefallen sind, in Vergessenheit geraten. Er handelt eher sach- als sprachorientiert – also so, wie es eher der Regelfall sein dürfte.

Das Zweifelsfallpotenzial steigert sich noch, wenn Wörter oder Phrasen Kongruenzen auslösen, deren Genus weniger greifbar ist als bei normalen Substantiven. Dadurch werden sie sozusagen anfälliger für Kongruenz-Irritationen, bei denen man dann womöglich das Gefühl bekommt, sie könnten in semantischer Hinsicht leicht bereinigt werden:

(11) *Jemand verliert seine Arbeit.*
*Man sah jemanden, der einen Korb trug.*
**Jemand verliert ihre Arbeit.*
**Man sah jemanden, die einen Korb trug.*
(12) *Jemand kam aus dem Wald. Er / sie (es??) trug einen Korb.*
(13) *Sie trat als jemand auf, der / die gerne seine / ihre Klugheit zeigt.*
(14) *Ich, der / die ich gerne in Urlaub fahre, ...*
(15) *Man trank eine Art Rum, die / der gut schmeckte.*

*Jemand* ist ein Wort, mit dem man sich unspezifisch auf Menschen bezieht, ganz unabhängig von ihrem Sexus (ähnlich: *niemand, alle, einige* u.a.). Von einem prototypischen Substantiv mit gut greifbarem Genus ist es weit entfernt. Bei *jemand* nutzt man in Kongruenz-Relationen maskuline sprachliche Formen. Man spricht vom generischen Maskulinum. Die Aussagen in (11) beziehen sich also allgemein auf Menschen, nicht auf Männer. Feminine Genus-Kongruenz kommt nicht infrage. Sprachlich ist es oft sinnvoll, bei der Personenreferenz den Sexus außen vor zu lassen. In (12) wird man durch den anaphorischen Anschluss per Personalpronomen jedoch gezwungen, allein auf sprachlicher Ebene gewisse Hinweise auf den Sexus zu geben. Das Pronomen *er* suggeriert den Bezug auf eine männliche Person, *sie* auf eine weibliche Person. Die Nutzung von *es* würde sicher falsche Konnotationen wecken. Wer an einer solchen Stelle definitiv offen lassen möchte, welches natürliche Geschlecht der Mensch besitzt, der aus dem Wald kam, müsste sich am besten alternative sprachliche Formulierungen überlegen, z.B. könnte er mit dem Wort *Person* fortsetzen.

Durch den sprachlichen Kontext in (13) ist dagegen klar, dass es um eine weibliche Person geht, also steht einerseits per semantischer Kongruenz die Fortsetzung mit *sie* im Raum, während die generische Referenz von *jemand* den Anschluss mit *er* rechtfertigt – ein typisches Spannungsfeld für die Entstehung eines Zweifelsfalls. In (14) liegt eine ähnliche Konstellation vor, insofern normalerweise klar sein dürfte, ob hinter dem Sprecher-Ich eine männliche oder eine weibliche Person steht. Semantische Kongruenz legitimiert bei einem weiblichen Sprecher-Ich das *die*, formal-generische Kongruenz das *der*. An diesem Beispiel wird zudem deutlich, dass die Kategorisierung nach dem natürlichen Geschlecht in der Sprache längst nicht immer prominent ist. In der 1. und 2. Person spielt dieser Unterschied bei den Pronomen keine Rolle. Sowohl Männer als auch Frauen nutzen das Wort *ich*; es ist also generisch. Dasselbe gilt für das Wort *du*. Wer *ich* und *du* nutzt, liefert keinerlei Sexus-Information über denjenigen, der spricht oder angesprochen wurde. Wir kommen also gut damit aus, dass man Geschlechtsunterschiede nicht versprachlicht, obwohl sie semantisch da und oft auch sehr bewusst sind.

Von anderer Qualität wiederum ist die Kongruenz-Problematik in (15). Denn hier resultiert der Zweifelsfall aus dem Umstand, dass zwei unterschiedliche Auslöser für die Genus-Kongruenz in Betracht kommen: einerseits *die* Art, andererseits *der* Rum. Beides kann semantisch Sinn machen. Gesteigert wird die Unsicherheit an dieser Stelle dadurch, dass nicht durchsichtig ist, in welcher syntaktischen Relation die Wörter *Art* und *Rum* überhaupt stehen.

**Das Prädikativum als Brutstätte für Genus-Konflikte**
Über die oben geschilderten Genus-Kongruenz-Fälle hinaus, gibt es eine weitere Konstruktion, bei der vergleichbare Zweifelsfälle virulent werden. Gemeint sind Prädikativa. Das prototypische Zentrum der Problematik sei zunächst durch die folgenden Beispiele illustriert:

(16) a. *Der Wald ist ein Klimaschützer.*
 b. *\*Der Wald ist eine Klimaschützerin.*
 c. *Der Wald ist eine Ursache der Entwicklung.*
 d. *Der Wald ist ein Ergebnis der Entwicklung.*
 e. *Die Wiese ist ein Klimaschützer.*
 f. *Die Wiese ist eine Klimaschützerin.* [!?]

Die Beispiele aus (16) zeigen, dass im grammatischen Sinn keine Kongruenz-Relation zwischen Subjekt und Prädikativum in der Kategorie Genus existiert. Das maskuline Wort *Wald* kann in prädikativer Konstruktion problemlos mit einem femininen Wort (*Ursache* (16c)) oder einem neutralen Wort (*Ergebnis* (16d)) verbunden werden. Von daher ist 16e unproblematisch, 16f sprachlich keineswegs zwingend. Allerdings gibt es bei Personenbezeichnungen seit einiger Zeit einen gewissen Trend dahin, zwischen Subjekt und Prädikativum Genus-Kongruenz wirksam werden zu lassen (Modrián-Horváth 2013):

(17) a. *Die Frau ist Ärztin.* (statt: ... *Arzt*)
 b. *Die beiden Frauen sind Ärztinnen.* (statt: ... *Ärzte*)
 c. *Die Frau ist eine gute Kundin.* (statt: ... *ein guter Kunde*)
 d. *Die Frauen sind gute Kundinnen.* (statt: ... *gute Kunden*)

Insbesondere mit (17a,c) lässt sich erklären, woher es kommt, dass manche Sprecher über 16f nachdenken: Sie folgern aus Sätzen wie in (17), dass bei Prädikativa eine Genus-Kongruenz zu realisieren ist.

Es ist keine große Spekulation, wenn man die Ursache für derartige Überlegungen auch auf die feministische Sprachkritik zurückführt. Sie tritt dafür ein, Frauen an möglichst vielen Stellen „sprachlich sichtbar" zu machen. Dadurch wird das generische Maskulinum sozusagen eingeschüchtert. Es verwandelt sich in bestimmten Kontexten zu einer sprachlichen Form, die nicht mehr generisch verstanden wird, sondern die für den männlichen Sexus stehen soll. Das schafft Zweifelsfallpotenzial. Es kann sowohl zweifelhaft werden, wie Wörter wie *Arzt*, *Lehrer* und *Kunde* zu verstehen und zu verwenden sind, als auch, wie in solchen Fällen die Genus-Kongruenz zu realisieren und gegebenenfalls auszuweiten ist. Selbst die relativ stabilen Formen aus (11) können in der Folge ins Visier der Zweifelnden geraten. Ist es vertretbar – so wird es sicher einigen Sprechern durch den Kopf gehen –, die Wörter *jemand* und *seine* wie in (11) generisch zu verstehen? Sollte man nicht auch hier Frauen „sprachlich sichtbar" machen? Vielleicht durch Doppelformen nach dem Muster von *Jemand verliert seine / ihre Arbeit*?

In solchen Genus-Reflexionen liegt mithin eine nicht geringe strukturelle Sprengkraft. Es ist klar: Wer will, kann das Problem der Genus-Kongruenz an zahlreichen Stellen im Deutschen ausmachen und über Alternativen zu üblichen Formulierungsmustern nachdenken. Es seien nur Kongruenz-Relationen bei Appositionen und in *als*- oder *wie*-Phrasen genannt (Schenzinger 2016). Das Ganze ist also kein Einzelfall. Problemlos ließen sich viele weitere vergleichbare Zweifelsfälle aufzählen, in denen das Genus involviert ist und letztlich irritierende Folgelasten der feministischen Sprachkritik bewältigt werden müssen. In diesen Perspektiven bekommt die syntaktische Kategorie der Kongruenz sprachfremde Konnotationen, durch die semantische gegenüber formalen Kongruenz-Relationen bevorzugt werden. Die sprachliche Form gerät unter den Druck des sprachlichen Inhalts und der daran geknüpften Reflexionen.

**Genus-Kongruenzregeln?**

Bei Genus-Problemen ist eine generelle normative Orientierung nicht konfliktlos zu haben. Das gilt in erster Linie bei Personenbezeichnungen. Wie mit dem Stichwort feministische Sprachkritik angedeutet, geht es hier ja auch um mehr als

Sprache, nämlich um soziale Kämpfe und gesellschaftsgeschichtliche Entwicklungen. Es kommen also die Ausdrucks- und Identifikationsbedürfnisse sozialer Gruppen ins Spiel. Statt Sprachfehlern drohen in Zweifelsfällen – wenn man so will – soziale Fehltritte. Der Feminismus funktionalisiert Sprache und Sprachreflexion und kreiert neue Sprachregeln, um bestimmte gesellschaftliche Ziele zu erreichen. Das umfasst bekanntlich auch das Streben nach einer „Sprachveränderung". Grammatik und Lexik werden als Mittel zum guten Zweck verstanden. Wer solchen sprachverändernden Bewegungen angehört, wird sich in seinem quasi-revolutionären Streben von sprachlogischen Argumenten nicht abhalten lassen. Sie stammen womöglich ja gerade aus der alten Sprache, die überwunden werden soll. Wer die neuen Regeln nicht befolgt, hat insofern weniger ein Sprachproblem. Er steht eher vor dem Problem einer bestimmten sozialen Positionierung, die von den Sprachrevolutionären als unmoralisch und politisch rückständig markiert wird. Grammatische Argumente können also nicht ausreichen, wenn man vor der Wahl stehen sollte, ein generisches Maskulinum oder ein Femininum zu nutzen. Moral und Politik schlagen Sprachkenntnis. In der Folge muss man damit rechnen, anhand der Sprachwahl einer bestimmten sozialen Gruppe zugerechnet zu werden. Wie man früher die religiöse Gesinnung am Vorhandensein oder Nicht-Vorhandensein des Schwa-Lauts ausmachte, so schaut man heutzutage mit moralischer Miene auf das Vorhandensein oder Nicht-Vorhandensein bestimmter Sprachsignale. All das ist zu beachten, wenn auf diesem Feld Entscheidungen in sprachlichen Zweifelsfällen anstehen.

Orientierend kann darüber hinaus die Differenz zwischen semantischer und grammatischer Genus-Kongruenz wirken. Wer dafür plädiert, feminine Sprachformen in jeder Kommunikation stärker und „sichtbar" hervortreten zu lassen, schwächt die Möglichkeit, über Menschen unabhängig von ihrem natürlichen Geschlecht zu sprechen. Statt grammatischer Kongruenz, so ja die Ambition, möge semantische Kongruenz an Land gewinnen! Die Separierung der Gesellschaft in Gruppen unterschiedlichen Geschlechts wird dadurch immer wieder aktualisiert, hervorgehoben und gefestigt. Die Gräben zwischen den Menschen werden bewusster, möglicherweise vertieft, schlimmstenfalls unüberbrückbar gemacht. Man kann das als ein Durchgangsstadium auf dem Weg zu einer besseren Welt verstehen. Vielleicht ist es aber auch ein Irrweg, der in eine Sackgasse führt, aus der man am Ende nur mit Verlusten herauskommt. Interessant ist in jedem Fall zu sehen, wie sich Formen des generischen Maskulinums wieder in kommunikative Kontexte hinein „schleichen", in denen man sich davon gerade verabschieden wollte (Harnisch 2016). Die endgültige „Befreiung" vom generischen Maskulinum ist aus guten sprachstrukturellen Gründen illusorisch. Für geglückte Sprachrevolutionen, die bewusst und tief in die Grammatik einer Sprache eingreifen, gibt es historisch keine Vorbilder.

Im Vergleich dazu können Genus-Probleme, bei denen keine Personenbezeichnungen involviert sind, entspannter behandelt werden. Hier greift vor allem diejenige Orientierung, die oben bereits bei der Erörterung der Kongruenz-Kategorie Numerus formuliert wurde: Man hüte sich davon auszugehen, dass es im Deutschen an allen Ecken und Enden feste Genus-Kongruenz-Regeln gibt. Außer in einem prototypischen Sektor (Beispiele 8–10) ist vieles offen und aus gutem Grund variabel. Das beste Beispiel für diese Regel-Abstinenz sind vermutlich, wie erläutert, Prädikativ-Konstruktionen. Hier herrscht keineswegs ein grammatischer Zwang, zwischen den beiden Kongruenz-Elementen eine Übereinstimmung im Genus zu etablieren.

## 8.2 Rektionsphänomene

Neben *Kongruenz* ist der Begriff *Rektion* ein Zentral-Begriff zur Beschreibung der syntaktischen Organisation des Deutschen. Man bezeichnet damit den Umstand, dass die eine sprachliche Einheit (A) von einer anderen sprachlichen Einheit (B) etwas fordert. Einheit A verlangt demnach etwas von Einheit B. Meistens geht es dabei um eine bestimmte Struktur-Eigenschaft. Aus der Präsenz von Einheit A folgt also der Umstand, dass Einheit B eine bestimmte Form besitzt. Eine solche Konstellation lädt unmittelbar zur Formulierung von „Regeln" ein: Wenn A vorhanden ist, *muss* B eine bestimmte Form haben. Es ist daher auch nicht verwunderlich, dass gerade bei Rektionsphänomenen immer wieder der Umschlag von deskriptiven Sprachbeschreibungen in präskriptive Normformulierungen beobachtet werden kann. In Rektionsbeziehungen wird ja etwas „gefordert", was die Sprecher normalerweise befolgen „müssen".

Einschlägig für Zweifelsfälle ist vor allem das Feld der Kasus-Forderungen. Kasus-Probleme lassen sich insofern oft als Rektionsprobleme analysieren. Entsprechend ihrer Einschlägigkeit für sprachliche Zweifelsfälle werden im folgenden der Reihe nach einige beispielhafte Konstellationen aufgegriffen und kurz näher erörtert. Sie sind nach den regierenden Wortarten geordnet. Besonders wichtig sind Präpositionen, gefolgt von Verben. Weniger prominent, aber immer noch nennenswert erscheinen Substantive und Adjektive.

**Rektion von Präpositionen**
Präpositionen sind im Deutschen allgegenwärtig. Dass sie bestimmte Kasusforderungen mit sich bringen, ist also ein überaus vertrautes Phänomen. Kenntnisse zur Kasusrektion gehören zum zentralen Sprachvermögen eines jeden Sprechers, ganz unabhängig davon, ob er die Wörter *Kasus, Rektion* oder *Kasusrektion* kennt. Jeder Sprecher verbindet beispielsweise die Präposition *mit* mit dem (sic!) Dativ, *für* mit dem Akkusativ (*für den Dativ*). Ist das anders, handelt es sich zweifellos um Fehler: *\*mit den Dativ*, *\*für dem Dativ*. Die meisten, fest etablierten und hochfrequenten Präpositionen regieren entweder den Dativ oder den Akkusativ. Man spricht hier auch von den primären Präpositionen.

Es gibt allerdings Präpositionen, die können sowohl den Dativ als auch den Akkusativ fordern. Manchmal folgt der Präposition also ein Substantiv im 3. Fall, manchmal im 4. Fall. Die Kasusrektion schwankt. Man könnte denken, dass bei diesen sog. Wechselpräpositionen schon Zweifelsfälle vorliegen. Dem ist freilich nicht so. Denn die Wahl der Kasusform ist klar semantisch gesteuert. Geht es im Satzkontext um die Bezeichnung eines (Ruhe-) Orts, nutzt man den Dativ, bei einer (Bewegungs-) Richtung folgt der Akkusativ: *Die Wolke steht über dem Berg – Der Weg führt über den Berg*. Möglicherweise können diese semantischen Bedingungen sogar auf Kontexte übertragen werden, die eigentlich gar keine Raumdimension besitzen, z.B. auf kognitive Verben und ihre präpositionalen Begleiter (z.B. *glauben an* + Akk. / *zweifeln an* + Dat.) (Rubba 1996). Jedenfalls gilt: Hier gibt es normalerweise keinerlei Spielräume für die Auswahl alternativer Kasus.

Allerdings können die Wechselpräpositionen manchmal in Kontexten auftauchen, die Zweifelsfälle verursachen. Denn in bestimmten Sätzen ist der Unterschied zwischen der Orts- und der Richtungsbedeutung nicht trennscharf zu ziehen. Beide Interpretationen sind möglich und machen Sinn: *Er schloss sich in das / dem Zimmer ein*. Mit dem Akkusativ betont man dann die Prozessualität der Handlung, mit dem Dativ wirkt die sprachliche Fassung der Szenerie eher statisch. Das Selektionsproblem kann auch daran hängen, dass das jeweilige Verb (minimal) mehrdeutig ist: *Der Vogel flatterte über dem / den Berg*. Beim Akkusativ sieht man den Vogel eher eine Strecke hinter sich bringen, beim Dativ liegt er tendenziell stationär in der Luft. Wie oben ausgeführt (Kap. 6.3, S. 212), verkörpert sich diese Bedeutungsvarianz auch in unterschiedlichen Perfekt-Bildungen, die ihrerseits ein gewisses Zweifelsfallpotenzial mit sich bringen: *Der Vogel ist über den Berg geflattert / Der Vogel hat über dem Berg geflattert*.

In normativer Sicht ist die Problematik recht klar. Zunächst einmal sind in solchen Fällen beide Kasus-Varianten richtig, keine ist falsch. Der Sprecher wählt mit den jeweiligen Varianten allerdings bestimmte Perspektivierungen, die für den kommunikativen Kontext möglicherweise relevant sein können. In Relation zu den möglichen Perspektivierungen kann eine bestimmte Variante insofern unglücklich gewählt sein. Wer eher die Prozessualität und den zeitlichen Verlauf in den Mittelpunkt rücken möchte, sollte beispielsweise eher den Akkusativ wählen.

**Rektionsschwankungen und Grammatikalisierungsprozesse**
Von ganz anderem Zuschnitt sind die Rektionsschwankungen, die sich bei Präpositionen wie *wegen, dank, trotz, laut* oder *entsprechend* zeigen. Tatsache ist zunächst, dass hier auf breiter Front sowohl Dativ- als auch Genitiv-Rektion beobachtet werden kann. Die Genitiv/Dativ-Alternation unterscheidet sich von der Dativ/Akkusativ-Alternation der Wechselpräpositionen. Wenn der Dativ mit dem Genitiv konkurriert, so ist das nicht dasselbe, wie wenn er dem Akkusativ gegenübersteht. Dazu kommt, dass die Schwankung zwischen Genitiv und Dativ keinerlei semantische Basis besitzt. Ob man *wegen / dank / trotz dem* oder *des Unwetters* früher gekommen ist, macht keinen Bedeutungsunterschied. Auch klare diatopische Konditionierungen der Variation sind nicht greifbar. Höchstens im Südwesten zeigt sich eine gewisse Verdichtung von Dativ-Belegen.[50] Damit wären wir also bei den typischen Rahmenbedingungen, die Zweifelsfälle verursachen. Wie lassen sich solche Rektionsschwankungen bei Präpositionen erklären?

Man ist sich heute relativ einig darin, dass solche Variationen als Ausdruck von sog. Grammatikalisierungsprozessen zu interpretieren sind (Lehmann/Stolz 1992; Di Meola 2000, 2009; Szczepaniak 2011: Kap. 5). Dahinter stehen also Sprachwandelphänomene, deren Hintergründe bereits oft für einzelne Präpositionen genau nachgezeichnet wurden (z.B. Di Meola 1998, 1999; Engemann 2012). Das Inventar der deutschen Präpositionen ist in den letzten Jahrhunderten größer und trennschärfer geworden. Zu den fest etablierten, primären Präpositionen kamen viele neue, sekundäre Präpositionen hinzu. Dadurch wurden die Möglichkeiten zur Versprachlichung abstrakter Relationen erweitert. Auch stilistisch gibt es jetzt mehr Variationsspielraum. Die neuen Präpositionen sind durch Uminterpretationen von Inhaltswörtern entstanden. Diese Herkunft kann man ihnen oft noch ansehen. So steht etwa die Präposition *dank* mit dem Verb *danken* bzw. dem Substantiv *Dank* in Verbindung. Für *trotz* gibt es einen entsprechenden Bezug auf *trotzen* bzw. *Trotz*. Bei der Entstehung der neuen Präpositionen wurden also aus Inhaltswörtern grammatische Wörter. In diesen Grammatikalisierungsprozessen lassen sich oft Rektionsschwankungen beobachten. Schematisch zeigt sich das bei einer noch recht jungen Präposition beispielsweise wie folgt:

---

50 Vgl. http://mediawiki.ids-mannheim.de/VarGra/index.php/Wegen (25.6.2018).

**Tab. 17:** Entstehung einer neuen Präposition: *entsprechend*

| | | |
|---|---|---|
| *Das entspricht meinem Plan.* | Dativ | Alt: syntaktische Konstruktion |
| *... meinem Plan entsprechend.* | Dativ | syntaktische Konstruktion / Postposition (?) |
| *... entsprechend meinem Plan.* | Dativ | Neu: Dativ-Präposition |
| *... entsprechend meines Plans.* | Genitiv | Ganz neu: Genitiv-Präposition |

Bei *entsprechend* beginnt die Entwicklung also mit dem Verb *entsprechen*, das syntaktisch den Dativ regiert. Auf dieser Basis wird eine Partizipial-Form genutzt, die syntaktisch noch unmittelbar mit dem Verb verbunden ist, mit der Zeit aber einen gewissen eigenständigen Charakter annimmt. Ein wichtiger Entwicklungsschritt zur Präposition ergibt sich in dem Moment, wenn die Stellung des Partizips von einer Nachstellung zur Voranstellung wechselt und sich diese Konstellation dann verfestigt. Damit nähert sich das Wort *entsprechend* einer prototypischen deutschen Präposition an, die ihrem Bezugsausdruck – wie ihr Name schon sagt – in der Regel vorangestellt wird. Daraufhin gerät das Wort freilich auch in den Einflussbereich der Normen, die für deutsche Präpositionen im Raum stehen. Darin könnte auch das Motiv für den Wandel von der Dativ- zur Genitiv-Rektion wurzeln. Neue, sekundäre Präpositionen werden – zumindest vorübergehend – oft mit dem Genitiv in Verbindung gebracht. Hier scheinen normative Kräfte zu wirken, die dem deutschen Prestigekasus, also dem Genitiv, eine besondere Wertigkeit zuweisen (s.o. Kap.6.3, S. 217). Diese Verhältnisse lassen sich unter anderer Perspektive besonders gut an der Grammatikalisierung der Präposition *wegen* erörtern.

**Von *wegen*: Genitiv?**

Die Präposition *wegen* ist aus einer bestimmten Nutzung des Substantivs *Weg* hervorgegangen (zum folgenden Szczepaniak 2011: 98–101). Am Anfang stand die Phrase *von xxx* [Gen.] *wegen*. Während diese Konstruktion nur auf bestimmte, fest umrissene Anwendungskontexte beschränkt war, weitete sie sich mit der Zeit aus und wurde semantisch immer allgemeiner und abstrakter verstanden. Die rein kausale, von der ursprünglichen Bedeutung also recht entfernte Lesart setzte sich im 17. Jahrhundert durch. Schon vorher zeigten sich Tendenzen zur Wortumstellung. Neben *von xxx* [Gen.] *wegen* tritt *von wegen xxx* [Gen.]. Außerdem fiel immer öfter das *von* weg. Alle diese Bewegungen führten dazu, dass aus der ursprünglichen syntaktischen Konstruktion mit dem Substantiv *Weg* allmählich die neue kausale Präposition *wegen* entstanden ist. Ihre Grammatikalisierung ist heutzutage schon weit vorangeschritten. Das sieht man etwa daran, dass die Präposition *wegen* gegenwärtig wohl kaum noch mit dem Substantiv *Weg* in Verbindung gebracht wird. Was sollte auch das Wort *Weg* im Sinne von ‚Pfad, Straße, Wegstrecke' mit der abstrakten Angabe eines Grundes verbinden?

Die heutige Präposition *wegen* ähnelt insofern schon sehr den typischen primären Präpositionen. Sie regieren normalerweise den Dativ oder Akkusativ. Von daher kann es auch nicht verwundern, dass die ursprüngliche Genitiv-Rektion stark unter Druck geraten ist und bereits seit dem 19. Jahrhundert zunehmend Dativ-Rektion auftaucht. In mündlicher Umgangssprache überwiegt sie derzeit schon, während in formell-schriftlichen Kontexten allerdings immer noch der alte Genitiv Vorrang besitzt. Es wäre jedoch das Ende eines ganz normalen Grammatikalisierungsprozesses, wenn auch in diesen medialen Kontexten bald der Dativ den Genitiv ersetzen würde. Damit würde signalisiert, dass *wegen* nun hundertprozentig in den Kreis der primären Präpositionen aufgenommen wurde. Alle Umstände, die noch auf die alte syntaktische Konstruktion verweisen würden, wären getilgt.

Das scheint allerdings nicht so einfach zu sein. Denn es gibt starke stigmatisierende Kräfte, die gegen den Übergang vom Genitiv zum Dativ gerichtet sind (Davies/Langer Kap. 6.4; Führer 2015). Sie basieren auf einer besonderen sozial-symbolischen Aufladung der Kasusrektion von *wegen*, die bis ins 17. Jahrhundert verfolgt werden kann (Sato 2016). Seit dem 18. Jahrhundert haben sich zahlreiche Grammatiker, Lehrer, Journalisten und andere Sprachinteressierte immer wieder für den (alten) Genitiv und gegen den (neuen) Dativ ausgesprochen: Der Dativ sei ein Fehler, der Genitiv dagegen zweifellos richtig. Die Kasusrektion von *wegen* ist augenscheinlich normativ stark belastet und prestigebehaftet. Diese Stigmatisierung reicht bis tief ins Alltagsbewusstsein und wird auch sprachdidaktisch immer wieder bekräftigt. Man erinnere sich nur an den Kult-Film *Die Feuerzangenbowle*. In einer emotional hochgradig aufgeladenen Szene dekretiert der Lehrer eindeutig gegenüber dem aufmüpfigen (!) Schüler, der „wegen dem Schild" eine wichtige Mitteilung machen will: „Es heißt nicht wegen dem Schild, es heißt WEGEN DES SCHILDES ... Rosen, Sie reden irre!" Von einem Zweifelsfall, der den Pädagogen plagen würde, kann in dieser Passage absolut keine Rede sein. Vor diesem Hintergrund ist auch der Umstand einzuordnen, dass die Genitiv-Rektion in der Pressesprache relativ stabil ist und sich gewisse Tendenzen zum Dativ lediglich in der Lokalberichterstattung und in Sportreportagen abzeichnen (Elter 2005: 134).

**Normatives Schlaglicht zur Kasusrektion von Präpositionen**
Welchen Kasus soll man also wählen, wenn man bei Präpositionen ins Grübeln gerät? Allgemein gilt: Bei der Dativ-/Akkusativ-Alternation hilft normalerweise ein Blick auf die Semantik weiter: Ort (= Dativ) oder Richtung (= Akkusativ)? Manchmal findet man für beide Lesarten Anhaltspunkte. Die Auswahl der Varianten wird von der Bedeutung gesteuert.

Steht der Dativ aber dem Genitiv gegenüber, handelt es sich meistens um einen Grammatikalisierungsprozess, der mehr oder weniger am Ende angelangt sein kann und von diachronischer Steuerung geprägt ist. Gelegentlich verkörpert er sich auch in einem unterschiedlichen Usus in schriftlicher und mündlicher Sprache. Hier ist dann ein Blick auf die syntaktische Ausgangskonstruktion von Interesse. Dort wurzelt der alte Rektionskasus, z.B. bei *entsprechend* der Dativ (ähnlich: *dank*, *trotz*), bei *wegen* der Genitiv. Für die Eingliederung des Worts in den prototypischen Kreis der primären Präpositionen spricht die Nutzung des Dativs. Das ist sozusagen die progressivste Variante, deren Durchsetzung den Grammatikalisierungsprozess abschließen würde. Eine Art Zwischenstadium stellt oft der Genitiv dar, der sekundäre Präpositionen anzeigt. Sie sind erst auf dem Weg, prototypische primäre Präpositionen zu werden.

Darüber hinaus ist gegebenenfalls die normative Stigmatisierung zu beachten. Sie kann erhebliche soziale Konnotationen besitzen. Demnach wäre der Genitiv zu wählen, weil dieser Kasus von vornherein mit der angeblich höherstehenden Variante verbunden wird. Für *entsprechend* und *wegen* kann infolgedessen festgehalten werden: Wer den gesellschaftlichen Erwartungen und kurzschlussartigen Sprachreflexen des Stigmatisierungsdiskurses Nachdruck verleihen möchte, wählt als Rektionskasus den Genitiv. Bei *wegen* ist das prestigebewusst und konservativ, bei *entsprechend* nur prestigebewusst, nicht konservativ. In beiden Fällen wird mit der Genitiv-Selektion die Herausbildung einer neuen primären Präposition verzögert und die stigmatisierende Tendenz der Sprachreflexion bestärkt. Interessant ist in jedem Fall, wie die Dinge sich weiterentwickeln werden.

**Rektion von Verben**
Rektionsrelationen finden sich nicht nur in den Kasusforderungen von Präpositionen, sondern auch bei den übrigen Wortarten, vor allem bei Verben, Adjektiven und Substantiven. Für die Zweifelsfallperspektive spielen diese Rektionsrelationen allerdings – anders als die recht prominenten und zahlreichen Probleme bei Präpositionen – nur eine nachgeordnete Rolle. Dazu kommt, dass es sich hier meistens um lexikalische Einzelfälle handelt, die strukturell selten auf einen ein-

heitlichen Nenner zu bringen sind. Daher kann mit den folgenden exemplarischen Ausführungen nur ein sehr unvollständiger Eindruck von einigen weiteren zweifelsfallrelevanten Phänomenen bei anderen Wortarten gegeben werden.

Dass auch Verben bestimmte Kasus regieren, ist eine zentrale Eigenschaft der deutschen Syntax. Sie bereitet normalerweise keine Probleme. Fast alle Verben verlangen ein Subjekt im Nominativ, die meisten zudem einen Akkusativ, manche einen Dativ: *Der Hund* [Nom.] *beißt den Mann* [Akk.]. Solche Kasus-Forderungen machen die Valenz eines Verbs aus. Damit wird in prototypischer Art und Weise, stabil und unmissverständlich, der Aufbau deutscher Sätze organisiert. Ein Einfallstor für sprachliche Zweifelsfälle liegt nun darin, dass es bei der Verbvalenz einen übergreifenden Wandelprozess gibt, der in der deutschen Sprache seit vielen Jahrhunderten am Werk ist und vorübergehend zur Bildung von Varianten führt. Er betrifft die Verben, die einen Genitiv fordern. Sie werden abgebaut und finden sich daher in der Gegenwartssprache nur noch vereinzelt – mit allen Problemen und Unwägbarkeiten, die mit solchen strukturellen Isolierungen einhergehen (Fleischer/Schallert 2011: Kap. 6.3).

Der Wandel sieht zum einen so aus, dass die genitivregierenden Verben mit der Zeit andere Kasus fordern können. Zum anderen kommt es häufig vor, dass die Genitiv-Verben als neue Variante eine Präpositionalphrase (PP) mit sich bringen. Auch bei Verben, die keinen Genitiv regierten, lässt sich gelegentlich ein solcher Valenzwandel beobachten. Darauf lassen sich also einige Zweifelsfälle der Gegenwart beziehen. Angesichts der diachronischen Entwicklung kann man begründet vermuten, dass auch in der Vergangenheit viele Zweifelsfälle diesen Hintergrund gehabt haben müssen:

**Tab. 18:** Varianten durch verbalen Valenzwandel

| Verb | alte Valenz | neue Valenz |
|---|---|---|
| (*sich*) *erinnern* | *einer Sache* [Gen.] | *eine Sache* [Akk.], *an eine Sache* [PP] |
| *vergessen* | *einer Sache* [Gen.] | *eine Sache* [Akk.] |
| *anklagen* | *des Mordes* [Gen.] | *wegen Mord(es)* [PP] |
| (*sich*) *vergewissern* | *einer Sache* [Gen.] | *über eine Sache* [PP] |
| (*sich*) *freuen* | *des Lebens* [Gen.] | *am Leben, über das Leben* [PP] |
| (*sich*) *schämen* | *der Niederlage* [Gen] | *für die Niederlage*[PP] |
| *liefern* | *jemandem etwas* [Dat.] | *etwas an jemanden* [PP] |

Bei der Frage nach der richtigen Variantenselektion kommen hier also diejenigen Kriterien infrage, die schon verschiedentlich bei diachronischen Steuerungen erörtert wurden. Man kann die alte oder die neue Variante wählen, den Sprachwandel also entweder behindern oder forcieren. Man sollte zudem berücksichtigen, wie weit die einzelnen Prozesse jeweils vorangeschritten sind. Sie können mehr oder weniger abgeschlossen sein. Wer etwa *vergessen* noch mit einem alten Genitiv nutzt, wird mit anderen Reaktionen rechnen müssen als bei *erinnern*. Denn bei *vergessen* ist der Valenzwandel schon weitgehend abgeschlossen. Der Genitiv ist hier faktisch nicht mehr möglich. Deshalb werden hier aber auch kaum noch Zweifelsfälle vorkommen. Bei *erinnern* ist der Wandel noch im Gang. Das steigert das Zweifelsfallpotenzial. Semantische Probleme sind in keinem Fall zu befürchten.

**Rektion von Substantiven und Adjektiven**

Bei Substantiven und Adjektiven kann für die Sprecher vor allem fraglich werden, welche Präposition bei der Nutzung eines bestimmten Worts gewählt werden muss. Die Rektionsproblematik äußert sich also nicht in einer diffusen Wahl zwischen unterschiedlichen Kasus, sondern zwischen unterschiedlichen Wörtern. Diese Konstellation ist anhand ausgewählter Substantive und unter Berücksichtigung der Zweifelsfallperspektive ausführlich analysiert worden (Frochte 2015). Diese Untersuchung betraf unter anderem die folgenden Valenzbelegungen, die alle mit Sprachbelegen von sog. Rektionssubstantiven erhärtet werden konnten:

**Tab. 19:** Substantiv-Valenz: Beispiele für Varianten

| | |
|---|---|
| *Schutz vor / gegen...* | *Chance auf / zu / für ...* |
| *Überblick über / zu...* | *Einblick in / zu / über...* |
| *Link zu / auf...* | *Verweis auf / zu / über* |
| *Bedenken bei / gegen / über / zu / an / wegen...* | |

Entsprechende Beispiele mit Valenzschwankungen lassen sich auch für Adjektive schnell finden:

**Tab. 20**: Adjektiv-Valenz: Beispiele für Varianten

| | |
|---|---|
| *begünstigt von / durch...* | *empfindlich auf / für / gegen / gegenüber...* |
| *nachsichtig gegen / mit / zu...* | *notwendig bei / für / zu...* |
| *offen für / gegenüber...* | *pampig gegen / gegenüber / zu...* |
| *wild auf / nach / vor...* | *zufrieden mit / über...* |

Solche Valenzschwankungen wurzeln zunächst schlicht darin, dass es eine große Menge von Präpositionen gibt. Semantisch-funktional überlappen ihre Einsatzbereiche. Das muss von Fall zu Fall notwendigerweise Reflexionen über ihren Gebrauch nach sich ziehen. Missverständnisse drohen hier freilich nicht. Im Zweifel folgt aus dem Kontext, was gemeint ist. Allerdings kann man es immer darauf anlegen, seine Mitmenschen mit einer metasprachlichen Bemerkung zu irritieren. Wer in eine Apotheke geht und ein „Mittel für Kopfschmerzen" verlangt, möchte sicher kein Mittel, um Kopfschmerzen zu bekommen. Trotzdem bekommt man manchmal die abwegige Antwort: „Vielleicht doch eher *gegen* Kopfschmerzen?" Ein vernünftiges kommunikatives Verhalten sieht anders aus. Oder ist das nur ein Zeichen für einen phantasiereichen Sprachwitz beim Kundenkontakt?

Von normativem Interesse können in diesen Zusammenhängen die jeweiligen Gebrauchsbedingungen sein. Sie verkörpern sich oft in besonderen statistischen Verhältnissen: Welche Präpositionen kommen überhaupt mit den einzelnen Wörtern vor? Wie häufig und unter welchen Bedingungen verbinden sich die Präpositionen mit den betreffenden Wörtern? Welche Präposition taucht sehr häufig, welche eher marginal mit einem bestimmten Wort auf? Gibt es bestimmte Konstellation, die im Gebrauch eher zur einen oder zur anderen Präposition führen?

Aus den Antworten auf solche Fragen kann der Zweifelnde, wenn er es genau nehmen möchte, Hinweise zur Klärung des eigenen Sprachgebrauchs entnehmen. Er kann sich dann beispielsweise für eine besonders frequente Variante entscheiden oder auch eine eher seltene Form wählen. Derartige Informationen sind natürlich nicht immer präsent und auch nicht einfach zu bekommen. Gefragt sind schließlich lexikologische Details zu einzelnen Wörtern, nicht strukturelle Gegebenheiten, die auf viele Wörter gleichzeitig gemünzt werden könnten. Den gängigen Wörterbüchern des Deutschen wird man dazu aber von Fall zu Fall etwas entnehmen können. Einige Nachschlagewerke haben sich sogar auf die Beschreibung solcher Verhältnisse spezialisiert. Generell hilft bei allen Fragen zur Verwendung von Präpositionen Müller 2013 weiter. Eher wissenschaftlich angelegt sind Lexika, die sich auf die einzelnen relevanten Wortarten konzentrieren:

Für Verben steht Helbig/Schenkel 2011 zur Verfügung, für Substantive und Adjektive Sommerfeld/Schreiber 1983a, 1983b.

Dabei ist freilich stets im Hinterkopf zu behalten, dass am Ende nicht das jeweilige Wörterbuch, sondern der reale Sprachgebrauch ausschlaggebend ist. Die Wörterbücher gewinnen ihre Legitimität aus dem Sprachgebrauch, nicht umgekehrt. In bestimmter Hinsicht sind sie ohnehin konstitutiv minderwertig. Denn sie dokumentieren möglicherweise etwas, was bei ihrem Erscheinen schon wieder Vergangenheit ist, weil sich die Sprache mittlerweile weiterentwickelt hat. Außerdem muss die sprachtheoretische Grundlegung der Nachschlagewerke so beschaffen sein, dass tatsächlich alle Eigentümlichkeiten bei den fraglichen Fällen in den Blick kommen können. Für die Beispiele aus der obigen Tabelle zur Substantiv-Valenz wurde jedenfalls festgehalten, dass sie in der gegenwärtigen Lexikographie, wenigstens teilweise, nicht angemessen aufgearbeitet wurden (Frochte 2015: 252).

Summa summarum gilt demnach: Nur wer tatsächlich einen halbwegs guten Überblick über den Sprachgebrauch besitzt, dürfte bei Rektionsproblemen in der Lage sein, anderen Menschen begründeterweise einen Fehler bei der Verwendung einer Präposition vorzuwerfen. Möglich und legitim ist eine solche Aussage schon, aber auch sehr voraussetzungsreich. Ansonsten ist es immer sehr gut möglich, dass bei der Rektion von Substantiven und Adjektiven mehrere Varianten gebräuchlich und richtig sein können.

## 8.3 Der Aufbau der Nominalphrase

Zahlreiche Zweifelsfälle betreffen die Art und Weise, wie Wörter zu deutschen Wortgruppen kombiniert werden können. Vor allem sind hier Nominalphrasen zu nennen. Sie bilden die zentralen Bestandteile von Sätzen. Es gibt kaum sprachliche Äußerungen, die ohne sie auskommen würden. Fortwährend konstruieren wir Nominalphrasen für verschiedene syntaktische Zwecke und folgen dabei einschlägigen Kombinationsregeln. Sie betreffen die Frage, in welchen Reihen die Wörter vorkommen und dabei flektiert werden müssen: *das (langweilige) Buch, des (langweiligen) Buchs, ein (langweiliges) Buch, (langweilige) Bücher, jedes (langweilige) Buch, irgendein (langweiliges) Buch, viele (langweilige) Bücher…*

Auch bei den Nominalphrasen gibt es weitreichende Wandel- und Entwicklungsprozesse, die im Hintergrund entsprechender Zweifelsfälle stehen. Denn in welchen Formen Substantive, Adjektive sowie Artikel und Pronomina in Nominalphrasen kombiniert und flektiert werden, ist sprachhistorisch keinesfalls stabil. Dieses Gefüge hat sich seit althochdeutscher Zeit wesentlich verändert. Daraus resultiert noch heute eine nicht geringe Instabilität. Sie steht in direkter

Beziehung zu den einschlägigen flexionsmorphologischen Prozessen, die oben bereits als Auslöser für zahlreiche Zweifelsfälle aufgegriffen wurden (Kap. 6.3). Die Entwicklungen in der Nominalphrase des Deutschen können hier in ihrer gesamten Komplexität nur angedeutet werden. In der Forschungsliteratur wird man zu allen Punkten mehr Informationen und Interpretationen finden (z.B. einführend Szczepaniak 2011: Kap. 5.6; vertiefend Demske 2001; Primus 1997; Szczepaniak 2010b). In den einschlägigen Zweifelsfallsammlungen sowie in der praktischen Beratungsliteratur finden sich zudem viele weitere Zweifelsfälle, die mit dem Aufbau der Nominalphrase zu tun haben, hier aber nicht thematisiert werden.

**Monoflexion und Nominalklammer**
Für die Entwicklung der deutschen Nominalphrase und ihr gegenwärtiges Zweifelsfall-Potenzial sind der Trend zur sog. Monoflexion (s.o. S. 217), die Entstehung einer neuen Wortart, nämlich des Artikels, sowie die allmähliche Ausbildung und Festigung einer Nominalklammer von großer Bedeutung (Ronneberger-Sibold 1994, 2010). Damit hängt die mit der Zeit stabilisierte Differenzierung der Adjektivflexion in starke und schwache Formen zusammen, die seit dem 18. Jahrhundert umfangreiche Normierungsdiskussionen verursachte (Voeste 1999). Sehr grob lassen sich die übergreifenden historischen Tendenzen folgendermaßen zusammenfassen: Die Markierung der syntaktischen Funktion der Nominalphrase ist mit der Zeit vom Ende der Phrase (= Substantiv-Flexion) zum Anfang der Phrase (= Artikelwörter o.ä.) gewandert. Dem Abbau der Substantiv-Flexion korrespondieren also die gesteigerten Flexionsmöglichkeiten durch den Artikel am linken Rand der Nominalphrase. Einfach gesagt: in alter Zeit erschloss man an der Endung des Substantivs, wie man eine Phrase syntaktisch zu interpretieren hatte, heute erkennt man die Funktion der Phrase an deren Beginn. Er wird prototypisch von einem Artikel gebildet, ggf. auch unter Beteiligung eines (stark) flektierten Adjektivs. Der Artikel wirkt dabei klammeröffnend, das Substantiv am Ende klammerschließend. Kompliziert wird es dadurch, dass die syntaktischen Markierungen prinzipiell auf mehrere Wörter verteilt sein können. Zumindest an einer Stelle erwartet man freilich einen Hinweis auf die syntaktische Funktion (= Monoflexion). Mehrere identische Hinweise können zwar vorkommen (= Parallelflexion), werden aber tendenziell zugunsten der Monoflexion abgebaut.

Im prototypischen Zentrum dieser syntaktischen Strukturen findet man demnach Phrasen wie *der große, schöne Baum* und *ein großer, schöner Baum*. Im Lichte der Klammerbildung sind die einzelnen Bestandteile wie folgt zu analysieren: Mit *der* wird klammeröffnend die syntaktische Funktion (= Subjekt) angezeigt. Andere Kasus würden beim Artikel andere Formen und andere Funktionen nach sich ziehen: *des, dem, den*. Die schwach flektierten Adjektive *große(n)*, *schöne(n)* fügen keine neue syntaktische Information hinzu, werden lediglich parallel und schwach flektiert. *Baum* fungiert in allen Fällen als klammerschließendes Element, das weitgehend stabil bleibt und nur im Genitiv (und im Dativ Plural) eine charakteristische Wortform aufweist. In der Nominativ-Phrase mit unbestimmtem Artikel wirkt das erste Wort zwar auch klammeröffnend, die syntaktische Markierung erfolgt jedoch durch die stark flektierten Adjektivformen, die wiederum parallel flektiert werden (*großer, schöner*). In anderen Kasus wandert die zentrale syntaktische Markierung wie üblich zum klammeröffnenden Element (*eines, einem, einen*), während die Adjektive wiederum schwach und parallel flektiert werden.

Dieses Muster bildet den prototypischen Kern der deutschen Nominalsyntax. Im Vergleich zum Bau anderer Sprachen ist dieser Aufbau zwar relativ kompliziert, im prototypischen Bereich – ‚Artikel (+ Adjektiv) + Substantiv' – aber trotzdem sehr stabil. Normalerweise gibt es hier keinerlei Anlässe für sprachliche Zweifelsfälle. Die Sprecher des Deutschen beherrschen das spielend. Zweifelsfallpotenzial taucht allerdings in nicht-prototypischen Konstellationen auf. Man kann das auch anders beschreiben: In der deutschen Nominalphrase gibt es viele „Ungewöhnlichkeiten und latente Möglichkeiten" (Harnisch 2006; ähnlich, aber mit anderer Stoßrichtung Vater 2010, 2013).

Hinter den Varianten stehen oft Wandelprozesse, die ein Spannungsfeld von alten und neuen Konstruktionen bilden. Ihr Status kann meistens dadurch charakterisiert werden, dass sie in relativer Nähe oder Ferne zum skizzierten prototypischen Aufbau der Nominalphrase stehen. Daher sind die Varianten sprachlicher Zweifelsfälle, die die Struktur der Nominalphrase betreffen, einerseits diachronisch, andererseits aber auch durch die syntaktische Umgebung konditioniert. Im folgenden werden einige dieser nicht-prototypischen Fälle exemplarisch herausgegriffen. Sie illustrieren die Schwierigkeiten, die sich ergeben können, wenn man das Strukturzentrum der deutschen Nominalphrase hinter sich lässt und dazu noch Sprachwandelprozesse ins Spiel kommen.

**Partitive Konstruktionen**

Die folgenden Beispiele illustrieren einige häufig gebrauchte Nominalphrasen, deren Zweifelsfallpotenzial auf einen gemeinsamen strukturellen Nenner gebracht werden kann:

(18) a. *ein Glas Wein, eine Kanne Milch, ein Barren Gold*
   b. *zwei Liter Wein, zwei Kilogramm Mehl, zwei Kilogramm Bananen*
   c. *ein Bund Kräuter, eine Herde Schafe, ein Topf Nüsse*
   d. *eine Gruppe Lehrer, eine Anzahl Personen, eine Unmenge Fische*
   e. *eine Art Salat, eine Art Suppe, eine Art Boot*

Anders als in den prototypischen Fällen sind die Nominalphrasen nicht aus Artikel, Adjektiv und Substantiv zusammengesetzt. In der Mitte der Phrase findet sich nämlich in allen Fällen ein zweites Substantiv. Es handelt sich also um die Struktur ‚Artikel + Substantiv + Substantiv'. Manchmal steht das Substantiv am rechten Rand im Singular (18a,b,e), manchmal im Plural (18c,d). In der Literatur findet man solche Nominalphrasen auch unter den Bezeichnungen Maß- (Mess-) und Mengen-Konstruktionen (bzw. -Angaben, -Nominale o.ä.). Auf den ersten Blick mögen diese Konstruktionen unproblematisch sein. Dass hier allerdings zahlreiche Zweifelsfälle lauern, sieht man mindestens an zwei Befunden, durch die Varianten zum Vorschein kommen.

Erstens kann in den Fällen, in denen gleichzeitig eine Singular- und eine Plural-Form enthalten ist (18c,d), die Subjekt-Prädikat-Kongruenz im Numerus zum Problem werden. Heißt es *eine Herde Schafe liegt* oder *liegen auf der Wiese*? *Eine Unmenge Fische schwamm* oder *schwammen vorbei*? Die Schwierigkeit liegt offensichtlich darin, dass für die Kongruenzherstellung jeweils zwei Instanzen infrage kommen, einerseits das Singular-Wort (*Herde, Unmenge*), andererseits das Plural-Wort (*Schafe, Fische*). Die unsichere Kongruenzrelation ist auch als Hinweis darauf zu interpretieren, dass die syntaktische Beziehung zwischen dem jeweiligen Singular- und dem Plural-Wort nicht eindeutig ist. Wäre sie es, könnte die Kongruenzherstellung zweifellos auf das eine oder das andere Wort zielen. Die Schwankung zwischen Singular- und Plural-Kongruenz würde vermieden.

Zweitens zeigt sich die Problematik dieser Phrasen darin, dass die Einfügung von Adjektiven Schwierigkeiten bereiten und den Charakter der Wortgruppe sogar verändern kann. Heißt es *ein Glas guter Wein* oder *guten Weins*, *ein Bund schöne* oder *schöner Kräuter*, *eine Anzahl fremde* oder *fremder Personen*? Auch diese Variationen signalisieren, dass die syntaktische Relation zwischen den beiden Substantiven der jeweiligen Nominalphrasen unklar ist. Sie zeigen außerdem, dass und wie verschiedene syntaktische Phänomene interagieren und unterschiedliche, jedoch miteinander verbundene Zweifelsfälle verursachen können. In den vorliegenden Fällen resultiert jedenfalls, wie gezeigt, aus den nicht-prototypischen Nominalphrasen zum einen ein Kongruenz-Problem zwischen Subjekt und Prädikat, zum anderen ein adjektivisches Flexionsproblem.

In der Literatur sind diese „ungefestigten" Konstruktionen und ihr Variationspotenzial seit langem bekannt (z.B. Eisenberg 1985; Hentschel 1993; Eisenberg/Thieroff 2013: 260–262). Auch in der praktischen Sprachberatung wurden und werden solche Partitiv-Konstruktionen mehr oder weniger ausführlich beachtet (Duden 4/2016: §1556–1561).[51] Was lässt sich zu den Varianten sagen? Sie zeugen von einem grundlegenden Sprachwandel. Er besteht darin, dass alte Genitiv-Konstruktionen auf breiter Front durch neue appositiv-attributive Strukturmuster abgelöst werden (dazu und zum folgenden Glaser 1992; Zimmer 2015; Shubina/Blühdorn (2015); zur diatopisch-dialektalen Dimension Strobel 2017). In Anknüpfung an die Beispiele unter (18) kann man zur Illustration einige Varianten exemplarisch gegenüberstellen:

**Tab. 21:** Sprachwandel bei Partitiv-Konstruktionen

| alt (Genitiv) | neu (appositiv-attributiv) |
| --- | --- |
| *ein Glas schönen Weins* | *ein Glas schöner Wein* |
| *ein Bund trockener Kräuter* | *ein Bund trockene Kräuter* |
| *zwei Liter schönen Weins* | *zwei Liter schöner Wein* |
| *eine Gruppe fleißiger Lehrer* | *eine Gruppe fleißige Lehrer* |
| *eine Art griechischen Salats* | *eine Art griechischer Salat* |

Kompliziert wird die Sache dadurch, dass diese Konstruktionsunterschiede oft nur dann greifbar werden, wenn in der Nominalphrase wie oben ein Adjektiv oder ein vergleichbares Flexiv anwesend ist. Ohne Adjektiv kann man häufig gar nicht entscheiden, ob die eine oder die andere syntaktische Konstruktion vorliegt, vgl. etwa *ein Glas Milch, ein Bund Kräuter, eine Gruppe Lehrer*. Beide syntaktischen Interpretationen sind dann möglich. Es existiert also eine typische strukturelle Übergangszone, die Zweifelsfälle generiert. Noch komplizierter wird die Sache, wenn man berücksichtigt, dass solche Nominalphrasen nicht nur im Nominativ, sondern auch in den anderen Kasus vorkommen können. Es ergibt sich dann die Frage, wie die Phrase aufgebaut werden soll. Beispielsweise im Akkusativ: *Er trank ein Glas roten Weins / roten Wein / roter Wein*. Oder aber im Dativ: *Einem Glas roten Weins / rotem Wein / roter Wein entspricht eine Flasche Bier.*

---

51 Siehe auch: http://kallimachos.de/zweidat/index.php/Partitiv_-_Konstruktionen (25.6.2018).

Viele zweifelsfallrelevante Flexions-Probleme kommen also durch einen großflächigen Syntax-Wandel bei partitiven Nominalen zustande.[52] Sie werden von den Sprechern umgedeutet, also syntaktisch reanalysiert. Mit diesem morphosyntaktischen Prozess im Hinterkopf lässt sich dann auch ein neuer Blick auf die gerade angesprochene Kongruenz-Problematik werfen. Sofern es sich bei der betreffenden Nominalphrase um eine deutlich identifizierbare, alte Genitiv-Konstruktion handelt, wäre demnach klar, wonach sich die Numerus-Kongruenz normalerweise richten müsste, nämlich nach dem Wort, das nicht im Genitiv steht. Schließlich bezieht sich das Verb in der Subjekt-Prädikat-Kongruenz niemals auf einen Genitiv. Man kann in solchen Fällen jedoch im Sprachgebrauch immer wieder auf anders gelagerte Kongruenzen treffen. Sie sind deutliche Indizien dafür, dass und wie der angesprochene Syntax-Wandel derzeit noch im Gange ist und zu Schwankungen in „ungefestigten" Konstruktionen führt.

Wie soll man sich also entscheiden, wenn solche Varianten zu Bewusstsein kommen und die Entscheidung schwer fällt? Alles weist wieder auf einen übergeordneten Sprachwandel hin, der sich in der Gegenwartssprache in strukturellen Varianten verkörpert. Die einschlägige Selektionsproblematik bewegt sich also zwischen alten und neuen Formen. Dabei ist auch in Rechenschaft zu ziehen, dass sich der angesprochene Übergang von Genitiv-Mustern zu appositionell-attributiven Strukturen je nach Wort und syntaktischem Kontext in einer anderen Phase befinden kann. In vielen Fällen ist er weitgehend abgeschlossen. Zweifelsfälle tauchen dann meistens gar nicht mehr auf. Varianten mag es vielleicht noch geben. Die alte Variante existiert aber nur noch unter sehr speziellen Bedingungen und mit archaischen Konnotationen, z.B. in Phraseologismen: *Genug der komplizierten Erklärungen!* Diese Phrase ist ein Beispiel für die anhaltende Gegenwart des alten partitiven Genitivs in einer Art Redewendung. Normalerweise nutzen wir ihn jedoch in diesem syntaktischen Kontext, also mit *genug*, nicht mehr, sondern die neue Variante: *Es wurden nun genug komplizierte Erklärungen gegeben.* Auch bei den Beispielen aus (18b) denkt heutzutage wohl kaum noch jemand über die alte Genitiv-Variante nach (z.B. *zwei Liter (roten) Weins*, *zwei Kilogramm (weißen) Mehls*). In den übrigen Fällen aus (18) ist die Entwicklung dagegen noch nicht zu einem solchen Ende gekommen und folglich in allen angesprochenen Dimensionen anfällig für syntaktische Zweifelsfälle. Für simple normative Kurzschlüsse, durch die angeblich falsche von angeblich richtigen Varianten getrennt werden, gibt es hier daher keine vernünftige Grundlage.

---

[52] Dieser Wandel verkörpert sich im übrigen auch in bereits angesprochenen graphematischen (Groß- und Kleinschreibung) und flexionsmorphologischen (Kongruenz zwischen Subjekt und Prädikat) Zweifelsfällen.

*Irgendwelches dumme / dummes Zeug*
Neben den Partitiv-Konstruktionen existieren noch andere Klassen von Nominalphrasen, die nicht das prototypische Grundmuster aufweisen und daher Zweifelsfallpotenzial entwickeln. Ihre Gemeinsamkeit liegt darin, dass sie von Wörtern eingeleitet werden, die weder einen typischen Artikel noch ein typisches Adjektiv darstellen. Zu diesen Wörtern, die also den unproblematischen Aufbau einer Nominalphrase behindern können, gehören z.B. *manch-*, *irgendwelch-*, *solch-*, *sämtlich-*, *all-* und *beid-*; dazu einige Beispiele mit relevanten Varianten:

(19) a. *mancher kluge / kluger Mensch*; *manche kluge / klugen Menschen*
 b. *irgendwelches dumme / dummes Zeug*; *irgendwelche graue / grauen Mäuse*
 c. *solches dumme / dummes Zeug*; *solche graue /grauen Mäuse*
 d. *sämtliches dumme / dummes Zeug*; *sämtliche graue / grauen Mäuse*
 e. *alle kluge / klugen Menschen*; *beide kluge / klugen Menschen*

In einigen Fällen kommen zu diesen Variantenpärchen noch unflektierte Formen hinzu. Sie können vertiefte Irritationen bewirken, weil man nun sogar drei Varianten zur Auswahl hat, vgl. z.B. *manch kluger Mensch* (zu 19a), *solch dummes Zeug* (zu 19b). Sowohl der normative als auch der analytische Umgang mit diesen Varianten setzt hier oft quantitativ ein. Man ermittelt Informationen darüber, in welchen Verhältnissen die Varianten im Sprachgebrauch vorkommen. Auf die eine Variante trifft man dann „eher selten" oder auch „nur vereinzelt", die andere kann „überwiegen" oder „in der Regel" auftauchen. Manchmal wird auch lediglich konstatiert, dass beide „vorkommen". Sofern solche Konstruktionsprobleme mit Nominalphrasen in der grammatischen Literatur überhaupt beleuchtet werden, finden sich viele derartige Informationen. Manchmal stimmen sie überein, manchmal aber auch nicht. Zieht man alles zusammen, ergibt sich für den Betrachter nicht selten ein gewisses chaotisches Bild. Es scheint von einem regellosen, mehr oder weniger stark variierenden Usus geprägt zu sein.

Durch solche quasi-statistischen Konzeptualisierungen steht man also in normativen Umgebungen vor der Wahl, sich sprachlichen Mehrheiten oder Minderheiten anzuschließen. Beides ist möglich und vertretbar. Warum sollte man von vorneherein immer nur diejenige Variante nutzen, die im Sprachgebrauch am häufigsten vorkommt? In diesen rein quantitativen Entscheidungsszenarien steht keine explizite Stellungnahme zum Sprachwandel im Raum. Diachronisch ist die Selektion sozusagen unbelastet. Denn die alte (bzw. die neue) Variante kann ja – prinzipiell gesehen – sowohl im mehrheitlichen als auch im minderheitlichen Gebrauch repräsentiert sein. Die Verteilung hängt ganz davon ab, wie weit ein möglicher Sprachwandelprozess bereits fortgeschritten ist. Mal ist die alte Variante noch in der Mehrheit, mal schon in der Minderheit. Trotz dieser rein quantitativen Erwägungen ist es immer so, dass der Sprecher mit seiner Variantenauswahl einen Sprachwandel eher forciert oder eher verzögert.

In analytisch gehaltenen Untersuchungen versucht man außerdem zu verstehen, warum es in den genannten Fällen zu den weitreichenden Schwankungen kommt und welche steuernden Faktoren dafür verantwortlich sein könnten. Mit anderen Worten, man will klären, wie das chaotische Bild entsteht und ob dahinter nicht vielleicht doch eine bisher unbekannte Logik walten könnte. Was bisher als regellos und chaotisch erschien, würde gleichsam in den grammatischen Griff gebracht, wenn man die Lage besser und tiefer überschauen könnte. Tatsächlich gibt es auf dieser Basis einen Vorschlag, dessen Ansatz im gegebenen Zusammenhang einschlägig ist (Wiese 2009). Demnach lassen sich die beobachtbaren Schwankungen danach einordnen, ob die von den oben genannten Wörtern eingeleiteten Wortgruppen dem prototypischen Muster von Nominalphrasen eher nah oder eher fern stehen. Dazu wurden verschiedene Faktoren veranschlagt, mit denen Skalen und Übergänge zwischen den einzelnen Mustern modelliert werden können. So lässt sich am Ende zumindest eine Hypothese dazu aufstellen, warum an manchen Stellen eher strukturelle Stabilität und wenig Variation, an anderen Punkten dagegen Instabilität und viel Variation herrscht. Es wird beispielsweise erkennbar, warum die Wörter *manch-* und *solch-* stärker schwankende Nominalphrasen bedingen als *viel-*, *wenig-* und *ander-*.

**Parallel- oder Wechselflexion bei gereihten Adjektiven**
Ein zweifelsfallrelevantes Detail beim Aufbau von Nominalphrasen betrifft die Frage, wie koordinierte Adjektive zu flektieren sind, insbesondere dann, wenn die Nominalphrasen nicht von einem Artikel eingeleitet werden und der Dativ Singular betroffen ist. Heißt es also *mit gutem frischem* oder *frischen Wasser*? Der erste Fall (*gutem frischem*) realisiert Parallelflexion; das zweite Adjektiv wird stark flektiert. Der andere Fall (*gutem frischen*) firmiert dementsprechend unter der Überschrift Wechselflexion; das zweite Adjektiv wird schwach flektiert. Tatsächlich haben mehrere Untersuchungen gezeigt, dass an diesem Punkt in der Gegenwartssprache sowie in der jüngeren Sprachgeschichte eine erhebliche Variation zu beobachten ist (Moulin-Fankhänel 2000; Nübling 2011; Peter 2013). Diese Schwankung ist auch in der Norm- und Beratungsliteratur schon oft aufgegriffen worden. Man kann also davon ausgehen, dass der Fall in der deutschen Sprachgemeinschaft einigermaßen präsent ist. Das rührt sicher auch daher, dass

er in der Rechtschreibregelung mit der Kommasetzung verquickt wurde: Bei Parallelflexion („gleichrangigen Adjektiven") muss ein Komma gesetzt werden, bei Wechselflexion nicht (DR §71, 2).

Die orthographische Normierung spiegelt das Konzept, das in der normativen Literatur in verschiedenen Formen gegenwärtig ist. Es macht eine semantische Perspektive auf die Schwankungen geltend und wurde als „Einschließungsregel" bezeichnet (Peter 2013: 189). Demnach ist Wechselflexion anzusetzen, wenn zwischen dem Substantiv und dem zweiten Adjektiv eine enge semantische Beziehung besteht. Sie drückt sich insofern auch syntaktisch aus, als das erste Adjektiv nicht gleichrangig mit dem zweiten ist, sondern subordiniert zum Substantiv mit dem zweiten Adjektiv steht. Bei der Parallelflexion sind die beiden Adjektive dagegen dem Substantiv syntaktisch-semantisch in exakt derselben Weise zugeordnet. Um das obige Beispiel aufzugreifen: Es wird also ein Unterschied gemacht zwischen frischem Wasser, das gut ist (= Wechselflexion), und Wasser, das gut und frisch ist (= Parallelflexion). Diese Logik ist plausibel und syntaktisch einigermaßen nachvollziehbar, vor allem wenn man ihre (schriftdidaktische) Erklärungskraft für die Kommasetzung in den Vordergrund stellt.

Allerdings ist unklar, ob man mit diesem Konzept dem schwankenden Sprachgebrauch tatsächlich gerecht wird. In einer Studie konnte die Verteilung der Varianten auf dieser Basis jedenfalls höchstens „tendenziell" nachvollzogen werden (Nübling 2011: 193). Von einer klaren Regel in der deutschen Sprache kann also keine Rede sein. Und die semantische Differenz, die hier ins Feld geführt wird, ist wohl auch alles andere als gut greifbar. Ist frisches Wasser, das gut ist, tatsächlich etwas anderes als Wasser, das gut und frisch ist? Normativ veranlagte Sprachlehrer sehen in solchen Konstellationen oft nur noch einen Ausweg. Zugespitzt könnte man ihn so formulieren: „In der deutschen Grammatik gibt es durchaus die Einschließungsregel; sie ist vielleicht etwas schwierig und wird daher sehr oft missachtet!" Die Sprachschwankung wird so zu einem Effekt mangelhafter Sprachkompetenz erklärt. Weil viele Sprecher die Regel nicht kennen, ergibt sich eine uneinheitliche, von Varianten (hier: Fehlern) geprägte Sprache. Woher wissen die Sprachlehrer aber von der Existenz der fraglichen Regel? Vielleicht von anderen Sprachlehrern? Aus der Realität der deutschen Sprache lässt sie sich jedenfalls nicht nachdrücklich ableiten.

In der Forschung wurde dagegen ein ganz anderer Faktor geltend gemacht, um die beobachtbare Variation einzuordnen und zu verstehen. Demnach muss man davon ausgehen, dass die Parallelflexion systematisch und historisch primär ist. Das lässt sich schon dadurch erhärten, dass attributiv gereihte Adjektive in Nominalphrasen sicher ganz überwiegend parallel flektiert werden (*das gute, frische Wasser, des guten, frischen Wassers* usw.). Erklärungsbedürftig wird vor diesem Hintergrund die Wechselflexion. Sie könnte mit einem Entwicklungszug der deutschen Syntax zusammenhängen, der oben schon skizziert wurde, nämlich der Festigung der Nominalklammer und der zunehmenden Funktionalisierung des linken Rands der Nominalphrase. Demnach übernimmt bei Wechselflexion das erste Adjektiv teilweise die prototypische Funktion eines Artikels. Es markiert deutlich den Kasus der Phrase und wirkt klammeröffnend. Anders gesagt: Bei Parallelflexion ist die Nominalklammer weniger prominent ausgebildet als bei Wechselflexion. In diesem Licht wäre damit zu rechnen, dass die Wechselfunktion gegenüber der Parallelflexion tendenziell zunehmen dürfte. Denn sie steht in Einklang mit einem Ausbauprozess, der die deutsche Sprache seit langer Zeit prägt.

### Eine andere Frage diesen Typs: *Anfang dieses / diesen Jahres*

Auch die Frage, ob es *Anfang dieses* oder *diesen Jahres* heißt, ist ein Problem, das den Aufbau von Nominalphrasen im Deutschen betrifft. Dieser Zweifelsfall ist vor dem Hintergrund einer hohen normativen Aufmerksamkeit zu erörtern. Sie läuft auf eine klare Ansage hinaus: *Anfang diesen Jahres* ist falsch, *dieses Jahres* ist richtig (z.B. Sick 2004: 90–93; Sprachberatung der TU Chemnitz[53]). Die Begründung für diese Wertung ist schnell bei der Hand. Man verweist auf das Flexionsparadigma des Demonstrativpronomens *diese/r/s* und sieht dann unmissverständlich: Es heißt *dieses Hauses / Wetters / Theaters / Hunds* usw., also auch *dieses Jahres*. Wer könnte sich dieser zwingenden Logik verschließen? Die Sache scheint doch klar zu sein, kein Grund zum Zweifeln!

Bei realistischer Betrachtung fehlen hier jedoch einige wichtige Fakten, um die Sache angemessen zu beleuchten (dazu und zum folgenden Stenschke 2007). Zunächst ist zu konstatieren, dass die angeblich falsche Formulierung in der letzten Zeit stark zugenommen hat, und zwar in sämtlichen möglichen Kontexten, sowohl mündlich als auch schriftlich. Das „falsche" *diesen* findet sich allerdings nicht zufällig über alle substantivischen Begleiter gestreut, sondern vor allem in Formulierungen wie *Anfang, Mitte, Ende, Sommer* diesen *Jahres, Monats*. Wie kann man diese Verwendungen charakterisieren? Zunächst gibt es ein semantisch-funktionales Motiv, um ihre Konjunktur zu verstehen. Die Formulierungen lehnen sich analogisch an Wendungen wie *Anfang letzten* und *Anfang nächsten Jahres* an. Semantisch füllen sie die Lücke, die dadurch existiert, dass keine entsprechenden Wendungen zum Bezug auf das gerade laufende Jahr zur Verfügung

---

53 Vgl. Pressemitteilung v. 8.1.08, https://www.tu-chemnitz.de/tu/pressestelle/aktuell/1254 (23.5.18).

stehen. Dazu passt das Faktum, dass der demonstrative Gehalt von *diesen* in den fraglichen Gebräuchen oft verloren geht. *Diesen* bezieht sich hier gar nicht mehr auf ein Jahr, das im Text zuvor schon genannt worden wäre. Stattdessen gewinnt *diesen* semantisch eine relativ konkrete Bedeutung, die für Demonstrativpronomina ganz untypisch ist. Es bedeutet hier ‚gegenwärtig'. Der ansonsten obligatorische anaphorische oder deiktische Bezug von *dieses* wird dadurch überflüssig. Demnach entfernt sich das Demonstrativpronomen in solchen Gebräuchen von der Prototypik dieser Wortart und nähert sich den Verwendungsweisen eines (schwach flektierten) Adjektivs an. Aus einem grammatischen Wort (Demonstrativpronomen) wird tendenziell ein Inhaltswort (Adjektiv). Damit liegt das – relativ seltene – Gegenstück einer Grammatikalisierung vor: eine sog. Degrammatikalisierung. Dazu kommt der Umstand, dass der Wandel von *dieses Jahres* zu *diesen Jahres* auch als Übergang zur Monoflexion sowie als rein lautlich motivierte Vermeidung ähnlicher Silben gesehen werden kann. Das wäre dann derselbe Prozess, der in den letzten zwei Jahrhunderten zur Ersetzung von *gutes Mutes* und *reines Herzens* zu *guten Mutes* und *reinen Herzens* geführt hat.

Wenn man sich diese Hintergründe vergegenwärtigt, lässt sich einleuchtend nachvollziehen, warum es in den geschilderten syntaktischen Umgebungen zur starken Zunahme von *diesen* gegenüber *dieses* gekommen ist. Die Innovation steht im Einklang mit zentralen Aufbaumustern und Entwicklungstendenzen der deutschen Sprache. Zudem erfüllt sie ein klares semantisches Bedürfnis der Sprecher. Dass sich diese Verhältnisse mittlerweile auch in korrekten Sprachempfehlungen niederschlagen, ist ein fruchtbares Ergebnis linguistischer Arbeit: „Auch wenn *dieses Jahres* insgesamt noch überwiegt, sind beide Formen mittlerweile als standardsprachlich anzusehen." (Duden 9/2016: 232). Die Flexionsparadigmen von Demonstrativpronomina sind dadurch natürlich nicht in Gefahr. Es heißt weiterhin *dieses Hauses / Wetters / Theaters / Hunds* und kann gleichzeitig sinnvollerweise *Anfang diesen Jahres* heißen. Bleibt nur zu hoffen, dass diese Erkenntnis bald auch in die automatischen Korrekturmechanismen aktueller Textsoftware einfließt.

**Trennbarkeit (Spaltung) von Pronominaladverbien**
Die bisher thematisierten Zweifelsfälle beim Aufbau von Nominalphrasen wurden in erster Linie diachronisch konditioniert. Ihre Varianten gingen also auf Sprachwandel zurück. Darüber hinaus existieren auch Gruppen von Zweifelsfällen, deren Varianten hauptsächlich diatopisch verankert sind. Diesbezüglich sei am Ende zumindest noch auf die sog. Pronominaladverbien (auch: Präpositionaladverbien) hingewiesen. Ihr Zweifelsfallpotenzial hat allerdings nur am Rande mit dem Aufbau von Nominalphrasen zu tun. Es liegt besonders darin,

dass die syntaktische Trennbarkeit der Pronominaladverbien zum Problem werden kann. Mittelbar kommen damit auch Wortstellungsfragen ins Spiel, in Einzelfällen überdies lexikalische Formfragen (z.B. *daran / dadran, darauf / dadrauf*). Die folgenden Beispiele veranschaulichen den Fragenhorizont an den frequenten Wörtern *damit, davon, dazu, da(d)ran* und *da(d)rauf*:[54]

(20) *Damit kann ich nichts anfangen / Da kann ich nichts mit anfangen*
*Sie darf davon nichts wissen / Sie darf da nichts von wissen*
*Dazu stehe ich ganz und gar / Da stehe ich ganz und gar zu*
*Da(d)ran hat er nicht gedacht / Da hat er nicht (d)ran gedacht*
*Da(d)rauf habe ich keine Lust / Da habe ich keine Lust (d)rauf*

Dieselben strukturellen Probleme können auch mit vielen anderen Wortbestandteilen auftauchen, z.B. mit den initialen Elementen *hier-* (*hiermit, hiervon*...) und *wo(r)-* (*womit, wovon, wo(d)rüber, wo(d)rauf*...) oder dem finalen Element *-hinter* (*dahinter*), *-bei* (*dabei*), *-vor* (*davor*). Zudem ist zu berücksichtigen, dass regionale Varianten vorkommen, die in größerer Distanz zur Standardsprache stehen als die bisher genannten Beispiele. Eine Formulierung wie *Dadamit kann ich nichts anfangen* ist beispielsweise im Hessischen gut belegt. Außerdem konkurrieren bestimmte Pronominaladverbien manchmal auch mit Präpositionalphrasen (z.B. *Er aß viele Früchte, darunter / unter ihnen waren auch Nüsse*). Generell gilt, dass in vielen Regionen und auch in der Standardsprache oft zwei Varianten nebeneinander existieren. Mit Bedeutungsunterschieden, die Missverständnisse nach sich ziehen könnten, ist ohnehin bei solchen Varianten nicht zu rechnen.

Wenn man dies alles bedenkt, so eröffnet sich ein ausgedehnter morphosyntaktischer Variantenraum der deutschen Sprache. Dazu liegen mittlerweile mehrere Studien vor. Die Pronominaladverbien wurden darin einerseits eben vor allem diatopisch (Fleischer 2002; Spiekermann 2010; Negele 2012), andererseits aber auch im Spannungsfeld zwischen mündlicher und schriftlicher Sprache erörtert (Pescheck 2015; Schneider u.a. 2018: 136ff). Denn die Vorteile der gespaltenen Formen könnten sich vor allem in den besonderen Rahmenbedingungen mündlicher Kommunikation bemerkbar machen. Demgegenüber werden die ungetrennten Formen im schriftsprachlichen Standard klar bevorzugt. Das weist darauf hin, dass die Spaltung in geschriebener Sprache weniger funktional sein könnte. Der Zweifelnde sollte also zunächst damit rechnen, dass ihm womöglich

---

[54] Die folgenden Beispiele sowie die diesbezüglichen diatopischen Informationen stammen aus den AdA: Karten: *damit / davon /daran* sowie *davon / darauf*.

regionale Varianten zu Bewusstsein kommen, von denen viele Formen ihren Weg in die Standardsprache gefunden haben, manche aber auch nicht.

**Normatives Fazit: Was tun?**
Die obige Zusammenstellung hat gezeigt, dass es in der deutschen Nominalphrase neben einem stabilen, prototypischen Zentrum einige Bereiche gibt, die von konstruktionellen Unwägbarkeiten und strukturellen Konflikten geprägt sind. Sie hängen meistens mit weitreichenden Entwicklungstendenzen der deutschen Sprache zusammen, aber auch damit, dass bei gesteigerten Ausdrucksmöglichkeiten immer mit Komplexitätszuwächsen zu rechnen ist. Ferner ist mit dem Einfluss gewisser diatopischer Varianten zu rechnen. Wer das alles in der einen oder anderen Form bemerkt, kann durch seine eigene sprachliche Aufmerksamkeit irritiert sein, weil das Formulieren von Sprache vorübergehend gestört zu sein scheint. Was tun angesichts der vielen Möglichkeiten, die Anlässe für sprachliche Zweifelsfälle beim Aufbau deutscher Nominalphrasen bieten? Varianten im prototypischen Kernbereich bleiben natürlich Fehler, müssen vermieden werden, zeigen sich aber für kompetente Sprecher normalerweise auch gar nicht als Zweifelsfälle. Die Lösung in allen anderen Fällen, wenn es also um Wandel und potentiellen Komplexitätsaufbau geht, ist im Grunde ganz einfach. Sie wurde sprachwissenschaftlich jedenfalls schon oft festgehalten, beispielsweise in dieser Formulierung: „Nur normative Instanzen, seien es Lektorate in Zeitungen, ‚Kodifizierer von Formregeln', ‚bessernde' Herausgeber älterer Literatur oder Eltern gegenüber ihren analogisch verfahrenden Kindern, sanktionieren diese Möglichkeiten." (Harnisch 2006: 404). Bleibt nur die nicht ganz unbedeutende Frage, woher diese „normativen Instanzen" eigentlich die Legitimität für ihre – manchmal recht harschen und folgenreichen – Sanktionen nehmen.

# 9 Lexikalische Zweifelsfälle

Lexikalische Zweifelsfälle können grundsätzlich in zwei große Klassen geteilt werden. Die erste ist auf der Ausdrucksseite eines einzelnen Lexems angesiedelt. Die zweite betrifft zwei Lexeme, zwischen denen die Auswahl nicht leicht fällt. Diese beiden Klassen fungieren als Grundlage für die Gliederung des vorliegenden Kapitels. Auf der einen Seite stehen also die Fälle, bei denen nicht klar ist, wie die Ausdrucksseite korrekt lauten müsste. Man hat ein Wort, zweifelt aber darüber, wie seine Form beschaffen ist. Das betrifft zunächst den reinen Wortkörper: Heißt es etwa *Friede* oder *Frieden*, *gern* oder *gerne*, *benutzen* oder *benützen*, *stachelig* oder *stachlig*? (Kap. 9.1). Zudem kann unklar sein, welches Genus ein Substantiv besitzt: *der* oder *das Teil*, *der* oder *das Gehalt*, *die* oder *das E-Mail*? (Kap. 9.2). Das alles sind monolexematische Zweifelsfälle. Es geht nur um ein Wort und seine Ausdrucks- und Inhaltsseite. Die zweite Gruppe hat mit der lexikalischen Selektion zwischen zwei Wörtern zu tun. Man kann auch von lexikalischen Konkurrenzen sprechen. Die Ausdrucksseiten der beiden Wörter werden als stabil empfunden, aber ihre Gebrauchsbedingungen sind unklar. Es sind also polylexematische Zweifelsfälle. Oft scheint dabei die differenzielle Semantik der Wörter undeutlich zu sein. Sie weckt Zweifel. Man fragt sich also: Kann ich im gegebenen Zusammenhang ein bestimmtes Wort benutzen, wenn mir zugleich ein ähnliches oder verwandtes Wort im Sinn ist, z.B. *Fleischer / Metzger, Adresse / Anschrift, Abstand / Distanz, derselbe / der gleiche*? (Kap. 9.3) Weil der Zweifelsfall aus zwei unterschiedlichen Wörtern besteht, lässt sich von bilexematischen Zweifelsfällen sprechen. Manchmal stehen sogar drei (oder mehr) unterschiedliche Wörter im Raum. Man hätte also einen trilexematischen Zweifelsfall (z.B. *Möhre / Karotte / Wurzel*; *Komödie / comedy / Kabarett*). Insgesamt handelt es sich folglich um polylexematische Zweifelsfälle.

Was in den vergangenen Kapiteln immer wieder betont wurde, gilt auf lexikalischem Feld in besonderer Weise. Auch hier können nämlich die Zweifelsfälle nur in exemplarischen Konstellationen angesprochen, nicht aber in allen Details analysiert werden. Wer mehr und genaueres wissen will, muss – sofern existent – auf die Informationen der Literatur zurückgreifen, insbesondere auf die schon oft erwähnten Nachschlagewerke und Informationsportale (v.a. Duden 9/2016; Ammon u.a. 2016; AdA; künftig das Paronymwörterbuch (Storjohann 2014)). Für die lexikalischen Details stehen außerdem zahlreiche weitere (Spezial-) Wörter- und Handbücher zur Verfügung. Sie sind zwar selten direkt auf die Zweifelsfall-Problematik gemünzt, können bei solchen Fragen aber oft hilfreich sein, so etwa ein Wörterbuch zu „etymologischen Dubletten" (Paraschkewow 2015). Ein Spezialwörterbuch zu den Farbbezeichnungen wird dann interessant, weil es Einträge zu ähnlichen Farb-Wörtern enthält (z.B. *braungelb / braungelbig / braungelblich* (Jones 2013)). Übergänge zu den Fachsprachen sind relevant, wenn Wörter wie *Löwenzahn / Löwenkraut / Bärenzahn / Wolfszahn / Hundezunge / Hundszahl / Gänsezunge / Gänseblume* ins Spiel kommen (Marzell 1943). In historischer Perspektive sei ferner auf die reiche deutsche Tradition der sog. Synonymlexikographie hingewiesen (Hahn 2002).

Da die Lexik einer Sprache gegenüber Flexion, Wortbildung und Syntax aus sehr vielen isolierten Einheiten besteht und sich auch relativ schnell wandelt, ist – auch dies keine neuer Hinweis im vorliegenden Buch – immer damit zu rechnen, dass die Wörterbücher den aktuellen Sprachstand nicht mehr oder noch nicht adäquat wiedergeben. Dieser skeptische Befund sollte allerdings weniger entmutigend sein, als er hier klingen mag. Denn im Zweifel ist ohnehin zu dem zu raten, was das Fundament jedes guten Wörterbuchs ausmacht: die genaue und aufmerksame Beobachtung und Analyse des realen Sprachgebrauchs in allen seinen Facetten. Dort liegt, wie immer, die letzte Instanz, um sprachliche Zweifelsfälle zu verstehen und zu entscheiden.

## 9.1 Variierende Wortformen

Instabile Ausdrucksseiten der Wörter verteilen sich nicht zufällig über den deutschen Wortschatz. Dahinter stehen in der Regel übergreifende Sprachwandelprozesse, in die gleichermaßen phonetische wie morphologische Faktoren involviert sein können. Das legt es nahe, die Varianten solcher Zweifelsfälle in alte und neue Varianten zu trennen. Der Faktor Zeit verkörpert sich jedoch, wie so oft, auch im Faktor Raum. Neben die diachronische Variation tritt die diatopische. In manchen Sprachräumen finden sich – aus welchen Gründen auch immer – eher die alten, in anderen eher die neuen Varianten. Ferner können ausdrucksseitige Varianten auch mit mehr oder weniger deutlichen Bedeutungsunterschieden aufgeladen werden. Zur diachronischen und diatopischen Konditionierung kommt also noch der semantische Variationsfaktor. Bei Substantiven tauchen zudem mitunter unterschiedliche Genera und Pluralformen auf, bei Verben gelegentlich schwankende Flexionsmuster. Kurz und gut: In normativer Sicht steht wieder die Entscheidung zwischen alten und neuen Varianten sowie zwischen verschiedenen regionalen Varianten an – mit besonderer Berücksichtigung etwaiger Bedeutungsunterschiede.

Die teilweise recht unübersichtliche Verquickung der Faktoren Zeit, Raum, Bedeutung und Form schafft an und für sich oft eine Lage, die die Lösung von Zweifelsfällen erschwert. Im Fall von Raum und Zeit ist es auch nicht so, wie man vielleicht denken könnte, dass nämlich die alten Varianten stets in bestimmten

Sprachregionen zu finden sind, während in anderen nur die neuen vorkommen. Je nach Wort und involvierten Faktoren ist manchmal die eine, manchmal die andere Region ein Hort von Fort- oder Rückschrittlichkeit. Umso mehr sollte man bei der Klärung von Zweifelsfällen sein Augenmerk auf den semantischen Faktor richten. Denn dort drohen womöglich tatsächlich kommunikative Probleme. Vielleicht könnten Missverständnisse entstehen, wenn man ohne Absicht die Variante mit der kontextuell gerade unpassenden Bedeutung wählt. Demgegenüber ist es wohl eher zu verschmerzen, unwillentlich eine veraltete oder regional gerade unpassende Variante zu nutzen.

Freilich gilt bei semantischen Differenzierungen auch wieder das, was oben bereits in ähnlichen Fällen festgehalten wurde: Oft sind die semantischen Unterschiede zwischen den Varianten klar und deutlich. Dann kann je nach Aussageabsicht nur die eine oder die andere Variante richtig sein. Nicht selten sind die Unterschiede aber auch recht fein und unscheinbar. Manche Sprecher möchten zudem auch dort Unterschiede machen, wo es im Sprachgebrauch tatsächlich gar keine gibt. Sachliche Unterschiede lassen sich nämlich viele machen. Alle Arten von Experten und Leuten mit Hobby wissen ein Lied davon zu singen. Ob und, wenn ja, auf welche Art und Weise sich aber diese sachlichen Unterschiede auch in (einzelnen) Wörtern des Deutschen manifestieren, ist eine Frage, die definitiv mit der Sprache, aber nur bedingt mit den Sachen zu tun hat. Aus der bloßen Existenz von ausdrucksseitigen Unterschieden bei zwei Wörtern sollte man sich jedenfalls nie dazu verleiten lassen, darin immer auch schon klare Hinweise auf Bedeutungsunterschiede zu sehen.

**Das Schwa: Apokopen und Synkopen**
Irritationen können dadurch entstehen, dass am Ende eines Worts ein Schwa, also ein *e*, steht oder nicht. Das Problem ist nicht auf einzelne Wortarten beschränkt. Im wesentlichen sind einfache oder derivierte Substantive, Adjektive und Adverbien betroffen:

**Tab. 22:** Formvariation durch e-Apokope

| | |
|---|---|
| Substantiv (einfach) | *Zeh / Zehe, Bub / Bube, Hirt / Hirte, Gesell / Geselle* |
| Substantiv (deriviert) | *Geheul / Geheule, Gedräng / Gedränge, Geschrei / Geschreie* |
| Adjektiv | *müd / müde, blöd / blöde, lang / lange, irr / irre, trüb / trübe* |
| Adverb | *gern / gerne, heut / heute, eh / ehe* |

Wortbildungsprodukte ausgenommen, steckt hinter diesen Variationen die Tatsache, dass die Vokale in unbetonten Nebensilben im Deutschen seit langem abgeschwächt werden. Auf der letzten Stufe dieses Abschwächungsprozesses kann der am stärksten reduzierte Vokal, also das Schwa, völlig entfallen. Passiert das am Wortende, spricht man von Schwa-Apokope, in der Wortmitte heißt derselbe Prozess Schwa-Synkope.

Die gegenwärtige Standardsprache spiegelt von Fall zu Fall unterschiedliche Abläufe und Resultate in diesem Prozess. Oft sind die apokopierten Formen nicht in die Standardsprache eingegangen, finden sich aber heutzutage vor allem in süddeutschen Sprachlandschaften (z.B. *Bub, Hirt, müd, heut*). Seltener ist es umgedreht und die apokopierte Form wurde als standardsprachlich selegiert. Das trifft beispielsweise auf das Paar *Tür / Türe* zu.[55] Bei Substantiven ist die Formdifferenz manchmal auch mit Genus-Differenzen und weiteren Formunterschieden (Umlautung) verbunden (z.B. *das Eck / die Ecke, der Quell / die Quelle, das Rohr / die Röhre, der Spalt / die Spalte, der Trupp / die Truppe*). Dazu können dann bei den einzelnen Variantenpärchen (feine) Bedeutungs- und Gebrauchsunterschiede kommen. So schießt man beispielsweise beim Fußball eine *Ecke* [fem.], kein *Eck* [neutr.]. Die Ecke kann bestenfalls im oberen *Eck* [neutr.] des Tores landen. Ganz klar ist die semantische Differenz bei *der Spross* ‚Nachkomme' / *die Sprosse* ‚Querholz'.

Historisch versierte Sprecher werden zumindest ab und zu ahnen, dass hinter heutigen Wörtern ohne *e* einst Formen mit *e* standen. Sie können noch in archaisierenden Mustern präsent sein, z.B. bei *bald* die Formulierung *in Bälde* (ähnlich, aber seitenverkehrt: *ohn / ohne*) oder in Komposita mit altertümlicher Konnotation (z.B. *Gernegroß*). Solche Schwankungen sind keinesfalls ein besonderes Merkmal der Gegenwartssprache. Man findet sie in vielfältigen Formen auch in der Vergangenheit. Selbst ein einzelner Sprecher wechselt im selben Text nicht selten von der einen zur anderen Formvariante. Für *gern / gerne, heut / heute* und *bald / balde* wurde das beispielsweise anhand der Briefe Goethes genauer untersucht (Fleischer u.a. 2018). In keinem Fall kamen dabei semantische Motive zutage, die der Dichter bei seiner Variation möglicherweise im Auge gehabt haben könnte. Die Verteilung hängt vielmehr von phonetisch-syntaktischen Faktoren ab, etwa davon, ob die im Brief folgende Silbe betont ist oder nicht. Es wäre interessant zu erfahren, ob diese Konditionierung Goethe bewusst war oder ob sie sich automatisch hinter seinem Rücken vollzogen hat.

---

55 Dazu AdA: Karte: *Tür / Türe*, dort auch mehr zu interessanten Unterschieden in der Verteilung zwischen mündlichen und schriftlichen Varianten.

Auch bei Fremdwörtern gibt es solche Formvariationen (z.B. *liquid / liquide, präzis / präzise, perfid / perfide*). Dort können hingegen klare Bedeutungsunterschiede, wiederum gestützt durch Genus-Differenzen, vorliegen, z.B. bei *das Etikett* ‚aufgeklebter Zettel' / *die Etikette* ‚Sitte, Förmlichkeit' (ähnlich *der Ruin / die Ruine, der Akt / die Akte*, mit weniger semantischer Prägnanz *das Idyll / die Idylle*). Durch eine deutliche semantische Differenzierung nimmt die Einschlägigkeit dieser Formvariationen für die Zweifelsfallproblematik sicher ab. Denn wenn man solche Wörter überhaupt zu seinem Wortschatz zählt, wird man normalerweise auch die unterschiedlichen Bedeutungen kennen und also nicht über deren Gebrauch in Zweifel geraten.

Die Variation des wortfinalen Schwas tritt außerdem bei Sprachenbezeichnungen auf: *Das Deutsch / Deutsche ist eine schöne Sprache* (vgl. *Chinesisch / -e, Englisch / -e, Arabisch / -e*). Ausschlaggebend für die Formvariation ist hier kein Lautwandelprozess, sondern die Tatsache, dass es sich um substantivierte Adjektive, also Wortbildungsprodukte, handelt. Sie besitzen Merkmale ihrer adjektivischen Herkunft und sind daher noch nicht zu prototypischen Substantiven geworden, z.B. weil sie keinen Plural aufweisen. Die fehlende Prototypikalität verkörpert sich in diesen Fällen in ausdrucksseitiger Instabilität. Das Gegenstück dazu wäre *der Junge*. Hier ist der Übergang von einem Adjektiv zu einem Substantiv vollständig abgeschlossen und es hat sich ein formstabiles Substantiv entwickelt. Die nicht-apokopierte Variante (*der Jung*) mag vorkommen, zur Standardsprache gehört sie aber nicht.

Formvariationen durch Synkopen, die zu Zweifelsfällen Anlass bieten, sind weniger prominent als diejenigen, die auf Apokopen zurückgehen. Das hat auch mit ihrer Herkunft zu tun. Sie stammen nämlich eher von Konflikten, die ihren Ausgang von Wortbildungen nehmen, als von übergreifenden Lautwandelprozessen. Systematisch stehen hier beispielsweise einfache Derivationen am Anfang, etwa durch die Hinzufügung der Ableitungsmorpheme *-in* oder *-ig*. Sie werden normalerweise schlicht zu existierenden Wörtern hinzugefügt und ergeben dann stabile Derivationen, z.B. *Freundin, goldig, Chefin, eisig*. Bei *Zauberer, Ruderer, Kletterer, Eroberer* würde das *Zaubererin, Ruderin, Kletterin, Erobererin* ergeben. Damit hätte man dann allerdings zwei identische unbetonte Silben hintereinander (*-erer-*). Und solche Gleichklänge werden nicht nur im Deutschen vermieden und zu einer Silbe synkopiert (Haplologie). Mit anderen Worten: wortbildungstechnisch drängt alles zur *Zaubererin*, silbenphonetisch wäre aber *Zauberin* besser – ein klassisches Szenario für die Entstehung eines Zweifelsfalls.

Bei *Schwindel, Stachel, Winkel* und den derivierten *schwindelig, stachelig, winkelig* sieht die Sache noch etwas anders aus. Denn hier drängt keine Haplologie zu den synkopierten Formen *schwindlig, stachlig* und *winklig*. Vielmehr steht im Raum, dass die synkopierten Formen einen Trochäus ergeben. Dieses Betonungsmuster bei zweisilbigen Wörtern (betont + unbetont) hat einen prototypischen Charakter und wird daher, wenn möglich, in vielen Aussprachen vorbildhaft angestrebt. Eine entsprechende Bewegung findet sich auch bei der Bildung von Komparativen und Superlativen, wenn die Adjektive entsprechende Formen aufweisen.

**Wortfinales -*(e)n***
Bei den substantivischen Wortpaaren, die sich durch An- bzw. Abwesenheit eines finalen -*(e)n* unterscheiden, können alle möglichen (Kombinationen von) Konditionierungen auftauchen. Hinter solchen Paaren steht der Umstand, dass sich Sprachwandelprozesse im gesamten deutschen Sprachgebiet in unterschiedlicher Art und Weise ausgeprägt haben. Sie besitzen eine flexionsmorphologische Komponente, die mit der oben behandelten Problematik der schwachen Maskulina (Kap. 6.3) und der Übergänge zwischen starker und schwacher Substantivflexion verwandt ist. Dabei handelt es sich um teilweise noch unabgeschlossene Ausgleichsprozesse, die in den relevanten Flexionsparadigmen vor sich gehen und nicht immer dieselben Konsequenzen nach sich ziehen. Sie werden in der grammatischen Literatur in den Details nicht immer einheitlich beschrieben und gedeutet (z.B. Eisenberg/Fuhrhop 2013: 154f; Duden 4/2016: §337–340; Joeres 1996).

Im vorliegenden Zusammenhang interessiert vor allem die Verteilung der Varianten. Gut greifbar ist zunächst eine Variation, die diatopisch angelegt ist und auch die Genus-Variation betrifft. So gibt es verschiedene Wörter, die eine süddeutsche maskuline Variante mit -*en* besitzen, denen eine norddeutsche und eher standardsprachliche feminine Variante mit -*e* entspricht, z.B. *der Backen / die Backe, der Hacken / die Hacke, der Karren / die Karre, der Scherben / die Scherbe, der Socken / die Socke*. Für die diachrone Seite des Prozesses stehen dann Wortpaare, bei denen die eine Variante gegenüber der anderen Variante mehr oder weniger deutlich veraltet ist. Klarerweise ist das etwa an *der Buchstaben, Gedanken, Namen* (alt) gegenüber *der Buchstabe, Gedanke, Name* (neu, aktuell) ersichtlich. Tendenziell ähnlich, aber diachronisch nicht so deutlich sind die Paare *Glauben / Glaube, Willen / Wille*. Die -*n*-losen Varianten haben sich freilich nicht immer durchgesetzt. Dafür stehen in unterschiedlicher diachroner Prägnanz die Paare *der Friede, Gefalle, Haufe, Hode, Same, Schade* (alt) gegenüber *der Frieden, Gefallen, Haufen, Hoden, Samen, Schaden* (neu, (eher) aktuell).

Bei dieser Vielfalt verwundert es nicht, dass die Varianten in einigen Fällen sozusagen semantisch ausgebeutet und die Differenzen dann mit der Zeit stabilisiert wurden. Wo Formvariation zur Verfügung steht, kann sie sich bei Bedarf immer in unterschiedlichen Bedeutungen verfestigen. Ein gutes Beispiel dafür ist die Unterscheidung zwischen *Drache* ‚Fabeltier' und *Drachen* ‚Fluggerät'. Man sollte sie berücksichtigen, wenn man darüber zweifelt, ob es *Drache* oder *Drachen* heißt. Und wer das Wort nutzen möchte, um einen unangenehmen, herrschsüchtigen Menschen in despektierlicher Form zu bezeichnen, müsste gemäß üblichem Sprachgebrauch wohl eher *Drachen* als *Drache* wählen. Vergleichbar ist die Differenz zwischen *der Lump* ‚schlechter Mensch' und *der Lumpen* ‚Putzlappen' sowie *der Reif* ‚ringförmiges Schmuckstück' und *der Reifen* ‚Teil eines Fahrzeugrades'. Ob bei *Fels / Felsen* und *Schreck / Schrecken* im Sprachgebrauch tatsächlich, wie gelegentlich zu lesen ist, ein semantischer Unterschied gemacht wird, sei dahin gestellt. Wenn ja, ist er jedenfalls deutlich unschärfer als in den anderen genannten Fällen.

### Andere Form-Variationen: Umlaut, wortfinales -s, ü / i

Das e-Schwa ist der typische Laut, der – zusammen mit dem *n* – variierende Wortformen hervorbringt. Daneben sind noch Wortpaare zu nennen, die sich durch Umlautung oder Nicht-Umlautung unterscheiden. Auch ihre Varianten können eher in bestimmten Sprachregionen beheimatet sein und von Fall zu Fall semantische Differenzen aufweisen. Als recht auffällig wird eine solche Konstellation bei *(be)nutzen / (be)nützen* wahrgenommen. Die Variante mit Umlaut ist im Süden verbreitet, vor allem im Südwesten.[56] Die Variante ohne Umlaut ist standardsprachlich. Ähnliche diatopische Verteilungen wurden für *schwatzen / schwätzen*[57] und *entlohnen / entlöhnen*[58] ermittelt. Unklarer stellt sich dagegen die Lage bei *muffeln / müffeln* dar.[59]

Neben Verben sind im Zuge von Wortbildungsprozessen auch Adjektive betroffen. Bei *sachlich / sächlich* könnten neben ungleichen diatopischen Verteilungen auch Gebrauchsunterschiede mit semantischen Konnotationen hinzukommen. Zumindest in der (älteren) Sprachwissenschaft ist die Bezeichnung *sächliches Geschlecht* (= Neutrum) nicht durch *sachliches Geschlecht* ersetzbar. Vergleichsweise deutlich ist die semantische Differenz, die sich mit einer fachsprachlichen Note zwischen *Buchse* ‚Behältnis zur Aufnahme eines Steckers oder Kolben' und *Büchse* ‚Dose, kleiner Behälter mit Deckel' herausgebildet hat. Entsprechende Umlautvariationen zeigen sich auch bei Fremdwörtern. Sie müssen

---

56 Vgl. AdA: Karte: *benutzen / benützen*.
57 http://mediawiki.ids-mannheim.de/VarGra/index.php/Schwatzen_/_schwätzen (15.6.18).
58 http://mediawiki.ids-mannheim.de/VarGra/index.php/Entlohnen_/_entlöhnen (15.6.18).
59 http://mediawiki.ids-mannheim.de/VarGra/index.php/Muffeln_/_müffeln (15.6.18).

dort im Rahmen von Sprachkontaktvorgängen gedeutet werden und haben normalerweise keine Auswirkungen auf die Bedeutungen der Varianten (s.o. am Beispiel von *dubios / dubiös*, Kap. 7.2, S. 234).

Bei Adverbien birgt in erster Linie das wortfinale *-s* Zweifelsfallpotenzial. Dafür stehen die Paare *öfter / öfters, durchweg / durchwegs, weiter / weiters, früh / frühs*. Worin liegt die Rechtfertigung für diese Varianten? Auch hier ist zunächst ein diatopischer Faktor in Rechenschaft zu ziehen. Demnach werden die Varianten mit *-s* überwiegend im süddeutschen Sprachraum, besonders im Südosten, bevorzugt.[60] In den anderen Regionen überwiegen die *-s*-losen Varianten. Außer *frühs* finden sich aber alle Formen gelegentlich auch in der Standardsprache.

Instruktiv ist ferner ein struktureller Blick auf diese Schwankung. Dann ist zu konstatieren, dass die Varianten mit *-s* in einem verbreiteten Muster verwurzelt sind. Viele Adverbien verdanken diesem Zeichen ihre Wortartenzugehörigkeit (z.B. *anfangs, bereits, mittags, notfalls, teils*). Das *-s* ist also ein Derivationsmorphem, das die Integration von Wörtern in der Wortart Adverb anzeigt. Ein notwendiges Zeichen ist es allerdings nicht, wie man schon an hochfrequenten Adverbien wie *heute, oft* und *manchmal* ablesen kann. Prototypischerweise werden Adverbien syntaktisch in adverbialer Funktion genutzt. Auch diese syntaktische Funktionalität ist aber keineswegs obligatorisch mit dem Erkennungszeichen *-s* verbunden. Adverbiale können auch durch einfache, unflektierte Adjektive oder etwa Präpositionalphrasen realisiert werden (z.B. *er kommt schnell, er kommt mit großer Freude*). Von der Wortartenlogik her gesehen spricht also einiges für die *s*-Varianten der obigen Zweifelsfälle, insbesondere dann, wenn unklare Wortartenzuordnungen im Raum stehen sollten. Diese Stützung ist rein syntaktisch gesehen aber keineswegs zwingend. Man ahnt, wie aus dieser Konstellation und ihrer diatopischen Verankerung fortwährend Zweifelsfälle entstehen können.

Nur ein kurzer Hinweis sei noch einmal auf die mögliche Verquickung solcher Formvariationen mit Lautwandelprozessen gegeben. Ändern sich systematisch und auf breiter Front die Aussprachen bestimmter Vokale und Konsonanten, so können sich solche phonetischen Bewegungen zumindest vorübergehend in lexikalischen Zweifelsfällen manifestieren. Mittelbar sind Auswirkungen auf das Schriftbewusstsein naheliegend, außerdem Übereinstimmungen mit Varianten, die noch in gegenwärtigen Dialekten gebräuchlich sind. Wie lautet denn nun, so denkt dann mancher Zeitgenosse, die korrekte (Laut- oder Schrift-) Form

---

60 http://mediawiki.ids-mannheim.de/VarGra/index.php/Adverbien_mit_-s_/_ohne_Suffix (15.6.18).

eines bestimmten Worts? Ist es eher die alte oder eher die neue Form? Komplikationsfördernd wirkt hier natürlich der Umstand, dass man als normaler Sprecher möglicherweise gar nicht einschätzen kann, welches die alte und welches die neue Formvariante darstellt. Man ist nur ratlos angesichts von zwei Varianten. Zur Illustration seien dazu einige Beispielpaare genannt, bei denen sich freilich die jeweils zweite Variante gegenüber der ersten Variante mittlerweile standardsprachlich durchgesetzt hat:

*endgiltig / endgültig, Wirde / Würde, flistern / flüstern, Forcht / Furcht, gulden / gülden / golden, Nunne / Nonne, Sprütze / Spritze, bedorfen / bedürfen, kleiben / kleben, Omeise / Ameise.*

Heutige (junge) Sprecher werden hier kaum noch ins Zweifeln geraten. In der Vergangenheit hat das aber wahrscheinlich anders ausgesehen. Das vorübergehende Nebeneinander von alter und neuer Variante, zusammen mit dem standardsprachlichen Selektionsdruck, dürfte so manchen Sprecher dazu gebracht haben, über den Status der Varianten nachzudenken.

### Klitisierungen: *Im Haus hinterm Wald aufm Schrank*

Die obigen Ausführungen haben gezeigt, dass Wörter gelegentlich über instabile Ausdrucksseiten verfügen und daher Zweifel über ihre korrekte Form entstehen können. Am Rande dieser Problematik sind auch Phänomene aufzugreifen, die in der Literatur unter verschiedenen Bezeichnungen behandelt werden. Die Rede ist von Klitika, Klitisierungen, Verschmelzungen, Amalgamierungen. Diese Zusammenziehungen von zwei (Form-) Wörtern ereignen sich vor allem zwischen Präpositionen und den an sie angrenzenden Artikeln (z.B. in + dem = im). Man kann solche Entwicklungen daraufhin befragen, ob sie möglicherweise dazu führen werden, dass die deutschen Präpositionen bald einmal zu den flektierenden Wortarten gerechnet werden müssen (vgl. *ums* (*Haus*), *umen* (*Baum*), *umme* (*Ecke*) (Nübling 2005)). Solche Prozesse gibt es im Deutschen, wie auch in anderen Sprachen, zuhauf und seit langer Zeit. In manchen Fällen haben sie – wenn man so will – zu neuen Wörtern geführt, die fest in der Standardsprache verankert sind und keinerlei Irritationen mit sich bringen (z.B. *im, am, zum, zur*).

In anderen Fällen können jedoch zwei miteinander verwobene Fragenkomplexe auftauchen, die für die Zweifelsfallperspektive einschlägig sind. Zunächst mag sich das Problem ergeben, ob bestimmte Klitisierungen überhaupt in der Standardsprache genutzt werden können oder ob es sich dabei um umgangssprachlich-dialektale (mündliche) Verwendungen handelt, die in formalen Kontexten eher zu meiden sind. Steht man vor der Verschriftlichung solcher Fälle, befindet man sich in der Regel in einer Situation, in der standardsprachliche Üblichkeiten angepeilt werden. Es erhebt sich dann die Folgefrage, wie die Verschmelzungen zu schreiben sind: mit oder ohne Apostroph. Insgesamt stehen insofern beispielsweise die folgenden Varianten und ihre Verschriftlichung zu Wahl: *hinter dem / hinter'm / hinterm, auf das / auf's / aufs, an das / an's / ans*. Die Entscheidung zwischen den Varianten ist heutzutage normativ besonders stark aufgeladen. Denn mit dem Apostroph steht die Benutzung eines Interpunktionszeichens zur Debatte, das von vielen Schreibern sehr argwöhnisch beäugt wird. Das hängt damit zusammen, dass es historisch gerade als eine Art Ausgleichszeichen zwischen standardsprachlichen und nicht-standardsprachlichen Lautungen entwickelt wurde (Klein, W.P. 2002). In diesem Licht ist die heutige Variation zwischen Apostroph-Schreibungen und Nicht-Apostroph-Schreibungen allemal von besonderer sozialer Relevanz (Ewald 2006; Bankhardt 2010; Scherer 2013). Sie spiegelt in vielen Aspekten die Spannung zwischen Standardsprachlichkeit und Nicht-Standardsprachlichkeit.

Wie auch immer man sich in solchen Fällen entscheidet, eins wird man über solche Entscheidungsprozesse sicher sagen können. Es handelt sich dabei – besonders wenn Schriftlichkeit im Spiel ist – um Formen der standardsprachlichen Selektion. Wer also eine bestimmte klitisierte Schreibvariante nutzt, plädiert dafür, sie in der überregionalen, neutralen Varietät des Deutschen aufzunehmen. Dabei ist nicht zu vergessen, dass solche Varianten stets in epochalen Wandel- und Entfaltungsprozessen mit mehr oder weniger langen Übergangszeiträumen angesiedelt sind. Diese Entwicklungen wurden in der Forschung – gerade auch mit Blick auf die damit verbundenen Schwankungen und normativen Probleme – zuletzt genau ausgeleuchtet (Christiansen 2016, Augustin 2018). In solchen Konstellationen, die spannungsvoll von gegenläufigen Kräften geprägt sind, hat jeder Sprecher des Deutschen das Recht, durch seine Variantenauswahl den Lauf der Sprache in die eine oder in die andere Richtung zu lenken. Wörterbücher und Grammatiken werden dann früher oder später nachziehen.

## 9.2 Variierendes Genus bei Substantiven

Jedes Substantiv hat im Deutschen ein festes Genus. Für den Aufbau von Nominalphrasen ist es unerlässlich, da in ihre Bildung sprachliche Einheiten mit Genus-Bezug eingehen. Das kann der Artikel (z.B. *der, die, das*) sein, aber auch ein Adjektiv (z.B. *ein großer Wald, eine große Wiese, ein großes Haus*). Man benötigt es zudem sehr häufig, um zwischen Sätzen pronominale Bezüge herzustellen: *Der Wald... Er...*; *Die Wiese... Sie...*; *Das Haus... Es...* Das substantivische Genus besitzt also beim Schreiben deutscher Sätze und Texte eine sehr große, obligatorische

Funktionalität. Wer Deutsch spricht, weiß in aller Regel, welches Genus ein Substantiv besitzt.

Es gibt im Deutschen aber keine Regel, aus der man das Genus jedes Substantivs herleiten könnte. Deshalb kann man auch davon ausgehen, dass wir beim Spracherwerb das substantivische Genus in jedem einzelnen Fall lernen. Nur bei einigen Gruppen von Substantiven lassen sich bestimmte Faktoren festmachen, die für eine gewisse Motiviertheit des Genus sprechen. Geht es um Menschen, gibt es etwa eine Tendenz, dass sprachliches Geschlecht und natürliches Geschlecht (Sexus) in Einklang stehen. Man kann freilich an vielen Wörtern ablesen, dass dahinter keineswegs eine feste Regularität steht. Maskuline, feminine und neutrale Wörter bezeichnen beispielsweise sowohl männliche als auch weibliche Personen (z.B. *Mensch*, *Person*, *Kind*). Neutrale Wörter können ausschließlich auf Frauen bezogen sein (z.B. *Weib*, *Mädchen*). Das Genus der deutschen Sprache ist also sicherlich keine direkte Reaktion auf die Existenz der natürlichen Geschlechter. Immer wieder gibt es freilich ähnliche Gegenstände, die durch Wörter mit demselben Genus bezeichnet werden. Wüsten, Schiffe und Motorräder werden sprachlich etwa ganz überwiegend durch Feminina repräsentiert; Biere, Städte und Länder durch Neutra (Nübling 2013a: 137).

Neben den semantischen Motiven gibt es noch ausdrucksseitige Merkmale, die auf das Genus eines Substantivs hinweisen. Dazu gehören etwa bestimmte Endungen, die für Maskulina (z.B. *-ling*), Feminina (z.B. *-ung*), Neutra (z.B. *-lein*) stehen. Tatsache bleibt jedoch: Wenn man einmal von der Situation ausgeht, dass einem ein einzelnes unbekanntes Wort begegnet, so hat man in aller Regel keine sichere Handhabe, wie denn sein Genus lauten müsste. Zur generellen Frage, welche Faktoren die sog. Genuszuweisung bei den Substantiven in welchem Ausmaß bedingen oder zumindest tendenziell beeinflussen, wurde viel geforscht (wegweisend Köpcke 1982; Köpcke/Zubin 1984, 1996, 2017; historisch Frey 2008). Für die Lernerperspektive (DaF) besitzt die Problematik notwendigerweise eine besondere Bedeutung (z.B. Schroeter-Brauss 2016).

In der Zweifelsfallperspektive sind wieder die nicht-prototypischen Fälle von besonderem Belang. Anders als im protypischen Bereich, wo jedes Substantiv genau ein Genus besitzt, existieren in der Peripherie des Systems Substantive, die zwei, in Einzelfällen sogar drei Genera aufweisen. Üblicherweise werden solche Zweifelsfälle als Artikel-Probleme gefasst: *Der* oder *das Teil*? *Die* oder *das E-Mail*? *Der*, *die* oder *das Joghurt*? Es ist sinnvoll, diesen Problemkreis vor unterschiedlichen Horizonten zu betrachten: bei nativen Wörtern und bei nicht-nativen Wörtern (inkl. Lehnwörtern).

**Genus-Varianz bei nativen Wörtern und Lehnwörtern**
Aus der Sprachgeschichte ist bekannt, dass bei vielen Substantiven das Genus nicht stabil war. Einerseits kann uns ein Substantiv in einer Epoche mit unterschiedlichen Genera begegnen, andererseits scheint es manchmal im Laufe der Zeit zu Genuswechseln gekommen zu sein (Paul 1998: §175, 177, 180, 184ff; Ebert u.a. 1993: 175f). Was heutzutage beispielsweise ein Femininum ist, wies im Frühneuhochdeutschen (auch noch) das maskuline Genus auf (z.B. *Angst, Flasche, Schlange, Sonne, Tafel*). Dasselbe gilt für heutige Neutra (z.B. *Ding, Geld, Lob, Scheusal, Tuch*).

Vor dieser Folie ist zunächst zu erwarten, dass sich manche Genusvarianzen weiterhin mehr oder weniger prägnant diatopisch manifestieren. Das trifft etwa auf das regionale *der Butter* und *die Bach* zu. Standardsprachlich sind allerdings mittlerweile *die Butter* und *der Bach* stabil. In Österreich sagt man *die Spachtel* und gelegentlich *der Zwiebel*, außerhalb von Österreich *der Spachtel* und *die Zwiebel*. Auch die Genusvarianz von *der / das Dotter* sowie *der / die Fussel* besitzt eine solche regionalsprachliche Verankerung, vielleicht auch *der / die Trüffel*.

Einschlägig für die Zweifelsfallproblematik ist darüber hinaus die Bedeutungsdimension. Dort lässt sich zunächst beobachten, dass Genusvarianz klarerweise semantisch konditioniert sein kann. Dafür existieren zahlreiche Beispiele. *Das Steuer* ist im Auto, *die Steuer* muss man zahlen. *Der Heide* ist ein Nicht-Christ, *die Heide* Ödland. *Der Tau* ist feucht, *das Tau* ein dickes Seil. *Der Leiter* führt das Unternehmen, *die Leiter* steht an der Wand. Sind die Wörter bekannt und im Sprachgebrauch einigermaßen frequent, drohen hier kaum Zweifelsfälle. Das ändert sich, wenn Wörter nicht häufig genutzt werden und womöglich eine regionalsprachliche oder veraltende Komponente besitzen. Dann kann etwa fraglich werden, wie das Genus von *Marsch* im Sinne von ‚flache, fruchtbare Landschaft am Meer' lautet. Im Hintergrund steht ja *der Marsch* im Sinne von ‚Musik im Marschtakt'. In dieser Hinsicht vergleiche man auch *der Flur* ‚Korridor in einem Gebäude' und *die Flur* ‚Feld und Wiese'. Normativ gesehen sollte man bei der Variantenselektion die semantischen Vorgaben berücksichtigen, wenn man nicht vom üblichen Sprachgebrauch abweichen möchte.

Je mehr sich nun die Bedeutungen der Genusvarianten annähern und womöglich abstrakter werden, desto größer wird die Wahrscheinlichkeit, dass im Sprachgebrauch Schwankungen auftauchen und Zweifelsfälle entstehen. Beim Wort *Schild* dürfte die Distanz noch recht groß sein, aber wohl kleiner als bei *die / das Steuer*: *das Schild* ‚Zeichen, Informationstafel' / *der Schild* ‚Schutzwaffe'. Bei *Ekel* verringert sich die Differenz: *der Ekel* ‚Abscheu, Widerwille' / *das Ekel* ‚widerlicher Mensch' (ähnlich: *das / der Erbe*). Vergleichbare Betrachtungen könnte man an den Paaren *der / das Gehalt* und *der / das Verdienst* anstellen.

Auf dieser Linie ist dann die Genus-Problematik beim Wort *Teil* einigermaßen komplex. In der maskulinen Variante bezeichnet man damit in der Regel den Teil in Relation zu einem Ganzen: *der Teil des Landes, der Teil des Körpers, der Teil der Generation*. In der neutralen Variante geht es dagegen um ein einzelnes, materielles Stück. So ärgert man sich, wenn man *das blöde Teil* wieder nicht gefunden hat (nicht: *den blöden Teil*). Zwischen diesen beiden Varianten existiert allerdings ein Übergangsbereich, in dem beide Lesarten möglich sein können, also sowohl maskulines als auch neutrales Genus gerechtfertigt sind. Man stelle sich beispielsweise vor, dass ein Tischbein zu Bruch gegangen ist. Dieselbe Tatsache könnte zu Sätzen Anlass geben, in denen das Genus von *Teil* variiert: *Der / das Teil vom Tisch war völlig kaputt*. *Der Teil* ist gerechtfertigt, weil es um einen Teil vom ganzen Tisch geht; *das Teil* ist gerechtfertigt, weil es sich um ein einzelnes, materielles Stück handelt. Oder in ähnlicher Konstellation als Frage formuliert: Wie nennt man *den / das Teil* des Autos, *der / das* am teuersten ist? Beide Formulierungen sind möglich, weil sie im Einklang mit dem herrschenden Sprachgebrauch gebracht werden können. Keine ist falsch.

In bestimmter Hinsicht wird man also nicht richtig informiert, wenn es heißt, dass das Wort *Teil* in zwei unterschiedlichen Bedeutungen benutzt wird, die sich in Genusvariation manifestieren. Richtig daran ist, dass man viele Sprachgebräuche mit dieser Unterscheidung angemessen beschreiben kann. Falsch daran ist die Unterstellung, dass alle Sprachgebräuche daran distinkt gemessen werden können. Wenn also an einem solchen Punkt Zweifel entstehen, kann man normativ sehr wohl davon ausgehen, dass es eine Regularität zu beachten gilt. Das heißt aber nicht, dass in einem gegebenen Kontext immer nur entweder die eine oder die andere Variante richtig ist. Die Situation wird noch einmal komplizierter, wenn man verwandte komplexe Wörter und ihre Verwendung berücksichtigt, etwa *Anteil, Bestandteil, Erbteil, Gegenteil, Vorderteil*. Hier ist mit gegenläufigen Befunden zur oben genannten Regularität zu rechnen. Das neutrale Genus von *Geschlechtsteil* fällt noch einigermaßen plausibel darunter. Warum aber heißt es auch *das Gegenteil*?

Neben der diatopischen und der semantischen Variantenkonditionierung kann, wie gehabt, auch freie Variation vorkommen. Jedenfalls gibt es in normativer Hinsicht derzeit keine Faktoren, die bei der Genus-Wahl der folgenden Wörter mit Bedacht zu berücksichtigen wären: *der / die Abscheu, der / das Balg, der / das Gau, der / das Kehricht, der / das Liter, der / das Knäuel*. Das bedeutet nun allerdings nicht, dass man bei genauer Analyse des Sprachgebrauchs nicht irgendwelche Unterschiede finden könnte. Zumindest die Gebrauchsfrequenz wird natürlich immer unterschiedlich sein. Für eine Entscheidung in Zweifelsfällen ist es aber in bestimmter Hinsicht unerheblich, ob eine Variante in – sagen wir – 40, 50 oder 60 Prozent der Fälle genutzt wird.

**Genus-Varianz bei Fremdwörtern**
Bei Entlehnungen kommen dieselben Aspekte zum Tragen, die gerade bei den nativen Wörtern angesprochen wurden, allerdings in besonderer Brisanz für die Zweifelsfallperspektive. Der Ausgangspunkt liegt darin, dass jedes Wort, das aus einer anderen Sprache im Deutschen als Substantiv übernommen werden soll, ein Genus benötigt (Eisenberg 2018: Kap. 5.2). Ohne dieses Merkmal könnte es in Sätzen und Texten gar nicht genutzt und in die deutsche Sprache integriert werden. Welches Genus soll ein entlehntes Fremdwort aber bekommen? Die Prinzipien der Genuszuweisung sind ja schon bei nativen Wörtern vielschichtig und nicht auf eine einfache Regularität zu reduzieren. Wie oben angedeutet, können semantische, aber auch ausdrucksseitige Faktoren die Zuweisung beeinflussen. Letztere, z.B. bestimmte Wortausgänge, besitzen aber nun gerade eine native Basis, sind also bei Fremdwörtern eher nicht zu erwarten. Fremden Entlehnungen, die auf *-ling*, *-ung* oder *-lein* enden, könnte man zwar relativ problemlos ein Genus zuweisen. Sie kommen aber eben nicht vor. Stattdessen sind die Entlehnungen oft durch recht fremde Ausdrucksseiten gekennzeichnet, die für die Genuszuweisung kaum relevant sind und noch dazu schwankende Aussprachen aufweisen. Wenig Verlässlichkeit und Einheitlichkeit versprechen überdies die semantisch gestützten Gruppenbildungen. Sie sind oft aus unterschiedlichen Perspektiven denkbar und resultieren mithin in unterschiedlichen Genuszuweisungen.

Bleibt zum Schluss vielleicht noch der Ausweg, einfach das ursprüngliche Genus der Entlehnungssprache zu übernehmen. Das scheitert aber schon oft daran, dass viele Sprachen gar kein (substantivisches) Genus besitzen. Da gibt es nichts zu übernehmen. Und wenn es ein Genus gibt, muss es nicht so strukturiert sein wie im dreigliedrigen deutschen System. Es gibt Sprachen mit zwei, drei, vier und sogar noch mehr Genera. Außerdem kann man meistens nicht mit flächendeckenden Kenntnissen der fremden Sprachen rechnen. Französische Sprachkenntnisse sind im deutschen Sprachgebiet vielleicht noch vergleichsweise verbreitet. Was hätte man aber davon, wenn man bei griechischen Fremdwörtern das Ursprungsgenus übernimmt, viele deutsche Muttersprachler Griechisch aber gar nicht beherrschen? Ganz zu schweigen von den Problemen, die entstehen, wenn das ursprüngliche Genus mit den semantischen und ausdrucksseitigen Faktoren der nativen Systematik in Konflikt gerät.

Vergegenwärtigt man sich diese Ausgangsbedingungen, so ist es nicht verwunderlich, wenn bei Fremdwörtern immer wieder Genusschwankungen auftreten. Sie wurden in der Forschung schon verschiedentlich genauer analysiert, insbesondere in Relation zur derzeitigen Hauptentlehnungssprache, also zum Englischen (Gregor 1983; Chan 2005; Fischer 2005; Callies u.a. 2010). Aber auch Genusschwankungen bei Übernahmen aus romanischen Sprachen standen im Fokus (Schulte-Beckhausen 2002). Die Genusschwankungen ziehen auch deshalb eine besondere Aufmerksamkeit auf sich, weil sie gleichzeitig mit schwankenden Aussprachen, Schreibungen und Pluralbildungen verbunden sein können. Von daher kann man vielleicht auch nachvollziehen, wieso manche Leute auf die Idee kommen, dass Fremdwörter für deutsche Sprecher Problemwörter darstellen: kein klares Genus, seltsame Aussprachen, unsichere Schreibung. Besonders virulent müssen die Genusschwankungen in der Anfangsphase der Entlehnung sein. Bei zunehmender lexikalischer Integration ist dagegen mit der allmählichen Festigung einer Genusvariante zu rechnen. Sie wird oft begleitet durch eine Veränderung der Aussprache und eine Stabilisierung der Schreibung. Eine solche Konsolidierung ist stets als eine Annäherung an die Prototypik des nativen Systems zu interpretieren. Mit anderen Worten, der Problem-Charakter der Fremdwörter nimmt ab, wenn sie von der Sprachgemeinschaft stärker integriert und ihre Ausdrucksseiten der nativen Systematik anverwandelt werden.

**Einige Fremdwortbeispiele**

Für die skizzierte Gesamtkonstellation steht etwa *Dschungel*. Das Wort kam schon im 19. Jahrhundert ins Deutsche. Zu Beginn wurde es mit allen drei Genera genutzt. Mittlerweile hat sich das Maskulinum durchgesetzt. Für weiterhin bestehende Genusvarianz, die teilweise schon über einen längeren Zeitraum anhält, stehen Wörter wie *der / das Barock, der / das Bonbon, der / das Biotop, der / das Cartoon, der / das Gelee, der / das Keks, der /das Lasso, der / das Marzipan*. Bestimmte Genera können dabei in einzelnen Regionen besonders gestützt werden, z.B. in Österreich das Maskulinum von *Marzipan* oder das Neutrum von *Abszess* sowie in der Schweiz das Neutrum von *Kamin*. Eine deutliche regionale Distribution prägt auch das vergleichsweise neue Wort *E-Mail*.[61] Im Süden des deutschen Sprachraums findet sich die neutrale Variante, ansonsten die feminine. Als Sonderfälle lassen sich die Wörter *Joghurt, Nutella* und *Zigarillo* auflisten. Denn hier findet man in unterschiedlicher Häufigkeit alle drei Genera. Das Ganze mag einen chaotischen Eindruck machen. Es ist aber möglich, bei allen diesen Wörtern nach

---

[61] Aktuelle Befunde zur diatopischen Verteilung der Genusvarianten bei Anglizismen unter: http://mediawiki.ids-mannheim.de/VarGra/index.php/Kategorie:Genus_bei_Anglizismen, (18.6.18) z.B. zu *der / das Blog, der / das Essay, der / das Laptop, der / das Radio, der / das Service*.

denjenigen Faktoren Ausschau zu halten, die systematisch die zitierte Genusvariation aufrechterhalten und die Herausbildung eines einzigen Genus verhindern. Dazu wären sowohl inhalts- als auch ausdrucksseitige Faktoren zu berücksichtigen.

Wie nicht anders zu erwarten, werden die Genusvarianten in einzelnen Fällen semantisch angereichert. Die Lage ist grundsätzlich so wie bei den nativen Wörtern: Klare Bedeutungsunterschiede verringern das Zweifelsfallpotenzial, unscharfe und abstrakte steigern es, insbesondere bei wenig frequenten Wörtern. Für die erste Gruppe sei *Lama* genannt: *der Lama* ‚buddhistischer Priester' / *das Lama* ‚Kamelgattung'. Für eher seltene Wörter, teilweise im Graubereich zwischen Fach- und Standardsprache, steht die folgende kleine Liste:

**Tab. 23:** Fremdwörter mit Genusvariation und semantischen Unterschieden

|  | Maskulinum | Neutrum |
| --- | --- | --- |
| *Korpus* | ‚(menschlicher) Körper, Möbelstück' | ‚linguistische Datensammlung' |
| *Virus* | ‚Computerschadprogramm' (auch: Neutrum) | ‚Krankheitserreger' |
| *Kristall* | ‚mineralischer Körper' | ‚geschliffenes Glas' |
| *Moment* | ‚Augenblick' | ‚Merkmal, Eigentümlichkeit' |

Wem weder die eine noch die andere Genusvariante häufig begegnet, wird sich zunächst schwer damit tun, die unterschiedlichen Formen zu verinnerlichen. Wer nur die eine Genusvariante mit ihrer Bedeutung kennt, wird sie womöglich unweigerlich auf die andere Bedeutung übertragen. Schwankungen sind hier deshalb in unterschiedlichem Maß an der Tagesordnung. Die Zuordnung zwischen Semantik und Genuszuweisung ist bei solchen Wörtern (noch) nicht wirklich gefestigt. Erschwerend können in manchen Fällen zudem ausdrucksseitig identische bzw. ähnliche Wörter hinzukommen, z.B. tritt neben *Chor Korps*. Auf die Explikation der semantischen Unterschiede dieser Wörter und ihrer Genusvarianten sei hier verzichtet – genauso wie auf die Beantwortung der Frage, welche Bedeutungen sich hinter den drei beobachtbaren Genusvorkommen von *Gummi* im realen Sprachgebrauch befinden könnten. Normativ gesehen wird es in allen Fällen sinnvoll sein, an die herrschenden Bedeutungs- und Genus-Unterschiede anzuknüpfen. Wer das – aus welchen Gründen auch immer – nicht tut, kann aber begründeterweise darauf hoffen, dass der jeweilige kommunikative Kontext Missverständnisse weitgehend ausschließt.

## 9.3 Polylexematische Zweifelsfälle

Polylexematische Zweifelsfälle bestehen aus lexikalischen Konkurrenzen. Mit diesem Phänomenkreis begibt man sich auf ein Feld, das sich an vielen Punkten von den Mustern unterscheidet, die bisher behandelt wurden. In erster Annäherung kann man das mit einem Blick auf die Semantik der zur Debatte stehenden Wörter umkreisen. Fraglich ist nämlich, ob und, wenn ja, inwiefern und warum die beiden Wörter eines Zweifelsfalls dieselbe Bedeutung haben oder nicht. Es geht um den Status alternativer Bezeichnungen für dieselbe Sache. Wobei der Begriff Sache hier im weitesten Sinn zu verstehen ist, also im Sinne von materiellen, abstrakten oder virtuellen Gegebenheiten, auf die sich unsere Wörter irgendwie beziehen.

Wenn man diese Perspektive einnimmt, stellt sich schon recht bald eine Problematik ein, die am Ende viel schwerer zu klären ist, als es zunächst den Anschein haben mag. Wann handelt es sich bei wortsemantischen Betrachtungen um „dieselbe Sache" und wann bezeichnen zwei bedeutungsähnliche Wörter womöglich unterschiedliche Sachen? Bei *Fleischer / Metzger* oder *Adresse / Anschrift* mag das noch recht einfach sein: Dieselbe Sache! Bei *Komödie / comedy / Kabarett* oder *Pflaume / Zwetschge* ist die Frage schon etwas schwerer zu beantworten. Tatsächlich gerät man bei solchen Erwägungen in die Nähe von grundsätzlichen wortsemantischen (und sprachphilosophischen) Diskussionen, die im europäischen Denken seit langem eine große Rolle spielen. Letztlich geht es dabei um das Verhältnis von Wort (Sprachwissen) und Sache (Sachwissen, auch: Weltwissen, enzyklopädisches Wissen)) sowie um den Status von Synonymien. Auch die Analyse von Pleonasmen bewegt sich auf einem ähnlichen Terrain (s.o. Kap. 7.2). Wie kann man sich das Verhältnis von Worten und Sachen denken? Auf welche Art und Weise gewinnen die Wörter in Relation zu den bezeichneten Sachen ihre Bedeutung? Können zwei Wörter eigentlich wirklich dieselbe Sache bezeichnen? Welcher Sinn sollte mit dieser Verdoppelung verbunden sein? Und haben wir überhaupt einen Zugriff auf die Sachen, bei dem die Sprache nicht immer schon irgendwie im Spiel ist? Sind die Wörter eigentlich klar von den Sachen zu trennen?

Solche Fragen werden hier noch nicht einmal ansatzweise diskutiert, geschweige denn beantwortet. Stattdessen sind nur einige typische Entstehungskontexte polylexematischer Zweifelsfälle schlaglichtartig zu beleuchten. Wer dabei die Behauptungen zur Semantik einzelner Wörter nicht nachvollziehen kann, der sollte sich am besten an diese einführenden, relativierenden Bemerkungen erinnern. In die Behauptung, dass zwei Wörter dieselbe (oder unterschiedliche) Bedeutung(en) tragen, gehen in der einen oder anderen Form stets nicht-triviale Annahmen darüber ein, wie der Begriff der Wortbedeutung verstanden und in

Relation zu den Sachen gesetzt wird. Es ist unmöglich und wird hier auch gar nicht angestrebt, diese Verhältnisse in allen referierten Einzelfällen theoretisch konsistent zu explizieren.

Allerdings sei daran erinnert, dass man im vorliegenden Kontext von unterschiedlichen Wortbedeutungen immer nur dann sprechen darf, wenn sie sich im realen Sprachgebrauch auch wirklich nachweisen lassen. Man kann – sozusagen rein theoretisch – immer viele sachliche Unterscheidungen in plausibler Form treffen. Dazu kommt es oft dann, wenn die jeweiligen Sachen und ihre Bezeichnungen näher in Augenschein genommen werden, womöglich sogar von Fachleuten oder Laien mit speziellen Liebhabereien. In diesen Kreisen wird ja viel differenziert und klassifiziert, z.B. Typen von Pflanzen, Himmelserscheinungen, chemischen Elementen, Krankheiten, Kleidern oder Autos. Wenn man solche Unterschiede einsichtig gemacht hat, so heißt das aber noch lange nicht, dass sie auch bei der üblichen (nicht-fachsprachlichen!) Benutzung von zwei unterschiedlichen Wörtern existieren – oder gar existieren sollten. Das eine sind nämlich Sachunterscheidungen, das andere Wortunterscheidungen. Erstere geben die Basis von Enzyklopädien und Fachlexika ab, letztere stehen in (Sprach-) Wörterbüchern. Dass es hier eine breite Übergangszone gibt, ist Teil des Problems, warum immer wieder neue polylexematische Zweifelsfälle entstehen.

Das gesamte Spektrum der polylexematischen Zweifelsfälle, wie sie im folgenden skizziert werden, taucht in den existierenden Zweifelsfallsammlungen nur in Ausschnitten auf. Sie werden dort eher außen vor gelassen. Das rührt vor allem daher, dass es sich in vielen Fällen nur um vorübergehende Einzelphänomene handelt, die kaum gemeinsame Strukturen aufweisen. Genauso schnell, wie ein einzelner Zweifelsfall entsteht, ist er oft auch schon wieder abgetaucht. Dieser schnelle Wandel ist typisch für den Wortschatz der Sprachen. Lediglich bestimmte kommunikative Konstellationen stellen gewisse Konstanten dar. Aus ihnen ergeben sich immer wieder ähnlich gelagerte Zweifelsfälle. Einige dieser Konstellationen werden unten aufgegriffen. Aus der geschilderten Lage folgt mittelbar auch, dass der Zweifelsfallstatus der unten zitierten Wortpaare nicht in jedem Fall wirklich sicher ist. Es trifft die Sache daher besser, wenn man davon spricht, dass im folgenden eher potentielle als gut nachgewiesene Zweifelsfälle der deutschen Sprache aufgegriffen werden. In welchem Ausmaß diese potentiellen Zweifelsfälle bei welchen Sprechergruppen reale Zweifelsfälle nach sich ziehen, ist eine offene Frage, die nur durch empirische Untersuchungen präziser zu klären ist.

Polylexematische Zweifelsfälle konstituieren sich überwiegend aus Inhaltswörtern, vor allem aus Substantiven und Verben. Schon Adjektive tauchen deutlich weniger auf. Bei Adverbien ist das Paar *bereits / schon* einschlägig. Am Rande gibt es dann Wortpaare, die zumindest auf dem Weg sein können, grammatische Wörter zu werden. Dazu lohnen sich Einzelstudien, die einerseits die historische Herausbildung solcher Wörter, andererseits ihren gegenwärtigen Status beleuchten. Derartige Untersuchungen gibt es beispielsweise zur Konkurrenz von *bekommen / kriegen* (Lenz 2013) und *persönlich / selbst* (Stathi 2012).

**Diatopische Variation**
Viele lexikalische Konkurrenzen besitzen seit langer Zeit eine diatopische Basis. In unterschiedlichen Regionen nutzt man für dieselbe Sache unterschiedliche Wörter. So liegen beispielsweise für die folgenden Wörter im Atlas der deutschen Alltagssprache (AdA) Daten zur regionalen Verteilung vor. Manchmal gibt es hier relativ scharfe Grenzen zwischen den Regionen, oft aber auch breitere Übergangszonen und unübersichtliche Vermischungen:

**Tab. 24:** Polylexematische Zweifelsfälle mit diatopischer Konditionierung: Beispiele

| | | |
|---|---|---|
| *aufschließen / aufsperren* | *Backofen / Backrohr* | *Brötchen / Semmel / Schrippe* |
| *Christbaum / Weihnachtsbaum* | *Dialekt / Mundart / Platt* | *Einmachglas / Einweckglas* |
| *einsagen / vorsagen* | *klingeln / läuten / schellen* | *Klöße / Knödel* |
| *leer / alle / aus* | *sich melden / aufzeigen* | *Möhre / Karotte / Wurzel* |
| *Rechen / Harke* | *Zahn reißen / ziehen* | *Schreiner / Tischler* |
| *Streichholz / Zündholz* | *Uhr anhaben / umhaben* | *Zollstock / Meterstab* |

In der obigen Tabelle wurden jeweils nur zwei, höchstens drei Varianten aufgeführt. Tatsächlich ist es freilich so, dass in vielen Fällen noch mehr Lexeme im Raum stehen. Nicht immer sind also in der Tabelle sämtliche AdA-Varianten verzeichnet. Als Beispiel für ein besonders reiches Variantenspektrum sei die folgende Reihe zitiert: *Beefsteak / Bulette / Fleischkrapferl / Fleischküchle / Fleischpflanzerl / Frikadelle / Hacktätschli / Hackplätzli / Klops*. Oft kommen dazu noch kleinere Formvariationen, die den Eindruck der Vielgestaltigkeit steigern und weitere Einfallstore für Zweifelsfälle darstellen können (z.B. *Schluckauf: Schlucken, Schluckser, Schluckiza, Schlicks, Schlickser*). Solche Formvariationen speisen sich in der Regel aus den (historischen) Basisdialekten der jeweiligen Regionen.

Die diatopischen Konkurrenzen wurzeln insgesamt in der alten, gleichsam naturwüchsigen Dialektvielfalt der deutschen Sprache. Ihr semantischer Status ist meistens unproblematisch. Durch ihre Verankerung in der Alltagskommunikation ist unmittelbar deutlich, worauf sich die Wörter beziehen und inwiefern man hier von Synonymiebeziehungen ausgehen kann. Man hat die Dinge vor Augen und die Wörter im Ohr. Anders gesagt: es gibt keinen Zweifel daran, dass hier dieselben Sachen nur jeweils anders bezeichnet werden. Das ändert sich aber schnell, wenn abstraktere, alltagsfernere Inhalte bezeichnet werden. Ob *Dialekt*, *Mundart* und *Platt* tatsächlich als Synonyme anzusehen sind, wäre näher zu klären und ist sicher auch vom (unterschiedlichen?) Bedeutungsverständnis der Regionen abhängig.

**Sprachreflexion und lexikalische Variation**
Andere lexikalische Konkurrenzen besitzen keine diatopische Basis. Ihre Unterschiedlichkeit stammt nicht aus kommunikativen Umgebungen, die man naturwüchsig-regional nennen könnte. Stattdessen gibt es ein anderes wesentliches Motiv, das bei ihrer Entstehung in verschiedenen Anteilen eine Rolle spielt. Gemeint ist die explizite, mehr oder weniger bewusste Reflexion über Sprache und den Umgang mit ihr. Bekanntlich gibt es seit langer Zeit solche metasprachlichen Kontexte, in denen Probleme der Sprache zum Gegenstand von Gedanken, Diskussionen, Empfehlungen und Gesetzen gemacht werden. Für die ältere Zeit wurden diese Aktivitäten etwa als Spracharbeit bezeichnet. Ausdrücke wie Sprachkultur, Sprachpflege und Sprachbewusstsein gehen in dieselbe Richtung. Schulen und Universitäten sind die Orte, wo sich solche metasprachlichen Betätigungen wegweisend verkörpern. Ihr Biotop sind (schriftliche) Bildungs-, nicht (mündliche) Alltagszusammenhänge. In diesen Bewegungen kommt es immer wieder dazu, dass lexikalische Konkurrenzen und verwandte Probleme thematisiert werden. Nicht selten wird eine der Varianten hier sogar erst geschaffen.

Vier Ausprägungen solcher sprachreflexiven Regionen, die für die Existenz und die Bewältigung sprachlicher Zweifelsfälle von besonderer Bedeutung sind, sollen im folgenden kurz exemplarisch beleuchtet werden:
– Fremdwortfragen, die mit Sprachkontaktsituationen verbunden sind;
– Fragen, die aus dem Sprachgebrauch in der Politik erwachsen;
– terminologische Fragen, die im Übergangsbereich zu Fach- und Wissenschaftssprachen angesiedelt sind;
– onomastische Fragen, also Probleme, die Eigennamen betreffen und zur Namenkunde gehören.

**Fremdwortfragen**
Schon immer wurden Wörter aus anderen Sprachen ins Deutsche entlehnt (Eisenberg 2018). Als Hauptentlehnungssprachen fungierten zu Beginn das Lateini-

sche (und Griechische), dann das Französische und Italienische, zuletzt vor allem das Englische. Neben solchen Anziehungsprozessen gab es auch immer wieder Abstoßungsprozesse. Fremde Wörter wurden nicht nur aufgenommen, sondern sollten im Zuge puristischer Bewegungen auch wieder aus dem Deutschen ausgestoßen werden. Für die Zweifelsfallperspektive resultieren aus diesen Vorgaben einige grundsätzliche Szenarien, aus denen unterschiedliche Klassen von Varianten hervorgehen.

Zunächst kann man die Entlehnungen unter einer rein ausdrucksseitigen Perspektive betrachten. Dann gibt es Paare, deren Varianten nur relativ kleine Differenzen auf der Ausdrucksseite aufweisen, die aber gleichzeitig einen klaren Bedeutungsunterschied aufweisen:

**Tab. 25:** Ausdrucksseitig ähnliche Fremdwortpaare mit klaren Bedeutungsunterschieden

| | | |
|---|---|---|
| *ethisch / ethnisch* | *Koniferen / Koryphäen* | *kontingent / Kontinent* |
| *lamentieren / laminieren* | *mariniert / maniriert* | *Ouvertüre / Kuvertüre* |
| *Orient / Okzident* | *Präsenz / Präsens* | *romanisch / romantisch* |
| *Rolladen / Rouladen* | *Torso / Korso* | *Zäsur / Zensur* |

Sicher ist fraglich, ob die obige Tabelle überhaupt Zweifelsfälle enthält. Das differenzielle Wissen zu diesen Wörtern gehört zur Bildungssprache und sollte zumindest in der Sprachkompetenz deutscher Abiturienten fest und trennscharf verankert sein. Wer die Wörter kennt und noch dazu vielleicht morphologische Beziehungen zu verwandten Wörtern ziehen kann, dürfte kaum in Zweifel geraten. Freilich könnte diese Voraussetzung nicht für die ganze deutsche Sprachgemeinschaft gelten. Man sieht das nicht zuletzt daran, dass solche Wortpaare gerne in Witzen und Sketchen aufgegriffen werden. Sie sind immer für einen Lacher gut. Voraussetzung dafür ist, dass jemand die Unterschiede nicht (sicher) kennt und die Wörter verwechselt. In solchen humoristischen Fiktionen könnten sich Realitäten verbergen. Dass die ausdrucksseitig ähnlichen Wörter manchmal zum Gegenstand von Sprachzweifeln werden, ist also nicht ausgeschlossen. Dafür spricht auch die morphologische Intransparenz von Fremdwörtern. Wenn die Bedeutungen solcher Paare ähnlicher werden, steigert sich zudem das Zweifelsfallpotenzial. Bei *Exodus / Exitus* mag es noch gering bleiben. Aber ist ein *pragmatisch* veranlagter Mensch tatsächlich etwas (ganz) anderes als ein *praktisch* veranlagter? Ist jeder *Saloon* immer ein *Salon*? Wenn nein, worin genau liegen die semantischen Differenzen dieser beiden Wörter? Was unterscheidet standardsprachlich einen *phonetischen* von einem *phonologischen* Befund?

Normativ sind die Bedeutungsdifferenzen natürlich zu berücksichtigen. Sie können in jedem guten Wörterbuch, das (auch) Fremdwörter enthält, nachgelesen werden. Wenn man variationslinguistisch über die Brisanz dieser Unterschiede nachdenkt, kann man freilich ins Grübeln geraten. Welche Sprachtatsache ist wichtiger für den Ausbau der Sprachkompetenz: Die Kenntnis vom Unterschied zwischen *Zensur* und *Zäsur* oder das Wissen von den vielfältigen deutschen Bezeichnungen für Hackfleischbällchen? Gegen letzteres spricht zumindest, dass man dieses Sprachwissen bei Bedarf schnell lernen kann, wenn man den bekannten Sachen in fremden Regionen begegnet und die Wörter dabei in der Luft liegen. Der Unterschied zwischen *Zensur* und *Zäsur* lässt sich dagegen nur sehr viel vermittelter und reflektierter erschließen. Denn damit sind wesentlich mehr Wissensbestände verbunden. Einfach gesagt: Wer den Unterschied zwischen *Zensur* und *Zäsur* beherrscht, weiß mehr als derjenige, der die zahlreichen Wörter für Hackfleischbällchen im Kopf hat – zumindest an diesem Punkt der lexikalischen Sprachkompetenz.

Bei anderen Zweifelsfällen, die aus Sprachkontakten resultieren, ist die Frage nach den semantischen Unterschieden von vorneherein zentral. Die Problematik zeigt sich recht plakativ, wenn man Entlehnungen mit entsprechenden nativen Wörtern kontrastiert:

**Tab. 26:** Polylexematische Zweifelsfälle: Fremdwort vs. natives Wort

| | | |
|---|---|---|
| *Adresse / Anschrift* | *Autogramm / Unterschrift* | *Autor / Verfasser* |
| *Distanz / Abstand* | *Duell / Zweikampf* | *Fundament / Grundstein* |
| *Konversation / Gespräch* | *Mythos / Sage* | *Orthographie / Rechtschreibung* |
| *Passion / Leidenschaft* | *Savanne / Prairie / Steppe* | *Tragödie / Trauerspiel* |

Grob gesprochen haben die Paare der obigen Tabelle dieselbe Bedeutung. Es sind Synonyme. Was ihre Entstehungshintergründe angeht, kann man zwei Gruppen unterscheiden. In vielen Fällen wurde das native Wort im Rahmen puristischer Bemühungen ausdrücklich geprägt, um das Fremdwort zu ersetzen (z.B. *Adresse / Anschrift*). In mehreren Wellen haben zahlreiche Sprecher des Deutschen seit dem 17. Jahrhundert immer wieder an solchen Sprachveränderungsprojekten gearbeitet. Man erfand neue Wörter (*Anschrift*), um fremde Wörter (*Adresse*) aus dem Deutschen zu vertreiben. Dabei ging man offensichtlich davon aus, dass die beiden Wörter bedeutungsidentisch, also Synonyme, sein sollten. Nur so konnte man ja die Hoffnung haben, Fremdwörter überflüssig zu machen und die deutsche Sprache „rein" zu erhalten. Dass heute noch solche Paare von fremdem und nativem Wort genutzt werden, bezeugt dann sowohl den Erfolg als auch den Misserfolg puristischer Bemühungen. Die Erfolglosigkeit liegt darin, dass das fremde Wort beileibe nicht verschwunden ist. Der Erfolg liegt darin, dass das erdachte native Wort mittlerweile neben dem fremden Wort existiert und als Bereicherung der deutschen Sprache verstanden werden kann. In anderen Fällen ergab sich eine solche Konkurrenz nicht geplant, sondern sozusagen unwillkürlich. Ein fremdes Wort (oder auch mehrere) tritt (treten) neben ein natives Wort, das schon immer eine ähnliche (dieselbe?) Bedeutung besessen hat (z.B. *Savanne / Prairie / Steppe*).

Aus der Zweifelsfallperspektive spricht die generelle Synonymie der Varianten zunächst für freie Variation, also für Austauschbarkeit in allen kommunikativen Kontexten. Bei näherem Hinsehen merkt man aber ohne große Recherche, dass es hier doch (kleine) Bedeutungs- und Gebrauchsunterschiede gibt. Nicht jede *Unterschrift* ist ein *Autogramm*. Und dass in der Pause auf einer Baustelle *Konversation* getrieben wird, dürfte in aller Regel – anders als beim Wort *Gespräch* – eine unpassende Formulierung sein. Für die aktuellen puristischen Ambitionen und ihr problematisches Synonymieverständnis sei das Paar *shoppen / einkaufen* herausgegriffen. Wer meint, *shoppen* sei überflüssig, weil wir schon das Verb *einkaufen* haben, sollte bedenken, dass man *shoppen* längst nicht immer durch *einkaufen* ersetzen kann. Ein Satz wie *Ich gehe gleich Kartoffeln shoppen* dürfte jedenfalls hochgradig artifiziell sein.

Kurzum: Wenn man bei der Konkurrenz zwischen einem nativen und einem Fremdwort zweifelt, so hilft eigentlich nur die genaue Analyse des realen Sprachgebrauchs. Die weitgehende Bedeutungsähnlichkeit der Wörter spricht freilich erst einmal dafür, dass sie oft austauschbar sind. Normativ ist das entlastend, stilistisch sogar oft von Vorteil. Ob man vom *Verfasser* oder vom *Autor* eines Buchs spricht, sollte semantisch kaum je einen Unterschied machen. Es ist jedoch immer damit zu rechnen, dass bei den Wortpaaren auch gewisse Gebrauchsunterschiede vorkommen können. Und sei es auch nur, dass das eine Wort langsam aus der Mode kommt, an Prestige verliert und am Ende womöglich einfach durch das andere ersetzt wird. Warum sollte es auch zwei unterschiedliche Wörter geben, die in der Sprache genau dasselbe leisten?

Prinzipiell gilt dieselbe Konstellation auch für Wortpaare, deren bedeutungsähnliche Varianten allein aus Fremdwörtern bestehen und Fremdwortkonkurrenzen bilden. Dazu wieder einige Beispiele, die durch zahlreiche andere ergänzt werden könnten:

**Tab. 27:** Polylexematische Zweifelsfälle: Fremdwortkonkurrenzen

| | | |
|---|---|---|
| asketisch / puritanisch | Aura / Charisma | Boykott / Embargo |
| Broschüre / Prospekt | Couch / Sofa | Date / Rendezvous |
| Dialog / Konversation | Hurrikan / Taifun | Laptop / Notebook |
| Mannequin / Model | Pistole / Revolver | sezieren / tranchieren |

Die Fremdwortkonkurrenzen betreffen häufig Lexeme, die aus unterschiedlichen Sprachen stammen oder zumindest unterschiedliche etymologische Konnotationen besitzen. Eher ungewöhnlich sind Fremdwortkonkurrenzen, die aus derselben Sprache stammen (z.B. *Laptop / Notebook*). Einschlägig sind nicht selten die Konkurrenzen zwischen Gallizismen und Anglizismen (Eroms 2006). In normativ-semantischer Sicht gilt, wie gesagt, das gerade skizzierte Szenario: In der Mitte der Wörter existiert ein Kernbereich, der von Synonymie und Austauschbarkeit geprägt ist. In der Peripherie können jedoch stets (leichte) Gebrauchsunterschiede vorkommen, die man berücksichtigen muss, wenn man der üblichen Wortverwendung folgen möchte.

**Politische Fragen**

Im historischen Kontext wurde bereits angesprochen, dass seit einiger Zeit politisch-soziale Bewegungen wirken, die im Zeichen von politischer Korrektheit und „kritischer" Sozial- und Sprachwissenschaft die Entstehung vieler neuer Zweifelsfälle stimuliert haben. Sie verkörpern sich auch in polylexematischen Zweifelsfällen (Typ *Zigeuner / Sinti / Roma*). Diese Perspektive ist hier aufzunehmen und grundsätzlicher auf den Sprachgebrauch in der Politik und verwandten Bereichen zu münzen. Denn in der öffentlichen Kommunikation entstehen immer wieder lexikalische Konkurrenzen, die im weitesten Sinn einen sprachpolitischen Charakter besitzen. Sie machen nicht selten das Herz der gesellschaftlichen Debatten und Auseinandersetzungen aus.

Aus linguistischer Sicht ist die Politik im Kern durch einen anhaltenden Kampf um Wörter und Begriffe geprägt (wegweisend Dieckmann 1981: 43–56; einführend Girnth 2002: 62ff). Er trägt einen ideologischen Charakter; man kann von politisch-ideologischen Wörtern sprechen. Rein strukturell verkörpert er sich in zwei grundsätzlichen Konstellationen. Zum einen geht es darum, wie ein bestimmter Begriff nach Ansicht der verschiedenen Lager zu verstehen ist. Involviert sind hier vor allem abstrakte Begriffe, deren Bedeutungen ohnehin Unschärfen und Vagheiten besitzen (z.B. *Freiheit, Demokratie, Fortschritt*). Zum anderen – und da wären wir bei potentiellen polylexematischen Zweifelsfällen –

lehnt ein politisches Lager auf einem bestimmten semantischen Feld einen Begriff ab und favorisiert stattdessen einen anderen. Bei dieser Ablehnung bzw. Favorisierung können viele Argumentationen eine Rolle spielen. In erster Linie bezieht man sich freilich bei solchen Bewertungen auf die jeweiligen wörtlichen Bedeutungen, ihre Konnotationen und Beziehungen zu anderen Lexemen sowie auf die Sprach- und Denktraditionen, die mit bestimmten Begriffen verbunden sein können.

So kommt es manchmal dazu, dass ein bestimmtes Lager ein Wort ausdrücklich kreiert, um sich von einem anderen zu distanzieren. Ein klassisches Beispiel dafür ist die Konkurrenz *Atomkraft / Kernkraft* (*Nuklearkraft*) inklusive verwandter Wörter (z.B. *Atom- / Kernkraftwerk, Atomindustrie, Atomlobby*). Bis etwa 1970 überwog das Wort *Atomkraft* im Sprachgebrauch deutlich. Im Zuge der Diskussionen um die zivile Nutzung dieser Energie intensivierten sich die Auseinandersetzungen zwischen den politischen Lagern und wurden auch sprachlich ausgetragen (Jung 1994). Wer gegen die neue Technik war, konnte die aus seiner Sicht unheilvolle Nähe der *Atomenergie* zur *Atombombe* geltend machen. Für die Befürworter bot sich der Ausweg *Kernkraft* an. In der Folge wurde es oft als hochgradig aussagekräftig verstanden, ob jemand den Begriff *Atomkraft* oder *Kernkraft* nutzte. Metasprachlich inspirierte Kommentare waren in vielen Richtungen denkbar. Entsprechende Diskussionen und Diskurse sind bis heute schillernd und voraussetzungsreich. Von einer Synonymie, die sich in einer Austauschbarkeit der Begriffe in allen Kommunikationssituationen hätte zeigen können, konnte jedenfalls keine Rede sein. Nach Lage der Dinge lässt sich demnach annehmen, dass so mancher Sprecher darüber ins Grübeln darüber geriet und gerät, ob man nun von *Atomkraft* oder *Kernkraft* sprechen sollte.

Die kreative Komponente in solchen Kontexten liegt darin, dass man sich ein neues, genehmes Wort überlegt, um sich von einem alten, unangenehmen Wort abzugrenzen. Man baut auf einen Zuwachs an politischem und sozialem Profil, indem man ein Wort prägt, das alte Inhalte kaschiert und neue in den Vordergrund rückt. Damit wären wir beim traditionellen, sprachreflexiven Terminus Euphemismus und seiner Inspirationskraft für polylexematische Zweifelsfälle. Übliche Beispielpaare lauten dazu etwa *Kriegsminister / Verteidigungsminister, Bombenangriff / Luftoperation, Gebührenerhöhung / Gebührenanpassung, Putzfrau / Raumpflegerin*. Es ist wohl kein Zufall, dass sich Exempel für Euphemismen häufig auf reale Kriege und soziale Konflikte beziehen. Denn in solchen Kämpfen ist das Problem, wie man die Ereignisse und Handlungen der Akteure durch Sprache auslegt und perspektiviert, sehr brisant. Die Dinge sind nicht einfach so, wie sie sind, sondern so, wie man sie in Sprache fasst. Man vergegenwärtige sich nur die vielen verschiedenen Bezeichnungen, die es im Deutschen gibt, um die Teilnehmer bewaffneter Auseinandersetzungen anzusprechen – nur eine kleine Auswahl:

*Aufständischer, Besatzer, Freiheitskämpfer, Guerilla-Kämpfer, Krieger, Legionär, Milizionär, Partisan, Rebell, Revolutionär, Separatist, Soldat, Söldner, Terrorist, Untergrundaktivist, Verteidigungskämpfer, Widerstandskämpfer, Vasall.*

Welches Wort ein Sprecher in bestimmten Zusammenhängen nutzt, ist hier zweifellos nicht egal, oft hochgradig reflektiert und daher auslegungsbedürftig. Die Unterschiede sind keineswegs diatopisch oder diachronisch konditioniert. Sie können auch in aller Regel nicht stilistisch genutzt werden. Denn neben einer gewissen Bedeutungsidentität besitzen die Wörter große Bedeutungsunterschiede. Sie spiegeln die Einstellungen des Sprechers zu den Ereignissen und Personen, über die er spricht. Das kann wie bei *Freiheitskämpfer, Verteidigungskämpfer* und *Widerstandskämpfer* offensichtlich sein. Das gilt aber auch für *Soldat*. Das Wort mag relativ neutral klingen. Tatsächlich verbergen sich in seiner Bedeutung Gehalte, die genauso perspektivenbestimmt sind wie in den anderen Fällen. Wer in den obigen Bezeichnungen Synonymien sähe, würde also verkennen, dass die Wörter direkte oder zumindest indirekte politische und soziale Positionierungen mit sich bringen.

Die Orientierung, die angesichts dieser Verhältnisse in polylexematischen Zweifelsfällen gegeben werden kann, ist ebenso einfach wie kompliziert. Einfach klingt der Ratschlag, vor der lexikalischen Auswahl zwei Dinge näher in Augenschein zu nehmen: die wörtlichen Bedeutungen der zur Debatte stehenden Wörter und die Sprecher, die die jeweiligen Wörter häufig oder vielleicht sogar ausschließlich nutzen. Die Entscheidung für oder gegen ein Wort wird dann zu einer Entscheidung für oder gegen die Sprechergruppe, die das jeweilige Wort (prominent) im Munde führt. Wenn man so will, steht hier also bei einem sprachlichen Zweifelsfall – wieder einmal – gar keine sprachliche, sondern eine soziale, womöglich moralische Abwägung an. Man steht vor der Frage, welcher sozialen Gruppe man sich anschließen möchte. Bei solchen Entscheidungen kann die Sprachwissenschaft, wenn sie bei ihren Leisten bleiben will, selbstverständlich nicht behilflich sein.

Kompliziert ist der obige Ratschlag, weil er voraussetzt, dass man den öffentlichen Sprachgebrauch in einem lexikalischen Detail sehr gut überblickt. Wer ihn befolgen will, muss ja ansatzweise wissen, welche Sprechergruppen einen Begriff wie oft mit welchen Bedeutungsschattierungen nutzen. Für viele Sprecher dürfte das unrealistisch sein. An dieser Stelle kann die Sprachwissenschaft freilich behilflich sein. Denn es gehört zu ihren Aufgaben, Fakten zur Frage zu ermitteln, wer in brisanten Fällen auf welche Art und Weise über die Dinge der Welt spricht und schreibt. Die öffentliche Bereitstellung dieses Wissens hilft bei der Entscheidung in polylexematischen Zweifelsfällen. Die davon zu trennende politisch-moralische Problematik fällt dagegen nicht in das Ressort der Sprachwissenschaft.

Zum Schluss sei eine kleine Warnung mit einem exkursartigen, philosophischen Charakter erlaubt. Sie hängt mit dem oben bereits angesprochenen Status des Worts *Soldat* zusammenhängt und betrifft eine naheliegende Frage: Könnte es in sprachpolitischen Zweifelsfällen nicht – wenigstens prinzipiell – geboten sein, ideologisch-perspektivische Wörter zu meiden und (nur) objektive, neutrale zu nutzen? Die Antwort auf diese Frage muss – ebenso prinzipiell – negativ sein: Das geht nicht. Denn man sollte von der Sprache nicht etwas erwarten, was es in der sozialen Realität selten gibt: eine von keinerlei Perspektiven unbeeinflusste, interesselose Sicht auf die Welt, wie sie angeblich „wirklich" ist. Wer eine solche Position ins Feld führt, um seine eigene Sprache zu rechtfertigen, verliert die Tatsache aus dem Auge, dass Wörter – wie Menschen – genau besehen immer durch spezielle Blickwinkel und Einschätzungen bestimmt sind. Ein völlig objektiv-neutraler Standpunkt ist, wenn überhaupt, nicht dadurch zu haben, dass man verkündet, man hätte ihn – schon gar nicht in gesellschaftlichen Konflikten und politischen Bewegungen, bei denen die Sprache für alle Lager stets ein Mittel ist, um die eigenen Interessen und Sichtweisen durchzusetzen.

Wer die Sprache in diesem Sinne zur Formulierung eigener Positionen benutzt, ist im übrigen auch weit davon entfernt, sie – wie man oft hört – zu „missbrauchen" oder zu „misshandeln". Ganz im Gegenteil: Er nutzt sie genau so, wie es seit Beginn der Sprachgeschichte üblich und sinnvoll ist. In bestimmter Hinsicht sind ideologisch belastete Wörter der Normalfall der Sprache, jedenfalls keine unmoralischen Ausnahmen. Man kann nur die Wörter auswählen, die zur eigenen Sicht der Dinge passen, nicht zu den Sachen selbst. Zugespitzt gesagt, die Suche nach neutralen, objektiven Wörtern, mit denen man die Dinge sozusagen selbst sprechen lassen würde, ist letztlich immer vergeblich. Dieser desillusionierende Befund erschließt sich nicht zuletzt aus der langen Geschichte des (europäischen) Nachdenkens über das Wesen der Sprache. Es ist durch tiefe Enttäuschungen geprägt. Viele Sprachphilosophen haben sich mit dem Wunsch nach neutralen, objektiven Wörtern und seiner Unerfüllbarkeit auseinandergesetzt. Für schlechte Stimmung oder gar Resignation besteht deshalb aber keinerlei Anlass, im Gegenteil. Hätte man es nämlich jemals geschafft, die Wörter mit objektiven, neutralen Bedeutungen aufzuladen, so wäre die Sprache vermutlich sofort erstarrt. Ihre (und unsere) Entwicklung wäre am Ende.

**Terminologiefragen**
Auch im Übergangsfeld zwischen der Standardsprache und den Fachsprachen gibt es jede Menge lexikalische Konkurrenzen, die auf lange Sicht permanent sprachliche Zweifelsfälle hervorrufen. Im Hintergrund steht hier stets die prekäre Trennung zwischen Sprach- und Sachwissen. Sie zeigt sich unter anderem in der Frage, ob ein bestimmtes Wort und sein Bedeutungsverständnis zu einer Fachsprache oder (noch) zur Standard- bzw. Alltagssprache zu zählen ist. Bei polylexematischen Zweifelsfällen gewinnt diese Frage deshalb eine besondere Brisanz, weil zwei Wörter und ihre Bedeutungen im Raum stehen. Das steigert sozusagen den semantischen Distinktionsdruck, der das Bedürfnis nach einer Sachklärung stimuliert. Für die Sprecher verkörpert sich diese Konstellation meistens in der Annahme, dass den fraglichen beiden Wörtern unterschiedliche Bedeutungen zukommen müssen, sie also keine Synonyme sind. Diese Unterstellung ist allerdings unsicher und zweifelsfallintensivierend. Sie wäre gerechtfertigt und der Zweifel würde verschwinden, wenn die beiden Wörter klare semantische Differenzen besäßen. Bei der Aufdeckung dieser Unterschiede kommt dann oft das Sachwissen der diversen Fachleute ins Spiel. In diesem Zusammenhang gerät der (versuchte) Nachweis, dass zwei Wörter keine Synonyme darstellen, ansatzweise zu einer reflektierten Terminologieklärung, wie man sie aus fachsprachlichen Zusammenhängen kennt.

Man kann die Problematik bereits mit einfachen lexikalischen Konkurrenzen illustrieren. Es ist wohl nicht ausgeschlossen, dass ein Sprecher in Zweifel gerät, ob in einer bestimmten Situation vom *braten* oder *schmoren* gesprochen werden sollte. Für die Fachleute, also Köche und Kochliebhaber, ist die Sache klar. Die beiden Wörter sind semantisch verwandt, aber sicherlich keine Synonyme: *braten* ‚Speisen in heißem Fett zubereiten' / *schmoren* ‚Speisen nach dem Anbraten mit heißer Flüssigkeit zubereiten'. Die Entscheidung zwischen diesen beiden Wörtern ist also semantisch konditioniert und die (quasi-) fachsprachliche Bedeutungsunterscheidung zu berücksichtigen. Verallgemeinert: Ein lexikalischer Zweifelsfall wird dadurch gelöst, dass man sich nach den relevanten Fachleuten richtet.

Diese Strategie ist nachvollziehbar und auch in vielen anderen Fällen ähnlich denkbar. So sinnvoll dieses Entscheidungsverfahren generell ist, so sehr lohnt hier jedoch eine relativierende Betrachtung, insbesondere im Zusammenhang sprachlicher Zweifelsfälle. Denn das geschilderte Verfahren besitzt auch einen gewissen Haken. Es setzt nämlich voraus, dass die Fachleute stets die oberste

Instanz in sprachlichen Dingen abgeben. Unklar bleibt dabei jedoch, ob der normale Sprachgebrauch sich tatsächlich immer nach dieser Vorgabe richtet. Bei *braten / schmoren* lässt sich das noch annehmen. Schließlich ist das mit diesen Wörtern verbundene Sachwissen weit verbreitet und man könnte sogar darüber nachdenken, ob man hier überhaupt von Fachwissen sprechen sollte. Trotzdem wäre auch hier eine genauere empirische Erhebung durchaus interessant. Vielleicht ist die semantische Unterscheidung zwischen *braten / schmoren* außerhalb der Fachsprachen (!) gar nicht immer nötig und liegt infolgedessen dem Sprachgebrauch gar nicht immer zugrunde? Dass die sprachlichen Dinge nicht ganz so trivial liegen, erkennt man im übrigen schon daran, dass ein Rinder*braten* normalerweise wohl *geschmort* wird.

Bei anderen Wörtern vertieft sich der Graben zwischen Fach- und normaler (Standard-) Sprache. Das kann Folgen für das oben geschilderte, fachbasierte Entscheidungsverfahren besitzen. In bestimmten Fällen ist es nämlich durchaus vernünftig, das Fachwissen bei der Entscheidung in lexikalischen Zweifelsfällen gerade nicht zu berücksichtigen. Denn es gibt ja einen grundsätzlichen Unterschied zwischen fachsprachlichen und nicht-fachsprachlichen Kommunikationsumgebungen. So ist etwa die physikalische Unterscheidung zwischen *Kraft* und *Energie* für den normalen Sprachgebrauch irrelevant. Wer also vor dieser lexikalischen Alternative steht, hat nichts davon, wenn er zu den Physikern geht und um Klärung bittet, wie die beiden Wörter zu benutzen sind. Ähnliches dürfte für die juristische Unterscheidung zwischen *Mord / Totschlag* oder *Diebstahl / Raub* und die psychologische Differenzierung zwischen *Angst* und *Furcht* gelten. Auch die medizinischen Klärungen zum *Tod* stellen keine Orientierungsinstanzen dafür da, wie dieses Wort in der normalen Sprache genutzt wird bzw. werden sollte. Und Juweliere werden uns normalerweise keine Auskunft darüber geben können, in welchen Bedeutungen die Wörter *Diamant / Brillant* im nicht-fachlichen Sprachgebrauch auftauchen. Kurzum: Fachsprache ist von Nicht-Fachsprache zu unterscheiden. Linguistisch gesehen ist es also überhaupt nicht zwingend, dass Betrachtungen zum Inhalt von Lexemen prinzipiell von fachlicher Seite unter Druck gesetzt werden. Ein standardsprachlicher Gebrauch eines Worts mag fachsprachnah sein. Das bedeutet aber nicht, dass in Zweifelsfällen allein die semantische Unterscheidung der Experten zählen sollte.

Bei der Bezeichnung und Differenzierung natürlicher Gattungen, z.B. bei Tieren und Pflanzen, ist diese Problematik seit Jahrhunderten virulent. Die Geschichte der Biologie könnte geradezu als Angriff einer Wissenschaft auf die alltagssprachlichen Bezeichnungen für die Dinge der Natur gelesen werden. Der vage Grenzbereich zwischen Sprach- und Sachwissen wird dort noch dadurch verkompliziert, dass eine reiche diatopische Variation von Tier- und Pflanzenbezeichnungen existiert. Sie betrifft auch die Formseite der Lexeme. Wer also vor dem Problem stehen sollte, ob von *Pflaumen* oder *Zwetschgen* zu sprechen ist, der sieht sich rasch vor eine große Vielfalt von verwandten Lexemen und Lexemvarianten gestellt.[62] Diese Zusammenstellung vermittelt davon nur einen ersten, vorläufigen Eindruck:

**Tab. 28:** *Pflaume* und verwandte Bezeichnungen

| Lexem | Einige Formvarianten (diatopisch, diachronisch [seit ca. 18. Jh.]) |
|---|---|
| Pflaume | Pfraume, Pfram, Pflomm, Prume, Promm, Plumme, Plumm, Pluma, Pluf, Punze |
| Zwetschge | Zwetschke, Zwetsche, Howetsche, Zweschpe, Wätschge, Quatschke |
| Quetsche | Quoeches, Quätschge, Queckscht, Quetzschke, Kwatsche |
| Mirabelle | Mirabell, Merabelle, Meerabell, Merebell |
| Reneklode | Reineclaude, Ringlo, Ringlotte |

Das Irritationspotenzial erhöht sich sogar noch einmal, wenn man die zahlreichen Komposita in dieser semantischen Domäne berücksichtigt (z.B. mit *Pflaume*: *Bauernpflaume, Edelpflaume, Eierpflaume, Gänsepflaume, Haferpflaume, Kirschpflaume, Kriechenpflaume, Schlehenpflaume, Simonspflaume, Strandpflaume, Weißpflaume*). Auch hier böte es sich an, die Entscheidung *Pflaume / Zwetschge* an die biologischen Fachleute zu delegieren. Welche Gattungen unterscheiden und benennen sie aufgrund welcher Kriterien? Die Antwort auf diese Frage führt jedoch nicht so recht weiter. Denn in der Biologie hat man bekanntlich im 18. Jahrhundert vor der chaotischen Bezeichnungsvielfalt der Volkssprachen kapituliert und auf der Basis der lateinischen Sprache eine ganz neue, wissenschaftlich legitimierte Nomenklatur konzipiert. Demnach gibt es die Pflanzengattung *Prunus domestica*, der reichlich Unter-, Über- und Nebengattungen sowie weitere Arten und Sorten an die Seite gestellt werden. Die Ausdrücke *Pflaume* und *Zwetsche* fungieren zu *Prunus domestica* am Rande als volkssprachliche deutsche Synonyme (Zander/Erhardt 2002: 687).

---

**62** Das folgende basiert im wesentlichen auf den (fach-) lexikographischen Informationen aus Ammon u.a. 2016: s.v. *Pflaume, Reineclaude, Zwetsche, Zwetschge, Zwetschke*; Marzell 1943: s.v. *Prunus domestica, Prunus insititia*; Zander/Erhardt 2002: s.v. *Prunus*.

Für den Zweifelnden würde daraus freie Variation resultieren. Allerdings geht in diese fachsprachliche Synonymiefeststellung nicht die umfangreiche diatopische Variation ein. In den verschiedenen Landstrichen des deutschen Sprachgebiets werden die beiden Ausdrücke unterschiedlich verstanden und gegeneinander abgegrenzt. Darin verkörpert sich wie gehabt die traditionell reiche Dialektgliederung der deutschen Sprache, die sich bis in die heutigen Alltagssprachen zieht. Und was den standardsprachlichen, überregionalen Usus betrifft, so sind keine verlässlichen Daten zu bekommen. Das Problem, wie und in welcher Bedeutung die Wörter *Zwetschge* und *Pflaume* tatsächlich in der deutschen Standardsprache verwurzelt sind, gehört vielleicht zu den großen und ewigen Rätseln der deutschen Sprachwissenschaft.

Bliebe für den Zweifelnden nur das Resümee, dass es in puncto *Pflaume / Zwetschge* viele Hinweise auf freie Variation gibt, bestimmte lokale Sprachgebräuche aber gegebenenfalls beachtet werden müssten. Ansonsten lässt sich nur noch das generalisieren, was in der Literatur zum Sprachgebrauch von *Pflaume* in Nord- und Mitteldeutschland festgehalten wurde. Man sieht darin einen „Sammelname für alle verwandten Früchte der Gattung, nur Fachleute unterscheiden zwischen den Arten." (Ammon u.a. 2016: s.v. *Pflaume*).

Die skizzierte Problematik befindet sich so oder ähnlich in vielen Übergangsbereichen von den diversen Fachsprachen zur Standard- und Gemeinsprache. Bei den fachsprachnahen Wortschätzen steht in Zweifelsfällen immer im Raum, dass ihre Klärung an Fachleute delegiert wird. Das wird oft als tragfähige Intervention empfunden, birgt aber auch die Gefahr, dass nicht-fachsprachliche Kommunikationskontexte ungerechtfertigterweise durch die Brille von Fachleuten wahrgenommen werden. Zur Veranschaulichung seien auf dieser Linie noch einige (potentielle) polylexematische Zweifelsfälle aufgeführt, die aus derselben Perspektive zu erörtern wären: *Biene / Wespe* (Zoologie), *Darlehen / Kredit* (Ökonomie), *Ebene / Fläche* (Mathematik), *Fett / Öl* (Chemie), *Lehm / Ton* (Geologie), *Graupel / Hagel* (Meteorologie), *Priester / Pfarrer* (Theologie), *Verstand / Vernunft* (Philosophie).

### Eigennamenfragen

Eigennamen sind normalerweise stabil und einzigartig. Bestimmte individuelle Sachen haben genau einen Namen. Das trifft etwa auf Länder, Städte, Flüsse, Berge und Personen zu, aber auch auf Kometen, Parteien, Haustiere und Tiefdruckgebiete (Nübling u.a. 2012). Nun kann es vorkommen, dass eine Sache nicht nur einen, sondern zwei Namen trägt. Man kann von Parallelnamen sprechen. Sie werden hier als Ausgangspunkte für potentielle polylexikalische Zweifelsfälle in den Blick genommen. Für die Existenz solcher Parallelnamen kann es ganz unterschiedliche Ursachen geben. Einige wenige lassen sich wie folgt skizzieren.

Bei Ortsnamen (Toponymen) kommt es zu Parallelnamen, wenn im betreffenden Raum mehrere Sprachen gesprochen werden. Das kann, wie etwa in Finnland, einen amtlichen Charakter haben (Finnisch, Schwedisch) und sich von Fall zu Fall auch auf deutschsprachige Kontexte auswirken (z.B. *Helsinki / Helsingfors, Turku / Åbo*). Direkt ist die deutsche Sprache betroffen, wenn sie eine der Amtssprachen darstellt und insofern dem amtlichen deutschen Namen andere amtliche Namen zugeordnet sind. So gibt es etwa in Belgien die drei Amtssprachen Flämisch, Wallonisch und Deutsch. Für den Ort *Lüttich* stehen also auch die Namen *Liège* und *Lîdje*. Die interessante Frage, ob es sich bei solchen Parallelnamen lediglich um Formvarianten oder doch um lexikalische Varianten handelt, soll hier und in anderen ähnlichen Fällen nicht weiter verfolgt werden. Sie würde auch die Variation von *Peking / Beijing* betreffen.

Die Vielsprachigkeit als Ursache für toponymische Parallelnamen besitzt oft eine diachrone Dimension. Ein bestimmter Raum war in unterschiedlichen Zeiten mit unterschiedlichen (tonangebenden) Einwohnern und ihren Sprachen verbunden. Angesichts der historischen Tatsachen ist das gerade für die deutsche Sprache einigermaßen einschlägig. Für viele nicht-deutschsprachige Städtenamen existieren vor dieser Folie alte deutsche Namen: *Kaliningrad / Königsberg, Liberec / Reichenberg, Tallinn / Reval, Wrocław / Breslau*. Das kann natürlich auch andere Räumlichkeiten betreffen. Zum Beispiel hieß der höchste Berg des Baltikums früher *Hoher Eierberg*. Heute trägt er den estnischen Namen *suur munamägi*. Freilich könnte man auch die Auffassung prüfen, ob er seinen Namen vielleicht gar nicht wirklich geändert hat. Denn *suur* bedeutet ‚groß', *muna* ‚Ei' und *mägi* ‚Berg'.

In historischer Perspektive gibt es eine Sprachenkonkurrenz, die in Ausläufern noch heutzutage gelegentlich Entscheidungsprobleme mit sich bringt. Gemeint ist die Spannung zwischen Latein (inkl. Griechisch) und Deutsch. Sie dominierte insbesondere die (gelehrte, amtliche) Schriftlichkeit bis zum 18. Jahrhundert. In der frühen Neuzeit besaß sie eine Auswirkung, die mit der Prestige-Seite sprachlicher Formen zu tun hat. Denn viele deutsche Autoren, über die ab und zu noch heute gesprochen wird, gaben sich latinisierte oder – seltener – gräzisierte Namen. So kam es zu den lexikalischen Konkurrenzen *Koppernigk / Kopernikus, Scheffler / Silesius, Schottel / Schottelius* und *Schwartzerd / Melanchthon*. Auch Toponyme, die in lateinischen Schriften auftauchten, taten das in der Regel in lateinischem Gewand. Manchmal ist dann gar nicht so einfach zu ermitteln, ob der lateinische oder der deutsche Ausdruck als historisch primär zu gelten hat. Aus der Zweifelsfallperspektive fallen solche lokalen Parallelnamen allerdings wohl nicht mehr ins Gewicht. Denn heute werden auch in historischer Blickrichtung stets die (aktuellen) deutschen Bezeichnungen benutzt (z.B. *Deutschland / Germania, Ober-* bzw. *Süd-Deutschland / Germania superior, Franken / Franconia, Würzburg / Herbipolis*).

Nur mit den historisch-kulturellen Rahmenbedingungen sind auch Parallelnamen auf einem ganz anderen Feld zu begreifen. Im Zusammenhang der antiken Religionsgeschichte können nämlich vielen mythologischen Figuren Griechenlands entsprechende römische Gestalten gegenübergestellt werden. Auf diese Weise entstehen griechisch-lateinischen Namenkonkurrenzen, die im Prinzip jeweils dieselbe Figur bezeichnen, z.B. *Aphrodite / Venus, Ares / Mars, Hera / Juno, Poseidon / Neptun, Zeus / Jupiter*. Vermutlich könnte man sich mit Italienern, Griechen und Mythologen stundenlang über die Frage unterhalten, ob diese Wörter tatsächlich immer dieselben Gottheiten bezeichnen oder nicht vielleicht doch unterschiedliche.

Bei expliziten Umbenennungsprozessen lässt sich direkt verfolgen, wie und warum Parallelnamen entstehen und welche Folgelasten mit der Nutzung einzelner Varianten verbunden sein könnten. In jedem Fall sind solche Umbenennungen mit gesellschaftlich-politischen Prozessen verbunden. Oft können die neuen Namen geradezu als sprachliche Signale für neue Zeiten und veränderte Machtverhältnisse gelten. Zumindest übergangsweise werden sie gelegentlich Anlässe für sprachlichen Zweifel bieten. Erinnert sei nur an die sprachlichen Auswirkungen der deutschen Teilung und der deutschen Wiedervereinigung (Wolf 2009) sowie an Umbenennungen von Straßen, Plätzen und Gebäuden (Urbanonymen) im Zuge des deutschen Kolonialismus und Postkolonialismus (Ebert/Schulz 2016). Etwas weniger politisch aufgeladen, aber immer noch symptomatisch für kulturelle Wandlungen sind Umbenennungen von Fußballstadien (Bering 2007). Im privaten Bereich birgt die Änderung von Personennamen einfaches Potenzial für sprachliche Zweifelsfälle, z.B. nach einer Heirat, bei der Verwendung von Pseudonymen und Spitznamen sowie der Bildung neuer Namen in Spielen und speziellen Online-Umgebungen. Wer einen neuen (ggf. zweiten) Namen für sich beansprucht, muss damit rechnen, dass es in seiner Umwelt zumindest vorübergehend zu sprachlichen Irritationen kommt.

Einen kleinen Ausschnitt der Phänomene, an die hier zu denken ist, zeigt die folgende Tabelle:

Tab. 29: Umbenennungen nach einigen semantischen Kategorien mit Beispielen

| Kategorie | Beispiel | |
|---|---|---|
| | alt | neu |
| Stadt | Chemnitz, Karl-Marx-Stadt | Chemnitz |
| Straße | Kochstraße | Rudi-Dutschke-Straße |
| Platz | Platz an der Freiheit | Europaplatz |
| Schule | Erich-Hoepner-Oberschule | Heinz-Berggruen-Gymnasium |
| Universität | Universität d. Bundeswehr Hamburg | Helmut-Schmidt-Universität |
| Kino | City-Palast | Odeon |
| Stadion | Walter-Ulbricht-Stadion | Stadion der Weltjugend |
| Unternehmen | citi-Bank | Targo-Bank |
| Partei | SED, PDS | Die Linke |
| Zug | Eilzug | Regionalexpress |
| Autobahnausfahrt | Moorburg | Hausbruch |
| Bushaltestelle | Schlachthof | Roter Turm |
| Schokoriegel | Raider | Twix |
| Limonade | Capri-Sonne | Capri-Sun |
| Spülmittel | Spüli | Fairy, Dawn |
| Toilettenpapier | Hakle feucht | Cottonelle |

Natürlich liegt in solchen Fällen für den Zweifelnden der Ratschlag nahe, stets den aktuellen Namen zu nutzen. Allerdings kann es immer mal wieder gute Gründe dafür geben, beim alten Namen zu bleiben. Wie aus der Geschichte der Umbenennungen zu lernen ist, gibt es auch gescheiterte und revidierte Umbenennungsaktionen. Auch auf diesem Feld können viele individuelle Selektionen in eine lexikalische Richtung den Weg für eine bestimmte Entwicklung der Sprache bahnen. Eine Abwehr von Umbenennungsmaßnahmen wird allerdings nicht allein damit erfolgreich sein, dass nur die jeweils alten Menschen bei den Namen bleiben, die ihnen seit langem vertraut sind und die sie ungern ändern möchten.

**Andere lexikalische Konkurrenzen: z.B. *obwohl* / *trotzdem*, *als* / *wie***
Die bisherigen Ausführungen zu den polylexematischen Zweifelsfällen betrafen substantivische, verbale und adjektivische Inhaltswörter. Lexikalische Konkurrenzen gibt es aber auch in anderen Wortarten. Sie besitzen häufig eine abstrakte,

weniger gut greifbare Bedeutung. Die Beispiele, die dafür im folgenden herausgegriffen werden, haben eins gemeinsam. Sie sind in unterschiedlichem Maß normativ hoch belastet. Seit etwa hundert Jahren gibt es für diese Fälle in der sprachberatenden und sprachkritischen Literatur recht klare präskriptive Ansagen, was zu tun ist. Demnach soll unzweifelhaft sein, was hier ein Fehler und was gutes Deutsch darstellt.

So kann es etwa passieren, dass man darüber nachdenkt, einen konzessiven Nebensatz entweder mit *obwohl* oder mit *trotzdem* einzuleiten (zum folgenden Schiegg/Niehaus 2017). Als Norm wird diesbezüglich verbreitet: *obwohl* ist hier richtig, *trotzdem* falsch; denn *trotzdem* ist ein Adverb, keine Subjunktion, die einen Nebensatz einleiten könnte. Tatsächlich herrscht an diesem Punkt im Deutschen aber eine nicht unbedeutende Variation. In standardsprachlichen, schriftlichen Texten überwiegt zwar *obwohl*. Das heißt aber nicht, dass man das angeblich falsche *trotzdem* nicht auch an vielen Stellen im Sprachgebrauch nachweisen kann, insbesondere in informell-mündlichen Kontexten, aber durchaus auch in geschriebener Sprache. In historischer Sicht bestätigt sich die einfache normative Unterscheidung zwischen dem Adverb *trotzdem* und der Subjunktion *obwohl* ebenfalls nicht. Man muss vielmehr von einem sprachhistorischen Prozess ausgehen, in dem aus *trotz dem, dass* über *trotzdem, dass* am Ende das neue Wort *trotzdem* hervorgegangen ist. Wie so oft, bewegt sich dieser Prozess zwischen den prototypischen Wortarten und regt dadurch die Entstehung sprachlicher Zweifelsfälle an.

Etwas ähnliches gilt für die schlichte normative Verfügung, dass im Deutschen bei Komparativen das Vergleichswort *als*, beim Positiv *wie* zu nutzen ist: *schlauer als der Lehrer* gegenüber *so schlau wie der Lehrer*. Falsch sind demnach *schlauer wie der Lehrer* und *so schlau als der Lehrer*. In diesem Punkt ist sich die normative Literatur seit vielen Jahrzehnten ziemlich einig (Davies/Langer 2006: Kap. 6.3). Aber auch bei der lexikalischen Konkurrenz *als / wie* stellt sich die reale Lage ähnlich dar wie bei *obwohl / trotzdem*. In Geschichte und Gegenwart existiert bei der Versprachlichung von Vergleichen im Deutschen eine breite Variation (Jäger 2017). Hier wären zudem weitere Lexeme einzubeziehen, mit denen in der Vergangenheit und in der Gegenwart der Regionalsprachen Vergleiche gezogen werden, nämlich *also*, *so*, *dann* und *denn*. Zwischen expliziter Norm und realem Sprachgebrauch gibt es offensichtlich eine große Differenz. Schon gar nicht ist es so, wie es in manchen metasprachlichen Stellungnahmen gelegentlich durchklingt: Früher machte man hier eine scharfe Unterscheidung, die im Zuge zunehmender Sprachinkompetenz langsam unterzugehen droht und als Zeichen für Sprachverfall zu interpretieren ist.

In den Konstellationen, die gerade geschildert wurden, fragt man sich, wie der Status der normativen Verfügungen einzuschätzen ist. Sie liegen erstaunlicherweise ja quer zum Sprachgebrauch im Deutschen. Allerdings haben sie vermutlich eine gewisse Wirkung. Denn die relative Einheitlichkeit der schriftlichen Standardsprache dürfte zumindest in Teilen ein Resultat der expliziten Normierungen sein. Das hat Folgen für die Entscheidung eines Zweifelnden. Sofern der fragliche Sprachgebrauch die Standardsprache betrifft, sollte man den Normen folgen und die richtigen Varianten wählen, vor allem wenn man Auffälligkeiten vermeiden möchte. Die „richtigen" Varianten entsprechen dort auch dem üblichen Sprachgebrauch. Allerdings wäre es fatal, wenn damit das Bewusstsein einherginge, die jeweils anderen Sprachformen als *falsch* zu denunzieren, weil es sie im Deutschen nicht gibt. Sowohl in nicht-standardsprachlichen Umgebungen als auch im historisch Usus besitzen die Varianten mehr als nur ein Schattendasein.

### *Derselbe* oder *der gleiche*, *anscheinend* oder *scheinbar*?

Auch die Konkurrenz zwischen *derselbe* / *der gleiche* ist prinzipiell ähnlich zu verorten wie die zwischen *obwohl* / *trotzdem* und *als* / *wie*. In normativer Sicht ist die Differenz zwischen diesen Wörtern klar und scharf, aber offensichtlich nicht konform mit dem Sprachgebrauch. Die präskriptive Regel zu *derselbe* / *der gleiche* besitzt allerdings einen anderen Begründungszusammenhang. Sie basiert nicht auf syntaktischen Kriterien wie bei den obigen Beispielen (Adverb (= *trotzdem*) vs. Subjunktion (= *obwohl*); Komparativ (= *als*) vs. Positiv (= *wie*)). Stattdessen wird – genauso wie in einem anderen prominenten Normierungsfall – eine semantische Vorgabe in Anschlag gebracht. Auch die angeblich ähnlich klare und scharfe Unterscheidung zwischen *anscheinend* und *scheinbar* wird laut normativer Literatur von einer solchen semantischen Konditionierung getragen. Letzterer Fall wurde bereits ausführlich als ein Paradefall für die Problematik sprachkritischer Stellungnahmen zu wortsemantischen Unterscheidungen analysiert (Dieckmann 2012: Kap. 3).

Was lässt sich zur Normierung von *derselbe* / *der gleiche* sagen? Sie beruht darauf, dass mit diesen Wörtern die Unterscheidung zwischen individueller und Gattungsidentität getroffen werden soll. Geht es um die Identität eines einzelnen Dings, ist *derselbe* richtig, bei Gattungsgleichheit *der gleiche*. Wenn sich zwei Reisende unterhalten und feststellen, dass sie schon einmal in *derselben* Stadt gewesen sind, wäre das also korrekt. Falsch dagegen wäre die Rede von der *gleichen* Stadt. Und wer bei Freunden zu Besuch ist, ihren schönen alten Schrank bewundert und dann sagt *Derselbe Schrank steht bei meiner Oma*, hat demnach falsches Deutsch geäußert. Solche Kontexte sind nicht selten. In den verschiedensten Formen hat man es immer wieder damit zu tun, von Identitäten zu sprechen. Von daher besitzt die normative Regel zu *derselbe / der gleiche* vielfältige Anwendungsmöglichkeiten, natürlich auch in der Schule. Mit anderen Worten, wer will, kann seine Mitmenschen immer mal wieder unterbrechen und ihnen suggerieren, dass sie falsches Deutsch sprechen, da sie die semantische Regel nicht beachtet haben. Faktisch gibt es dafür sogar so viele Gelegenheiten, dass man auf die Idee kommen könnte, diese Norm sei extra für notorische Besserwisser geschaffen.

Freilich gibt es mindestens zwei Argumente, die überdacht werden sollten, wenn die Legitimität der Norm zur Debatte steht. Demnach ist die Unterscheidung sachlich gerechtfertigt und also zwingend (a) und hilft dadurch auch bei der Vermeidung von Missverständnissen (b). Zu (a) ist festzuhalten, dass dies selbstverständlich zutrifft. Es ist normalerweise ein Unterschied, ob man von der Identität eines Einzeldings oder einer Gattung spricht. Allerdings heißt das noch lange nicht, dass dieser Unterschied in allen kommunikativen Umgebungen tatsächlich relevant ist und noch dazu stets genau mit (diesen) zwei Wörtern ausgedrückt werden müsste. Was (b) die Vermeidung von Missverständnissen angeht, so sollte nicht vergessen werden, dass sie normalerweise durch den Kontext ausgeschlossen sind. Man vergegenwärtige sich die Situation, dass man zu spät zu einer Verabredung in ein Restaurant kommt. Alle Freunde essen schon. Der Kellner fragt nach der Bestellung und bekommt zur Antwort: *Ich hätte gerne dieselbe Pizza wie mein Nebenmann.* Ist es realistisch anzunehmen, dass der Kellner kurz überlegt, die Pizza dem Nebenmann entwendet und vor den Verspäteten platziert? Mit „richtiger" Sprache (*die gleiche Pizza!*) wäre das nicht passiert?

Linguistisch ist zu begrüßen, dass die einschlägigen Klärungen zu *derselbe / der gleiche* und *anscheinend / scheinbar* in Duden 9/2016 mittlerweile zumindest in die richtige Richtung gehen. Die Sprachrealitäten werden dort angemessener berücksichtigt, als es im normativ geprägten Sprachbewusstsein der Fall ist. Die deutsche Sprache wird das nicht in Mitleidenschaft ziehen. Mehr noch: Die Sprachgemeinschaft dürfte dadurch von einigen metasprachlichen Irritationen und realitätsfernen Interventionen verschont bleiben. Die normative Unterstellung, dass die Sprecher des Deutschen oft nicht in der Lage sind, zwischen der Identität von Einzeldingen und von Gattungen zu unterscheiden, und diese Sachdifferenz nur unangemessen versprachlichen, war schon immer ebenso weltfremd wie anmaßend.

# 10 Schluss: Alle Zweifel beseitigt?

Im historischen Teil dieses Buchs wurde darüber berichtet, dass man sich schon seit langer Zeit mit sprachlichen Zweifelsfällen befasst. Irgendwie gehören sie zu den Gegenständen, die seit Beginn der Neuzeit für viele Menschen immer relevanter wurden. Dieses Interesse manifestiert sich in einer großen Menge von Publikationen, in denen die Zweifelsfälle in unterschiedlichen Formen mehr oder weniger explizit behandelt wurden und werden. Ganz zu schweigen von den vielen Reflexionen, Gesprächen und Diskursen, die Zweifelsfälle betreffen, sich aber niemals in schriftlichen Texten oder in anderen Formen dauerhaft niederschlagen. Die Leute, die über diesen Themenkreis nachdenken, sind vielleicht nicht ganz so zahlreich wie die Sprachvarianten, die von ihnen thematisiert werden. Sie umfassen allerdings einen nicht unbeträchtlichen Teil derjenigen Personen, die seit jeher für die Weiterentwicklung von deutscher Sprache und Literatur wegweisend waren und sind: Schriftsteller, Journalisten, Lehrer, Grammatiker, Sprachinteressierte, Sprachliebhaber, amtliche Schreiber und Tipper. Auch die Ansätze, Konzepte und Ausblicke, die man in diesen Kreisen entwickelte, um mit den zugrunde liegenden sprachlichen Problemen zurecht zu kommen, sind zahlreich und schillernd.

**Alternativen zur Zweifelsfalltilgung**
In dieser ganzen Vielfalt gibt es verschiedene Subtexte, die die Behandlung der Zweifelsfälle bestimmen, intensivieren und den metasprachlichen Aktivitäten eine Richtung geben. Darunter ist ein spezielles Ziel, das oft eine Rolle spielte, wenn man über Zweifelsfälle nachdachte, sie womöglich sammelte und dann dazu ein Buch schrieb. Seit dem Ende des 19. Jahrhunderts, als die Realität der deutschen Sprache durch die flächendeckende Durchsetzung der standardsprachlichen Varietät auf eine neue Grundlage gestellt wurde, nahm dieses Ziel – wie schon gelegentlich angedeutet – eine handfeste Gestalt an. Es lässt sich plakativ und zugespitzt wie folgt formulieren: Die sprachlichen Zweifelsfälle des Deutschen sind mit aller Kraft aus der Welt zu schaffen. Dieser Plan bewegte vor allem die Autoren und Leser der ausgefeilten Zweifelsfalldarstellungen des 19. und 20. Jahrhunderts. Wer diese Sammlungen im Buchregal stehen hatte, sollte – so die Unterstellung – nicht mehr von Sprachvarianten geplagt werden. Schließlich konnte er in den Schriften definitiv nachlesen, was als falsch und richtig zu gelten hatte.

Übrig bleiben sollten nur die richtigen Varianten, die falschen besaßen nach den normativen Klärungen der Autoren keinerlei Existenzrecht mehr. Sprachliche Zweifelsfälle wären also getilgt, weil die falschen Varianten bestenfalls überhaupt nicht mehr zu Bewusstsein kommen würden. Und wo es keine (zwei) Varianten mehr gibt, kann es auch keine Zweifelsfälle mehr geben. Wären alle Menschen deutscher Muttersprache angemessen über Zweifelsfälle informiert, so hätten sie nur noch die richtigen Varianten im Kopf. Die Kommunikation würde ohne die irritierenden Stolpersteine vor sich gehen, und zwar einheitlich, ohne Verzögerungen durch zweifelnde Sprecher, höchst effektiv und unmissverständlich. Diese Sehnsucht nach Variantentilgung hatte etwas von nationalistischer Sprachmodernisierung mit quasi-technizistischen Ambitionen.

Das vorliegende Buch soll auch ein Gegenentwurf zum Subtext der erhofften Variantentilgung sein. Das folgt schon aus einer der anfänglichen Klärungen zum Status sprachlicher Zweifelsfälle. Demnach gehören sie – nicht nur im Deutschen – in einem starken Sinn zu den Sprachen. Die angemessene grammatische Beschreibung einer Sprache umfasst mithin auch die Aufzählung und Erörterung ihrer Zweifelsfälle. Wer sie unterschlägt, hat keinen realistischen Zugriff auf die jeweilige Sprache. Die erfolgreiche Variantentilgung käme somit der Beschneidung einer Sprache gleich. Im Falle des Deutschen wäre es so, als wollte man die Benutzung der Verbletztstellung oder das Wort *Pipifax* aus der Welt schaffen. Wer Zweifelsfälle tilgen will, beschädigt die Sprache.

**Sprachvariation statt Richtig-oder-Falsch-Ideologie**
Der Schlüssel für ein Gegenkonzept zur Variantentilgung liegt im Begriff der Sprachvariation. Er lässt sich zwanglos auf die Definition münzen, dass Zweifelsfälle immer aus zwei Einheiten (= Varianten) bestehen. Vor diesem Hintergrund ging es um Strategien und Wege, wie man sich die Herkunft, Gegenwart und Zukunft von Sprachvarianten vorstellen und ihre Existenz ausgehend von linguistischen Konzepten und Analyseperspektiven begreifen kann. Der Ausgangspunkt war: Es hilft nicht, sprachliche Zweifelsfälle zu marginalisieren oder unbeachtet zu lassen. Man sollte sie und ihre Varianten ins Zentrum stellen. Schließlich ist sowieso damit zu rechnen, dass es auch in Zukunft zu sprachlichen Zweifelsfällen kommen wird. Darunter werden viele Fälle sein, für die schon historische Vorbilder existieren, aber es wird auch zu neuen Fällen kommen, die von innovativen Sprachentwicklungen nach sich gezogen werden. Zweifelsfallanalyse ist demnach gleichzusetzen mit der Analyse sprachlicher Komplexität, insofern sie sich in realer Variation manifestiert und für die Sprecher ein Problem darstellt.

Bei alldem sollte nicht verloren gehen, dass das Nachdenken über Varianten in sprachlichen Zweifelsfällen alles andere als einen theoretischen, handlungsentlasteten Charakter besitzt. Es müssen Entscheidungen zwischen zwei Varianten gefällt werden, wenn man in konkreten Zweifelsfallsituationen weiterkommen möchte. Die Sprecher stehen vor einem Problem, bei dem sie – auch und gerade von sprachwissenschaftlicher Seite – Hilfe erwarten dürfen. Diese Dimension der sprachlichen Zweifelsfälle wurde allerdings nicht in den Vordergrund gestellt. Ich habe zwar immer mal wieder entsprechende Hinweise gegeben. Systematisch vorgetragene Klärungen sämtlicher thematisierten Varianten finden sich in diesem Buch aber nicht. Insbesondere kann man nicht erwarten, bei allen zitierten Varianten resümierend die Identifikation einer falschen und einer richtigen Form zu finden. Stattdessen war das Bemühen leitend, mehr über die Varianten der Zweifelsfälle zu erfahren: Wo und warum gibt es sie? Wie kann man ihre Existenz erklären? Wir ordnen sie sich in die Architektur der deutschen Sprache ein?

Die traditionelle normative Differenz von falsch / richtig wurde sogar tendenziell zu einer irreführenden, ideologisch geprägten Unterscheidung erklärt. Sie bringt nichts, wenn zweifelnde Sprecher über ihre Handlungsmöglichkeiten und ihre Sprache aufgeklärt werden sollen. Am offensichtlichsten ist das, wenn gar keine besonderen Gebrauchsbedingungen der fraglichen Varianten im Raum stehen. Dann war die Rede von freier Variation, unkonditionierten Varianten oder echten Zweifelsfällen. An vielen Punkten unterliegen die verschiedenen Sprachformen jedoch bestimmten Gebrauchsbedingungen, die bei der Auswahl zu berücksichtigen sind. Es handelt sich also um konditionierte Varianten, die mit einer beschränkten Freiheit verbunden sind. Dort kommt man nur mit einer differenzierten, realistischen Kenntnis des Sprachgebrauchs weiter. Bei der Bemühung, hier festen Boden unter den Füßen zu gewinnen, kann die Sprachwissenschaft behilflich sein. In jedem Fall ist die Unterscheidung zwischen freier und konditionierter Variation von zentraler Bedeutung, auch was die linguistische Theorie und Empirie der Zweifelsfälle angeht.

**Offenheit**
Bei den Erörterungen sollte auch immer wieder angedeutet werden, dass die Lage in verschiedenen Hinsichten nicht als erledigt, abgeschlossen und stabil gelten kann. Wer mit sprachlichen Zweifelsfällen konfrontiert ist, befindet sich stets in einer grundsätzlich offenen, vagen Situation. Zunächst zeugen die Zweifelsfälle selbst von den dynamischen, unabgeschlossenen Wandel- und Organisationsprozessen des Sprachsystems. Dass die Sprache immer im Fluss und gleichzeitig komplex ist, wird wohl an keinem linguistischen Phänomen so deutlich wie bei den Zweifelsfällen.

Von anderer Natur ist die Offenheit der sprachwissenschaftlichen Forschung. Die Linguistik hat die Lage der Sprachvariation noch längst nicht so weit geklärt, dass wir an allen Punkten die Dinge umfassend überschauen und endgültige Schlüsse ziehen könnten. Dazu wird es vermutlich auch nie kommen, weil sich die Sprache eben immer verändert und dieser Wandel stets aufs neue dokumentiert, analysiert und gedeutet werden muss. Nur in einer großen und nachdrücklichen Kooperation und mit einer realistisch angelegten Konzeption von Sprachwissenschaft wird es möglich sein, halbwegs mit dem Lauf der sprachlichen Dinge Schritt halten zu können, um die sprachlichen Zweifelsfälle angemessen zu erfassen und zu analysieren. Nicht nur der Weg der Sprache, sondern auch die Forschungen der Sprachwissenschaft sind offen und unabgeschlossen.

Endlich befinden sich auch die Zweifelnden in einer Situation, die von großer Offenheit geprägt ist. Sie haben die Wahl zwischen Varianten, mit allen Vor- und Nachteilen, die mit solchen Ausleseprozessen verbunden sind. Sie können dem üblichen Sprachgebrauch folgen. Sie können aber auch die Konditionen missachten und die Variante ihrer individuellen Wahl nutzen. Bei solchen Regelverstößen müssen sie allerdings mit bestimmten Folgen rechnen, gegebenenfalls auch mit ungünstigen. Das reicht von einfachen Missverständnissen, die rasch behoben werden können, bis zur sozialen Deklassierung, die nachwirkt. Nicht ausgeschlossen ist zudem, dass sprachliche Regelverstöße auch soziale Vorteile mit sich bringen können. Es kann also viel passieren. Die persönliche Auswahl mag meistens in unspektakulären Varianten enden und keinen besonderen Effekt bewirken. Man greift eine bestimmte Sprachvariante heraus, ohne dass etwas Besonderes passiert, das auf der spezifischen Sprachform beruhen würde. Für die normale Kommunikation ist das sicher keine schlechte, oft sogar die erwünschte Konstellation. Es können aber auch ganz überraschende Dinge vor sich gehen. Die obigen Erörterungen zu den Zweifelsfällen sollten zumindest einen gewissen Eindruck davon vermitteln, wie offen die Situation für die Zweifelnden ist – sowohl was ihre Variantenauswahl angeht als auch was die Reaktionen betrifft, die ihr sprachliches Handeln vielleicht auslösen könnte.

Angesichts dieser Bestimmungen ergeben sich nicht zuletzt vielfache Anknüpfungspunkte für die interdisziplinäre Erforschung und Konzeptualisierung sprachlicher Zweifelsfälle, etwa in Soziologie, Psychologie und (Sprach-) Philosophie. Sie stehen ja zweifellos für die konstitutive soziale Spannung zwischen Freiheit und Zwang, zwischen individueller Selbstbehauptung und gesellschaftlicher Fremdbestimmung, also für das einschlägige anthropologische Kraftzentrum, das jede menschliche Gesellschaft fortwährend zusammenhält und auseinanderreißt.

## Begeisterungshaltung und Belästigungshaltung

Es gibt noch eine letzte Perspektive, mit der Sinn und Zweck dieses Buchs abschließend formuliert werden kann. Es zielt nämlich auch auf zwei konträre Haltungen, die gegenüber Sprachvarianten eingenommen werden.

Die erste ließe sich als die Begeisterungshaltung beschreiben. Man spürt an allen Ecken und Enden Varianten auf, hegt und pflegt sie, erforscht und erkundet sie in allen möglichen Dimensionen. Varianten sind „doch immer wahnsinnig spannend". Man verteidigt sie gegen alle diejenigen, die ihnen möglicherweise böse gesinnt sein könnten. Nichts gegen Varianten! Der Fortschritt aller Dinge beruht letztlich auf dem Willen und dem Vermögen zur Variation. Uneinheitlichkeit als Lebensprinzip. Kurzum: Man ist von Varianten bezaubert, mit allen Vor- und Nachteilen, die mit solchen Verzauberungen einher gehen. Die Begeisterungshaltung ist in ihren schönsten Formen seit jeher in das Herz der Sprachwissenschaft eingeflossen. Sprachvarianten können für viele Sprachwissenschaftler genau das sein, was die Vielfalt der Tier- und Pflanzengattungen für Biologen darstellt. Naturkundler trauern über aussterbende Tiere und Pflanzen, Linguisten über aussterbende Sprachen und Sprachvarianten. Wissenschaftler werden vor diesem Hintergrund zu Aktivisten, die für den Fortbestand von Arten und Varianten eintreten, ohne die die Evolution zum Stillstand kommen würde.

Die zweite Haltung sei Belästigungshaltung genannt. Sprachvarianten werden missmutig registriert, nicht zuletzt deshalb, weil sie uns in Zweifel stürzen können. Sie irritieren, sind doch überflüssig und immer wieder Anlässe für Verzögerungen, Komplikationen und Verlust. Was hat es überhaupt mit ihnen auf sich? Was soll das: Zwei statt eins? Warum nicht gleich nur eins? Daraus ergibt sich doch ein klares Ziel: Man muss die Entzweiungen beheben und auf das Wesentliche zurückführen, auch sprachlich. Sie zerreißen uns doch unnötigerweise. Das Leben würde viel besser sein, wenn mehr Einheit und weniger Zersplitterung herrschen würde. Sprachmythologisch gewendet steht hier eher die alttestamentarische Geschichte vom Turmbau zu Babel als das neutestamentliche Pfingstereignis vor Augen. Man bedauert, dass es keine wirklich einheitliche Sprache gibt, und versucht sie aktiv herzustellen. Einheitlichkeit als Lebensprinzip. Einfach gesagt: Varianten nerven und wir sollten daran arbeiten, diese ständigen Belästigungen aus der Welt zu schaffen. Eins statt zwei! Viele kommunikative und gesellschaftliche Probleme ließen sich beheben, wenn wir mehr Einheit und Verbundenheit hätten und weniger trennende Variation.

Das Schönste, was diesem Buch widerfahren könnte, wäre eine Rezeption, die einen Beitrag zur Versöhnung zwischen der Begeisterungs- und der Belästigungshaltung liefern würde. Denn in beiden Haltungen verkörpern sich starke Kräfte, ohne die wir und unsere Sprache nicht existieren können.

# Bibliographie

AADG = Atlas zur Aussprache des deutschen Gebrauchsstandards. [Institut für deutsche Sprache. Projektleitung: Stefan Kleiner].
http://prowiki.ids-mannheim.de/bin/view/AADG/.
Aarts, Bas (2007): Syntactic gradience. The nature of grammatical indeterminacy. Oxford.
Aarts, Bas (Hg.) (2004): Fuzzy grammar. A reader. Oxford u. a.
AdA = Atlas zur deutschen Alltagssprache. [Projektleitung: Stephan Elspaß/Robert Möller].
http://www.atlas-alltagssprache.de/.
Adam, Bastian (2009): *downgeloadet* oder *gedownloadet*? – Überlegungen zur Partizip-II-Bildung des Verbs downloaden. In: Hennig, Mathilde (Hg.): Wie normal ist die Norm? Sprachliche Normen im Spannungsfeld von Sprachwissenschaft Sprachöffentlichkeit und Sprachdidaktik. Kassel, 109–129.
Ágel, Vilmos (2008): Bastian Sick und die Grammatik. Ein ungleiches Duell. In: Info DaF 35 (1), 64–84.
Ammon, Ulrich (2003): Dialektschwund, Dialekt-Standard-Kontinuum, Diglossie: Drei Typen des Verhältnisses Dialekt – Standardvarietät im deutschen Sprachgebiet. In: Androutsopoulos, Jannis K./Ziegler, Evelyn (Hg.): „Standardfragen" Soziolinguistische Perspektiven auf Sprachgeschichte, Sprachkontakt und Sprachvariation. Frankfurt/M., 163–171.
Ammon, Ulrich u. a. (Hg.) (2016): Variantenwörterbuch des Deutschen. Die Standardsprache in Österreich, der Schweiz, Deutschland, Liechtenstein, Luxemburg, Ostbelgien und Südtirol sowie Rumänien, Namibia und Mennonitensiedlungen. 2. Aufl. Berlin/Boston.
Antos, Gerd (1995): Warum gibt es normative Stilistiken? Sprachtheoretische Überlegungen zu einem scheinbar trivialen Problem. In: Stickel, Gerhard (Hg.): Stilfragen. Berlin/New York, 355–377.
Antos, Gerd (1996): Laien-Linguistik. Studien zu Sprach- und Kommunikationsproblemen im Alltag. Am Beispiel von Sprachratgebern und Kommunikationstrainings. Tübingen.
Aptum-Themenheft: Angemessenheit (2015). In: Aptum. Zeitschrift für Sprachkritik und Sprachkultur (2).
Augustin, Hagen (2018): Verschmelzung von Präposition und Artikel. Eine kontrastive Analyse zum Deutschen und Italienischen. Berlin.
Ax, Wolfram (2005): Typen antiker grammatischer Fachliteratur am Beispiel der römischen Grammatik. In: Fögen, Thorsten (Hg.): Antike Fachtexte. Berlin, 117–136.
Banhold, Dominik (2015): Sprachnorm, Sprachbewertung, Sprachlehre. Zum Umgang mit flexionsmorphologischer Varianz in deutschen Schulgrammatiken (1801-1932). Hamburg.
Banhold, Dominik/Blidschun, Claudia (2013): Die Datenbank ZweiDat: Sprachliche Zweifelsfälle in historischer Perspektive. In: Kratochvílová, Iva/Wolf, Norbert Richard (Hg.): Grundlagen einer sprachwissenschaftlichen Quellenkunde. Tübingen, 343–358.
Bankhardt, Christina (2010): Tütel, Tüpflein, Oberbeistrichlein. Der Apostroph im Deutschen. Mannheim.
Barth, Markus (2013): Der Genitiv ist dem Streber sein Sex. Und andere Erkenntnisse aus meinem Leben 2.0. 3. Aufl. Reinbek.
Baumann, Carolin/Dabóczi, Viktória (2014): Umnutzung entgegen des Sprachwandels: Irreguläre Flexionsformen als Prestigeträger? In: Habscheid, Stephan/Hoch, Gero (Hg.): Umnutzung: Alte Sachen, neue Zwecke. Göttingen, 251–273.

Beck, Götz (1996): Sprachkritik – „Sprachverfall". Zur Phänomenologie einer Sprachverwirrung. In: Peyer, Ann/Portmann, Paul R. (Hg.): Norm, Moral und Didaktik. Die Linguistik und ihre Schmuddelkinder. Eine Aufforderung zur Diskussion. Tübingen, 61–95.

Becker, Thomas (1994): Die Erklärung von Sprachwandel durch Sprachverwendung am Beispiel der deutschen Substantivflexion. In: Köpcke, Klaus-Michael (Hg.): Funktionale Untersuchungen zur deutschen Nominal- und Verbalmorphologie. Tübingen, 45–64.

Becker, Thomas (2012): Einführung in die Phonetik und Phonologie des Deutschen. Darmstadt.

Bellmann, Günter (1990): Eine Quelle der deutschen Sprachgeschichte des 17. und 18. Jahrhunderts. In: Besch, Werner (Hg.): Deutsche Sprachgeschichte. Grundlagen – Methoden – Perspektiven. Festschrift für Johannes Erben zum 65. Geburtstag. Frankfurt/M., 289–300.

Beltz, Julius (1867): Orthographie der Wörter von zweifelhafter Schreibart. Wie sie gegenwärtig in der deutschen Sprache vorwiegend gebräuchlich ist; ein Handbüchlein für Lehrer Schriftsteller Correctoren u. A. Langensalza.

Bennewitz, Alexander/Link, Lorenz (1898): Die Schwierigkeiten unserer Muttersprache. Übersichtliche Zusammenstellung der zweifelhaften Fälle im mündlichen und schriftlichen Sprachgebrauche. Leipzig.

Berg, Kristian (2016): Graphematische Variation. In: Mesch, Birgit/Noack, Christina (Hg.): System, Norm und Gebrauch – drei Seiten derselben Medaille? Orthographische Kompetenz und Performanz im Spannungsfeld zwischen System, Norm und Empirie. Baltmannsweiler, 9–23.

Berg, Thomas (1998): The resolution of number conflicts in English and German agreement patterns. In: Linguistics 36, 41–70.

Bergmann, Regina (1999): Rhetorikratgeber aus linguistischer Sicht. Annäherungsversuch an eine Ungeliebte. In: Brünner, Gisela (Hg.): Angewandte Diskursforschung. Band 2: Methoden und Anwendungsbereiche. Opladen, 226–246.

Bergmann, Rolf (1982): Zum Anteil der Grammatiker an der Normierung der neuhochdeutschen Schriftsprache. In: Sprachwissenschaft 7, 261–281.

Bering, Dietz (2007): Die Kommerzialisierung der Namenwelt. Beispiel: Fußballstadien. In: Zeitschrift für germanistische Linguistik 35 (3), 434–465.

Besch, Werner (2003): Aussprache-Standardisierung am grünen Tisch? Der Siebs nach 100 Jahren. In: Androutsopoulos, Jannis K./Ziegler, Evelyn (Hg.): „Standardfragen". Soziolinguistische Perspektiven auf Sprachgeschichte, Sprachkontakt und Sprachvariation. Frankfurt/M., 15–26.

Betten, Anne (1987): Grundzüge der Prosasyntax. Stilprägende Entwicklungen vom Althochdeutschen zum Neuhochdeutschen. Tübingen.

Birkenes, Magnus Breder u.a. (2014): Genus- und Sexuskongruenz im Neuhochdeutschen: Ergebnisse einer Korpusuntersuchung zur narrativen Prosa des 17. bis 19. Jahrhunderts. In: Deutsche Sprache (1), 1–24.

Bluhm-Faust, Claudia (2005): Die Pädagogisierung der deutschen Standardsprache im 19. Jahrhundert am Beispiel Badens. Frankfurt/M.

Boediker, Johannes (1701): Neu vermehrte Grundsätze der deutschen Sprachen im Reden und Schreiben. Berlin.

Brandt-Kobele, Oda-Christina (2014): The detection of subject–verb agreement violations by German-speaking children: An eye-tracking study. In: Lingua 144, 7–20.

Breindl, Eva (2016): Sprachberatung im interaktiven Web. In: Klein, Wolf Peter/Staffeldt, Sven (Hg.): Die Kodifizierung der Sprache. Strukturen, Funktionen, Konsequenzen. Würzburg, 85–109. https://nbn-resolving.org/urn:nbn:de:bvb:20-opus-138080.

Bremerich-Vos, Albert (1991): Populäre rhetorische Ratgeber. Historisch-systematische Untersuchungen. Tübingen.

Bruns, Karl (1915): Die Amtssprache. Verdeutschung der hauptsächlichsten im Verkehre der Gerichts- u. Verwaltungsbehörden sowie in Rechts- u. Staatswissenschaft gebrauchten Fremdwörter. 9. Aufl. Berlin.

Bubenhofer, Noah u.a. (2014a): Korpusbasierte Exploration der Variation der nominalen Genitivmarkierung. In: Zeitschrift für germanistische Linguistik 42 (3), 379–419.

Bubenhofer, Noah u.a. (2014b): Präliminarien einer Korpusgrammatik. Tübingen.

Burkhardt, Armin (2007): Was ist gutes Deutsch? Studien und Meinungen zum gepflegten Sprachgebrauch. Mannheim.

Callies, Marcus u.a (2010): Genusschwankung bei der Integration von englischen Lehnwörtern im Deutschen und Polnischen. In: Scherer, Carmen/Holler, Anke (Hg.): Strategien der Integration und Isolation nicht-nativer Einheiten und Strukturen. Berlin, 65–86.

Chan, Sze-Mun (2005): Genusintegration. Eine systematische Untersuchung zur Genuszuweisung englischer Entlehnungen in der deutschen Sprache. München.

Channell, Joanna (1994): Vague language. Oxford u.a.

Cherubim, Dieter (1983): Sprachentwicklung und Sprachkritik im 19. Jahrhundert. Beiträge zur Konstitution einer pragmatischen Sprachgeschichte. In: Cramer, Thomas (Hg.): Literatur und Sprache im historischen Prozess. Bd. 2: Sprache. Tübingen, 170–188.

Cherubim, Dieter (2001): Pathologia linguae. Die „Krankheiten" der Sprache und deren Remedur. In: Burkhardt, Armin/Cherubim, Dieter (Hg.): Sprache im Leben der Zeit. Helmut Henne zum 65. Geburtstag. Tübingen, 427–447.

Cherubim, Dieter (2008): Vom Sprachinteresse zur Sprachwissenschaft. Disziplinwerdung als Folge eines neuen Wissenschaftskonzepts. In: Bödeker, Hans Erich u.a. (Hg.): Die Wissenschaft vom Menschen in Göttingen um 1800. Wissenschaftliche Praktiken, institutionelle Geographie, europäische Netzwerke. Göttingen, 255–274.

Cherubim, Dieter u.a. (Hg.) (1998): Sprache und bürgerliche Nation. Beiträge zur deutschen und europäischen Sprachgeschichte des 19. Jahrhunderts. Berlin/New York.

Cherubim, Dieter u.a. (Hg.) (2005): Sprachkritik als Aufklärung. Die Deutsche Gesellschaft in Göttingen im 18. Jahrhundert. Ausstellung im Foyer des Neubaus der Niedersächsischen Staats- und Universitätsbibliothek Göttingen, 16.4.2004 – 21.5.2004. Göttingen. http://webdoc.sub.gwdg.de/ebook/h-k/gbs/gbs_27.pdf.

Christiansen, Mads (2016): Von der Phonologie in die Morphologie. Diachrone Studien zur Präposition-Artikel-Enklise im Deutschen. Hildesheim u.a.

Cölfen, Hermann (1996): Das Sprachtelefon an der Universität-GH – Essen. Ein Modell für ein neues Arbeitsfeld im Bereich der Linguistik? In: Cölfen, Hermann u.a. (Hg.): Linguistische Beratung ... im Spiegel der Praxisfelder. Oldenburg, 9–21.

Contze, Heinrich (1898): Ueber den Gebrauch des Pronomens derselbe mit besonderer Ruecksicht auf die von Wustmann Allerhand sprachdummheiten erhobenen Bedenken. Herford.

Dammel, Antje (2014): *Die schönen alten Formen...* Grammatischer Wandel der deutschen Verbalflexion – Verfall oder Reorganisation? In: Plewnia, Albrecht/Witt, Andreas (Hg.): Sprachverfall? Dynamik – Wandel – Variation. Berlin/Boston, 51–70.

Dammel, Antje (2015): One plus one make(s) – what? Determinants of verb agreement in German NP+NP coordination – A diachronic approach. In: Fleischer, Jürg u.a. (Hg.): Agreement from a diachronic perspective. Berlin, 287–326.
Davies, Winifred V. (2000): Linguistic Norms at School: A Survey of Secondary-School Teachers in a Central German Dialect Area. In: Zeitschrift für Dialektologie und Linguistik LXVII, 130–147.
Davies, Winifred V. (2001): Standardisation and the school: norm tolerance in the educational domain. In: Linguistische Berichte 188, 393–414.
Davies, Winifred V./Langer, Nils (2006): The Making of Bad Language. Lay Linguistic Stigmatisations in German: Past und Present. Frankfurt/M.
Demske, Ulrike (2001): Merkmale und Relationen. Diachrone Studien zur Nominalphrase des Deutschen. Berlin/New York.
Di Meola, Claudio (1998): Semantisch relevante und semantisch irrelevante Kasusalternation am Beispiel von entlang. In: Zeitschrift für germanistische Linguistik 17, 204–235.
Di Meola, Claudio (1999): Entgegen, nahe, entsprechend und gemäß – Dativpräpositionen mit Genitivrektion. In: Zeitschrift für germanistische Linguistik 27 (3), 344–351.
Di Meola, Claudio (2000): Die Grammatikalisierung deutscher Präpositionen. Tübingen.
Di Meola, Claudio (2002): Präpositionale Rektionsalternation unter dem Gesichtspunkt der Grammatikalisierung: das Prinzip der „maximalen Differenzierung". In: Cuyckens, Hubert/Radden, Günter (Hg.): Perspectives on Prepositions. Tübingen, 101–129.
Di Meola, Claudio (2009): Rektionsschwankungen bei Präpositionen – erlaubt, verboten, unbeachtet. In: Konopka, Marek/Strecker, Bruno (Hg.): Deutsche Grammatik – Regeln, Normen, Sprachgebrauch. Berlin/New York, 195–221.
Dieckmann, Walther (1981): Politische Sprache, politische Kommunikation. Vorträge Aufsätze Entwürfe. Heidelberg.
Dieckmann, Walther (1988): Man kann und sollte Bedeutungserläuterung und Sachbeschreibung im Wörterbuch trennen. Ein unpraktisches Plädoyer für Sprachwörterbücher. In: Munske, Horst Haider u.a. (Hg.): Deutscher Wortschatz. Lexikologische Studien. Berlin/New York, 791–812.
Dieckmann, Walther (1991): Sprachwissenschaft und öffentliche Sprachdiskussion – Wurzeln ihres problematischen Verhältnisses. In: Wimmer, Rainer (Hg.): Das 19. Jahrhundert. Sprachgeschichtliche Wurzeln des heutigen Deutsch. Berlin/New York, 355–373.
Dieckmann, Walther (2012): Wege und Abwege der Sprachkritik. Bremen.
Dieckmann, Walther (Hg.) (1989): *Reichthum und Armut deutscher Sprache*. Reflexionen über den Zustand der deutschen Sprache im 19. Jahrhundert. Berlin/New York.
Dittmann, Jürgen u.a. (2003): Fehlerfreies und gutes Deutsch. Das zuverlässige Nachschlagewerk zur Klärung sprachlicher Zweifelsfälle. Gütersloh.
Dittmann, Jürgen u.a. (2009): Richtiges Deutsch leicht gemacht. Das zuverlässige Nachschlagewerk zu mehr als 10000 typischen Fragen zur deutschen Sprache. Klärung von Zweifelsfällen in Rechtschreibung, Zeichensetzung und Grammatik, auf der Basis der aktuellen Anfragen an die Wahrig-Sprachberatung. Gütersloh/München.
Dittmer, Arne (1983): Entwicklungstendenzen der deutschen Gegenwartssprache. Ein Vergleich zwischen Gustav Wustmanns *Sprachdummheiten* 1891, 1943 und 1966. In: Nerius, Dieter (Hg.): Entwicklungstendenzen der deutschen Sprache seit dem 18. Jahrhundert. (= Linguistische Studien A 111; Akademie der Wissenschaften der DDR). Berlin, 126–134.
Donalies, Elke (2003): „Gebt endlich die Wortbildung frei!" Über unsinnige und sinnige Kritik an der Wortbildung. In: Sprachreport (1), 26–32.

Donalies, Elke (2011): Tagtraum, Tageslicht, Tagedieb. Ein korpuslinguistisches Experiment zu variierenden Wortformen und Fugenelementen in zusammengesetzten Substantiven. Mannheim.
Donhauser, Karin (1989): Das Deskriptionsproblem und seine präskriptive Lösung: zur grammatikologischen Bedeutung der Vorreden in den Grammatiken des 16. bis 18. Jahrhunderts. In: Sprachwissenschaft 14 (1), 29–57.
Dovalil, Vít (2015): The German Standard Variety at Czech Universities in the Light of Decision-Making Processes of Language Management. In: Davies, Winifred V./Ziegler, Evelyn (Hg.): Language planning and microlinguistics. From policy to interaction and vice versa. Houndmills u.a., 83–102.
DR = Deutsche Rechtschreibung. Regeln und Wörterverzeichnis. Entsprechend den Empfehlungen des Rats für deutsche Rechtschreibung. Überarbeitete Fassung des amtlichen Regelwerks 2004 mit den Nachträgen aus dem Bericht 2010 („Fassung 2011"). München/Mannheim. http://www.rechtschreibrat.com/DOX/rfdr_Regeln_2011.pdf.
Droste, Wiglaf (2013): Die Würde des Menschen ist ein Konjunktiv. Neue Sprachglossen. Berlin.
Dückert, Joachim/Kempcke, Günter (1989): Wörterbuch der Sprachschwierigkeiten. Zweifelsfälle, Normen und Varianten im gegenwärtigen deutschen Sprachgebrauch. 3. Aufl. Leipzig.
Duden, Konrad/Matthias, Theodor (1930): Der große Duden. Rechtschreibung der deutschen Sprache und der Fremdwörter: nach den für Deutschland, Österreich und die Schweiz gültigen amtlichen Regeln. 10. Aufl., 2. verb. Neudr. Leipzig.
Duden 4/2016 = Duden – die Grammatik. Unentbehrlich für richtiges Deutsch. Herausgegeben von Angelika Wöllstein und der Dudenredaktion. 9. Aufl. Berlin.
Duden 9/1965 = Duden. Hauptschwierigkeiten der deutschen Sprache. Bearbeitet von Günther Drosdowski, Paul Grebe, Wolfgang Müller. Mannheim.
Duden 9/2007 = Duden. Richtiges und gutes Deutsch. Wörterbuch der sprachlichen Zweifelsfälle. Herausgegeben von der Dudenredaktion. Bearbeitet von Peter Eisenberg unter Mitwirkung von Franziska Münzberg und Kathrin Kunkel-Razum. 6. Aufl. Mannheim.
Duden 9/2011 = Duden. Richtiges und gutes Deutsch. Wörterbuch der sprachlichen Zweifelsfälle. Herausgegeben und überarbeitet von der Dudenredaktion unter Mitwirkung von Peter Eisenberg und Jan Georg Schneider. 7. Aufl. Mannheim/Zürich.
Duden 9/2016 = Duden. Richtiges und gutes Deutsch. Wörterbuch der sprachlichen Zweifelsfälle. Herausgeberin Prof. Dr. Mathilde Hennig. 8. Aufl. Berlin.
Durrell, Martin (2017): Die Rolle der deutschen Sprache in ideologischen Konstrukten der Nation. In: Davies, Winifred V. u.a. (Hg.): Standardsprache zwischen Norm und Praxis. Theoretische Betrachtungen, empirische Studien und sprachdidaktische Ausblicke. Tübingen, 23–40.
Ebel, Alexandra u.a. (2014): Ausspracheangaben zu eingedeutschten Namen in Aussprachewörterbüchern. In: Lexicographica 30, 323–349.
Ebert, Robert Peter u.a. (1993): Frühneuhochdeutsche Grammatik. Tübingen.
Ebert, Verena/Schulz, Matthias (2016): *Wissmannstraße, Massaiweg, Berliner Straße*. Kolonial intendierte Urbanonyme – Befunde, Perspektiven, Forschungsprogramm. In: Beiträge zur Namenforschung 51, 357–386.
Ehlich, Konrad (2001): Standard zwischen Bühne und Regionalität. In: Ehlich, Konrad/Ossner, Jakob/Stammerjohann, Harro (Hg.): Hochsprachen in Europa. Entstehung, Geltung, Zukunft. Freiburg, 145–158.

Ehrlich, Karoline (2008): Wie spricht man „richtig" Deutsch? Kritische Betrachtung der Aussprachenormen von Siebs GWDA und Aussprache-Duden. Wien.
Eichinger, Ludwig M. (2013): Die Entwicklung der Flexion: Gebrauchsverschiebungen, systematischer Wandel und die Stabilität der Grammatik. In: Deutsche Akademie für Sprache und Dichtung/Union der Deutschen Akademien der Wissenschaften (Hg.): Reichtum und Armut der deutschen Sprache. Erster Bericht zur Lage der deutschen Sprache. Berlin, 121–170.
Eichinger, Ludwig M./Kallmeyer, Werner (Hg.) (2005): Standardvariation. Wieviel Variation verträgt die deutsche Sprache? Berlin.
Eisenberg, Peter (1985): Maß und Zahl. Zur syntaktischen Deutung einer ungefestigten Konstruktion im Deutschen. In: Ballmer, Thomas T./Posner, Rüdiger (Hg.): Nach-Chomskysche Linguistik. Neuere Arbeiten von Berliner Linguisten. Berlin/New York.
Eisenberg, Peter (1997): Das Versagen orthographischer Regeln: Über den Umgang mit dem Kuckucksei. In: Eroms, Hans-Werner/Munske, Horst Haider (Hg.): Die Rechtschreibreform. Pro und kontra. Berlin, 47–50.
Eisenberg, Peter (2007): Sprachliches Wissen im „Wörterbuch der Zweifelsfälle". Über die Rekonstruktion einer Gebrauchsnorm. In: Aptum. Zeitschrift für Sprachkritik und Sprachkultur (3), 209–228.
Eisenberg, Peter (2018): Das Fremdwort im Deutschen. 3. Aufl. Berlin.
Eisenberg, Peter/Fuhrhop, Nanna (2013): Grundriss der deutschen Grammatik. Das Wort. 4. Aufl. Stuttgart.
Eisenberg, Peter/Thieroff, Rolf (2013): Grundriss der deutschen Grammatik. Der Satz. 4. Aufl. Stuttgart.
Eisenberg, Peter/Voigt, Gerhard (1990): Grammatikfehler? In: Praxis Deutsch 102, 10–15.
Elspaß, Stephan (2005): Language Norm and Language Reality. Effectiveness and limits of prescriptivism in New High German. In: Langer, Nils/Davies, Winifred V. (Hg.): Linguistic Purism in the Germanic Language. Berlin/New York, 20–46.
Elspaß, Stephan/Dürscheid, Christa (2017): Areale Variation in den Gebrauchsstandards des Deutschen. In: Konopka, Marek/Wöllstein, Angelika (Hg.): Grammatische Variation. Empirische Zugänge und theoretische Modellierung. Berlin/Boston, 85–104.
Elspaß, Stephan u.a. (2017): Zur grammatischen Pluriarealität der deutschen Gebrauchsstandards – oder: Über die Grenzen des Plurizentritätsbegriffs. In: Sieburg, Heinz/Solms, Hans-Joachim (Hg.): Das Deutsche als plurizentrische Sprache. Ansprüche – Ergebnisse – Perspektiven. Berlin, 69–91.
Elter, Irmgard (2005): Genitiv versus Dativ. Die Rektion der Präpositionen *wegen*, *während*, *trotz*, *statt* und *dank* in der aktuellen Zeitungssprache. In: Schwitalla, Johannes/Wegstein, Werner (Hg.): Korpuslinguistik deutsch. Synchron, diachron, kontrastiv. Tübingen, 125–135.
Endlein, Martin (2005): Die Würzburger Regeln vom Schreiben, Reden und Versemachen. (1772 – 1800). Studien zu einer deutschen Grammatik des ausgehenden 18. Jahrhunderts. Diss., Julius-Maximilians-Universität Würzburg.
http://nbn-resolving.org/urn:nbn:de:bvb:20-opus-15645.
Engel, Eduard (1922): Gutes Deutsch. Ein Führer durch Falsch und Richtig. 21. – 27. Tsd. Leipzig.
Engemann, Jennifer (2012): Veränderungen in der Präpositionsrektion: Der Wechsel vom Dativ (bzw. Akkusativ) zum Genitiv. In: Triangulum (Germanistisches Jahrbuch für Estland, Lettland und Litauen), 97–125.

Enzensberger, Hans Magnus (2008): Heraus mit der Sprache. Ein bißchen Deutsch für Deutsche Österreicher Schweizer und andere Aus- und Inländer. München.
Erben, Johannes (1989): Die Entstehung unserer Schriftsprache und der Anteil deutscher Grammatiker am Normierungsprozeß. In: Sprachwissenschaft 14, 6-28.
Eroms, Hans-Werner (2006): Gallizismen in der Konkurrenz zu Anglizismen im Deutschen. In: Breindl, Eva u.a. (Hg.): Grammatische Untersuchungen. Analysen und Reflexionen. Tübingen, 473–492.
Ettl, Susanne (1984): Anleitungen zu schriftlicher Kommunikation. Briefsteller von 1880 bis 1980. Tübingen.
Ewald, Petra (2006): Aus der Geschichte eines Zankapfels: Zur Entwicklung der Apostrophschreibung im Deutschen. In: Götz, Ursula/Stricker, Stefanie (Hg.): Neue Perspektiven der Sprachgeschichte. Heidelberg, 139–161.
Fachschriftleitung des Bibliogr. Instituts (1943): Der große Duden. Rechtschreibung der deutschen Sprache und der Fremdwörter nach den für das Deutsche Reich und die Schweiz gültigen amtlichen Regeln. 12. Aufl. Leipzig.
Fanselow, Gisbert/Féry, Caroline: Ineffability in Grammar. In: Resolving Conflicts in Grammars: Optimality Theory in Syntax, Morphology, and Phonology. Linguistische Berichte 2002 (11), 265–307.
Faulstich-Christ, Katja (2008): Konzepte des Hochdeutschen. Der Sprachnormierungsdiskurs im 18. Jahrhundert. Berlin.
Felder, Ekkehard (2016): Einführung in die Varietätenlinguistik. Darmstadt.
Fischer, Rudolf-Josef (2005): Genuszuordnung. Theorie und Praxis am Beispiel des Deutschen. Frankfurt/M. u.a.
Fleischer, Jürg (2002): Die Syntax von Pronominaladverbien in den Dialekten des Deutschen. Eine Untersuchung zu Preposition Stranding und verwandten Phänomenen. Stuttgart.
Fleischer, Jürg (2012): Grammatische und semantische Kongruenz in der Geschichte des Deutschen: eine diachrone Studie zu den Kongruenzformen von ahd. wīb, nhd. weib. In: Beiträge zur Geschichte der deutschen Sprache und Literatur 134 (2).
Fleischer, Jürg/Schallert, Oliver (2011): Historische Syntax des Deutschen. Eine Einführung. Tübingen.
Frilling, Sabine (2004): Die Sprachberatung der GfdS (I). Resultate einer aktuellen Untersuchung. In: Der Sprachdienst (2), 42–49.
Frilling, Sabine (2005): Die Sprachberatung der GfdS (II). Auswertung der Anfragen von November 2004 bis Januar 2005. In: Der Sprachdienst (2–3), 69–77.
Fritz, Gerd (1998): Historische Semantik. Stuttgart/Weimar.
Frochte, Barbara (2015): Substantive mit starker Präpositionsbindung im Spannungsfeld zwischen Sprachsystem und Sprachgebrauch Exemplarische Analyse sechs ausgewählter Rektionssubstantive. Diss., Universität Duisburg-Essen. http://nbn-resolving.org/urn:nbn:de:hbz:464-20150724-085508-6.
Führer, Jessica (2015): Die Rektion der Präposition „wegen" vor dem Hintergrund des sozialen Kräftefeldes. In: Šichová, Kateřina u.a. (Hg.): Standardvarietät des Deutschen. Fallbeispiele aus der sozialen Praxis. Berlin, 65–81.
Fuhrhop, Nanna (1996): Fugenelemente. In: Lang, Ewald/Zifonun, Gisela (Hg.): Deutsch – typologisch. Berlin/New York, 525–550.
Fuhrhop, Nanna (1998): Grenzfälle morphologischer Einheiten. Tübingen.
Fuhrhop, Nanna (2003): ‚Berliner Luft' und ‚Potsdamer' Bürgermeister. Zur Grammatik der Stadtadjektive. In: Linguistische Berichte 193, 91–108.

Fuhrhop, Nanna (2007): Zwischen Wort und Syntagma. Zur grammatischen Fundierung der Getrennt- und Zusammenschreibung. Tübingen.
Fuhrhop, Nanna (2015): Orthografie. 4. Aufl. Heidelberg.
Gabler, Birgit (1995): I – Großbuchstaben mitten im Wort. In: Ewald, Petra/Sommerfeldt, Karl-Ernst (Hg.): Beiträge zur Schriftlinguistik. Festschrift zum 60. Geburtstag von Prof. Dr. phil. habil. Dieter Nerius. Frankfurt/M., 113–122.
Gaeta, Livio/Schlücker, Barbara (Hg.) (2012): Das Deutsche als kompositionsfreudige Sprache: strukturelle Eigenschaften und systembezogene Aspekte. Berlin u.a.
GfdS (2016): Sprachberatung: Fragen und Antworten. Gesellschaft für deutsche Sprache. http://gfds.de/category/fragen-und-antworten/ (15.4.18).
Gillmann, Melitta (2011): Die Grammatikalisierung des *sein*-Perfekts. Eine korpuslinguistische Untersuchung zur Hilfsverbselektion der Bewegungsverben im Deutschen. In: Beiträge zur Geschichte der deutschen Sprache 133, 203–234.
Gillmann, Melitta (2016): Perfektkonstruktionen mit *haben* und *sein*. Eine Korpusuntersuchung im Althochdeutschen, Altsächsischen und Neuhochdeutschen. Berlin/Boston.
Girnth, Heiko (2002): Sprache und Sprachverwendung in der Politik. Eine Einführung in die linguistische Analyse öffentlich-politischer Kommunikation. Tübingen.
Glaser, Elvira (1992): Umbau partitiver Strukturen in der Geschichte des Deutschen. In: Sprachwissenschaft 17, 113–132.
Glück, Helmut (2002): Deutsch als Fremdsprache in Europa vom Mittelalter bis zur Barockzeit. Berlin/New York.
Glück, Helmut (2013): Die Fremdsprache Deutsch im Zeitalter der Aufklärung, der Klassik und der Romantik. Grundzüge der deutschen Sprachgeschichte in Europa. Wiesbaden.
Goldt, Max (2007): QQ. Berlin.
Goschler, Juliana (2014): Variation im Kernbereich. Koordinierte Subjekte und Subjekt-Verb-Kongruenz im Deutschen. In: Nolda, Andreas u.a. (Hg.): Zwischen Kern und Peripherie: Untersuchungen zu Randbereichen in Sprache und Grammatik. Berlin u.a., 89–101.
Gottsched, Johann Christoph (1762): Vollständigere und Neuerläuterte Deutsche Sprachkunst, Nach den Mustern der besten Schriftsteller des vorigen und itzigen Jahrhunderts, abgefasset, und bey dieser fünften Auflage merklich verbessert. 5. Aufl. Leipzig.
Götz, Ursula (1992): Die Anfänge der Grammatikschreibung des Deutschen in Formularbüchern des frühen 16. Jahrhunderts: Fabian Frangk – Schryfftspiegel – Johann Elias Meichßner. Heidelberg.
Götz, Ursula (1995): Regionale grammatische Varianten des Standarddeutschen. In: Sprachwissenschaft 20, 222–238.
Grebe, Paul (Hg.) (1967): Duden – Rechtschreibung der deutschen Sprache und der Fremdwörter. 16., erw. Aufl.
Gregor, Bernd (1983): Genuszuordnung. Das Genus englischer Lehnwörter im Deutschen. Berlin.
Greule, Albrecht (1997): Die Buchsorte *Sprachratgeber*. Definition, Subsorten, Forschungsaufgaben. In: Simmler, Franz (Hg.): Textsorten und Textsortentraditionen. Bern u.a., 239–269.
Greule, Albrecht (2002): Die Textsortengruppe *Sprachratgeber*. In: Simmler, Franz (Hg.): Textsorten deutscher Prosa vom 12./13. bis 18. Jahrhundert und ihre Merkmale. Bern, 589–601.
Grewendorf, Günther/Hamm, Fritz/Sternefeld, Wolfgang (2008): Sprachliches Wissen. Eine Einführung in moderne Theorien der grammatischen Beschreibung. 3. Aufl. Frankfurt/M.
Grimm, Jacob (1819): Deutsche Grammatik. Göttingen.

Günther, Hartmut (1997): Alles Getrennte findet sich wieder – Zur Beurteilung der Neuregelung der deutschen Rechtschreibung. In: Eroms, Hans-Werner/Munske, Horst Haider (Hg.): Die Rechtschreibreform. Pro und kontra. Berlin, 81–93.

Habermann, Mechthild (1997): Das sogenannte ‚Lutherische e'. Zum Streit um einen armen Buchstaben. In: Sprachwissenschaft 22 (4), 435–477.

Hahn, Marion (2002): Die Synonymenlexikografie vom 16. bis zum 20. Jahrhundert. Historische Entwicklung und kommentierte Bio-Bibliografie. Heidelberg.

Haider, Hubert (2011): Grammatische Illusionen. Lokal wohlgeformt – grammatisch deviant. In: Zeitschrift für Sprachwissenschaft 30, 223–257.

Hansen, Jens Hare (1992): *Sprachliche Zweifelsfälle*. Überlegungen zu grammatischen und stilistischen Angaben im zehnbändigen DUDEN. In: Hermes. Journal of Linguistics 8, 55–70.

Harnisch, Rüdiger (2001): Grundform- und Stamm-Prinzip in der Substantivmorphologie des Deutschen. Synchronische und diachronische Untersuchung eines typologischen Parameters. Heidelberg.

Harnisch, Rüdiger (2006): *Dieser freundlicher Streit mit Rivalem und andern welchen Leuten*. Über aktuelle Ungewöhnlichkeiten und latente Möglichkeiten in der Nominalphrase. In: Zeitschrift für germanistische Linguistik 34 (3), 394–405.

Harnisch, Rüdiger (2016): Das generische Maskulinum schleicht zurück. Zur pragmatischen Remotivierung eines grammatischen Markers. In: Bittner, Andreas/Spieß, Constanze (Hg.): Formen und Funktionen. Morphosemantik und grammatische Konstruktion. Berlin/Boston, 159–174.

Harnisch, Rüdiger (Hg.) (2010): Prozesse sprachlicher Verstärkung. Typen formaler Resegmentierung und semantischer Remotivierung. Berlin/New York.

Haß-Zumkehr, Ulrike (1995): Daniel Sanders: Aufgeklärte Germanistik im 19. Jahrhundert. Berlin/New York.

Heine, Matthias (2016): Seit wann hat geil nichts mehr mit Sex zu tun? 100 deutsche Wörter und ihre erstaunlichen Karrieren. Hamburg.

Heine, Matthias (2018): Warum die Gendersternchen-Debatte so deprimierend ist. In: Die Welt, 08.06.2018.

Helbig, Gerhard/Schenkel, Wolfgang (2011): Wörterbuch zur Valenz und Distribution deutscher Verben. 8., durchgesehene Aufl, [Nachdruck]. Tübingen.

Henne, Helmut (1966): Punktuelle und politische Sprachlenkung. Zu 13 Auflagen von Gustav Wustmanns „Sprachdummheiten". In: Zeitschrift für deutsche Sprache 21, 175–184.

Hennig, Mathilde (2010): Plädoyer für eine Grammatikbenutzungsforschung. Anliegen, Daten, Perspektiven. In: Deutsche Sprache 38 (1), 19–42.

Hennig, Mathilde (2012): Was ist ein Grammatikfehler? In: Schneider, Jan Georg u.a. (Hg.): Kommunikation und Öffentlichkeit. Sprachwissenschaftliche Potenziale zwischen Empirie und Norm. Berlin, 121–148.

Hennig, Mathilde (2016): Über welche grammatischen Konzepte verfügen wir? Ein empirischer Beitrag zur Grammatikbenutzungsforschung und Transferwissenschaft. In: Deutsche Sprache 44., 1–22.

Hennig, Mathilde (2017): Das „Wörterbuch der sprachlichen Zweifelsfälle" zwischen Präskription und Deskription. In: Aptum. Zeitschrift für Sprachkritik und Sprachkultur 13 (3), 223-252.

Hennig, Mathilde/Koch, Dennis (2016): Zum Verhältnis von Sprachberatung und Kodifizierung Das Beispiel www.grammatikfragen.de. In: Klein, Wolf Peter/Staffeldt, Sven (Hg.): Die Kodifizierung der Sprache. Strukturen, Funktionen, Konsequenzen. Würzburg, 70.–84. https://nbn-resolving.org/urn:nbn:de:bvb:20-opus-138080.

Hennig, Mathilde/Löber, Melanie (2010): Benutzung und Benutzbarkeit von Grammatiken. In: Fest-Platte für Gerd Fritz. Hrsg. und betreut von Iris Bons, Thomas Gloning und Dennis Kaltwasser. Gießen 17.05.2010. http://www.festschrift-gerd-fritz.de/files/feilke_2010_literale-prozeduren-und-textroutinen.pdf (25.9.2017).

Henscheid, Eckhard (1985): Dummdeutsch. Ein satirisch-polemisches Wörterbuch. Frankfurt/M.

Hentschel, Elke (1993): Flexionsverfall im Deutschen? Die Kasusmarkierung bei partitiven Genetiv-Attributen. In: Zeitschrift für germanistische Linguistik 21, 320–333.

Heringer, Hans Jürgen (1984): Gebt endlich die Wortbildung frei! In: Sprache und Literatur in Wissenschaft und Unterricht 53, 43–53.

Hirsch, Eike Christian (1994): Deutsch für Besserwisser. 5. Aufl. München.

Hirschfeld, Ursula/Stock, Eberhard (2014): Wie kommt die Aussprache ins (Aussprache-) Wörterbuch? Methoden, Probleme und Ergebnisse normphonetischer Untersuchungen zur deutschen Standardaussprache. In: Lexicographica 30, 262–290.

Höhne, Steffen (1991): Sprachnorm und Sprachnormwandel als konstitutive Faktoren wissenschaftlicher Sprachberatung. In: Muttersprache 101, 193–217.

Hundt, Markus (2000): „Spracharbeit" im 17. Jahrhundert. Studien zu Georg Philipp Harsdörffer, Justus Georg Schottelius und Christian Gueintz. Berlin/New York.

Hundt, Markus (2010): Bastian Sick: Der Dativ ist dem Genitiv sein Tod. In: Mitteilungen des Deutschen Germanistenverbandes 57 (2), 174–196.

Hunnius, Klaus (2003): Sprachwissenschaft und Sprachbewertung. Über Grenzen und Gefahren des Deskriptivismus. In: Kodikas/Code 26 (1–2), 83–94.

Ickler, Theodor (1997): Die verborgenen Regeln. In: Eroms, Hans-Werner/Munske, Horst Haider (Hg.): Die Rechtschreibreform. Pro und kontra. Berlin, 101–110.

IdS-GiFuA = Grammatik in Fragen und Antworten (Institut für deutsche Sprache). http://hypermedia.ids-mannheim.de/call/public/fragen.ansicht.

Jacobs, Joachim (2005): Spatien. Zum System der Getrennt- und Zusammenschreibung im heutigen Deutsch. Berlin.

Jäger, Agnes (2017): „Mit eynre ander manier dan nu" – Historische Variation bei Vergleichskonstruktionen. In: Konopka, Marek/Wöllstein, Angelika (Hg.): Grammatische Variation. Empirische Zugänge und theoretische Modellierung. Berlin/Boston, 65–84.

Jahreiß, Astrid (1990): Grammatiken und Orthographielehren aus dem Jesuitenorden. Eine Untersuchung zur Normierung der deutschen Schriftsprache in Unterrichtswerken des 18. Jahrhunderts. Heidelberg.

Jakob, Karlheinz (1999): Die Sprachnormierungen Johann Christoph Gottscheds und ihre Durchsetzung in der zweiten Hälfte des 18. Jahrhunderts. In: Sprachwissenschaft 24, 1–46.

Janich, Nina (2004): Die bewusste Entscheidung: eine handlungsorientierte Theorie der Sprachkultur. Tübingen.

Jellinek, Max Herrmann (1913): Geschichte der neuhochdeutschen Grammatik. Von den Anfängen bis auf Adelung. Heidelberg.

Jernudd, Björn H. (2000): Language management and language problems. [Special issue of Journal of Asian Pacific Communication 10,2]. Amsterdam.
Joeres, Rolf (1996): Der Friede oder der Frieden. Ein Normproblem der Substantivflexion. In: Sprachwissenschaft 21 (3), 301–336.
Jones, William Jervis: Historisches Lexikon deutscher Farbbezeichnungen. Berlin.
Josten, Dirk (1976): Sprachvorbild und Sprachnorm im Urteil des 16. und 17. Jahrhunderts. Sprachlandschaftliche Prioritäten, Sprachautoritäten, sprachimmanente Argumentation. Bern.
Jung, Matthias (1994): Öffentlichkeit und Sprachwandel. Zur Geschichte des Diskurses über die Atomenergie. Wiesbaden.
Katerbow, Matthias (2013): Spracherwerb und Sprachvariation. Eine phonetisch-phonologische Analyse zum regionalen Erstspracherwerb im Moselfränkischen. Berlin.
Keller, Karl Gottlieb (1879): Deutscher Antibarbarus. Beiträge zur Förderung des richtigen Gebrauchs der Muttersprache. Stuttgart.
Keller, Rudi (2006): Ist die deutsche Sprache vom Verfall bedroht? In: Aptum. Zeitschrift für Sprachkritik und Sprachkultur, 194–205.
Kellermeier-Rehbein, Birte (2005): Areale Wortbildungsvarianten des Standarddeutschen. Beiuntersuchung zum Variantenwörterbuch des Deutschen. Frankfurt/M.
Kempf, Luise (2016): Adjektivsuffixe in Konkurrenz. Wortbildungswandel in der adjektivischen Suffixderivation vom Frühneuhochdeutschen zum Neuhochdeutschen. Berlin/Boston.
Kienpointner, Manfred (2002): Sprachberatung als Bereich der Angewandten Sprachwissenschaft: Das Innsbrucker Sprachtelefon. In: Anreiter, Peter (Hg.): Namen, Sprachen und Kulturen. Festschrift für Heinz Dieter Pohl zum 60. Geburtstag. Wien, 433–451.
Kienpointner, Manfred (2005): Dimensionen der Angemessenheit. Theoretische Fundierung und praktische Anwendung linguistischer Sprachkritik. In: Aptum. Zeitschrift für Sprachkritik und Sprachkultur (1), 193–219.
Kilian, Jörg u.a. (2010): Sprachkritik. Ansätze und Methoden der kritischen Sprachbetrachtung. Berlin.
Kilian, Jörg u.a. (2013): Es gibt kein Falsches im Angemessenen. Überlegungen zu einem sprachkritischen Analysemodell. In: Mitteilungen des Deutschen Germanistenverbandes 60 (4), 300–320.
Klein, Wolf Peter (2002): Der Apostroph in der deutschen Gegenwartssprache. Logographische Gebrauchserweiterungen auf phonographischer Basis. In: Zeitschrift für germanistische Linguistik 30 (2), 169–197.
Klein, Wolf Peter (2003): Sprachliche Zweifelsfälle als linguistischer Gegenstand. Zur Einführung in ein vergessenes Thema der Sprachwissenschaft. In: Linguistik online (16/4). http://dx.doi.org/10.13092/lo.16.793.
Klein, Wolf Peter (2004): Deskriptive statt präskriptiver Sprachwissenschaft!? Über ein sprachtheoretisches Bekenntnis und seine analytische Präzisierung. In: Zeitschrift für germanistische Linguistik 32/3, 376–405.
Klein, Wolf Peter (2006): *Vergebens* oder *vergeblich*? Ein Analysemodell zur Untersuchung sprachlicher Zweifelsfälle. In: Breindl, Eva u.a. (Hg.): Grammatische Untersuchungen. Analysen und Reflexionen. Tübingen, 581–599.
Klein, Wolf Peter (2009): *Auf der Kippe?* Zweifelsfälle als Herausforderung(en) für Sprachwissenschaft und Sprachnormierung. In: Konopka, Marek/Strecker, Bruno (Hg.): Deutsche Grammatik – Regeln, Normen, Sprachgebrauch. Berlin/New York, 141–165.

Klein, Wolf Peter (2011a): Deutsch statt Latein! Zur Entwicklung der Wissenschaftssprachen in der frühen Neuzeit. In: Eins, Wieland u.a. (Hg.): Wissen schaffen – Wissen kommunizieren. Wissenschaftssprache in Geschichte und Gegenwart. Wiesbaden, 35–47.

Klein, Wolf Peter (2011b): Die deutsche Sprache in der Gelehrsamkeit der frühen Neuzeit. Von der *lingua barbarica* zur *HaubtSprache*. In: Jaumann, Herbert (Hg.): Diskurse der Gelehrtenkultur in der Frühen Neuzeit. Ein Handbuch. Berlin/New York, 465–516.

Klein, Wolf Peter (2011c): Sprachliche Zweifelsfälle im Frühneuhochdeutschen. Alte und neue Perspektiven ihrer Erforschung. In: Lobenstein-Reichmann, Anja/Reichmann, Oskar (Hg.): Frühneuhochdeutsch – Aufgaben und Probleme seiner linguistischen Beschreibung. Hildesheim u.a., 275–316.

Klein, Wolf Peter (2013): Warum brauchen wir einen klaren Begriff von Standardsprachlichkeit und wie könnte er gefasst werden? In: Hagemann, Jörg/Klein, Wolf Peter/Staffeldt, Sven (Hg.): Pragmatischer Standard. Tübingen, 15–33.

Klein, Wolf Peter (2014): Gibt es einen Kodex für die Grammatik des Neuhochdeutschen und, wenn ja, wie viele? Oder: Ein Plädoyer für Sprachkodexforschung. In: Plewnia, Albrecht/Witt, Andreas (Hg.): Sprachverfall? Dynamik – Wandel – Variation. Berlin, Boston, 219–242.

Klein, Wolf Peter (2015): Das Sprachgefühl zwischen methodologischem Instrument und antisemitischem Agitationsmuster. Zu einem schillernden Begriff der Sprachwissenschaft. In: Vankova, Lenka (Hg.): Emotionalität im Text. Tübingen, 19–33.

Klein, Wolfgang (1986): Der Wahn vom Sprachverfall und andere Mythen. In: Zeitschrift für Literaturwissenschaft und Linguistik, 11–28.

Klein, Wolfgang (2003): Wozu braucht man eigentlich Flexionsmorphologie? In: Zeitschrift für Literaturwissenschaft und Linguistik 131, 23–54.

Kleiner, Stefan (2010): Zur Aussprache von nebentonigem -ig im deutschen Gebrauchsstandard. In: Zeitschrift für Dialektologie und Linguistik 77 (3), 259–303.

Kleiner, Stefan (2014): Die Kodifikation der deutschen Standardaussprache im Spiegel der faktischen Variabilität des Gebrauchsstandards. In: Plewnia, Albrecht/Witt, Andreas (Hg.): Sprachverfall? Dynamik – Wandel – Variation. Berlin, Boston, 273–298.

Klien, Horst (Hg.) (1954): Duden. Rechtschreibung der deutschen Sprache und der Fremdwörter. 13. Aufl. Wiesbaden.

Kluck, Nora (2014): Der Wert der Vagheit. Berlin.

Knape, Joachim/Roll, Bernhard (Hg.) (2002): Rhetorica deutsch. Rhetorikschriften des 15. Jahrhunderts. Wiesbaden.

Knapp, Karlfried/Lehmann, Christian (2006): Sprachliche Kompetenz. In: Neurolinguistik 20, 81–98.

Knörr, Evelyn (2008): Duden – Im Zweifel für den Genitiv. Die meistgestellten Fragen an die Dudenredaktion. Mannheim u.a.

Koch, Peter/Oesterreicher, Wulf (1985): Sprache der Nähe – Sprache der Distanz. Mündlichkeit und Schriftlichkeit im Spannungsfeld von Sprachtheorie und Sprachgeschichte. In: Romanistisches Jahrbuch 36, 15–43.

Koch, Peter/Oesterreicher, Wulf (1996): Sprachwandel und expressive Mündlichkeit. In: Zeitschrift für Literaturwissenschaft und Linguistik 26 (102), 64–96.

Kolde, Gottfried (1976): Sprachberatung: Motive und Interessen der Fragensteller. In: Muttersprache 86, 20–47.

König, Tina M. (2012): Variationskompetenz als Bestandteil erfolgreicher Sprachverwendung. Ein Beitrag zur Erschließung einer bislang vernachlässigten Komponente von Sprachkompetenz auf sprachspezifischer Ebene. Diss., Universität Erfurt. http://nbn-resolving.de/urn:nbn:de:gbv:547-201300014.

König, Werner (1989): Atlas zur Aussprache des Schriftdeutschen in der Bundesrepublik Deutschland. Ismaning.

Konopka, Marek (1996): Strittige Erscheinungen der deutschen Syntax im 18. Jahrhundert. Tübingen.

Konopka, Marek/Fuß, Eric (2016): Genitiv im Korpus. Untersuchungen zur starken Flexion des Nomens im Deutschen. Tübingen.

Köpcke, Klaus-Michael (1982): Untersuchungen zum Genussystem der deutschen Gegenwartssprache. Berlin.

Köpcke, Klaus-Michael (2000): Starkes, Schwaches und Gemischtes in der Substantivdeklination des Deutschen. Was weiß der Sprecher über Deklinationsparadigmen? In: Thieroff, Rolf u.a. (Hg.): Deutsche Grammatik in Theorie und Praxis. Tübingen, 155–170.

Köpcke, Klaus-Michael (2011): Grammatikalität und Akzeptabilität. Zwei für den Grammatikunterricht zentrale Begriffe verstehen lernen. In: Köpcke, Klaus-Michael/Ziegler, Arne (Hg.): Grammatik – Lehren, Lernen, Verstehen. Zugänge zur Grammatik des Gegenwartsdeutschen. Berlin/Boston, 287–304.

Köpcke, Klaus-Michael/Zubin, David A. (1984): Sechs Prinzipien für die Genuszuweisung im Deutschen. Ein Beitrag zur natürlichen Klassifikation. In: Linguistische Berichte 93, 26–50.

Köpcke, Klaus-Michael/Zubin, David A. (1996): Prinzipien für die Genuszuweisung im Deutschen. In: Lang, Ewald/Zifonun, Gisela (Hg.): Deutsch – typologisch. Berlin/New York, 473–491.

Köpcke, Klaus-Michael/Zubin, David A. (2017): Genusvariation: Was offenbart sie über die innere Dynamik des Systems? In: Konopka, Marek/Wöllstein, Angelika (Hg.): Grammatische Variation. Empirische Zugänge und theoretische Modellierung. Berlin/Boston, 203–228.

Kopf, Kristin (2017): Fugenelement und Bindestrich in der Compositions-Fuge. Zur Herausbildung phonologischer und graphematischer Grenzmarkierungen in (früh)neuhochdeutschen N+N-Komposita. In: Fuhrhop, Nanna u.a. (Hg.): Sichtbare und hörbare Morphologie. Berlin/Boston, 177–204.

Kraus, Karl (1937): Die Sprache. Wien.

Krause, Maxi (2004): Konkurrenz, Komplementarität und Kooperation im Bereich der Präpositionen und Verbalpartikeln oder: Wie lange noch müssen Präpositionen und Verbalpartikeln in Grammatiken ein Schattendasein führen? In: Linguistik online (18).

Krause, Maxi (2012): Haben populäre sprachkritische Schriften Wirkung? Zum Gebrauch von *entlang* zur Jahrtausendwende. In: Lefèvre, Michel (Hg.): Syntaktischer Wandel in Gegenwart und Geschichte. Berlin, 339–362.

Krech, Eva-Maria/Dubielzig, Cornelia (2002): Neue Untersuchungen zur Aussprache fremder Wörter und Namen im Deutschen. In: Barry, William J./Pützer, Manfred (Hg.): Festschrift für Max Mangold zum 80. Geburtstag. Saarbrücken, 159–180.

Krech, Eva-Maria u.a. (2010): Deutsches Aussprachewörterbuch. Berlin.

Krischke, Wolfgang (2012): Des Menschens Genitive. Normabweichende Genitiv-Varianten bei schwachen Maskulina. In: Linguistik online (53/3). http://dx.doi.org/10.13092/lo.53.289.

Kühn, Ingrid (1994): Sprachberatung in den neuen Bundesländern – Hilfe bei deutsch-deutschen Kommunikationsproblemen. In: Muttersprache (2), 137–142.
Kühn, Ingrid (2003): Sprachberatung als Hilfeleistung im Identifikationsprozess. In: Janich, Nina/Thim-Mabrey, Christiane (Hg.): Sprachidentität – Identität durch Sprache. Tübingen, 91–105.
Kühn, Ingrid/Almstädt, Klaus (1997): Rufen Sie uns an – Sprachberatung zwischen Sprachwacht und Kummertelefon. In: Deutsche Sprache 25, 195–206.
Kunow, Otto (1897): Die Heilkunde. Verdeutschung der entbehrlichen Fremdwörter aus der Sprache der Ärzte und Apotheker. Berlin.
Kürschner, Sebastian (2003): Von Volk-s-musik und Sport-s-geist im Lemming-s-land. Af folke-musik og sport-s-ånd i lemming-e-landet. Fugenelemente im Deutschen und im Dänischen – eine kontrastive Studie zu einem Grenzfall der Morphologie. Freiburg.
Kürschner, Sebastian (2008): Deklinationsklassen-Wandel. Eine diachron-kontrastive Studie zur Entwicklung der Pluralallomorphie im Deutschen, Niederländischen, Schwedischen und Dänischen. Berlin/New York.
Kürschner, Sebastian (2010): Fuge-n-kitt, voeg-en-mes, fuge-masse und fog-e-ord. Fugenelemente im Deutschen, Niederländischen, Schwedischen und Dänischen. In: Germanistische Linguistik 206-209, 827–862.
Lameli, Alfred (2006): Zur Historizität und Variabilität der deutschen Standardsprechsprache. In: OBST 71, 53–80.
Lang, Ewald/Zifonun, Gisela (Hg.) (1996): Deutsch – typologisch. Berlin/New York.
Law, Claudia (2006): Sprachratgeber und Stillehren in Deutschland (1923-1967). Ein Vergleich der Sprach- und Stilauffassung in vier politischen Systemen. Berlin/New York.
Leemann, Adrian u.a. (2018): Grüezi, Moin, Servus! Wie wir wo sprechen. Reinbek.
Lehmann, Christian (2005): Pleonasm and hypercharacterisation. In: Yearbook of morphology, 119–154.
Lehmann, Christian/Stolz, Christel (1992): Bildung von Adpositionen im Deutschen. Erfurt.
Leibniz, Gottfried Wilhelm (Hg.) (1983): Unvorgreifliche Gedanken, betreffend die Ausübung und Verbesserung der deutschen Sprache. Zwei Aufsätze. Herausgegeben von Uwe Pörksen. Stuttgart.
Lenz, Alexandra N. (2013): Vom „kriegen" und „bekommen". Kognitiv-semantische, variationslinguistische und sprachgeschichtliche Perspektiven. Berlin.
Leonhardt, Rudolf Walter (1987): Auf gut deutsch gesagt. Ein Sprachbrevier für Fortgeschrittene. 2. Aufl. München.
Leweling, Beate (2005): Reichtum, Reinigkeit und Glanz. Sprachkritische Konzeptionen in der Sprachreflexion des 18. Jahrhunderts. Ein Beitrag zur Sprachbewusstseinsgeschichte. Frankfurt/M.
Liebsch, Helmut/Döring, Hellmut (Hg.) (1978): Deutsche Sprache. Handbuch für den Sprachgebrauch. 2. Aufl. Leipzig.
Linke, Angelika (1996): Sprache und Bürgertum. Zur Mentalitätsgeschichte des 19. Jahrhunderts. Stuttgart.
Lotze, Stefan/Gallmann, Peter (2009): Norm und Variation beim Konjunktiv II. In: Konopka, Marek/Strecker, Bruno (Hg.): Deutsche Grammatik – Regeln, Normen, Sprachgebrauch. Berlin/New York, 222–239.
Lückemeier, Peter (2016): Dieser Alfred heißt Älfred, nicht Olfred. In: Frankfurter Allgemeine Zeitung, 05.08.2016.

Ludwig, Otto (1989): Die Karriere eines Großbuchstabens – zur Rolle des großen 'I' in Personenbezeichnungen. In: Der Deutschunterricht 41 (6), 80–87.
Lühr, Rosemarie (1992): Gleichartigkeit, Vollständigkeit, Vermeidung von Redundanz. Prinzipien von Sprachbewertungen im 19. Jahrhundert. In: Muttersprache 102, 341–358.
Mackowiak, Klaus (2004): Die 101 häufigsten Fehler im Deutschen und wie man sie vermeidet. München.
Mackowiak, Klaus/Steffen, Karin (1991): Statistische Auswertung der Anfragen an das Grammatische Telefon. In: Diskussion Deutsch 121, 518–535.
Maitz, Péter/Elspaß, Stephan (2007): Warum der „Zwiebelfisch" nicht in den Deutschunterricht gehört. In: Info DaF 34 (5), 515–526.
Maitz, Péter/Elspaß, Stephan (2012): Pluralismus oder Assimilation? Zum Umgang mit Norm und arealer Sprachvariation in Deutschland und anderswo. In: Schneider, Jan Georg u.a. (Hg.): Kommunikation und Öffentlichkeit. Sprachwissenschaftliche Potenziale zwischen Empirie und Norm. Berlin, 41–58.
Marzell, Heinrich (1943ff): Wörterbuch der deutschen Pflanzennamen. Leipzig.
Mattheier, Klaus Jürgen (1991): Standardsprache als Sozialsymbol. Über kommunikative Folgen gesellschaftlichen Wandels. In: Wimmer, Rainer (Hg.): Das 19. Jahrhundert. Sprachgeschichtliche Wurzeln des heutigen Deutsch. Berlin/New York, 41–72.
Mattheier, Klaus Jürgen (2004): Die Durchsetzung der deutschen Hochsprache im 19. und beginnenden 20. Jahrhundert: sprachgeographisch, sprachsoziologisch. In: Besch, Werner u.a. (Hg.): Sprachgeschichte. Ein Handbuch zur Geschichte der deutschen Sprache und ihrer Erforschung. 2. Aufl. Berlin, 1951–1966.
Matthias, Theodor (1892): Sprachleben und Sprachschäden. Leipzig.
Mauthner, Fritz (1901): Beiträge zu einer Kritik der Sprache. Stuttgart.
Meinunger, André (2008): Sick of Sick? Ein Streifzug durch die Sprache als Antwort auf den „Zwiebelfisch". Berlin.
Meinunger, André (2014): Grammatische Illusionen und sprachliche Realitäten – Bemerkungen zum Sprachvermögen. In: Neef, Martin (Hg.): Skandal im Sprachbezirk. Frankfurt/M. u.a., 239–265.
Meisenburg, Trudel (1998): Zur Typologie von Alphabetschriftsystemen. In: Linguistische Berichte 173, 43–64.
Mengel, Andreas (1992): Eine neue Erscheinungsform der Majuskel. In: Kohrt, Manfred/Robering, Klaus (Hg.): Vom Buchstaben zum Text. Berlin, 19–34.
Meyer, Kerstin (1993): Wustmanns *Sprachdummheiten*. Untersuchungen zu einem Sprachratgeber des 19. Jahrhunderts. In: Sprachwissenschaft 18, 223–315.
Michel, Sascha (2009): „Schaden-0-ersatz" vs. „Schaden-s-ersatz". Ein Erklärungsansatz synchroner Schwankungsfälle bei der Fugenbildung von N+N-Komposita. In: Deutsche Sprache 37 (4), 334–351.
Michel, Sascha (2010): Or+en+wurm, Tag+s+brief, Kelb+er+arzet. Fugenelemente in N+N-Komposita des Frühneuhochdeutschen. In: Beiträge zur Geschichte der deutschen Sprache und Literatur 132 (2), 177–199.
Michel, Sascha (2011): Zur Systematik der Kompositionsstammformbildung bei N+N-Komposita – Implikationen für den DaF-Unterricht. In: Deutsch als Fremdsprache 48, 221–231.
Milroy, James (2001): Language ideologies and the consequences of standardization. In: Journal of SocioLinguistics 5 (4), 530–555.
Modrián-Horváth, Bernadett (2013): Movierte Substantive als Prädikatsnomina in historischen und gegenwartsdeutschen Korpora. In: JournaLIPP (2), 31–48.

Moulin-Fankhänel, Claudine (1994): Bibliographie der deutschen Grammatiken und Orthographielehren: Von den Anfängen der Überlieferung bis zum Ende des 16. Jahrhunderts. Heidelberg.
Moulin-Fankhänel, Claudine (1997): Bibliographie der deutschen Grammatiken und Orthographielehren: Das 17. Jahrhundert. Heidelberg.
Moulin-Fankhänel, Claudine (2000): Varianz innerhalb der Nominalgruppenflexion. Ausnahmen zur sogenannten Parallelflexion der Adjektive im Neuhochdeutschen. In: Germanistische Mitteilungen 52, 73–97.
Müller, Astrid/Schmitt, Eleonore (2017): Ist er zum Helden oder zum Held geworden? Die Deklination der schwachen Maskulina als Zweifelsfall. In: Praxis Deutsch 44 (Juni), 47–54.
Müller, Gereon (2000): Elemente der optimalitätstheoretischen Syntax. Tübingen.
Müller, Gerhard (2002): Sprach- und Sprachnormenwandel. Ergebnisse öffentlicher Sprachberatung. In: Wiesinger, Peter (Hg.): Akten des X. Internationalen Germanistenkongresses Wien 2000. Bd. 2. Bern u.a., 187–193.
Müller, Hans-Georg (2014): Ein Trick wird Trend: Zur Dynamik, den Wurzeln und der Funktion von Binnenmajuskelschreibung. In: Nolda, Andreas u.a. (Hg.): Zwischen Kern und Peripherie. Untersuchungen zu Randbereichen in Sprache und Grammatik. Berlin u.a., 305–325.
Müller, Peter O. (Hg.) (2009): Studien zur Fremdwortbildung. Hildesheim.
Müller, Wolfgang (2013): Das Wörterbuch deutscher Präpositionen. Die Verwendung als Anschluss an Verben Substantive Adjektive und Adverbien. 3 Bände. Berlin.
Müller-Reichau, Olav (2008): Genuswechsel in Kopulasätzen und die Bedeutung indefiniter Nominalphrasen. In: Zeitschrift für Sprachwissenschaft 28, 73–98.
Munske, Horst Haider (1988): Ist das Deutsche eine Mischsprache? Zur Stellung der Fremdwörter im deutschen Sprachsystem. In: Munske, Horst Haider u.a. (Hg.): Deutscher Wortschatz. Lexikologische Studien. Ludwig Erich Schmitt zum 80. Geburtstag von seinen Marburger Schülern. Berlin/New York, 46–74.
Munske, Horst Haider (1997): Orthographie als Sprachkultur. Frankfurt/M.
Munske, Horst Haider (2010): o.k. [o'ke:] und k.o. [ka'o:]. Zur lautlichen und graphischen Integration von Anglizismen im Deutschen. In: Scherer, Carmen/Holler, Anke (Hg.): Strategien der Integration und Isolation nicht-nativer Einheiten und Strukturen. Berlin, 31–50.
Munske, Horst Haider/Kirkness, Alan (Hg.) (1996): Eurolatein. Das griechische und lateinische Erbe in den europäischen Sprachen. Tübingen.
Muthmann, Gustav (1994): Doppelformen in der deutschen Sprache der Gegenwart. Studie zu den Varianten in Aussprache, Schreibung, Wortbildung und Flexion. Tübingen.
Neef, Martin/Borgwaldt, Susanne (2012): Fugenelemente in neu gebildeten Nominalkomposita. In: Gaeta, Livio/Schlücker, Barbara (Hg.): Das Deutsche als kompositionsfreudige Sprache: strukturelle Eigenschaften und systembezogene Aspekte. Berlin u.a., 27–56.
Negele, Michaela (2012): Varianten der Pronominaladverbien im Neuhochdeutschen. Grammatische und soziolinguistische Untersuchungen. Berlin.
Neubauer, Skadi (2009): „Gewinkt oder gewunken – welche Variante ist richtig?". Tendenzen von Veränderungen im Sprachgebrauch aus Sicht der Sprachberatungsstelle der Martin-Luther-Universität Halle-Wittenberg. Frankfurt/M.
Niehaus, Konstantin (2016): Wortstellungsvarianten im Schriftdeutschen. Über Kontinuitäten und Diskontinuitäten in neuhochdeutscher Syntax. Heidelberg.

Nolda, Andreas u.a. (2014): Die Kern/Peripherie-Unterscheidung: Probleme und Positionen. In: Nolda, Andreas u.a. (Hg.): Zwischen Kern und Peripherie. Untersuchungen zu Randbereichen in Sprache und Grammatik. Berlin, 9–23.

Nübling, Damaris (2005): Von „in die" über „in'n" und „ins" bis „im". Die Klitisierung von Präposition und Artikel als „Grammatikalisierungsbaustelle". In: Leuschner, Torsten u.a. (Hg.): Grammatikalisierung im Deutschen. Berlin/New York, 105–131.

Nübling, Damaris (2011): *Unter großem persönlichem* oder *persönlichen Einsatz?* – Der sprachliche Zweifelsfall adjektivischer Parallel- vs. Wechselflexion als Beispiel für aktuellen grammatischen Wandel. In: Köpcke, Klaus-Michael/Ziegler, Arne (Hg.): Grammatik – Lehren, Lernen, Verstehen. Zugänge zur Grammatik des Gegenwartsdeutschen. Berlin/Boston, 175–195.

Nübling, Damaris (2013a): *Die Kaiser Wilhelm – der Peterle – das Merkel*: Genus als Endstadium einer Grammatikalisierung – und als Quelle von Re- und Degrammatikalisierung. In: Jahrbuch der Akademie der Wissenschaften und der Literatur (Mainz) 64, 127–146.

Nübling, Damaris (2013b): Zwischen Konservierung, Eliminierung und Funktionalisierung: Der Umlaut in den germanischen Sprachen. In: Fleischer, Jürg/Simon, Horst J. (Hg.): Sprachwandelvergleich. Comparing diachronies. Berlin, 15–42.

Nübling, Damaris/Szczepaniak, Renata (2008): On the way from morphology to phonology: German linking elements and the role of the phonological word. In: Morphology 18, 1–25.

Nübling, Damaris/Szczepaniak, Renata (2009): *Religion+s+freiheit*, *Stabilität+s+pakt* und *Subjekt(+s+)pronomen*: Fugenelemente als Marker phonologischer Wortgrenzen. In: Müller, Peter O. (Hg.): Studien zur Fremdwortbildung. Hildesheim, 195–222.

Nübling, Damaris/Szczepaniak, Renata (2010): Was erklärt die Diachronie für die Synchronie der deutschen Gegenwartssprache? Am Beispiel schwankender Fugenelemente. In: Schmid, Hans Ulrich (Hg.): Perspektiven der germanistischen Sprachgeschichtsforschung. Berlin/New York, 205–224.

Nübling, Damaris/Szczepaniak, Renata (2011): *Merkmal(s?)analyse*, *Seminar(s?)arbeit* und *Essens(s?)ausgabe*. Zweifelsfälle der Verfugung als Indikatoren für Sprachwandel. In: Zeitschrift für Sprachwissenschaft 30, 45–73.

Nübling, Damaris u.a. (2010): Historische Sprachwissenschaft des Deutschen. Eine Einführung in die Prinzipien des Sprachwandels. 3. Aufl. Tübingen.

Nübling, Damaris u.a. (2015): Namen. Eine Einführung in die Onomastik. 2. Aufl. Tübingen.

Nussbaumer, Markus (1996): BinnenGroßschreibung. In: Sprachreport (3), 1–3.

Ölinger, Albert (1573): Underricht der Hoch Teutschen Sprach. Straßburg.

Paraschkewow, Boris (2015): Wörter und Namen gleicher Herkunft und Struktur. Lexikon etymologischer Dubletten im Deutschen. Berlin/Boston.

Paul, Hermann (1880/1995): Prinzipien der Sprachgeschichte. 10. Aufl. Studienausgabe. Tübingen.

Paul, Hermann (1998): Mittelhochdeutsche Grammatik. (überarbeitet von Peter Wiehl und Siegfried Grosse). 24. Aufl. Tübingen.

Paulfranz, Alexandra (2013): Kasusmarkierungen der Gegenwartssprache in deutschen Lokal- und Regionaltageszeitungen. Bamberg.

Pescheck, Ilka (2015): Verfahren der Organisation gesprochener Sprache. Eine interaktional-linguistische Analyse von Pronominaladverbien und verwandten Formen. Diss., Westfälische Wilhelms-Universität Münster. http://nbn-resolving.de/urn:nbn:de:hbz:6-12249542826.

Peschel, Corinna (2009): Grammatische Zweifelsfälle als Thema des Deutschunterrichts? Das Beispiel der schwachen Maskulina. In: Hennig, Mathilde (Hg.): Wie normal ist die Norm? Sprachliche Normen im Spannungsfeld von Sprachwissenschaft Sprachöffentlichkeit und Sprachdidaktik. Kassel, 39–59.

Peter, Klaus (2013): Steuerungsfaktoren für Parallel- und Wechselflexion in Adjektivreihungen. In: Jahrbuch für Germanistische Sprachgeschichte 4, 186–204.

Pfeifer, Wolfgang (Hg.) (1993): Etymologisches Wörterbuch des Deutschen. 2. Aufl. Berlin.

Pittner, Karin (1998): Radfahren vs. mit dem Rad fahren: Trennbare Verben und parallele syntaktische Strukturen. In: Barz, Irmhild/Öhlschläger, Günther (Hg.): Zwischen Grammatik und Lexik. Tübingen, 103–112.

Plinius Secundus, Gaius (1894): Librorum dubii sermonis VIII reliquiae. Collegit et illustravit J. W. Beck. Leipzig.

Polenz, Peter von (1994): Deutsche Sprachgeschichte vom Spätmittelalter bis zur Gegenwart. Bd. II: 17. und 18. Jahrhundert. Berlin/New York.

Polenz, Peter von (1999): Deutsche Sprachgeschichte vom Spätmittelalter bis zur Gegenwart. Bd. III: 19. und 20. Jahrhundert. Berlin/New York.

Primus, Beatrice (1997): Der Wortgruppenaufbau in der Geschichte des Deutschen: Zur Präzisierung von synthetisch vs. analytisch. In: Sprachwissenschaft 22, 133–159.

Puff, Helmut (1995): „Von dem Schlüssel aller Künsten/ nemlich der Grammatica". Deutsch im lateinischen Grammatikunterricht 1480–1560. Tübingen/Basel.

Püschel, Ulrich (1991): Praktische Stilistiken – Ratgeber für gutes Deutsch? In: Neuland, Eva/Bleckwenn, H. (Hg.): Stil – Stilistik – Stilisierung. Linguistische, literaturwissenschaftliche und didaktische Beiträge zur Stilforschung. Frankfurt/M., 55–68.

Rädle, Karin (2003): Groß- und Kleinschreibung des Deutschen im 19. Jahrhundert. Die Entwicklung des Regelsystems zwischen Reformierung und Normierung. Heidelberg.

Raffman, Diana (2014): Unruly words. A study of vague language. Oxford u.a.

Reichmann, Oskar (1988): Zur Vertikalisierung des Variantenspektrums in der jüngeren Sprachgeschichte des Deutschen. In: Munske, Horst Haider u.a. (Hg.): Deutscher Wortschatz. Lexikologische Studien. Ludwig Erich Schmitt zum 80. Geburtstag von seinen Marburger Schülern. Berlin/New York, 151–180.

Reis, Marga (1979): Ansätze zu einer realistischen Grammatik. In: Grubmüller, Klaus u.a. (Hg.): Befund und Deutung. Zum Verhältnis von Empirie und Interpretation in Sprach- und Literaturwissenschaft. Tübingen, 1–21.

Reis, Marga (2005): „Wer brauchen ohne zu gebraucht…": zu systemgerechten ‚Verstößen' im Gegenwartsdeutschen. In: Cahiers d'Etudes Germaniques 48, 101–114.

Reis, Marga (2017): Grammatische Variation und realistische Grammatik. In: Konopka, Marek/Wöllstein, Angelika (Hg.): Grammatische Variation. Empirische Zugänge und theoretische Modellierung. Berlin/Boston, 255–282.

Reuschel, Heidi (2014): Tradition oder Plagiat? Die *Stilkunst* von Ludwig Reiners und die *Stilkunst* von Eduard Engel im Vergleich. Bamberg.

Riegel, Mareike (2007): Sprachberatung im Kontext von Sprachpflege und im Verhältnis zu Nachschlagewerken. Unter besonderer Beachtung der Sprachberatungsstelle des Wissen-Media-Verlages. Diss., Universität Freiburg. http://nbn-resolving.de/urn:nbn:de:bsz:25-opus-35938.

Röhl, Ernst (1991): Deutsch-Deutsch. Ein satirisches Wörterbuch. Berlin.

Ronneberger-Sibold, Elke (1994): Konservative Nominalflexion und „klammerndes Verfahren" im Deutschen. In: Köpcke, Klaus-Michael (Hg.): Funktionale Untersuchungen zur deutschen Nominal- und Verbalmorphologie. Tübingen, 115–130.

Ronneberger-Sibold, Elke (2010): Die deutsche Nominalklammer: Geschichte, Funktion, typologische Bewertung. In: Ziegler, Arne/Braun, Christian (Hg.): Historische Textgrammatik und Historische Syntax des Deutschen. Traditionen, Innovationen, Perspektiven. Berlin/New York, 85–120.

Ronneberger-Sibold, Elke (2016): Die Entwicklung der gemischten Maskulina im Frühneuhochdeutschen. Aufstieg und Fall eines Flexionstyps. In: Bittner, Andreas/Spieß, Constanze (Hg.): Formen und Funktionen. Morphosemantik und grammatische Konstruktion. Berlin/Boston.

Rössler, Paul (2016): Devariation. In: Rössler, Paul (Hg.): Standardisierungsprozesse und Variation. Beiträge zur Engführung von Standardsprachenforschung und Variationslinguistik. Frankfurt/M., 209–234.

Rubba, Johanna (1996): The interaction of folk models and syntax: Case choice after prepositional verbs of cognition in German. In: Casad, Eugene H. (Hg.): Cognitive linguistics in the redwoods. The expansion of a new paradigm in linguistics. Berlin, 837–865.

Ruge, Nikolaus (2014): Deutsch als Defizitsprache. Meinungen der vormodernen Sprachreflexion. In: Neef, Martin (Hg.): Skandal im Sprachbezirk. Frankfurt/M. u.a., 139–167.

Sahel, Said (2010): Kasusrektion durch das Lexem *voll*. Kasusvariation, aber kein Genitivschwund. In: Zeitschrift für germanistische Linguistik 38, 291–313.

Sanders, Daniel (um 1920): Wörterbuch der Hauptschwierigkeiten in der deutschen Sprache. Neubearbeitet von Dr. Julius Dumcke. 43. und 44. Aufl. Berlin.

Sanders, Willy (1992): Sprachkritikastereien und was der „Fachler" dazu sagt. Sonderausgabe. Darmstadt.

Sandig, Barbara (1973): Zur historischen Kontinuität normativ diskriminierter syntaktischer Muster in spontaner Sprechsprache. In: Deutsche Sprache 3, 37–57.

Sato, Megumi (2016): Soziopragmatische Untersuchungen zur Kasusrektion bei ‚wegen' in inszeniert mündlichen Texten des 18. und 19. Jahrhunderts. In: Sprachwissenschaft 41 (3-4), 403–420.

Sauer, Wolfgang Werner (1988): Der „Duden". Geschichte und Aktualität eines „Volkswörterbuchs". Stuttgart.

Sauter, Anke (2000): Eduard Engel, Literaturhistoriker, Stillehrer, Sprachreiniger. Ein Beitrag zur Geschichte des Purismus in Deutschland. Bamberg.

Sayatz, Ulrike (2009): Von Denkmälern und Denkmalen, Balkons und Balkonen, Anfängen dieses Jahres und diesen Jahres: Die Vermittlung von System, Norm und Variation in der Schule am Beispiel der Nominalflexion. In: Berner, Elisabeth/Siehr, Karl-Heinz (Hg.): Sprachwandel und Entwicklungstendenzen als Themen im Deutschunterricht: fachliche Grundlagen – Unterrichtsanregungen – Unterrichtsmaterialien. Potsdam, 65–82.

Schäfer, Roland (2016): Prototype-driven alternations. The case of German weak nouns. In: Corpus Linguistics and Linguistic Theory.
https://doi.org/10.1515/cllt-2015-0051.

Scharloth, Joachim (2005): Sprachnormen und Mentalitäten. Sprachbewusstseinsgeschichte in Deutschland im Zeitraum von 1766 bis 1785. Tübingen.

Scheffler, Carl (1896): Die Schule. Verdeutschung der hauptsächlichsten entbehrlichen Fremdwörter der Schulsprache. Berlin.

Schenzinger, Eva (2016): Der Kasusgebrauch nach *als* in reflexiven Konstruktionen. Norm, Variation, Grammatikalisierung. Hamburg.

Scherer, Carmen (2010): Das Deutsche und die dräuenden Apostrophe. Zur Verbreitung von 's im Gegenwartsdeutschen. In: Zeitschrift für germanistische Linguistik 38, 1–24.

Scherer, Carmen (2013): Kalb's Leber und Dienstag's Schnitzeltag. Zur Funktionalisierung des Apostrophs im Deutschen. In: Zeitschrift für Sprachwissenschaft 32, 75–112.

Schiegg, Markus/Niehaus, Konstantin (2017): *Trotzdem* als Subjunktion in Geschichte und Gegenwart. In: Zeitschrift für germanistische Linguistik 45 (1), 73–107.

Schmidlin, Regula (2011): Die Vielfalt des Deutschen Standard und Variation. Gebrauch, Einschätzung und Kodifizierung einer plurizentrischen Sprache. Berlin.

Schmidlin, Regula (2017): Normwidrigkeit oder Variationsspielraum? Die Varianten des Standarddeutschen als sprachliche Zweifelsfälle. In: Davies, Winifred V. u.a. (Hg.): Standardsprache zwischen Norm und Praxis. Theoretische Betrachtungen, empirische Studien und sprachdidaktische Ausblicke. Tübingen, 41–60.

Schmidt, Jürgen Erich/Herrgen, Joachim (2011): Sprachdynamik. Eine Einführung in die moderne Regionalsprachenforschung. Berlin.

Schmits, August (1892): Der Kampf gegen die Sprachverwilderung. Köln.

Schneider, Jan Georg (2005): Was ist ein sprachlicher Fehler? Anmerkungen zu populärer Sprachkritik am Beispiel der Kolumnensammlung von Bastian Sick. In: Aptum. Zeitschrift für Sprachkritik und Sprachkultur 2, 154–177.

Schneider, Jan Georg (2011): Was ist richtiges und gutes Deutsch? Sprachratgeber auf dem Prüfstand. In: Arendt, Birte/Kiesendahl, Jana (Hg.): Sprachkritik in der Schule. Theoretische Grundlagen und ihre praktische Relevanz. Göttingen, 73–89.

Schneider, Jan Georg (2016): Syntax der gesprochenen Sprache und Kodifizierung. In: Klein, Wolf Peter/Staffeldt, Sven (Hg.): Die Kodifizierung der Sprache. Strukturen, Funktionen, Konsequenzen. Würzburg, 272–284.
https://nbn-resolving.org/urn:nbn:de:bvb:20-opus-138080.

Schneider, Jan Georg u.a. (2018): Gesprochener Standard in syntaktischer Perspektive. Theoretische Grundlagen – Empirie – didaktische Konsequenzen. Tübingen.

Schneider, Karl (1931): Was ist Gutes Deutsch? Ein Führer durch Schwierigkeiten und Zweifelsfälle des heutigen deutschen Sprachgebrauchs. 2. Aufl. München.

Schneider, Wolf (2017): Deutsch für junge Profis. Wie man gut und lebendig schreibt. 9. Auflage. Reinbek.

Scholze-Stubenrecht, Werner (1991): Die Sprachberatungsstelle der Dudenredaktion. In: Deutsche Sprache 19, 178–182.

Schrodt, Richard (2005): Kongruenzprobleme im Numerus bei Subjekt und Prädikat: Die Termqualität geht vor. In: Eichinger, Ludwig M./Kallmeyer, Werner (Hg.): Standardvariation. Wieviel Variation verträgt die deutsche Sprache? Berlin, 231–246.

Schroeter-Brauss, Sabina (2016): Genuszuweisung im Unterricht Deutsch als Fremdsprache. In: Bittner, Andreas/Spieß, Constanze (Hg.): Formen und Funktionen. Morphosemantik und grammatische Konstruktion. Berlin/Boston, 141–157.

Schulte-Beckhausen, Marion (2002): Genusschwankung bei englischen, französischen, italienischen und spanischen Lehnwörtern im Deutschen. Eine Untersuchung auf der Grundlage deutscher Wörterbücher seit 1945. Frankfurt/M.

Schulz, Matthias (Hg.) (2014): Sprachliche Aspekte des Reisens in Mittelalter und Früher Neuzeit. Wiesbaden.

Sebold, Elmar (1996): Die Wirkung von Verstößen gegen die sprachliche Norm. In: Millet, Victor (Hg.): Norm und Transgression in deutscher Sprache und Literatur. München, 206–217.

Seifert, Jan (2015): Sprachmeister und Sprachbeobachter. Anmerkungen zur Kodifikation der deutschen Aussprache im 19. Jahrhundert. In: Aptum. Zeitschrift für Sprachkritik und Sprachkultur 11 (3), 209–229.

Shubina, Elvia/Blühdorn, Hardarik (2015): Pseudopartitive Nominalgruppen vom Typ Nquant+ Adj+N in der deutschen Literatursprache des 17. bis 20. Jahrhunderts. In: Deutsche Sprache 43 (3), 220–254.

Sick, Bastian (2004): Der Dativ ist dem Genitiv sein Tod. Ein Wegweiser durch den Irrgarten der deutschen Sprache. Köln.

Sick, Bastian (2005): Der Dativ ist dem Genitiv sein Tod. Folge 2: Neues aus dem Irrgarten der deutschen Sprache. Köln.

Siebenborn, Elmar (1976): Die Lehre von der Sprachrichtigkeit und ihren Kriterien. Studien zur antiken normativen Grammatik. Amsterdam.

Siebert-Ott, Gesa (1990): Überlegungen zum Verhältnis von Sprachberatung – Sprachförderung – Sprachunterricht am Beispiel von Kongruenzphänomenen. Köln.

Siebs, Theodor u.a. (1969): Deutsche Aussprache. Reine und gemässigte Hochlautung mit Aussprachewörterbuch. 19. Aufl. Berlin.

Silbermann, Adalbert (1906): Die Sprachverderbnis im deutschen Handelsstande. Ihr Wesen, ihre Entstehung und ihre Bekämpfung. Berlin.

Solling, Daniel (2012): Zur Getrennt-, Zusammen- und Bindestrichschreibung von Substantivkomposita im Deutschen (1550 – 1710). Uppsala.

Sommerfeldt, Karl-Ernst/Schreiber, Herbert (1983a): Wörterbuch zur Valenz und Distribution deutscher Adjektive. 3. Aufl. Berlin.

Sommerfeldt, Karl-Ernst/Schreiber, Herbert (1983b): Wörterbuch zur Valenz und Distribution der Substantive. 3. Aufl. Tübingen.

Spiekermann, Helmut (2010): Pronominaladverbien im Niederdeutschen und in der norddeutschen Regionalsprache. In: Bittner, Dagmar/Gaeta, Livio (Hg.): Kodierungstechniken im Wandel. Das Zusammenspiel von Analytik und Synthese im Gegenwartsdeutschen. Berlin, 179–198.

Spolsky, Bernard (2009): Language management. Cambridge.

Stark, Sebastian (2016): Grammatik als Palimpsest. Zur Ableitung des Kodex aus intertextuellen und metatextuellen Verweisstrukturen. In: Klein, Wolf Peter/Staffeldt, Sven (Hg.): Die Kodifizierung der Sprache. Strukturen, Funktionen, Konsequenzen. Würzburg, 177–193. https://nbn-resolving.org/urn:nbn:de:bvb:20-opus-138080.

Stathi, Katerina (2012): *Selbst* vs. *persönlich* im deutschen Sprachgebrauch: eine Korpusanalyse. In: Gebauer, Gunter u.a. (Hg.): Selbst-Reflexionen. Performative Perspektiven. München, 59–72.

Stein, Stephan (1999): Majuskeln im Wortinnern. Ein neuer graphostilistischer Trend für die Schreibung von Komposita in der Werbesprache. In: Muttersprache 109, 261–278.

Stenschke, Oliver (2007): „Ende diesen Jahres": Die Flexionsvarianten von Demonstrativpronomina als ein Beispiel für Degrammatikalisierung. In: Deutsche Sprache (1), 63–85.

Stetter, Christian (1995): Zu den normativen Grundlagen der Sprachberatung. In: Biere, Bernd Ulrich/Hoberg, Rudolf (Hg.): Bewertungskriterien in der Sprachberatung. Tübingen, 38–54.

Storjohann, Petra (2014): Das künftige Projekt „elexiko-Paronymwörterbuch". In: Sprachreport (1), 22–29.

Storjohann, Petra (2015): Was ist der Unterschied zwischen *sensitiv* und *sensibel*? In: Zeitschrift für angewandte Linguistik 62 (1), 99–122.
Strauss, Lina (2018): Rhetorikratgeber als Beispiel für Laienlinguistik. Eine Diskursanalyse. Berlin.
Stricker, Stefanie (2002): Konkurrenzen im Wortbildungssystem um 1800. Aufgezeigt an der Wortbildung Goethes. In: Habermann, Mechthild u.a. (Hg.): Historische Wortbildung des Deutschen. Tübingen, 315–339.
Strobel, Thomas (2017): Pronominale Partitivität. Arealität und Mikrovariation einer morphosyntaktischen Variable in den Varietäten des Deutschen. Diss., Johann Wolfgang Goethe-Universität http://nbn-resolving.de/urn:nbn:de:hebis:30:3-444245.
Stukenbrock, Anja (2005): Sprachnationalismus. Sprachreflexion als Medium kollektiver Identitätsstiftung in Deutschland (1617–1945). Berlin u.a.
Stumpf, Sören (2015): Formelhafte (Ir-)Regularitäten. Korpuslinguistische Befunde und sprachtheoretische Überlegungen. Frankfurt/M. u.a.
Sutter, Patrizia (2017): Diatopische Variation im Wörterbuch. Theorie und Praxis. Berlin.
Szczepaniak, Renata (2007): Der phonologisch-typologische Wandel des Deutschen von einer Silben- zu einer Wortsprache. Berlin.
Szczepaniak, Renata (2010a): *Während des Flug(e)s/des Ausflug(e)s*. German Short and Long Genitive Endings between Norm and Variation. In: Lenz, Alexandra N. (Hg.): Grammar between norm and variation. Frankfurt/M., 103–126.
Szczepaniak, Renata (2010b): Wird die deutsche Nominalphrase wirklich analytischer? Zur Herausbildung von Diskontinuität als synthetische Verdichtung. In: Bittner, Dagmar/Gaeta, Livio (Hg.): Kodierungstechniken im Wandel. Das Zusammenspiel von Analytik und Synthese im Gegenwartsdeutschen. Berlin, 123–136.
Takada, Hiroyuki (1997): Orthographische Vorschrift und Praxis im Barock. Zum Anteil der Grammatiker an der schriftsprachlichen Norm. In: Zeitschrift für deutsche Philologie 116, 68–89.
Takada, Hiroyuki (1998): Grammatik und Sprachwirklichkeit von 1640–1700. Zur Rolle deutscher Grammatiker im schriftsprachlichen Ausgleichsprozess. Tübingen.
Takahashi, Hideaki (1996): Die richtige Aussprache des Deutschen in Deutschland, Österreich und der Schweiz nach Massgabe der kodifizierten Normen. Frankfurt/M. u.a.
Tappolet, Ernst (1898): Wustmann und die Sprachwissenschaft. Zürich.
Teuber, Oliver (2005): Analytische Verbformen im Deutschen. Syntax – Semantik – Grammatikalisierung. Hildesheim.
Theobald, Elke (1992): Sprachwandel bei deutschen Verben. Flexionsklassenschwankungen starker und schwacher Verben. Tübingen.
Thieroff, Rolf (2003): *Die Bedienung des Automatens durch den Mensch*. Deklination der schwachen Maskulina als Zweifelsfall. In: Linguistik online 16/4.
Thieroff, Rolf (2009): Über den Pluralumlaut beim Substantiv. In: Eins, Wieland/Schmöe, Friederike (Hg.): Wie wir sprechen und schreiben. Festschrift für Helmut Glück zum 60. Geburtstag. Wiesbaden, 29–43.
Thieroff, Rolf (2016): Deklinationsklassen und Distinktionsklassen. In: Bittner, Andreas/Spieß, Constanze (Hg.): Formen und Funktionen. Morphosemantik und grammatische Konstruktion. Berlin/Boston, 1–20.
Thieroff, Rolf/Vogel, Petra M. (2012): Flexion. 2. Aufl. Heidelberg.

Thümmel, Wolf (2009): Barbarismus und Solözismus – zwei Begriffsnamen mit verschrobener Geschichte. In: Eins, Wieland/Schmöe, Friederike (Hg.): Wie wir sprechen und schreiben. Festschrift für Helmut Glück zum 60. Geburtstag. Wiesbaden, 109–119.

Thurmair, Maria (2016): „Dürfte, könnte ... wöllte, söllte"? Zur Frage der Umlautmarkierung als Modusmarker im Destandardisierungsdiskurs. In: Rössler, Paul (Hg.): Standardisierungsprozesse und Variation. Beiträge zur Engführung von Standardsprachenforschung und Variationslinguistik. Frankfurt/M., 115–134.

Topalovic, Elvira/Elspaß, Stephan (2008): Die deutsche Sprache – ein Irrgarten? Ein linguistischer Wegweiser durch die Zwiebelfisch-Kolumnen. In: Denkler, Markus (Hg.): Frischwärts und unkaputtbar. Sprachverfall oder Sprachwandel im Deutschen. Münster, 37–57.

Traugott, Elizabeth Closs/Trousdale, Graeme (Hg.) (2010): Gradience, gradualness and grammaticalization. Amsterdam.

Urbas, Martina (1993): Numeruskongruenz und Numeruskonflikte in Kopulasätzen. Düsseldorf.

van de Velde, Marc (1988): Schwierigkeiten bei der Subjekt-Prädikat-Kongruenz im Deutschen. In: Beiträge zur Geschichte der deutschen Sprache 110, 172–201.

Vater, Heinz (2010): Kasus in Appositionen: Tradition und Wandel. In: Triangulum (Germanistisches Jahrbuch für Estland, Lettland und Litauen) 16, 129–152.

Vater, Heinz (2013): Ungleiche Paare: Kasuswechsel in koordinierten Nominalphrasen. In: Convivium (Germanistisches Jahrbuch Polen), 363–383.

Voeste, Anja (1999): Varianz und Vertikalisierung. Zur Normierung der Adjektivdeklination in der ersten Hälfte des 18. Jahrhunderts. Amsterdam u.a.

Weder, Mirjam (2014): Orthografische Varianten in der literalen Praxis. Empirische Untersuchungen des Usus der individuellen Repräsentation und der Wirkung auf den Schreibprozess. Tübingen.

Wegener, Heide (2003): Normprobleme bei der Pluralbildung fremder und nativer Substantive. In: Linguistik online (16/4).
http://dx.doi.org/10.13092/lo.16.799.

Wegener, Heide (2004): *Pizzas* und *Pizzen* – die Pluralformen (un)assimilierter Fremdwörter im Deutschen. In: Zeitschrift für Sprachwissenschaft 23 (1), 47–112.

Wegera, Klaus-Peter (2011): „Spracharbeit" im Mittelalter. Paderborn.

Wegera, Klaus-Peter/Waldenberger, Sandra (2012): Deutsch diachron. Eine Einführung in den Sprachwandel des Deutschen. Berlin.

Wegerer, Martina (2012): Die Numeruskongruenz von Subjekt und finitem Verb im Deutschen. Untersuchung der grammatischen Entscheidungsprozeduren bei zweifelhaften Kongruenzrelationen. Diss., Universität Wien.
urn:nbn:at:at-ubw:1-29755.99066.598869-1

Weiß, Helmut (1998): Syntax des Bairischen. Studien zur Grammatik einer natürlichen Sprache. Tübingen.

Weitenauer, Ignaz (1764): Zweifel von der deutschen Sprache: vorgetragen, aufgelöset, oder andern aufzulösen überlassen, sammt einem orthographischen Lexikon. Augsburg u.a.

Werner, Martina (2016): Genus und Fugenelemente. Zur Herleitung einer motivierten Relation. In: Ernst, Peter/Werner, Martina (Hg.): Linguistische Pragmatik in historischen Bezügen. Berlin, 285–312.

Wiechers, Silke (2004): Die Gesellschaft für deutsche Sprache. Vorgeschichte, Geschichte und Arbeit eines deutschen Sprachvereins. Frankfurt/M.

Wiese, Bernd (1999): Unterspezifizierte Paradigmen. Form und Funktion in der pronominalen Deklination. In: Linguistik online (4/3).
http://dx.doi.org/10.13092/lo.4.1034.
Wiese, Bernd (2000): Warum Flexionsklassen? Über die deutsche Substantivdeklination. In: Thieroff, Rolf u.a. (Hg.): Deutsche Grammatik in Theorie und Praxis. Tübingen, 139–154.
Wiese, Bernd (2006): Zum Problem des Formensynkretismus: Nominalparadigmen im Deutschen. In: Breindl, Eva u.a. (Hg.): Grammatische Untersuchungen. Analysen und Reflexionen. Tübingen, 15–31.
Wiese, Bernd (2009): Variation in der Flexionsmorphologie: Starke und schwache Adjektivflexion nach Pronominaladjektiven. In: Konopka, Marek/Strecker, Bruno (Hg.): Deutsche Grammatik – Regeln, Normen, Sprachgebrauch. Berlin/New York, 166–194.
Wolf, Norbert Richard (2009): Der DDR-Wortschatz als Indikator einer nationalen Varietät. Mit einem Blick auf die Lexikographie des DDR-Wortschatzes. In: Deutsche Sprache 37, 130–147.
Wolk, Ulrike/Pollmann, Christoph (2010): PONS-Wörterbuch der verwechselten Wörter. 1000 Zweifelsfälle verständlich erklärt. Stuttgart.
Wolski, Werner (1980): Schlechtbestimmtheit und Vagheit – Tendenzen und Perspektiven. Methodologische Untersuchungen zur Semantik. Tübingen.
Wolzogen, Hans von (1880): Über Verrottung und Errettung der Deutschen Sprache. Leipzig.
Wustmann, Gustav (1891): Allerhand Sprachdummheiten. Kleine deutsche Grammatik des Zweifelhaften, des Falschen und des Häßlichen. Leipzig.
Wustmann, Gustav (1903): Allerhand Sprachdummheiten. Kleine deutsche Grammatik des Zweifelhaften, des Falschen und des Häßlichen. 3. Aufl. Leipzig.
Zastrow, Anne (2015): Die Entwicklung der Fremdwortschreibung im 19. Jahrhundert. Kodifikation und Usus. Berlin.
Ziegler, Evelyn (1999): Deutsch im 19. Jahrhundert. Normierungsprinzipien und Spracheinstellungen. In: Bister-Broosen, Helga (Hg.): Beiträge zur historischen Stadtsprachenforschung. Wien, 79–101.
Zimmer, Christian (2015): *Bei einem Glas guten Wein(es)*: Der Abbau des partitiven Genitivs und seine Reflexe im Gegenwartsdeutschen. In: Beiträge zur Geschichte der deutschen Sprache 137, 1–41.
Zimmer, Christian (2018): Die Markierung des Genitiv(s) im Deutschen. Empirie und theoretische Implikationen von morphologischer Variation. Berlin/Boston.
Zimmer, Dieter E. (2005): Sprache in Zeiten ihrer Unverbesserlichkeit. Hamburg.

# Register

Ablaut *Siehe* Verbablaut
Adelung, Johann Christoph 46, 51, 54f., 63 Adjektiv
– starke vs. schwache Flexion 276
– substantiviertes 292
Adverb 295, 322
Aichinger, Carl Friedrich 46, 51
Allgemeiner deutscher Sprachverein 81
Amalgamierung *Siehe* Klitisierung
Amtliche Regelung der deutschen Orthographie 79, 157ff.
Analogie 130, 148, 196
Anglizismus 148, 150, 311
Antisemitismus 70
Apokope 291
Apostroph 208, 297
Archaismus 92
ARD-Aussprachedatenbank 125
Artikel 198, 276
Assimilation 136
Aussprache
– Bühnenaussprache 124
– Karten zur 125
– Normierung der 80

Barbarismus 41
Belastete Wörter 100
Beltz, Julius 53
Berger, Dieter 88
Bibliographisches Institut 78, 86
Binnenmajuskel 168
Briefsteller 43
Buchdruckerduden 78
Bürgertum und Sprache 59

Chat-Sprache 100
constructio ad sensum 255

DaF (Deutsch als Fremdsprache) 51
DDR, Sprache in der 8, 87f., 94, 153, 320 De dubiis nominibus 40
De verbis dubiis 40

Degrammatikalisierung 285
Demonstrativpronomen 284
Descartes, René 54
Deutsch als Fremdsprache 51, 298
Deutsche Gesellschaften 52
Deutscher Sprachatlas 125
Deutscher Sprachrat 5
Devariante 31
Devariation 31
Die Feuerzangenbowle (Film) 270
Differentialia-Sammlungen 11
Doppelform 9, 85, 106
Drosdowski, Günther 86, 88
Droste, Wiglaf 36
Dückert, Joachim 87
Duden, Konrad 78f.
Duden-Monopol 79
Dudenredaktion 78, 80, 83, 86, 88f., 91ff.

Eigennamen 123, 318
Eisenberg, Peter 89f.
Engel, Eduard 84
Enzensberger, Hans Magnus 36
enzyklopädisches Wissen *Siehe* Sprachwissen vs. Sachwissen
Euphemismus 312

Fachsprache 235, 289, 294, 303, 315f.
– biologische 317
– chemische 318
– der Juweliere 316
– der Kochkunst 315
– geologische 318
– juristische 316
– mathematische 318
– medizinische 316
– meteorologische 318
– ökonomische 318
– physikalische 316
– psychologische 316
– theologische 318
– zoologische 318

Fehler *Siehe* Sprachfehler, Richtig-oder-Falsch-Ideologie
Feministische Sprachkritik 95, 264
Flexion
– als Ideologie 197
– Hochschätzung der 195
– Unterlassung der 197, 199
– Wandel der 196
Flexionsabbau 198
Flexionsklasse 194f.
Flexionsklassenzweifel 197, 201
Flexionsparadigma 193f., 284
– unterspezifiziert 196
Formularbücher 43
Fremdsprachendidaktik 51
Fremdwort 71, 118, 143, 301, 307
Fremdwortintegration 143, 180f., 220
Fugenelemente 242

Gallizismus 146, 150, 311
Genitiv 217f.
– als Prestigekasus 217
– nach Präpositionen 269
Genus 44, 55, 288, 291ff., 297ff.
– Varianz bei Fremdwörtern 301
– Varianz bei nativen Wörtern 299
Gesellschaft für deutsche Sprache 5, 82
Gesellschaft zur Stärkung der Verben 205
Gespanntheitsneutralisation 185
Gewißheit, gründliche 54
Goldt, Max 36
Gottsched, Johann Christoph 46, 51, 53, 74
Gradualität 20, 71, 113, 115, 121f., 168, 173, 175, 180, 207
– diachronisch 116
– diatopisch 116
– sprachsystematisch 119
– varietätenlogisch 118
Graezismus 150
Grammatik in Fragen und Antworten (IdS) 108
Grammatikalisierung 202, 211, 268, 285
Grammatikunterricht *Siehe* Schulgrammatik
Grebe, Paul 86, 88
Griechischunterricht 195
Grimm, Jacob 63, 73
Grundformflexion 221

Haplologie 292
Heine, Matthias 35
Hennig, Mathilde 89
Henscheid, Eckard 36
Hiatvermeidung 222
Hirsch, Eike Christian 35
Hochdeutsch 51, 55ff., 59ff.
Hypercharakterisierung *Siehe* Pleonasmus

Ideologische Wörter 311, 314
Imperativ-Varianten 207f.
Institut für deutsche Sprache (Mannheim) 78
Internet, Sprache im 100

Kasus verschwindibus 200
Kasusnivellierung 214, 216
Keller, Karl Gottlieb 66
Kempcke, Günter 87
Klitisierung 296
Klosa, Anette 88
Kommasetzung 283
Komparativ 192, 221f., 293, 322
Komplexität, sprachliche 13, 112, 231, 249
Kompositionsfreudigkeit des Deutschen 245
Kongruenz
– bei Prädikativkonstruktionen 263
– grammatische vs. semantische 255, 257, 261, 264f.
– im Genus 260
– im Numerus 252
– in der Person 257
Kongruenzregeln 258
Konjunktiv 209, 211f.
Konkurrenz 9
– lexikalische 304
– von Fremdwörtern 311
Konsonantenverdopplung (Gemination) 185
Konstruktion nach dem Sinn 255
Koordination, syntaktische 249, 254
Kramer, Matthias 51
Kraus, Karl 36
Kultusministerkonferenz 79
Kunkel-Razum, Kathrin 88

Lateinunterricht 44, 193, 195, 234, 237
Leibniz, Gottfried Wilhelm 49ff., 53
Leonhardt, Rudolf Walter 35

Leseaussprache 125

Maskulina, schwache 215, 293
Maskulinum, generisches 235, 262, 264f.
Matthias, Theodor 78
Mauthner, Fritz 36
Metasprache 307, 312, 324
Monoflexion 217f., 276, 285
Müller, Wolfgang 86, 88
Münzberg, Franziska 88
Mythologische Sprache 320

Nähe- vs. Distanz-Sprache 119
Nähe-Prinzip, syntaktisches 255f., 259, 261
Nasalvokale 146
Nationalstaat 61
Nebensatz
– konzessiver 322
Nominalklammer 276, 284
Numerusprofilierung 214, 216, 219

Öhlinger, Albrecht 45ff.
Opitz, Martin 49
Orthographische Konferenz 62

Paradigma *Siehe* Flexionsparadigma
Parallel- oder Wechselflexion 282
Parallelname 318
Paronymwörterbuch 229, 288
Partitive Konstruktionen 165, 277
Partnerwörter 229
Pejorative 236
Perfekt 212
Periphrastik 211
Pleonasmus 239f., 304
Plinius Secundus 40
Pluralvarianten 45
– bei Fremdwörtern 220
– bei nativen Wörtern 219
Politische Sprache 311
politischen Korrektheit *Siehe* Sprachkorrektheit, politische
Präfixe 230
Präpositionaladverb *Siehe* Pronominaladverb
Prestige *Siehe* Sprachprestige
Pronominaladverb 285

Prototypentheorie 113
Proximitätsprinzip *Siehe* Nähe-Prinzip, syntaktisches
Pseudo-Caper 40

Reanalyse, syntaktische 254, 280
Rechtschreibung, Amtliche Regelung 104
Regelabweichung 106
Regelkonflikt 106
Reinecke, Otto 78
Reiners, Ludwig 35
Rektion
– bei Verben 271
– von Adjektiven 273
– von Präpositionen 267
– von Substantiven 273
Rektionsschwankungen bei Präpositionen 268
Richtig-oder-Falsch-Ideologie 25, 38, 52, 68, 71, 84, 90
Röhl, Ernst 36

Sanders, Daniel 70f.
Schneider, Jan Georg 89
Schneider, Karl 85
Schneider, Wolf 35
Scholze-Stubenrecht, Werner 88
Schottelius, Justus Georg 46, 49f.
Schreiber, Herrmann 35
Schriftlichkeit 12, 42, 53, 123, 128
Schriftsteller 46, 57f.
Schulgrammatik 58, 63, 76
Schulgrammatiker 77
Schwa 45, 48, 208, 265, 290
Schwache Maskulina *Siehe* Maskulina, schwache
Sexus 261ff., 298
Sick, Bastian 35ff.
Skala(rität) *Siehe* Gradualität
SMS-Sprache 101
Soloecismus 41
Spatium 171
Sprachangemessenheit 30
Spracharbeit 43, 49, 73, 307
Sprachberatungsstellen 5, 33, 78, 83
Sprachdynamik 22, 118
Sprache und Moral 99, 265, 313f.

Sprachentwicklung
- natürliche vs. unnatürliche (künstliche) 73
Sprachfehler 26, 29, 49, 66, 82, 87, 203, 240, 248, 250, 283, 287, 322
- in der Flexion 196
- orthographischer 156f.
Sprachgefühl 70
Sprachinkompetenz 20
Sprachkodexforschung 76
Sprachkompetenz 20
Sprachkorrektheit, Politische 97
Sprachkritik 35, 39, 52, 240
Sprachkultur 39, 82, 307
Sprachmissbrauch 314
Sprachmisshandlung 314
Sprachnationalismus 61, 77
Sprachpflege 39, 82, 200, 307
Sprachphilosophie 304, 314
Sprachprestige 42, 59f., 64, 191, 199, 209, 217, 270f., 310, 319
Sprachpurismus 71, 81, 146, 309
Sprachratgeber 8, 34, 43
Sprachreflexion 69, 71, 83f., 99, 307
Sprachrichtigkeit 50, 65
Sprachschwankung 9, 106
Sprachstandardisierung 71
Sprachstigmatisierung 59, 72, 74ff., 99, 227
Sprachverfall 27, 40f., 66, 71, 85, 101, 200f., 322
- Sprachuntergang 65
Sprachwissen vs. Sachwissen 304, 315
Sprachwissenschaft
- deskriptive vs. präskriptive 64
- romantische 63, 73
Sprecher, kompetenter 1, 21
Sprecher, vollkompetenter 21
Stammformflexion 221
Standardaussprache 124, 132
Standardsprache 25, 31ff., 48f., 51, 57ff., 64, 72, 103
- als Leitvarietät 103
- als Sozialsymbol 59
Standardvariation 33, 55
Steuerungsklassen für Zweifelsfälle 16
Stieler, Kaspar 46
Stiftung Deutsche Sprache 5
Subjunktion 322

Substandardvarietäten 72
Substantiv, typisches vs. untypisches 119, 161
Suffixe 230
Superlativ 192, 241, 293
Synesis-Konstruktion 255
Synkope 291f.
Synkretismus 194ff.
Synonymie 304, 307, 309f., 312f., 317
Synonymlexikographie 289

Telefone, grammatische 5
Terminologie 315
Thalmayr, Andreas 36
Toponym 155, 319
Trochäus 153, 184, 222, 246, 293

Übergangszonen *Siehe* Gradualität
Umbenennungsprozesse 320
Umlaut 209, 219f., 222, 234, 291, 294
Univerbierung 173, 175ff.
Unterlassung der Flexion 197
Unterstöger, Hermann 35
Urbanonyme 320

Valenz
- von Adjektiven 274
- von Substantiven 273
- von Verben 272
Valenzschwankungen 274
Valenzwandel 272
Variantenaufmerksamkeit 11, 39, 44, 52, 77
Variantenintoleranz 61
Variantensammlungen 9
Variantenselektion 33
Variantentoleranz 22, 47, 60, 62, 104f., 158, 163f., 166f., 174, 179
Variation, freie 18, 208, 219, 221, 250, 300, 310, 318
Variationskompetenz 22
Varietätenkompetenz *Siehe* Variationskompetenz
Varro 41
Verb
- Bewegungsverben 213
- komplexes 210
- schwaches vs. starkes 202

– transitives vs. intransitives 206, 238
– trennbares 209f.
Verbablaut 202
Verbstellung 255
Verein Deutsche Sprache 5
Verschmelzung *Siehe* Klitisierung
Vertikalisierung des Varietätenspektrums 51
vitium linguae 40

Wahrig-Redaktion 8
Wahrig-Sprachberatung 5
Weitenauer, Ignaz 53f.
Weltwissen *Siehe* Sprachwissen vs. Sachwissen
Wenker, Georg 62
Wenker-Atlas 125
Wortbedeutung *Siehe* Wortsemantik
Wortbildungssuffix 230
Wortsemantik 304
Wortstellung 255, 286

Wustmann, Gustav 67ff., 84

Zimmer, Dieter E. 36
ZweiDat (Zweifelsfälle-Datenbank) 76
Zweifelsfall
– bilexematischer 288
– Definition 1
– echt vs. unecht 18
– Ermittlung und Identifikation 4
– konditioniert vs. unkonditioniert 16, 18, 24
– monolexematisch vs. polylexematisch 15, 288
– nach Systemebenen 14
– potentieller 9ff., 305
– trilexematischer 288
– vs. Hauptschwierigkeit 86
Zweifelsfallbereich 103
Zweifelsfalldomäne 103
Zweifelsfallsammlungen 8f., 15, 34, 107, 305

www.ingramcontent.com/pod-product-compliance
Lightning Source LLC
Chambersburg PA
CBHW020109010526
44115CB00008B/752